建安之乡

二 新中国成立后，全县建安业得到较快发展。1950年3月，县成立同心泥业社（现兴润建设集团有限公司前身）。1962年左右，各公社先后组建建筑队。1969年，汶阳建筑队购置第一台电焊机和砂灰搅拌机。至1987年，全县从事建安业人员达到3.16万人。

三 安驾庄是“安装之乡”发源地，1949年前就有多人从事设备安装，1962年6月，张家口市建设局水电安装队设计师石元荣响应国家号召回乡组建建筑队（现山东省显通安装有限公司前身），继承发展设备安装工艺。王瓜店号称“抹灰之乡”，1952年从事抹灰工匠200多人，1960年初，以王兴金为主成立建筑队，继承发展抹灰工艺。

肥城市地方史志研究中心　编

肥城年鉴

FEICHENG YEARBOOK

君子之邑

2020

- 开展“不忘初心、牢记使命”主题教育
- 石横特钢产业集群项目获批
- 培植壮大建筑安装业
- 青兰高速肥城段建成通车
- 开展农村“三资”集中清理
- 实施“竹绿矿区”行动

方志出版社
Publishing House of Local Records

图书在版编目（CIP）数据

肥城年鉴. 2020 / 肥城市地方史志研究中心编. --
北京:方志出版社，2020.9

ISBN 978-7-5144-4489-6

Ⅰ.①肥… Ⅱ.①肥… Ⅲ.①肥城-2020-年鉴
Ⅳ.①Z525.24

中国版本图书馆CIP数据核字（2020）第216055号

肥城年鉴（2020）

编　　者：肥城市地方史志研究中心
责任编辑：冯　松

出 版 者：方志出版社
地址　北京市朝阳区潘家园东里9号（国家方志馆4层）
邮编　100021
网址　http://www.zgfzcb.cn

发　　行：方志出版社发行中心
电话（010）67110500

经　　销：各地新华书店
印　　刷：山东黄氏印务有限公司

开　　本：889×1194　1/16
印　　张：32.75
字　　数：775千字
版　　次：2020年9月第1版　2020年9月第1次印刷
印　　数：001～600册

ISBN 978-7-5144-4489-6　定价：267.00元

肥城市地方史志编纂委员会

《肥城年鉴（2020）》编审人员

编 辑 说 明

一、《肥城年鉴》是肥城市人民政府主办的地方综合性年鉴。《肥城年鉴》坚持以马克思列宁主义、毛泽东思想、邓小平理论、“三个代表”重要思想、科学发展观、习近平新时代中国特色社会主义思想为指导，坚持辨证唯物主义和历史唯物主义的立场、观点和方法，全面、客观、系统地记载肥城自然、经济、政治、文化、社会、生态文明等方面的情况，旨在为各级党政部门和企事业单位科学决策提供依据和参考，为各界人士了解和研究肥城的工具书之一，同时也为编修地方史志储备资料。

二、《肥城年鉴》自 2017 年起每年编纂出版一卷。《肥城年鉴（2020）》为总第 9 卷，记述时限为 2019 年 1 月 1 日至 12 月 31 日。为增强资料的实用性、时效性，部分资料的时限适当上溯或下延。

三、《肥城年鉴（2020）》框架结构保持相对稳定，采用分类编辑法，除特载、专记、大事记、人物、附录外，其他内容由类目、分目、条目三个层次组成，个别类目增设子分目。本卷共设 30 个类目，147 个分目，974 个条目。卷首和正文使用图片 320 幅。

四、《肥城年鉴（2020）》新增市委党建主体责任、市委巡察、投资贸易促进、地企协同发展、左丘明研究、建安十强人物等内容记载。环衬展示“建安之乡”。卷首设“不忘初心、牢记使命”主题教育、市直机关党建体制创新、省“万名干部下基层”驻肥城服务队等 12 个彩页专题。

五、《肥城年鉴（2020）》初稿由市直部门、各镇街及有关单位提供。综合统计数据主要采用市统计局 2019 年统计公报，个别数据采用部门、单位的统计数字。领导成员任职以任命文件为准，并按任职先后排序。

肥城市行政区划图

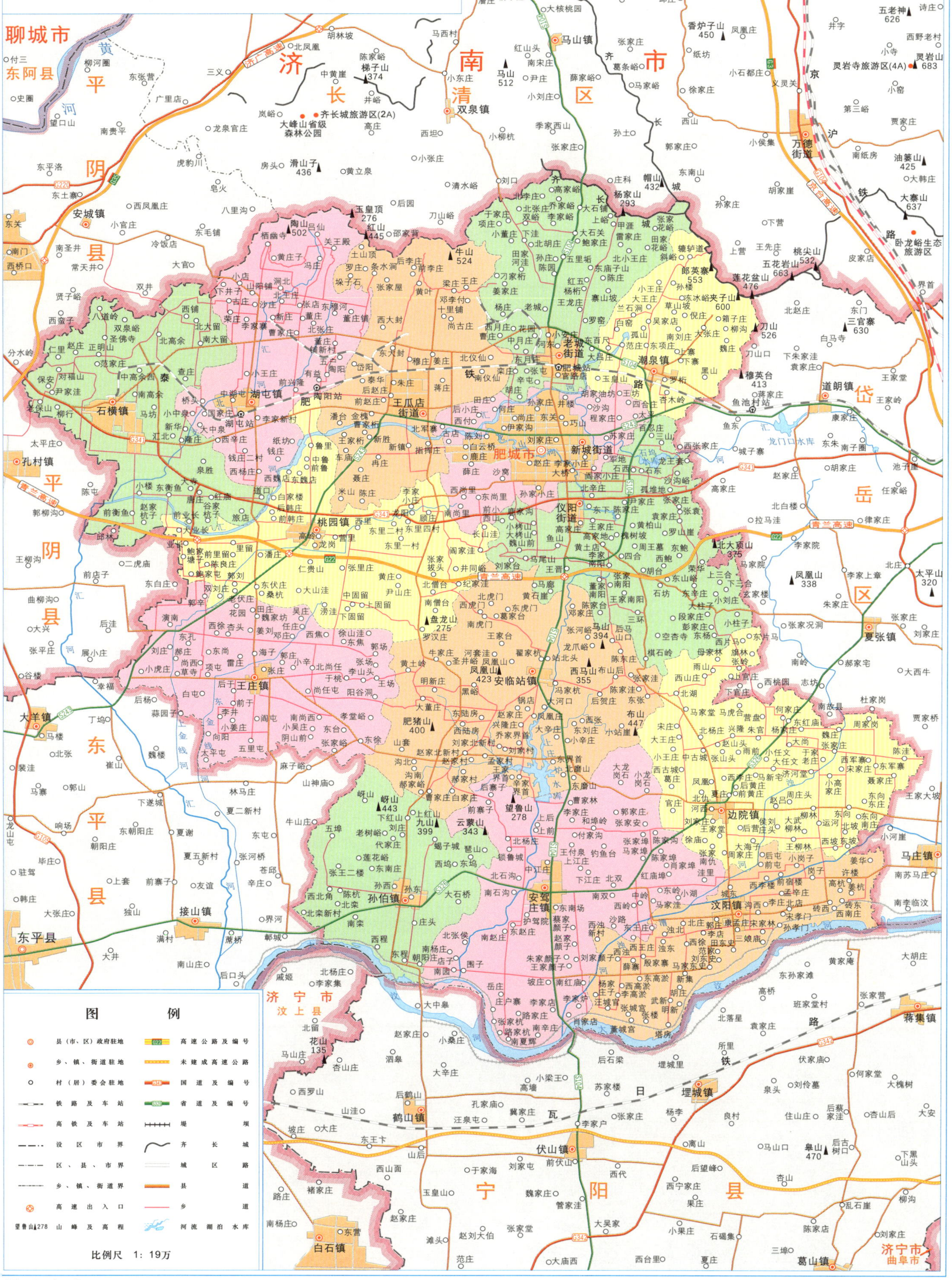

肥城SG（2020）001号

山东天元信息技术集团有限公司 编制
地址：济南市历城区历城金融大厦/东营市东营区软件园
电话：0546-8302577 18615999177

2019年新增肥城名片

- 全国综合实力百强县（列第47位）
- 全国科技创新百强县（列第46位）
- 全国绿色发展百强县（列第39位）
- 全国营商环境百强县（列第29位）
- 全国投资潜力百强县（列第14位）
- 中国石油和化工安装之乡
- 全国农村集体“三资”管理示范县
- 全国节水型社会建设示范县
- 肥城桃中国特色农产品优势区

- 中国好粮油示范县
- 全国紧密型县域医共体建设试点县
- 全国新时代文明实践中心建设试点市
- 山东省首个 5G 产业应用试点市
- 山东省“两全两高”农业机械化示范市
- 山东省城乡高效配送示范市
- 山东省文化强省建设先进市
- 山东省健康促进示范市
- 山东省“七五”普法工作先进市

玉皇阁（孙启刚 摄）

“不忘初心、牢记使命”主题教育

" BU WANG CHU XIN 、 LAO JI SHI MING" ZHU TI JIAO YU

2019年9月12日，肥城市“不忘初心、牢记使命”主题教育工作启动。主题教育中，组织全市2059个基层党组织、5.8万名党员守初心、担使命，找差距、抓落实。市委连续举办读书班5期、十九届四中全会精神学习班2期、基层党支部书记培训班5期、党员示范培训班1期，全市1547名副科级以上领导干部、1893名基层党支部书记全部集中封闭学习，带动各级集中学习研讨2500余次、深入调研848次，检视整改两批即知即改问题278个，专项整改13项，推动全市各级党组织树牢“四个意识”，坚定“四个自信”，做到“两个维护”，增强守初心、担使命的政治、思想和行动自觉。肥城市的主题教育得到各级领导的充分肯定，中央主题教育督导组、省委第五巡回指导组先后到肥城现场调研，给予高度评价，主题教育综合评价被泰安确定为“好”等次。

2019年9月12日，肥城市“不忘初心、牢记使命”主题教育工作会议召开

2019年9月25日，市委常委集体到肥城第一个党支部纪念馆开展党性教育活动

2019年9月18日，肥城市驻京机构党工委在“不忘初心、牢记使命”主题教育中开展党建夜校活动

2019年2月23日，全市经济工作会议暨勇做新时代泰山“挑山工”主题实践活动动员大会召开

举办肥城市基层党组织书记对标张家港示范培训班

市市场监管局开展食品药品安全领域问题专项整改

勇做新时代泰山“挑山工”主题实践活动

YONG ZUO XIN SHI DAI TAI SHAN " TIAO SHAN GONG " ZHU TI SHI JIAN HUO DONG

2019年，肥城市扎实开展“埋头苦干、争创一流，勇做新时代泰山‘挑山工’”主题实践活动。利用理论学习中心组、“三会一课”、主题党日、周六集体学习日等载体，2059个基层组织开展集体学习，组织党员学精神、学文件、学典型；106个镇街区、市直部门开展专题研讨，谈认识、找差距、讲打算；开展领导干部讲党课，邀请专家作辅导，以讲带学、以讲促学。开展“岗位练兵、业务比武”活动，镇街区、市直部门一把手为6000余名党员讲业务，推动工作质效全面提升。开展“寻标对标”活动，市级层面将张家港市、广饶县确定为赶超标杆，各镇街区和市直部门分别确定综合对标赶超对象和单项工作对标赶超对象，组织外出学习。激励党员干部埋头苦干、争创一流，担当作为、狠抓落实，形成勇做新时代泰山“挑山工”的长效机制。

探索市直机关党建工作体制改革，出台《中共肥城市委关于进一步加强市直机关党的建设的意见》，构筑市委集中统一领导、市直机关工委统管、系统机关党委协管、党组（党委）直接领导、基层党组织具体落实的职责衔接、同向发力的新格局。

市直机关党建工作组织架构图

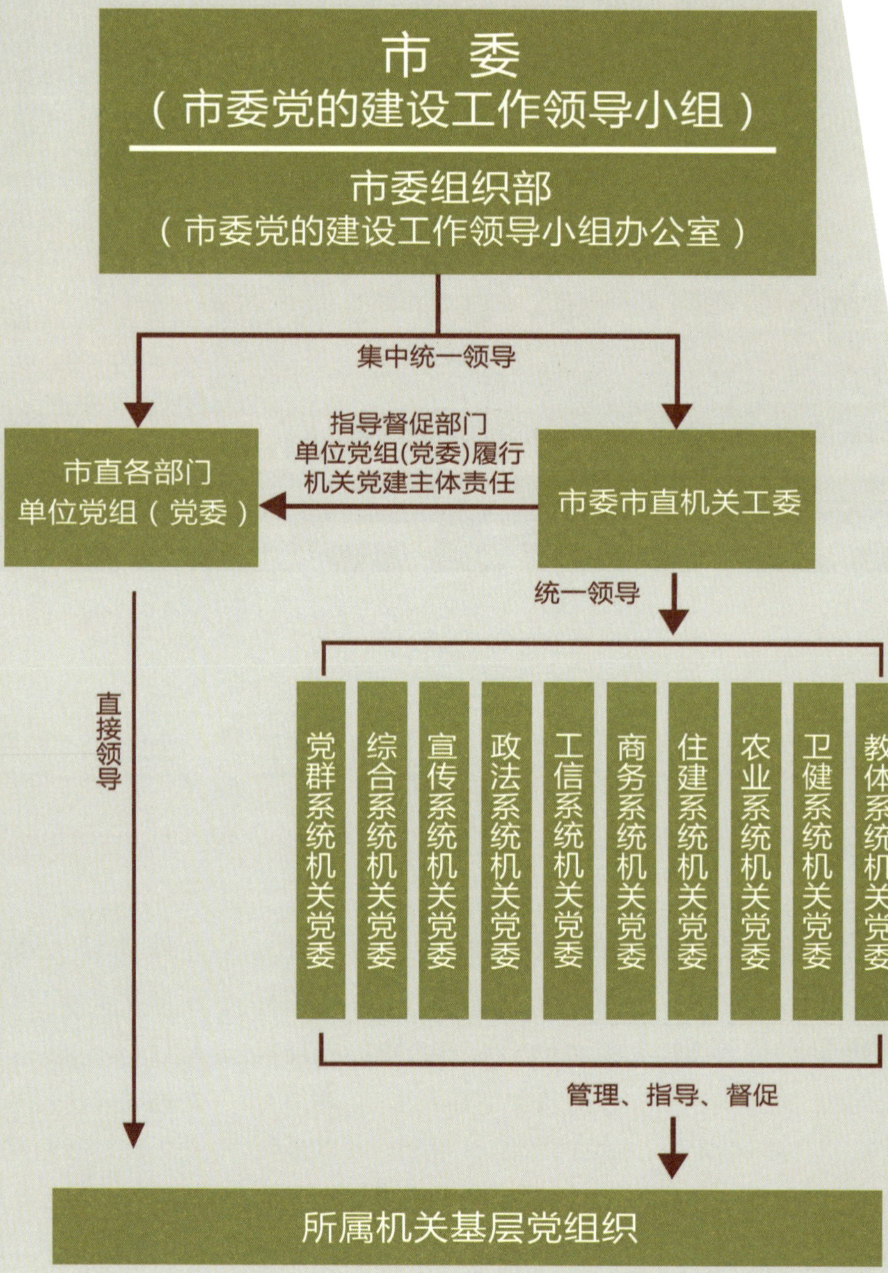

2019 年 6 月 12 日，中共肥城市工信系统第一次党员代表大会召开

组织各系统观摩学习

市直机关党建体制创新

SHI ZHI JI GUAN DANG JIAN TI ZHI CHUANG XIN

为全面加强和改进新形势下县级机关党的建设，肥城市探索市直机关“大工委”党建工作体制改革，选举产生党群、综合、宣传、政法、商务、住建、工信、农业、卫健、教体 10 个系统机关党委，每个系统党委选举产生书记 1 名、专职副书记 1 名，委员 5 ~ 7 名，设立党建科，配备 2 ~ 4 名专职党务干部，负责所辖市直机关基层党组织党的建设及管理工作，涵盖组织体系建设、党员教育管理、党内组织生活、基础保障和创新 4 类 27 项具体内容。构筑起机关工委、系统机关党委、部门单位党组（党委）、基层党组织职责衔接、同向发力的新格局，压实机关党建主体责任，提高市直机关基层党组织标准化、规范化建设水平，发挥“走在前、作表率”的示范效应。中组部《组工信息》、新华社《高管信息·山东》和省直机关工委《机关党建》对肥城建立工委体制改革进行深度聚焦报道。作为全省唯一县级工委典型向中央和国家机关工委推荐。省直机关工委《机关党的工作简报》在全省专题推广肥城经验。

河西社区报到单位到社区开展志愿服务活动

市直机关企事业单位党组织、在职党员“双报到”工作启动仪式

兴润社区报到单位党组织书记联席会议召开

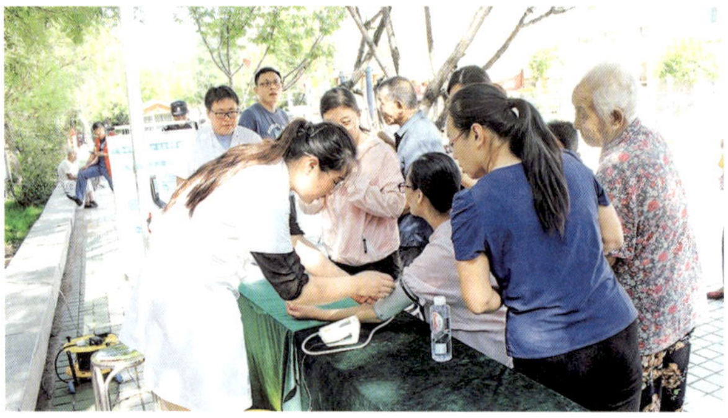

盛源社区联合“双报到”单位开展志愿服务活动（赵尉　摄）

桃都社区志愿者与派出所民警共同为居民讲解创建文明城市重要性

龙山社区联合“双报到”单位开展“金秋助学·圆梦行动”捐款活动（刘宪辉　摄）

市直机关企事业单位党组织、在职党员“双报到”

SHI ZHI JI GUAN QI SHI YE DAN WEI DANG ZU ZHI 、ZAI ZHI DANG YUAN " SHUANG BAO DAO "

2019 年，肥城市坚持把更多优势资源下沉到社区一线，满足居民多元化服务需求。7 月 27 日，在新城街道伊家沟社区举行市直机关企事业单位党组织、在职党员“双报到”工作启动仪式。按照就近就便、需求相符、总体平衡的原则，对原有的联系共建体系统筹调整优化。报到单位与社区主动对接，紧密结合文明城市创建等中心工作，明确服务、资源、共建项目“三张清单”，实行项目化运作。机关企事业单位党组织、党员定期到社区报到，引导在职党员在居住小区亮出身份，争当爱党爱国、遵纪守法、正直诚信、邻里友善“四个表率”，深入开展“泰山先锋”志愿服务行动，推进共建共治共享。肥城市 124 个机关企事业单位、5519 名在职党员全部实现到街道、社区报到；成立党员志愿服务队 124 支，采取“社区点单、街道下单、单位接单”的形式推动服务开展，累计开展“双报到”志愿服务 1900 余次，服务社区居民 10 万余人次。

举办肥城市喜迎建国 70 周年第八届广场舞大赛

举办肥城市庆祝新中国成立 70 周年文艺晚会

举办“爱国歌曲大家唱”活动

举办“唱响肥城·喝彩中国”消夏广场文艺演出

庆祝中华人民共和国成立70周年

QING ZHU ZHONG HUA REN MIN GONG HE GUO CHENG LI 70 ZHOU NIAN

2019年，为庆祝中华人民共和国成立70周年，肥城市采取多种形式，办好大型主题文艺演出和消夏广场文化活动。开展“爱国歌曲大家唱”活动，由志愿者带领市民同唱爱国歌曲，参与者达11000人次。开展“我和我的祖国”肥城好视频征集展播，征集作品41部。抓好群众教育，组织“红动齐鲁”红色故事大赛，6人获泰安市金牌选手，4人被推荐参加省级比赛，肥城市获泰安赛区组织工作特等奖。举办“我与共和国共成长”演讲大赛，2人获泰安赛区一等奖，2人获二等奖，4人获三等奖，居泰安市首位。

2019年6月1日，新城街道河西社区联合共建单位在好人广场发起新时代文明实践“创建全国文明城市、我们都是代言人”宣誓、签名活动（吕孟辕　摄）

开展交通文明劝导推进文明出行常态化

多彩活动丰富群众精神文化生活

盛源社区组织新时代文明实践志愿者开展“创城进商铺”活动（赵尉　摄）

创建全国文明城市

CHUANG JIAN QUAN GUO WEN MING CHENG SHI

2019年，市委、市政府立足常态长效，把文明城市创建工作作为提升城乡人居环境品质、造福广大市民群众的有力依托，走实以社区管理改革推进城市基层治理，实现文明城市创建的工作路子。先后统筹协调、推动实施小区“三有六化”达标创建、文明养犬、市民“四不”行为集中整治、“门前四包”等专项治理，开展文明交通劝导、垃圾捡拾等志愿服务活动。结合肥城文化特色，增设公益广告2000余块。开展鲜花送文明42次，评选肥城好人17人，入选山东好人3人、泰安好人10人，承办4月山东好人发布仪式暨道德模范与身边好人现场交流活动。在全省20个创建县市中，2019年度测评成绩位居第3名，2018年、2019年两年测评综合成绩居第1名。

新时代文明实践中心建设

XIN SHI DAI WEN MING SHI JIAN ZHONG XIN JIAN SHE

2019 年，建立由三级党组织书记任“一把手”的市中心、14 个镇街区分中心、605 个社区（村）实践站，打造 60 个高标准示范站。发布实施“志愿云”项目 2700 个，承办泰安市新时代文明实践志愿服务培训班。整合党员干部队伍、社团志愿组织和农村五老人员、乡贤文化人才，成立志愿服务总队，下设 12 支机关事业单位队伍和 22 支社会团体队伍。全市登记志愿者 12.8 万人，队伍 830 支。将文明实践融入脱贫攻坚、乡村振兴、创建文明城市、弘扬君子文化中，51 家社团志愿组织常态化进驻乡村社区开展志愿服务。创新“讲评帮乐庆”五种方式，开展志愿活动 3860 场次，参与群众 20 万人次。

2019 年 9 月，肥城市“红动齐鲁”红色故事志愿巡讲在新时代文明实践中心举办

2019 年 4 月 3 日，肥城市新时代文明实践志愿服务总队助力桃花节开幕式

2019年6月19日，肥城市新时代文明实践“我和我的祖国”志愿者之夜公益演出在石横镇市民广场举办

湖屯镇张店村“文明银行”文明实践志愿服务项目为群众办理积分服务

新城街道伊家沟社区在新时代文明实践“家门口的社区图书馆”组织开展读书活动

桃园服务区

2019 年 6 月 30 日，国高青兰线泰安至平阴段通车仪式在青兰高速肥城南收费站举行（朱云龙　摄）

青兰高速寨山隧道

青兰高速肥城段竣工通车

QING LAN GAO SU FEI CHENG DUAN JUN GONG TONG CHE

2019年6月30日，国高青兰线泰安至平阴段通车仪式在青兰高速肥城南收费站举行。青兰高速泰安至东阿界（含黄河大桥）段项目东接京福高速，西承国高青兰线东阿界至聊城段高速公路，全长75.23公里。其中该项目在肥城境内全长34.5公里，占地约4000亩，投资35亿元。设计时速120公里，双向六车道，路基宽度34.5米。在济微路、肥梁路、石横设3处出入口，建设5.5公里的石横连接线（其中和泰肥一级路共线3公里），在桃园设服务区1处，占地约300亩。该项工程于2015年12月开工建设，2019年6月建设完成。

农村“三资”集中清理

NONG CUN " SAN ZI " JI ZHONG QING LI

自2018年开始，肥城市借助扫黑除恶大势，深入开展农村“三资”清理集中行动，“三级书记”打头阵，市镇专班当尖兵，村级班子主动干，党员群众齐参与，全面提升村级党组织组织力，以组织振兴引领乡村全面振兴。全市层面统一制定“三资”清理流程，镇街专班“直接操刀”，市委每月7日雷打不动召开调度会议，市级专班验收把关，强力推进，拓清家底。聚焦软弱涣散村班子整顿，调整不胜任干部，在清理实战中锻炼干部、培养后备力量，先后调整村“两委”干部151人。对清理出的资产资源，“理促调帮”综合施策，高效利用。全市605个村全部铺开清理，通过市级验收581个。增加集体收入9691.08万元，村均16.68万元，2019年，基本消除收入10万元以下村。着眼提升乡村治理，实行“五制一诺”，村党组织书记“负面清单”管理、离任审计，“村务卡”等制度，建立起“三资”管理长效机制。中组部《组工信息》、中央政法委主管杂志《长安》、新华社《高管信息》等专题刊发。

村级召开“三资”清理会议（赵尉　摄）

市级督导专班到村督导“三资”清理工作

利用清理土地栽植绿化苗木

新城街道孙家小庄村召开“三资”清理集中行动研判会

梳理低价承包合同

“竹绿矿区”行动

"ZHU LÜ KUANG QU " XING DONG

为推进北部矿区塌陷地修复，改善矿区生态环境，满足广大群众生态获得感，2018年，经国际竹藤组织积极推荐和广泛调研、考察，肥城市决定实施“竹绿矿区”行动，通过在北部塌陷地栽植竹林，形成绿色竹林景观，将北部矿区打造成林水共生、绿色生态示范区。“竹绿矿区”计划实施以来，市委、市政府主要领导高度重视，多次调度相关情况，分工领导多次现场指导，督促相关镇街区落实栽植地块，加快栽植进度；市生态林业发展中心和湿地办多次到江苏沭阳、浙江安吉、临沂竹洞天、日照竹泉村等竹林基地参观考察，引进适宜北方栽植的品种，学习栽植和管护技术；各相关镇街区成立竹子栽植领导小组，制定详细的栽植计划和奖惩措施，确保竹子栽植工作的顺利推进。截至2019年，全市已经栽植竹林18000余亩，形成一镇、两片、三线的发展格局，竹林产业初具规模，竹林旅游稳步开展，打响“美丽竹海、生态桃都”品牌。

2019年10月14日，市委书记常绪扩（左二）到高新区调研竹子成活率

市委副书记、市长殷锡瑞（右三）查看竹子苗圃育苗成果

高新区栽植竹子（张肖锦绣　摄）

老城街道月庄村竹林栽植现场（王秀秀　摄）

“桃乡增绿”行动

"TAO XIANG ZENG LÜ " XING DONG

为积极响应市委、市政府植树造林的号召，加大对造林绿化工作的宣传，广泛动员社会各行各业和广大干部群众，迅速投入到春季造林绿化活动中来，形成“人人参与植树造林，大家共享绿化成果”的良好氛围。2019年，启动新时代文明实践市直机关“桃乡增绿”志愿行动，此次行动以“增绿荒山、服务桃乡”为主题，自3月9日起，利用四个周末，全市机关党员干部职工走进10个镇街、24个社区进行义务植树活动。市大班子领导以普通党员的身份参加义务植树活动，广大机关干部及志愿者共出动7500余人次，植树近19万株，种植草皮近1万平方米。“桃乡增绿”行动成为全市“活力机关”建设的重要内容，也是深化党建“基石工程”、创建过硬党支部的主题党日活动。

2019年3月9日，市直机关“桃乡增绿”行动启动仪式在仪阳街道空杏寺村举行

市委书记常绪扩（前右）以普通党员的身份参加植树活动

市委副书记、市长殷锡瑞参加“桃乡增绿”行动

“桃乡增绿”党员先锋队

省“万名干部下基层”驻肥城服务队

SHENG“WAN MING GAN BU XIA JI CENG”ZHU FEI CHENG FU WU DUI

2019年7月，按照省委、市委“万名干部下基层”工作的总体要求，肥城市派驻4支乡村振兴服务队和2支民营企业高质量发展服务队，围绕助力乡村振兴、加快新旧动能转换，推动高质量发展要求，分别服务5个镇街及20个村、10家民营企业，策划项目33个，争取各项资金3300余万元，帮助企业解决问题32个、提供优质信息17条。科学谋划，因地制宜，多措并举，探索具有地方特色的振兴路子，在村居改造、发展集体经济、乡村绿化美化、文化建设等方面取得显著成效。务实创新，聚力推动企业高质量发展，创新实施“四方联办工作机制”，以精准有力的措施，树立企业品牌形象，帮企业之困、解企业之难，不断激发民营经济活力。

2019年11月25日，民营企业高质量发展服务队肥城二队协调山东服装职业学院与泰鹏集团成立“山东泰鹏班”，创新校企人才合作新模式

桃园镇乡村振兴服务队争取扶持资金为东三村建设的藕池

王瓜店街道乡村振兴服务队协调推进邓李付村文昌阁修复

湖屯镇乡村振兴服务队协助贾庄村新上皇菊大棚

潮泉镇乡村振兴服务队邀请山东农业大学教授周成刚到孙楼村开展果树病虫害防治现场讲座

桃花开满三月天（王克俭　摄）

康王河湿地公园（董敏　摄）

肥城年鉴

FEICHENG YEARBOOK

目 录

中共肥城市委员会
CPC Feicheng Committee

肥城市人民代表大会

People's Congress of Feicheng

肥城市人民政府

People's Government of Feicheng

政协肥城市委员会
CPPCC Feicheng Committee

中共肥城市纪律检查委员会
CPC Disciplinary Inspection Commission of Feicheng

民主党派 · 人民团体
Democratic Parties and Mass Organizations

法治·军事
Rule of Law and Military Affairs

经济管理
Economic Management

农业和农村工作

Agriculture and Rural Work

肥城桃
Feicheng Peach

工　业
Industry

建筑安装

Construction and Installation

商　务
Commerce

财政·税务
Public Finance and Taxation

金　融
Finance

基础设施建设

Infrastructure Construction

城乡建设与管理
Urban-Rural Construction and Management

自然资源 · 环境保护
Natural Resources and Environmental Protection

科学技术
Science and Technology

教　育
Education

文化·旅游·体育
Culture, Tourism and Sports

卫生和计划生育
Health and Family Planning

社会生活
Social Life

镇街概况
Overview of Town and Street

人　物
Figures

附　录
Appendix

索　引
Index

特载

中共肥城市委十四届七次全会报告

特 载

认真践行新发展理念　持续推进高质量发展

——在中共肥城市委十四届七次全体会议上的报告

常绪扩

（2019年1月24日）

全会的主要任务是以习近平新时代中国特色社会主义思想为指引，深入学习贯彻党的十九大和十九届二中、三中全会精神，认真落实中央、省委和泰安市委一系列部署要求，回顾总结工作，深入分析形势，安排部署任务，动员全市上下坚定信心、乘势而上，确立新坐标、谋求新突破，认真践行新发展理念，持续推进高质量发展，为书写“党建新高地、法治新高地、市场新高地”时代篇章而努力奋斗。

一、成绩令人鼓舞，坚定信心砥砺前行

换届以来，我们高举习近平新时代中国特色社会主义思想伟大旗帜，深入学习贯彻习近平总书记视察山东重要讲话精神，在中共山东省委和泰安市委的坚强领导下，迎难而上、拼搏实干，步子越走越实、路子越趟越宽、底气越来越足，全市经济社会发展取得显著成绩，迈向了高质量发展的新天地，步入了天时地利人和的新阶段。

1. *重务实、抓落实，开创了同心同行的生动局面。*我们始终秉持“实事求是地想、实事求是地谋、实事求是地干”的工作理念，遇事不怕事、有事处理事、没事别惹事，既不脱离实际异想天开，更不闭门造车主观臆断，坚持一切从实际出发，不做表面文章，不搞形象工程，追求实实在在、没有水分的政绩，成为大家谋划工作、推动发展的根本遵循。“一二三四五”的工作思路，加快构筑“党建新高地、法治新高地、市场新高地”的目标定位，在实践中发挥了指引方向、凝聚共识、汇聚合力的领航作用。“开放、包容、务实、敢当”的新时期肥城精神、“解放思想、自力更生、开拓进取、奋勇争先”的工作要求和“爱国、诚信、正直、奋进”的君子文化，内化为广大党员干部、市民群众的价值追求，外化为日常工作生活的自觉行动。全市上下同心同向、协力共为，咬定发展不放松、瞄准目标抓落实，综合实力不断增强，前行步伐越来越稳。2018年，预计完成地区生产总值853.93亿元，增长6.9%；公共财政预算收入40.42亿元，税收占比达到84.4%，其中主体税收21.3亿元、增长49.1%。在2018年度全国综合实力百强、绿色发展百强、投资潜力百强、科技创新百强中分列第44、39、14、46位，在全省分列第8、7、1、10位。被中央和省委确定为新时代文明实践中心试点，全国文明城市年度测评综合成绩列全省21个创建县市第1名，并获得国家、省市一系列荣誉称号。这些实打实的成绩超出了预期，是对我们发展理念、工作思路的最好印证。

2. *抓重点、破难点，建立了科学高效的工作机制。*我们立足发展大局，坚持问题导向，紧盯重点堵点，创新实施了一系列推进工作的有效办法，坚决破除了一系列影响发展的体制机制障

碍，逐步化解了一系列长期困扰肥城的矛盾难题。牢固树立法治和市场两种意识，明确提出长期稳定的法治环境就是最好的营商环境，落实法律顾问制度，提升依法决策水平，党政干部养成了办事依法、遇事找法、解决问题用法、化解矛盾靠法的良好习惯；更加注重运用市场手段这支“无形的手”，科学认识规律、准确把握规律、灵活运用规律，切实提高了驾驭市场经济的能力。每项工作、每件事情都做到情况明、方法对、工作细、责任实，建立镇街部门“四定”工作汇报会制度，年初建账、年中查账、年底收账；定期召开市四大班子联席会议，集中交流、集中会办；实行重点工作项目责任化管理，签责任书、立军令状。突出实用、实效，怎么快怎么办、怎么好怎么办，全面完成全国农村集体产权制度改革试点等47项年度改革事项，稳妥推进党政机构改革，着力抓好“一次办好”改革，行政审批服务局挂牌成立，推行重点项目全程代办制度。坚持“拓清底、算清账、敞开接、保稳定、谋发展”，肥矿集团“三供一业”、社区管理、市政设施和改制企业全面移交，阿斯德等企业的担保圈、资金链风险问题妥善化解，财政状况根本扭转，多年压在肥城头上的“三座大山”逐步搬掉，经济发展走出困境、触底反弹，轻装上阵、活力迸发。

3. 转动能、蓄势能，迈出了高质发展的坚实步伐。我们把加快新旧动能转换作为统领经济发展的一号工程，增创新优势，拓展新空间，发展的质量和效益大幅提升。全面强化企业培植、招商引资、对上争取、新型城镇化“四大动能”，坚持“抓发展就要抓经济，抓经济就要抓企业”，一企一策、精准培植，纳税过亿元企业达到12家，石横特钢泰安特种建筑用钢产业集群被确定为全省四大钢铁产业集群，农大肥业成为泰安市五年来首家获批的国家企业技术中心，并与金塔公司一道入选全国制造业“单项冠军”，索力得获评国家级“绿色工厂”。擦亮建安品牌，放大传统优势，建安业税收总额突破10亿元大关。高举有机农业大旗，推动农民专业合作社企业化转型、规范化发展。倡树“引真项目、干实项目”工作导向，牢牢守住“羊毛出在羊身上”、生态环保安全生产、老百姓利益三条底线，实施“签约、落地、投产”登报公示制度，组建招商谈判和项目落地“两支队伍”，让专业的人干专业的事，项目的“含金量”、投资的“含绿量”、引才的“含新量”，有了质的提升和转变。把对上争取作为“365”工程抓住不放，独立工矿区、国家资源循环利用基地成功获批。探索“以人为本、政府主导、城投融资、各方参与”的“肥城模式”，搭上了中央棚改政策的最后一班车。规划建设以城市核心区为引领，以新旧动能转换先行区、省级经济开发区、汶阳田农业高新技术产业开发区、世上桃源旅游经济开发区为骨干，协同发展、融合并进的“一核四区”，使一二三产在更高平台上运行，空间布局、发展格局更加优化。青兰高速、泰肥一级路西延今年上半年通车，济微路东移、肥梁路改造加速实施，互联互通的大动脉、对外开放的大通道逐步打开；城市核心区一级路绕城即将实现，北部城区暨新旧动能转换先行区基础设施更加完备，省级经济开发区完成“区镇合一”，石横循环经济产业园被认定为全省首批化工产业园区、智安园区，与山农大合作的泰安汶阳田现代农业产业园核心区落地建设，春秋古镇成功创建我市首个4A级景区，大城区、大片区、大园区、大交通的格局加速构建。

4. 强内力、聚合力，激发了干事创业的热情激情。我们紧紧依靠的党政干部、企业家、支部书记、专业技术人才、在外肥城人才“五支队伍”，成为支撑引领改革发展的中坚力量。始终把抓好党建作为最大政绩，深入实施党建“基石工程”，坚持“抓党建首先抓支部，抓支部首先抓书记”，不断压紧压实管党治党政治责任。旗帜鲜明树立“不论年龄大小、不论学历高低，只要干事就给平台、只有干事才能进步”的用人导向，坚持“依法、选准、用好、配强、管到位”的干部工作方法，持续提升学习力、谋断力、执行力，努力锻造政治过硬、业务过硬、作风过硬、富有活力的党政干部队伍；高新区、经开区职员制改革落地见效，想干事、会干事、干成事的干部找到了充分释放潜能、施展才华、实现价值的平台；建立“履职尽责、快准追责”和容错纠错机制，出台《激励干部担当作为干事创业若干规定》和调整不适宜担任现职干部实施办法，深入开展“点穴式”纠风，持续转变作风、倡扬担当实干；全市党员干部佩戴党徽、亮明身份，冲在前、干在先，一心一意谋发展，一门心思干事业，精神风貌、工作状态明显好转。更加突出企业家在市场经济中的主体地位，在全社会营造关心企业家、支持企业家、尊重企业家的浓厚氛围，一大批“忠诚、守信、遵法、博爱”的优秀企业家在市场竞争中健康快速成长。持续开展新一轮高水平村居集体经济壮大行动，圆满完成村、社区“两委”换届，实行农村支部书记待遇差异化管理，完善离任村支部书记特殊贡献补贴办法，落实“两新”组织层级管理办法，支部书记队伍更加坚强有力。招才引智不求高大上、但求实用实效，大力弘扬“匠人文化”“工匠精神”，专业技术人才队伍技能水平、业务能力持续提升。把在外肥城人才作为我们的“华侨”，成立市对外人才联络中心，先后拜访4300余人次，越来越多的在外老乡开始关心关注家乡、投资回馈家乡、宣传推介家乡，为肥城发展赢得了更多点赞、集聚了更多资源。

5. 惠民本、强基本，增进了共建共享的民生福祉。我们始终坚持不与民争利、不与村争利、不与镇街争利、不与企业争利，量力而行，尽力而为，人民群众看到了新变化、得到了真实惠，肥城作为泰安唯一县市，入选“全国小康城市百强”。以新型城镇化为动力源，以棚户区改造为切入点，深入实施乡村振兴战略，集中开展“六大专项行动”，城镇化与乡村振兴融合并进、联动发展。按照“四心”工作理念和“准实长稳”工作要求，严守“三个严惩不贷”底线，脱贫攻坚取得决定性胜利，建档立卡贫困户脱贫任务基本完成，省市级贫困村全部摘帽。站在永续发展的高度，狠抓环保督察反馈问题整改，大力实施“竹绿矿区”行动，稳步推进山水林田湖草试点，空气优良天数达到294天。深化全国文明城市创建，不搞“运动”、不图虚名，实施城市社区“三有六化”治理，顺利通过国家园林城市复审，广大市民生活得更加舒心。纵深开展扫黑除恶专项斗争和农村“三资”清理，完善社会治安防控体系，法治肥城建设迈出了新的步伐。全面改薄任务圆满完成，高标准通过国家义务教育发展基本均衡县复验，市高级技校承办世界技能大赛塑料模具工程项目山东省选拔赛。坚持卫计为民而计，成立县级公立医院管理委员会，组建两个紧密型医共体，镇街卫生院标准化建设实现全覆盖，成功创建省级卫生计生综合监督示范区。群众文体活动蓬勃活跃，被评为全省文化强省建设先进县。这些民生事业，是最有“面子”的成绩、最含“里子”的政绩。

同时，市人大依法履职，围绕促进发展、推动转型、保障民生、民主法制建设，做了大量扎实有效的工作。市政协积极开展政治协商、民主监督和参政议政，深入建言献策，广泛凝聚共识，汇聚各方合力。持续巩固和发展最广泛的爱国统一战线，团结一切可以团结的力量，工青妇等群团组织立足中心、服务大局，党校、史志档案、老干部、工商联等工作也都取得了新的进展，上了新的台阶。这种干事创业、奋发有为的状态，是推动发展的根本保证，必须保持好、发扬好，提振精气神、全力向前冲。

成绩来之不易，奋斗充满艰辛。这是中央、省市委正确领导的结果，是市政府狠抓落实的结果，是市人大、市政协积极履职的结果，是全市上下解放思想、自力更生、开拓进取、奋勇争先的结果。在此，我谨代表市委，向为全市改革发展作出重要贡献的离退休老领导、老同志、党员干部群众、在外肥城人才，向给予我们鼎力支持的各级领导和社会各界人士，表示衷心的感谢，致以崇高的敬意！

在充分肯定成绩的同时，必须清醒地看到，我们的工作中还存在一些短板和不足：产业结构还没有得到根本性转变，“双招双引”的成效不够理想，落地的大项目、好项目和高端人才还比较少；新型城镇化进展缓慢，城乡统筹发展的水平还不够高；公共服务供给与人民群众的期待仍有差距，生态环境质量有待于进一步改善；从严管党治党还存在薄弱环节，基层党组织标准化规范化建设还需要加强；部分党员干部能力不足、作风不实、担当不够，有的同志产生了小骄傲、小自满的倾向，等等。对这些问题，我们必须引起高度重视，切实加以解决。

二、形势催人奋进，担当作为接续奋斗

今年是新中国成立70周年，是决胜全面建成小康社会的冲刺之年，也是加快新旧动能转换、实现高质量发展的重要一年。当前肥城正处在爬坡过坎、接骨转型的关键期，创新创业、赶超跨越的黄金期，做好今年工作意义重大、至关重要。立足新阶段，必须高举旗帜，坚定不移跟党走，全面践行新思想。思想是启明星、是航标灯，是激发干部担当作为的动力源泉。在习近平新时代中国特色社会主义思想的指引下，党和国家事业发生了历史性变革、取得了历史性成就，中国特色社会主义进入了新时代。党的十九大以来的伟大实践更是进一步证明，只有心向党中央，紧跟核心走，更加自觉地学习新思想、践行新思想，我们才能认准方向、找准方位，我们的事业才能披荆斩棘、无往不胜。立足新阶段，必须务实敢当，咬定青山不放松，一锤接着一锤敲。当今国际经济形势复杂多变、持续低迷，国内经济运行机遇与挑战并存，既有长期向好的发展前景，也面临着较大下行压力。全市各级要始终牢记：“迎着困难上、困难会越来越少，奔着问题去、问题会逐步解决，朝着矛盾走、矛盾会妥善化解”。外部环境越严峻，我们越要坚定信心，不为挑战所惧；发展形势越复杂，我们越要保持定力，不为外界所扰。要勇做新时代泰山“挑山工”，坚持实事求是，按照既定路线，一步一个脚印，一步一个台阶，亮亮堂堂、稳扎稳打地把肥城的事办好。立足新阶段，必须乘势而上，撸起袖子加油干，努力实现新作为。新时代赋予新使命，新使命召唤新作为。经过两年多的努力，全市经济社会发展实现了质的飞跃，进入了历史最好时期，为今后跑步前进、赶超跨越奠定了坚实基础。成绩属于过去，事业还需开拓。全市各级一定要戒骄戒躁，决不能骄傲自满、沾沾自喜、不思进取。要乘势而上、顺势作为，从理念、眼界、思路和行动上全面对标学习张家港，提高发展站位、提升发展热度，咬定目标加油干，不忘初心再出发，努力推动肥城的发展取得更大突破、登上更高舞台。

今年工作的总体要求是：高举习近平新时代中国特色社会主义思想伟大旗帜，全面贯彻党的十九大和十九届二中、三中全会精神，认真落实习近平总书记系列重要讲话精神和视察山东重要讲话、重要指示批示要求，坚定不移按照“一二三四五”的工作思路，以新发展理念为统领，全面对标张家港，进一步夯实党建“基石工程”、进一步加快新旧动能转换、进一步深化体制机制改革、进一步优化营商环境、进一步增进民生福祉、进一步提升落实能力，持续推动高质量发展，决胜全面高水平小康，奋力书写“党建新高地、法治新高地、市场新高地”时代新篇章！

三、发展质效为先，瞄准重点攻坚突破

深入践行新发展理念，持续推进高质量发展，必须全面贯彻落实中央经济工作会提出的“巩固、增强、提升、畅通”八字方针。巩固成果是前提，就是要巩固“三去一降一补”成果，推动更多产能过剩行业加快出清，降低全社会各类营商成本，加大基础设施等领域补短板力度，

守住“稳”的大局。增强活力是基础，就是要增强微观主体活力，发挥企业和企业家主观能动性，打造长期稳定的法治环境、公平有序的市场环境，促进正向激励和优胜劣汰，培强更多优质企业，提供“进”的动力。提升水平是重点，就是要提升产业链水平，重点聚焦“八大产业”，更加注重技术创新，加大精准支持力度，围绕产业链布局创新链、安排资金链，培育“新”的优势。畅通循环是目标，就是要畅通经济循环，加大直接融资支持力度，提高金融行社服务实体经济能力，为经济持续健康发展疏通“经络”，打造“好”的环境。具体工作中，要坚持质量第一、效益优先，紧盯关键环节、重点工作，聚焦聚力、攻坚突破，努力增创新时代肥城高质量发展的新优势。

1. *在强化“四大动能”上攻坚突破，推动经济发展迈向高质量。*坚定不移把全面强化企业培植、双招双引、对上争取、新型城镇化“四大动能”作为经济发展的定盘星、动能转换的强引擎。一是“精细”抓好企业培植。以纳入泰安市级领军企业和创新企业“双50强”为重点，一企一策、重点培植，集中打造航母企业、单项冠军；支持骨干企业壮大规模、增强实力；推动中小企业“专精特新”发展、健康快速成长。把建安企业培植摆在突出位置，加快建安业建链、补链、强链，培育模板脚手架、装配式建筑等优势产业，在高级技校开设建筑相关专业，建设总部园区，推动资质晋升，拓展高端市场，放大建安之乡优势，打造千亿级支柱产业。全市党员干部要谨记自身“店小二”的角色定位，企业需要我们时无处不在、企业不需要我们时无声无息，做到“不过夜马上办、不避难办上马”。企业是市场主体，企业家是肥城的宝贵财富，广大企业家要坚定信心、坚守主业，当好改革开放主力军，勇做市场经济弄潮儿。二是“精明”开展双招双引。算着账抓招商，谈之前心里“有本账”，谈的时候“算好账”，落地后能“算住账”，不能为了形象而招商，更不能为了完成任务拼凑项目、比拼政策。以“四新”“四化”为主攻方向，紧盯北京、济南、浙江三大区域，面向中字头、国字号及行业领军企业，全力招引一批高成长性、前沿性的好项目，一批货真价实、没有水分的真项目，让我市资源走好市场化的路子，发挥出最佳效能。党政干部要带头走出去，“一把手”挂帅出征，专业招商人员要有“无畏”的思想和“销售员”的精神，积极联系洽谈项目。充分发挥企业招商主体作用，以商招商，以项目招商，推动企业抱团成链、集群发展。“在外肥城人才”这支队伍服务家乡、建设家乡的热情空前高涨，要积极对接联系，为他们回乡创业铺好路、搭好桥。要深化与中节能、首农、中材等央企的合作，打造央企在县级布局发展的肥城样板，形成招商的“虹吸效应”。各园区要明确产业定位，打好优势牌、特色仗，集中全力招商，加快项目充填。坚持“依托企业聚人才、奖励成果用人才、蓝领保障求成效”，加快优秀人才向企业集聚，为企业创新发展注入源头活水，引进高层次创新创业人才120人，新增泰安市级以上创新平台40家。三是“精准”发力对上争取。摸清吃透中央、省和泰安市政策导向、投资方向，快速对号入座，立足基础优势，着眼长远发展，对项目、资金、政策打包争取，做到抓得更紧、出手更快，跑得更勤、争得更多，对上争取到位资金增长10%以上。精准策划储备一批规模大、层次高、后劲足的好项目，重点向上提报争取，提高成功率。紧盯独立工矿区、新旧动能转换、棚户区改造等重大政策，做好后续资金落实和项目监管，积极推进泰聊铁路、济微高速等交通项目，力争取得实质性突破。四是“精心”推进新型城镇化。与乡村振兴战略深度结合，牢固树立以人为本、全域肥城的理念，突出规划引领作用，搞好城市总体设计，统筹开展北部城区、一级路绕城周边、建安业总部园区规划设计。科学编制小城镇发展规划，完善镇街驻地基础设施，强化功能配套，推动269个有搬迁改造计划的村向镇驻地集中，没有搬迁意愿的村特别是分村向中心村集中，土地向大户集中，为社会资本进农村拓展空间。

2. 在打造“一核四区”上攻坚突破，推动平台建设迈向高质量。高起点定位、高标准建设、高效率运营，提升载体能级，增强园区活力，使一二三产在更高平台上运行。城市核心区，加快济微路东移、肥梁路改造，早日实现一级路绕城，进一步拉大城区框架。同步开展道路硬化、管网完善、绿化补植、亮化提升等基础工程，纵深推进违法建设治理行动。持续深化文明城市创建，树立城市意识，深化社区治理，以绣花功夫抓好城市管理。重点培育现代金融、商贸物流、文化科技等服务业。北部城区暨新旧动能转换先行区，按照“地企同心、产城融合、转型升级、振兴矿区”的方针，加快推动发展规划落地落实，拉大开发框架，力推传统产业转型、现代产业集聚。协调促进肥矿集团、枣矿集团合作共建现代综合物流园区，全力推进总投资 150 亿元、新增产能 210 万吨的石横特钢泰安特种建筑用钢产业集群项目，加快培育老城锂电产业园区 200 亿级锂电产业基地。稳步做好肥矿集团、石横电厂社会职能移交工作，确保移交事项落地落实。深入开展“竹绿矿区”行动，加快康汇河流域生态保护与修复，构建以竹林为主的绿色生态涵养体系，逐步将塌陷区打造成“河清湖秀、竹林摇曳”的肥城后花园。省级经济开发区，抓住历史机遇，勇于创新突破，全力打造改革开放先行区、产城融合示范区、肥城南部次中心。深化招商体制改革，强化与葛洲坝、港华集团等资本雄厚、技术领先的上市公司合作，推进签约项目快落地、落地项目快建设。用好省级化工产业园、中韩绿色产业园金字招牌，抬高准入门槛，瞄准高端化工，严把项目质量，高效、规范、有序开发利用，提高单位面积产出、税收贡献，努力打造国内知名的甲酸、纤维素醚、高端医药生产基地，全国重要的石墨制品生产基地。汶阳田农业高新技术产业开发区，聚焦高新技术，瞄准高端产业，成立工作专班强力推进与山农大的合作，加快核心区建设，打造“汶阳田”区域公用品牌，构筑现代农业创新创业高地。依靠但不依赖外来工商资本，瞄准国家级龙头企业和上市公司，引进一批有研发实力、有市场潜力、有带动能力的行业龙头。统筹整合基本农田建设、农业综合开发、农田水利、高效特色农业发展等项目资金，扶持助力农高区创建。世上桃源旅游经济开发区，保持定力、稳住心神，围绕大景区大旅游大项目的发展目标，按照“培育市场主体、逐个景区打造”的理念，深入挖掘历史文化、山水生态、乡村风情等旅游资源，引入工商资本、复制成功模式，完善基础设施、丰富产品体系，突破旅游大项目、重塑旅游新格局，打造省会济南休闲旅游目的地、泰安全域旅游重要节点。

3. 在全面深化改革上攻坚突破，推动创新创业迈向高质量。坚持问题导向，凝聚改革力量，创新改革举措，狠抓改革任务落实，营造动力澎湃、活力充盈的发展环境。一是持续深化机构改革。站在讲政治的高度，扎实做好涉改部门的班子配备、人员转隶、资产划转、办公用房调配等工作，真正改到位、改彻底，改出成效、改出动力。深入推进镇街行政管理体制改革，整合优化党政机构和事业站所，归并相近职能，设立综合性办事机构和事业单位，统筹各类编制资源，实行扁平化、网格化管理，抓好石横镇经济发达镇行政管理体制改革。二是加强金融体制改革。实施金融安全工程，“政银企”通力合作，建立常态化沟通协调机制，坚持政府协调、企业主体、市场运作、依法依规，加快不良处置和风险化解，严厉打击恶意逃废金融债务行为，维护金融安全稳定。密切掌握多层次资本市场的政策动态，鼓励支持有条件的企业对接上交所“科创板”，重点推进泰鹏环保上市、麦丰新材料“新三板”挂牌。引导各类金融机构加大对上争取力度、创新金融产品，突出关键领域、骨干企业、重点产业，积极探索多形式的银企合作，优化信贷结构，加大资金投放，服务实体经济。三是抓好“一次办好”改革。以审批服务局成立为契机，以放管服改革为重点，切实打造宽进、快办、严管、便民、公开的审批服务模式，全力营造审批事项少、办事效率高、服务质量优、群众获得感强的政务环境，着力为企业松绑、为群众解绊、为市场腾位。大力推行重点项目全程代办，落实一个重点项目、一个最优流程、一人专业代办、限期办结交证，打响“市场你来闯、服务我来办”营商品牌。深入落实个人网上办、社区帮着办、镇街分级办、中心直接办四级服务模式，探索实施前台统一受理、后台分类审批、统一窗口出件工作方式，推动关联事项“一链办理”，真正“放”出动力活力、“管”出公平秩序、“服”出优良环境。

4. *在实施乡村振兴上攻坚突破，推动城乡融合迈向高质量。*把乡村振兴作为新时代“三农”工作的总抓手，用足用活1亿元乡村振兴基金，促进农业全面升级、农村全面进步、农民全面发展，全力打造佛桃飘香、绿树成荫、安居乐业的世上桃源。一是让现代农业强起来。高举有机农业大旗，推动有机农产品扩规模、提档次、创品牌，擦亮叫响“有机蔬菜第一县”牌子，新增有机种植面积6000亩以上。坚持“保护、培优、传承”并举，发挥好佛桃品牌效应，推动肥桃产业浴火重生、做大做强。引导农担公司、商业保险与龙头企业、种养大户合作，实现农担融资、保险托底，用市场化手段培强农业经营主体，鼓励合作社、家庭农场企业化转型。推动土地适度规模流转，村级经营性收入20万以下的村流转土地，市财政予以奖补。坚持宜农则农、宜工则工、宜商则商、宜游则游，因地制宜发展特色产业，推动农业与旅游、科技、康养等多领域交融发展。围绕肥城桃、有机蔬菜、“两菜一粮”等主导产业，分类制订社会化统一服务模式。加快实施“五横四纵”水系连通规划，拦蓄地表水、涵养地下水。二是让人居环境美起来。抓好“四好农村路”建设，推进道路硬化由“村村通”向“户户通”延伸，汶阳镇、潮泉镇按照省级美丽乡村示范镇创建标准先行一步、走在前列，年底全市50%以上的村实现“全域三通”。实施农村清洁取暖工程，大力推行“煤改气”“电改气”，热源附近的社区、村庄优先使用集中供暖。巩固改厕成果，探索建立农村生活污水无害化处理长效机制。实施农村人居环境整治三年行动，持续抓好“三清三禁”集中整治、城乡环卫一体化，提升农村环境质量。三是让乡风文明浓起来。扎实推进新时代文明实践中心、县级融媒体中心建设，打造全国试点“肥城样本”。深化“四德工程”建设，培育文明乡风、良好家风、淳朴民风，提高乡村文明程度。抓住价值引领这个根本，采取喜闻乐见的形式，推动习近平新时代中国特色社会主义思想和党的十九大精神走进农村、走进农民群众。健全三级公共文化服务基础设施网络，完善基层综合性文化服务中心，加快构建农村“一公里文化圈”，组织开展好文化惠民活动，丰富精神世界、增强精神力量。四是让集体群众富起来。深入开展新一轮高水平村居集体经济壮大行动，每个镇街确定2个集体经济示范村，集中突破、打造样板。持续清理“三资”，逐村澄清做实底数，纳入“三资”平台规范管理、高效利用，全面消除经营性收入10万元以下的村。创新村庄经营机制，鼓励村集体、村干部领办创办合作社，以市场化手段、公司化模式经营村庄。创新共建共享机制，鼓励经营主体吸纳农户入股加盟，联农带农共同发展。

5. *在践行绿色发展上攻坚突破，推动生态环境迈向高质量。*环境就是民生，青山就是美丽，蓝天也是幸福。把生态环境保护作为自己的事用心干，不断满足人民日益增长的生态环境需要，让老百姓都喝上放心的水、呼吸上清新的空气。一是扮靓绿色家园。坚决抓好中央、省环保督察“回头看”反馈问题整改，全面实施《大气污染防治三期行动计划》，推进重点行业治理；深入开展“桃乡增绿”行动，加快推进“绿满肥城”，持续改善空气质量，增加“蓝天白云、繁星闪烁”天数。严格落实饮用水水源地保护措施，开展水源地规范化建设；实施城镇污水处理“提质增效”三年行动，加快补齐污水管网和处理设施短板；稳步推进河道生态修复和山水林田湖草试点工程。实施土壤污染防治行动计划，加快建设垃圾焚烧发电项目、泰安固废处置中心，统筹抓好高标准农田建设、采煤塌陷地治理、破损山体植被恢复，保护好永续发展的绿水青山。二是打造绿色工业。落实“四减四增”要求，推动传统产业循环化改造，逐步实现企业内小循环、企业间中循环、园区内大循环，着力构建上下游一体化的集约式、链条式循环发展模式。鼓励支持企业推广普及节能降耗、清洁生产新技术、新工艺，实施智能化、绿色化全程再造，不断提高资源能源利用效益。坚决淘汰落后产能、污染企业，不符合产业政策的项目坚决不上，整改不力的企业一律停产整顿。三是筑牢绿色屏障。深化生态环境保护管理体制改革，成立生态环境保护委员会，探索制定市、镇两级责任清单，统筹推进全市生态环境保护工作。开展污染防治攻坚战成效考核，落实属地监管责任，逐级细化监管网格，完善规范管理流程，确保生态文明建设各项工作长效落实。加快建立覆盖所有固定污染源的排污许可制度，强化全过程管理和多污染物协同控制，实现“一证式”管理。健全环保信用评价、信息强制性披露、严惩重罚等制度，将企业环境信用信息记入信用档案，向社会公开，作为政府、金融机构等对企业执行财税、信贷、产业政策的重要参考。

6. *在增进民生福祉上攻坚突破，推动人民生活迈向高质量。*千家万户好，肥城才能好。认真践行以人民为中心的发展思想，着力解决好群众最关心最直接最现实的利益问题，让每个家庭都能享受到发展的阳光雨露。一是增进群众获得感。全力推进脱贫攻坚，把“脱贫质量”贯穿工作全过程，确保脱贫成效群众认可，经得起实践和历史检验。对脱贫户进行密切跟踪和动态监测，建立贫困人口即时帮扶机制，对因病因灾等出现的临时性、突发性、支出型贫困人口，即时出现，即时纳入。拓宽增收致富渠道，健全工资正常增长机制，扩大中等收入对象比例。以创建创业型城市（镇街、社区）为契机，落实更加积极的就业创业政策，促进就业困难群体、高校毕业生、返乡农民工、退役军人等就业创业，城镇登记失业率控制在3.5%以内。积极推进社保惠民，合理提高社会保障水平，充分发挥社保兜底功能，打造多层次、高水平社会保障体系，让老百姓的生活更加富足、更有质感。二是提高群众幸福感。优先发展教育事业，深化教育改革，改善办学条件，强化教育管理，切实解决大班额问题，办好人民满意教育，争创全国义务教育优质均衡发展市。广泛开展全民健身活动，深化医药卫生体制改革，完善分级诊疗制度，加强健康教育和疾病防控，积极开展中医药宣传普及推广，创建省级健康促进示范市，着力打造“健康肥城”。重视养老事业发展，完善社会养老体系，发挥政府保障作用，鼓励社会资本参与，推进居家养老、医养融合提档升级。做好社会救助、慈善事业、优抚安置等工作，让肥城的每一名群众都吃得上饭，生活得更有尊严。三是增强群众安全感。纵深开展扫黑除恶专项斗争，以农村“三资”清理为突破口，集中整治黑恶霸痞乱。深化平安建设，完善社区网格化管理机制，抓好矛盾纠纷排查化解，扎实推进“雪亮工程”建设。始终保持安全生产高压态势，全面落实企业安全生产主体责任，铁腕抓好安全生产隐患排查和重点行业领域专项整治，坚决防范遏制生产安全事故，保障人民群众生命财产安全。推进法治建设，建立普法责任清单制度，开展“法律进乡村”活动，创建民主法治示范村（社区）。依法管理宗教事务，促进民族团结进步。强化法治亮剑护航，做到中心工作推进到哪里、法治建设就跟进到哪里，为经济社会发展提供坚强法治保障。

四、时代呼唤作为，强基固本把舵领航

开启新征程、谱写新篇章，关键在党、关键

在人。要坚定不移全面从严治党，以高质量党建引领高质量发展。

1. 锤炼坚强党性，永葆对党忠诚的政治本色。把习近平新时代中国特色社会主义思想作为干好一切工作的“源头活水”，精心组织“不忘初心、牢记使命”主题教育，扎实开展“埋头苦干、争创一流，勇做新时代泰山‘挑山工’”主题实践活动。全面加强意识形态工作领导权，强化网络阵地监督管理，综合运用学习强国、灯塔—党建在线、桃都讲坛、《党员学习参考》等载体平台和陆房突围胜利纪念馆、泰西武装起义纪念碑等红色教育资源，开展“浸润式”教育，推动党员干部对党的最新理论、最新成果真正做到入脑入心、笃信笃行，筑牢信仰之基、把稳思想之舵。坚持民主集中制，严格执行新形势下党内政治生活若干准则、党的组织生活制度，持续开展“主题党日”活动，推动党内政治生活严起来、实起来、活起来。各级党员干部要把树牢“四个意识”、坚定“四个自信”、做到“四个服从”、践行“两个维护”作为最根本的政治纪律和政治规矩，做到心里有中央、胸中有大局，始终与以习近平同志为核心的党中央保持高度一致，确保中央各项决策部署在肥城落地生根。

2. 激励担当作为，打造干事创业的中流砥柱。以工作论英雄，凭实绩用干部，经常性、近距离考察识别干部，扩大选人用人视野，加大党政机关与企事业单位之间的干部交流力度。紧扣高素质专业化目标，深化“党校+基地”培训模式，坚持必要台阶、递进培养，更加注重在实践中历练干部，着力增强应对挑战、防范风险、化解矛盾的能力水平。旗帜鲜明为敢于担当、踏实做事的干部撑腰鼓劲，有序推进相关镇街和事业单位“职员制”人事改革，用“有强度”的激励手段和“有底线”的包容举措，引导广大党员干部在改革发展的主战场、服务群众的最前沿挥洒汗水、建功立业。

3. 注重规范提升，构筑坚强有力的战斗堡垒。以提升组织力为重点，以标准化规范化建设为抓手，深化党建“基石工程”，抓实评星定级，推动基层支部晋位升级。在农村，聚焦支部书记队伍建设，“育苗升级”与“能人回请”并举，锻造红色头雁群体；深入实施“五乡”行动，扎实开展“十百千”创建，高标准打造18个乡村组织振兴示范村。在城市，构建“小区党支部+业主委员会+物业服务企业”为民服务体系，加强商圈、市场党建，打造城市基层党建共同体。在机关，突出示范引领，把党建融入业务工作，抓实党建“十条”基本规范。在“两新”组织，开展“两个覆盖”攻坚行动，推行层级管理办法，提升服务发展能力。

4. 持续正风肃纪，营造风清气正的良好生态。从严压实“两个责任”，推动全面从严治党向纵深推进、向基层延伸。始终保持惩治腐败的高压态势，坚决整治、严肃查处侵害群众利益的行为和各类腐败问题。一着不让抓好省委巡视、泰安市委巡察反馈问题整改，扎实做好“后半篇文章”；突出巡察重点，做到靶向精准，高质量推进巡察全覆盖。聚焦“表态多调门高，行动少落实差”等问题，持续开展“点穴式”纠风，引导党员干部知敬畏、守规矩，推动形成海晏河清的政治生态、风清气正的干事氛围。

同志们，标杆引领方向，实干开创未来。美好蓝图不会凭空绘就，实现梦想需要实干托举，奋斗的过程就是幸福的过程。让我们更加紧密地团结在以习近平同志为核心的党中央周围，在中央、省委和泰安市委的坚强领导下，振奋精神、鼓舞斗志，真抓实干、攻坚克难，以优异成绩庆祝新中国成立70周年，为决胜全面建成高水平小康社会，加快构筑“党建新高地、法治新高地、市场新高地”而努力奋斗！

肥城年鉴

FEICHENG YEARBOOK

FEICHENG
YEARBOOK
2020

专记

■ 肥城市山水林田湖草生态保护修复工程

专　记

肥城市山水林田湖草生态保护修复工程

2019年，肥城市山水林田湖草生态保护修复工程领导小组办公室牢固树立“绿水青山就是金山银山”的发展理念，全面落实泰安市委统筹山水林田湖草系统治理的部署要求，发挥“开放、包容、务实、敢当”的新时代肥城精神，把抓好该项工程作为改善生态环境的重要抓手、加快新旧动能转换的重大机遇和勇做新时代泰山“挑山工”的具体行动，坚持“实事求是地想、实事求是地谋、实事求是地干”的发展新理念，坚持高点定位，突出规划引领，强化项目支撑，狠抓统筹调度，山水林田湖草生态保护修复工程顺利推进，取得初步成效。

一、总体工作情况

2019年，全市共策划实施地质环境类、土地整治类、水环境类、生物多样性保护类、监管能力建设类等5大类、16个大项目、45个子项目，计划总投资16.79亿元。其中，大汶河流域肥城片区农用地整治和监管能力建设等40个子项目已完工，完成投资16.016亿元，另外5个子项目均在2020年6月底前完成。具体情况为地质环境类共12个，其中11个已完工、1个已开工，计划投资54221万元，已投入54083万元。土地整治类共20个，其中19个已完工、1个已开工，计划投资58980万元，已投入58162万元。水环境类共7个，其中已完工4个、正在施工的3个，计划投资50355万元，已投入41600万元。生物多样性保护类共4个，均已完工，计划投资3560万元，已投入3560万元。监管能力建设类共2个，均已完工，计划投资2200万元，已投入2866万元。

截至年末，已完成整治采煤塌陷地4.35万亩，修复矿山生态5373亩，整治土地24万亩，新增耕地1.52万亩，工矿废弃地复垦利用1283亩，建设修复湿地面积1100亩（其中康汇河项目计划建设修复湿地800亩、月庄河项目计划建设修复湿地300亩），修建河道堤47.85公里，清淤67万立方米，边坡绿化面积34万平方米，动用土石方189万立方米，埋设管网9.6公里，清

采煤塌陷地综合治理

障土地面积332亩，清理树木8652棵，挪移线杆43根，修桥5座。

1. 国土类项目。国土类项目共规划地质环境、土地整治、监管能力建设3大类、7个项目，33个子项目。计划总投资11.48亿元，项目分别为大汶河支流—康汇河流域采煤塌陷地治理、大汶河支流—康汇河流域矿山生态修复、肥城市康汇河流域地质灾害治理、泰安市省级地质公园地质遗迹保护、大汶河流域肥城片区农用地整治、肥城市工矿废弃地复垦利用、肥城市国土资源信息化建设（智慧国土）提升项目。项目已多数竣工，完工31个子项目；完成投资11.5亿元。

2. 环保类项目。环保类项目共8个，其中包括水环境类项目7个、监管能力建设类1个，计划总投资5.03亿元，项目分别为康汇河生态保护修复工程、月庄河生态保护修复工程、肥城市畜禽污染物治理与综合利用项目、肥城市饮用水水源地规范化建设项目、肥城市沿大汶河3个镇街污水处理工程、肥城市环境监测能力提升项目。已完成5个，正在建设3个，已完成投资4.16亿元。

3. 农业类项目。农业类项目共4个子项目，均已完工验收。4个子项目属于生物多样性保护类中的生态农业、生态扶贫工程，项目分别为山东省农作物病虫害专业化统防统治能力建设项目、水肥一体化示范工程项目（补贴）、2017—2018年肥城市高效特色农业发展平台蔬菜产业项目、2018年粮食高产创建平台建设项目。共计投资3560万元，其中中央资金分解下达1400万元，资金到位拨付占计划投入资金100%，地方财政资金实际投入1700万元，占计划投入资金100%，社会资本实际投入460万元、占计划投入资金100%。

二、工作措施

1. 实出共治共管，构建工作推进“新机制”。①强化组织领导。成立专门的工作领导小组，全面负责工程的研究谋划、组织领导和统筹协调；抽调相关部门业务骨干组成工作专班，全力抓好项目建设、督导调度等工作，健全完善山水林田湖草生态保护修复工程领导体系。②强化任务落实。建立专项工作台账，对每个工程项目的建设内容、形象进度、资金投入、施工单位和责任人进行细化分解，明确抓落实的“任务书”“路线图”。坚持每两周进行一次工作调度，对发现的问题，及时聘请专家把脉问诊，找准症结所在，全力研究解决，确保项目顺利推进。③强化督导考核。采取不定期抽查、明察暗访等多种形式，进行专项督查，全面掌握各类项目建设进度。发挥考核“指挥棒”作用，将生态保护修复工程建设情况纳入经济社会发展考核内容，把这项工作作为发现干部、培养干部、使用干部的大舞台、大考场，激励广大干部展示才华、干事创业，凝聚起加快项目建设的强大力量。

月庄河、康汇河生态保护修复

2. 实施全域治理，探索生态修复“新模式”。①坚持全域规划、连片整治。详细编制以“水生态”恢复工程为主的康汇河流域采煤塌陷地生态恢复治理、以农田环境改善为主的大汶河流域土地整治、汶阳田高效生态农业治理和以绿色修复为主的康汇河流域矿山地质环境治理等相关规划，并制定实施计划，着力打造“山青、水净、林丰、田良、矿绿”的生态环境。②结合肥城实际、分类施治。在工矿区治理上，将采煤塌陷地全部纳入北部城区规划，并列入肥城新旧动能转换先行区范围，按照“地企同心、产城融合、转型升级、振兴矿区”的方针，通过“生态修复+新旧动能转换+城市空间修复整合”的综合治理模式，拉大开发框架，力推传统产业转型、现代产业集聚，打造结构清晰、分区明确、布局合理的新旧动能转换山水产业新城，着力加快北部4个镇街区以采煤塌陷地治理为重点的山水林田湖项目开发进程。开展“竹绿矿区”行动，与国际竹藤组织合作，选取合适种类，按照成方连片的原则，在适宜的采煤塌陷地进行栽植，并延长配套产业服务设施，建设特色竹林小镇，改善矿区生态环境，构建以竹林为主的绿色生态涵养体系，逐步将塌陷区打造成“河清湖秀、竹林摇曳”的肥城后花园。计划5年内，整个矿区栽植竹林10万亩以上。在土地整理项目上，坚持田水路林统一规划、统一整治，完善项目区引、输、水、电网络，优化田块布局，提升耕地质量，努力形成“田成方、路成网、沟相通、旱能灌、涝能排”的标准化耕作条件。

3. 破解瓶颈制约，拓宽资金来源“新渠道”。在用足用好上级政策和资金的同时，通过整合财政资金、城投公司融资、吸引社会资本等方式，拓宽资金来源渠道，保障项目投入到位。在土地整治上，以指标交易流转为杠杆，吸引社会化投资2.4亿元。在塌陷地治理上，理清企业和政府的治理责任，并争取省级专项资金8980万元。在基金设立上，按照泰安市领导小组的安排部署，设立专项基金，一期计划募集资金6000万元，已募集3000万元并拨付到位。在公益性项目建设上，以项目经营预期收益为资金筹集手段，明确市水务集团作为康汇河生态保护修复项目建设主体，市城投公司作为月庄河湿地项目建设主体，推动项目顺利实施。同时，注重强化资金监管，对项目资金申报、预算管理、资金使用、竣工财务决算等环节进行严格管控，确保项目资金专款专用、安全高效。

三、先进经验和综合效益

1. 规划起点高。对纳入山水林田湖草生态保护修复试点工程的项目进行认真布局、合理规划，按照集中连片、分类施治的工作思路，编制以“水生态”恢复工程为主的康汇河流域塌陷地治理规划、以农田环境改善为主的大汶河流域土地整治规划等。市委、市政府将塌陷地全部纳入北部城区规划范围，并作为肥城市新旧动能转换先行区予以实施后，围绕工作实际，先后铺开以“水面贯通、道路联通、生态点缀”为主要建设内容的石横镇马坊煤矿（丘明湖公园）、湖屯镇华玫煤矿、王瓜店大封煤矿等关停煤矿的塌陷地治理工作，取得良好效果。

2. 工作定位准。结合肥城实际，将塌陷地整治、农田整理、废弃矿山生态修复等项目全部纳入山水林田湖草项目的整治范围，将项目的实施同产业布局、乡村振兴、扶贫脱贫等工作有机结合；将高标准基本农田建设、占补平衡、工矿废弃地复垦调整利用等项目纳入并整合到山水林田湖草生态修复保护试点工程的范围，统一规划和部署，将生态保护修复纳入项目预期管理目标中，全面提升生态保护水平，注重生态保护设施的建设和生态防护水平的提升。通过整体实施，区域整治，着力打造“山青、水净、林丰、田良、矿绿”的生态环境。

3. 战略布局新。在项目的规划布局上，围绕市委、市政府的工作重点，稳固“生态修复+新旧动能转换+城市空间修复整合”的战略布局，综合治理，打造结构清晰、分区明确、布局合理的新旧动能转换山水产业新城。特别是在采煤塌陷地整治上，针对矿区人多、工矿企业多、水面大的特点，实际突出“水生态”建设，实施河道清淤，联通水面，开湖造景，打通“关节”与“经脉”，畅活区内水系；栽植多种水生植物，净化水质；按照“竹绿矿区”的工作要求，先行先试，选取合适的竹子品种，在塌陷地中进行集中栽植，不断改善矿区生态环境，取得良好的社会、经济和生态效益。

4. 综合效益突出。①社会效益。项目实施后，可以恢复大量耕地和土地，大大缓减村民无地可种的紧张局面，缓解老百姓后顾之忧，将逐步恢复原有的农耕、交通、生态条件。工程建成后，农业水利社会服务能力将有显著提高，交通便利，经济发展。在加强农村产业结构调整，加大科技含量，提高产品档次方面，为全市农村经济的发展发挥带头作用，为当地农村剩余劳动力提供劳务增收机会。体现党和政府对农民群众的关怀，密切农村党群、干群关系。②生态效益。一是改善矿区生态环境。采煤塌陷地治理为生态治理工程和环境保护工程，规划实施后显著改善矿区生态环境，提升矿区环境容量。规划的实施，对路、沟、渠的修筑，林网的兴建，使区内生态环境得到改善。生态观光旅游及农业观光项目的实施，改变原有土地上的脏、乱、差局面，促使整个生态系统的融洽与协调，并保持系统之间的良性循环，有利于改善矿区生态环境。除为当地群众提供休闲、观光的绿色生态场所外，还可以享受其带来的经济效益。二是有利于保护生物多样性治理项目实施之后将有效遏制矿区及周边环境的恶化，在合理管护的基础上最终实现植物生态系统的多样性与稳定性，吸引周边动物群落的回迁，增加动物群落多样性，达到植物动物群落的动态平衡。三是有利于改善农田生态系统采煤塌陷地治理通过土地平整、水利工程、道路工程、农田防护林、水源涵养等工程措施的实施，区域水土流失将得到缓减，生态环境将得到改善；同时也将改善区域内的小气候，达到抵御风沙灾害的作用，从而改善农田生态环境，有效抵御干旱以及洪涝灾害。采煤塌陷地的治理，将使区内生态环境得到改善，土地利用趋向良性循环，增强农业生产的后劲，农业综合生产能力进一步得到提高，为建立现代化农业奠定良好的农业生态环境基础。四是有利于区域水土保持。经调查，采煤塌陷地治理前渠道大部分为土渠，渗漏较严重。通过沟渠整治和边坡植被，可有效减少地表土壤侵蚀，实现高效节水的高标准农田建设目标。③经济效益。项目实施后，经过塌陷地治理和配套路网、电力、水利设施建设，农业结构进一步优化，传统农业经济向高效现代农业经济发展，土地生产力和经济产出能力得到极大提高。采煤塌陷地治理后，将传统单一的大田种植模式向集种植、养殖、农业观光为一体的立体高效生态农业模式转变。整治采煤塌陷地面积 1.5 万亩。工作中，结合土地塌陷变形程度以及积水情况，采取联通水面、恢复耕作、修建道路等“水生态 +”综合整治的模式，保护和改善矿区生态环境。同时借助“竹绿矿区”行动，选取合适的竹子种类，在适宜的采煤塌陷地进行栽植，构建以竹林为主的绿色生态涵养体系，逐步将塌陷区打造成“河清湖秀、竹林摇曳”的肥城后花园。项目建设实施过程中，结合塌陷地实际，有针对性的选取适宜绿化树种，建设竹林近 400 亩，带动肥城市兴润园林流转周边土地发展以竹林为主的生态园林 2000 亩。树种的优化栽植，有效改善矿区的生态环境，涵养净化水质，形成多树种、层次感强的绿色屏障。治理后，改善耕种面积 1.05 万亩，改善河流水面及坑塘水面积 2146 亩，每年可增加经济效益 260 万元，有效提高农民的收入水平，为实现区域经济社会可持续发展提供良好条件。另外，随着采煤塌陷地生态环境的根本改善，城镇周边和湿地公园周边的土地也会获得显著增值。

四、亮点工程

肥城市石横镇、湖屯镇采煤塌陷地综合治理项目。项目区位于查庄煤矿、鑫国煤矿、华玫煤矿、白庄煤矿、新陶阳煤矿等 5 家矿区范围之内，

石横镇采煤塌陷地综合治理项目（于学山　摄）

本次治理采煤塌陷地为查庄煤矿、鑫国煤矿、华玫煤矿、白庄煤矿等 4 家煤矿开采所形成的采煤塌陷地区域。项目区行政区划为肥城市石横镇、湖屯镇。计划投资 1.0007 亿元。该项目 2018 年 8 月开工，主要建设内容包含三个方面。一是在常年积水区域和季节性积水区域，优先采取水系贯通措施。采取挖深垫浅、清淤回填、护坡等生态治理措施，采用规范化的管理方式对塌陷区进行集中整治，发展立体高效农业和渔禽综合养殖业。二是合理规划田间道路及农田灌排设施布局，形成“田成方路成行，林成网，渠相通、沟相连，旱能灌、涝能排”现代化农业格局，既为合理布局各种农作物，调整农业生产结构打下良好基础，又为推广机械化作业提供良好条件。三是合理布置项目区土地平整、农田水利、道路、桥梁等各项工程；四是通过实施竹园和农田防护林工程，防风固土，增强抵御自然灾害的能力，改善区域生态地质环境。至年末，项目已竣工，完成初验。在资金筹措中，使用省级资金 3000 万元，地方配套资金 3707 万元。

（刘代英）

肥城年鉴

FEICHENG YEARBOOK

君子之邑

FEICHENG
YEARBOOK
2020

大事记

大事记

大事记

1月

1月7日 全市扫黑除恶专项斗争农村“三资”清理冬季攻坚调度会议召开。市委书记常绪扩出席会议并讲话，市领导辛涛、王勇强、贾同国、鄂宏超出席会议。与会人员实地参观老城街道月庄村、潮泉镇黑山村、新城街道王坊村“三资”清理工作现场，桃园镇、王庄镇、安临站镇、市公安局负责人汇报工作进展情况和下一步工作打算。

△ 省盐业体制改革和专项治理领导小组第一检查组到肥城督导检查盐业体制改革落实工作。市委副书记、市长殷锡瑞，市领导韩立新陪同活动。检查组查看有关档案资料，并实地查看景苑小区华联超市、肥城精制盐厂等现场。

1月8日 全市治理违法建设“三大攻坚”行动部署会议召开，会议安排部署开展城市建成区违建集中整治、肥桃路沿线违建专项整治、公路沿线广告设施整改三大行动。

1月10日 中国共产党肥城市第十四届委员会第六次全体会议举行。市委委员41人、市委候补委员9人出席会议，市纪委常委、市监委委员和有关方面负责人列席会议。会议由市委常委会主持，市委书记常绪扩讲话。全会以习近平新时代中国特色社会主义思想为指导，深入学习贯彻党的十九大和十九届二中、三中全会精神，深入学习贯彻习近平总书记关于深化党和国家机构改革的重要论述和重要讲话精神，坚决贯彻执行中共山东省委、山东省人民政府批准的《肥城市机构改革方案》，审议通过《中共肥城市委 肥城市人民政府关于肥城市市级机构改革的实施意见》。

△ 全市市级机构改革动员大会召开。主要是深入学习贯彻习近平总书记关于深化党和国家机构改革的重要论述和重要讲话精神，全面落实中央和省、市改革要求，安排部署肥城市市级机构改革工作，确保顺利完成新一轮机构改革任务，为加快构筑“党建新高地、法治新高地、市场新高地”注入新的动力。市委书记常绪扩出席会议并讲话，市委副书记、市长殷锡瑞主持会议，市领导辛涛、赵燕军、侯庆洋等出席会议。

1月16日 市委书记常绪扩走访慰问城乡困难群众、优抚户、中华人民共和国成立前老党员和敬老院老人。

1月27—29日 中国人民政治协商会议第九届肥城市委员会第三次会议在市人民会堂召开。市委副书记、市长殷锡瑞代表中共肥城市委祝贺大会召开并作重要讲话。侯庆洋代表九届市政协常委会向大会做《政协第九届肥城市委员会常务委员会工作报告》。市政协副主席邹家强代表九届市政协常委会作提案工作报告。会议对优秀政协委员、优秀提案、提案办理先进单位进行表彰，选举孔祥申、李庆东为政协第九届肥城市委员会常务委员，审议通过本次会议的政治决议。

1月28—30日 肥城市十八届人大三次会议在市人民会堂召开。市委副书记、市长殷锡瑞代表市政府向大会作《政府工作报告》。会议书面印发《关于肥城市2018年国民经济和社会发展计划执行情况与2019年计划草案的报告》《关于肥城市2018年预算执行情况和2019年预算草案的报告》。表决通过肥城市第十八届人民代表大会第三次会议关于增设肥城市第十八届人民代表大会社会建设委员会和更名肥城市第十八届人民代表大会法制（内务司法）委员会为肥城市第十八届人民代表大会监察和司法委员会的决定，关于肥城市第十八届人民代表大会社会建设委员会、监察和司法委员会相关组成人员人选表决办法。审议通过《市十八届人大三次会议关于肥城市政府工作报告的决议》《关于肥城市2018年国民经济和社会发展计划执行情况与2019年计划的决议》《关于肥城市2018年预算执行情况与2019年预算的决议》《关于肥城市人民代表大会常务委员会工作报告的决议》《关于肥城市人民法院工作报告的决议》《关于肥城市人民检察院工作报告的决议》。

1月30日 中共肥城市纪委十四届五次全体会议召开。会议深入学习贯彻习近平新时代中国特色社会主义思想，全面落实党的十九大精神，贯彻十九届中央纪委三次全会、省纪委十一届四次全会、泰安市纪委十一届四次全会部署，回顾2018年全市纪检监察工作，安排2019年任务，推进全面从严治党不断向纵深发展，为经济社会高质量发展提供坚实保障。市委书记常绪扩出席会议并讲话，市委副书记、市长殷锡瑞主持会议。市领导辛涛、赵燕军、侯庆洋等出席会议。会议通过市纪委常委会工作报告，《中共肥城市第十四届纪律检查委员会第五次全体会议公报》。

1月31日 全市2018年度镇街区和市直有关部门单位党（工）委书记履行全面从严治党责任和抓基层党建工作述职评议会议召开。泰安市委组织员办公室主任贾玉亮到会指导，肥城市委书记常绪扩主持会议并作点评讲话。肥城市领导殷锡瑞、辛涛、赵燕军、侯庆洋等出席会议。会上，各镇街党（工）委书记，高新区管委会主任，经开区党工委书记、市直机关工委书记、市工业和信息化局、商务局、住建局、农业农村局党组书记分别就2018年度履行全面从严治党责任和抓基层党建工作情况进行述职。与会人员对述职人履行全面从严治党责任和抓基层党建工作进行投票评议。

2月

2月11日 市委书记上廉政党课暨全市党员干部警示教育大会召开。市委书记常绪扩要求纵深推进全面从严治党，从严从实加强党风廉政建设和反腐败工作，全市党员干部要对党忠诚、坚守底线、自觉接受监督、加强自身修养、在干事创业中实现自己的人生价值，既要干成事、又要不出事，奋力书写“党建新高地、法治新高地、市场新高地”时代新篇章。殷锡瑞、辛涛、赵燕军、侯庆洋等市大班子领导参加活动。党课开始前，集体观看警示教育片。会议结束后，市各大班子领导、副县级以上领导干部、各镇（街、区）党（工）委书记、高新区管委会主任到文广大厦参观警示教育展。

2月13日 “建安天下·筑梦中华”肥城市建筑安装业颁奖典礼举行。市大班子领导常绪扩、辛涛、赵燕军、侯庆洋、乔磊、戴先锋、名树伟、王勇强、付玲、贾同国、鄂宏超、桑逢智，各镇街区、市直有关部门、各建筑安装企业主要负责人，受表彰企业的家属代表等出席颁奖典礼。市领导分别为2018年度建筑安装业十强企业、建筑安装业进步最快企业、建筑安装企业先进个人代表、建筑安装业能工巧匠代表颁奖。

2月14—19日 市大班子领导常绪扩、殷锡瑞、辛涛、赵燕军、侯庆洋等集中听取各镇街区和市直各部门单位“四定”情况汇报。会上，各镇街区和市直各部门单位的主要负责同志汇报2018年“四定”完成情况及2019年“四定”工作安排，分工和联系包保的市级领导做补充，并进行点评，与会的其他领导分别发言，对做好下一步工作提出意见建议。

2月21日 行政审批服务工作调度会议召开。市委书记常绪扩出席会议并讲话，要求市行政审批服务局要坚持以办成事为目的，以服务项目、服务企业、服务群众为中心，持续优化审批流程，加强领导班子自身建设，强化窗口工作人员管理，积极稳妥地推进改革步伐，打通服务群众最后“一公里”，营造更加优良的营商环境。市委副书记、市长殷锡瑞，市委常委、办公室主任王勇强，副市长桑逢智出席会议。

2月22日 省委第二巡视组向肥城市委反馈巡视情况。省委第二巡视组副组长刘天海向肥城市委书记常绪扩传达省委书记刘家义关于巡视工作的讲话精神，反馈巡视情况，并就整改工作提出要求。刘天海出席巡视肥城市反馈会议，代表省委巡视组向肥城市领导班子进行反馈。泰安市委常委、市纪委书记、市监委主任郝红出席反馈会议并就落实巡视反馈意见提出要求，常绪扩主持反馈会议并作表态发言。

2月23日 全市深入推进镇街行政管理体制改革动员会议召开。会议主要贯彻落实上级关于有力有序推进机构改革的要求，安排部署镇街行政管理体制改革工作，动员各级各有关部门单位进一步提高认识、明确责任、迅速行动，确保顺利完成改革任务。市委书记常绪扩出席会议并讲话，市委副书记、市长殷锡瑞主持会议。市委副书记辛涛、市人大常委会主任赵燕军、市政协主席侯庆洋出席会议。市委常委、组织部部长乔磊宣读《关于深入推进镇（街道）行政管理体制改革的实施意见》。

△ 全市经济工作会议暨勇做新时代泰山“挑山工”主题实践活动动员大会在市人民会堂召开。会议主要以习近平新时代中国特色社会主义思想为指导，全面贯彻党的十九大和十九届二中、三中全会精神，深入落实中央、省、泰安市经济工作会议和市委十四届七次全体会议、人大政协“两会”精神，总结2018年经济工作，表彰先进单位和个人，安排2019年发展任务，部署勇做新时代泰山“挑山工”主题实践活动。常绪扩、殷锡瑞、辛涛、赵燕军、侯庆洋等市大班子领导，功勋企业家李军英、李虎川、纪伟等出席会议并在主席台就座。

2月 山东征途科技众创空间获批“山东省创客之家”。

3月

3月4日 山水林田湖草生态保护修复工程暨北部城区建设推进会召开。会议贯彻落实泰安市山水林田湖草生态保护修复工程工作推进会议精神，调度北部城区暨新旧动能转换先行区、山水林田湖草生态保护修复工程进展情况。与会人员首先实地查看月庄河生态保护修复工程、老城街道尚质竹绿小镇、山东鲁西煤炭应急储备基地、北部城区路网老泰临路样板路段、康王河改造等北部城区和山水林田湖草生态保护修复工程重点项目现场，详细了解项目规划及建设进展情况以及存在的困难和问题，现场研究推进措施。后在市人民会堂五号会议室召开会议，市委书记常绪扩出席会议并讲话，市委副书记、市长殷锡瑞主持会议，市领导王勇强、王志勇、杜君河出席会议。

3月5日 省调研组到肥城开展乡村振兴专项调研。调研组先后到湖屯供销社陶山社区服务中心项目、前兴隆村、泰盛光伏农业产业园项目、桃园镇正大果业万亩优质桃示范园、畜禽污染物治理与综合利用项目、仪阳街道刘台村、边院镇万亩有机蔬菜基地等现场开展调研，并听取有关情况汇报。市领导辛涛、陈业荣、赵兴广、孙衍辉陪同活动。

3月6日 市委书记常绪扩调研指导全市农村饮水安全工作。在市直有关部门和镇街主要负责人的陪同下，常绪扩实地查看湖屯镇供水站、中王社区、钱庄新村，老城街道月庄村、杨庄社区、大石关村等农村饮水安全工作现场，详细了解各村饮用水水源规模、供水方式、管网覆盖、受益范围等，并到农户家中查看供水质量，询问水价定价等相关情况。市委常委、办公室主任王勇强，副市长赵兴广陪同活动。

3月7日 市委农村工作领导小组成员（扩大）会议召开。会议传达学习泰安市农村暨扶贫开发工作会议和乡村振兴工作小组第二次会议精神，研究讨论《关于坚持农业农村优先发展进一步做好“三农”工作的实施意见》等文件，调度扫黑除恶专项斗争农村“三资”清理集中行动，进一步梳理明确农业农村重点任务。市委书记常绪扩出席会议并讲话，市委副书记、市长殷锡瑞主持会议，市领导辛涛、王勇强等出席会议。

3月9日 2019年度市直机关“桃乡增绿”行动启动仪式在仪阳街道空杏寺村举行。2019年度市直机关“桃乡增绿”行动以“增绿荒山、服务桃乡”为主题，为全市“活力机关”建设的重要内容，深化党建“基石工程”、创建过硬支部的主题党日活动。常绪扩、殷锡瑞、赵燕军等市大班子领导出席启动仪式并以普通党员的身份参加植树活动。市直八大系统机关党员及仪阳街道党员干部，共1000余人参加活动。

3月14日 全市乡村振兴暨扶贫开发工作会议召开，贯彻落实中央、省、泰安市农村和扶贫开发工作会议精神，总结2018年工作，安排2019年任务。市委书记常绪扩出席会议并讲话，市领导辛涛、赵燕军、侯庆洋等出席会议。

△ 全市宣传思想暨创建全国文明城市工作会议召开，贯彻党的十九大和十九届二中、三中全会精神，全面落实全国、全省和泰安市宣传思想工作会议，泰安市城市工作暨创城迎审表扬奖励大会精神，总结工作、表扬先进，安排部署意识形态工作、新时代文明实践中心建设和全国文明城市创建三项重点任务。市委书记常绪扩出席会议并讲话，市大班子领导辛涛、赵燕军、侯庆洋等出席会议。

3月15日 市委党的建设工作领导小组2019年第一次会议召开。会议研究讨论党的建设工作领导小组调整及相关工作规则职责，2018年度党支部评星定级，党员日常学习教育和加强市直机关党的建设等有关事宜。市委书记常绪扩主持会议并讲话，市大班子领导殷锡瑞、辛涛、戴先锋等出席会议。

3月18日 肥城市人民政府、山东能源肥矿集团、山东省交通运输集团三方就肥城市现代综合物流产业园项目签署战略合作框架协议。山东省交通运输集团党委书记、董事长吴宗昌，山东能源肥矿集团党委书记、董事长姚峰，肥城市领导殷锡瑞、王志勇、杜君河出席签约仪式。

3月20日 市委政法工作会议召开，贯彻落实中央、省委、泰安市委政法工作会议精神，总结2018年工作，安排部署2019年及今后一个时期的工作任务。会上，宣读市委、市政府法律顾问名单并为法律顾问颁发聘书。市委书记常绪扩出席会议并讲话，市委副书记、市长殷锡瑞，市委常委、政法委书记贾同国，副市长、市公安局局长鄂宏超，市法院院长石军，市检察院检察长杨希沧出席会议。

3月21日 肥城市开展主题为“开展终结结核行动，共建共享健康中国”系列活动。在活动现场通过设立健康咨询台、测量血压、发放宣传资料、横幅等多种形式，向居民们宣传结核病相关知识。在肥城矿业中心对市直单位医生、镇街卫生院乡村防痨医生、结防专兼职人员开展培训讲座，并对在校生开展结核病防治核心信息宣传。

△ 全国“两会”精神专题辅导报告会召开。会议邀请全国人大代表、石横特钢集团董事长张武宗以“改革开放、发展，是解决问题的必经之路”为题作辅导报告。

3月28日 齐鲁工业大学（山东省科学院）优秀生源基地授牌仪式举行，授予肥城一中、泰西中学、肥城六中“优秀生源基地”称号。齐鲁工业大学党委书记王英龙，肥城市委副书记、市长殷锡瑞，市委常委、统战部部长付玲出席授牌仪式。

4月

4月3日 中国肥城第18届桃花节暨2019全国桃木旅游商品创新设计大赛开幕式军辉建设之春大型文艺演出在仪阳街道刘台桃花源景区隆重举行。演出活动通过山东电视台闪电新闻客户端、抖音和肥城电视台综合频道、肥城手机台联合全国百家手机台进行现场直播。

△ 2019中国肥城第18届桃花节“双招双引”经济合作洽谈会在宝盛大酒店举行。会上对肥城重点招商项目进行推介，与会人员观看肥城城市宣传片。随后举行重点项目签约仪式，本次洽谈会共签约招商引资项目47个，签约人才科技项目12个。

4月11日 社会资本赋能乡村振兴高峰论坛暨“桃花海唐乡”项目启动仪式在仪阳街道举办。

4月12日 特种建筑用钢产业集群建设项目协调推进会在石横特钢集团召开，会议听取特种建筑用钢产业集群建设项目进展情况，协调解决项目推进过程中遇到的实际困难和突出问题，全力以赴确保项目顺利推进。市委副书记、市长殷锡瑞，市委副书记辛涛，市委常委、副市长王志勇，市领导杜君河出席会议。

△ 2019中国石化行业工程建筑安装发展论坛暨洽商会在肥城举行。中石化联合会副会长赵俊贵、中石化联合会供应链工作委员会秘书长李铁、中国化工施工企业协会副理事长郑建华，肥城市委副书记、市长殷锡瑞出席会议，国内重点石化企业、工程设计公司、工程建设公司、石化装备与材料重点企业以及研究机构代表等120余人参加会议。会上，郑建华做题为《化工建安行业发展历程及展望》的主旨发言。与会人员观看介绍肥城基本经济社会发展情况的专题片《世上桃源君子肥城》及建筑安装业专题片。

△ 山东能源集团副总经理周峰带领考察组到潮泉镇考察康养项目。市委副书记、市长殷锡瑞，市委常委、组织部部长赵伟陪同考察。周峰一行先后到7450工厂原址泰山桃花源项目建设现场和孙楼村进行实地查看，听取殷锡瑞、潮泉镇主要负责人和项目建设方负责人关于肥城基本情况和康养项目情况的介绍。

2019年4月11日，社会资本赋能乡村振兴高峰论坛暨“桃花海唐乡”项目启动仪式在仪阳街道举办（宋浩然 摄）

4月18日 泰鹏智能家居、鲁变电工和麦丰新材三家企业在京举行“新三板”挂牌仪式。

4月25日 省人大常委会调研组到肥城调研民营经济发展环境工作。调研组先后查看阿斯德科技公司、石横特钢集团等企业生产现场，并召开座谈会。市领导常绪扩、赵燕军、王勇强陪同活动。

4月30日 全市庆祝“五一”国际劳动节大会召开。会上宣读市委、市政府《关于表彰肥城市第十三届劳动模范的通报》并为劳模代表颁奖。

4月 石横特钢先进特种建筑用钢智能制造试点示范项目被列入全省智能制造试点示范项目。

4月 汶阳镇西徐村举办新时代文明实践中石书法文化艺术节。

5月

5月13日 泰安市生态环境局肥城分局揭牌仪式举行。泰安市生态环境局局长戴冰，肥城市委副书记、市长殷锡瑞共同为泰安市生态环境局肥城分局揭牌。

5月16日 由省商务厅、阿里巴巴集团主办，山东广播电视台齐鲁频道承办的山东省淘宝直播“村播计划”启动大会在山东广播电视台新大楼一层大厅举行。肥城市委副书记、市长殷锡瑞出席启动大会，并走进直播间，借助淘宝直播平台，通过电商直播方式推介销售肥城的特色农产品。

5月21日 “和5G•共未来”肥城市5G产业战略合作框架协议签约暨试点启动仪式举行。仪式结束后，与会人员参观5G展区和园区物联网产品展示区。

△ 市委国家安全委员会第一次全体会议召开。会议贯彻落实习近平总书记关于国家安全工作的重要论述，传达学习省委国家安全委员会和泰安市委国家安全委员会全体会议精神，审议市委国安委《工作规则》《2019年工作要点》和市委国安办《工作细则》，研究部署2019年重点工作。市委书记、市委国安委主任常绪扩主持会议并讲话，市大班子领导殷锡瑞、赵燕军、侯庆洋等参加会议。

△ 市委全面深化改革委员会召开第一次会议。会议印发中央全面深化改革委员会第七次会议和省委全面深化改革委员会第三次会议精神传达提纲，传达学习泰安市委全面深化改革委员会第二次会议精神，审议并原则通过《中共肥城市委全面深化改革委员会及专项小组组成人员》《中共肥城市委全面深化改革委员会工作规则》《中共肥城市委全面深化改革委员会专项小组工作规则》《中共肥城市委全面深化改革委员会办公室工作细则》和《中共肥城市委全面深化改革委员会2019年工作要点》。市委书记、市委全面深化改革委员会主任常绪扩主持会议并讲话。市委副书记、市长、市委全面深化改革委员会副主任殷锡瑞及委员会成员出席会议，有关市领导和部门负责人参加会议。

5月30日 市委书记常绪扩到部分幼儿园看望慰问孩子们，并出席全市庆祝“六一”儿童节暨青少年宫揭牌仪式。市领导辛涛、王勇强等陪同活动。

5月 “安庄建安AZ”集体商标被国家知识产权局商标局核准注册。

5月 肥城市被确定为山东绿色优质小麦订单种植基地县。

5月 山东一滕新材料股份有限公司被国家工业和信息化部中小企业局公示为第一批国家级专精特新“小巨人”企业，成为泰安市唯一一家入围企业。

6月

6月19日 市人武部组织全市100名基干民兵到市陆房突围纪念馆举行“迎建党98周年肥城市基干民兵重温入党誓词”活动。

6月22日 市委审计委员会第一次会议召开，会议深入学习贯彻中央、省委和泰安市委审计委会议精神，审议市委审计委员会工作规则和办公室工作细则，安排部署全市审计工作任务。市委书记、市委审计委员会主任常绪扩主持会议并讲话，殷锡瑞、辛涛、侯庆洋等市大班子领导，市委审计委员会全体成员出席会议。

△ 市委全面依法治市委员会第一次会议召开，会议深入学习贯彻中央全面依法治国委员会和省委全面依法治省委员会第一次、第二次会议，泰安市委全面依法治市委员会第一次会议精神，审议有关文件，研究部署肥城全面依法治市工作。市委书记常绪扩主持会议并讲话，殷锡瑞、辛涛、赵燕军、侯庆洋等市大班子领导出席会议。

6月26日 省生态环境厅调研组到石横特钢集团调研钢铁行业超低排放治理工作。调研组实地查看石横特钢集团部分生产现场，详细了解污染物深度治理、超低排放和节能减排等工作开展情况。市委副书记、市长殷锡瑞陪同调研。

6月28日 S329薛馆线肥城仪阳至石横段改建（一级路西延）工程正式通车。S329薛馆线肥城仪阳至石横段，起于S329与S104交叉的仪阳互通处，止于S329与石横镇东环交

2019 年 6 月 28 日，S329 肥城仪阳至石横段改建工程建成通车（张攀峰　摄）

叉处，途经仪阳、新城、桃园、石横四个镇街，路线全长 22.9 公里，采用双向四车道一级公路技术标准，新建大桥 3 座，中桥 1 座，小桥 1 座，涵洞 59 道。市大班子领导常绪扩、殷锡瑞、辛涛、赵燕军、侯庆洋、王勇强出席通车仪式。

6 月 29 日　全市庆祝建党 98 周年大会召开。会上对全市党建工作先进单位、先进基层党组织和优秀共产党员代表进行表扬，并采用“讲述 + 视频短片”的形式讲述 10 位优秀共产党员的先进事迹。市委书记常绪扩出席会议并讲话，市委副书记、市长殷锡瑞主持会议。市大班子领导辛涛、赵燕军、侯庆洋等出席会议。

△　交通运输厅调研组到肥城调研青兰高速建设情况。调研组实地察看青兰高速泰安至东阿界段桃园服务区等现场，听取相关情况汇报。泰安市委副书记、市长张涛，肥城市委书记常绪扩，市委副书记、市长殷锡瑞，市委常委、办公室主任王勇强陪同活动。

6 月 30 日　国高青兰线泰安至平阴段通车仪式在青兰高速肥城南收费站举行。青兰高速泰安至东阿界（含黄河大桥）段项目东接京福高速，西承国高青兰线东阿界至聊城段高速公路，全长 75.23 公里。其中该项目在肥城境内全长 34.5 公里，占地约 4000 亩，投资 35 亿元。设计时速 120 公里，双向六车道，路基宽度 34.5 米。在济微路、肥梁路、石横设三处出入口，建设 5.5 公里的石横连接线（其中和泰肥一级路共线 3 公里），在桃园设服务区 1 处，占地约 300 亩。该项工程于 2015 年 12 月开工建设，2019 年 6 月建设完成。

6 月　市市场监管局推行“证照同办”开启审批新模式。

7 月

7 月 3 日　省住房和城乡建设厅调研组到孙伯镇五埠村调研美丽村居建设情况。调研组一行听取市委书记常绪扩和孙伯镇主要负责人关于美丽村居建设情况和五埠村基本概况的汇报，并实地查看五埠村美丽村居建设和旅游业发展情况。

7 月 12 日　新时代泰山“挑山工”先进事迹报告会第二场宣讲在肥城举行。此次活动为泰安市委从新时代泰山“挑山工”10 面红旗和 20 名标兵中选取部分先进典型，组成 5 个宣讲团分赴各地开展宣讲，目的是进一步弘扬新时代泰山“挑山工”精神，持续发挥先进典型示范引领作用，激励各级党组织和广大党员干部争红旗、当标兵，为“不忘初心、牢记使命”主题教育开展预热升温。市委书记常绪扩、市委副书记辛涛、市人大常委会主任赵燕军、市政协主席侯庆洋等市大班子领导在主会场参加报告会，各镇街区设分会场收听收看报告会。

7 月 13 日　市委、市人大、市政府、市政协四大班子联席会议召开，总结交流 2019 年以来工作情况，分析查摆存在的问题，研究部署下步工作。市委书记常绪扩主持会议并讲话，殷锡瑞、辛涛、赵燕军、侯庆洋等市大班子领导参加会议。

7 月 17 日　全市项目落地

工作领导小组召开第一次会议，听取前期工作情况汇报，剖析工作中遇到的困难和问题，研究解决方案，并安排部署下一步项目落地工作。市委副书记、市长殷锡瑞主持会议并讲话，市委常委、副市长王志勇，副市长桑逢智以及项目落地工作领导小组各成员单位负责人参加会议。

7月20日 “岱下清风”廉政文化书画展巡展在市书画艺术馆举行。此次书画展由泰安市纪委市监委主办，共展出绘画作品66件、书法作品69件，参展作品以全面从严治党、习近平用典等为主要内容，巡展时间为7月20日至24日。市纪委、监委分批次组织全市党员干部参观展览。

7月23日 省机关事务管理局调研组到肥城调研指导机构改革后市级机关事务管理部门机构设置和职能履行以及机关事务工作标准化信息化工作开展情况。调研组在召开座谈会后，实地查看市人民会堂、机关大院、文广大厦、三农大厦等工作现场。市委副书记、市长殷锡瑞，市委常委、副市长陈业荣陪同活动。

7月25日 全市“万名干部下基层”工作座谈会召开，市委书记常绪扩出席会议并讲话，市领导辛涛、王勇强、赵伟出席会议。6位服务队队长做交流发言。

7月27日 “党建引领，共创文明”市直机关企事业单位党组织、在职党员“双报到”工作启动仪式在新城街道伊家沟社区新新家园小区举行。市领导常绪扩、殷锡瑞、辛涛等出席启动仪式。

7月 “王庄金裕马铃薯”被国家知识产权局核准注册为集体商标。

7月 肥城金塔机械有限公司、肥城金塔酒精化工设备有限公司、山东云宇机械集团有限公司3家企业入选山东省高端装备制造业领军（培育）企业库。

8月

8月6日 市委农业农村委员会第一次全体会议召开，会议审议通过市委农业农村委员会工作规则和办公室工作细则，听取涉农资金整合和分配有关情况的汇报。市领导辛涛、王勇强、赵兴广、孙衍辉出席会议。

8月8日 肥城经济开发区重点项目签约仪式在市人民会堂举行，7个重点项目集中签约，总投资20.7亿元。市领导常绪扩、赵燕军、侯庆洋等出席签约仪式。

8月13日 市行政审批服务局政务大厅“全国巾帼文明岗”揭牌仪式举行。

8月18日 经开区侯刘村爱心书屋启动仪式举行。

8月21日 市政协在肥城书画艺术馆举办庆祝人民政协成立70周年书画作品展。此次书画展为“三个一”活动的重要组成部分，共征集到书画作品近300幅，展出作品90余幅。

8月22日 山东诗词学会调研组到兴润建设集团有限公司开展调研活动。调研组在兴润建设集团有限公司召开座谈会，观看反映兴润建设集团有限公司发展历程的专题片，听

2019年8月13日，市行政审批服务局全国巾帼文明岗揭牌仪式举行（栾超　摄）

取企业发展情况汇报。市领导常绪扩、王勇强，功勋企业家李云岱陪同活动。

8月27日 新合作生活广场通过全国绿色商场创建现场评审。山东泰山新合作商贸连锁有限公司成为山东省唯一一家有2家国家绿色商场创建成功的商贸流通企业。

8月29日 市政协“同心向党·同行圆梦”庆祝人民政协成立70周年文艺演出举行。

8月 农大肥业“山东省化肥减施增效关键技术与应用”项目获得山东省科技进步一等奖。

9月

9月2日 肥城启动开展“登泰山、游肥城、谋合作、赢未来” 昆山集中招商活动。此次活动由市商务局牵头组织开展，从9月2日开始，到11月8日结束，历时约2个月。

9月6日 第三十三届泰山国际登山节暨2019中国泰安投资合作洽谈会开幕式在泰安举行，肥城市6个项目在开幕式上成功签约。

△ 中铝山东依诺威强磁材料有限公司、山东泰鹏环保材料股份有限公司、山东农大肥业科技有限公司3个项目成功获山东省2019年重大科技创新工程立项支持，项目投资总额1.29亿元，申请省拨经费4100万元。

9月10日 全市教育大会暨2019年教师节庆祝大会召开。会上对尊师重教先进镇街、尊师重教先进单位、教书育人先进单位和优秀教师、优秀班主任、师德标兵奖项、优秀教育工作者进行表彰，并采用“讲述+视频短片”的形式展现10个先进集体、先进个人的事迹。

9月11日 农业农村部调研组到肥城专题调研农业农村经济运行、两区划定、产业园建设等工作。调研组一行实地察看安驾庄镇十万亩粮食绿色高质高效示范方、菜颜粮食种植合作社、桃园镇桃都果业标准化肥桃种植基地等现场，并听取相关工作情况汇报。

9月12日 全市“不忘初心、牢记使命”主题教育工作会议召开，深入学习贯彻习近平总书记在中央“不忘初心、牢记使命”主题教育工作会议上的重要讲话精神，按照中央、省委和泰安市委关于开展“不忘初心、牢记使命”主题教育的部署要求，对全市开展主题教育进行安排部署。泰安市委第三巡回指导组曲业芝、安原，肥城市领导常绪扩、殷锡瑞、辛涛、赵燕军、侯庆洋等出席会议。

9月19日 龙藏深泉商贸有限公司和鸿禧桃木文化用品有限公司2家山东老字号企业作品首次亮相“山东文博会”。

9月23日 全市第二期“不忘初心、牢记使命”主题教育读书班暨2019年科级干部进修班、中青年骨干培训班在市委党校开班。市委书记常绪扩出席开班仪式并讲话，泰安市委第三巡回指导组副组长彭永森，肥城市领导名树伟、王勇强、赵伟出席开班仪式。

9月25日 按照全市“不忘初心、牢记使命”主题教育工作安排，市委常委会开展现场教育和典型教育活动。

△ 市委理论学习中心组围绕“坚定理想信念，提升党性修养”进行专题学习研讨。泰安市委第三巡回指导组到会指导，市委书记常绪扩主持会议并讲话，殷锡瑞、赵燕军、侯庆洋等市大班子领导出席会议。

9月26日 山东军辉集团、肥城宏远公司总部项目相继举行开工仪式。市领导常绪扩、殷锡瑞赵燕军、侯庆洋等出席开工仪式，并先后为两个项目奠基。

9月27日 金融助力泰安新旧动能转换对接会在肥城举行。会议结合开展“不忘初心、牢记使命”主题教育，全面落实“产业兴市”战略，全方位搭建金融资本与实体经济交流对接平台，助力泰安市新旧动能转换。泰安市领导崔洪刚、张涛等，中国人民银行济南分行副行长刘健、山东监管局副巡视员许彦峰等34家金融管理部门、金融机构负责人，肥城市委书记常绪扩，市委副书记、市长殷锡瑞出席会议。

9月30日 在肥城烈士陵园举行肥城市党政军暨社会各界公祭烈士活动。常绪扩、殷锡瑞、赵燕军、侯庆洋等市大班子领导以及党政军、社会各界代表约570人参加公祭活动。

9月 “中韩（肥城）绿色园区”国家级建设试点正式获批。

9月 市就业人才中心荣获“《中国劳动保障报》新闻宣传先进单位”称号。

9月 君祥蜂蜜、泰山桃木王、龙藏深泉（铜金蟾）三家老字号参展“中华老字号 孔府文化行”活动。

10月

10月1日 在市委党校楼前中心升旗广场举行肥城市庆祝中华人民共和国成立70周年升国旗仪式。常绪扩、殷锡瑞、赵燕军、侯庆洋等市大班子领导和机关干部、社会各界代表参加升国旗仪式。

10月12日 肥城市组织县级领导参观泰安市廉政教育展厅，开展廉政教育和警示教育活动。

△ 市委书记常绪扩会见中国环境保护集团有限公司董事长周康一行，双方就环保项目建设相关事宜进行深入探讨交流。市委副书记、市长殷锡瑞等参加会见。

10月16日 泰安市委书记崔洪刚带领泰安市乡村振兴示范区现场观摩会议与会人员到肥城检查指导乡村振兴工作。检查组一行先后实地参观潮泉镇柳沟村、黑山村、上寨村，湖屯镇前兴隆村、曹庄村、张店村等现场，听取镇村负责人有关情况的汇报。泰安市大班子有关领导、市直有关部门以及各县市区主要负责人参加活动。肥城市委书记常绪扩，市委副书记、市长殷锡瑞，市委副书记辛涛等陪同活动。

10月21日 市委常委会召开“不忘初心、牢记使命”主题教育调研成果交流会。主要任务是坚持以习近平新时代中国特色社会主义思想为指导，按照“守初心、担使命，找差距、抓落实”的总要求，就调研发现的问题、提出的思路和解决的办法进行总结交流，推动调研成果转化为解决问题的具体行动。泰安市委第三巡回指导组组长曲业芝到会指导并点评，肥城市委书记常绪扩主持会议，市委副书记、市长殷锡瑞，市委副书记辛涛及市委常委出席会议。

10月22日 全省社会保险宣传暨行风建设经验现场会在肥城设分会场。参会人员参观肥城社保宣传特色画展、观看专题片，并到市政务服务中心社保“冯华窗口”进行实地观摩，听取相关情况介绍。市委副书记、市长殷锡瑞陪同活动。

10月27日 十四届市委第七轮巡察工作动员部署会议召开。经市委批准，十四届市委第七轮巡察共安排5个组，对司法局、公共就业和人才服务中心、社会保险事业中心、建筑安装业发展中心、房产管理服务中心、中国国际贸易促进委员会肥城市委员会、水资源保护中心、牛山林场、金融服务中心、粮食和物资储备中心10个单位党组织开展常规巡察，12月31日结束现场巡察。

10月31日 2019年度泰安市“技能兴泰”职业技能大赛在肥城举办。此次大赛由泰安市委组织部、市人社局等8部门联合主办，肥城市高级技工学校等21个单位具体承办。大赛共设置比赛工种44个，并首次举行乡村振兴专项大赛，参赛人员2000余人。大赛设立一、二、三等奖和优胜奖，各工种第一名将授予“泰安市技术能手”荣誉称号，符合条件的选手分别授予“振兴泰安劳动奖章”“青年岗位能手”“巾帼建功标兵”等荣誉称号。

10月 山东泰鹏集团有限公司、肥城金塔酒精化工设备有限公司获评2019年山东省技术创新示范企业。

10月 市司法局荣获“山东省人民满意政法单位”称号。

10月 征途科技自主研发的“面向中小学的智慧教育综合管理平台”项目获得工信部科技成果登记证书。

10月 肥城市市县级财政管理绩效工作获财政部通报表彰。

11月

11月1日 全国台企联转型升级委员会、日本纽飞尔德株式会社客商到肥城考察。市委书记常绪扩出席座谈会，双方就日本工业园、功能性半导体等项目进行探讨交流。

11月4日 省科技厅专家组到肥城对申建省级农高区工作进行现场考察。专家组一行先后查看农大肥业公司、肥城桃研究所、桃文化博物馆、正大果业基地、刘台桃行和现代农高区服务中心等现场，详细了解相关工作情况。市领导殷锡瑞、辛涛等陪同活动。

11月12日 山东益通安装有限公司总部项目奠基仪式举行。市领导常绪扩、殷锡瑞、赵燕军、侯庆洋等出席仪式，并为项目奠基。

11月18日 老城街道重点项目签约仪式举行，蔚蓝科技产业化基地、有色金属吸附回收利用及环保设备制造、陶瓷骨料建材产业园、沃达建筑安装、生活垃圾分类及收转运、50万吨有色金属分选和设备制造等15个重点项目集中签约。市领导常绪扩、殷锡瑞、赵燕军、侯庆洋等出席签约仪式。

11月23日 葛洲坝压缩空气储能电站项目开工奠基仪式在经开区举行。中国葛洲坝集团装备工业有限公司副总经理陈大明，中国科学院工程热物理研究所副所长吕清刚，肥城市委副书记、市长殷锡瑞，市委常委、组织部部长赵伟，副市长桑逢智出席仪式，并为项目奠基。

11月 “肥城白菜”成功注册为地理标志证明商标，成为肥城市荣获的第10件国家级地理标志证明商标。

12月

12月4日 全市领导干部党的十九届四中全会精神专题学习班在市委党校开班，用4天时间举办两期专题学习班，对市委管理的干部集中轮训一遍。市委书记常绪扩主持开班仪式并讲话。

△ 山东第一医科大学附属肥城医院揭牌仪式在市人民医院举行。

12月10日 省政协调研组到肥城专题调研“双招双引”和加快民营科技型企业发展工作。调研组实地查看山东阿斯德科技有限公司、山东征途信息科技有限公司、泰安市智慧能源科技有限公司和山东瑞福锂业有限公司等现场，并听取相关情况汇报。市领导常绪扩、侯庆洋、王勇强陪同活动。

12月11日 省人大调研组到肥城调研养老服务和人大社会建设工作。调研组一行实地察看子梅养护院、湖屯镇敬老院、山医康养中心，听取相关情况介绍，详细了解肥城养老服务体系和设施建设、养老机构运行和居家社区养老现状等情况。市领导常绪扩、赵燕军等陪同活动。

12月13日 肥城市人民政府与华为技术有限公司、山东征途信息科技股份有限公司合作项目签约仪式举行并签订《肥城市产业转型与升级合作协议》。

12月25日 康王河湿地公园通过试点验收正式成为“国家湿地公园”。

12月26日 肥城市妇女第十一次代表大会开幕。市委书记常绪扩出席开幕式并讲话，市大班子领导殷锡瑞、辛涛、赵燕军、侯庆洋等出席开幕式。

12月 泰鹏环保材料股份有限公司入选省新材料领军企业库。

肥城年鉴

FEICHENG YEARBOOK

君子之邑

FEICHENG
YEARBOOK
2020

市情概况

- 建置区划
- 环境资源
- 人口民族
- 国民经济和社会发展概况
- 社会主义精神文明综述
- 组织机构及负责人

市情概况

建置区划

【历史沿革】 肥城置县前，商（殷）时期，属青州、徐州之域。西周时属兖州之域。春秋时期属齐、鲁两国所辖。战国时期归齐国所辖。秦代属齐郡所辖。

西汉初年，始置肥城县，属兖州刺史部泰山郡所辖。

东汉末年（87—88）撤销肥城县，境地属济北郡卢县、蛇邱县和东平国富城县分辖。

三国魏（220—265）至东晋（317年前），归属同东汉。晋成帝咸和二年（327）后，境地属后赵、前燕、前秦、后燕、南燕的济北郡、东平郡分辖。

南北朝宋（420—479），在肥城县故城设济北郡，境地分属卢县、蛇邱县和富城县，隶属兖州。

南北朝北魏，孝昌三年（527），复置肥城县，并设东济北郡于肥城县城。

南北朝北齐（550—577），撤东济北郡，并于茌平县的济北郡，县境属之。

南北朝北周，建德六年（577），于肥城县城置肥城郡。

隋开皇九年（589），废肥城郡，保留肥城县，属济州所辖，隶属兖州。隋末，废肥城县，境地属济北郡所辖。

唐武德五年（622），复置肥城县，属东泰州所辖，隶属河南道兖州。贞观元年（627），撤肥城县，境地并入博城县。乾封元年（666），改博城县为乾封县。总章元年（668），复改称博城县。神龙元年（705），再次改称乾封县。

五代（907—960），境地仍称乾封县，隶属兖州。

宋代（960—1279），初为乾封县，后属奉符县、平阴县分辖，隶属京东西路郓州。1115—1234年，在旧肥城设辛寨镇，境地属平阴县、奉符县分辖，隶属山东西路东平府。

元至元十二年（1275），复置肥城县，隶属山东东西道济宁路。

明洪武二年（1369），属济南府，隶属山东布政使司。

清初，沿明制。雍正十二年（1734），改属泰安州，隶属山东布政使司泰武道。雍正十三年（1735）泰安州升为泰安府，肥城县仍属之。

民国二年（1913），属岱北道。民国三年（1914），属济南道。1938年，属第六行政督察区。1945年2月，属鲁西（第二办事处）第六行政督察专员公署。1947年，属第十五行政督察区。

1939年10月，县抗日民主政府成立，初属泰西行政委员会，后属泰西专员公署。1942年10月，属晋冀鲁豫边区政府冀鲁豫第六专员公署。1949年9月，隶属泰西专员公署。

1950年5月，肥城县归属泰安专区。1958年10月，划归聊城地区。1959年7月，改属济南市。1961年5月，复归泰安地区。1985年3月，隶属泰安市。1992年8月，撤销肥城县，改设肥城市（县级），由省直辖、泰安市代管。2019年，肥城市仍由省直辖、泰安市代管。

【位置面积】 肥城市位于山东省中部偏西，泰山西麓，汶河北岸。地理坐标为北纬35°53′～36°19′，东经116°28′～116°59′。北与济南市长清区以黄巢寨、泰山窟、小泰山为界；东与泰安市岱岳区朱家庄、西张家庄、边县、二起楼、玄家楼、下官庄、杜家岗、韩家大坡、小河涯、武家庄、西张等村庄接壤；南与宁阳县大孙家滩、北落星、堽城坝、刘家庄、开元寺、解家村等隔汶河相望；西与济南市平阴县双井庄、段天井、后岭、陈屯、柳滩、白庄、展家洼，东平县杨庄、东王、蒜园子、后郑庄、前郑庄、肖庄、麻子峪、山神庙、牛山庄、苍邱、障城等村庄为邻。西南与汶上县的杨庄、云尾、东曹以汶河为界。全境南北最长48公里，东西最宽37.5公里，总面积1277.3平方公里，占泰安市总面积的16.45%。

老县城始建于西汉，位于市境东北部，中华人民共和国建立后，县城进行改建和扩建。至1976年底，建筑用地扩展到1.23平方公里。因地下埋煤待采，1975年经国家计委批准，县城迁至老县城南7公里处刘家庄。1982年县城搬迁基本结束。新城区位于市境北部偏东，处省级干线公路济（南）微（山）、薛（家岛）馆（陶）交叉点，北有泰（安）肥（城）铁路，18条市（县）乡公路在此汇合。北距省会济南75公里；东距泰安市区31公里；南距宁阳县城51公里；西南距东平县城54公里，西距平阴县城45公里。至2019年，城市建成区面积47.39平方公里，为全市政治、经济、文化中心。

【行政区划】 2019年，全市区划为4个街道、10个镇、1个高新技术产业开发区、1个经济开发区，605个村（居）委员会。其中新城街道办事处26个行政村（居）；老城街道33个行政村（居）；潮泉镇11个行政村（居）；王瓜店街道33个行政村（居）；湖屯镇48个行政村（居）；石横镇43个行政村（居）；桃园镇40个行政村（居）；王庄镇53个行政村（居）；仪阳街道49个行政村（居）；安临站镇48个行政村（居）；孙伯镇17个行政村（居）；安驾庄镇71个行政村（居）；边院镇80个行政村（居）；汶阳镇53个行政村（居）。

2019年，牵头济南长清区、联合宁阳县完成界线联检工作，并顺利通过泰安市检查验收。11段界线14个界桩全年巡查率100%。积极推进《肥城市地名志》编制工作，相关资料已完成3遍审核校对。对不规范地名开展清理整顿，完成城区范围内32条未命名道路的命名工作，市政府已发文公布，并在市政府网站平台公示和掌上肥城进行宣传。

（高　伟）

环境资源

【土地资源】 截至年末，肥城市土地总面积1277.3平方千米，其中农用地97037.47公顷（耕地63902.44公顷、基本农田56739.68公顷），占总面积75.96%；建设用地21136.62公顷，占总面积16.55%；未利用地9571.04公顷，占总面积7.49%。境内地势东高西低，北高南低，由东北向西南倾斜。东北部潮泉镇境内的翦云山主峰海拔607.7米，为全市最高点，西南部王庄镇太平屯海拔57.7米，为最低点。中部隆起，北部形成以肥城盆地为特征的康汇平原，南部形成以汶河为特征的汶阳平原。全市较大的山头96座，山山相接，脉脉相连，沟壑纵横，自然形成山地、丘陵、平原、涝洼等多种地形。山地面积42917.3公顷，占总面积的33.6%。海拔高度在150米以上，地面坡度小于25°。青石山、砂石山约各占一半。湖屯镇关王殿以西北部山区，以及济（南）微（山）公路以西的大部低山为青石山，基岩主要由石灰岩构成；湖屯镇关王殿以东、市境北部、东部和边院、安驾庄镇以北低山为砂石山，基岩由花岗岩、花岗片麻岩构成。土壤多属褐土性土，土层厚度大都在30厘米左右。丘陵面积25418.3公顷，占总面积的19.9%，海拔高度在100～150米之间。分布于除汶阳镇以外的各镇街低山周围。基岩主要由石灰岩、花岗岩组成，多为褐土性土、褐土和淋溶褐土，质地为壤质和沙壤质。地貌多属沟谷梯田、坡麓梯田，由坡积、洪积物形成。土层较厚，适于花生、地瓜、果树生长，有利于发展农业生产。平原面积59394.4公顷，占总面积的46.5%。主要分布于康王河、汇河、汶河、漕浊河流域，以及各镇街近山阶地以下。土壤多为洪水冲积物形成，属褐土和潮褐土，土层厚，较肥沃。市境北部有康汇平原，南部有“汶阳田”，为全市主要粮食产区。

（王　峰　仲　强　王兆营）

【气候特征】 境内属暖温带大陆性半湿润季风气候区，四季分明。春季干旱少雨，夏季炎热多雨，秋季凉爽干燥，冬季寒冷少雪。年平均气温14.6℃，比常年（13.6℃，1981—2010年统计值，下同）高1.0℃，属气温偏高年份；日均最高气温20.9℃，比常年（19.3℃）偏高1.6℃；日均最低气温9.2℃，比常年（8.6℃）偏高0.6℃；极端最高气温38.5℃，出现在7月26日；极端最低气温-12.7℃，出现在12月31日；日最高气温≥35.0℃有25天，日最低气温≤-10℃有5天。年降水量420.5毫米，比常年（645.7毫米）少34.9%，属降水偏少年份；日降水量≥50毫米的暴雨天气过程1日，出现在6月5日，降水量56.1毫米。年日照时数2126.9小时，比常年（2281.3小时）少154.4小时，属日照时数偏少年份。年均风速1.0米/秒；年最多风向为东东南。积雪2天，无霜期274天，大雾22天，霾63天。

（张建成）

【水源特征】 全市多年平均降水量为645.7毫米，其中汛期6—9月降水量占全年的74.2%。多年平均水面年蒸发量1224.5毫米，多年平均水资源总量2.6亿立方米，其中地表水资源量为1.5亿立方米，地下水资源总量为2.1亿立方米，重复计算量为1.0亿立方米。全市人均占有水资源量271立方米，仅为全国人均占有量的12.9%、全省的81.1%、泰安市的87.1%，属极度缺水区。境内大小河流共43条，多为行洪河道，流域面积在200平方千米以上的河道有大汶河、康王河、汇河、漕河、浊河、小汇河、上金线河7条，总长度196千米，均为季节性河流。

【生物资源】 全市现有野生陆生脊椎动物约199种，其中鸟类166种，两栖类7种，爬行类10种，兽类16种。其中国家重点保护21种，省重点保护31种。人工养殖野生动物6种。全市境内植物种类较多，常见的有300余种，其中木本植物共有45个科87个属，190个种和变种，代表性植被类型有油松林、赤松林、侧柏林、刺槐林等。果树有30多种，观赏树种有30余种，乔木树种主要有泡桐、油松、赤松、刺槐、国槐、苦楝、臭椿、杨类、苹果、桃、杏、桑等，主要草本植物有白草、羊胡子草、结缕草、狗尾草等。

（江永恒）

【矿产资源】 境内矿产资源丰富，已发现矿产种类29种，占全省已发现矿产总数的47.6%，其中能源矿产2种，金属矿产3种，非金属矿产23种，水矿产1种；已发现矿产地124处，探明（包括地方掌握）储量矿种17种，占已发现矿种的57%。已探明储量矿产地91处，矿点33处。大型矿床15处，中型9处，小型67处。按探明储量统计，石膏、岩盐、石灰岩、地热居前四位，岩盐、钾盐居全省第一位。

（王　峰　仲　强　王兆营）

人口民族

【人口状况】 2019年末，全市常住人口96.7万人，同比下降0.11%。其中城镇人口60.77万人，同比增长0.1%，农村人口35.93万人，同比下降0.47%。全年出生8413人，出生率8.44‰，自然增长率2.96‰。出生人口性别比为104.9∶100。

（杜　坤　陶国杰　赵　侃　王双双）

【民族概况】 肥城市为全省24个民族工作重点县（市、区）之一，有少数民族26个，总人口1.17万人，主要是回族，占99%，分布在边院、安驾庄、王庄、汶阳、城区及矿区。少数民族1000人以上的镇街有边院镇、安驾庄镇、新城街道。全市有少数民族村21个，其中人口超过50%的民族村有9个（含前黄、后黄、升庄3个纯民族村）；民族小学2所（边院镇民族小学、安驾庄镇民族小学）；民品企业1家（龙祥纺织）。

国民经济和社会发展概况

【概况】 2019年，面对错综复杂的经济形势和艰巨繁重的改革任务，全市上下坚持“实事求是地想、实事求是地谋、实事求是地干”的工作理念，践行“一二三四五”的工作思路，牢牢把握稳中求进总基调，落实“巩固、增强、提升、畅通”八字方针，扎实做好“六稳”工作，全市经济运行呈现总体平稳、稳中有进、进中向好的态势，市十八届人大三次会议审议批准的国民经济和社会发展计划顺利完成。

经济保持平稳增长，综合实力迈上新台阶。全年完成市内生产总值690.3亿元，同比增长6.8%；完成公共财政预算收入40.42亿元；实现境内税收63.5亿元、增长5.4%；社会消费品零售总额330亿元，增长4.5%；金融机构各项存贷款余额分别为653.4亿元、334.6亿元，比年初增加92.9亿元和17.7亿元；城镇居民人均可支配收入39626元、农村居民人均可支配收入19503元，分别增长7.1%和9.5%。

动能转换全面起势，产业转调实现新突破。三次产业比例调整为8.0∶49.9∶42.1。工业经济提质增效。深入实施工业强市战略，9个项目入选省技改项目导向目录，60个项目列入省技术创新项目计划。瑞福锂业入选国家级“绿色工厂”，索力得焊材、联谊公司入选省级制造业单项冠军，瑞福锂业、农大肥业被列为首批省级化工重点监控点，化工产业园获批全国首批、全省首个“中韩绿色园区”试点。实现规模以上工业产值407.7亿元、增长1.5%，工业增加值增长5.5%。突出抓好建安业培植，实现总产值678亿元，被命名为“中国石油和化工安装之乡”。服务业创新发展。实现服务业增加值399.5亿元，增长7.8%。实施服务业载体建设工程，春秋古城、新兴产业园被列为省重点服务业园区，银宝、富世康、新合作被列为省重点服务业企业，星美城市广场被列为省服务业载体项目，泰山桃花源被列为省服务业特色小镇。麦丰新材料实现“新三板”挂牌，泰鹏环保、隆泰金属启动上市程序。成功举办“两节一赛”节庆活动，陶山朝阳洞石刻造像入选第八批全国重点文物保护单位名单。农业发展持续向好。加快培育农业龙头企业，新增规模以上农业龙头企业10家，兴润园林成为肥城市首家国家林业重点龙头企业。积极推进有机农业标准化建设，新增种植面积6000亩，总面积达到6.8万亩。实施农业品牌化发展战略，新申报“三品”认证128个，其中有机认证46个，肥城桃入选中国农业品牌目录农产品区域公用品牌，“肥城白菜”荣获国家农产品地理标志证明商标，“泰山君子茶”“兴润农之源蔬菜水果”被认定为省级知名农产品企业产品品牌，肥城市成功获批“中国好粮油”示范县，创建省级农业高新技术产业开发区。

项目投资拉动有力，实体经济实现新发展。项目建设加快推进。铺开实施62个重点推进项目，总投资416.6亿元，实行“月调度、月通报”制度，年内完成投资139亿元。泰山·桃花源项目被列为省政府重点建设项目、泰安市产业经济重点建设项目，22个项目列为泰安市级重点建设项目，17个项目列为泰安市前期重点推进项目。聚力打造特种建筑用钢产业集群建设“一号工程”，项目手续全部完成，完成固定资产投资40亿元，到位“双招双引”资金20亿元、外资6000万美元。“双招双引”质效双提。以“四新”“四化”为主攻方向，聚焦重点区域、产业和企业，发挥招商谈判和项目落地“两支队伍”作用，充分调动在外肥城人才和企业两大招商主力积极性，实施精准专业招商，组织昆山区域集中对接招商等招商活动，推动高质量项目签约落地，招商引资到位资金145.9亿元。引进各类高层次人才112名，其中院士4名、相关专家3名。对上争取成效显著。454个项目列入上级扶持范围，全年到位无偿资金22.8亿元。重大事项、重大项目争取取得突破性进展，老泰临路升级改造纳入国家独立工矿区扶持范围；争取三批棚户区改造配套基础设施中央预算内资金1.8亿元；青兰高速肥城段、泰肥一级路西延相继通车，一级路绕城加快推进。

区域经济协调发展，城乡面貌得到新改善。城市环境更加优美。提升道路通畅度，完成文化路西延、桃园街北延、凤山大街南延等道路延伸工程，城区累计维修道路7.3万平方米，新安装路灯670余盏。实施供热管网改造工程，城区新建16个小区供热管网、9个小区换热站，对17个小区老旧供热设施进行维护，新增供热面积90.6万余平方米。实施绿化提升工程，绿化补植18万平方米。改善雨污水排放系统，完成雨污水管网新建及改造工程18个，铺设供水主管网2.6公里。全力推进棚户区改造和村居改造，开工建设棚户区改造项目950套、村居改造项目19791套。村镇建设亮点纷呈。扎实开展农村人居环境整治三年行动，推进农村垃圾分类处理，完善农村改厕后续管护机制，中节能垃圾焚烧发电项目并网发电。新建省级美丽乡村示范村4个、达到19个，美丽乡村覆盖率达到70%，汶阳镇、潮泉镇被认定为首批省乡村振兴示范镇，11个村获评省乡村振兴示范村。

改革创新持续深化，发展活力得到新提升。完成镇街行政管理体制改革，石横镇被列为全国经济发达镇行政管理体制改革镇试点。落实“放管服”改革要求，推进行政审批制度改革，全面实行重点项目全程代办制度。累计开展国家级、省级改革试点45项，15项改革试点工作经验被省级以上部门刊发推广。农村集体产权制度改革、金融体制改革、国有企业社会职能移交扎实推进。实施创新驱动发展战略，新增高新技术企业21家、国家科技型中小企业15家，新建泰安以上科技创新平台51个，农大肥业获省科技进步一等奖。一滕新材料被评为首批国家级专精特新“小巨人”企业，联谊工程、金塔机械获评国家知识产权优势企业，大庚科技、昌盛石墨被认定为省瞪羚企业，3家企业被认定为省级“一企一技术”研发中心，14家企业被认定为省级专精特新企业，2家单位被认定为省级小型微型企业创业创新示范基地。实施品牌创塑工程，“农大及图”被认定为中国驰名商标，“安庄建安”“王庄金裕马铃薯”成功注册集体商标，10家企业的主导产品和2家企业服务项目荣获山东优质（知名）品牌，“肥城桃木雕刻”荣获2019年中华品牌商标博览会金奖，全市企业新参与制修订国家、行业、地方及团体标准32件，“肥城标准”的影响力显著增强。

社会事业不断进步，民生福祉实现新增进。全市民生支出达到47.3亿元，占公共财政预算支出的79%。大力实施就业优先战略，实现城镇新增就业再就业9648人，城镇登记失业率控制在1.5%。积极鼓励创业带动就业，发放创业担保贷款9047万元，创业创新的氛围更加浓厚。推动教育优质均衡发展，实施农村中小学全面改薄、解决中小学大班额、教育装备提升等工程，撤并小规模农村学校5处，改扩建学校13处，桃花源中学投入使用，校长职级制改革、兼职教研员制度有效实施。深化医药卫生体制改革，获评省级健康促进示范市，被确定为全国县域紧密型医共体试点县。社会保障普惠面不断扩大，保障水平逐年提高。扎实推进脱贫攻坚，建档立卡贫困户脱贫任务全部完成，76个省市级贫困村全部摘帽。

（刘　鹤）

社会主义精神文明综述

【概况】 2019年，全市贯彻落实习近平总书记关于精神文明建设的系列重要论述精神，紧密围绕上级工作部署，深化思想认识，创新工作方式，扎实细致地推进精神文明建设各项工作迈上新台阶，城乡居民获得感、幸福感不断增强，市民文明素养和社会文明程度大幅提升。

文明创建取得实效。坚持把文明城市创建作为群众性精神文明创建活动的龙头工程，全面部署、统筹推进各级各类文明单位（村镇、社区、校园）等创建工作。印发2019年创城工作方案和工作制度，先后统筹协调、推动实施小区“三有六化”达标创建、文明养犬、市民“四不”行为集中整治、“门前四包”等专项治理，开展文明交通劝导、垃圾捡拾等志愿服务活动。结合肥城文化特色，利用道旗、灯箱增设自创公益广告2000余块，青兰高速出口至城区路段增设公益广告100余块。各沿街门店滚动播放社会主义核心价值观24字、讲文明树新风公益广告标语，文明城市创建宣传氛围无处不在。2019年全国文明城市创建工作在全省20个测评县市中位居第3名。加强各级文明单位、村镇、社区，文明校园管理，完成2018年度全国、省、泰安、肥城市级文明村镇、文明单位、文明社区、文明校园复查评选工作。截至2019年末，共有全国文明村镇2个，省、泰安市、肥城市级文明单位354个、文明村镇475个、文明社区39个、文明校园105个。

培树典型营造风尚。结合道德模范、鲜花送文明、肥城好故事、善行义举四德榜等评选表彰活动，深化“身边好人”推荐评选力度。举办肥城市道德模范颁奖典礼，评选出道德模范12名。为发挥道德模范引领作用，从12名道德模范中选拔5名典型组成全市新时代文明实践道德模范演讲团，组织举办模范事迹演讲进机关、进农村、进社区、进学校、进企业、进网络活动。开展鲜花送文明42次，评选肥城好人17人，入选山东好人3人、泰安好人10人。4月，承办山东好人发布仪式暨道德模范与身边好人现场交流活动。建成肥城市道德模范事迹展厅，集中展示历年来肥城市各级道德模范事迹，有力弘扬主旋律、传播正能量。

德育为首培育新人。以扣好人生第一粒扣子为主题，开展未成年人思想道德建设实践活动，培养担当民族复兴大任的时代新人。制定《2019未成年人思想道德建设工作实施方案》，以社会主义核心价值观为统领，全面提升青少年学生综合素养。举办肥城市2019“桃都国学小名士”经典诵读电视大赛，组织开展“扣好人生第一粒扣子”主题实践活动，部署开展“清明祭英烈”“七一”传承红色基因、“童心向党”歌咏展演等活动。深入开展新时代好少年评选表彰，2019年共有7人获得泰安市“新时代好少年”称号。

文化铸魂淳化乡风。按照全市乡村振兴工作安排部署，牵头住建、环卫、民政、文化旅游等单位成立乡村文化振兴专项组，以文化铸魂，扎实推进新时代文明实践中心建设，抓好城乡环卫一体化和移风易俗工作，农村面貌、农民精神风貌显著提升，乡村文明程度不断提高。建立新时代文明实践市中心、14个镇街区分中心、605个社区（村）站，发展志愿队伍800余支，每个社区（村）至少1支特色队伍，全市登记志愿者12.8万人，全面构筑“讲、评、帮、乐、庆”“5+X”文明实践活动体系，共举办农业、卫生、法律等宣讲培训630期，服务基层群众8.7万人次；开展关爱困难家庭、留守儿童、孤寡老人等爱心活动560次，捐款捐物近850万元。牵头做好城乡环卫一体化和移风易俗工作，开展全市城乡环卫一体化、移风易俗和村风民风电话调查，迎接省文明办文明达标村检查，成绩在泰安排名第一。推进移风易俗，605个村全部建立红白理事会，健全章程和标准流程，并纳入各村《村规民约》，引导村民丧事简办、婚事新办。

（刘凤惠）

组织机构及负责人

中共肥城市委员会及工作部门

书　记　常绪扩
副书记　殷锡瑞　辛　涛
常　委　常绪扩　辛　涛　乔　磊（2月止）
殷锡瑞　戴先锋　王勇强
名树伟　王志勇　付　玲（女）
徐传柏　陈业荣（挂职）　贾同国
赵　伟（2月起）

市委办公室

（市档案局、市委保密委员会办公室、市国家保密局）

【1月，加挂市档案局、市委保密委员会办公室（市国家保密局）牌子】

主　　任　王勇强
常务副主任　马　新
副　主　任　梁乙广（8月止）　张阴明
有保龙（1月止）　朱　国
杜春蕾（女，挂职，7月止）

市档案局
局　长　马　新（1月起）
副局长　朱　国（1月起）

市委保密委员会办公室（市国家保密局）
主　任　马　新（1月起）
副主任　朱　国（1月起）

市委研究室
主　任　梁乙广（8月止）
副主任　杨宪坤（6月止）　郭庆付（9月止）

市委机要保密局
局　长　马　勇
副局长　刘　涛　雷印强

市接待处
主　　任　李　晋
副　主　任　陈　鹏　罗　珉（5月止）
李勇军（5月起）
党支部书记　陈　鹏
副　书　记　李　晋

市委农村工作办公室（1月，撤销）
主　任　刘传忠（1月止）
副主任　宋　强（1月止）

市委维护稳定工作办公室（1月，撤销）
主　任　李　利（1月止）

市委全面深化改革领导小组办公室
主　任　王勇强
副主任　梁乙广（8月止）　赵衍水
杜兆旭（副科级）

市扶贫开发领导小组办公室
主　任　张阴明
副主任　刘传忠（正科级）
辛海庆（5月止）　庞祥锋
王庆明（5月起）

市委组织部

（市公务员局）

（1月，加挂市公务员局的牌子）

部　　长　乔　磊（3月止）
赵　伟（3月起）
常务副部长　高纪河（8月止）
分管日常工作的副部长　王　涛（9月起）
副　部　长　王　涛（9月止）
赵衍军（1月止）
雍彦明　赵勤勇
张淑萍（女，1月止）
孔庆亮　马兴国（1月起）
高　冰（9月起）
刘文东（9月起）

市公务员局
局　长　高纪河（1月至8月）

王　涛（9月起）

副局长　王　涛（1月至9月）

赵勤勇（1月起）　孔庆亮（1月起）

市委组织员办公室

主　任　杨仁峰（正科级）

市委党员教育中心（5月，市委党员干部现代远程教育中心更名为市委党员教育中心，领导干部职务相应易名）

主　任　孔庆亮（5月起）

副主任　王蓓蓓（女）　李　伟

市人才工作服务中心（5月，市人才工作办公室更名为市人才工作服务中心，领导干部职务相应易名）

副主任　赵海丽（女）　范　军（5月起）

市委非公有制经济组织和社会组织工作委员会

书　记　赵勤勇

副书记　孙　强

市委宣传部

（市政府新闻办公室、市精神文明建设委员会办公室、市互联网信息办公室）

（1月，加挂市政府新闻办公室、市精神文明建设委员会办公室、市互联网信息办公室牌子）

部　　长　名树伟

常务副部长　王小琳

副　部　长　陈桂岭　楚红霞（女）

马　勇　胡子杰

市政府新闻办公室、市精神文明建设委员会办公室、市互联网信息办公室

主　任　王小琳（1月起）

副主任　陈桂岭（正科级，1月起）

楚红霞（女，1月起）

马　勇（1月起）

市精神文明建设委员会办公室（1月，撤销）

主　任　陈桂岭（1月止）

副主任　王秀民（1月止）　刘　正（1月止）

市爱国卫生运动委员会办公室

主　任　王　强（5月止）　马　勇（5月起）

副主任　王　浩　张　磊

市新闻中心

主　任　宋　杰

副主任　张一民　李海峰

市网络安全和信息化服务中心（1月，市互联网新闻宣传管理办公室更名为市网络安全和信息化服务中心）

主　任　孙甲勇

市文化体制改革和文化产业发展服务中心

主　任　武文文（女，5月起）

市委统战部

（市政府台湾事务办公室、市民族宗教事务局、市政府侨务办公室）

（1月，加挂市政府台湾事务办公室、市民族宗教事务局、市政府侨务办公室牌子，不再保留市委台湾工作办公室、市民族与宗教事务局）

部　长（主任、局长）　付　玲（女）

常务副部长（常务副主任、副局长）

张云丽（女）

副部长（副主任、副局长）

安学勇　韩荣富（5月止）

杨同喜　李　莹（女，5月起）

市政府台湾事务办公室、市民族宗教事务局、市政府侨务办公室（1月设立）

主　任（局　长）　张云丽（女，1月起）

副主任（副局长）　韩荣富（正科级，1月起）

杨同喜（1月起）

市委市直机关工委

书　　记　雷印国

副 书 记　裴　涛　刘冬梅（女，5月止）

刘庆来

工委主任　郭启江（正科级，1月止）

机关武装部

部　长　刘庆来（副科级）

市委政法委员会

书　　　记　贾同国
常务副书记　孙衍波
副　书　记　滕永军
刘圣利（正科级，1月止）
冯殿峰　胡建军
市社会治安综合治理办公室（1月撤销）
主　任　冯殿峰（1月止）
副主任　张　亮（1月止）　张　华（1月止）

市委党校

校　　　长　常绪扩
常务副校长（校委会主任）
李福杰（8月止）
宋玉革（8月起）
副　校　长（校委会副主任）
乔宏伟　袁春刚（5月止）
王　兵　侯衍强（5月止）
办公室
主　任　张胜泉（5月止）　张志明（5月起）
教务处
主　任　段绪恒
教研处
主　任　秦紫微（女，5月起）
进修处
主　任　刘　慧（女）
对外培训处
主　任　赵　慧（女）
总务处
主　任　秦紫微（女，5月止）
张胜泉（5月起）

市委老干部局

局　长　王　涛（1月止）　马兴国（1月起）
副局长　谭　健　毕宏伟　楚师平
市委离退休干部工作委员会
副书记　刘传新
市老年大学
校　长　谭　健
副校长　王楠楠（女，5月起）
市老干部活动中心
主　任　毕宏伟
副主任　苏本正　武东华（女）

市委党史研究中心

（市地方史志研究中心、市档案馆）

【1月，组建市委党史研究中心（市地方史志研究中心、市档案馆），撤销市委党史办（市地方史志办）、市档案局（馆），撤销市档案局党支部，原市委党史办（史志办）、市档案局（馆）领导干部职务自行免除】

主　任（馆　长）　尉茂路（1月起）
副主任（副馆长）　庄惠丽（女，1月起）
李庆红（女，1月起）
王　鹏（女，1月起）

市信访局

【1月，市委市政府信访局（市信访复查办公室）调整为市信访局，作为市政府工作部门，成立市信访局党组。不再保留市信访复查办公室】

局　　长　有保龙（1月止）
赵金生（1月起）
副 局 长　宿晓鹏（5月止）
王明星（1月止）　郝　伟
赵海丽（女，挂职，6月止）
方永楷（挂职，6月止）
索传利（挂职，6月止）
宿　琳（挂职，6月止）
李　波（挂职，6月止）
郭启江（正科级，1月起）
党组书记　赵金生（1月起）
副 书 记　郭启江（正科级，1月起）
市信访复查办公室（1月，撤销）
主　任　王明星（1月止）
副主任　陈明利（1月止）

市信访事项应急中心（市网上信访中心）（3月，设立）

主 任 刘太庆（5月起）

市工作目标责任制考核服务中心
（市重点工作推进中心）

【3月，市督查局（市工作目标责任制考核委员会办公室）更名为市工作目标责任制考核服务中心（市重点工作推进中心），领导干部行政职务相应易名】

局长（主任） 赵衍军（1月止）
刘文东（1月起）

副 局 长 郭庆斌 刘春雷

副 主 任 尉 建

市委机构编制委员会办公室

（1月，市机构编制委员会办公室调整为市委机构编制委员会办公室，领导干部职务相应易名）

主 任 张淑萍（女，1月止）
高 冰（1月起）

副主任 赵金生（1月止） 石金山 曹 涛
刘传琨（5月起）

市事业单位监督管理局

局 长 赵金生（1月止）

市事业单位绩效考核中心（3月，设立）

主 任 石金山（5月起）

市机构编制实名制管理中心

主 任 刘传琨（5月止） 赵 强（5月起）

市机构编制管理研究中心

主 任 刘 佳（女，5月起）

中共肥城市纪律检查委员会

书 记 戴先锋

副书记 赵平江 李庆利

常 委 刘 东 汪 涛 刘 净（女）
李开海 曲伟杰（挂职，7月止）

市监察委员会

主 任 戴先锋

副主任 赵平江 李庆利

委 员 刘 东 李大军 汪 涛 李向东

办公室

主 任 魏庆辉

组织部

部 长 冯 强

宣传部

部 长 刘 净（女）

党风政风监督室（3月，不再加挂市政府纠正行业不正之风办公室牌子）

主 任 陈志伟

副主任 蒋元宏 聂金凤（女）

信访室（市国家公职人员违法违纪举报中心）（3月，加挂市国家公职人员违法违纪举报中心牌子，不再加挂市国家行政机关工作人员违法违纪举报中心牌子）

主 任 梁 炜

案件监督管理室

主 任 李 斌

第一纪检监察室

主 任 李开海

第二纪检监察室

主 任 尹 伟

第三纪检监察室

主 任 单光启

第四纪检监察室

主 任 侯根田

第五纪检监察室

副主任 徐 军 于梁萍（女，9月止）

第六纪检监察室

副主任 张 伟 赵 云

第七纪检监察室

主 任 武红卫

第八纪检监察室

主 任 孙海庆

案件审理室（政策法规室）（3月，加挂政策

法规室牌子，不再加挂案件申诉复查室牌子）

主　任　王　兵

纪检监察干部监督室

主　任　蒋元宏

市廉政教育中心

主　任　魏庆辉

派驻第一纪检监察组【7 月，市纪委派驻第一纪工委（监察分局）更名为市纪委监委派驻第一纪检监察组，领导干部职务相应易名】

组　长　刘林波（4 月止）　李伟成（4 月起）

副组长　张　明（5 月止）　宋成国

派驻第二纪检监察组【7 月，市纪委派驻第二纪工委（监察分局）更名为市纪委监委派驻第二纪检监察组，领导干部职务相应易名】

组　长　武　亢

副组长　高　亮　李友琴（女）

派驻第三纪检监察组【7 月，市纪委派驻第三纪工委（监察分局）更名为市纪委监委派驻第三纪检监察组，领导干部职务相应易名】

组　长　王德凯

副组长　李　明

派驻第四纪检监察组【7 月，市纪委派驻第四纪工委（监察分局）更名为市纪委监委派驻第四纪检监察组，领导干部职务相应易名】

组　长　付振文

副组长　江　新

派驻第五纪检监察组【7 月，市纪委派驻第五纪工委（监察分局）更名为市纪委监委派驻第五纪检监察组，领导干部职务相应易名】

组　长　陈兆民

副组长　赵　轶

派驻第六纪检监察组【7 月，市纪委派驻第六纪工委（监察分局）更名为市纪委监委派驻第六纪检监察组，领导干部职务相应易名】

组　长　王　忠

副组长　郝高明（5 月止）

派驻第七纪检监察组【7 月，市纪委派驻第七纪工委（监察分局）更名为市纪委监委派驻第七纪检监察组，领导干部职务相应易名】

组　长　赵春晖

副组长　李达坤

派驻第八纪检监察组【7 月，市纪委派驻第八纪工委（监察分局）更名为市纪委监委派驻第八纪检监察组，领导干部职务相应易名】

组　长　王立柱

副组长　赵　斌

市委巡察机构

市委巡察工作领导小组办公室

主　任　马玉波

副主任　段志强

市委第一巡察组

组　长　朱传忠

副组长　陈　峥

市委第二巡察组

组　长　张　林

副组长　张大松

市委第三巡察组

组　长　刘奎东

副组长　周忠宁

市委第四巡察组

组　长　李明国

副组长　杜宪芳

市委第五巡察组

组　长　张钦富

副组长　孙素青（女）

肥城市人大常委会及办事机构

主　　任　赵燕军

副 主 任　宁洪法

　　　　　王同华（女，1 月起驻会）

　　　　　刘　益　张　伟　李向东

党组书记　赵燕军

副 书 记　宁洪法　张　伟

监察和司法委员会【1 月，法制（内务司法）

委员会更名为监察和司法委员会，领导干部职务相应易名】

主任委员　杜宪侃

副主任委员　高振军　索元胜

财政经济委员会

主任委员　陈　方

副主任委员　张纪营　陈自才

教育科学文化卫生委员会

主任委员　夏崇河

副主任委员　郭泗东

农业与农村委员会

主任委员　刘忠军

副主任委员　张元富　田　涛

城乡建设与环境资源保护委员会

主任委员　谢元亮

副主任委员　胡怀庭

社会建设委员会（1月组建）

主任委员　张文秀（1月起）

副主任委员　袁志强（8月起）

办公室

主　任　雷明广

副主任　魏传伟（6月止）

人事选举代表工作室

主　任　唐爱云（女，1月止）
　　　　卢　军（1月起）

副主任　路　辉（女）

法制工作委员会

主　任　李大志（6月止）　于树军（6月起）

副主任　韩立勇

财政经济工作委员会

主　任　袁志强（6月止）　魏传伟（6月起）

教育科学文化卫生工作委员会

主　任　于树军（6月止）　李大志（6月起）

副主任　李庆群（6月起）

农村经济工作委员会

主　任　魏战鹰

副主任　周　强

城乡建设环境保护工作委员会

主　任　吕尚民

预算工作委员会

主　任　张文秀（1月止）　雷　浩（1月起）

市政府及工作部门

市　长　殷锡瑞

副市长　赵兴广（回族）　王志勇
　　　　鄂宏超（满族）　孙　琪（女）
　　　　艾志刚（挂职，4月止）
　　　　陈业荣（挂职）　桑逢智
　　　　姚玉新（科技，挂职，9月止，11月起）
　　　　李激光（科技，挂职，11月起）

党组书记　殷锡瑞

市政府办公室

（市政府外事办公室、市大数据局）

【1月，加挂市政府外事办公室、市大数据局牌子，不再挂市政府法制办公室、市政府行政执法监督局牌子，成立市政府办公室（市政府外事办公室、市大数据局）党组，撤销市政府办公室党组，领导干部党内职务、行政职务相应易名】

主任（局长）　步　文（3月止）
　　　　　　　荆文忠（3月起）

副主任（副局长）　张　坤　时向东
　　　　　　　　　李建宏（5月止）
　　　　　　　　　伊宪林（5月止）
　　　　　　　　　程传杰（挂职，7月止）
　　　　　　　　　田　峰（5月起）

党组书记　步　文（3月止）
　　　　　荆文忠（3月起）

市政府研究室

副主任　金连震（11月止）　赵　海

市大数据中心（市智慧城市建设服务中心）

【3月，市电子政务中心（市智慧城市建设管理办公室）更名为市大数据中心（市智慧城市建设服务中心），领导干部行政职务相应易名】

主　任　李建宏（5月止）　伊宪林（5月起）
副主任　姜瑞华　步西西（5月起）
市政府应急管理办公室（1月撤销）
副主任　田　峰（1月止）
市民生服务中心（1月，市政府民生服务管理办公室更名为市民生服务中心，领导干部行政职务相应易名）
主　任　时向东
副主任　吕华明

市金融服务中心

（4月，成立市金融服务中心党支部，撤销市金融服务中心党组，领导干部党内职务相应易名）
主　　任　孙　建
副 主 任　王　斌　张晓菲（女）
党支部书记　孙　建
副 书 记　王　斌

市行政审批服务局

（市政务服务管理办公室）
局　长（主　任）　尹　丽（女）
副局长（副主任）　邱士远　赵　刚
马立斌（5月止）
王　祥（5月起）
党组书记　桑逢智
副 书 记　尹　丽（女）
尹小军（5月起）
泰安市公共资源交易中心肥城分中心
主　　任　尹小军
副 主 任　王　祥（5月止）　李英伟
马立斌（5月起）
党支部书记　段绪昌（5月止）
马立斌（5月起）
副 书 记　尹小军
市代办服务中心
主　任　赵学剑（5月起）

市机关事务服务中心

（1月，市机关事务管理局更名为市机关事务服务中心，成立市机关事务服务中心党委，撤销市机关事务管理局党组，领导干部党内职务、行政职务相应易名）
主　　任　赵洪武
副 主 任　车　涛（1月止）
高　峰（5月止）
王　东　刘　琼（女，5月起）
刘　洋（5月起）
党委书记　赵洪武
副 书 记　张宪军（1月止）
市直机关物业管理服务中心
主　　任　刘　琼（女，5月止）
党支部书记　薛　宪（4月止）

市泰西宾馆

（市机关招待所）
经　理（所　长）　张吉东
副经理（副所长）　刘　静（女）
路　红（女）　车传河
党支部书记　张吉东
工 会 主 席　丁庆林（4月止）

市人力资源和社会保障局

【1月，市人力资源和社会保障局（市外国专家局）不再加挂市外国专家局牌子，成立市人力资源和社会保障局党组，撤销市人力资源和社会保障局（市外国专家局）党委，领导干部党内职务、行政职务相应易名】
局　　长　雍彦明
副 局 长　武益军　于茂平（5月止）
张道毅（5月起）
党组书记　雍彦明
副 书 记　王　文
市劳动人事争议仲裁院
院　长　李海庆

副院长　邓兆伟　秦立华（5 月起）

市人力资源社会保障行政执法大队

大队长　张道毅（5 月止）　武建增（5 月起）

社会保险事业中心

（3 月，市社会保险事业处更名为市社会保险事业中心，成立市社会保险事业中心党总支，撤销市社会保险事业处党总支，领导干部党内职务、行政职务相应易名）

主　　任　卞秀凤（女）

副 主 任　张培新　孙　刚　刘同侠

党总支书记　刘同侠

副 书 记　卞秀凤（女）

市公共就业和人才服务中心

（3 月，市劳动就业办公室更名为市公共就业和人才服务中心，成立市公共就业和人才服务中心党支部，撤销市劳动就业办公室党支部，领导干部党内职务、行政职务相应易名）

主　　任　王　文（5 月止）
于茂平（5 月起）

副 主 任　曹会霞（女，2 月止）
祝建新（9 月止）
石振东（5 月起）
赵曙光（5 月起）
刘玉明（9 月起）

党支部书记　李文平（1 月止）
刘玉明（9 月起）

副 书 记　王　文（5 月止）
于茂平（5 月起）

市发展和改革局

（市新旧动能转换综合试验区建设办公室、市能源局）

【1 月，加挂市新旧动能转换综合试验区建设办公室、市能源局牌子，成立市发展和改革局（市新旧动能转换综合试验区建设办公室、市能源局）党组，撤销市发展和改革局党组，领导干部党内职务、行政职务相应易名】

局　长（主　任）　赵衍水

副局长（副主任）　周脉昌（5 月止）
张泗伟（女）
贺芝平（挂职，6 月止）
孙慧慧（女，挂职,7 月止）
陈硕东（1 月起）
刘　宾（1 月起）

党 组 书 记　赵衍水

市重点项目服务中心（3 月，市重点建设项目办公室更名为市重点项目服务中心，成立市重点项目服务中心党支部，撤销市重点建设项目办公室党支部，领导干部党内职务、行政职务相应易名）

主　　任　吴立华

副 主 任　孙殿军　杜　伟　宿晓栋

党支部书记　宿晓栋

市服务业发展中心（3 月，市服务业办公室更名为市服务业发展中心，领导干部行政职务相应易名）

主　任　赵恒泉

副主任　张　军（5 月起）

市经济协作中心（1 月，市经济协作办公室更名为市经济协作中心，领导干部行政职务相应易名）

主　任　陈　兵（副科级）

市新旧动能转换综合试验区建设办公室

副主任　赵孝堂（副科级，8 月起）

市煤炭发展中心

（5 月，市煤炭发展中心调整为隶属市发展和改革局管理，成立市煤炭发展中心党支部，撤销市煤炭发展中心党组，领导干部党内职务相应易名）

主　　任　魏世忠

副 主 任　刘洪波（5 月止）
赵孝堂（8 月止）
王安刚（回族，5 月起）

党支部书记　魏世忠

市煤矿安全监测监控中心

主　任　杜　刚（4月止）

市科学技术局

（市外国专家局）

【1月，组建市科学技术局，挂市外国专家局牌子。2月，成立市科学技术局（市外国专家局）党组，撤销市科学技术局党组，领导干部党内职务、行政职务相应易名】

局　长（主　任）　张　鹏

副局长（副主任）　秦　勇　张翠玲（女）

党　组　书　记　张　鹏

副　　书　　记　曹瑞才

市外国专家局

副　局　长　张翠玲（女，1月起）

市外国专家服务中心（3月，市人才交流服务中心更名为市外国专家服务中心，调整为隶属市科技局管理，成立市外国专家服务中心党支部，撤销市人才交流服务中心党支部）

主　　　任　李　腾（5月止）

　　　　　　赵法强（5月起）

党支部书记　王　平（1月止）

市审计局

局　　长　项荣国

副 局 长　武文军（4月止）

　　　　　李华东（5月止）

　　　　　石　晶（女，5月止）

　　　　　张立新（女，5月起）

　　　　　夏为民（5月起）

总审计师　夏为民（4月止）

党组书记　项荣国

副 书 记　吕心镜　武文军（4月起）

市经济责任审计中心（1月，市经济责任审计办公室更名为市经济责任审计中心，领导干部行政职务相应易名）

主　任　张立新（女，5月止）

　　　　王洪美（女，5月起）

市政府投资审计中心

主　任　杨瑞波

市统计局

局　　长　鲍大庆

副 局 长　郭柏林（5月止）

　　　　　何　斌（5月止）　王开平

　　　　　乔　莹（女，挂职，7月止）

　　　　　尹立新（女，5月起）

党组书记　鲍大庆

市城市经济调查队

队　长　尹立新（女，5月止）

市社情民意调查中心

主　任　潘晓东

市民政局

局　　长　王宜峰（1月止）

　　　　　杨仁勇（1月起）

副 局 长　朱圣军（5月止）

　　　　　陈乃笋　王家才

党组书记　王宜峰（1月止）

　　　　　杨仁勇（1月起）

市城乡最低生活保障服务中心（市居民经济状况核对中心）【1月，市城乡最低生活保障工作办公室（挂居民经济状况核对中心牌子）更名为市城乡最低生活保障服务中心（挂市居民经济状况核对中心牌子），领导干部行政职务相应易名】

主　任　吴新华

市民政局婚姻登记处

主　任　刘　明

市火化一场

场　长　郭　力

市火化二场

场　长　王建祥

市环境保护局

局　　长　杨仁勇（1月止）

　　　　　赵衍军（1月起）

副 局 长　李瑞军　魏学军　段文华
党组书记　杨仁勇（1 月止）
　　　　　赵衍军（1 月起）
副 书 记　宿广毅
市污染物排放总量控制办公室
主　　任　李永军
党支部书记　李　强（4 月止）
市环境监测站
站　　长　安玉峰
党支部书记　徐复忠（4 月止）
市环境监察大队
大队长　李开强

市自然资源与规划局

（市林业局）

【1 月，组建市自然资源和规划局，挂市林业局牌子，不再保留市国土资源局（市测绘地理信息局、市不动产登记局）、单设的市林业局，成立市自然资源和规划局（市林业局）党组，撤销市国土资源局党组、市林业局党委】

局　　长　于为韬（1 月起）
副 局 长　孟凡生（1 月起）
　　　　　陈宪明（1 月起）
　　　　　姜庆军（1 月起）
党组书记　姜世文（1 月起）
副 书 记　于为韬（1 月起）
　　　　　孙庆良（1 月起）
　　　　　周建中（1 月起）
市土地收购储备中心
主　　任　王民芝（5 月止）
　　　　　管恩东（5 月起）
副 主 任　董　锦（女）
党支部书记　刘英军（女）
市土地资产监管中心
主　　任　刘长瑜
党支部书记　石爱红（女）
执法监察大队
队　长　丁　军

市城乡建设用地增减挂钩服务中心（1 月，市城乡建设用地增减挂钩管理办公室更名为市城乡建设用地增减挂钩服务中心，成立市城乡建设用地增减挂钩服务中心党支部，撤销市城乡建设用地增减挂钩管理办公室党支部，领导干部党内职务、行政职务相应易名）

主　　任　魏　萍（女，1 月止）
党支部书记　杜善宏
市不动产登记中心
主　任　管恩东（5 月止）
市国土资源勘察测绘站
站　长　李兆强

市规划编研中心

（3 月，市规划局更名为市规划编研中心。5 月，成立市规划编研中心党支部，撤销市规划局党组，领导干部党内职务、行政职务相应易名）

主　　任　周建中
副 主 任　潘庆荣（女）
　　　　　罗　珉（5 月起）
党支部书记　周建中

市生态林业发展中心

（3 月，组建市生态林业发展中心，成立市生态林业发展中心党委）

主　　任　孙庆良（5 月起）
副 主 任　张敬华（5 月起）
　　　　　肖明泉（5 月起）
　　　　　刘士勇（5 月起）
党委书记　孙庆良（5 月起）
副 书 记　李　军（5 月起）
市森林公安局（市森林警察大队）
局　长　王忠军
教导员　刘　英
市森林公安局牛山林区派出所
所　长　陈玉军
教导员　孟　国

市苗圃
主　　任　李自强
党支部书记　李自强
市康王河国家湿地公园发展促进中心
主　任　张绪明

市牛山林场

场　　长　范传栋
副 场 长　陈　波　张　海
　　　　　李　军（5月止）
党支部书记　李　军（5月止）
副 书 记　范传栋

市地企协同发展中心

（市矿区压煤搬迁服务中心）

【3月，市矿区农村搬迁办公室更名为市地企协同发展中心（挂市矿区压煤搬迁服务中心牌子）。5月，成立市地企协同发展中心（市矿区压煤搬迁服务中心）党支部，撤销市矿区农村搬迁办公室党组，领导干部党内职务、行政职务相应易名】

主　　任　盛连波
副 主 任　马培超　杨国利
党支部书记　杨国利
副 书 记　盛连波

市退役军人事务局

局　　长　有保龙
副 局 长　项荣坤　梁明兴
党组书记　有保龙
市退役军人服务中心
主　　任　王　利
党支部书记　董　民
市拥军优属拥政爱民工作领导小组办公室
主　任　徐衍磊（副科级）

陆房红色教育基地管理中心

（市烈士陵园）

【1月，成立市陆房红色教育基地管理中心（市烈士陵园）党组。5月，成立市陆房红色教育基地管理中心（市烈士陵园）党委，撤销市陆房红色教育基地管理中心（市烈士陵园）党组，领导干部党内职务、行政职务相应易名】

副 主 任　王宜峰（1月起）
　　　　　刘建民（4月起）
党委副书记　王宜峰（1月起）

市医疗保障局

（1月，组建市医疗保障局，成立市医疗保障局党组）

局　　长　张家勇（1月起）
副 局 长　车　涛（1月至5月）
　　　　　王　平（1月起）
　　　　　郝纪刚（5月至9月）
　　　　　张建东（9月起）
党组书记　张家勇（1月起）
副 书 记　车　涛（5月起）

市医疗保险事业中心（3月，市医疗保险中心更名为市医疗保险事业中心，调整为隶属市医疗保障局管理，成立市医疗保险事业中心党支部，撤销市医疗保险中心党支部，领导干部党内职务、行政职务相应易名）

主　　任　翟志刚
副 主 任　尹爱军（女，副科级，5月起）
党支部书记　尹爱军（女，5月止）
　　　　　翟志刚（9月起）
副 书 记　尹爱军（女，5月起）

市医疗救助中心（1月，市新型农村合作医疗管理办公室更名为市医疗救助中心，调整为市医疗保障局所属副科级事业单位。成立市医疗救助中心党支部，撤销市新型农村合作医疗管理办公室党支部，领导干部党内职务、行政职务相应易名）

主　　任　武　东
副 主 任　张　强（副科级，5月起）
党支部书记　张　强（5月止）
　　　　　武　东（9月起）
副 书 记　张　强（5月起）

市公安局

局　　长　鄂宏超（满族）
副 局 长　杨立明　杨庆国
　　　　　韩　颖（女，挂职）
政　　委　邱士刚
党委书记　鄂宏超（满族）
副 书 记　邱士刚　石　杰
　　　　　陈　军　尹承民
纪委书记　汪顺才

110 指挥中心
主　任　徐利国
教导员　张宾堂

刑事侦查大队
大队长　王　军
教导员　吕　征

治安警察大队
大队长　邹大鹏
教导员　袁明志

经济犯罪侦察大队
大队长　孙　勇
教导员　李　刚

警务督查大队
大队长　宿　斌
教导员　尹晓奇

国内安全保卫大队
教导员　冉双庆

交通警察大队
大 队 长　刘传同（回族）
副大队长　付振岱　聂　伟　胡　波
教 导 员　明　涛
副教导员　赵环中
党委书记　尹承民
副 书 记　明　涛　赵方华
　　　　　刘传同（回族）　李卫东
纪委书记　武保东

特警大队
大队长　杨　强
教导员　汪顺银

桃花源派出所
所　长　张海泉
教导员　闫云华

龙山派出所
所　长　车　辉
教导员　徐　新

王瓜店（高新区）派出所
所　长　刘　波
教导员　尹东毅

石横派出所
所　长　崔克新
教导员　梁海军

老城派出所
所　长　刘培玉
教导员　孟　建

汶阳派出所
所　长　梁新胜
教导员　李　坤

湖屯派出所
所　长　马衍华
教导员　张伟东

边院派出所
所　长　杨　健
教导员　于庆伟

安临站派出所
所　长　姜吉山
教导员　马朋兴

安驾庄派出所
所　长　朱朝阳
教导员　张金华

潮泉派出所（股级行政机构）
所　长　司　军（副科级）

桃园派出所（股级行政机构）
所　长　梁昌录（副科级）
教导员　张　兵（副科级）

王庄派出所（股级行政机构）
所　长　张庆阔（副科级）

教导员　宋立波（副科级）

仪阳派出所（股级行政机构）

所　长　杜海东（副科级）

教导员　石　勇（副科级）

孙伯派出所（股级行政机构）

所　长　辛　剑（副科级）

教导员　刘太强（副科级）

市司法局

【1月，整合市司法局（市社区矫正管理局）和市政府办公室的政府法制工作职责，重新组建市司法局】

局　　长　刘　舜

副 局 长　曹文东　李大文（女）

刘松森　张秀芬（女）

刘俊丽（女，1月至5月）

王　勇（1月起）

政治处主任　许　良（副科级）

党组书记　刘　舜

副 书 记　刘俊丽（女，1月起）

市公证处

主　任　徐　林

市工业和信息化局

（市民营经济发展服务局）

【1月，组建市工业和信息化局，挂市民营经济发展服务局牌子，不再保留市经济和信息化局，成立市工业和信息化局（市民营经济发展服务局）党组，撤销市经济和信息化局党委，领导干部党内职务、行政职务相应易名】

局　　长　赵恒军

副 局 长　武俊涛（女，5月止）

石长英（女）

隗翠香（女，挂职，7月止）

苑　敏（5月起）

党组书记　赵恒军

副 书 记　尹承运

市工业发展促进中心（3月，市化学工业办公室、市机械电子工业办公室、市轻工纺织工业办公室、市建材工业办公室合并为市工业发展促进中心，为正科级事业单位，成立市工业发展促进中心党支部，撤销市化学工业办公室党支部，领导干部党内职务、行政职务相应易名）

主　　任　朱玉山

副 主 任　张衍申　尹承运（5月止）

武俊涛（女，5月起）

党支部书记　尹承运（5月止）

武俊涛（女，5月起）

副 书 记　朱玉山

市循环经济发展中心【1月，市人民政府节约能源办公室（节能监察大队）更名为市循环经济发展中心，领导干部行政职务相应易名】

主　任　苑　敏（5月止）　李　伟（5月起）

市应急管理局

（1月，组建市应急管理局，不再保留市安全生产监督管理局、市政府应急办，成立市应急管理局党组，撤销市安全生产监督管理局党组，市安全生产监督管理局领导干部党内职务、行政职务相应易名）

局　　长　闫文明

副 局 长　辛显涛　付　鹏

夏广勇（5月起）

党组书记　闫文明

市安全生产行政执法大队

大队长　夏广勇

市应急救援指挥中心（3月，市安全生产应急救援指挥中心更名为市应急救援指挥中心，领导干部职务相应易名）

主　任　张光中

市地震监测服务中心（1月，市地震局更名为市地震监测服务中心，领导干部行政职务相应易名）

主　任　张翠玲（女，1月止）

杨克存（5月起）

市交通运输局

（5月，成立市交通运输局党组，撤销市交通运输局党委，领导干部党内职务相应易名）

局　　长　艾　东
副 局 长　杜宪华（5月止）　王　斌
党组书记　艾　东
纪委书记　赵衍成（5月止）

市市乡公路养护中心（4月，市市乡公路管理办公室更名为市市乡公路养护中心，领导干部行政职务相应易名）

主　任　杜宪华（5月起）
副主任　王　健

市交通运输管理所

所　　长　张　健
党支部书记　方永楷

市交通运输行政执法大队

大 队 长　单立冬
党支部书记　张兴亮

市出租车管理服务中心（1月，市出租车管理办公室更名为市出租车管理服务中心，领导干部行政职务相应易名）

主　任　孙东方

市超限检测站

站　长　陈　东

市公路事业发展中心

主　　任　刘　岑
副 主 任　王光伟　王　东　白恩田
　　　　　张　亮
党委书记　刘　岑
副 书 记　王　敏

市公路应急救援中心

主　　任　李家伦
党支部书记　陈　光

市民营经济发展促进中心

（3月，市民营经济发展局更名为市民营经济发展促进中心，领导干部职务相应易名）

主　　任　孟庆国（3月止）
副 主 任　刘文宏　吴元胜（3月起）
　　　　　汪　岩（女，5月起）
党委书记　孟庆国（3月止）
副 书 记　吴元胜（3月起）

市乡镇企业职工中等专业学校

校　　长　尹逊峰
党支部书记　尹逊峰

市商务局

（市投资促进局）

【1月，加挂市投资促进局牌子，成立市商务局（市投资促进局）党组，撤销市商务局党组，领导干部党内职务、行政职务相应易名】

局　　长　刘相伟（1月止）
　　　　　董　军（1月起）
副 局 长　杨　波　李　勇（1月起）
　　　　　邹　辉（1月起）
党组书记　刘相伟（1月止）
　　　　　董　军（1月起）
副 书 记　冀金秀　张　勇（1月止）

市招商中心（1月，市商业贸易局更名为市招商中心，成立市招商中心党委，撤销市商业贸易局党委，领导干部党内职务、行政职务相应易名）

主　　任　冀金秀
副 主 任　晁　明　于建昌（1月止）
　　　　　张军伟
党委书记　于建昌（1月止）
副 书 记　冀金秀

市电子商务服务中心

主　任　辛培富

市出口食品农产品质量安全示范区发展服务中心（1月，市出口食品农产品质量安全示范区管理办公室更名为市出口食品农产品质量安全示范区发展服务中心，领导干部行政职务相应易名）

主　任　杨泽辉

副主任　雷明香（女）　李华利（1月止）

　　　　杨来成（5月起）

市外派劳务服务中心

党支部书记　李志刚

市财政局

（市地方金融监督管理局）

【1月，加挂市地方金融监督管理局牌子，成立市财政局（市地方金融监督管理局）党组，撤销市财政局党组，领导干部党内职务、行政职务相应易名】

局　　长　陈正一

副 局 长　张新利　杨泽春

党组书记　陈正一

市非税收入中心（3月，市非税收入管理中心更名为市非税收入中心，领导干部行政职务相应易名）

主　任　乔洪晓（5月止）

　　　　金　磊（女，5月起）

市乡镇财政管理服务中心（3月，市乡镇财政管理局更名为市乡镇财政管理服务中心，领导干部行政职务相应易名）

局　长　梁新玲

副局长　王怀杰　尹承鑫

市政府采购服务中心（3月，市政府采购管理办公室更名为市政府采购服务中心，领导干部行政职务相应易名）

副主任　尹逊东　王　宏（女）

市财政监督局

局　长　彭诗存

市国库管理中心

主　任　姚　勇

市政府投融资中心（3月，市政府投融资管理中心更名为市政府投融资中心，成立市政府投融资中心党支部，撤销市政府投融资管理中心党支部，领导干部党内职务、行政职务相应易名）

副主任　张兴铭　于化兵（5月起）

市财政投资评审中心

主　任　张兆伟

市经济开发投资公司

经　　理　张新利

副 经 理　韩　雷

党支部书记　张新利

市国有资产运营中心（1月，市国有资产管理局更名为市国有资产运营中心，成立市国有资产运营中心党支部，撤销市国有资产管理局党支部，领导干部党内职务、行政职务相应易名）

主　　任　刘太盟

副 主 任　张风辉　武　进

党支部书记　刘太盟

副 书 记　张风辉

市城市建设投资有限公司

董 事 长　姜世文（1月起）

总 经 理　姜世文（1月止）

　　　　　魏　萍（女，1月起）

常务副总经理　付　强

市市场监督管理局

【1月，重新组建市市场监督管理局，成立市市场监督管理局党组，撤销市市场监督管理局党委，原市市场监督管理局领导干部党内职务、行政职务相应易名。不再保留市食品药品监督管理局（市食品安全委员会办公室），撤销市食品药品监督管理局（市食品安全委员会办公室）党组，市食品药品监督管理局（市食品安全委员会办公室）领导干部党内职务、行政职务自行免除】

局　　长　辛培祥

副 局 长　李振涛　杜宪勇　孟庆利

　　　　　马　杰（挂职，7月止）

　　　　　赵国梁（1月起）

　　　　　王　涛（1月起）

　　　　　刘　艳（女，1月起）

　　　　　亓　航（挂职，1月至7月）

党组书记 郑凤宝
副 书 记 辛培祥 张培东
纪委书记 王 涛（1月止）

市特种设备安全监察局（1月，取消市特种设备安全监察局机构规格，领导干部行政职务自行免除）

局 长 宿 斌（1月止）

市市场监督管理局企业注册局（1月，取消市场监督管理局企业注册局机构规格，领导干部行政职务自行免除）

局 长 冯伟力（1月止）

市市场监督行政执法大队（1月，重新组建市市场监督行政执法大队，设立市市场监督行政执法大队党支部，原市市场监督行政执法大队领导干部党内职务、行政职务相应易名。不再保留市食品药品行政执法大队，撤销市食品药品行政执法大队党支部，市食品药品行政执法大队领导干部党内职务、行政职务自行免除）

大 队 长 王 兵
党支部书记 名金峰（1月起）

市知识产权事业发展中心（1月，市知识产权局更名为市知识产权事业发展中心，调整为市市场监督管理局所属副科级事业单位，领导干部行政职务相应易名）

主 任 张衍海

市物资商业促进中心

【1月，整合市物资流通发展中心（市物资集团总公司）、市商业发展中心（市商业贸易集团总公司），组建市物资商业促进中心。4月，成立市物资商业促进中心党委】

主 任 王明星（4月起）
副 主 任 孔凡涛（4月起）
尹兰香（女，4月起）
高红伟（4月起）
闫云辉（4月起）
赵衍国（4月起）
党委书记 孔凡涛（4月起）
副 书 记 王明星（4月起）
尹兰香（女，4月起）

市粮食和物资储备中心

（3月，市粮食发展中心更名为市粮食和物资储备中心，成立市粮食和物资储备中心党委，撤销市粮食发展中心党委，领导干部党内职务、行政职务相应易名）

主 任 付振杰
副 主 任 杨 栋（5月止） 汪 斌
项晓昕（女）
党委书记 项晓昕（女）
副 书 记 付振杰

市住房和城乡建设局

（市人民防空办公室）

【1月，加挂市人民防空办公室牌子，成立市住房和城乡建设局（市人民防空办公室）党组，撤销市住房和城乡建设局党委，领导干部党内职务、行政职务相应易名】

局 长（主 任） 董庆焕
副局长（副主任） 赵 震
张新军（5月起）
党 组 书 记 董庆焕
副 书 记 魏光军（5月止）
赵 震（5月起）

市公用事业发展中心（1月，市公用事业管理局更名为市公用事业发展中心，成立市公用事业发展中心党支部，撤销市公用事业管理局党支部，领导干部党内职务、行政职务相应易名）

主 任 陈西义（5月止）
武保华（5月起）
副 主 任 武保华（5月止）
张新军（5月止）
侯兆坤（4月起）
党支部书记 陈西义（5月止）
武保华（5月起）
副 书 记 武保华（5月止）

侯兆坤（4月起）

市城市房屋征收中心（1月，市城市房屋征收管理办公室更名为市城市房屋征收中心，领导干部行政职务相应易名）

主　任　刘德强（5月止）　宋光金（5月起）

市建设工程质量和施工安全服务站（3月，整合市建设工程质量监督服务站、市建筑施工安全监督站，组建市建筑工程质量和施工安全服务站）

站　长　刘德强（5月起）

市排水管理处

主　任　侯兆坤（4月止）　王宗奇（5月起）

市园林绿化中心（1月，市园林绿化管理局更名为市园林绿化中心，成立市园林绿化中心党支部，撤销市园林绿化管理局党支部，领导干部党内职务、行政职务相应易名）

主　　任　董　军

党支部书记　董　军

市水务集团有限公司

副董事长（副总经理）　于　东

党委副书记　于　东

市人民防空保障中心

（1月，市人防发展中心更名为市人民防空发展中心，撤销市人防发展中心党支部，成立市人民防空发展中心党支部，领导干部党内职务、行政职务相应易名。3月，市人民防空发展中心更名为市人民防空保障中心，成立市人民防空保障中心党支部，撤销市人民防空发展中心党支部，领导干部党内职务、行政职务相应易名）

主　　任　项茂军（正科级）

党支部书记　李　泳（5月止）

市建筑安装业发展中心

（3月，市建筑安装工程管理局更名为市建筑安装业发展中心。4月，成立市建筑安装业发展中心党委，撤销市建筑安装工程管理局党组，领导干部党内职务、行政职务相应易名）

主　　任　赵传兴（1月止）
陈位生（1月起）

副主任　魏绪明　白树宝
刘爱红（女，5月止）

党委书记　刘爱红（女，5月止）

副书记　赵传兴（1月止）
陈位生（1月起）

市装饰装修管理处（3月撤销）

主　任　索传利（5月止）

市房产管理服务中心

（3月，市房产管理局更名为市房产管理服务中心，成立市房产管理服务中心党委，撤销市房产管理局党委，领导干部党内职务、行政职务相应易名）

局　　长　王　利

副局长　韩　光（5月止）　刘　劲
纪玉堂　王　磊

党委书记　纪玉堂

副书记　王　利

市物业服务指导中心（3月，市物业管理办公室更名为市物业服务指导中心）

主　任　宿　琳（5月止）　于建新（5月起）

市住房保障中心

主　任　王丽娟（女，5月起）

市综合行政执法局

（市城市管理局）

局　长　聂继佩

副局长　张　建

市综合行政执法局

副局长　解培臣　王海龙
侯绪军（正科级）

党组书记　解培臣

副书记　聂继佩　张田泽

市综合行政执法大队

副大队长　王海龙　曹　斌
李传刚　贾同龙

张新军（挂职，6 月止）
李英伟（挂职，6 月止）
孙甲勇（挂职，6 月止）
赵学伟（挂职，6 月止）

市综合行政执法大队直属执法中队

中队长 张永杰（副科级）

市环境卫生管理处

主　　任 张海滨
副 主 任 陈　涛（副科级）
党支部书记 张海滨

市农业农村局

（市扶贫开发办公室、市畜牧兽医局）

【1 月，组建市农业农村局，挂市扶贫开发办公室、市畜牧兽医局牌子，不再保留市农业局，撤销市委农村工作办公室、市农业综合开发办公室，成立市农业农村局（市扶贫开发办公室、市畜牧兽医局）党组，撤销市农业局党委、市农业综合开发办公室党支部。原市农业局领导干部党内职务、行政职务相应易名】

局　长（主　任） 傅　强
副局长（副主任） 赵胜文（5 月止）
宋　强（1 月起）
刘　敏（女，5 月起）
党 组 书 记 傅　强
副　书　记 张阴明（1 月起）

市农业技术推广中心（市植保植检站）

主任（站长） 邓淑珍（女，5 月起）
党支部书记 杨秀华（女）

省农业广播电视学校肥城分校（3 月撤销）

校　　长 李建平（5 月止）
党支部书记 邱士芬（女，5 月止）

市良种示范繁殖农场

场　　长 张爱国
党支部书记 孙绪柱

市海泰实业开发公司（3 月，转为国有企业，撤销事业单位建制）

经　　理 吴培栋
党支部书记 吴培栋

市有机农业发展办公室

主　　任 陈传义
副 主 任 武忠民
党支部书记 尹逊民
副 书 记 陈传义

市农业行政执法大队

大队长 武家斌

市肥城桃产业发展中心

（1 月，市肥城桃产业发展办公室更名为市肥城桃产业发展中心，调整为市农业农村局所属副科级事业单位。成立市肥城桃产业发展中心党支部，撤销市肥城桃产业发展办公室党支部，领导干部党内职务、行政职务相应易名。8 月，整合市肥城桃产业发展中心、市园艺场、市肥城桃研究所，重新组建肥城桃产业发展中心，为市政府直属副处级财政拨款事业单位。撤销原市肥城桃产业发展中心、市园艺场、市肥城桃研究所事业单位建制，人员编制整建制划转至新设立的市肥城桃产业发展中心。整合后，领导班子成员空缺。）

主　　任 赵德三（11 月止）
党支部书记 杨雪梅（女，4 月止）

市园艺场

场　　长 宋红日
副 场 长 宿茂恒　陈文玉　李明图
党支部书记 宋红日
副 书 记 宿茂恒（4 月起）

肥城桃开发总公司

总 经 理 乔善晶
副总经理 徐　景（女，8 月止）
党支部书记 乔善晶

市畜牧兽医服务中心

（1 月，市畜牧兽医局更名为市畜牧兽医服务中心，成立市畜牧兽医服务中心党委，撤销市畜

牧兽医局党组，领导干部党内职务、行政职务相应易名）

主　　任　赵　伟

副 主 任　张洪军　杨吉华（5 月起）

党委书记　赵　伟

总兽医师　杨庆武（1 月止）

市动物疫病预防控制中心

主　　任　杨吉华（5 月止）

　　　　　张　彬（5 月起）

副 主 任　荆忠良（副科级，5 月起）

党支部书记　荆忠良（5 月止）

副 书 记　荆忠良（5 月起）

市水利局

局　　长　田希庚

副 局 长　司晨辉（5 月止）

　　　　　尚随刚（5 月止）

　　　　　高　春　路敦翔（5 月起）

党组书记　田希庚

副 书 记　司晨辉（5 月起）

市打井队

队　　长　赵启新

党支部书记　赵启新

省防汛抗旱机动总队第十支队（市防汛抗旱服务队）

队　长　罗　勇

市农村公共供水中心（3 月，市农村公共供水管理中心更名为市农村公共供水中心，领导干部行政职务相应易名）

主　任　司晨辉

副主任　闫陆云（女）　梁惠芬（女）

市水利移民服务中心

主　任　于吉祥（5 月止）

　　　　王序红（女，5 月起）

市尚庄炉水库管理所

所　　长　陈文明

党支部书记　陈文明

市河道管理保护中心

（1 月，市河道管理局更名为市河道管理保护中心，成立市河道管理保护中心党支部，撤销市河道管理局党支部，领导干部党内职务、行政职务相应易名）

主　　任　李庆锋

副 主 任　王海峰（5 月起）

　　　　　孙大伟（5 月起）

党支部书记　周汝标（5 月止）

副 书 记　李庆锋　邹大鹏

市水资源保护中心

（3 月，市水资源办公室更名为市水资源保护中心，成立市水资源保护中心党总支，撤销市水资源办公室党总支，市水资源办领导干部党内职务、行政职务相应易名）

主　　任　荆学忠（1 月止）

　　　　　孙刚荣（1 月起）

副 主 任　孔　亮　张吉圣（5 月止）

　　　　　李　忠（1 月起）

党总支书记　李　东

副 书 记　荆学忠（1 月止）

　　　　　孙刚荣（1 月起）

工会主席　李　忠（1 月止）

市矿坑水综合利用管理处（1 月，撤销事业单位建制）

主　任　陶瑞卿（1 月止）

市现代农业发展服务中心

（1 月，组建市现代农业发展服务中心，成立市现代农业发展服务中心党委，撤销市农业机械管理局党组，原市农业机械管理局领导干部党内职务、行政职务相应易名）

局　　长　孙刚荣（1 月止）

主　　任　刘圣利（1 月起）

副 主 任　张现才　李正军（5 月起）

党组书记　孙刚荣（1 月止）

党委书记　刘圣利（1 月起）

市农村经营服务中心

（市减轻农民负担工作中心）

【3 月，市农村经营管理办公室（市减轻农民负担工作办公室）更名为市农村经营服务中心（市减轻农民负担工作中心），成立市农村经营服务中心（市减轻农民负担工作中心）党支部，撤销市农村经营管理办公室（市减轻农民负担工作办公室）党组，领导干部党内职务、行政职务相应易名】

主　　任　赵　波

副 主 任　张向东　管振波　刘　辉

党支部书记　刘　辉

副 书 记　赵　波

市农村土地承包管理服务中心

主　　任　辛爱美（女）

党支部书记　张安营（副科级）

市减轻农民负担工作中心

副主任　吴风伟（女，5 月止）

市供销合作社联合社

理事会

主　　任　张继胜

副 主 任　王传合（5 月止）　尹逊栋

　　　　　李　琦（女，5 月起）

党委书记　张继胜

副 书 记　尹逊栋

纪委书记　孙衍东（5 月止）

监事会

副主任　孙　勇

市文化和旅游局

（市新闻出版广电局、市文物局）

【1 月，组建市文化和旅游局，挂市新闻出版广电局、市文物局牌子，成立市文化和旅游局（市新闻出版广电局、市文物局）党组，撤销市文化传媒局（市文物局）党组，领导干部党内职务、行政职务相应易名】

局　　长　高　冰（1 月止）

　　　　　刘任力（1 月起）

副 局 长　杨淑贞（女，1 月止）

　　　　　姜正涛（5 月止）　赵　慧（女）

　　　　　刘　勇（正科级，5 月起）

党组书记　高　冰（1 月止）

　　　　　刘任力（1 月起）

副 书 记　孟庆国（3 月起）

市文化产业发展中心

主　任　张　剑

市融媒体中心

（市广播电视台）

【9 月，市融媒体中心成立，挂市广播电视台牌子，撤销市广播电视台事业单位建制。设立肥城文化传媒集团，为全资国有企业。成立市融媒体中心（市广播电视台）党委、肥城文化传媒集团党委，撤销原肥城市广播电视台党委，原广播电视台领导干部党内职务、行政职务自行免除】

主　　任　石　勇（4 月止）

　　　　　张言伟（4 月起）

副 主 任　张爱民　肖　东（女，9 月止）

　　　　　阴全胜　李　庆（9 月起）

总 编 辑　郭允华（女，4 月止）

　　　　　肖　东（女，9 月起）

副总编辑　张　修（9 月止）

党委书记　石　勇（4 月止）

　　　　　张言伟（4 月起）

副 书 记　郭允华（女，4 月止）

　　　　　肖　东（女，9 月起）

广播中心

主　任　刘建民（4 月止）

副主任　李　庆（9 月止）　赵学伟（9 月止）

　　　　安玉军（女，5 月至 9 月）

电视中心

主　任　张言伟（4 月止）

副主任　张绪东（9 月止）

李会香（女，9月止）

文化传媒集团

董　事　长　张言伟（9月起）

常务副总经理　赵学伟（9月起）

财务总监　汪　芳（女，9月起）

党委书记　张言伟（9月起）

副　书　记　赵学伟（9月起）

市旅游发展中心

（1月，成立市旅游发展中心党总支，撤销市旅游发展中心党组，领导干部党内职务相应易名）

主　　任　刘任力（1月止）

孟庆国（1月起）

副 主 任　孟　华　刘建军

党组书记　刘任力（1月止）

党总支书记　孟庆国（1月起）

市世上桃源旅游度假区发展服务中心（1月，市世上桃源旅游度假区管委会更名为市世上桃源旅游度假区发展服务中心，成立市世上桃源旅游度假区发展服务中心党支部，撤销市世上桃源旅游度假区党支部，领导干部党内职务、行政职务相应易名）

副 主 任　李　琦（女，5月止）

姜正涛（5月起）

郭天虹（女，5月起）

党支部书记　刘　勇（5月止）

姜正涛（5月起）

市左丘明研究院

（5月，成立左丘明研究院党支部，左丘明研究院与市博物馆合署办公，归口市文化和旅游局管理）

院　　长　王　强（5月起）

副 院 长　李　泳（5月起）

王新华（5月起）

党支部副书记　李　泳（5月起）

市教育和体育局

（市委教育工委）

（1月，市教育局更名为市教育和体育局，与市委教育工委合署办公，成立市教育和体育局党组，撤销市教育局党委，领导干部党内职务、行政职务相应易名）

市委教育工委

书　　记　王志勇（1月起）

常务副书记　赵永军（1月起）

副 书 记　杜宪阳（8月起）

局　　长　赵永军

副 局 长　庞运涛（8月止）

杜建国（8月止）

解培强（8月止）

荣洪文（8月起）

周海广（8月起）

总 督 学　尹　镇（8月起）

王　海（8月起）

党组书记　赵永军

副 书 记　庞运涛（8月止）

张衍峰（8月止）

杜先锋（8月止）

杜宪阳（8月起）

市人民政府教育指导中心（3月，市人民政府教育督导室更名为市人民政府教育指导中心，成立市人民政府教育指导中心党总支，撤销市人民政府教育督导室党总支，领导干部党内职务、行政职务相应易名）

主　　任　庞运涛（8月止）

杜宪阳（8月起）

副 主 任　李大鹏　左现刚（8月止）

正科级督学　武心军（8月止）

副科级督学　李怀强　李　波

党总支书记　杜宪阳（8月止）

副 书 记　庞运涛（8月止）

市教学研究中心（3月，市教学研究室更名为市教学研究中心，成立市教学研究中心党总

支，撤销市教学研究室党总支，领导干部党内职务、行政职务相应易名）

主　　任　周春生（8 月止）
副 主 任　冯　彬　李玉民　邓兆彬
党总支书记　周春生（8 月止）

市招生考试中心

主　　任　张文华（8 月止）
　　　　　胡阔庆（8 月起）
党支部书记　鹿　芝（女）

市体育事业发展中心

（3 月，市体育发展中心更名为市体育事业发展中心。5 月，成立市体育事业发展中心党支部，撤销市体育发展中心党组，领导干部党内职务、行政职务相应易名）

主　　任　肖　勇
副 主 任　鹿焕勇　陶瑞生
党支部书记　肖　勇
副 书 记　李正中（正科级，5 月止）

市第一高级中学

校　　长　王卫东
副 校 长　刘万祥（8 月止）
　　　　　张明星（8 月止）　尚庆亮
　　　　　景志远　陈忠新　荣启耀
　　　　　魏　明（8 月起）
党委书记　王卫东
副 书 记　尚庆亮（8 月起）

市第二高级中学

校　　长　高志国
副 校 长　李　涛（8 月止）　穆西成
　　　　　周海广（8 月止）　宋　磊
　　　　　张洪涛（8 月起）
党委书记　王克东
副 书 记　高志国　穆西成（8 月起）
工会主席　王克东（8 月止）

市第三高级中学

校　　长　周长华
副 校 长　王　勇　付生宝
　　　　　程宪奉（8 月止）　刘士超
　　　　　王立涛（8 月起）
党委书记　滕兴凯（8 月止）
　　　　　程宪奉（8 月起）
副 书 记　周长华　程宪奉（8 月止）

市第六高级中学

校　　长　赵元成
副 校 长　朱丰德（8 月止）
　　　　　荣洪文（8 月止）
　　　　　鹿焕东　赵海军（8 月止）
　　　　　李加亮　周　伟（8 月起）
　　　　　刘廷伟（8 月起）
　　　　　赵红梅（8 月起）
党委书记　赵元成
副 书 记　聂保社

市泰西中学

校　　长　宿文传（8 月止）
　　　　　张明星（8 月起）
副 校 长　李英方　周　伟（8 月止）
　　　　　郭　良　张淑彬
　　　　　李　涛（8 月起）
　　　　　赵海军（8 月起）
党委书记　宿文传（8 月止）
　　　　　张明星（8 月起）
副 书 记　房广年（8 月止）

市实验中学

校　　长　姜传波（8 月止）
　　　　　李志杰（8 月起）
副 校 长　田仲河（8 月止）　马玉国
　　　　　李建峰　梁　虹（女，8 月起）
　　　　　房照祥（8 月起）

党委书记　姜传波（8月止）
　　　　　田仲河（8月起）
副 书 记　田仲河（8月止）
　　　　　李志杰（8月起）
　　　　　梁　虹（女，8月起）
纪委书记　房照祥（8月止）

市龙山中学

校　　长　李志杰（8月止）
　　　　　张　欣（8月起）
副 校 长　石仁昌（8月止）　刘培范
　　　　　张爱芬（女）　顾修超
　　　　　杜君才（8月起）
党委书记　赵法常（8月止）
　　　　　张　欣（8月起）
副 书 记　李志杰（8月止）
　　　　　石仁昌（8月起）

市桃都中学

校　　长　臧传勇
副 校 长　张　欣（8月止）　杨宪梓
　　　　　李振兴　李开锋（8月起）
　　　　　杨秀娟（女，8月起）
党委书记　臧传勇
副 书 记　张　欣（8月止）　王淑宝
纪委书记　李开锋（8月止）

市丘明中学

校　　长　刘庆健
副 校 长　白少坤　陈　勇（8月止）
　　　　　范洪栋　王庆海（8月止）
　　　　　朱国英（8月起）
党委副书记　刘庆健

市教师进修学校

校　　长　赵西美
副 校 长　石仁田（8月止）　宿玉华
　　　　　梁　虹（女，8月止）
　　　　　严铁军（正科级）
　　　　　房广年（正科级，8月起）
党委书记　赵西美
副 书 记　郭庆哲（8月止）
　　　　　房广年（8月起）

市高级技工学校

（市职业中等专业学校）

校　　长　杜君河（8月止）
　　　　　闫文明（8月起）
常务副校长　李庆群（4月起）
副 校 长　温令自（正科级，5月止）
　　　　　王玉彬（副科级）
　　　　　赵　峰（副科级）
　　　　　耿立迎（副科级）
党委书记　李建民
副 书 记　李庆群　温令自
工会主席　卢光春
团委书记　王　强

办公室（人事处）

主　任（处长）　邱伟生（5月止）
　　　　　郝淑真（女，5月起）

教务处

处　长　郭长青

学工处

处　长　钱玉法

后勤处

处　长　吕雪峰

现代服务系（8月，市高级技工学校教育综合部更名为市高级技工学校现代服务系。11月，成立市高级技工学校现代服务系党支部，撤销市高级技工学校教育综合部党支部，领导干部党内职务、行政职务相应易名）

主　　任　康吉安
党支部书记　李建民

社会培训部

主　任　尹逊鸣

机械工程系

主　　任　武文虎

党支部书记　张兴刚

经济信息系（8月，市高级技工学校经济贸易系更名为市高级技工学校经济信息系。11月，成立市高级技工学校经济信息系党支部，撤销市高级技工学校经济贸易系党支部，领导干部党内职务、行政职务相应易名）

主　　任　刘合军

党支部书记　赵　伟（5月起）

教育与艺术系（8月，市高级技工学校电子信息系更名为市高级技工学校教育与艺术系，领导干部职务相应易名）

主　任　梁新华（5月起）

电气工程系

主　任　尹训建（5月起）

信息中心（图书馆）

主　　任　郝建明

党支部书记　周建华

市卫生健康局

（市中医药管理局）

【1月，组建市卫生健康局，挂市中医药管理局牌子，不再保留市卫生和计划生育局，撤销市老龄工作委员会办公室，成立市卫生健康局（市中医药管理局）党组，撤销市卫生和计划生育局党委、市老龄工作委员会办公室党组，市卫生计生局领导干部党内职务、行政职务相应易名】

局　　长　吴瑞华（1月起）

副 局 长　车崇华（5月止）　范成军

崔　平（女）

鹿　森（1月起）

党组书记　鹿　森（1月起）

副 书 记　吴瑞华（1月起）

市中医药管理局

副局长　王庆梅（女，副科级，1月止）

市卫生健康宣传教育中心（3月，市人口宣传教育中心更名为市卫生健康宣传教育中心，领导干部行政职务相应易名）

主　任　栾绪剑

市妇幼保健院（市计划生育服务中心）

院　长（主　任）　许　明

副院长（副主任）　林　静（女，5月止）

巩香莲（女）

刘青峰

吕艳春（女，5月起）

党支部副书记　许　明

市卫生计生行政执法大队

大队长　王　斌

市人民医院

理 事 长　刘光西

院　　长　刘光西（5月止）

辛培乾（5月起）

执行理事　张曙明　宋秀玲（女）

辛培乾

副 院 长　辛培乾（5月止）　王　伟

张泉河（5月起）

张曙明（6月起）

理　　事　秦　琴（女）

监事会主任　尹承勇（5月止）

党委书记　刘光西

副 书 记　张曙明

辛培乾（6月起）

市中医医院

理 事 长　李秀勇

执行理事（院长）　张　斌

执行理事　侯文涛

副 院 长　尚海峰　张　强

白恩忠（5月起）

监事会主任　李钦明（5月止）

党委书记　李秀勇

副 书 记　张　斌　侯文涛

市疾病预防控制中心

（市检验检测中心）

【1月，市检验检测中心整建制并入市疾病预防控制中心，撤销市检验检测中心事业单位建制，市疾病预防控制中心加挂市检验检测中心牌子。成立市疾病预防控制中心（市检验检测中心）党总支，撤销市疾病预防控制中心党总支、市检验检测中心党组，原市疾病预防控制中心领导干部党内职务、行政职务相应易名】

主　　任　杜振华

副 主 任　韩来春　张　军　曹会欣

党总支书记　曹会欣

副 书 记　杜振华

市流动人口计划生育服务中心（3月，市流动人口计划生育管理办公室更名为市卫生健康宣传教育中心，领导干部行政职务相应易名）

主　任　董　俊（5月起）

市第二人民医院

院　　长　郭瑞生（9月止）

赵西宇（9月起）

党支部书记　郭瑞生（9月止）

赵西宇（9月起）

市精神卫生中心

主　任　陈西勇

中国人民政治协商会议肥城市委员会及办事机构

主　　席　侯庆洋

副 主 席　杨淑贞（女）　杜尊春　邹家强

付振江（不驻会）

李红伟（女，不驻会）

刘　琴（女，不驻会）

秘 书 长　武心国

副秘书长　孔祥申　李庆东（正科级）

党组书记　侯庆洋

副 书 记　杜尊春

文化文史和学习委员会（8月，学习宣传和文史资料委员会更名为文化文史和学习委员会）

主　任　邓凡玉（1月起）

教科卫体委员会（8月，科技教育文化卫生体育委员会更名为教科卫体委员会）

主　任　石振东（1月起）

提案委员会

主　任　杨秋黎（1月起）

经济委员会

主　任　廉兴军（5月起）

社会法制和民族宗教委员会

主　任　李　光（5月起）

办公室

主　任　刘衍军

副主任　梁永安　李金钢（5月止）

郭　庆（5月起）

杨宪坤（6月起）

提案委员会工作室

主　任　杨秋黎（1月止）　赵传兴（1月起）

副主任　王　栋（5月止）

文化文史和学习委员会工作室（8月，学习宣传和文史资料委员会工作室更名为文化文史和学习委员会工作室，领导干部职务相应易名）

主　任　邓凡玉（1月止）　李文平（1月起）

副主任　宿文传（8月起）

经济委员会工作室

主　任　廉兴军（5月止）　李金钢（5月起）

社会法制和民族宗教委员会工作室

主　任　李　光（5月止）　王　栋（5月起）

教科卫体委员会工作室（8月，科技教育文化卫生体育委员会工作室更名为教科卫体委员会工作室，领导干部职务相应易名）

主　任　石振东（1月止）　尚林生（1月起）

副主任　孟兆平（正科级）

机关信息与事务管理中心

主　任　郭　庆（副科级，5月止）

肥城市人民法院

院　　长　石　军
副 院 长　周　东　秦开忠　曲　明
政治处处长　张　兵
党组书记　石　军
副 书 记　周　东　许　文
纪检组长　孙　挚
市人民法院执行局
局　长　刘　琴（女）
副局长　李云灿
市人民法院法警训练基地
主　任　李红兵
新城法庭
庭　长　翟春峰（6 月止）　张　兴（6 月起）
副庭长　孙青霞（副科级，挂职，6 月止）
王瓜店法庭
庭　长　石海峰（6 月起）
石横法庭
庭　长　刁　剑（6 月起）
边院法庭
庭　长　杨泽祥（6 月起）

肥城市人民检察院

检 察 长　杨希沧
副检察长　吴明磊　纪　湛　张海强
党组书记　杨希沧
副 书 记　吴明磊　纪　湛
　　　　　赵桂杰（女）
纪检组长　吴瑞水
政治处处长　周广阔
派驻王瓜店检察室
主　任　房爱华
派驻石横检察室
主　任　李　忠
派驻安驾庄检察室
主　任　冯绪建
派驻汶阳检察室
主　任　穆　平
派驻老城检察室
主　任　胡　岐（副科级，8 月起）

人民团体

市总工会

主　　席　宋淑荣（女）
副 主 席　于建亮（5 月止）　杨　曦（女）
　　　　　武文更
党组书记　宋淑荣（女）

共青团肥城市委员会

书　　记　李　娟（女，3 月止）
　　　　　迟晓妮（女，4 月起）
副 书 记　国　伟（4 月止）　张晓菲（女）
　　　　　张忠峰（兼职，8 月止）
　　　　　马泽云（女，挂职，9 月止）
　　　　　董　刚
　　　　　吕孟辕（女，兼职，8 月止）
党组书记　李　娟（女，3 月止）
　　　　　迟晓妮（女，4 月起）

市妇女联合会

主　　席　张玉霞（女）
副 主 席　高爱莲（女，5 月止）
　　　　　李　莉（女）　王　新（女）
　　　　　卢莹莹（女，5 月起）
党组书记　张玉霞（女）
市妇女儿童工作委员会办公室
主　任　卢莹莹（女，5 月止）

市科学技术协会

主　　席　孔祥山
副 主 席　荣启璋　姜凤莲（女）

李　芸（女）
党组书记　孔祥山

市老年科学技术工作者协会

会　长　刘长香（女）
副会长　王绪峰　杨　涛
秘书长　李　芸（女）

市工商业联合会
（市总商会）

会长（主席）　付振江
常务副会长（副主席）
安学勇
副会长（副主席）
王　萍（女，5 月止）
阴武刚　孟　涛（5 月起）
党组书记　安学勇

市计划生育协会
（市中医药协会）

【1 月，加挂市中医药协会牌子。4 月，成立市计划生育协会（市中医药协会）党组】
副 会 长　刘　君（女）　姜甲东
秘 书 长　宋　勇（4 月止）
党组副书记　刘　君（女，5 月起）

市残疾人联合会

理 事 长　孙衍义
副理事长　杨勇军　翟光胜（5 月止）
辛显民
党组书记　孙衍义
副 书 记　翟光胜（5 月止）

市文学艺术界联合会
（市社会科学界联合会）

主　　席　胡子杰
副 主 席　郭庆勇（5 月起）
秘 书 长　郭庆勇（5 月止）
梁　旭（女，副科级，5 月起）
党组书记　胡子杰

市老年人体育协会

主　席　张茂珍
副主席　武　伟　袁　杰
秘书长　赵来印

中国国际贸易促进委员会肥城市委员会

【1 月，市经济合作局（中国国际贸易促进委员会肥城市委员会）更名为中国国际贸易促进委员会肥城市委员会，成立中国国际贸易促进委员会肥城市委员会党组，撤销市经济合作局党组，领导干部党内职务、行政职务相应易名】
局　　长　董　军（1 月止）
会　　长　刘相伟（1 月起）
副 局 长　李　勇（1 月止）
邹　辉（1 月止）
母晓华（女，1 月止）
副 会 长　王万里（5 月止）
李华利（1 月起）
母晓华（女，1 月起）
党组书记　董　军（1 月止）
刘相伟（1 月起）

中国人民解放军
山东省肥城市人民武装部

党委第一书记　常绪扩
书　　　记　徐传柏
副　书　记　张尽峰
部　　　长　张尽峰
副　部　长　刘海波

驻肥单位

国家税务总局肥城市税务局

局　　长　王明光

副　局　长　栾绪杰　邹　伟　王　霖
　　　　　　杨　军　孙新国　韩　健
党委书记　王明光
党委副书记　栾绪杰
纪检组长　陈绪华

第一税务分局

局　长　公海鹏（女）

第二税务分局

局　长　王爱国

新城税务分局

局　长　张龙天

老城税务分局

局　长　郭延勇

王瓜店税务分局

局　长　朱圣金

石横税务分局

局　长　王洪序

桃园税务分局

局　长　房　云

安驾庄税务分局

局　长　王联合

汶阳税务分局

局　长　徐　强

高新技术开发区税务分局

局　长　晁永泉

中国邮政集团公司山东省肥城市分公司

局　　长　翟宗波
副局长　刘元河　王传圣　郭丰林
党委书记　翟宗波
纪委书记　王传圣

市盐业公司

经　理　刘洪伟
副经理　孙玉霞

肥城正源丝绸有限公司

总经理　李瑞泉

山东泰山石油股份有限公司肥城石油公司

经　理　汪顺奎

山东泰安烟草有限公司肥城营销部

（肥城市烟草专卖局）

局　　长　刘　博
副　局　长　陶　杰（正科级，7月止）
　　　　　　宋　猛　徐　峰（7月起）
经　　理　刘　博
副　经　理　陶　杰（正科级，7月止）
党支部书记　刘　博
副　书　记　陶　杰（正科级，7月止）

市气象局

局　　长　刘　云（女）
副　局　长　吴则金　韩振成（9月起）
气象台台长　张建成
党支部书记　刘　云（女）

市供电公司

经　　理　安英豪
副经理　陈兆鹏　李延祥　张新忠
党委书记　李圣龙
纪委书记　田希民
工会主席　孙　伟

中国移动通信集团山东有限公司肥城分公司

经　理　程　军
副经理　张志刚（4月止）　郭洪健
　　　　郭　锐　王哲彬（4月起）

中国联合网络通信有限公司肥城市分公司

总经理　尹　广
副总经理　孙秀芝（女）　邱　强
党委书记　尹　广
纪委书记　孙秀芝（女）

中国人民银行肥城市支行

行　　长　赵尊振
副 行 长　冷　静（女）
党组书记　赵尊振
纪检组长　尹燕忠

中国银行肥城支行

行　　长　曹　峰
副 行 长　董红霞（女）　陈德胜
党支部书记　曹　峰

中国农业银行肥城市支行

行　　长　亚　军
副 行 长　孙建华　张素云（女）

中国农业发展银行肥城市支行

行　长　张　晖
副行长　刘宏伟　姚继刚

中国工商银行肥城支行

行　长　张永刚
副行长　夏东生　朱兆宁（5 月止）
李秀华（女）　尹　凯
雷　丽（女）　胡允毅（5 月止）
赵书骞（12 月起）

中国建设银行肥城市支行

行　长　赵夫明
副行长　孙国庆　武　鹏　李滨图（9 月止）

中国邮政储蓄银行肥城支行

行　　长　刘　娟（女，8 月起）
副 行 长　李振杰（8 月止）　高　扬
党支部书记　刘　娟（女）

山东肥城市农村商业银行

董 事 长　刘贺磊
行　　长　刘玉岳（1 月止）
王延防（12 月起）
监 事 长　王延防（1 月止）
王聘国（12 月起）
副 行 长　胡家迎（4 月止）
邱岳强（4 月止）
王　铮　王延防（1 月至 12 月）
崔　勇（5 月起）
党委书记　刘贺磊
副 书 记　刘玉岳（1 月止）
李志刚（挂职，3 月止）
王延防（12 月起）
纪委书记　张瑞民（5 月止）
常　栋（5 月起）

兴业银行泰安肥城支行

行　长　周　勇
副行长　杨国庆（11 月止）　陈煜炎

交通银行泰安肥城支行

行　长　王树峻
副行长　崔丙奎　张　明　和西云（女）
侯训国（4 月起）

山东肥城民丰村镇银行有限责任公司

董事长　徐小强
行　长　张　辉
监事长　李代洋
副行长　王朋波

泰安银行股份有限公司肥城支行

行　长　田力男
副行长　赵　飞

莱商银行

行　长　王伟庆（11 月止）
李　伟（11 月起）
副行长　张　丽（女，挂职）

李　伟（7 月止）
张传凯（8 月起）

济宁银行股份有限公司泰安肥城支行

行　长　王　东
副行长　王　涛

齐鲁银行泰安肥城支行

行　长　杨瑞平

中国银行业监督管理委员会泰安监管分局肥城办事处

主　　任　陈秀清（10 月止）

中国人民财产保险股份有限公司肥城支公司

经　　理　王开阳
副总经理　马延军　武同亮

中国人寿保险股份有限公司肥城市支公司

经　理　田新广
副经理　冉　明

镇街区

高新技术产业开发区

中共肥城高新技术产业开发区工作委员会

党工委书记　韩立新
副　书　记　张德奇　肖海霞（女，1 月止）
杜　辉（3 月起）
党工委委员　陈　刚　王玉超　吕　勇
朱建国（3 月起）
姜和强（4 月起）
王宜强（5 月至 7 月）

中共肥城高新技术产业开发区纪律工作委员会

书　记　陈　刚（4 月止）
副书记　李秀辉（4 月止）　颜　辉
董宜镯（聘，5 月止）
邹　磊（聘）　姜和强（4 月起）
冉　峰（聘，5 月起）

高新技术产业开发区监察室

主　任　陈　刚（4 月止）

高新技术产业开发区管理委员会

主　　任　张德奇
副 主 任　杜　辉　王玉超　吕　勇
朱建国（3 月起）
工 会 主 席　魏绪生（4 月起）
工会副主席　魏绪生（4 月止）
冉　峰（5 月起）

党政办公室

主　任　吕　勇（聘，4 月止）
陈　刚（4 月起）
副主任　颜　辉（聘）　马琳琳（女，聘）
刘　慧（女，挂职，6 月止）
范　辉（挂职，12 月起，时间一年）

经济建设局

局　长　王宜强（聘，7 月止）
副局长　李秀辉（聘，4 月止）　陶志刚（聘）
石　魁（聘，4 月起）
刘　轩（聘，4 月起）
王开栋（聘，5 月起）

社会事务管理局

局　长　朱建国（聘，3 月起）
副局长　李永亮　冯　锐（聘）
于延芳（聘）　马　奎（聘，4 月起）

投资促进一局

局　长　李　超（聘）
副局长　张明泉（聘）　陈冬冬（聘，4 月止）
聂汝庆（聘，5 月起）

投资促进二局

局　长　孙　健（聘）
副局长　邓兆峰（聘）　吕　晋（女，聘）
杜　坤（挂职，6 月止）

投资促进三局

局　长　杜　辉（聘，3 月止）
吕　勇（聘，4 月起）
副局长　陈云库（聘）

聂汝庆（聘，5月止）
李明轩（挂职，6月止）
郭　庆（挂职，6月止）
王华伟（聘，4月起）
董宜镯（聘，5月起）

市国土资源局高新区分局

局　长　孟凡生（5月止）　刘　涛（5月起）
副局长　王甲志（5月止）

财政局

局　长　王玉超
副局长　李　鹏　张明泉

市综合行政执法大队高新区执法中队

中队长　魏庆刚（副科级）

肥城市经济开发区

中共肥城经济开发区工作委员会

党工委书记　桑逢智（1月止）
步　文（1月起）
副　书　记　韩　鹏（1月起）
党工委委员　许兴斌　杨宪坤（6月止）
顾　磊（女）
孟凡生（挂职，8月止）
（挂职，8月起，时间一年）
潘庆荣（女，挂职，8月止）
（女，挂职，8月起，时间一年）
姜伟建

中共肥城经济开发区纪律工作委员会

书　记　顾　磊（女）

肥城经济开发区管理委员会

主　　任　桑逢智（1月止）
刘相伟（1月起）
常务副主任　韩　鹏（1月起）
副　主　任　韩　鹏（1月止）　许兴斌
孟凡生（挂职，8月止）
（挂职，8月起，时间一年）
潘庆荣（女，挂职，8月止）
（女，挂职，8月起，时间一年）

党群工作部（党政办公室）

部长（主任）　杨宪坤（6月止）

新城街道

中共新城街道工作委员会

党工委书记　崔绪昌
副　书　记　许兴斌（1月止）　孟宪栋
王　峰（4月起）
党工委委员　马国兴　高德广　辛成勇
杨启国（回族，4月止）
魏　真（女）　辛成勇
武文涛　李　青（女，4月起）

中共新城街道纪律检查工作委员会

书　记　杨启国（回族，4月止）
李　青（女，4月起）

新城街道监察室

主　任　杨启国（回族，4月止）
李　青（女，4月起）

新城街道人大工作委员会

主　任　郭瑞伟
副主任　杨鲁平

新城街道办事处

主　任　孟宪栋
副主任　马国兴　李　青（女，4月止）
钱吉成　王宗敏（女）
王蓓蓓（女，挂职，6月止）
任东升（挂职，6月止）
刘华伟（4月起）

新城街道党群工作办公室（政协委员联络室）（2月设立）

主　任　许兴斌（1月止）　王　峰（4月起）

新城街道党政办公室（2月设立）

副主任　孙莉芸（女，副科级，4月起）

新城街道人民武装部

部　长　武文涛

新城街道安全生产监督管理办公室

副主任　赵振广

市综合行政执法大队新城执法中队

中队长　吕凯文（副科级）

新城街道社会事务办公室（社会治理办公室）（2月设立）

副主任 孔令西（副科级，4月起）

新城街道便民服务中心（党群服务中心）（2月设立）

主　任 王荣荣（女，4月起）

新城街道农业综合服务中心（乡村振兴促进中心、肥城桃产业发展中心）（2月设立）

主　任 孙国庆（4月起）

新城街道财政中心（农村经营管理站）（2月设立）

主　任（站长） 孙晓红（女，4月起）

市城市社区建设促进中心（市城区卫生计生中心）【1月，市城市社区建设促进中心（市城区卫生计生办公室）更名为市城市社区建设促进中心（市城区卫生计生中心），领导干部行政职务相应易名。4月，成立市城市社区建设促进中心（市城区卫生计生中心）党委】

主　　任 邓凡岭（4月止）

副 主 任 孔令西（4月止）
何道刚（4月止）
孙莉芸（女，4月止）
王　峰（4月起）

党委书记 王　峰（4月起）

副 书 记 邓凡岭（4月起）

市城区卫生计生中心

主　任 邓凡岭（4月起）

副主任 何道刚（4月起）

市现代农业高新技术产业示范区发展服务中心（1月，市现代农业高新技术产业示范区管委会更名为市现代农业高新技术产业示范区发展服务中心。4月，成立市现代农业高新技术产业示范区发展服务中心党委，撤销市现代农业高新技术产业示范区党委，领导干部行政职务、党内职务相应易名）

主　　任 纪成杰

副 主 任 朱传春　师承禄（4月止）
杨启国（回族，4月起）

党委书记 杨启国（回族，4月起）

副 书 记 纪成杰

党委委员 朱传春　师承禄
刘华伟（4月止）

纪委书记 刘华伟（4月止）
师承禄（4月起）

老城街道

中共老城街道工作委员会

党工委书记 孙　栋

副　书　记 冉祥银　朱　刚
刘　钊（挂职，6月起，时间二年）

党工委委员 李恒广（4月止）
武文波　武　斌
聂潇雯（女）　张荣国
李　杭　冉双庆（挂职,6月止）
汪迎波（4月起）

中共老城街道纪律检查工作委员会

书　记 武文波

老城街道监察室

主　任 武文波

老城街道人大工作委员会

主　任 蒋建华（8月起）

副主任 赵吉柱　李　民

老城街道办事处

主　任 冉祥银

副主任 李恒广（4月止）　张　伟　杨东锋
高　楠（女）
冉双庆（挂职，6月止）
汪迎波（4月起）

老城街道党群工作办公室（政协委员联络室）（2月设立）

主　任 朱　刚

副主任 乔　岩（女，副科级，4月起）

老城街道人民武装部

部　长 张荣国

老城街道安全生产监督管理办公室（2月

撤销）

副主任　汪迎波（副科级，4月止）

老城街道应急管理办公室（2月设立）

主　任　汪迎波（4月起）

井楼小区管委会

主　　任　尉爱平（女）

党总支书记　展爱华（女）

市资源循环利用基地发展中心（3月，设立。4月，成立市资源循环利用基地发展中心党委）

主　　任　朱　刚（4月起）

副 主 任　李恒广（4月起）

　　　　　苏　忠（4月起）

党委书记　李恒广（4月起）

副 书 记　朱　刚（4月起）

潮泉镇

中共潮泉镇委员会

党委书记　于　芳（女）

副 书 记　朱建国（3月止）

　　　　　张建东（9月止）

　　　　　李　娟（女，3月起）

　　　　　徐　昊（挂职，6月起，时间二年）

　　　　　李　敏（女，9月起）

党委委员　张大鹏　韩　勇　白恩禄

　　　　　田磊磊（9月起）

中共潮泉镇纪律检查委员会

书　记　韩　勇

潮泉镇监察室

主　任　韩　勇

潮泉镇人民代表大会

主　席　张衍余

副主席　曹　国

潮泉镇人民政府

镇　长　朱建国（3月止）

　　　　李　娟（女，3月起）

副镇长　张大鹏　刘东华　于加兵

　　　　王　静（女）

潮泉镇党群工作办公室（政协委员联络室）（2月设立）

主　任　张建东（9月止）

　　　　李　敏（女，9月起）

副主任　罗文娜（女，副科级，4月起）

潮泉镇人民武装部

部　长　张大鹏

潮泉镇安全生产监督管理办公室（2月撤销）

副主任　田磊磊（副科级，9月止）

潮泉镇应急管理办公室（2月设立）

副主任　田磊磊（副科级，9月起）

潮泉镇综合行政执法办公室（2月设立）

副主任　李　彬（副科级，4月起）

潮泉镇社会事务办公室（社会治理办公室）（2月设立）

副主任　延俊峰（副科级，4月起）

王瓜店街道

中共王瓜店街道工作委员会

党工委书记　肖海霞（女，1月止）

　　　　　　杜　辉（3月起）

副 书 记　杜　辉（3月止）

　　　　　朱建国（3月起）

　　　　　石　魁（4月起）

党工委委员　张艳贞（女）　邹　磊

　　　　　　马琳琳（女）　于延芳

　　　　　　冯　锐　孙栋栋（挂职）

　　　　　　刘　轩（4月起）

中共王瓜店街道纪律检查工作委员会

书　记　邹　磊

王瓜店街道人大工作委员会

主　任　王立刚

王瓜店街道办事处

主　任　杜　辉（3月止）　朱建国（3月起）

副主任　于延芳　李　超　吕　晋（女）

　　　　孙栋栋（挂职）　马　奎（4月起）

王瓜店街道党群工作办公室（政协委员联络室）

主　任　石　魁（4月起）

王瓜店街道人民武装部

部　长　冯　锐

王瓜店街道安全生产监督管理办公室

副主任　李光才（副科级）

王瓜店街道社会保障服务中心（2月设立）

主　任　刘西存（5月起）

湖屯镇

中共湖屯镇委员会

党委书记　于　辉（8月止）

王继荣（9月起）

副书记　卢　军（1月止）

迟晓妮（女，4月止）

曾　戈（挂职，6月止）

欧阳光兵（1月起）

李秀辉（4月起）

于　涛（挂职,6月起，时间二年）

党委委员　王朋刚　赵明辉　薛　利

杨洪波　李开锋（8月止）

孙衍振　赵志国（8月起）

中共湖屯镇纪律检查委员会

书　记　薛　利

湖屯镇监察室

主　任　薛　利

湖屯镇人民代表大会

主　席　蒋建华（8月止）

副主席　董广强（8月止）　张吉阳（8月止）

张红伟（8月起）　徐玉山（8月起）

湖屯镇人民政府

镇　长　卢　军（1月止）

欧阳光兵（1月起）

副镇长　赵明辉　田军花（女，8月止）

刘大龙　尹逊波

李　辉（女，8月起）

湖屯镇党群工作办公室（政协委员联络室）(2月设立）

主　任　迟晓妮（女，4月止）

李秀辉（4月起）

湖屯镇人民武装部

部　长　孙衍振

湖屯镇安全生产监督管理办公室（2月撤销）

副主任　王　峥（副科级，8月止）

湖屯镇应急管理办公室（2月设立）

副主任　桑圣旺（副科级，8月起）

湖屯镇财政中心（农村经营管理站）(2月设立）

主　任（站长）　徐玉峰（4月至8月）

湖屯镇便民服务中心（党群服务中心）(2月设立）

主　任　李　波（8月起）

石横镇

中共石横镇委员会

党委书记　李宝军（副县级）

副书记　李开磊（3月止）

王　峰（4月止）

王倩倩（4月起）

王宜强（7月起）

党委委员　姜和强（4月止）

李文新　宋洪洞　王法国

鲍明洋　张　亮（挂职，6月止）

陈冬冬（4月起）

杨　焕（女，4月起）

中共石横镇纪律检查委员会

书　记　姜和强（4月止）　宋洪洞（4月起）

石横镇监察室

主　任　姜和强（4月止）　宋洪洞（4月起）

石横镇人民代表大会

主　席　李向云

副主席　张爱军

石横镇人民政府

镇　长　李开磊（3月止）　王宜强（7月起）

副镇长　王倩倩（4月止）　牛　敏

杨　焕（女，4月止）

肖云江　张　亮（挂职，6月止）

邱岳强（挂职，6月止）

陈冬冬（4月起） 王启勇（4月起）

石横镇党群工作办公室（政协委员联络室）(4月设立)

主　任　王　峰（4月止） 王倩倩（4月起）

副主任　杜瑞芬（女，副科级，4月起）

石横镇人民武装部

部　长　鲍明洋

石横镇安全生产监督管理办公室（4月撤销）

副主任　王启勇（副科级，4月止）

石横镇应急管理局（4月设立）

局　长　王启勇（4月起）

石横镇便民服务局（便民服务中心）(4月设立)

副局长（副主任）　田士平（副科级，4月起）

石横镇农业综合服务中心（乡村振兴促进中心）(4月设立)

主　任　路则宾（4月起）

石横镇公共文化服务中心（4月设立）

主　任　梁义龙（5月起）

市化工产业园区经济发展服务中心（3月，市化工产业园区管委会更名为市化工产业园区经济发展服务中心，领导干部职务相应易名）

主　　任　陈玉同（5月起）

副 主 任　赵夫红（女）

党委委员　赵夫红（女）

化工产业园区安全监察大队

大队长　陈玉同（5月止）

桃园镇

中共桃园镇委员会

党委书记　王　涛

副 书 记　邵　波（4月止） 赵　健
范维铂（挂职，6月止）
赵　静（女，4月起）
郭启明（挂职,6月起，时间二年）

党委委员　黄　超　张　磊　王　强
孙明辉（4月起）

中共桃园镇纪律检查委员会

书　记　王　强

桃园镇监察室

主　任　王　强

桃园镇人民代表大会

主　席　梁永东（4月起）

副主席　张秀丽（女）

桃园镇人民政府

镇　长　赵　健

副镇长　赵　静（女，4月止） 苏　立
孙明辉（4月止） 陈玉红（女）
张　磊（4月起） 崔纪常（4月起）

桃园镇党群工作办公室（政协委员联络室）(2月设立)

主　任　邵　波（4月止）
赵　静（女，4月起）

桃园镇人民武装部

部　长　张　磊（4月止） 孙明辉（4月起）

桃园镇安全生产监督管理办公室（2月撤销）

副主任　桑圣旺（副科级，8月止）

桃园镇应急管理办公室（2月设立）

副主任　王　峥（副科级，8月起）

桃园镇便民服务中心（党群服务中心）(2月设立)

主　任　尹桂园（女，4月起）

王庄镇

中共王庄镇委员会

党委书记　李　军

副 书 记　梁永东（4月止）
孟庆军（挂职，6月止）
宋洪国（挂职） 李晓磊
张仲银（4月起）

党委委员　阴　才　冉　峰（5月止）
李正勇　王焕英（女）
张荣华（女，5月起）

中共王庄镇纪律检查委员会

书　记　李正勇

王庄镇监察室

主　任　李正勇

王庄镇人民代表大会

主　席　张仲银

副主席　王兆元（4月起）

王庄镇人民政府

镇　长　李晓磊

副镇长　阴　才　张荣华（女，5月止）
冉祥燕　尹玲玲（女）
李光银（5月起）

王庄镇党群工作办公室（政协委员联络室）（2月设立）

主　任　梁永东（4月止）　张仲银（4月起）

王庄镇人民武装部

部　长　阴　才

王庄镇安全生产监督管理办公室（2月撤销）

副主任　李光银（副科级，5月止）

王庄镇应急管理办公室（2月设立）

主　任　李光银（5月起）

王庄镇农业综合服务中心（乡村振兴促进中心）（2月设立）

主　任　王兆元（5月起）

仪阳街道

中共仪阳街道工作委员会

党工委书记　韩　宁

副 书 记　欧阳光兵（1月止）
王继荣（11月止）
邵　波（4月起）

党工委委员　张　伟　李　波　董　民
汪　杰　赵　峰
辛爱美（女，挂职，6月止）
刘福新

中共仪阳街道纪律检查工作委员会

书　记　李　波

仪阳街道监察室

主　任　李　波

仪阳街道人大工作委员会

主　任　冀玉金

副主任　刘学华

仪阳街道办事处

主　任　王继荣（11月止）

副主任　张　伟　吴西军　尹季青（女）
王春芳（女）
辛爱美（女，挂职，6月止）
王　楠（挂职，6月止）

仪阳街道党群工作办公室（政协委员联络室）（2月设立）

主　任　欧阳光兵（1月止）
邵　波（4月起）

仪阳街道党政办公室（2月设立）

副主任　冀　磊（副科级，4月起）

仪阳街道人民武装部

部　长　董　民

仪阳街道安全生产监督管理办公室

副主任　李言忠（副科级）

仪阳街道农业综合服务中心（乡村振兴促进中心、肥城桃产业发展中心）（2月设立）

主　任　王大伟（4月起）

仪阳街道财政中心（农村经营管理站）（2月设立）

主　任（站长）　李　英（女，4月起）

仪阳街道便民服务中心（党群服务中心）（2月设立）

主　任　李　波（4月至8月）

仪阳街道社会保障服务中心（2月设立）

主　任　徐玉峰（8月起）

市综合行政执法大队仪阳中队

中队长　韩　冬（副科级，5月起）

市新兴产业园区发展服务中心（1月，市新兴产业园区管委会更名为市新兴产业园区发展服务中心。4月，成立市新兴产业园区发展服务中心党委，撤销市新兴产业园区党委，领导干部行政职务、党内职务相应易名）

主　　任　邵　波（4月起）

副 主 任　王　丽（女）　张延福

党委书记　崔绪昌

副 书 记　邵　波（4月起）

党委委员　王　丽（女）　李　清　张延福
纪委书记　李　清

安临站镇

中共安临站镇委员会
党委书记　王开军
副 书 记　梁乙胜　王　健
党委委员　韩建国　鹿传国　倪冬梅（女）
孟　峰　车明伟　胡　瑞
武建增（挂职，6 月止）
中共安临站镇纪律检查委员会
书　记　孟　峰
安临站镇监察室
主　任　孟　峰
安临站镇人民代表大会
主　席　张德顺
副主席　唐兴伟
安临站镇人民政府
镇　长　梁乙胜
副镇长　韩建国　刘广金
李　辉（女，8 月止）
马泽云（女，9 月止）
武建增（挂职，6 月止）
田军花（女，8 月起）
安临站镇党群工作办公室（政协委员联络室）（2 月设立）
主　任　王　健
安临站镇党政办公室（2 月设立）
副主任　张　政（副科级，4 月起）
安临站镇人民武装部
部　长　胡　瑞
安临站镇安全生产监督管理办公室
副主任　徐衍丁（副科级）
安临站镇便民服务中心（党群服务中心）（2 月设立）
主　任　辛　菊（女，4 月起）

孙伯镇

中共孙伯镇委员会
党委书记　肖海霞（女，1 月起）
副 书 记　董　振　郝庆功（4 月止）
李　晓（4 月起）
党委委员　石　魁（4 月止）
欧阳丰梅（女）　王永昌
薛　宪（4 月起）
张树正（4 月起）
中共孙伯镇纪律检查委员会
书　记　欧阳丰梅（女）
孙伯镇监察室
主　任　欧阳丰梅（女）
孙伯镇人民代表大会
主　席　夏　辉（女）
副主席　徐玉山（8 月止）　张吉阳（8 月起）
孙伯镇人民政府
镇　长　董　振
副镇长　石　魁（4 月止）　王　红（女）
张树正　王　坤
孙伯镇党群工作办公室（政协委员联络室）（2 月设立）
主　任　郝庆功（4 月止）　李　晓（4 月起）
孙伯镇人民武装部
部　长　石　魁（4 月止）　张树正（4 月起）
孙伯镇安全生产监督管理办公室
副主任　马富勇（副科级）
市综合行政执法大队孙伯执法中队
中队长　张德峰（副科级，4 月起）
孙伯镇社会事务办公室（社会治理办公室）（2 月设立）
副主任　徐元戎（女，副科级，4 月起）
孙伯镇经济发展办公室（2 月设立）
副主任　赵桂林（副科级，4 月起）

安驾庄镇

中共安驾庄镇委员会

党委书记 荆文忠（2 月止）
李开磊（3 月起）

副 书 记 刘文涛 吴元胜（3 月止）
赵光阔（4 月起）

党委委员 李 晓（4 月止）
赵志国（8 月止） 赵 刚
刘传刚 张同强 杜 立
李海峰（挂职，6 月止）
国 伟（4 月起）
李开锋（8 月起）

中共安驾庄镇纪律检查委员会

书 记 赵 刚

安驾庄镇监察室

主 任 赵 刚

安驾庄镇人民代表大会

主 席 赵光阔

副主席 赵 萍（女） 刘太钢

安驾庄镇人民政府

镇 长 刘文涛

副镇长 李 晓（4 月止） 武 利
石 磊（女） 刘海峰（回族）
李海峰（挂职，6 月止）
国 伟（4 月起）

安驾庄镇党群工作办公室（政协委员联络室）（2 月设立）

主 任 吴元胜（3 月止） 赵光阔（4 月起）

安驾庄镇人民武装部

部 长 杜 立

安驾庄镇安全生产监督管理办公室

副主任 袁 洋（副科级）

安驾庄镇社会事务办公室（社会治理办公室）（2 月设立）

副主任 李 霞（女，副科级，4 月起）

安驾庄镇经济发展办公室（2 月设立）

副主任 张 鑫（副科级，4 月起）

边院镇

中共边院镇委员会

党委书记 韩 鹏

副 书 记 姜伟建 许兴斌（1 月起）

党委委员 马 伟 武 超（4 月止）
顾 磊（女） 张海岗
马士峰 刘 勇
宿晓栋（挂职，6 月止）
贾延青（女，4 月起）

中共边院镇纪律检查委员会

书 记 顾 磊（女）

边院镇监察室

书 记 顾 磊（女）

边院镇人民代表大会

主 席 张海涛

副主席 马正辉 于宪章

边院镇人民政府

镇 长 韩 鹏（1 月止） 许兴斌（1 月起）

副镇长 武 超（4 月止）
贾延青（女，4 月止）
高业勇 张清华
宿晓栋（挂职，6 月止）
杨 恒（挂职，6 月止）
张海岗（4 月起）
魏 啸（挂职，5 月起，时间一年）
施建国（6 月起）

边院镇党群工作办公室（政协委员联络室）（2 月设立）

主 任 姜伟建（4 月起）

边院镇党政办公室（2 月设立）

副主任 李金宗（副科级，4 月起）

边院镇人民武装部

部 长 刘 勇

边院镇安全生产监督管理办公室（2 月撤销）

副主任 李金宗（副科级，4 月止）

边院镇应急管理办公室（2 月设立）

副主任 李 兵（副科级，4 月起）

边院镇经济发展办公室（2月设立）

副主任　武　超（副科级，4月起）

边院镇便民服务中心（党群服务中心）（2月设立）

主　任　刘　军（4月起）

边院镇综合行政执法办公室（2月设立）

副主任　张雷雷（副科级，4月起）

边院镇社会事务办公室（社会治理办公室）（2月设立）

副主任　聂传伟（副科级，4月起）

市现代盐化工产业园区发展服务中心（1月，市现代盐化工产业园区管委会更名为市现代盐化工产业园区发展服务中心。4月，成立市现代盐化工产业园区发展服务中心党委，撤销市现代盐化工产业园区党委，领导干部行政职务、党内职务相应易名）

主　　任　常　军（1月止）
　　　　　吕中华（4月起）

副 主 任　陈光强　刘　军（4月止）
　　　　　武　超（4月起）

党委副书记　常　军（1月止）　吕中华
　　　　　武　超（4月起）

党委委员　吕中华　刘　军（4月止）
　　　　　陈光强　施建国（6月止）

纪委书记　施建国（6月止）

汶阳镇

中共汶阳镇委员会

党委书记　宋玉革（副县级，8月止）
　　　　　梁乙广（副县级，8月起）

副书记　刘玉明（9月止）　姬建芳（女）
　　　　郝纪刚（9月起）

党委委员　钱基进　王　强　乔　石
　　　　　崔国鑫　裴　涛（挂职，6月止）
　　　　　杜　刚（4月起）

中共汶阳镇纪律检查委员会

书　记　王　强

汶阳镇监察室

主　任　王　强

汶阳镇人民代表大会

主　席　刘灿军

副主席　张红伟（8月止）　聂志锋
　　　　董广强（8月起）

汶阳镇人民政府

镇　长　姬建芳（女）

副镇长　钱基进　邸　涛　王文静（女）
　　　　丁法兵　裴　涛（挂职）

汶阳镇党群工作办公室（政协委员联络室）（2月设立）

主　任　刘玉明（9月止）　郝纪刚（9月起）

副主任　周广善（副科级，4月起）

汶阳镇人民武装部

部　长　乔　石

汶阳镇安全生产监督管理办公室

副主任　李西芝（副科级）

汶阳镇综合行政执法办公室（2月设立）

副主任　赵　强（副科级，4月起）

市综合行政执法大队汶阳中队

中队长　陈衍兵（副科级，4月起）

汶阳镇公共文化服务中心（2月设立）

主　任　王吉春（4月起）

（市委组织部供稿）

肥城年鉴

FEICHENG YEARBOOK

FEICHENG
YEARBOOK
2020

中共肥城市委员会

- 重要会议 决策
- 市委办公室
- 市委党建主体责任
- 市委巡察
- 乡村振兴
- 全面深化改革
- 督查考核
- 组 织
- 宣 传
- 统一战线
- 机构编制
- 机关党建
- 党 校
- 党史资料征编与研究
- 老干部管理与服务
- 省「万名干部下基层」驻肥城服务队

重要会议　决策

【中共肥城市委十四届六次全体会议】2019 年 1 月 10 日，中国共产党肥城市第十四届委员会第六次全体会议召开。会议以习近平新时代中国特色社会主义思想为指导，深入学习贯彻党的十九大和十九届二中、三中全会精神，学习贯彻习近平总书记关于深化党和国家机构改革的重要论述和重要讲话精神，贯彻执行中共山东省委、山东省人民政府批准的《肥城市机构改革方案》，审议通过《中共肥城市委　肥城市人民政府关于肥城市市级机构改革的实施意见》。

【中共肥城市委十四届七次全体会议】2019 年 1 月 24 号，中共肥城市委十四届七次全体会议在市人民会堂召开。会议以习近平新时代中国特色社会主义思想为指引，深入学习贯彻党的十九大和十九届二中、三中全会精神，落实中央、省委和泰安市委一系列部署要求，回顾总结工作，深入分析形势，安排部署任务，动员全市上下坚定信心、乘势而上，确立新坐标、谋求新突破，认真践行新发展理念，持续推进高质量发展，为书写“党建新高地、法治新高地、市场新高地”时代篇章而努力奋斗。市委书记常绪扩代表市委常委会作题为《认真践行新发展理念　持续推进高质量发展》的报告，报告共分成绩令人鼓舞，坚定信心砥砺前行；形势催人奋进，担当作为接续奋斗；发展质效为先，瞄准重点攻坚突破；时代呼唤作为，强基固本把舵领航 4 个部分。

【中共肥城市委十四届八次全体会议】2019 年 7 月 22 日，中共肥城市委十四届八次全体会议在市人民会堂召开。会议以习近平新时代中国特色社会主义思想为指导，深入学习贯彻党的十九大和十九届二中、三中全会精神，落实省委十一届九次全会、泰安市委十一届九次全会部署要求，总结上半年工作，分析当前形势，安排下半年任务，动员全市上下解放思想、拼搏实干，认真践行新发展理念，持续推进高质量发展，为书写“党建新高地、法治新高地、市场新高地”时代篇章而努力奋斗。市委书记常绪扩代表市委常委会作工作报告，报告分为创新实干、开拓进取，高质量发展迈出新的步伐；担当作为、狠抓落实，努力走在高质量发展前列；不忘初心、牢记使命，夯实高质量发展坚强保障 3 个部分。市委副书记、市长殷锡瑞传达省委十一届九次全会精神和泰安市委十一届九次全会精神。

【重要决策】2019 年，中国共产党肥城市委员会发挥领导核心作用，集中精力领导经济建设，组织协调各方面的力量，同心协力，贯彻落实科学发展观，实行民主、科学决策，制定、执行路线、方针、政策。全年市委共制定发布涉及《通知》《意见》《方案》等重要决策文件 21 件。

2019 年，先后制定印发《关于肥城市市级机构改革的实施意见》《中共肥城市委关于印发〈中国共产党肥城市第十四届委员会第七次全体会议公报〉和〈常绪扩同志在中共肥城市委第十四届七次全体会议上的报告〉的通知》《关于深化推进镇（街道）行政体制改革的实施意见》《关于农业农村优先发展进一步做好三农工作的实施意见》《关于做好省委巡视组反馈意见整改落实工作的通知》《关于进一步加强市直机关党的建设的意见》《2019 年度经济社会发展考核意见》《关于深化石横镇行政管理体制改革方案的通知》《关于全面对标学习张家港行动的实施方案》《关于深化落实“五制一诺”制度进一步推进农村党组织标准化规范化建设的意见》《关于推进市融媒体中心建设的实施方案》《关于进一步深化改革开放加快制度创新的意见》《中共肥城市委印发〈关于在全市开展“不忘初心、牢记使命”主题教育的实施方案〉的通知》《中共肥城市委肥城市人民政府关于全面推进预算绩效管理的实施意见》《中共肥城市委肥城市人民政府印发〈肥城高新技术产业园区（泰安高新技术产业开发区肥城园区）体制机制改革创新试点方案〉的通知》《中共肥城市委肥城市人民政府印发〈肥城经济开发区体制机制改革创新试点方案〉的通知》《关于推动党校教育全覆盖的实施方案》《关于建立市政府向市人大常委会报告国有资产管理情况制度的意见》《中共肥城市委肥城市人民政府关于建立流程再造工作体系全面加强制度创新的实施意见》《中共肥城市委肥城市人民政府印发〈关于加强和完善城乡社区治理的实施方案〉的通知》《中共肥城市委肥城市人民政府关于印发〈肥城市乡村振兴战略规划（2019—2022年）〉的通知》。

市委办公室

【概况】 市委办公室内设综合科、会议活动科、文秘科、督查室、调查研究科、信息科、主体责任科、深化改革科、机要密码管理科、保密科、国家安全联络监管科、档案管理科、党建科13个科室；市委全面深化改革领导小组办公室内设秘书科、协调联络科、督促指导科3个科室。2019年，市委办公室贯彻落实市第十四次党代会和十四届七次全会精神，坚持"实事求是地想、实事求是地谋、实事求是地干"的工作理念，按照市委书记提出的"四对照、四到位"要求，主动谋事、敢于担当，统筹抓好综合协调、决策参谋、督办落实、后勤保障、深化改革等重点任务落实，持续提升办公室工作质量和服务水平。年内，市委办公室先后荣获"山东省党委系统信息工作先进单位""泰安市委全面从严治党考核先进单位""全市机要密码系统先进单位"等荣誉称号。

（王　宵）

【办文办会】 围绕市委中心工作，加强对上对下的联络沟通，谋划协调全市会议和活动，整体运转有力有序。全年共组织承办各类重要活动、重要接待、重要事项130余次、综合性会议72个；审核制发市委和市委办公室文件475件，办理上级来文来电2055件，完成精文简会目标；完成涉密电子政务内网、小型加密视频会议系统建设并投入使用；破题推进国安工作，制定防范化解重大风险分工方案；规范有序开展涉改单位档案处置工作。

【调研参谋】 注重"高、新、短、实"，起草每篇文稿都精雕细琢、反复推敲、严格审核，做到与市委同频共振、与工作合拍合辙。起草领导讲话、汇报发言等文稿360余篇。围绕对标学习张家港、城镇化与乡村振兴融合发展等重点课题深入调研，形成一批有价值的调研成果，建安业调研报告获泰安市委市政府主要领导批示。在泰安市级以上刊物刊发署名文章11篇，4篇在《山东通讯》刊发，列全省县市区第2名。

【机要保密】 2019年，机构改革后，市委办公室加挂国家保密局牌子，原机要保密局职能由市委办公室机要密码管理科和保密科两个科室承担。年内，机要密码管理科着眼做好日常公文流转，最大限度发挥以报辅政的作用。保密科践行总体国家安全观，完善防范措施，压实主体责任，加强保密教育，强化保密意识，健全完善制度体系，强化定密管理、网络保密管理、涉密人员管理，为全市创新转型高质量发展提供保障。

（张健强）

【接待工作】 接待处为正科级全额事业单位，隶属市委办公室、市政府办公室管理，以市委办公室管理为主，编制11人。主要负责市大班子重要来客、重要会议和重大活动的生活接待、服务工作；管理泰西宾馆。2019年，全市共接待到肥重要客人406次7971人。参与市领导带队外出参观打前站2次；先后接待外商和外地参观团45次2200余人。期间成功参与组织八路军研究会纪念115师陆房突围胜利80周年会议，全省机关工委现场会，泰安市林业现场会、水利现场会、农机现场会；成功举办肥城市第18届桃花节暨2019全国桃木旅游商品创新设计大赛等大型会议、庆典活动18次3400余人。①业务建设。规范接待制度，建立健全《党政机关国内公务接待管理办法》《接待人员岗位职责》《接待登记制度》《泰西宾馆接待规定细则》等规章制度，确保接待工作不因人的变化而影响工作质量。通过标准化、模块化和制度化管理，做到人人有责任、事事有标准、件件能考核，实现用制度管事，用制度管人。强化协调机制，对上及时汇报情况，对外按照“对口接待、分工负责”的原则，与接待单位沟通、配合，对内及时召开协调会，搞好分工、部署工作，调度和统筹接待资源。在全市范围内初步形成配置合理、各司其职，通力协作、运转高效的接待工作机制。健全信息报告制度，填写《接待任务报告单》，涉及来肥领导和宾客的姓名、性别、民族、年龄、职务、抵离时间及方式、来肥目的、行程安排及要求、联络员姓名及联系电话、客人生活习惯等一系列信息。完善接待措施，坚持“硬件不足软件补”，大型会议、重要活动提前制定接待方案、设计服务手册、宴会领导名单、宴会菜单以及简洁实用的参观手提袋。②队伍建设。加强接待理论、礼仪知识的学习培训和肥城市情、人文历史、景点简介等的专题学习，提高接待人员的综合素质。开展业务培训，坚持“走出去、请进来”，组织接待人员不定期到兄弟县市考察取经，取长补短，博采众长、为我所用。加强与上级业务部门的联系，做到资源共享、共同提高；紧抓廉政建设，对接待人员时刻不忘加强党风廉政警示教育，时刻牢记“两个务必”，树立正确的地位观、权力观、利益观，规范办事程序，加强制度建设，遵守廉政纪律，增强廉政意识，做到“清正廉洁、干净干事”。

（李勇君）

【泰西宾馆】 位于肥城市龙山路20号，配有现代化的酒店管理系统，拥有豪华套房、标准房间196间，大、中、小会议室7个，高级餐厅及风格各异的包厢36个，大、中型宴会厅3个，可同时容纳400人住宿和1300人就餐，为集吃、住、行、游、娱乐、商务一体的多功能、现代化宾馆。泰西宾馆始终把产品质量视为生命线，致力于饭菜及服务质量提升，不断丰富品牌内涵，成功开发并注册“桃乡宴”“肥桃宴”等独具地方特色餐饮品牌。获得“全国旅游星级饭店银叶级饭店”“全国商业服务业巾帼文明岗”“山东省名厨会所团体金奖”“泰安市烹饪先进企业”“肥城地方名吃金牌酒店”等荣誉。连续多年承办中国肥城桃花节等大型活动的餐饮、住宿。肥城泰西宾馆独家研发创新的“肥桃宴”参加中央电视台“魅力中国城”现场竞演活动，6位大厨倾力打造的“肥桃宴”精益求精、美伦美幻，获评委“得孔孟礼仪之精髓，既有传承，更有创新”的高度评价，为全国观众呈上一场精彩纷呈的丰盛大餐和视觉盛宴。“肥桃宴”以肥城传统的“四大件”宴席为框架，以地方特产为原料，融入肥桃文化、君子文化，汶阳田文化及肥城先贤典故、俚俗人情。经大厨们的匠心制作的48道肥桃宴菜品，成为可观可赏的饕餮盛宴。2019年，泰西宾馆荣获泰安市旅游协会最具影响力旅游品牌，总经理张吉东同时荣获年度最佳总经理称号。

（王　静）

市委党建主体责任

【主体责任落实】 把抓好党建作为最大政绩，完善机制，拧紧链条，建立起“承诺、述职、考核、激励、问责”“五位一体”闭环式主体责任落实体系。压紧压实责任，建立台账、定期调度、督促落实。开展7轮巡察，启动村居巡察，发现重点问题1249个，移交问题线索181条，处分59人。严肃党内生活，持续开展“主题党日”活动，落实双重组织生活制度，严格执行民主集中制，做到科学民主决策。狠抓问题整改，对省委巡视反馈的4个方面11个问题和对2018年度泰安市委全面从严治党述职评议、全面从严治党考核反馈的18项问题情况等做到全面整改。

【理论武装】 把思想政治建设摆在首位，开展“不忘初心、牢记使命”主题教育，持续开展“浸润式”教育，把党的理论成果传达到基层党组织、党员“神经末梢”。全年组织市委理论中心组学习研讨23次，举办桃都讲坛13期、各类学习培训班11期，全市1547名副科级以上领导干部、1893名基层党支部书记全部进市委党校封闭学习，市委常委人人上讲台授课。把握意识形态工作领导权，纳入党建考核、民主生活会、述职述廉和市委巡察内容，加强引导处置，舆论环境积极健康、向上向好。

【基层党建】 坚持“抓党建就要抓支部，抓支部就要抓书记”，树立党的一切工作落到支部的鲜明导向，实施党建“基石工程”。在农村，加强以标准化规范化为主要内容的过硬支部建设，以管“三资”、增收入、提服务为主要内容的治理能力建设，组织开展扫黑除恶专项斗争农村“三资”清理集中行动，605个村全部铺开，完成验收570个，村均增收16.68万元。相关做法在中组部《组工信息》、新华社《高管信息》等刊发推广。在城市，实行在职党员“双报到”制度，城市社区坚持党建引领“三有六化”治理，成立124个小区党支部，建设“小区党支部＋业主委员会＋物业服务企业”城市基层党建联合体，推动城市精细化治理。在机关，推进“大工委”党建工作体制改革，成立十大系统机关党委，建立起“大工委”和“系统党委”工作体制。全省机关党建研究工作会推介肥城市做法，并作为全省唯一机关党建体制创新县级典型，推荐上报中央和国家机关工委。在“两新”组织，制定园区非公企业党建工作“双十条”，开展“两个覆盖”攻坚行动。投入390万元用于“两新”组织党建，提升服务发展能力。

【过硬队伍建设】 旗帜鲜明树立“不论年龄大小、不论学历高低，只要干事就给平台、只有干事才能进步”的用人导向，坚持“依法、选准、用好、配强、管到位”的干部工作方法，锻造政治过硬、业务过硬、作风过硬、富有活力的党政干部队伍。推行“履职尽责、快准追责”闭环式责任追究机制，加大不适宜担任现职干部调整力度，经组织认定后，一律免去职务，到市委党校待岗培训中心“回炉再造”，纪委监委同步介入审查，对违纪违法的，依纪依法处理，彻底纠治“为官不为”的懒政怠政行为。出台《关于激励干部担当作为干事创业若干规定》，建立容错纠错机制，先后为1名干部容错纠错，为2名干部、1个单位澄清保护，激励干部能为敢为、善为会为。

【作风建设】 深化作风建设，严格正风肃纪。坚决打好作风建设持久战，严肃查处群众身边的不正之风，营造正气充盈的政治生态。抓好廉政教育，连续3年春节后第一天开展廉政教育，组织展览110余场次，廉政宣讲54场次，3万余人次接受教育。持续纠治“四风”，编印《违反中央八项规定精神典型案例警示录》《十种作风问题主要表现和典型案例》《形式主义 官僚主义典型案例警示录》，以案示警、以案明纪，让党员干部自觉筑牢“防火墙”。落实中央八项规定精神，查处问题15起26人，处分15人。开展不担当不作为问题专项治理，发现问题10个，下发整改通知7份。加大执纪问责，保持惩治腐败高压态势，处置问题线索491件，立案247件277人，处分270人。运用“四种形态”处理732人次，其中，第一、二种形态占91.3%，抓早抓小、红脸出汗成为常态。

（刘传忠）

市委巡察

【概况】 2019年，在泰安市委巡察工作领导小组和肥城市委的坚强领导下，市委巡察机构认真学习贯彻习近平新时代中国特色社会主义思想和党的十九大精神，全面贯彻落实中央巡视工作方针和省委、泰安市委、肥城市委巡视巡察工作安排部署和要求，立足“两个维护”根本任务，突出“政治巡察”定位，着眼“发现问题、形成震慑、推动改革、促进发展”，巡察工作稳步推进，成效明显。

【巡察组织保障】 市委把巡察工作作为履行管党治党主体责任、落实全面从严治党、强化党内监督的重要抓手。2019年，先后多次召开市委常委会研究巡察工作，学习贯彻习近平总书记关于巡视巡察工作重要论述，学习贯彻中央、省委、泰安市委巡视巡察工作部署要求，确保上级巡察工作部署要求落地落实。进一步强化和完善巡察工作领导小组成员参加巡察进驻沟通会、动员会和反馈会机制，巩固市委五人小组、市委巡察工作领导小组全员参加巡察情况汇报会议和市委书记专题会，逐一听取5个市委巡察组当面汇报巡察情况机制。2019年市委召开3次市委书记专题会，逐一听取5个市委巡察组十四届市委第四轮、第五轮、第六轮巡察情况汇报，见人见事点问题，针对重点人、重点事、重点问题，提出具体处置意见，对有关问题专项整改和反馈提出明确要求。根据书记专题会意见尤其是市委书记常绪扩指示，市委巡察工作领导小组针对巡察发现的典型问题下发《巡察发现问题整改建议》，督导整改面上典型问题，对其履行好监管职责，督促问题整改提出明确要求，限期上报问题整改情况。3月、8月，泰安市委巡察工作领导小组先后下发《〈关于对泰安市委巡察工作开展专项检查的情况汇报〉整改落实方案》《关于对肥城市委巡察工作开展专项检查的情况报告》。市委书记常绪扩签批处置意见，并亲自审定整改落实方案。2019年，市委书记常绪扩先后就巡察工作签批6件次，确保巡察工作扎实有序有效开展。充实巡察人员力量，5月，市委遴选3名年轻干部进入巡察机构工作，加强巡察工作力量。

【巡察制度规范】 肥城市委巡察机构坚持靠机制凝合力，以制度促规范，用制度管长远，通过抓制度机制建设，使市委巡察工作有章可循、有规可依。2019年，编印《市委巡察组巡察档案资料归档整理模拟卷》手册并发放到每个巡察干部，对巡察结束归档整理材料内容标准明确要求。5月，结合推进村（社区）巡察全覆盖工作，编印《村（社区）巡察监督重点及突出问题表现》手册，指导村（社区）巡察工作。制定、编制《巡察干部十不准》《市委巡察机构保密工作规定》《巡察工作流程》并制作玻璃板上墙。统一印制《巡察工作记录》，一轮一换，对巡察全过程工作情况记录“留痕”，印刷制式《巡察个别谈话记录》，规范巡察个别谈话方式。

【政治巡察】 肥城市委坚持把巡察工作作为推进全面从严治党的重要举措和有力抓手，坚定不移深化政治巡察。2019年，完成第四轮巡察反馈整改任务，完成第五轮、六轮高级技校、第三高级中学、丘明中学、教师进修学校、龙山中学、实验中学、桃都中学、商务局、供销社、人防办、总工会、团委、妇联、工商联、科协、残联、文联、民营经济发展促进中心、煤炭发展中心、体育发展中心等20个单位的巡察任务，第七轮对市司法局、市公共就业和人才服务中心、市社会保险事业中心、市建筑安装业发展中心、市房产管理服务中心、中国国际贸易促进委员会肥城市委员会、市水资源保护中心、市牛山林场、市金融服务中心、市粮食和物资储备中心等10个单位的常规巡察进行当中，完成258个村（社区）的现场巡察。①政治巡察监督。树立“以人民为中心”的工作理念，注重从群众关心的痛点、难点和上级关注的工作堵点、热点上优先确定巡察工作重点，从具体人、具体事着手，一个问题一个问题解决。从第四轮巡察开始，由市委宣传部成立意识形态责任落实情况专项检查组，在市委巡察组统一领导下开展意识形态责任制落实情况专项检查，形成检查情况报告一并纳入巡察报告向市委书记专题会议汇报。根据上级要求，先后及时将牢牢掌握党对意识形态工作领导权、“扫黑除恶”、污染防治攻坚、属地管理以及落实习近平总书记关于农地非农化的批示精神情况纳入政治巡察监督重点内容，并将农地非农化问题排查整治情况列入《关于推进村（社区）党组织巡察全覆盖的实施方案（试行）》中，作为对村（社区）开展巡察的一项重要内容。结合市委重大决策部署，将“扎实推进市委‘四大动能’、脱贫攻坚、文明城市创建、美丽乡村建设等重点工作方面打折扣、做选择、搞变通等问题”作为整治形式主义突出问题表现一并开展巡察监督，查摆整改相关问题。2019 年，肥城市委巡察机构共开展三轮巡察，巡察部门单位 30 个。截至年末，发现重点问题 449 个，向有关部门提出建议 24 个，向市纪委移交问题线索 52 条，立案 5 件，给予党纪处分 4 人，给予组织措施处理 90 人。针对共性问题，先后下发《巡察发现问题整改建议》2 份，督促整改共性问题或书记专题会特别强调问题 12 个。②村（社区）巡察全覆盖。为推动全面从严治党向基层延伸，加强对基层党组织和党员干部的监督，实现村级巡察全覆盖，肥城市委和市委巡察工作领导小组及时研究，安排部署全市村（社区）巡察全覆盖工作。3 月 5 日，按照上级推进村级巡察全覆盖要求，以肥办发文件印发《关于推进村（社区）党组织巡察全覆盖的实施方案（试行）的通知》，初步搭建形成“1+5+1”的巡察工作基本制度框架，推动村（社区）巡察工作开展。2019 年，计划完成对 30 个部门、单位和 200 个左右村（社区）的巡察。4 月 3 日，召开村（社区）巡察工作预备会议，对全市村（社区）基本情况进行摸底，并下发《十四届市委 2019 年巡察村（社区）提报材料（讨论稿）》和《村（社区）巡察监督重点及突出问题表现（讨论稿）》征求意见。5 月 20 日，市委巡察工作领导小组召开动员会，市委常委、组织部长赵伟主持会议，市纪委书记、市监委主任、市委巡察工作领导小组组长戴先锋作动员讲话，对 10 个镇街 258 个行政村的巡察全覆盖工作正式启动。5 月，在市委党校举办为期 2 天的封闭式巡察业务培训班，对参与村（社区）巡察工作的干部进行培训。截至年末，258 个村（社区）现场巡察已经结束，开始汇总材料、撰写报告。③问题整改。对巡察发现的问题实行问题台账管理，落实“问题清单”式管理和“双反馈”制度，督促压实被巡察党组织整改主体责任。继续实行巡察整改方案、整改报告“三审查两署名”制度，市委巡察组对被巡察单位上报的整改方案、整改报告进行严格审查，被巡察单位党组织一把手和市委巡察组长在整改方案和整改报告上签字，确保问题整改责任到人，问题整改真实到位。2019 年，市纪委出台纪检监察机关巡察工作协作配合机制文件，发挥派驻纪工委、镇街（区）纪（工）委监督优势，将巡察整改纳入监督检查范围，以监督促落实，以问责促整改，确保问题整改到位。截至年末，第四轮、第五轮巡察反馈问题已经整改完毕，第六轮反馈问题正在整改当中。继续开展专项整治，5 月，针对第四轮巡察发现的普遍性、倾向性问题和行业性、领域性问题，市委巡察工作领导小组向市教体局、卫健局下发《巡察发现问题整改建议》，督促其专项整改整治面上问题 12 个。

【巡察干部队伍建设】 市委把巡察干部队伍建设放在全市干部队伍建设的优先位置统筹谋划。加强政治和业务学习，深化理论武装。2019 年，多次召开全体巡察干部会议，传达学习上级有关巡视巡察会议精神和领导讲话。全体巡察干部参加纪委集体学习27次，参加业务考试5次。加强党建工作，提升政治站位和政策理论水平，年内，市委巡察机构党支部被评为五星级党支部。狠抓业务培训，提高巡察业务能力。采取巡前培训、巡中研学、参与省市培训、“以干代训”等方式，提升专业水平。组织内部交流研讨，分享工作经验，交流研讨典型案例，探讨工作新问题，探索破解新方法，通过身边人讲身边事谈自身体会，互动交流取长补短共同提高。5月21—22日，在市委党校采取封闭式管理的方式举办为期2天的村（社区）巡察业务培训班，培训巡察干部189人次。7月，采取以例教学的方式，安排多次参与上级巡察的巡察组人员现身说法，针对巡察干部如何高质量发现问题线索对全体巡察干部进行专门培训。10月29日，召开巡察机构全体人员培训会，市纪委副书记、监委副主任、巡察领导小组成员李庆利重点讲解政治巡察问题提炼归纳定性、巡察报告撰写、问题线索发现及线索分类把握原则等内容。自第六轮巡察开始，巡察启动前举办培训班，加强对被巡察单位工作职责和习近平总书记针对这一领域的批示指示精神的学习，了解党中央对本行业本领域的新部署新要求，对标对表，加强对被巡察单位落实中央重大决策部署的巡察力度。巡察机构还利用集中学习、召开交流会等方式，加强巡察业务工作交流。严格纪律要求，加强干部监督管理。完善巡察工作底稿制度，巡察全过程留痕；以巡察组为单位建立临时党支部，完善组务会制度。每轮巡察签署保密承诺书、巡察干部“十不准”承诺书，由市委巡察办发放、回收巡察后评估测评卷，加强对巡察干部纪律作风的全面监督。

乡村振兴

【概况】 市委农业农村委员会（以下简称委员会）为市委的议事协调机构，在市委领导下工作，研究谋划全市“三农”工作，统筹推进实施乡村振兴战略。委员会主任由市委书记担任；副主任由市委副书记、市长，市委副书记，分管副市长及有关副县级领导担任；委员若干人，由市直有关部门主要负责人担任。委员会下设办公室，为市委工作机构，负责处理委员会日常工作。办公室设在市农业农村局，由市农业农村局主要负责人任主任。2019年，贯彻落实中央和省市关于实施乡村振兴战略的决策部署，坚持农业农村优先发展总方针，加压奋进，勇于创新，赶超争先，推进乡村振兴战略实施，不断深化农业供给侧结构性改革，推动农业全面升级、农村全面进步、农民全面发展，“三农”工作取得显著成效，全市农业农村保持平稳健康发展的良好势头。先后荣获全国农村集体“三资”管理示范县、节水型社会建设示范县、肥城桃特色农产品优势区、中国好粮油示范县，山东文化强省建设先进县、城乡高效配送示范县、乡村治理体系建设试点示范县等称号。

【思路谋划】 编制完成《肥城市乡村振兴战略规划（2018—2022年）》，明确全市乡村振兴工作的总体思路和产业、生态、人才、组织、文化“五大振兴”重点任务。2019年，肥城市推进乡村振兴的总体思路为以党的建设为统领，以新型城镇化为动力源，以棚户区改造和村居改造为切入点，建立健全市级主导、镇街主责、村居主体的责任体系，坚持统筹规划、镇街驻地村优先、‘两委’班子强的村先行，聚力聚焦‘五大振兴’，推动新型城镇化和乡村振兴融合发展、互促并进，走出一条符合肥城实际、具有地方特色、务实高效管用的城乡融合发展之路，努力把肥城建设成为佛桃飘香、绿树成荫、安居乐业的世上桃源。

【运行机制】 ①组织领导机制。组织成立市乡村振兴工作领导小组和七个工作专项组，实行书记、市长“双组长”制，每个工作专项组由1～2名市级领导牵头负责，定期召开推进工作会议，通报重点工作任务完成情况，确保乡村振兴各项工作自上而下理顺机制、压实责任。领导小组下设办公室，固定办公场所，抽调部门精干人员专职集中办公，健全工作制度，综合协调和调度乡村振兴各项工作。②投入保障机制。加强政策指导，制定出台《关于坚持农业农村优先发展进一步做好“三农”工作的实施意见》，涉农资金统筹整合、农村道路“三通”、佛桃标准化生产、农村人居环境整治等意见和方案。建立“镇村为主、市级奖补、部门支持、社会参与、市场运作”的乡村振兴资金投入保障机制，加强涉农资金统筹整合，利用好市财政设立的1亿元乡村振兴专项资金，集中力量推动乡村振兴重点任务落实。2019年，全市共整合各级各类涉农资金13.16亿元，其中财政资金3.6亿元，社会资本及融资筹资9.56亿元。③示范带动机制。实施“82525”工程，集聚优势资源，开展示范典型创建，积极探索、总结提炼可复制、可借鉴、可推广的经验做法，梯次打造特色尖兵样板。《农民日报》《大众日报》等媒体先后对肥城市新型城镇化与乡村振兴融合发展经验进行宣传报道。潮泉镇、汶阳镇被认定为首批省级乡村振兴示范镇，潮泉镇柳沟村、高新区黄叶村、湖屯镇前兴隆村等11个村被认定为首批省级乡村振兴示范村。④督导考核机制。建立定期调度、定期通报、年终考核三项制度。建立重点工作月通报制度，定期召开重点工作现场推进会，对工作任务现场部署调度。完善考核指标和计分办法，将重点任务纳入对镇街部门考核体系，发挥好考核奖励的“指挥棒”作用，年底考核评先树优。

【示范区创建】 坚持把示范区建设作为探索推进乡村振兴的“先锋军”，集聚资源、先行先试、创新引领，按照泰安市支持资金1∶1配套奖补，重点打造潮泉镇、湖屯镇两个泰安市级乡村振兴示范区。①潮泉镇乡村振兴示范区。涵盖潮泉镇全域，涉及11个村，总面积52.9平方公里。在新型城镇化与乡村振兴融合发展之路上率先探索、大胆实践，腾空土地、拓宽空间、改善环境，科学规划“两轴两带五区多点”布局，立足生态资源优势，泰山·桃花源、千亩花海景观等重点项目加快建设，构建形成现代农业、生态康养、休闲旅游“三位一体”绿色融合发展格局。②湖屯镇乡村振兴示范区。位于镇域中部，涉及5个村，总面积15平方公里。依托华盛光伏、滕头园林等农业龙头企业，实施村企联建、两区同建，搭建农业转移人口就地就近就业平台，发展创客农业，着力把示范区打造成为竹绿矿区标杆、两区同建典范、创客孵化基地、循环农业示范。

【棚户区及村居改造】 聚焦农村土地“荒、散、闲、缺”的突出问题，通过棚户区改造和村居改造，一方面从根本上改善农村人居环境，另一方面为资本下乡、产业发展腾出空间。①有搬迁改造计划的村向镇驻地集中。推动没有保留价值的

湖屯镇乡村振兴示范区前兴隆村（宋明志　摄）

空心村、不具备区位优势的村，以及山区、库区、采煤塌陷区等特殊区域的村向镇街区驻地集中搬迁安置，实行片区开发、综合改造。没有搬迁意愿的村特别是分村向中心村集中。选取动迁群众少、房屋状况好、基础设施较为完备的中心村，逐步合并空心化程度高、人口数量少、生活条件差的小分村，通过“分片推进、逐户引导”的方式，实行就近整合。②土地向大户集中。把改造腾出来的宅基地、群众搬迁后不再自种的土地，由村里加强引导、统一运作，流转给龙头企业、种养大户和专业合作社等经营主体，破散为聚，连片开发，发展产业。截至年末，已完成搬迁改造村49个，正在实施改造的村152个，累计铺开棚改和村居改造项目192个、3.8万套。2019年，共争取到位各类棚户区改造扶持资金2.01亿元，发放政府棚改专项债券2亿元，已开工950套，基本建成2604套；村居改造参照棚改运作模式，制定出台《关于加快村居改造推进新型城镇化建设的实施意见》，已开工项目69个、9712套。

【产业振兴】 ①服务平台建设。构建社会化服务、科技服务、金融服务、信息服务“四大平台”，为产业发展提供一条龙服务。社会化服务平台，重点实施“一十百”工程，发展和规范社会化服务组织，建成市级为农服务中心1处、镇级服务站14处、村级服务点100处，在推进粮食生产“十统一”上发挥重要作用，荣获山东省绿色优质小麦订单种植基地县、省“两全两高”农业机械化示范县。科技服务平台，以泰安汶阳田现代农业产业园为载体，加强与山农大、省农科院等院校的科技合作，促进产学研深入融合。核心区二中原校区改造工程加快推进，流转土地1800亩投入科研使用。金融服务平台，推行“农担融资、保险托底、政府补贴”模式，加快建立政银保担“四位一体”合作机制，省农担在保金额达6000万元。实施国家小麦全成本保险项目，参保率达95.4%；制定出台农业保险保费全额补贴政策，为50亩以上粮食和有机蔬菜种植大户、加盟佛桃标准化生产联盟的桃农撑腰托底。信息服务平台，实施信息进村入户工程，建立益农信息社，提升信息综合服务能力，初步构建形成全域覆盖信息服务网络，为农超对接、品牌运营和农村电子商务发展奠定基础。②特色产业发展。重点做大做强八大优势特色产业。在有机农业发展上，构建南部有机蔬菜、中部有机果品、北部有机茶格局，推进区域化集群发展，新建有机农业功能园区12个，新发展有机种植6000亩，总面积达到6.8万亩。在肥城桃发展上，贯彻“保护、培优、传承”理念，设立1亿元肥城桃产业助力基金，成立佛桃标准化生产联盟，聘请国家桃产业体系专家组建指导组，实行“五统一”生产管理模式，新发展肥城桃3000亩，评选优质佛桃园15个，建成桃都果业、正大果业、康顿农业等规模以上标准化栽植基地6个；创新开发佛桃VR展示导航平台，参与《中国推介》节目录制，开拓电商市场，肥城桃网售占比超过40%，实现多产快销；成功争创肥城桃中国特色农产品优势区、省级现代农业产业园，入选中国农业品牌目录2019农产品区域公用品牌。在“两菜一粮”发展上，加快结构调整和模式创新，年内完成调优面积2000亩，总面积12.7万亩。在设施农业发展上，以设施蔬菜为重点，向林果产业拓展，配套现代化设施和技术，新发展设施农业2000亩。在经济林及苗木花卉发展上，以龙头企业、示范园为引领，新发展经济林1000亩、苗木花卉1000亩。加快推进竹林小镇建设，新栽植竹林1万亩。在文旅产业发展上，推进北部世上桃源旅游经济开发区、中部桃文化乡村旅游集群片区、南部古村落休闲体验片区建设，新发展AAA级景区1个、AA级景区2个。在建安业发展上，发挥富民育才作用，新培育“四上”企业11家、晋升二级以上资质企业

5家。③农业经营主体培育。明确50亩以上农业经营主体“主力军”地位，以主体培育促产业培植，实施递进培植工程，按照“分类培育、精准施策、递进培养”的原则，重点扶50亩以上的农业经营主体发展壮大，成为更加规范、更具活力、更有辐射带动能力的市场主体。鼓励土地流转，发展适度规模经营，年内新流转土地4.77万亩，指导农民专业合作社、家庭农场实现企业化转型99家，新上规模以上农业龙头企业10家、总数达186家。加大农业招商引资力度，落实对农业项目3倍计入年度经济社会发展考核政策，年内引进农业项目136个、到位资金7.78亿元，为产业发展注入强劲动能。加大政策扶持力度，新认定20强农业龙头企业和50强新型经营主体，分别给予10万元和3万元扶持奖励。加快农业“新六产”融合示范，推进产业园、农业公园建设，康王河湿地公园被正式命名为“国家湿地公园”，新创建泰安市级现代农业产业园3家、农业公园1家；新认定肥城市级现代农业产业园11家，给予30万元扶持奖励。

【生态振兴】 坚持农村人居环境整治与全域“三清三禁”、扫黑除恶、拆违治理、“三资”清理相结合，实施重点突破，推进农村人居环境改善。①村容村貌改善。开展村庄清洁行动，按照“干线纵深、成区连片”的思路，统筹村内村外，路域环境明显改善，申报省级清洁村庄64个，建成美丽庭院示范户1.5万户。推进美丽乡村建设，新建成4个省级、9个泰安市级、10个肥城市级美丽乡村示范村，全市美丽乡村覆盖率达到70%。推进农村垃圾综合治理，巩固城乡环卫一体化成果，加强设备配套，高标准完成2座镇级垃圾转运站改造工程，日处理能力提升到100吨。推进农村生活污水治理，编制《肥城市农村生活污水治理实施方案》，铺开130个村开展治理，其中纳管处理75个、小型污水处理站集中处理53个、分散处理资源化利用2个。②基础设施建设。推进农村“七改”▲工程，年内完成路网提档升级72.4公里、自然村通达工程8.6公里，推进180个村实现道路“三通”，涉及里程745.8公里；深化“厕所革命”，建立改厕配件供应、检查维护、渣液清运处理、资源化利用等后期维护机制，配备抽粪车50辆，管护服务站实现全覆盖；实施农村清洁取暖改造，新增3800户镇村居民实现清洁取暖；完成农村危房改造32户；加快农村饮水安全攻坚，两年并做一年干，统筹资金8000余万元投入农村饮水改造，实施跨镇街调水工程，全市集中供水率、自来水普及率均达到95%。③乡村公共服务。提升农村养老服务水平，投资2600万元高标准完成敬老院“四改一定”工程，新建成农村幸福院7处、总数达257处，创新“公建民营、医养结合、集中养护”模式，集中托养全市失能特困人员130余人。实现镇街卫生院标准化全覆盖，新建2家省级示范标准村卫生室，7家乡镇卫生院被评为一级甲等医院，2家卫生院通过全国优质服务基层

“美丽庭院”建设（陈旭　摄）

行验收，3 家卫生院被评为全国群众满意乡镇卫生院，1 家被评为全国优质示范社区卫生服务中心。④乡村绿色发展。实施山水林田湖草生态保护修复工程，修复湿地面积 1100 亩，完成造林面积 1.8 万亩，成功创建 4 个省级、5 个泰安市级森林村居。推进农业废弃物资源化利用，当季作物农膜回收率达到 90%，农作物秸秆综合利用率达到 93.83%，粪污综合利用率达到 90.68%。实施农药化肥双减行动，测土配方施肥技术推广覆盖率达到 85%。

▲“七改”即改路、改电、改校、改房、改厕、改水、改暖。

【组织振兴】 坚持党建引领，强化过硬支部建设，不断提升党组织的凝聚力和战斗力，在重点领域实施重点突破，筑牢乡村振兴坚强组织保障。①支部建设。推进支部标准化规范化建设，使定有标尺、干有方向；深化“五制一诺”制度，优化组织运行机制；以评星定级促规范落实，挂钩评先树优、村干部待遇、党费扶持；“真金白银”抓建设，被评为五星级、四星级、三星级支部的，分别奖励村支部书记每人每月 500 元、400 元、300 元，同时奖励五星级党组织工作经费 1 万元。实施红旗党支部三年培树计划，采取组织联建、人才共育等措施，抓实“1+5”帮带；推进“十百千”创建，高标准打造泰安市乡村组织振兴示范镇 2 个、示范村 18 个；聚焦软弱涣散党组织整顿和三星级以下党支部转化提升，探索建立市镇领导包保、派驻工作组、第一书记驻村、红旗党支部帮带、用活内外资源“五位一体”帮扶模式。②选优培强。整合资源“选”，挖掘培树“五乡”人才，培树新乡才 1040 名、经济能人 1125 名、返乡大学生 402 名、第一书记 139 名、实用技术人才 1357 名；坚持“育苗升级”与“能人回请”并举，建立返乡大学生、在外务工人员和乡村能人“人才库”，吸引大学生返乡创业，其中担任村“两委”成员 23 人、支部书记 4 人。对标先进“育”，遴选经济强村支部书记到山东农大、浙江大学、复旦大学、张家港永联培训中心“深造”，创新“党校 + 基地”模式，遴选 50 余个典型村，开展小班额、组团式、精准化、经常性教育培训；结合“不忘初心、牢记使命”主题教育、“七赛七比”和勇做新时代泰山“挑山工”主题实践活动，组织“支书讲坛”“同行同台竞赛”“拜师交友”等活动，让支部书记队伍“动起来”“赛起来”。完善制度“管”，坚持刚性管理与柔性激励相结合，推行在职村党组织书记差异化管理，探索建立村支部书记胜任度评价机制，落实优秀村党组织书记离任特殊贡献补贴办法，激发干事创业积极性，全面排查不胜任人员，调整支部书记 51 人。③“三资”清理。抢抓扫黑除恶专项斗争有利契机，聚焦集体经济收入 10 万元以下的村，开展农村“三资”清理集中行动，通过清理增加集体收入 7303.84 万元、村均 15.28 万元，探索形成农村“三资”清理“肥城模式”，在中组部《组工信息》、新华社《高管信息》《大众日报》县域头条刊发推广。④党建引领。实施“三联三带”增收模式。组织联建，带动组织力提升。以红旗党支部村、乡村组织振兴示范村等经济强村为中心，联合周边薄弱村、积极吸纳农业龙头企业、合作社等新型经营主体成立联合党组织。资源联享，带动集约化发展。引导薄弱村向经营大户流转土地，对收入 10 万元以下的村，按照村集体取得土地流转收益 1∶1 的比例补助，10 万～20 万元的村补助 50%。产业联育，带动可持续增收。开展“百企联百村”行动，遴选 22 家企业与 22 个村结对共建，探索不同利益联结模式，村集体采取自主经营、入股分红等形式，与产业链各环节深度融合，带动长期稳定增收。

【文化振兴】 制定出台《关于加强红白理事会建设进一步促进移风易俗的实施方案》《肥城市喜事新办丧事简办指导标准》，提出红事新办“六提倡六反对”，白事简办“八禁止八提倡”，将移风易俗工作纳入新农村建设年度考核和生态文明村评比考核内容，红白理事会实现“村村有”全覆盖。坚持以自治为基、法治为本、德治为先，持续提升乡村治理水平。完善村民自治，严格落实“四议两公开”等制度，健全村民自治章程和村规民约，加强对村级党务、村务、财务的监督检查。推进法治乡村建设，新聘请法律顾问80名，实现法律顾问行政村服务全覆盖。实施“雪亮工程”，加大对农村非法宗教活动、黑恶势力、违法犯罪打击力度。推进新时代文明实践中心、县级融媒体中心建设，镇街文化馆、图书馆分馆，文明实践站（所），村（居）综合性文化服务中心、文体小广场、农家书屋均实现全覆盖，先后举办文明实践培训班6期，发展志愿队伍830支，登记志愿者12.8万人。深化“四德工程”建设，培育文明乡风、良好家风、淳朴民风，提高乡村文明程度。健全三级公共文化服务基础设施网络，完善基层综合性文化服务中心，实现覆盖率95%，构建农村“一公里文化圈”。荣获山东省乡村治理体系建设试点示范县。

【人才振兴】 依靠党政干部、企业家、支部书记、专业技术人才和在外肥城人才“五支队伍”，坚持内培外引双轮驱动，建立人才资源数据库，不断发展壮大人才队伍，为乡村振兴提供强大的支撑力。培训农村劳动力转移就业人员2680人。开展经营主体素质能力提升工程，依托市高级技工学校，重点组织对50亩以上经营主体的系统培训，对规模较大的组织赴寿光、张家港进行培训，为经营主体提供技能和职业认证，完成农业经营主体培训1000人，新培育齐鲁乡村之星1名。实施村党组织带头人队伍整体优化提升行动，整合资源“选”，对标先进“育”，完善制度“管”，锻造一支过硬的村支部书记“头雁”队伍。抓好市外人才的引进和使用，做好“筑巢引凤”工作，加强与在外肥城人才的对接联系，完善在外肥城人才名录，研究制定鼓励人才返乡创业的支持政策，帮助企业精准引进农业类高层次人才15名。

（刘　龙）

全面深化改革

【概况】 2019年，按照党政机构改革要求，成立市委全面深化改革委员会，市委书记常绪扩任主任，市委常委任6个改革专项小组组长。肥城市全面深化改革工作紧扣高质量发展要求，聚焦系统集成、协同高效，既抓整体提升又促重点突破，既抓难题攻坚又重典型培树，既抓改革成效又创工作经验，打出一系列改革和制度创新“组合拳”，全市改革工作开创全面发力、多点突破、纵深推进、亮点纷呈的新篇章。全面深化改革工作在泰安市经济社会发展综合考核中位列县市区第一名。

【改革责任落实】 坚决扛起改革主体责任，强化顶层设计，统筹把关定向，持续增强改革的系统性、整体性和协同性。坚持“一把手”抓改革，市委书记担负起第一责任人责任，对“放管服”改革、脱贫攻坚、乡村振兴等重点难点领域，亲自调查研究、亲自协调督办；6个改革专项小组定期召开成员单位会议，加强部门协同，推进本领域改革；市委改革办发挥职能作用，月调度、季通报、年考评；各级各部门单位“一把手”各负其责、各司其职、密切配合，形成一级抓一级、层层抓落实的责任体系。

【改革方向把控】 制定市委深改委、专项小组、改革办“两规则一细则”，印发《年度改革要点》《关于进一步深化改革开放加快制度创新的意见》，聚焦加快新旧动能转换、实施乡村振兴战略、优化营商环境、转变政府职能等11个方面和经济体制、生态文明、社会治理等6大重点领域，集中攻坚41项制度创新重点任务、48项重点改革事项、44项省级以上试点示范。每项任务都拉出清单，明确市级牵头领导、责任单位、成果形式和完成时限，确保全市改革工作一步一个脚印、扎扎实实往前推进。

【改革环境营造】 抓住引领性强、撬动力大、实用性高的关键环节，改革体制机制，创新方式方法，发展的堵点痛点难点有效疏解。党政机构改革全面完成。实施“一窗受理·一次办好”改革，323个政务服务事项进驻大厅，推出“一次办好”事项1764个，各类项目许可手续审批控制在32个工作日内；推行重点项目全程代办制度，对45个项目实施全程代办服务。政银企密切协作，新增贷款余额44.38亿元，处置不良贷款30.2亿元，维护安全稳定的金融环境。建立市四大班子联席会议、镇街部门“四定”工作汇报会、重点工作项目责任化管理等制度，敞开门决策、清单化定事、钉钉子落实，工作推进机制更加科学高效。实行只要有一个适龄孩子辍学，都要向市长报告；城市建成区范围内，伐一棵树也要向市长报告；除历史遗留问题，只要出现一件行政诉讼败诉案件，纪委监委都要启动立案调查；只要出现一个非法宗教场所，支部书记就地免职，镇街党（工）委书记停职，报上级批准后予以免职“四个一”工作法。市委带头聘请法律顾问，组建综合执法、市场监管、安全监察等8支执法队伍，依法决策、依法行政迈上新的台阶。

【改革试点工作】 2019年，全市新增部分退役士兵保险接续等5项国家级试点，“中国好粮油”行动计划示范市等8项省级试点，全市共运行44项国家级、省级试点，其中国家级17项，省级27项。工作中，健全试点对上争取、统筹管理、推进落地、评估验收、复制推广、激励引导机制，建立台账清单，实行市级分工领导联系责任制，定期督察调度，确保试点落实落地。中央文明办召开座谈会推广肥城市新时代文明实践中心建设试点做法，《大众日报》整版刊发；在省委书记刘家义主持召开的全省退役军人工作会上，肥城市作为全省唯一县级代表作全国部分退役士兵保险接续试点做法典型发言；宅基地“三权分置”试点被评为全省一类等次；中韩绿色园区建设试点，工信部先后在7次会议上重点推介肥城经验。

【改革宣传推广】 成立工作专班，精心打磨26个改革典型案例，21个被泰安评为三等奖以上。其中一等奖5个（新型城镇化与乡村振兴融合发展、竹绿矿区促进采煤塌陷区治理、构建社会大救助体系、农村宅基地“三权分置”、机关“大工委”体制改革）、二等奖8个、三等奖8个。城市社区“三有六化”治理、农村“三资”清理、公安特警队建设等20项经验做法被国家部委宣传推广；31项改革典型经验被省直部门宣传推广。全国公安特警队建设现场会、中韩绿色合作园区专家现场交流会、省绿色商场示范创建座谈会暨现场观摩会、省玉米关键环节机械化技术暨2019泰山国际农机化发展高峰论坛现场演示会、全省社保宣传暨行风建设工作现场会在肥城召开。肥城在自然资源部组织召开的农村宅基地管理座谈会、全省建筑业改革发展大会、全省基层疾控工作座谈会、明晰县乡职责规范“属地管理”座谈会、全省新型城镇化工作推进会、全省市县机关工委书记座谈会、全省城市精细化管理工作现场会等会议上作典型发言。国务委员、公安部部长赵克志对肥城公安特警队建设经验作出批示肯定。“在外肥城人才”工作经验，被省委常委、统战部部长张江汀批示肯定。耕地保护“田长制”的创新做法，被副省长于国安批示肯定。“大力培育建筑业新动能”的创新做法，被泰安市委书记崔洪刚、市长张涛、市委宣传部部长刘洪海批示肯定。

（马春斌）

督查考核

【概况】 3月18日，因机构改革，市委、市政府督查局（市考核办）更名为市工作目标责任制考核服务中心（市重点工作推进中心），为正科级事业单位，核定事业编制15名，经费实行财政全额拨款，隶属市委办公室、市政府办公室管理，以市委办公室管理为主，主要职责是负责对全市党务、政务工作的督促检查，推动工作开展，促进计划落实，组织实施工作目标责任制考核奖惩、通报表彰等各项工作。

【重点督查】 督查工作按照市委十四届七次全体会议、市人大政协"两会"、全市经济工作会议确定的中心工作，围绕企业培植、双招双引、对上争取、新型城镇化建设"四大动能"，紧盯重点工作项目、"四定"工作任务以及寻标对标、"七赛七比"等加力持续调度。同时，对市委市政府主要领导交办事项、泰安市委督查室转办事项、泰安市大班子项目观摩等重要工作全力督导，确保市委、市政府重要工作部署落实到位。具体工作中做到规范台账管理，建立重点督查事项台账，明确责任、年度目标、计划进度，跟踪督导，挂账销号。突出"精准督查"，重实地、察实情、见实况，查准查实落实中存在的"梗阻"问题、薄弱环节，聚焦聚力、持续改进。实行督考结合，督查和考核紧密结合，根据计划节点定期调度，年底考核验收。

（邱德峰）

【泰安市经济社会发展综合考核】 6月，泰安市委组织部对2018年度经济社会发展综合考核结果进行反馈，肥城市列第二位，获得一等奖。根据考核结果，市考核服务中心对得分和位次情况进行分析研究，对薄弱指标建立问题台账、明确责任部门、挂账销号整改。将泰安市经济社会发展综合考核情况与肥城市2018年度经济社会发展考核相挂钩，对照各项指标完成情况，对所有责任单位履行职责情况作出评价鉴定，提出奖惩意见。10月，2019年度泰安市经济社会发展综合考核办法和指标标准下发后，印发《关于对2019年度泰安市经济社会发展综合考核指标任务分解立项的实施意见》，明确各部门单位目标任务、责任分工。严格落实定期督查制度，对泰安市经济社会发展综合考核工作进行全程督促调度，确保每项指标都能争先进位。

2019年，市考核服务中心把"寻标对标争先进位行动"作为推动"工作落实年"决策部署的重要抓手，印发《关于全面对标学习张家港行动的实施方案》和《全市寻标对标争先进位行动推进办公室主要职责 内设机构人员名单 职责划分和工作规则》，引导全市各级科学定标、奋力达标、积极创标，推动各项重点工作任务落到实处、见到实效。全市14个镇街区、81个市直部门先后到江苏省张家港市对口单位，以及省内外先进地区全面对标，求取真经。市考核服务中心及时梳理汇总全市寻标对标特色亮点做法在肥城市级以上主流媒体刊发，并刊印学习手册分发到个部门单位。

（杜利利）

【肥城市经济社会发展考核】 2019年，考核办法保持2018年的大框架不变，分为重点工作和基础工作两部分，重点工作继续突出"四大动能"，基础工作采取考评结合的方式，年底根据平时掌握的情况进行评议。考核内容更加简化，程序更加规范。①镇街区。分A、B两组进行考核。A组包括高新区、新城、老城、石横、仪阳、经开区、汶阳；B组包括潮泉、湖屯、桃园、王庄、安临站、孙伯、安驾庄。实行百分制。考核内容包括重点工作，主要考核企业培植、双招双引、对上争取、新型城镇化"四大动能"；基础工作评议，分副县级以上领导干部、承担泰安市经济社会发展考核重点指标任务的市直部门、其他市直部门三个层面；加减分事项，包括迎接泰安市项目现场观摩、争优、群众满意度工作推进、统计工作、行政败诉案件扣分、应急管理和安全生产六个方面。每组分值比重不同，各有侧重。A组高新区，B组湖屯、安临站、安驾庄重点工作按实际考核得分的80%

折算，计入总成绩。经考核，高新区、石横镇、潮泉镇获得一等奖；新城街道、仪阳街道、老城街道、桃园镇、安驾庄镇、安临站镇、孙伯镇获得二等奖；经开区、汶阳镇、王庄镇、湖屯镇获得三等奖。②市直部门。分五组进行考核，实行百分制。考核内容包括重点工作，主要有双招双引、对上争取、争优、个性指标；基础工作评议，分副县级以上领导干部、镇街区两个层面；加减分事项，包括群众满意度工作推进、行政败诉案件扣分、应急管理和安全生产三个方面。各组分值比重不同，各有侧重。经考核，市财政局、发改局、商务局、农业农村局、工信局、交运局、自然资源和规划局、教育和体育局、生态环境局肥城分局、粮食和物资储备中心、河道管理保护中心、行政审批服务局、税务局13个单位获得一等奖；市委办公室、市政府办公室、市人大机关、市政协机关、市纪委监委机关、市委组织部、市委宣传部、市委政法委、市委统战部、市人武部机关、法院、检察院、公安局、人社局、考核服务中心、统计局、科技局、金融服务中心、住建局、卫生健康局、水利局、司法局、市委党校、扶贫办、应急管理局、审计局26个单位获得二等奖；市房产管理服务中心、现代农业发展服务中心、民政局、公路事业发展中心、文化和旅游局、总工会、高级技校、水资源保护中心、信访局、市场监管局、市委编办11个单位获得三等奖。③企业及金融机构。由市工信局、金融服务中心牵头，按照市委、市政府《关于加快推进企业培植的实施意见》《肥城市企业培植“双十”工程评选方案》的相关规定进行考核。④市城投公司。由市国有资产运营中心根据《关于印发肥城市市属国有企业负责人经营业绩考核与薪酬管理暂行办法的通知》规定，对城投公司经营业绩进行考核，城投公司负责人2019年度经营业绩考核为A级。

（宋　盈）

组　织

【概况】 至年末，市委组织部内设10个科室，2个一级事业单位（其中1个参照管理单位），实有干部职工33人。2019年，全市组织系统坚持以习近平新时代中国特色社会主义思想为指引，准确把握上级组织部门工作要求，提高政治站位、服务改革发展、积极履职尽责，各项工作取得新进展、新成效。①围绕“两个维护”守初心、担使命，把稳政治方向。把牵头开展“不忘初心、牢记使命”主题教育作为首要政治任务，把握学习贯彻习近平新时代中国特色社会主义思想这条主线，组织全市2059个基层党组织、5.8万名党员守初心、担使命，找差距、抓落实。市委连续举办5期读书班、2期十九届四中全会精神学习班、5期基层党支部书记培训班、1期党员示范培训班，全市1547名副科级以上领导干部、1893名基层党支部书记全部集中封闭学习，带动各级集中学习研讨2500余次、深入调研848次，检视整改两批即知即改问题278个，专项整改13项，主题教育取得显著

举办“不忘初心、牢记使命”主题教育读书班

成效，得到中央主题教育督导组、省委巡回指导组充分肯定。严把选人用人、发展党员等工作的政治关口，在基层党组织建设中突出政治功能，强化对人才的政治引领。②围绕改革发展选干部、配班子，建强中坚力量。推进镇街行政管理体制改革、党政工作机构改革和事业单位机构改革，紧扣全市发展大局，加强干部选配，累计调整科级以上干部891人，领导班子、干部队伍年龄及知识结构进一步得到优化，全市年轻干部占比居泰安市第一位。发挥党校培训主渠道作用，聚焦干部专业能力、专业精神，累计举办各类培训班26期，培训5320余人次，有效提升干部履职水平。对承担的11项省委巡视、7项选人用人专项检查反馈问题，逐一建立台账，实行销号管理。着眼抓早抓小，严格落实“凡提四必”，干部监督管理持续加强。③围绕组织振兴抓规范、促提升，夯实基层基础。持续深化实施党建“基石工程”，农村深入开展“三资”清理集中行动，605个村全部铺开，完成验收581个，村均增收16.68万元，相关做法在中组部《组工信息》、新华社《高管信息》等刊发推广。城市社区抓实“双报到”和“泰山先锋”志愿服务活动，建立“小区党支部＋业主委员会＋物业服务企业”社区治理模式。理顺机关党建工作体制，作为全省唯一机关党建体制创新县级典型，推荐上报中央和国家机关工委。制定园区非公企业党建工作“双十条”，落实层级管理办法，发放“两新”组织党组织经费190.28万元。持续开展违规发展党员“清零”行动，消减3年以上未发展党员村110个。④围绕高质量发展引智力、聚人才，积蓄发展动能。落实泰安人才新政“金十条”和市人才政策“新十条”，提高人才引育、平台创建奖补标准，兑现奖励资金862万元。引导企业梯次创建市级、省级、国家级科技创新平台，泰安市“双50强”企业“一企一平台”省级建设目标全部完成，新增博士后创新实践基地等省级以上平台7家，总数达到50家。引进高端人才112名，其中院士3名、相关专家3名。组织人才参加各类大赛评审，培养泰安市级以上重点人才工程人选22名、高级工以上技能人才521人，其中国家级相关专家1名，泰山产业领军人才1名，“高精尖缺”人才培育实现历史性突破。人才工作在泰安市考核中进入第一方阵。

（尚崇政）

【领导班子建设】 至年末，全市共有市直独立考核单位108个，其中副县级单位3个，正科级单位95个，副科级单位8个，国有企业2个；市委工作机关9个、政府组成部门27个；行政单位43个，参照公务员管理单位15个，事业单位48个，国有企业2个。街道4个，镇10个，其中区镇合一2个（高新区与王瓜店街道、经开区与边院镇区镇合一）。全市共有科级以上领导干部1542人，其中县级干部43人，科级干部1499人；女干部215人，少数民族干部9人，党外干部20人。县级干部中正县级干部4人，副县级干部39人；科级干部中正科级干部535人，副科级干部964人。

（李　伟）

【干部队伍建设】 ①围绕改革发展选干部、配班子。推进镇街行政管理体制改革、党政工作机构改革和事业单位机构改革，坚持凭实绩论英雄，凭实干用干部，多维度比对，多层次印证，切实把对党忠诚、素质过硬、堪当重任、群众认可的干部选出来、用起来，打造过硬领导干部队伍，全年累计调整科级以上干部891人，领导班子、干部队伍年龄及知识结构得到进一步优化。②打造高素质专业化干部队伍。不断加强专业型干部队伍建设，坚持“用专业的人干专业的事”，大胆将有专业特长、事业发展需要的干部放在重要岗位培养使用。加大优秀年轻干部选拔力度，探索实行年轻干部优选计划和“赛马”机制，不断创新年轻干部的培养选拔机制。全市科级干部队伍中40岁

（含）以下科级干部182人、占比12.3%，较上年年底增加22人、环比增长13.75%；其中35岁（含）以下科级干部77人，较上年年底增加22人、环比增长40%。③推进巡视巡查问题整改。对照省委巡视及选人用人专项检查反馈问题，举一反三，全面整改，主动查摆，推进巡视巡查整改落实，2个职数管理不规范单位、2名职务管理不规范干部、8个单位党委（党组）超配消减整改到位。④完善干部考察考核制度。坚持把功夫下在平时，突出平时考核评价基础性作用，创新对不实行试用期的新提拔重用干部探索开展履职情况测评，进行任职“后评估”，检验“含金量”，不断增强干部考核完整性和系统性。⑤推动职务与职级并行政策落实落地。坚持谋划在前、研判在前，以半年为期，进行未来三年不设限推演。衔接现有干部选拔任用把握的标准和原则，做好符合晋升条件人员摸排分析，制定职级晋升工作方案、工作流程，为下步晋升提供遵循。⑥统筹推进服务中心工作。配合上级做好5人提拔担任镇街党（工）委书记、4人提拔担任副县级领导职务推荐考察工作。全面完成125个领导班子、1435名领导干部年度品绩量化，确定各单位领导干部优秀指标，对“优秀”等次领导干部进行预审把关。

（李　伟）

【干部教育管理】①干部综合管理。统筹做好干部借用、调配、退休、兼职审批、上挂下派等工作。累计审核审批科级干部、党群系统人员工资标准调整、晋级晋档审批材料3800余人次，梳理泰安市管干部工资变动材料50余人次。办理退休、期满转正、兼职审批、调任、处分备案等相关手续110余人次。规范完善人员借用程序，累计办理借用手续42人次、市内外调配52人次，其中因机构改革职能调整为市行政审批服务局办理借用手续23人次、市退役军人事务局6人次。推进挂职援派工作，定期抽查人员到岗情况，了解工作实绩，避免“空挂”“虚挂”，先后组织协调科级干部到金融机构挂职、泰安市直部门挂职、来肥挂职、援疆等累计57人次。从严管理出国（境）备案、审批，开展全市干部因私出国（境）专项检查，按照上级最新要求为全市17226名机关事业人员办理登记备案，累计办理因私出国（境）60人次和因公出国境13批次21人。严格证照管理，针对证件交回不及时、管理不规范等问题，制定重要事项督办制度，通过下达督办单等形式，明确单位党组织责任，做到集中保管，应交尽交。为服务基层发展，发挥基层金融行社服务乡村振兴作用，安排农商行干部到镇街区学习锻炼。统筹做好公安机关人民警察职务序列改革工作，对涉及干部的档案信息、资格条件等进行审核，对126名科级以上干部进行套改，为398名一般干部进行登记备案。②年轻干部培养。贯彻党的十九大精神，把培养选拔优秀年轻干部作为一项长期的战略任务研究谋划。选拔20名新提拔副科级干部到镇街、信访维稳、项目招商等急难险重岗位挂职锻炼。加大年轻干部培养力度，建立优秀干部“成长档案”，跟踪记录考核评价结果、学习培训情况等，多角度、全方位掌握情况，为选拔使用提供依据，组织开展2019年市直部门工作人员考选，为9个部门考选29名工作人员。对有发展潜力、敢于担当的年轻干部，压担子、交任务，有计划地“墩苗”历练，围绕主题教育、扫黑除恶、国庆安保维稳、巡视巡查等重大活动、重点任务，累计选配120余人次。健全完善选调生使用制度，完成24名选调生和8名优选计划选调生教育培训、期满考核等工作。制定选调生借用规范，畅通选调生到上级部门锻炼渠道。注重在驻村扶贫帮扶一线、驻企服务一线等培养锻炼干部，选派34名优秀干部投身“万名干部下基层”工作，与省、泰安干部共同组建6支服务队，分别服务20个村、10家民营企业，策划项目33个，争取资金3300余万元，帮助企业解决问题32个、提供优质信息17条。

抓好第九批援疆干部人才期满考核、走访慰问、待遇落实等各项工作，同时做好第十批5名援疆干部人才轮换工作。③干部教育。制定下发《市委党校2019年度培训计划》和《市直单位2019年度专题培训（研讨）班计划》，将干部教育培训作为推动经济社会发展的基础性、战略性任务来抓，始终与大局同频共振、同向同力。突出政治理论教育的关键地位。坚持把学习贯彻习近平新时代中国特色社会主义思想摆在干部教育培训最突出的位置，分不同角度开发出14个专题课程，分期分批对科级以上领导干部进行集中轮训。举办5期“不忘初心、牢记使命”主题教育读书班、2期党的十九届四中全会精神专题学习班等专题培训，对市委管理干部进行全员轮训，累计培训干部2800余人次。注重干部专业化能力提升。举办科级干部进修班、中青年骨干培训班主体班次，统筹做好泰安市级以上20余个班次80余名学员调训工作。本着“抓什么、训什么”的原则，及时把重大战略部署转化为干部培训项目，合理确定培训内容。2019年，围绕新旧动能转换、脱贫攻坚、意识形态等开展专题培训班次19期，培训学员2440余人次。强化教育培训阵地建设，发挥镇街区、企事业单位、城市社区作用，以设立党校分校的形式将干部教育机构延伸到基层一线，建成伊家沟、老城、黄叶等党校分校7个，搭建党性教育、政德教育、优秀传统文化教育、乡村振兴专题教学四大类型教育教学基地57个。

（刘传龙）

【公务员管理】①公务员职务与职级并行。界定实施范围，研究制定公务员职务与职级并行实施方案，对机构规格、在编在岗人员、军转干部、研究生考录人员、已职级并行人员情况详细摸底，确保列入实施范围的单位、人员不重不漏、应套尽套。核算职级职数，对接编办，对照三定方案，全面梳理行政编制、参公编制情况，按照机构改革后各部门各单位人员编制数量精准核算职级职数。校对基本信息，严格审核职级套转表涉及的20个信息项，与实施单位相互印证核对，准确掌握公务员个人身份、职务职级、公务员登记、任职时间等关键信息，确保套转人员信息准确无误。②公务员队伍建设。精准科学考录，开展2019年公务员招录工作，参加报名1130人，招录10人。在承担的职位编报、报名审核、资格审查、考察政审、录用等工作中精心组织实施，切实把好入口关。进一步拓宽优秀人才进入渠道，面向本土优秀人才专门设置1个职位，优化公务员队伍结构。加强教育培训，配合泰安市做好2019年公务员初任培训，组织市管党（工）委开展新修订公务员法、市委重点任务等专题培训，鼓励机关工作人员参加在职学历、学位提升教育，提升公务员推动改革发展、处理复杂矛盾和群众工作的能力。规范登记程序，严格标准条件、工作程序、公示制度，对机构改革体制调整划转、试用期转正录用选调生等符合条件的干部进行公务员（参公）登记，确保人员思想稳定，共完成登记54人。③公务员激励机制。抓实年度考核，组织开展2018年度全市机关单位年度考核，全面准确评价公务员的德才表现，优秀比例与领导班子和领导干部品绩量化考核、党建工作考核、经济社会发展考核、公务员惩戒挂钩，同时向镇街基层一线倾斜。优秀评选推荐，弘扬激励干部担当作为、干事创业的鲜明导向，做好全省“人民满意的公务员”“人民满意的公务员集体”评选。1人被泰安市委、市政府授予抗台风抢险救灾先进个人。完善保障机制，推进机关人员待遇政策落实，将肥城市机关工作人员津贴补贴调整到泰安市直机关同职级人员水平。上调年终一次性奖金发放标准，逐步提高基层公务员工资待遇水平。

（王晓磊）

【干部档案管理】①档案摸底

自查。分类分批排查组织部管理的1449卷档案，同时加强对市人社局、教育局的业务指导，督促开展干部人事档案遗留问题自查清理。重点排查干部“三龄两历一身份”等信息，针对干部档案存在涂改、重要信息前后记载不一致、材料真伪难以界定等问题，严谨细致地查阅原始记载，派出调查组实地调查，确保每名干部的重要信息都有出处、有依据，保证信息认定真实准确。2019年，共排查档案415本，建立各类问题台账200余条。②任前审核。重点审核195名新提拔重用干部的档案，逐一形成《干部基本信息审核确认表》与干部科室做好衔接。通过任前审核，有效防止干部因档案问题“带病提拔”“带病上岗”，为市委选人用人提供精准信息和高效服务。③新进干部队伍人员档案审核。2019年，共审核新考录公务员、选调生档案29卷，市直部门考选人员档案29卷，指导人社局审核拟考录事业人员档案22卷。通过从严审核新进人员档案，从“源头”控制档案问题的增量。④档案信息日常管理。坚持经常性收集、定期收集和集中收集相结合的做法，确保任免、考核、培训、工资等应归档材料及时归档。2019年，共收集、归档各类散材料3000余份，新转入档案150余卷。⑤领导干部管理综合信息系统的维护。及时更新完善领导干部信息，动态化管理干部人事档案数据库，做到档案管理和使用“双线”并行，确保领导干部信息的时效性、准确性、一致性。2019年，共更新维护干部信息1000余条。

（颜营营）

【过硬支部建设】 树立抓党建就要抓支部的工作理念，推进支部标准化规范化建设，以评星定级为载体，把支部工作抓到位、落到底。①抓制度、强规范。深入学习贯彻《中国共产党支部工作条例（试行）》，全面落实肥城市《关于推进基层党组织标准化规范化建设的实施意见》，制定出台《关于深化落实“五制一诺”制度 进一步推进农村党组织标准化规范化建设的意见》，统筹抓好各领域党组织标准化规范化建设。抓实评星定级，结果作为评先树优以及村干部待遇、党费扶持的重要依据。②抓示范、带后进。培树新时代泰山“挑山工”先进集体13个、“桃都先锋”红旗党支部50个，开展红旗党支部“1+5”帮带，各市管党委打造党建示范点、党建示范带，以点带面，辐射带动。建立市镇党员领导干部包保工作机制，63个软弱涣散党组织和126个三星级以下党支部全部整顿转化。③抓整改、补短板。开展全面排查，对349个党支部进行调整、撤销、规范名称。针对制度落实不到位、党建材料造假等问题，开展集中整治活动，制定支部年度党务工作规范、发展党员操作规范、党组织换届工作规范“三张清单”，提升规范化水平。

（辛　建）

【党员教育管理】 抓实教育管理，锻造过硬队伍。①整合资源。精心打造农村党员干部教育培训基地，举办张家港农村、社区和机关党组织书记示范培训班、上海交大“两新”组织党组织书记示范培训班，在市委党校举办5期党组织书记培训班，实现基层党支部书记市级培训全覆盖，村“两委”干部市级培训1/3以上。举办2期市级骨干党员和软弱涣散村党员培训班，实现培训对象“下沉一级”。②严把质量。建立“三色台账”，实行计划单列、分批发展，集中攻坚3年以上未发展党员村，已消减72个村。持续开展违规发展党员“清零”行动，按照党员自查、支部核查、党委审查、市委抽查的程序稳步推进，对21名违规发展的党员进行除名，对相关责任人严肃追责。健全全程纪实、个人重大事项报告、党员发展对象县乡联审、违规行为责任追究办法等制度，实现“清零”行动常态化，极大减少发展党员信访问题的产生，《山东组工信息》刊发推广有关做法。③挖掘典型。2019年“七一”，评选出优秀共产党员100名，从中选取10名不同领域代表，采取“讲述+视频”的形式，讲述先进事迹。遴选部分中华人民共和国成立前老党员代表和不同领域先进典型事迹，拍摄制作“我的初心”视频短片16期，在市电视台“桃都党建”栏目滚动播出，树起“党员”这面鲜红旗帜。

（辛　建）

【基层组织建设】 坚持抓党建从支部抓起，深入实施党建“基石工程”，引导基层党组织创新求实、提质增效，推动各领域基层党建全面进步全面过硬。农村借助中央扫黑除恶专项斗争大势，开展农村“三资”清理集中行动，彻底解决村级“三资”管理存在的历史遗留问题，使多年清不动、不敢清的问题浮出水面、摆上台面，树起靶子，扫出实实在在的战果，让扫黑除恶更“接地气”，切实打在黑恶霸痞势力的要害处，抓住村级“三资”管理的薄弱点，扭住村级增收的“牛鼻子”，找到农村基层党组织特别是软弱涣散村整顿的突破口，形成农村“三资”清理的“肥城模式”。截至2019年末，通过“三资”清理，累计调整支部书记65人，“两委”成员86人。清理合同30637份，核实集体资产31.53亿元，清理资源8.3万亩。增加集体收入9509.89万元，以后每年稳定增加4021.33万元。村集体经济收入基本全部达到10万元以上。

城市社区突出抓服务，以党建统领城市基层治理，举行“双报到”启动仪式，124个机关企事业单位、5519名在职党员全部到街道、社区报到，开展“泰山先锋”志愿服务行动1900余次，服务社区居民10万余人次。成立城市基层党建联合体，吸纳96家单位参加，审议通过《城市基层党建共同体章程》，选举产生理事35名，设置党建综合、经济发展、文明城市创建与志愿服务3个专业委员会。在居民小区成立党支部，引导在职党员亮出身份，争当爱党爱国、遵纪守法、正直诚信、邻里友善“四个表率”。建立“小区党支部+业主委员会+物业服务企业”的民主协商机制，破解小区治理难题，把群众关心关注的热点问题解决在家门口。

仪阳街道开展“三资”清理量地工作（刘凤君　摄）

机关突出抓基础，落实党委（党组）机关党建“十条”基本规范，理顺机关党建工作体制，研究制定党组（党委）履行机关党建主体责任清单，明确党组（党委）抓机关党建具体职责和工作要求。开展“集中换届年”活动和机关党建“灯下黑”专项整治行动，推动机关党建走在前、作表率。“两新”组织集中攻坚“两个覆盖”，开展“两新”组织党建清底行动，按照经营运行情况清、职工队伍情况清、党员队伍情况清、建立党组织情况清、出资人情况清“五个清”要求，对排查情况全部登记在册，实行动态管理。设置园区综合党委，配备专职工作人员4名；制定园区非公企业党建“金十条”，设立40万元园区党建工作经费，激活非公企业抓党建内生动力。高标准打造“两新”组织党建指导中心，为周边企业职工提供红色教育、党建培训等优质服务。严格落实党建经费税前列支制度，为三星级及以上党支部发放党建经费支持100.2万元。

（范　军　杨　超）

【党组织书记队伍建设】 坚持抓支部就要抓书记，不断加强基层党组织带头人队伍建设。①班子建设。立足“建安之乡”人才资源优势，实施“能人回请”工程，聚焦懂管理、善经营、高素质的在外能人，经过党员群众推荐、党支部“推优”，纳入村级后备力量库。深化“递进培养”和“育苗升级”工程，注重从退役军人、新型经营主体中发现和储备村级后备力量，畅通“优秀人才—党员—支部书记”晋升渠道，通过联系培养、跟班锻炼，全市1069名新型经营主任负责人中，有115人进入村干部队伍，61人担任村党组织书记。细化村党组织书记任免备案操作规范，严格村党组织书记调整程序，完善村党组织书记县乡联审和重大事项报告制度，严把入口关，坚决将问题人员挡在门外，打造干净的村党组织书记队伍。②激励保障。在基本报酬发放方面，实行村党组织书记基本报酬县级统筹，与财政局建立信息沟通机制，对党组织书记基本报酬发放情况进行月监控，确保足额按月发放。在业绩考核报酬方面，拿出村集体经济收入增量的10%，对村干部进行奖励，最高奖励10万元，发放支部星级补贴，被评为五星级、四星级、三星级支部的，分别奖励村支部书记每人每月500元、400元、300元。在关心关爱村干部方面，为村党组织书记办理养老保险，组织村“两委”成员进行健康查体，对任满15年且离任前3年村集体经济收入100万元以上的，发放优秀村党组织书记离任特殊贡献补贴，加大对优秀村党组织书记的招录力度，7名村党组织书记考入公务员或事业单位，1名村党组织书记通过提拔进入镇街领导班子。③制度建设。推行以推优选任“公推制”、重大事项“票决制”、党务公开“全程制”、监督管理“全时制”、工作效果“考评制”为主要内容，以党员“定岗承诺”为载体的“五制一诺”制度，规范村级组织运行，规范村干部履职行为，推进农村党组织标准化规范化建设。制定村级举债管理办法，加强村级债务监督管理，严格控制村级举债行为。实行村级党组织书记“负面清单”管理制度，划定村党组织书记工作“红线”，强化底线思维，增强规矩意识，解决乱作为问题。

（范 军）

【干部监督管理】 ①干部选任监督。严把干部选任关口，严格干部选任程序，严防干部“带病提拔”。严格执行《党政领导干部选拔任用工作条例》以及有关监督制度，落实“凡提四必”要求，组织192名拟提拔使用的考察对象填报个人有关事项，把好入口关。做好选人用人信访举报受理查核工作，在干部调整期间，对涉及考察对象和任前公示人选的信访举报随时受理，立项专办，速查速结。根据《配偶已移居国（境）外的国家工作人员任职岗位管理办法》及上级要求，对全市乡科级及以下干部配偶移居人员任职岗位管理等情况进行全面梳理，经排查，肥城市不存在配偶移居情况。做好干部“带病提拔”自查工作，对2018年受到撤销党内职务或撤销行政职务以上处分的领导干部情况进行梳理，列出“带病提拔”倒查对象，并对选拔任用过程进行全面梳理，开展自查。梳理总结2017年以来开展函询、谈话情况，2017年以来肥城市被问责和受处理干部情况、合理使用被问责和受处分干部情况等，总结经验做法，为上级部门决策提供意见建议。②日常监督管理。注重抓早抓小，坚持把纪律和规矩挺在前面，狠抓干部日常监督管理。加强对干部的关爱提醒，执行提醒函询诫勉实施细则，落实关爱干部“两告知三提醒”制度，强化组织告知提醒作用。2019年，向192名新提拔干部及其家属发放告知卡、告知信，向干部发送提拔纪念日提醒短信965人次，向岗位发生变动的408名干部发送提醒短信，开展提醒1人次、函询4人次、诫勉2人次。突出审计监督作用，结合工作实际及机构改革工作需要，共委托市审计局对23名领导干部进行经济责任审计，同时对1名领导干部履行自然资源资产管理和生态环境保护责任情况进行审计。至年末，已完成审计18人，正在审计5人。做好领导干部报告个人有关事项工作，组织副县级以上领导干部做好个人有关事项填报工作，召开工作人员培训会，组织学习“两项法规”和个人有关事项填报要求，做好政策解释和审核把关等工作，完成1名省管干部和39名泰安市管干部的个人事项填报工作。对上级随机抽查发现的问题、领导干部个人有关事项发生变化需要及时报告的情况，组织有关领导干部做好补报及情况说明工作。加强干部监督信息沟通，落实《干部监督信息沟通办法》，加强与纪委监委、公安、法院、信访等部门沟通，及时全面掌握干部问题线索。2019年，收集干部监督信息26条。③信访举报核查。立足部门职责，聚焦主责主业，突出源头管控，严格督办审核，依法依规做好职责范围内的信访举报工作。强化源头管控，加大信访隐患排查力度。督促各镇街定期排查信访隐患，制定措施进行化解，将工作做在前，把矛盾纠纷化解在萌芽状态，从源头上做好防范工作。2019年，共排查出信访隐患73件次，已化解59件次。加强督查督办，做好信访举报受理查核工作。2019年，共受理信访举报47件，其中上级转办17件，本级受理30件，均按照问题性质和类型，认真组织查核处理。加强对重点信访问题的研究，反复研判、积极论证，着力做好矛盾化解工作。对经查属实的信访举报，严格落实责任，依规依纪严肃处理，截至年末，因请客吃饭存在拉票贿选嫌疑已取消1人预备党员资格，清理受过刑事处罚的村党支部书记2名、存在“村霸”和涉黑涉恶等问题的村党支部书记1名。加强协作联动，配合做好信访积案化解工作。对个人申诉问题，严格按照政策规定调查处理，对政策有规定的，不折不扣地落实和解决，对不符合政策规定的，不乱开政策口子，防止引起攀比和新的矛盾。配合市信访局、市人社局、市教体局等部门单位，做好对王瓜店卫生院退休工人、安驾庄镇退休教师申诉退改离问题，市公安局退休干部申诉级别待遇问题，市高级技校退休教师、市电影公司离休干部申诉更改参加工作时间等问题的调查处理和政策解释、思想疏导工作。④巡视整改。坚持问题导向，强化政治担当，对省委巡视、选人用人专项检查反馈问题，逐一建立台账，实行销号管理，坚决抓好整改。多次召开调度会议，研究细化整改措施，分析研判具体问题，推进整改任务落实。承担的11项巡视整改牵头任务中，已完成8项，其余任务按计划稳步推进；省委组织部选人用人专项检查反馈的7项问题，已整改完成5项，其余问题按计划积极推进整改。配合做好巡察工作，每轮巡察工作启动前，及时向巡察办提供被巡察单位信访举报等情况，同时，牵头做好巡察发现涉及组织工作问题整改工作。⑤主题教育相关工作。做好主题教育征求意见工作，根据工作安排，面向各镇街区、各市管党委、有关规模企业广泛征求意见建议，共收集意见建议26条，督促抓好整改落实。做好专项整治工作，对照市委确定的13项专项整治任务，结合组织工作实际，确定5个方面具体问题开展专项整治，牵头制定《市委组织部关于在“不忘初心、牢记使命”主题教育中开展专项整治的工作方案》，明确目标措施、责任科室、完成期限，压实责任，定期调度，切实抓好整改落实。参与做好市委主题教育整改推进工作，根据市委主题教育工作安排，科室派员参加市委主题教育工作组，参与做好整改推进组相关工作事宜，严格按照工作要求，认真履行职责，保质保量完成各项工作任务。

（赵海丽）

【人才队伍建设】 2019年，市人才工作服务中心坚持“依托企业聚人才，奖励成果用人才，蓝领保障求实效”的工作思路，落实党管人才原则，发挥牵头抓总作用，统筹抓好引才育才、用才留才各项工作，为推进高质量发展提供强有力的人才支撑和智力保障。①人才体制机制。完善人才及科技创新工作领导小组运行机制，理顺议事规则，加强对全市人才工作的统筹协调。进一步调整充实工作力量，细化成员单位责任分工，部门各司其职、密切配合的工作格局初步形成。将人才工作纳入全市经济社会发展总体规划，抓实成员单位“一把手”第一责任，推进实施人才重点项目31项，严格落实月调度、季度汇报、年终考核制度，所有项目顺利完成。强化政治引领，全力推进党委联系服务专家工作，每名县级干部包保一个企业、联系一名专家，先后开展调研21次，协调解决技能人才培养、人才配偶就业等问题41个，让人才更有归属感。②创新创业人才。坚持“实用、实效”引才理念，立足全市产业发展引进急需紧缺人才。开展人才工作“服务企业年”活动，实地调研企业90余家，帮助梳理人才及技术需求，建立高层次人才需求库；组织政策宣讲及业务培训11次，覆盖重点企业300余家，取得良好实效。坚持“请进来”“走出去”相结合，举办“双招双引”经济合作洽谈会，借助“桃花节”品牌吸引力，邀请30多家高校、科研院所专家教授深入洽谈，签订人才科技合作项目12个。组建招才引智小分队，带领企业走出去，精准对接高校、科研院所，引进各类高层次人才112名，其中院士3名、相关专家3名。发挥人才“新十条”政策效应，对符合条件的企业及时对接、及时认定、及时兑现，提高人才服务时效，2019年，兑现人才政策奖励862万元，同比增长149%，全市创新创业氛围更加浓厚，企业引才聚才热情更加高涨。③人才培养。坚持以产业链布局人才链、以人才链助推产业链，全面加强各领域、各行业人才队伍建设，着力构建与产业发展相匹配、相融合、相促进的“金字塔”形人才梯队。进一步挖掘自身优势资源，引导高层次人才结合企业项目，参加泰安市级以上重点人才工程推选，培养首位国家级专家、1人入选泰山产业领军人才、4人入选泰山英才领军人才，“高精尖缺”人才实现新突破。坚持以活动、大赛为抓手，鼓励高技能人才参加各级人才工程评选，先后评选表彰专业技术拔尖人才20名，不断提升本土人才专业技术能力和水平。抓住用好本硕博全省补贴力度最大的有利条件，全方位吸引更多高校生扎根肥城发展。通过双向对接，政策宣讲，全年共招引本科98人，硕博16人，为企业创新发展注入新生力量。④平台载体建设。引导和扶持企业不断加大研发投入，推进各类科技平台提档升级。优化创新平台，根据《泰安市“双50强”企业“一企一平台”建设行动方案》和产业发展实际，分类确定企业创建目标，按照“市级—省级—国家级”的梯次创建顺序，分平台类别，成立工作专班，明确创建时间表、责任人，扎实推进创建工作。全年新增博士后创新实践基地、企业技术中心等省级以上科技创新平台6家。进一步完善高新区科技孵化器、蔚蓝科技孵化器、文化创意产业孵化器服务体系，为人才干事创业提供“保姆式”全方位服务，形成“三驾马车”辐射带动效应，打造国内领先的全孵化链条。⑤人才服务保障。全面升级人才服务保障体系，建立高层次人才服务专员制度，推行“非请勿扰、随叫随到，人才吹哨、部门报到”服务模式，为高层次人才提供全方位服务。实施人才安居工程，为高层次人才提供子女入学和配偶就业服务，配偶属在编人员的，在编制限额内最大限度解决两地分居问题。高级技校学生石成龙在世界技能大赛全国选拔赛上成绩突出，被聘用到事业单位岗位，打破人才流动壁垒，为青年技能人才成长起到良好示范带动作用。

（路　凯）

宣　传

【概况】 肥城市委宣传部是市委主管意识形态方面工作的职能部门，为正科级，列市委工作机关序列。机构改革前，内设办公室（挂人秘科牌子）、宣传科、理论科、教育科、新闻出版科、企业宣传科6个职能科室。内设肥城市精神文明建设委员会办公室1个正科级行政单位，下属肥城市新闻中心1个正科级全额事业单位，肥城市文化体制改革和文化产业发展办公室、肥城市互联网新闻宣传管理办公室2个副科级全额事业单位。机构改革后，加挂肥城市人民政府新闻办公室、肥城市精神文明建设委员会办公室、肥城市互联网信息办公室牌子，肥城市委网络安全和信息化委员会办公室设在市委宣传部。内设办公室、宣传教育科、意识形态工作科（挂理论科牌子）、新闻科、文化科、农村精神文明建设科、城市精神文明建设科（挂未成年思想道德建设科牌子）、党建科（挂政工科牌子）8个职能科室。下属肥城市新闻中心1个正科级全额事业单位，肥城市文化体制改革和文化产业发展服务中心、肥城市网络安全和信息化服务中心2个副科级全额事业单位。

2019年，市委宣传部围绕中心、服务大局，按照党代会和“四定”工作要求，各项工作均取得良好成效。①全国文明城市创建。年度测评成绩列全省第3名，2018年、2019年两年综合排名列全省14个提名城市第1名。城乡环卫一体化和移风易俗年度测评成绩列全省129个县市第5名、泰安市第1名。②“两个中心”建设试点。重点打造市中心、60个示范站，形成“破解五大问题的13452”思路经验，推出“六个一”阵地、文明银行等一批典型案例，评出泰安以上好人、道德模范22名，承办山东好人发布仪式暨道德模范与身边好人现场交流活动。成立市融媒体中心，建设指挥调度大厅、融媒采编存储系统、大数据分析系统、高清节目制播系统四大模块，启用新闻“中央厨房”生产系统。③意识形态工作。牵头抓好省委巡视反馈20项整改任务的推进落实，代表泰安迎接省委专项检查并得到充分肯定。组织市委中心组学习23次，桃都讲坛13期，“学习强国”居泰安前列。市委宣传部获全省基层理论宣讲先进单位。对48家网站、141家微信公众号、1074个微信工作群、3个微博和3个APP进行登记备案，处理各类舆情147起。④乡村文化振兴战略。围绕庆祝新中国成立70周年，完成18项重点工作任务、43项系列文化活动和16项群众性主题教育活动。抓好桃花节开幕式、道德模范颁奖典礼、建安业颁奖典礼、消夏广场等重大文艺活动。建成社区图书馆5个，新增文化企业15家。

（董　晓）

2019年4月29日，4月山东好人发布仪式暨道德模范与身边好人（泰安·肥城）现场交流活动在肥城举行

【庆祝新中国成立70周年宣传教育】 制定下发《文化活动安排方案》《群众性主题宣传教育活动工作方案》《宣传报道方

案》，部署安排18项重点工作任务、43项系列文化活动和16项主题教育活动。①舆论造势。统筹市内媒体开设“壮丽70年，奋斗新时代”栏目，部署安排16项重点宣传、集中报道，累计刊发稿件230余篇。②文化活动。牵头办好大型主题文艺演出和消夏广场文化活动。开展“爱国歌曲大家唱”活动，由志愿者带领市民同唱爱国歌曲，参与者达11000人次。开展“我和我的祖国”肥城好视频征集展播，征集作品41部。③群众教育。组织“红动齐鲁”红色故事大赛，6人获泰安市金牌选手，4人被推荐参加省级比赛，肥城市获泰安赛区组织工作特等奖。举办“我与共和国共成长”演讲大赛，2人获泰安赛区一等奖，2人获二等奖，4人获三等奖，居泰安市首位。

（董　晓）

【全国文明城市创建】　一体化推进全国文明城市创建、国家卫生城市管理，常态长效抓好城市基层治理、社区管理改革，不断提升城市文明水平。①工作机制。理顺联系包保、镇街创建、部门创建、“门前四包”等工作制度，做实党组织和在职党员社区“双报到”，建立小区、社区、街道三级党建共同体。②专项整治。以创城“十项专项整治”为抓手，开展8次“四不”集中整治，城区6000余户沿街商铺加入“门前四包”文明商户共建群，小区“三有六化”治理深入推进。③全民参与。组织社区对城区26万余名住户逐一走访；21所中小学校发布“文明作业”，1.2万个学生家庭积极响应；“双报到”单位、党员，定期开展志愿服务活动。强化“身边好人”推荐评选，刊播肥城好故事17期，开展鲜花送文明42次，评选肥城好人17人，入选山东好人3人、泰安好人10人。4月，承办山东好人发布仪式暨道德模范与身边好人现场交流活动。④督导考核。举办两次创城工作培训班，聘请第三方进行两次暗访测评，对社区进行两次文明指数测评，组织社区、巡管对市直部门进行评议打分。⑤公益氛围。在重点路段增设公益广告2000余块，各沿街门店滚动播放核心价值观、讲文明树新风公益广告。⑥城乡一体创建。对605个行政村进行城乡环卫一体化、移风易俗和村风民风电话调查，对56个优异村居发放奖补资金20万元。迎接省文明达标村镇检查，达标率居泰安首位。

（胡　成）

【新时代文明实践中心建设】　创新“13452”工作思路，破解“五大”问题，打通宣传教育、关心服务群众“最后一公里”。建立由三级党组织书记任“一把手”的市中心、14个镇街区分中心、605个社区（村）实践站，打造60个高标准示范站。发布实施“志愿云”项目2700个，举办培训班6期，承办泰安市新时代文明实践志愿服务培训班。整合党员干部队伍、社团志愿组织和农村五老人员、乡贤文化人才，成立志愿服务总队，下设12支机关事业单位队伍和22支社会团体队伍。全市登记志愿者12.8万人，队伍830支，市直实现全覆盖，每个镇村至少1支特色队伍。将文明实践融入脱贫攻坚、乡村振兴、创建文明城市、弘扬君子文化中，51家社团志愿组织常态化进驻乡村社区开展志愿服务。创新“讲评帮乐庆”五种方式，开展志愿活动3860场次，参与群众20万人次，塑造推出“爱国歌曲大家唱”“乡村儒学大讲堂”等一批志愿服务品牌。整合线上线下两种阵地资源，用好微信公众号、志愿云平台、融媒体中心，盘活现有基层文化阵地，村村打造新时代文明实践站（广场、讲堂、基地）。

（孙甲勇）

【新闻宣传报道】　围绕市委、市政府中心工作，在泰安市级以上主流媒体刊发稿件1100余篇，其中在《新华社高管信息》刊发稿件4篇，在《大众日报》刊发专版2个、头版通讯1篇、县域版头条9篇，在《泰安日报》刊发头版头条7篇。完成《中国影像方志·肥城篇》

的补拍任务。围绕庆祝新中国成立70周年，统筹市内媒体开设“壮丽70年，奋斗新时代”栏目，部署安排16项重点宣传、集中报道，累计刊发稿件230余篇。稳步推进县级融媒体中心建设，已挂牌成立肥城市融媒体中心，打造融媒体中心技术平台，建设指挥调度大厅、融媒采编存储系统、大数据分析系统、高清节目制播系统四大模块，建成启用融媒体指挥系统和新闻“中央厨房”生产系统，探索推进广播、电视、报纸、微信、微博、客户端、短视频、网站等“八端一体”全媒体传播矩阵，全力构建“一次采集、多种生成、全媒传播”新格局。

（李胜男）

【意识形态工作】 巩固扩大中央、省委巡视问题整改成果，提升意识形态领域积极健康、向上向好的良好态势。12月5日，代表泰安6个县市区迎接省委宣传部年度意识形态责任制落实情况专项监督检查。按时完成分析研判、汇报通报等工作任务，把意识形态纳入党建考核、民主生活会、述职述廉的重要内容。牵头抓好省委巡视反馈20项整改任务的推进落实。对28个单位进行专项巡察。持续深化理论武装，牵头抓好全市主题教育的学习教育工作，制定《学习教育计划》《学习研讨方案》。组织市委中心组学习研讨20次，举办桃都讲坛13期。做好“学习强国”的宣传推广，覆盖面、参与度、供稿量均获较好位次。

（武文文）

【网络监管工作】 制定《网络意识形态工作责任制实施细则》《突发敏感舆情处置工作机制》《新闻媒体接待工作流程》，建立舆情处置联席会议制度，强化网络意识形态管控。改造升级网络舆情监控系统，开展巡查整顿备案活动3次，对48家网站、141家微信公众号、1074个微信工作群、3个微博和3个APP进行登记备案，整改问题1000余条，处理各类舆情80余起，转发、跟帖、评论6200余条。

（王秀民）

【文化繁荣发展】 加快实施乡村文化振兴战略，加大肥城君子文化的传承弘扬，完善提升基层公共文化服务体系。①传承优秀传统文化。组织挖掘开发肥城地方特有传统历史文化，成立左丘明文化研究院、左丘明商学院，加大对肥城君子文化的挖掘阐释。②开展文化惠民活动。牵头办好道德模范颁奖典礼、建安业颁奖典礼、桃花节大型文艺演出等重大演出，抓好广场舞大赛、全民阅读、春节元宵节等文化活动。建成社区图书馆5个。③推进文化产业发展。健全文化产业统计体系，畅通文化企业纳统路径，新增文化企业15家。开展项目招商，发挥文化产业协会作用，培养领军人才，加快产业高质量发展。

（武连伟　邹　楠）

统一战线

【概况】 市委统战部为正科级行政单位、党委工作部门。至年末，市委统战部内设人秘科、党外人士工作科（挂党派科牌子）、民族宗教科、台港澳和侨务工作科、经济联络科（挂新的社会阶层工作科牌子）5个职能科室，下属股级事业单位为肥城市对外人才联络中心。实有行政编制13人，工勤2人，事业编制4人。2019年，市委统战部把握“大团结大联合”主题，全面贯彻落实市委决策部署，开拓进取狠抓落实，圆满完成既定目标任务，荣获“山东省台港澳工作先进集体”称号；“在外肥城人才”工作获省委常委、统战部部长张江汀批示。

【党外代表人士工作】 围绕引领统战成员建言献策，服务全市中心大局。严格落实意识形态工作责任制，以庆祝新中国成立70周年为主线，在民主党派、党外知识分子中持续开展“不忘合作初心·继续携手前进”“弘扬爱国奋斗精神·建功立业新时代”等主题活动，使其始终浸润于主旋律、正能量中，在思想上、政治上、行动上同中国共产党保持一致。按照干部提拔考察程序协助民盟肥城支部顺利换届，有效配强领导班子；提高组织发展质量，把好入口关，按照组织发展规定，共考察、发展6名民主党派成员；举办全市统一战线成员培训班、文艺会演、红色主题教育等系列活动；推进“参政党建设年”活动，引导民主党派和党外代表人士围绕重点工作以及民生和社会保障热点问题，提交调研报告4篇，夯实统一战线团结奋斗的共同思想政治基础。

【新的社会阶层人士统战工作】 健全完善新的社会阶层人士统战工作联席会议制度，畅顺工作机制；完善登记在册的新的社会阶层人士电子档案；举办“绿满肥城·共建家园”新的社会阶层人士联谊会义务植树活动和“君子之邑品味书香”新阶联学习交流会；组织开展“新阶联庆祝新中国成立70周年暨走进民族村慰问文艺演出活动”；深化“新阶层·党旗红”品牌创建，以开展各类活动为载体，打造民营企业管理技术人员的新家园——“零空间”。

【多党合作】 支持党外人士围绕市委、市政府中心工作，发挥自身优势，积极参政议政、开展民主监督，推动全市协商民主有序健康发展。协助市委制定2019年度政党协商计划，并会同有关部门组织好市级层面的政党协商活动。1月24日，组织召开《政府工作报告》征求党外人士意见会，市委副书记、市长殷锡瑞主持会议并讲话；1月，就市委常委民主生活会书面征求党外人士意见；2月7日，组织召开全市各界人士迎春座谈会；5月23日，通报政府系统党风廉政建设和反腐败工作，民主党派列席会议；7月4日，组织召开市委十四届八次全会精神通报会暨统一战线学习贯彻全委会精神会议，引导统战成员深刻领悟会议精神，把思想认识统一到全市工作大局上来。11月18日，召开市委政协工作会议，民主党派列席会议；引导各民主党派围绕猪肉价格上涨、社区养老服务现状、企业债务风险控制、城区道路建设等进行深入调研。通过一系列政党协商活动的开展有效提升党外人士参政议政的热情，提升肥城市民主法制建设水平。发挥特约人员参政议政、民主监督作用，14名特约人员参加相关单位组织的活动，开展民主监督。

【非公有制经济领域统战工作】 开展走访调研，广泛收集意见建议，完成2019年度非公有制经济调研课题；创新开展会员企业“服务年”活动，开通企业需求网络直报系统，全年帮助解决问题36项；开展“送政策上门精准对接”服务活动，印编《鼓励支持非公有制经济发展政策汇编》3000册，市工商联与总工会联合出台《关于全市工商联商会成立工会组织的意见》，推动构建“亲”“清”新型政商关系。市工商联被表彰为全国“五好”县级工商联。

【民族宗教工作】 推进民族团结进步事业发展。开展“实施乡村振兴战略、助力民族村发展”帮扶活动，争取中央、省级帮扶资金75万元，凤凰村被评为第三批中国少数民族特色村寨，边院镇初级中学被评为山东省第五批民族团结进步示范单位，陆房烈士陵园被评为山东省第三批民族团结进步教育基地，组织开展第19个“民族团结进步宣传月”文艺演出等8项主题活动。12月13日，举办少数民族干部培训班，带领全市少数民族村两委干部赴全国民族团结进步示范镇新泰市禹村镇考察学习。12月6日，迎接省民委对2018年度少数民族帮扶项目的第三方审计。8月23日，邀请泰安市委统战部二级调研员张西忠就如何做好新时代宗教工作进行专题宣讲。全年累计开展专题培训20余场，覆盖3200余人次。继续深化“四进”（国旗、宪法法律、社会主义核心价值观、中华优秀传统文化）宗教活动场所活动，各宗教活动场所精心制作涵盖爱国主义教育、社会主义核心价值观、《宗教事务条例》、新时期肥城精神等内容的宣传版面，旗帜鲜明地引导宗教界在政治上自觉认同、文化上自觉融合、社会上自觉适应，坚决遏制宗教极端思想影响。编印下发《宗教事务条例》《宗教工作基本知识读本》等2万余册，组织开展“助力新时代、共筑中国梦”爱国主义教育学习活动，引导和支持各宗教坚持中国化方向。指导各镇街区同宗教场所签订工作目标管理责任书，重点做好全国“两会”、庆祝建国70周年等重大活动及开斋节、圣诞节等重要节点期间的安保工作。

【港台涉侨工作】 先后组织相关部门单位及企业组团或随团赴台开展交流考察活动8批次、11人次；邀请台湾商业协会及台商16批次、157人次到肥城参观考察。在昆山开展为期两个月的专题对台招商活动，对接重点企业454家，已落地开工项目1个，签约项目4个，意向签约项目36个，计划总投资226.3亿元。依托山东省海峡两岸（肥城）有机农业交流示范基地和“肥城市台湾农业专家工作室”两大平台，引进台湾农业专家3名，设立台湾农业专家试验田。3月，召开“全市台商投资企业作座谈会”，及时传达上级对台精神和政策。开展“惠台政策进台企”“法律服务进台企”等一系列丰富多样的涉台服务活动。泰安市台湾同胞投资企业协会在肥城开展以“爱心敬老，扶贫捐赠”为主题的捐赠活动，为高新区、桃园镇高龄老人和贫困人员捐赠爱心大米5000公斤。对台宣传有力有效，《台北山东同乡会》对肥城有机农业发展情况进行专题报道。落实“三侨考生”相关政策，成功为4人办理“三侨考生”认定手续。

【在外肥城人才工作】 不断拓展范围，挖掘更新人才信息，人才库内信息总数达到7000余人，并按照行业、区域进行分类，为服务发展奠定更加坚实的基础。多渠道、多形式联系联络，先后到北京、济南、重庆等地外出拜访老乡20余次、1000余人次；利用春节、桃花节等节庆活动组织各类“家乡行”活动12次，接待“在外肥城人才”投资及引荐项目考察活动32次，增进亲情、乡情，传递市委、市政府对“在外肥城人才”的关心和支持。《追梦他乡肥城人》栏目录制37期。通过联系交流，越来越多“在外肥城人才”关心关注家乡、投资回馈家乡，在“双招双引”“创新创业”、公益慈善等方面发挥巨大作用。截至年末，经“在外肥城人才”介绍或直接投资项目60个，到位资金25亿元，涵盖工业、农业、信息技术等各个领域。利用各类“在外肥城人才”资金、技术、人脉等方面的优势资源，打造汇集省内外数十家高等院校和科研院所的服务发展平台，引进城市规划等相关产业方面的专家人才10名，瑞泰纤维素、瑞福锂业与于吉红院士团队分别在分子筛、锂矿石矿渣利用进行盐碱地治理方面成功合作。8月10日，召开“全市双创企业座谈会”，开启“双创经济”蓬勃发展新篇章。“在外肥城人才”积极参与家乡社会公益事业，累计捐赠图书3万余册、学习用品2万余套，累计捐款捐物5000余万元。

【开展“不忘初心·继续携手前进”主题教育系列活动】 8月11—17日，举办全市统一战线成员培训班，组织31名统战成员赴井冈山开展革命传统教育，通过重温历史、现场教学等方式，坚定统战成员“四个自信”。9月26日，举办“同心向党祖国颂，携手共筑中国梦”肥城统一战线庆祝新中国成立70周年暨民族团结进步宣传文艺会演，激发全市统战成员爱党爱国的热情。同时，开展老城革命纪念馆红色主题教育、主题座谈会等各类活动9次，夯实统一战线团结奋斗的共同思想政治基础。

（李得水）

机构编制

【概况】 按照《中共肥城市委 肥城市人民政府关于肥城市市

级机构改革的实施意见》文件要求，肥城市机构编制委员会办公室调整为肥城市委机构编制委员会办公室，作为肥城市委机构编制委员会的办事机构，为肥城市委工作机关，归口肥城市委组织部管理。肥城市委机构编制委员会办公室承担市委机构编制委员会的日常工作，负责全市行政管理体制改革、机构改革、事业单位改革和机构编制管理等工作。内设综合科、调研信息科（挂政策法规科牌子）、机构编制管理科、监督检查科、政府市场化服务管理科（挂肥城市事业单位监督管理局牌子）、肥城市市级机关职能运行监管办公室6个职能科室，下设市事业单位绩效考核中心（正科级，市委直属，归口编办管理）、市机构编制实名制管理中心（副科级）和市机构编制电子政务中心（副科级）。2019年，在泰安市编办系统绩效评价中列县市区第一名。

2019年2月23日，全市深入推进镇街行政管理体制改革动员会议召开。图为会议现场

【机构改革】 ①高质量完成党政机构改革。1月10日，召开全市级机构改革动员大会，对改革工作进行动员部署。印发《关于肥城市市级机构改革的实施意见》。1月14日，公布新组建部门领导班子。1月15日，新组建部门正式挂牌运行，相关机构全部组建到位。2月1日，完成人员转隶工作。3月30日，印发党政工作机构的“三定”规定。5月15日，迎接省委编办副主任王振乾一行对肥城市县乡机构改革的调研评估。围绕做好机构改革“后半篇文章”，拓展改革后效应，围绕部门与所属事业单位及其代管事业单位的履职运行情况，成立调研评估小组，采取座谈交流、实地查看等形式，深入各党政机关进行调研评估。根据调研评估掌握的情况，制定理顺党政机关与管理和代管事业单位关系的相关意见。②有序完成镇街行政管理体制改革。2月23日，召开全市镇街行政管理体制改革动员会议，对镇街行政管理体制改革工作进行安排部署，印发《关于深入推进镇（街道）行政管理体制改革的实施意见》。3月14日，各镇街全面完成人员调整工作，并履行定编定员手续。建立健全权责清单管理制度，扩大镇街管理权限；厘清部门和镇街权责边界，理顺市直部门与镇街关系；强化镇街公共服务、公共管理、公共安全和党的建设等方面职能，推动治理重心下移、人员下放、保障下沉。

【经济发达镇行政管理体制改革】 贯彻落实省委、省政府部署要求，抢抓石横镇被列为中央编办备案的经济发达镇行政管理体制改革镇的重要机遇，借鉴先期试点镇的经验做法，坚持将经济发达镇改革与全面落实省和泰安市明晰县乡职责、规范“属地管理”的统一部署相结合，在机制打造和平台运行上先行一步，以先行促先试，致力于优化组织机构配置，加强机构编制管理；致力于增强基层治理能力，推进扩权强镇；致力于创新推进管理服务，统筹整合资源；致力于助推镇域高质量发展，强化支持保障，推动石横镇行政管理体制改革工作全面开展。4月29日，印发《关于深化石横镇行政管理体制改革方案》。6月11日，召开石横镇经济发达镇行政管理体制改革会议进行动员部署。石横镇设置党政工作机构8个、事业单位6个。7月底前完成定编定员工作。将24项县级行政许可权事项集中由石横镇行使，明确石横镇政府为实施主体；将83项县级管理权限采取委托下放等方式，依法交由石横镇行使。10月30日，迎接黑龙江省委编办学习考察；11月21日，迎接广西来宾市委编办学习考察。

【开发区体制机制改革】 4月4日，泰安市动员会召开后，按照坚持市场化改革取向和去行政化改革方向的总体要求，成立市开发区体制机制改革创新工作领导小组，抽调人员组成工作专班。10月21日，组织召开动员会议全面部署安排，立足职能，推进开发区体制机制改革创新。在落实7项规定任务基础上，肥城高新区确定自选任务6项、肥城经开区确定自选任务7项。两个开发区管委会均推行“党工委（管委会）+公司”管理架构，通过改革，搭建“五部”组织架构、组建公司、制定人员竞聘办法和绩效薪酬制度。

【规范“属地管理”】 按照上级要求，制定出台《肥城市委办公室 市人民政府办公室关于明晰市镇街职责规范“属地管理”的实施方案》，推进规范“属地管理”工作。①厘清市镇街职责边界。根据《泰安市县乡“属地管理”事项主体责任和配合责任清单》，厘清市与镇街的主体责任和配合责任，确保职责分明。出台《肥城市“属地管理”依单监管问责制度》，将清单作为市与镇街履职、监管和问责责任界定的重要依据，确保清单发挥有效作用。由清单事项主体责任部门牵头，按照清单界定的职责任务，逐项研究制定清单事项的“施工图”“说明书”，明晰清单事项运行流程。建立动态管理机制，出台《肥城市“属地管理”事项主体责任和配合责任清单动态管理办法（试行）》，明确清单事项新增、取消、调整的16种情形以及动态调整的具体程序。②完善工作配套机制。出台并建立市直部门职责下沉镇街准入机制、“乡呼县应、上下联动”、市直部门与镇街“双向考核评价”和镇街对部门派驻机构统筹管理四项机制，规范完善“属地管理”制度。③探索开展镇街“四个平台”建设。选取石横镇、仪阳街道为“四个平台”建设试点乡镇。9月，联合石横镇组成学习考察组赴浙江嘉兴市嘉善县学习考察“四个平台”建设的先进经验，并整合市直部门派驻机构的资源力量，建立综治工作平台、市场监管平台、综合执法平台、便民服务平台“四个平台”。

【权责清单编制】 8月1日，召开全市权责清单编制公布工作部署培训会议，邀请省委编办主任蔡文娟就认领、规范、调整、公布政府部门权责清单进行专题培训。全市共认领权责事项15706项，其中行政许可253项、行政处罚3257项、行政强制170项、行政征收16项、行政给付38项、行政裁决9项、行政确认74项、行政奖励96项、行政检查447项、其他权力375项、公共服务303项、责任事项10668项。

【机构编制管理】 ①机构编制资源配置。坚持严控总量、动态调整，优化机构编制资源配置。结合党政群机构改革、事业单位改革等，加大编制挖潜力度，统筹使用各类编制资源，围绕市委、市政府重点工作，推进机构编制管理转方式、调结构，重点保障中心工作、基层一线和民生事业发展需要。2019年，共安排招考、招录、安置等用编计划426名，有效保障部门单位的用人需求。②机构编制管理创新。推进机构编制管理科学化、制度化、规范化建设，把监督检查作为加强机构编制管理的重要环节和有力抓手，在事前预防、事中监管、事后问效三个关键环节，出实招、求实效，构建“二三一”全流程监督检查工作体系，实现机构编制监管的无死角、全覆盖。肥城市构建监督检查“二三一”工作体系相关做法，于10月在《机构与行政》进行刊发；8月、9月，相继迎接省委编办监督检查处、安徽省委编办专题调研。公立医院实行人员控制总量备案后，主动与人社、卫健等部门对接沟通，完善控制总量人员备案程序。创新印制《实行人员控制总量备案管理单位人员备案卡》，既作为实行人员控制总量备案管理后公立医院依法依规新进人员的“身份证”，又作为备案人员办理工资、保险等手续的“验证牌”，实现“同工同酬、同等待遇”，确保公立医院用人自主权。③事业单位法人注销登记。实施流程再造，推进事业单位法人注销登记工作。创新制定《关于实施流程再造推进事业单位法人注销登记工作的通知》，明确适用简易注销登记程序的范围、内容、程序和有关要求，率先开展事业单位法人简易注销登记工作，市公共行政服务中心等11个单位，通过简易注销登记程序办理事业单位法人注销登记。④机构编制信息化。推进业务网上办理，加强运用分析，为科学决策提供依据；强化网上名称管理，实现应注尽注，始终保持注册单位100%全覆盖；做好“泰山智慧”平台和省委编办新版实名制系统测试及问题反馈工作并建立全市各单位沟通联络机制，保障系统顺利运行。

（马庆泉　高天祺）

机关党建

【概况】 至年末，市直机关工委设行政编制8人。管理党委33个，党总支18个，党支部379个，党员8404名。2019年，按照“构建党建新高地”总体要求，深入实施对标学习张家港、对标《中国共产党支部工作条例（试行）》“双对标”活动，持续推进基层党组织标准化规范化建设，全面消除三星级以下党组织，市直机关五星级党组织达88%，提高24%；开展主题教育，集中整治机关党建“灯下黑”“两张皮”等各类突出问题312条；加强基层组织班子建设，178个应换届党组织全部实施规范换届，75名党政机关“一把手”兼任机关党支部书记，占比82%；举办党务知识大课堂，支部书记、入党积极分子培训班；推动124个部门单位、5519名党员完成“双报到”。深化活力机关建设，组织“桃乡增绿”、征文演讲比赛、城市定向户外挑战赛、书画展等12项较大影响的活动。创新实施机关党建体制机制改革，成立10大系统机关党委，压实“三级两类”责任链条体系，新华社《高管信息·山东》和省直机关工委《机关党建》对肥城建立工委体制改革进行深度聚焦报道。作为全省唯一县级工委典型向中央和国家机关工委作推荐，中组部《组工信息》刊发推广经验做法。全面完成2019年度工作目标，实现一年一大步、三年创品牌的目标任务。

【机关党员思想教育】 ①教育

2019年7月30日，市直机关庆祝建党98周年、建国70周年暨“勇做新时代泰山‘挑山工’”演讲比赛决赛在市委党校报告厅内举行（陈元　摄）

活动。开展“埋头苦干、争创一流，勇做新时代泰山‘挑山工’”主题实践活动及“不忘初心、牢记使命”主题教育。先后协助市委举办领导干部读书班、支部书记培训班等共计6期1000余人参加。举办肥城市直机关庆祝建党98周年建国70周年演讲比赛，整理编印《初心·使命》一书，提升榜样激励作用。组织5场4000余名机关干部观看爱国主义电影《我和我的祖国》《中国机长》，激发爱国热情。②对标赶超。组织50名党组织书记赴张家港对标学习培训，学习经验、对标赶超。组织开展《中国共产党支部工作条例》知识竞赛，以赛促学，以学促做，广大党员干部变被动为主动，参与度达到90%以上。③教育培训。先后举办党务知识大课堂5期、入党积极分子培训班1期、党员发展对象培训班1期，共计培训1300余人次。

（张　丽）

【组织及制度建设】 ①体制机制改革。设立“十个”系统党委，做好顶层设计。4月，市委出台《中共肥城市委关于进一步加强市直机关党的建设的意见》，设立党群、综合、宣传、政法、商务、住建、工信、农业、卫健、教体等10个系统机关党委。编制包含19个方面87项程序的《系统党代会选举工作指南》，确保选举工作规范。各系统党委党代会共推荐党代表候选人1410名，差额选举党代表1064名。选举产生第一届系统机关党委，委员7～9名。②基层党组织换届。3月，编印下发《市直机关基层党组织换届工作规范》，包含5个关键环节、26类相关材料，对党委、总支、支部换届规范流程逐一明确规范。对334个党组织进行换届提醒督促。指导十大系统机关党委委员全程参与监督基层党组织换届工作，做到换届工作“零事故”。③软弱涣散党组织整顿。通过召开三星级及以下党支部星级晋升工作部署会、工作推进会、座谈研讨会，分析46个“三星级”及以下支部问题根源，建立问题台账，制定整改措施。市委书记、市长带头包保低星级党支部，实地指导帮扶，联系包保单位结对帮扶。7月，组织对部分低星级党支部进行督导检查，13个二星级支部全部转化为三星级及以上。④“三类”示范样本建设。七一前，在市直机关党建48个示范点中，组织评选出十佳党建示范点及十佳党建品牌并进行表彰，扩大示范点带动效应。在示范点建设基础上，持续打造文广大厦、公安系统、税务系统三条党建示范带，拓宽示范维度。按照区域化党建的思路，整合文广、三农大厦两个集中办公区内的党建资源，打造综合性党建示范区，全面提升机关党建的质量和水平。

（刘冬梅　张　丽）

【机关作风建设】 ①责任体系构建。机关工委统一领导系统机关党委、市直机关各部门单位党的工作，指导督促部门单位党组（党委）认真履行机关党建主体责任。先后制定下发系统机关党委6类27条、党组（党委）16条、基层党支部12条三张责任清单，明确系统机关党委、党组（党委）、党支部“三级两类”党建责任。构筑起市直机关党建全责任主体的定责、督责、追责全链条责任机制，推动形成明责作为、担当尽责的良性机制。②严格程序。针对省委巡视组反馈问题，制定发展党员操作规范，严格入党申请、入党积极分子确定培养、发展对象确定考察、预备党员接收及转正等各环节，党委委员全程参与。确保党员发展工作严肃性。编印《市直机关发展党员工作规范》，指导各系统机关党委做好发展党员五大类25环节工作，确保市直机关100名党员发展对象顺利加入党组织。严格把好机关支部换届关口，对机关支部换届严格换届请示、候选人推荐批复、党员选举、上报审批等流程，确保换届“零事故”。③督导考核。加强对党组（党委）履行机关党建主体责任的督导考核，健全完善市直部门单位党组（党委）考核细则。重点考核党组（党委）书记能不能找准发展思路、制定务实举措，破解党建工作重点、难点问题。加强对基层党支部评星定级的考核，健全完善党支部评星定级细则。利用“灯塔—党建在线”平台加强对日常组织生活、党员发展纪实等的动态管理，实行月调度、季通报。年底结合全年党建工作整体情况，逐一评定1～5星级党组织。党建考核结果作为各单位评先评优、兑现奖惩的重要依据，不断强化基层党组织担当作为的效果导向。施行工委委员分片包保制度。工委委员负责包保系统各单位党内组织生活等党建工作的指导督导。④党风廉政建设第一责任人职责落实。6次专题研究党风廉政建设情况。严格执行“三重一大”事项报告制度。全年对党员干部进行党规党纪宣传教育、警示教育1200余人次。严格执行八项规定，落实公务接待、办公用房等各项制度。

（刘冬梅　张　丽　刘庆来　裴　涛）

【机关精神文明建设】 ①主题活动。围绕中心任务开展内容丰富、形式多样的“主题党日”活动。2019年，市直机关开展党员认领荒山义务植树“桃乡增绿”主题党日活动、“衣旧暖心”市直机关党员暖冬捐赠活动等一系列主题党日活动。②文体活动。按照“月月有活动”的总体要求，发挥相关职能部门优势，创新活动内容及形式，深化“活力机关”建设。开展“桃乡增绿”义务植树、市直机关篮球比赛、拔河比赛、“青春心向党、建功新时代”健步走、“讲党员故事、固如党初心”志愿宣讲活动、城市定向户外挑战赛等丰富多彩的主题活动，提升活动内涵，切实增强活动的实际效果。③志愿服务。做实做好“双报到”工作，牵头组织129个市直部门单位、4748名在职党员全部完成报到工作，完成率100%。创建“讲党员故事、固入党初心”党员故事志愿宣讲活动服务品牌，走进报到社区，讲好党员故事。先后参与河西社区文明劝导、卫生清理、“六一”微心愿、“我是创城代言人”等多项社区共建工作。④牵头职责。系统各单位在精准扶贫、社会治安综合治理、保密工作、文化建设、精神文明建设、未成年人思想道德建设、计划生育、信访稳定、统一战线等工作中均取得良好成绩。

（刘冬梅　刘庆来　张　丽）

党　校

【概况】 中共肥城市委党校为市委重要部门，实行校委会负责制，校委会成员5人，下设办公室、教务处、总务处、对外培训处、教研处、进修处、基层党校工作处7个处室，均为副科级单位。市委党校占地60亩，主体建筑包括1栋综合楼和1座报告厅。综合楼总建筑面积22070平方米，分为办公、教学、住宿、就餐等区域，设有多媒体教室、多功能录播教室、文化活动室、体育活动室、图书室、电子阅览室等。报告厅建筑面积2027平方米，设置285个座席，可与全市会议系统链接进行同步视频直播。有教职工27人，其中参照公务员管理5人、专业技术人员22人，主系列教师17人，其中高级讲师4人、讲师8人，辅助系列教师3人，均为中级职称。离退休干部职工33人。设机关党支部，共有党员23人。2019年，市委党校被评为山东省党校（行政学院）系统先进党校、全市经济社会发展优秀单位。

【干部培训】 全年共举办各类培训班75期，培训10808人次，同比增长53.3%，干部培训再上新台阶。①主体班次。举办1期全市科级干部进修班，培训学员49人，1期全市中青年骨干培训班，培训学员53人。②专题培训。全年共举办各类专题培训班20期，培训4768人次，培训班次和人数同比增长266%、168.5%。③部门培训。与市委组织部、市委统战部、市纪委等部门单位开展联合办学22期，培训3537人次。④对外培训领域拓延。举办培训班31期，培训2401人次，覆盖济南、聊城、泰安、济宁、菏泽等地市，辐射青海省、重庆市等地区。

【教学工作】 ①党校教育全覆盖。坚持“实事求是、突出特色、以用为本、发挥作用”原则，划片分区建立伊家沟分校、老城分校、黄叶分校、石坞分校、圣井峪分校、五埠分校、马家埠分校7个基层分校。在教学形式上，采取隔日培训、半天培训、夜班培训相结合，课堂教学、现场教学、网络课堂教学相结合；在师资队伍建设上，建成兼职教师队伍、志愿教师队伍和领导干部队伍三支师资队伍；在资源利用上，用活用好党性教育基地、政德教育基地、优秀传统文化教育基地、乡村振兴教学实践基地4类教学基地，培训质效全面提升。②“党校+基地”办学模式。全面整合、通盘管理原有教学资源，按照“有一个宣传栏、有一份情况简介、有一套教学方案、有一支讲评队伍”的标准规范建设，连点成线，建立党性教育基地、政德教育基地、优秀传统文化教育基地、乡村振兴教学实践基地4类60个现场教学基地，形成“课堂讲授+现场教学+互动交流”三位一体的教学体系，成为宣传肥城经验、展示肥城形象的窗口阵地。

【科研工作】 按照“科研本土化、咨政高效化”工作要求，围绕全市中心工作，着眼经济社会发展重点、难点、热点问题，深入调查研究。①立项课题。组织完成1项省级课题立项，5项泰安市级课题获批准立项并顺利结项，3项泰安市社科联课题立项，4项校内课题结项。②调研活动。实行调研课题项目制，《肥城市生活垃圾分类与处理的调研报告》《肥城市美丽村居建设调研报告——以孙伯镇五埠村美丽村居建设为例》等4篇调研报告获市领导签批。③理论研讨。先后组织4批15位教师参加全省党校系统、山东社科论坛、泰安党校系统等各级各类研讨。3篇论文获一等奖，6篇论文获二等奖，多篇论文入选相关研讨会论文集。提交12篇论文参加泰安市党校系统“不忘初心、牢记使命”主题教育活动暨庆祝新中国成立70周年理论研讨会，全部荣获优秀论文奖。

【队伍建设】 引导全体教职工树牢“讲政治、勇担当、善作为、出精品”工作理念，全面提升队伍素质能力。①干部队伍淬炼。以名师、名课、名作“三名工程”和青年教师素质能力提升工程为统领，建立“内修外练”机制，锻造淬炼干部队伍。开展“不忘初心、牢记使命”主题教育，狠抓作风建设、党性教育和师德师风建设；通过集体备课、新课试讲、教师竞课、教学研讨等多种形式，锤炼教学功底；组织教学骨干积极“走出去”，到知名高校、先进党校实地观摩考察，提升教学水平。1名教师取得泰安市党校系统教学观摩比赛第二名的好成绩，并获得全省优秀教学奖。1名教师通过副高级职称评审。②系统专业师资库建设。突出“专业化、大师资”理念，坚持对内挖潜提升与校外聘请相结合，选聘优秀党政领导干

市委党校在陆房烈士陵园无名烈士广场开展现场教学

部、企业经营管理人员、知名专家学者和基层一线优秀干部、农村党组织书记、先模人物担任客座教授，形成“党校教师+党政领导+技术专家+乡土人才”的复合型师资队伍。③开办“灯塔讲堂”。探索教师教研能力提升新途径，开办“灯塔讲堂”，让教师结合所学、所思、所悟，畅谈心得体会，明晰备课思路，为党校教师搭建起交流教学科研经验、分享教学科研心得、切磋教学科研方法、推动教学科研水平提高的新平台。同时，将“桃都微型党课”纳入“灯塔讲堂”，结合党的最新理论创新成果和重大会议精神，及时组织骨干教师录制上传微党课，成为全市党员干部群众理论学习的重要渠道。

【服务中心工作】①文明城市创建。将每周六作为文明城市创建活动日，结合党员“双报到”制度，组织党员干部到老校家属院、南军寨社区和包保路段开展文明志愿活动，助力全国文明城市创建。②理论宣讲下基层。发挥新时代文明实践理论宣讲志愿服务队作用，到陆房烈士陵园、肥城市老城革命纪念馆等教学基地开展现场教学27场次，培训党员干部群众3000余人次。组建专题宣讲团，赴农村、社区、各镇街区、市直各部门单位宣讲40余场次，培训党员干部群众8000余人次。③助力精准扶贫。选派2名党员干部担任仪阳街道黄柏山村、安临站镇牛庄村“第一书记”，帮助理清村级发展思路，着力增强村“两委”班子凝聚力、战斗力。

【管理服务保障】准确把握党校行政后勤工作特点规律，实行高质量精细化、规范化、人性化管理，服务质量和保障能力大幅提升。①基础设施。以浓郁校园文化建设助力办学品质提升，突出“红色校园、智慧校园、书香校园、美丽校园”四大主题，投资300余万元，全面铺开学习公园、学习书苑、学习长廊等工程建设，让学员身临其境，在潜移默化中受到熏陶和教育。②制度管理。围绕制度“有效”，注重在实践中发现问题、总结经验，持续抓好教学、科研、市内外培训、学员管理、后勤保障等各项规章制度的“立改废”；围绕制度“有用”，明确责任分工，细化工作流程，严格制度落实落细落地，用制度管人管事，使工作有章可循。③绩效考核。根据年度工作目标和任务，完善绩效考核标准和办法。对工作业绩突出的教职工，在评先树优、职称评聘等方面予以倾斜，调动教职工的工作积极性和主动性。④服务保障。按照“后勤服务社会化、后勤保障规范化”要求，对物业、保安、餐饮等服务单位实行每周一调度，每月一通报，对水、电、暖、气等方面严格管理，发现问题立查立改，强化服务责任意识，为学员创造周到便捷、温馨舒适的学习生活环境。

（张志明　张　振）

党史资料征编与研究

【概况】2019年1月，根据中共肥城市委、肥城市人民政府《关于肥城市市级机构改革的实施意见》，整合市委党史征集研究办公室（市地方史志办公室）的职责，市档案馆（市档案局）的档案整理归档、查阅服务等职责组建市委党史研究中心（市地方史志研究中心、市档案馆），一个机构、三块牌子，为市委直属正科级事业单位。共设编制26名，主任1名、副主任2名。至年末，在职人员16名。2019年，市委党史研究中心围绕年初“四定”确定的工作思路和目标任务，采取有力措施，自我加压驱动，主动担当作为，各项工作均取得明显成效。“存史致远”党建品牌获市直机关“十佳党建品牌”。

【编辑出版《中共肥城简明史（1927—1949）》】该书为配合“不忘初心、牢记使命”主题教育开展，开发利用地方党史资源，拓展党史宣传教育功能，讲好肥城红色故事而编写的。以图文并茂的形式、通俗易懂的语言，如实记述肥城党组织从1927年至1949年间创建、发展和成长的光辉历程。共计12万余字、图片179张。9月正式出版，先后在全市“不忘初心、牢记使命”主题教育读书班、市委党校主体班次、市直党员发展对象培训班上下发，反响热烈。

【改革开放以来市（县）委书记口述史资料征集】 按照上级统一部署和要求，先后翻阅改革开放以来、符合征集条件的10位市（县）委书记任职期间的讲话、会议纪要、文件等档案资料400余份，并结合当时实际及其执政特点，逐一筛选拟采访主题；通过官方、媒体、个人等途径千方百计查找、联系老书记，对接沟通，确定采访主题；组织人员撰写采访提纲，然后按老书记们的意见，或当面采访，或由老书记自己补充完善，或找时任研究室主任整理成稿；最后每位市（县）委书记形成1万字左右的口述史稿，并让其审阅签字确认。截至年末，已完成采访征集9位。

【党史宣讲】 为让更多党员干部了解掌握肥城地方红色历史，精心编写宣讲提纲、设计制作PPT课件，分别在全市2019年科级干部进修班和中青年骨干培训班、2019年党员发展对象培训班上作专题宣讲，反响良好。另外，选派本单位干部参加全省红色故事讲解大赛，并在泰安选拔赛中荣获第二名。

【“存史致远”党建品牌获年度“十佳”】 7月30日，在肥城市市直机关勇做新时代“泰山挑山工”演讲比赛暨党建工作表彰会上，中共肥城市委党史研究中心“存史致远”党建品牌被评为“2018年度市直机关十佳党建品牌”。2018年以来，中共肥城市委党史研究中心以机关党建标准化、规范化建设为抓手，以建设学习型、研究型、创新型、服务型党组织为重点，通过开展党员公开承诺践诺、党支部主题党日、党员能力提升专项行动等一系列活动，建立党员轮流讲党课、党员月度述职评议、党员贡献积分考核管理等多项制度措施，用心铸就“存史致远”特色党建品牌。同时，以党建品牌打造为统领，不断强化健康向上的机关党建文化建设，陶冶党员情操，规范党员行为，增强党员对党组织的认同感、使命感和归属感，营造风清气正的良好氛围，激发党支部战斗活力与党员先锋模范带头作用的发挥，为实现党史史志档案“用”起来、“立”起来、“活”起来提供坚强的组织保障，用行动证明“小部门”一样能有“大作为”。

（庄惠丽）

老干部管理与服务

【概况】 至年末，肥城市有离休干部131人，其中机关事业单位88人，企业43人，享受正县级待遇3人，副县级待遇34人，科级待遇9人。2019年，市委老干部局围绕中心，服务大局，以习近平新时代中国特色社会主义思想和党的十九大及历次全会精神为指导，开展

2019年7月30日，市委党史研究中心党建品牌获评“2018年度市直机关十佳党建品牌”

"不忘初心，牢记使命"主题教育活动，创新实干、狠抓落实，在政治引领、组织凝聚、服务保障、文化养老等方面取得明显成效。市老年大学被评为"山东省老干部工作先进集体"。

【党组织建设】 围绕打造城市基层党建共同体等全市党建重点，创新实施离退休干部党建活动阵地"联建共享"行动，在全市建立健全25处高标准离退休干部党建活动阵地，其中10处活动阵地分别被泰安市命名为"泰山金秋离退休干部党员驿站""泰山金秋离退休干部主题党日活动共享基地"；制定《全市离退休干部党支部评星定级参考指标》，开展离退休干部党支部评星定级工作，共有6个离退休干部党支部评为"五星级党支部"、30个离退休干部党支部评为"四星级党支部"、14个离退休干部党支部评为"三星级党支部"，进一步提升离退休干部党组织规范化水平；按照"不忘初心、牢记使命"主题教育的要求，先后组织离退休干部党员到老城革命纪念馆、马埠红色博物馆等地接受红色教育，举办"不忘初心、牢记使命"主题教育老干部研讨会和老干部书画摄影作品展，调动离退休干部党员参加主题教育的积极性和主动性。全市3个离退休干部党支部被评为"泰安市离退休干部红旗党支部"，3名离退休干部党员分别被评为"山东省最美老干部志愿者""泰安市优秀离退休干部共产党员"。

【政治及生活待遇落实】 2019年起，离休干部护理费标准调整到每人每月3400元。落实离退休干部阅读文件、情况通报、参观视察、参加重要会议和走访慰问老干部制度，让老干部了解经济发展，参与出谋划策；坚持文件发放和定期学习制度，组织各有关单位订阅《老干部之家》等刊物资料。精心组织开展离退休干部"面对面，户户到"走访调研活动，高质量完成151位离休干部精准化信息采集工作，编制完成《肥城市离休干部名录》。

【老年大学】 成功申报山东省第二批远程教育教学点，利用网络教育资源，加快"智慧校园"建设。完成2018级学员教学任务，组织学员开展庆"七一"学习成果汇报演出。重视老年教育科研，在"规范教学管理""课程理论创新""社区老年教育"等课题上，形成一系列研究成果，先后荣获全国理论研讨优秀论文三等奖1次、优秀奖1次，全省理论研讨优秀论文优秀奖1次。2019年，肥城市老年大学被评为"山东省老干部工作先进集体"。

【活动中心】 承担全市老干部艺术团、老年书画研究会、老体协等"老字号"协会的办公、会务、学习和活动，承担老干部社团组织和兴趣组织的文化养老和志愿服务工作。开办"桃都晚霞"公益大讲堂，包含主题党务培训、信息技术应用、养生保健等内容，"菜单式"送学到身边，至年末，已举办15期，受到老同志的一致欢迎。

【关工委工作】 开展"传承红色基因，争做时代新人"主题教育活动，9月3日，在老城革命纪念馆举行纪念中国抗日战争胜利暨世界反法西斯战争胜利74周年公祭烈士活动。泰安市关工委秘书长马辉，关工办主任赵军，肥城市委常委、副市长陈业荣，市关工委副主任刘兴民、刘庆华同老城街道100余名师生代表出席活动。10月11日，在市陆房红色教育基地举行山东农业大学大学生"红色基因传承教育"基地揭牌仪式，山东农业大学党委副书记、关工委主任朱莉，肥城市委副书记辛涛，市委常委、组织部部长、关工委主任赵伟等领导出席活动。2019年，仪阳街道离退休干部党支部书记王兆祥、孙伯镇关工委常务副主任张玉贤被省关工委评选为"山东省五老志愿者传承好家风最美家庭"。

【老干部作用发挥】 围绕建党98周年、新中国成立70周年，举办全市第一届老干部文化艺术节，内容涵盖建言献策、球类比赛、主题征文、文艺会演、书画摄影展等内容，展现离退休干部不忘初心、牢记使命，永葆政治本色的情怀，展示肥城市文化养老的成果。挖掘离休干部刘森林、退休干部彭武诗等人的先进事迹，拍摄制作《走进新时代　夕阳展风采》电视专题进行广泛宣传。

（王楠楠）

省“万名干部下基层”驻肥城服务队

【肥城市潮泉镇乡村振兴服务队】 潮泉镇乡村振兴服务队围绕当党委政府中心工作，聚力“五大振兴”，做好“五项服务”，全力推动乡村振兴迈出新步伐。①研究对接用好政策，为产业发展提供政策服务。推动乡村振兴“十百千”工程通过省验收，争取“五小”资金30万元，申请企业创业担保贷款300万元、惠农贴息贷款80万元。②协调推动村居改造，为产业发展提供载体服务。协调土地、资金、电气等项目建设方面问题，推动村居改造，2019年底下寨村顺利乔迁新居。③着力产业扶持和招商引资，为产业发展提供配套服务。研究制定《潮泉镇林果产业提质增效技术方案》，引领全镇林果业提质增效；采取“合作社＋公司＋农户”运营模式为桃花源项目做好服务；引进投资8亿元的肥城教育综合体项目。④强化基础设施和文化建设，为产业发展提供环境服务。将省扶持专项资金500万元用于服务村道路建设，争取20余万元体育用品，为老党员、困难群众赠送慰问品10万余元，争取残疾人无障碍升级改造资金20万元，联合省京剧发展促进会开展“送戏下乡”活动。⑤加强思想作风和能力建设，为产业发展提供组织服务。组织村支部书记外出参观学习，邀请中共泰安市委党校、山东农业大学教授开展党务、村务、治理能力培训，指导开展“星级支部”创建活动，所服务5个村4个建成五星级党支部、1个四星级党支部。

【肥城市湖屯镇乡村振兴服务队】 湖屯镇乡村振兴服务队抓好自身建设，深入村居调研，朝着“住安居的房、走宽敞的路、喝干净的水、入卫生的厕”的目标，协调解决问题，为村居发展贡献力量。①健全规章制度，加强自身建设。成立服务队临时党支部，明确成员具体分工，严格抓好“三会一课”、主题党日、日常学习、工作例会等基本制度。②结合村情实际，积极推进乡村振兴工作。协助贾庄村升级改造香椿大棚，新建韭菜大棚5个，增加村集体收入。协调肥城市市场监管局指导贾庄村黄菊产品的有机认证，推动其黄菊产品进入超市。③争取多方支持，助力村级发展。多方争取和筹措资金，投资15万元，埋设饮水管道6000余米，安装水表123户，解决大中泉村群众的吃水难问题。协调泰安市供电公司和肥城市供电公司为南王村无偿提供电缆700余米，价值2万余元，解决南王村100余亩耕地的灌溉用电问题。协调泰安市佳裕食品有限公司为张店村提供树苗2000余棵，美化乡村。

【肥城市桃园镇乡村振兴服务队】 桃园镇乡村振兴服务队按照省市要求，牢记初心使命，积极担当尽责，结合镇村实际，精准施策服务，取得初步成效，确保五大振兴、齐头并进。①健全组织，加强党建引领。落实“三会一课”、主题党日和“不忘初心、牢记使命”主题教育，确保方向不偏、动力不减，党员队员均被评为镇优秀共产党员。②完善制度，加强调度推动。坚持工作例会、严格考勤、工作日佩戴党徽、财政资金和专项经费使用集体讨论、综合考核等制度，确保有章可循、行为规范。③明确责任，加强调研服务。按每村都有党员原则确定2名队员集中服务，各负其责，确保重点突出、精力不散。④因地制宜，加强精准服务。为桃园镇争取国家高标准农田建设资金2025万元，水利资金32万元，成为中国旅游协会最美小镇理事单位。为服务村争取扶持资金58万元，器材、图书、家具、建材等14.1万元；建设藕池9个，绿化环境12亩；开展中医药文化进社区，义诊400人次；申报复垦土地66亩，硬化道路1000米；农机对外服务、联村机械合作、配套鸡场设施、实施户户通路；慰问贫困户1.46万元。

【肥城市王瓜店街道乡村振兴服务队】 王瓜店街道乡村振兴服务队，树立"入驻即开工"的工作理念，迅速转变工作角色，做好前期调研、对接联系等工作，加强党支部建设，统一思想，完善内部制度体系建设，发挥好战斗堡垒作用，助力乡村产业、人才、文化、生态和组织振兴。①抓项目助力产业振兴。组织实施三个村电网改造和米山村变压器增容。利用网络平台电商推介特色农副产品。②抓引进助力人才振兴。与肥城人才交流中心等单位联系，引进乡村振兴发展的复合型人才4名。③抓设备助力文化振兴。捐赠一批书橱、2000余册图书和运动健身器材。深入推进文昌阁修复项目。④抓投入助力生态振兴。争取资金60万元，下拨专项资金125万元，加大美丽乡村建设力度。⑤抓设施助力组织振兴。修缮罗庄村委，捐赠电脑打印机。争取罗庄、米山组织室改造。

【民营企业高质量发展服务队肥城一队】 民营企业高质量发展服务队肥城一队（以下简称"肥城一队"）驻地为石横镇政府，服务于石横特钢集团、一滕集团、昌盛特种石墨、索力得焊材、瑞泰纤维素5家企业。①深入调研了解情况。肥城一队入驻以来，对接走访石横镇政府、所服务的5家企业，了解企业生产经营情况，收集企业困难问题。②创新实施"四方联办工作机制"。以问题为导向，创新实施"服务队牵头办理，派驻镇党委政府、队员派出单位、泰安及肥城市职能部门协同办理"的四方联办工作落实机制。先后走访各派出单位，征集为企业办实事项目13项，走访肥城8个市直职能部门，打通与各部门的联络渠道，形成服务民企高质量发展合力。"四方联办机制"工作机制被《大众日报》《泰安日报》及上级组织部门进行典型刊发。③召开政企对接会。联合工信、发改等4部门，召开政企对接会，对本部门的惠企政策进行解读。④精准施策。针对一滕新材料、石横特钢用工招工难问题，多次走访泰安技师学院，制定以"新型学徒制"方式培训现有员工，以订单培养方式进行联合招生，解决企业用工难题。

【民营企业高质量发展服务队肥城二队】 2019年7月，民营企业高质量发展服务队肥城二队进驻肥城高新区，主要服务兴润建设集团、泰鹏集团、瑞福锂业、胜利化工、征途科技5家企业。①强化三方面自身建设。坚持以党建为引领，开展"不忘初心、牢记使命"主题教育，建设一个坚强有力的基层党支部；坚持调研先行，加强业务学习，带领一支团结进取、业务熟练的服务队伍；坚持以日报告、周例会、月调度为主线，以考核测评为总抓手，形成一套正面激励、科学有效的考核体系。②创新六大服务机制。在党建联建、政企沟通、问题协调、政策执行、风险救助、舆论引导等6方面创新服务工作机制，确保圆满完成各项工作目标。③抓好六项重点工作。以非公党建、纾难解困、对上争取、创新创优、培育培强、优化营商环境为工作重点，打造"党建初心讲堂""民营企业家之家""企业家直通车办公室"等亮点工程，开展"我为企业做实事，我为企业做贡献""民企发展护航行动"等队内活动，切实推动民营企业实现高质量发展。

肥城市人民代表大会

- 重要会议
- 常委会主要工作

肥城市人民代表大会

重要会议

【市十八届人大三次会议】 2019年1月28—30日，肥城市第十八届人民代表大会第三次会议在市人民会堂召开。市委书记常绪扩出席会议并讲话。会议听取审议政府工作报告和市人大常委会、市人民法院、市人民检察院工作报告，审查批准肥城市2018年国民经济和社会发展计划执行情况与2019年计划草案的报告、肥城市2018年预算执行情况和2019年预算草案的报告，并作出相关决议。大会决定增设市人大社会建设委员会、更名法制（内务司法）委员会为监察和司法委员会。

【市委人大工作会议】 2019年12月5日，市委人大工作会议召开。市委书记常绪扩出席会议并讲话，市委副书记、市长殷锡瑞主持会议，市人大常委会主任、党组书记赵燕军传达省委、泰安市委人大工作会议精神。市法院、检察院、发改局、财政局、石横镇党委、王瓜店街道人大工委等6个单位作交流发言。

【纪念地方人大设立常委会40周年座谈会】 2019年11月13日，纪念地方人大设立常委会40周年座谈会召开。市人大常委会主任、党组书记赵燕军出席会议并讲话。市法院、检察院、发改局、财政局、王瓜店街道人大工委、安驾庄镇人大等6个单位和市人大常委会法工委主任、四级调研员于树军作交流发言。

2019年1月27日，参加市十八届人大三次会议代表到会报到（孔燕　摄）

常委会主要工作

【概况】 2019年，市人大常委会贯彻落实习近平新时代中国特色社会主义思想，开展“不忘初心、牢记使命”主题教育，围绕市委决策部署，服务中心大局、依法履职尽责、积极担当作为，全力推动新时代人大工作走在前列。先后召开常委会会议13次、主任会议14次，作出决议、决定11项，听取审议“一府两院”专项工作报告26项，开展视察、执法检查、专题询问和专题调研28次，配合上级人大开展执法检查、调研15次，任免国家机关工作人员120人次、人民陪审员193人，组织宪法宣誓245人次，完成市十八届人大三次会议确定的各项任务。

【决议决定】 从人大职能和特点出发，找准人大工作与市委中心工作的最佳结合点，做到工作思路与市委同步，工作目标与政府同向，出发点和落脚点与群众同心，实现人大工作的新突破。依法作出决议决定，市十八届人大三次会议审议通过《关于肥城市人民政府工作报告的决议》《关于肥城市2018年国民经济和社会发展计划执行情况与2019年计划的决议》《关于肥城市2018年财政预算执行情况与2019年预算的决议》《关于肥城市人民代表大会常务委员会工作报告的决议》《关于肥城市人民法院工作报告的决议》《关于肥城市人民检察院工作报告的决议》。市十八届人大常委会第二十三次会议批准《肥城市现代农业产业园建设规划》，第二十六次会议审议通过《关于肥城市2018年市级财政决算的决议》《关于肥城市2018年度市级预算执行和其他财政收支情况的审计工作报告的决议》，第二十八次会议审议通过《关于批准2019年肥城市新增政府债务限额及市级预算调整方案的决议》。另外，常委会还作出其他相关决定。

【监督】 紧盯发展重点、改革难点、民生热点，改进监督方式方法，坚持正确监督、有效监督，监督的针对性、准确性、实效性不断提高。全年市人大常委会共听取审议“一府两院”专项工作报告26项，开展视察、调研和执法检查27次，为全市经济社会高质量发展作出贡献。①调研视察。定期听取预算执行、决算、审计工作以及审计查出问题整改情况报告；围绕强化“四大动能”，先后听取企业培植、招商引资、棚户区及村居改造工作情况报告，深入企业生产、项目建设、棚户区改造等现场开展视察；跟进“一核四区”打造和“八大产业”培育，连续两年视察北部城区暨新旧动能先行区建设，重点视察调研文化与旅游工作；紧扣乡村振兴战略实施，对现代农业产业园和汶阳田农高区建设、山水林田湖草生态保护性修复工程、脱贫攻坚等工作情况进行视察，专题视察调研全市农村产权制度改革暨农村“三资”清理整顿工作情况；围绕绿色生态宜居城市打造，听取全市环境保护目标完成情况报告，对大交通建设和城市建设情况进行视察；为保障发展成果惠及民生，听取审议全国义务教育优质均衡发展市、省级健康示范市创建工作情况报告，对水利、供用电、饮用水、食品、特种设备安全工作情况进行专题视察。②推动依法治市进程。先后对《中华人民共和国大气污染防治法》《中华人民共和国安全生产法》《中华人民共和国道路交通安全法》、中小企业“一法一条例”等开展执法检查；配合省市人大检查动物防疫“一法一条例”、安全生产“一法一条例”在全市的贯彻落实情况；对“七五”普法和“六五”依法治市工作情况开展专题视察，督促市政府牢固树立依法行政、依法办事理念，加大法治宣传教育力度，提高全民法治意识，促进全市依法治理深入发展；听取审议法院刑事审判和检察院刑事检察工作情况报告，督促“两院”深入开展“扫黑除恶”专项斗争，严厉打击刑事违法犯罪，维护司法公平正义，推进平安肥城建设。

【专题询问】 常委会首次采用专题询问方式对全市安全生产工作开展监督，针对化工、交通等重点行业领域安全生产存在的突出问题，向政府职能部门进行询问。市政府及17个应询部门高度重视，认真回应关切，解答疑难问题，提出改进措施。通过专题询问，督促相关部门落实主体责任、提升监管能力，推动全市安全生产形势持续稳定。

【深化改革】 按照市委全面深化改革部署要求，推进讨论决定重大事项、建立国有资产报告制度、建设预算联网监督平台、预算审查监督重点拓展4项重点改革任务。市人大常委会第二十八次会议通过《肥城市人民代表大会常务委员会讨论决定重大事项实施办法》，由市人大常委会讨论、决定本行政区域内经济建设、政治建设、文化建设、社会建设、生态文明建设中具有全局性、根本性、长远性的事项，以及与人民群众切身利益相关、社会普遍关注的重大事项；建立和实施市政府向市人大常委会报告国有资产管理情况制度，首次审议全市国有资产管理情况综合报告和行政事业性国有资产管理情况专项报告，支持市政府摸清国有资产特别是行政事业性国有资产底数；建立人大预算联网监督平台系统，加强对支出预算和政策的全口径审查、全过程监督，提高财政资金使用效益和政策实行效果；全面实施人大预算审查监督重点向支出预算和政策拓展，切实增强人大预算监督实效，推动建立现代财政制度和全面实施预算绩效管理。

【人事任免】 贯彻“好干部”标准，坚持党管干部与人大依法任免有机统一，保障市委人事安排意图顺利实现。规范任免程序，落实无记名投票表决、到会接受任命、颁发任命书和宪法宣誓等制度，增强被任命人员的法律意识、公仆意识和履职意识。2019年，任免国家机关工作人员120人次、人民陪审员193人，组织宪法宣誓245人次。

【代表工作】 持续发挥“双联”制度在密切联系人民群众和畅通社情民意渠道上的优势，广泛收集意见建议，使人大工作更接地气、更得民心。代表参加常委会活动形成常态，全年共邀请代表468人次列席常委会会议、参加专题询问、视察调研、执法检查、各种评议等活动。组织省市人大代表小组开展小组审议、年中调研、会前视察等活动，为代表在人代会期间反映社情民意、审议工作报告、撰写议案建议提供参考。召开省市县三级人大代表座谈会和行业代表座谈会，为促进代表工作、推动行业发展出谋划策。为市级以上人大代表订阅人大报纸杂志，利用微信公众号、微信群等新媒体向代表通报工作情况，组织各级代表外出培训学习56人次，多渠道拓宽代表视野，提升履职能力。在新闻媒体开设《人大代表风采录》专栏，宣传报道代表履职新风采、新面貌，发挥优秀代表的示范引领作用。

【建议办理】 常委会高度重视代表建议办理，把提高办理质量作为尊重支持代表行使职权的重要抓手。健全完善建议分类交办、重点督办、跟踪督查、办理评价等机制，开展专题视察，听取专项报告，对办理效果进行满意度测评，多措并举促进代表建议办理落实。市十八届人大三次会议提出的100件建议，全部在规定期限内答复，办理实效和办理质量不断提升。

【宣传工作】 发挥报刊、广播电视和网站的舆论主渠道作用，宣传监督和代表等重点工作，宣传人大依法履职的过程和成效，增强人民群众对人大制度的了解、认同和自信，为市人大及其常委会依法履职营造良好的社会舆论氛围。2019年，在《人民权利报》《山东人大》杂志、山东人大网等省级及以上媒体发表稿件和理论文章80余篇。肥城市人大常委会被省人大常委会评为宣传工作先进单位。

【基层人大工作】 贯彻中央和省市委关于加强县乡人大工作的意见，统筹市和镇街区两级人大与时俱进、创新发展。加强对镇街区人大的工作指导，通过组织镇街区人大负责同志参与监督工作、列席常委会议、外出培训等形式，提升业务能力和履职水平，促使基层人大工作不断迈上新台阶。

（雷明广　孙文林）

肥城年鉴
FEICHENG YEARBOOK

FEICHENG
YEARBOOK
2020

肥城市人民政府

肥城市人民政府

综　述

【概况】 2019年，肥城市政府设置市人民政府办公室（市大数据局、市人民政府外事办公室）、市发展和改革局（市新旧动能转换综合试验区建设办公室、市能源局）、市教育和体育局（市委教育工委）、市科学技术局（市外国专家局）、市工业和信息化局（市民营经济发展服务局）、市公安局、市民政局、市司法局、市财政局（市地方金融监督管理局）、市人力资源和社会保障局、市自然资源和规划局（市林业局）、市住房和城乡建设局（市人民防空办公室）、市交通运输局、市水利局、市农业农村局（市扶贫开发办公室、市畜牧兽医局）、市商务局（市投资促进局）、市文化和旅游局（市新闻出版广电局、市文物局）、市卫生健康局（市中医药管理局）、市退役军人事务局、市应急管理局、市审计局、市行政审批服务局（市政务服务管理办公室）、市市场监督管理局、市综合行政执法局（市城市管理局）、市统计局、市医疗保障局、市信访局27个工作部门。

2019年，全市人民以习近平新时代中国特色社会主义思想为指导，贯彻“巩固、增强、提升、畅通”八字方针，全面落实“六稳”工作要求，围绕“一二三四五”的工作思路，统筹推进稳增长、促改革、调结构、惠民生、防风险、保稳定各项工作，经济社会发展保持稳中有进、进中向好的良好态势，朝着决胜全面建成高水平小康社会目标迈出坚实步伐。①综合实力进一步提升。面对经济下行的外部环境，保持战略定力，迎难而上，强力攻坚，实现发展的高质量。全市生产总值同比增长6.8%；实现境内税收63.5亿元、增长5.4%，一般公共预算收入40.42亿元（与2018年持平，剔除减税降费等因素，可比口径实际增长10.1%），税收比重达到85.4%，比2016年提高10.2个百分点，其中主体税收24亿元、增长12.7%，实现三年翻一番；纳税过亿元企业达到12家。在全国综合实力百强、科技创新百强、绿色发展百强中分列第47位、第46位、第39位，在全省分列第8位、第10位、第7位。②动能转换进一步加快。面对第四次工业革命的到来，抢抓时代机遇，开拓进取，奋勇争先，积蓄创新的强势能。拥有国家制造业单项冠军2家、绿色工厂4家、知识产权优势企业5家，省制造业单项冠军4家、瞪羚企业5家、隐形冠军7家。高新技术企业、国家科技型中小企业分别达到47家、51家，高新技术产业产值占比提高到56.8%。中国驰名商标、地理标志证明商标分别达到16件、10件。列入省新旧动能转换实施规划事项7个、重大项目库优选项目3个。③营商环境进一步优化。面对更加开放的市场形势，持续深化改革，转变职能，畅通服务，增创竞争的新优势。法治政府建设扎实推进，323个政务服务事项进驻大厅，被评为全省“七五”普法工作先进市。全年减税降费7.3亿元，市场主体数量达到6.3万户。泰肥一级路西延、青兰高速建成通车，济微路东移、肥梁路改造顺利施工，结束肥城没有国道、没有高速的历史，一级路绕城加速实现。位列全国营商环境百强县第29位、全省第4位，连续3年排名全国投资潜力百强第14位、全省第1位。④民生福祉进一步增进。面对人民群众对美好生活的向往，突出共建共享，尽力而为，量力而行，提升群众的幸福感。全市民生支出47.3亿元，占一般公共预算支出的79%。企业退休人员养老金实现“十五连涨”。城镇居民和农村居民人均可支配收入分别达到39626元、19503元，增长7.1%、9.5%。金融机构各项存贷款余额分别为653.4亿元、334.6亿元，比年初增加92.9亿元、17.7亿元。三年累计实施棚户区改造和村居改造项目216个、4.2万套，开工数量多年位居泰安第一，连续两年实现翻番。提前一年完成农村饮水安全攻坚工程。

【主导产业发展】 立足“八大产业”，加快动能转换，推进转型升级，三次产业比例调整为8.0∶49.9∶42.1。工业经济提质增效，实现规模以上工业总产值407.7亿元，工业增加值增长5.5%。9个项目入选省技改项目导向计划，60个项目列入省技术创新项目计划。总投资150亿元的特种建筑用钢产业集群项目顺利建设，成为肥城历史上单体投资规模最大的项目。建安业凤凰涅槃，完成总产值678亿元，跃居全省第一，被命名为“中国石油和化工安装之乡”，形成与钢铁双轮驱动的产业新格局。城市经济繁荣活跃，完成土地收储6995亩；春秋古镇顺利迎接AAAA级景区复核验收，AAA级景区、AA级景区分别达到9个、12个；2家商场创建全国绿色商场，入选省淘宝“村播计划”试点县，获评省城乡高效配送示范县，实现服务业增加值290.6亿元、增长7%。新增有机农业面积6000亩，新发展规模以上农业龙头企业10家、总数达到186家，兴润园林成为全市首家国家林业重点龙头企业。肥城桃上榜中国农产品区域公用品牌，获评肥城桃中国特色农产品优势区、省级现代农业产业园。被评为“中国好粮油”示范县、全国节水型社会建设示范县、省“两全两高”农业机械化示范县。

【四大动能】 把稳投资作为“六稳”工作的首要任务，持续在企业培植、双招双引、对上争取、新型城镇化上加压用力。企业发展迈上新台阶，规模以上工业企业、“四上”企业分别达到200家、485家。石横特钢蝉联中国企业500强。一滕新材料成为国家首批专精特新“小巨人”企业。金塔机械入围全国轻工业装备制造30强。大庚公司、昌盛石墨等企业获评省瞪羚企业。瑞福锂业、泰鹏环保、瑞泰纤维素获评省新材料领军企业。云宇集团、金塔机械、金塔酒精化工入选省高端装备制造业领军企业培育库。瑞福锂业、农大肥业入选省第一批化工重点监控点。建安业一级资质企业达到15家，8家企业获得全国首批石化装置拆除资质认证。发挥在外肥城人才的作用，组织昆山区域集中招商等活动，招商引资到位资金145.9亿元，实际利用外资7086万美元；累计公示签约项目440个、落地289个、投产169个；引进各类高层次人才112人，其中相关专家3名、院士4名，累计达到12名、9名。铺开实施鲁泰绿色建材、一滕商务综合体等62个重点项目，完成投资139亿元。盯紧独立工矿区、棚户区改造等重大政策，积极主动对接争取，454个项目列入上级扶持范围，到位资金22.8亿元。开工建设棚户区和村居改造项目2.1万套。

【“一核四区”构建】 树牢“大园区”思想，不断提升载体功能，增强园区活力。城市核心区，总部经济聚势发力，16家公司入驻建安总部集聚区，23家公司总部项目加快建设。北部城区暨新旧动能转换先行区，山水林田湖草工程完成投资16.02亿元，“竹绿矿区”行动累计栽植竹子1万亩，被国际竹藤中心列为竹资源利用和竹产业发展综合示范基地；综合物流园区总体规划通过评审，城投公司与枣矿物产、肥矿集团合作成立东岳能源公司；高新区入围第四批增量配电业务试点，化工产业园获评全国首批、全省首个“中韩绿色园区”试点；麦特瑞尔新材料、聚发生物科技、安德固模板等项目竣工投产，得尔欣真空石、光飞电子材料、蔚蓝科技等项目顺利开工。经济开发区，铺开园区道路、综合管廊等基础设施建设;100万吨六效真空制盐、经纬农牧等项目竣工投产，葛洲坝盐穴储能、硅墨烯新材料等项目顺利开工。汶阳田农业高新技术产业开发区，深化与山东农业大学的合作，汶阳田现代农业产业园及研发中心加快建设，1800亩试验田完成流转，被认定为省农产品加工业示范园，成功创建省级农业高新技术产业开发区。世上桃源旅游经济开发区，左传文化园、兴尚竹绿小镇等项目建设顺利，泰山·桃花源完成一期主体建设，被列为省重点建设项目、服务业特色小镇培育单位。

【城乡融合发展】 全市户籍人口城镇化率达到55.3%，常住人口城镇化率达到64%。开展全国文明城市全域创建，“三有六化”治理持续发力，文明素质、公共秩序显著提升，环境卫生、违法建设治理深入推进，全年拆除违建96万平方米、累计拆除476万平方米，两年测评综合成绩列全省14个提名县（市）第一名。完成桃园街北段、凤山大街南段、肥桃路西段等道路改造，修缮城区道路7.3万平方米，铺设供水主管网2.6公里、雨污分流管网2.2公里，新增集中供热面积90.6万平方米，绿化补植6.7万平方米，背街小巷全部实现亮化，康龙污水处理厂完成升级改造，龙山河绿道被评为首批“山东省最美绿道”，国家园林城市、国家节水城市顺利通过复审。深入推进“四好农村路”建设，济微路、潮汶路实现亮化，潮汶国防公路、老泰临路改造建成通车，累计完成路网提档升级88.9公里、自然村通达工程68.6公里、“三通”工程745.8公里。65个村完成低压电网改造，泰安首座模块化钢结构变电站竣工投产。开展农村人居环境整治三年行动，中节能垃圾焚烧发电项目并网发电。全面落实河（湖）长制，完成12座水库除险加固，治理水土流失面积10平方公里。新建省级美丽乡村示范村4个、总数达到20个，美丽乡村覆盖率提高到70%，汶阳镇、潮泉镇被认定为首批省乡村振兴示范镇。新增植树造林面积1.8万亩，创建国家森林乡村4个、省森林村居4个，康王河湿地公园成为泰安首家国家级湿地公园。

【改革创新】 开展扫黑除恶专项斗争农村“三资”清理集中行动，完成验收581个村；农村宅基地“三权分置”试点通过省级验收，被评为全省一类等次，被列为全省农业生产社会化服务规范化建设试点县、乡村治理体系建设试点示范县，累计开展国家级、省级改革试点45项，15项改革试点工作经验被省级以上部门刊发推广。化解批而未供土地1333亩，盘活低效用地1946亩，城投公司累计整理土地9.8万亩。国有企业社会职能移交稳妥推进，“肥矿模式”受到国务院国资委好评并在全国推广。机构改革顺利完成，石横镇被列为全国经济发达镇行政管理体制改革试点镇。泰鹏环保、隆泰金属启动上市程序，麦丰新材料成功在“新三板”挂牌、总数达到10家。新增高新技术企业20家、国家科技型中小企业15家，新建院士工作站3家、泰安市级以上科技创新平台51个。农大肥业荣获省科技进步一等奖，泰鹏集团、金塔酒精化工入选省技术创新示范企业，昌盛石墨、金塔机械等企业入选省“一企一技术”研发中心、总数达到25家。泰鹏集团通过国家级两化融合贯标认定，征途科技获评省企业上云优秀体验中心，金塔机械获评省上云标杆企业，上云企业达到119家。与华为公司合作成立工业互联网创新中心，成为全省首个5G产业应用试点市。新增中国驰名商标1件、地理标志证明商标1件、集体商标2件，“肥城桃木雕刻”摘得中华品牌商标博览会金奖。参与制定国家标准2件，主持制定行业标准3件，累计制修订标准达到126件。

【民生事业】 新增城镇就业再就业9648人，发放创业担保贷款9047万元，城镇登记失业率控制在1.5%。圆满完成全国部分退役士兵社会保险接续试点工作。全面改薄、解决中小学大班额工程深入推进，桃都实验学校投入使用，改扩建学校13处，撤并小规模农村学校5处。市高级技校通过省级示范校中期验收，技师学院创建进入审批程序。建设失能特困人员养护院1处、农村幸福院7处，14个镇街敬老院全部完成“四改一定”▲任务。成立疾控检验检疫服务公司，建成2个医疗资源共享中心、5个医疗救治中心，获评省级健康促进示范市，被确定为全国紧密型县域医共体建设试点县。新时代文明实践中心试点扎实推进，档案馆完成主体工程，14个镇街实现文化馆、图书馆分馆全覆盖，陶山朝阳洞石刻造像入选全国重点文物保护单位，顺利承办全省第九届全民健身运动会自行车万人骑行、魅力城市轮滑两项赛事。持续打好“三大攻坚战”，全年处置不良贷款14亿元、不良率下降2.76个百分点，安全生产形势保持平稳，193件信访积案顺利化解，扫黑除恶专项斗争取得阶段成效，全国公安特警队建设现场会在肥城召开，桃花源派出所被命名为全国首批“枫桥式公安派出所”；建档立卡贫困户脱贫任务全部完成，76个省市级贫困村全部摘帽；抓好上级生态环保督察反馈问题整改，固废处置中心投入运营，顺利迎接中央大气污染防治专项督察。

▲“四改一定”：全面改善敬老院卫生间、厨房及餐厅、医疗服务、文体娱乐设施，定期组织老人外出观光。

【自身建设】 开展“不忘初心、牢记使命”主题教育，坚定不移用习近平新时代中国特色社会主义思想武装头脑、指导实践、推动工作。推进“七赛七比”、勇做新时代泰山“挑山工”主题实践活动，取得良好成效。履行全面从严治党责任，严格落实“一岗双责”制度，党风廉政建设和意识形态工作扎实开展。全面落实中央八项规定精神，持之以恒纠治“四风”，“三公”经费、办公用房、公务用车管理进一步规范。深化“放管服”改革，推行重点项目全程代办、“拿地即开工”服务模式，精简行政权力事项291项，编制“一次办好”事项1764项。持续深化政务公开，主动回应社会关切，“12345”热线受理群众诉求3.7万件，群众满意度95.56%。办理人大代表建议100件、政协提案133件，办复率100%。

重要会议 决策

【经济工作会】 2019年2月23日，全市经济工作会议暨勇做新时代泰山“挑山工”主题实践活动动员大会在市人民会堂召开。会议主要是以习近平新时代中国特色社会主义思想为指导，全面贯彻党的十九大和十九届二中、三中全会精神，深入落实中央、省、泰安市经济工作会议和市委十四届七次全体会议、人大政协“两会”精神，总结2018年经济工作，表彰先进单位和个人，安排2019年发展任务，部署勇做新时代泰山“挑山工”主题实践活动，动员全市上下乘势而上、奋勇争先，担当作为、狠抓落实，奋力书写“党建新高地、法治新高地、市场新高地”时代新篇章。市委书记常绪扩代表市委、市政府和全市人民对为全市经济社会发展做出突出贡献的企业家们表示感谢并讲话。市委副书记、市长殷锡瑞在会上讲话，对2019年的经济工作进行全面安排。市委副书记辛涛主持会议并宣读市委、市政府《关于表彰2018年度经济社会发展先进单位和个人的通报》。会议对先进单位和先进个人进行表彰奖励。

【重要决策】 2019年，以市政府和政府办公室名义制定印发涉及意见、通知、通报、报告、请示、批复、议案、函等文件共90件。2月，制定《关于推行工程建设项目“拿地即开工”审批模式的实施意见（试行）》；3月，制定《关于印发肥城市专项维修资金管理办法的通知》；4月，制定《关于印发肥城市农村饮水安全两年攻坚行动工作方案的通知》《关于印发肥城市市属企业负责人经营业绩考核与薪酬管理暂行办法的通知》；5月，制定《关于印发肥城市加快产业经济发展的实施意见的通知》《关于印发肥城市粮食生产“十统一”实施方案的通知》；7月，制定《关于印发肥城市耕地保护责任目标考核办法的通知》；8月，制定《关于印发肥城市建立完善守信联合奖励和失信联合惩戒实施方案的通知》《关于印发肥城市加快推进小微企业治理结构和产业结构“双开四上”战略实施方案的通知》；11月，制定《关于印发肥城市化工产业园项目入园管理规定（暂行）的通知》；12月，制定《关于印发肥城市在市场监管领域全面推行部门联合“双随机、一公开”监管实施方案的通知》。

（刘　辉）

综合协调服务

【概况】 2019年，根据中共泰安市委、泰安市人民政府批准的《肥城市人民政府机构改革方案》和中共肥城市委、肥城市人民政府《关于肥城市人民政府机构改革的实施意见》，设立肥城市人民政府办公室，为协助市政府领导处理市政府日常工作的机构。根据中共肥城市委、肥城市人民政府《关于肥城市市级机构改革的实施意见》，市政府办公室加挂市政府外事办公室、市大数据局牌子，不再挂市政府法制办公室、市政府行政执法监督局牌子。将市发展和改革局、市经济和信息化局等部门的大数据管理、大数据发展规划、大数据基础设施建设等职责，市机关事务管理局承担的公共机构节能监督检查等职责，以及市政府民生服务管理办公室承担的行政职能划入市政府办公室。市政府办公室承担的侨务管理、港澳事务联络、海外华人华侨社团联谊等职责划入市委统战部，承担的应急管理职责划入市应急管理局，承担的政府法制工作职责，划入市司法局。年内，市政府办公室先后荣获“山东省政务信息报送工作成绩突出单位”“泰安市政府系统办公室综合评价先进单位”“肥城市创建全国文明城市工作先进集体”“肥城市2018年度党建工作先进单位（市直部门）一等奖”等荣誉称号。

【办文办会】 ①政务服务。始终遵循“一事一方案”的制度，超前谋划，主动对接，迅速形成方案，严格按照方案组织实施，细致把控关键环节，事后及时总结，有效保证各类会议和政务活动的顺利开展。2019年，先后组织市政府常务会议、市长例会、全市安全生产工作会议、重点工作项目研判会以及上级部署的各类电视电话会议等100余次。配合有关部门单位，接待省政府及其他省直部门、泰安市领导到肥调研等活动100余次，组织市领导到镇街区、企业等检查调研活动60余次。严格依规把关印鉴使用管理，呈报市政府印鉴使用审批单200余份，办理各类印鉴使用600余件，起草呈阅件100余件，下发传真电报近40件。②文稿起草。先后组织起草政府扩大会、经济形势分析会、教育实践活动相关材料等各类文稿近300件，其中事关经济社会发展的重要材料40余件。③公文制发。始终坚持把质量作为公文的“生命线”，严把文件制发各个关口，确保公文的权威性、严肃性和准确性。2019年共制发市政府及市政府办公室文件82件，同比下降1/3。

【调研信息】 ①调查研究。把调研作为辅政之基、谋事之基，按照“四不两直”要求，沉到基层一线掌握一手材料，加强研究分析，多次开展调研，形成加快培植科技创新型企业、推进乡村振兴战略实施、加快工业新旧动能转换等10篇调研报告，进一步增强参谋服务工作的主动性、前瞻性，为领导决策打好基础。②信息编报。不断完善工作机制、拓宽信息渠道，为政府科学决策提供及时有效的信息服务。2019年共上报政务信息412篇，其中国务院办公厅采用10篇、省政府办公厅采用86篇、泰安市政府办公室采用5篇。市政府办公室被评为2018年度省、泰安市政务信息工作先进单位。

【政务督查】 年内，政务督查围绕市委市政府领导决策部署、上级部门督查、信访信件、人大政协建议提案等展开一系列工作，推动各级领导决策的实施和落实。①决策落实。2019年根据领导决策部署，开展包括禁烧督查在内的各项专题督查7次；推进领导意图落实落地，处理市长批示件186项，书记批示件23项；制定下发全市重点工作安排事项17次。②上级督查。全年接待包括泰安市级各项调度督查活动31次、现场督查活动16次；处理“国务院互联网督查”“问政山东”“工作落实面对面”反馈问题24件；顺利通过国务院大督查、省政府经济社会发展综合督查及泰安市现场督查，在多个督查通报中受到上级部门肯定与赞赏。③信访信处理。从完善制度入手，狠抓信访呈阅件的落实，做好分办、转办、催办工作，全年处理人民来信38件，切实回应群众诉求。④建议提案办理。全年共梳理下发人大建议100件、政协提案133件，涉及承办单位41个。办理过程中加强对办理工作的经常性督促检查，7月，联合政协提案委、督查局对全市重点提案进行调度督促；10月，视察全市人大建议办理情况，实现100%面复率，进一步提升满意率。

【政务公开】 2019年，政务公开工作制度化、标准化、规范化水平明显提升，推进决策、执行、管理、服务、结果五公开，加强政策解读，回应社会关切，扩大公众参与，优化公开平台，各项工作任务有序推进。加强组织领导和制度建设，进一步明确工作职责，提高行政效率，推动政务公开各项制度标准化体系建设。加大主动公开力度，制定出台《2019年肥城市政务公开重点工作任务分解表》，明确全年重点工作任务，分解落实到有关部门和单位，努力做到应公开尽公开。全年累计在市政府门户网站公开信息6600余条。做好政务公开平台建设，抓好多形式公开。优化改版门户网站“政务公开”专栏、细化栏目分类，使信息显示更加清晰、明确；充分利用“肥城政务”微博新媒体平台，同步做好信息发布，为群众获取政府信息提供便利。做好政务公开看山东专栏投稿，累计在政务公开看山东专栏投稿10篇，内容涵盖教育、金融、审批服务等领域，推介肥城市在政务公开工作上的经验做法。规范做好依申请公开工作，明确答复流程、规范答复形式，全年累计收到依申请公开28件，其中信函申请13件，网上申请件15件，按时办结率100%。加强培训督导，及时督促指导各单位政务公开工作，多次开展业务培训，提高全市政务公开队伍水平，全市政务公开工作取得新进展。

【政府职能转变】 2019年，整体布局、统筹推进“放管服”改革，共分两批调整市级权力事项57项，其中精简16项，新增38项，承接省政府和泰安市政府下放管理层级的行政权力事项3项；本着先易后难、接稳办好的原则，分4批划转21个部门的258个事项（行政许可事项181个、关联事项69个、收费事项8个）到市行政审批服务局，达到“应划尽划”的要求；全面梳理排查以备案、登记、注册、目录、年检、监制、认定、认证、专项计划等形式变相设置、实施的审批和许可。全市权责清单中，共有其他权力事项404项，公共服务类事项306项，涉及25个市直部门。经过梳理，全市不存在变相审批和许可事项；全面开展政务服务事项标准化梳理和上网运行工作，按照省和泰安市相关要求，全市市直部门政务服务事项目录发布6000余项，实施清单发布近6000项。镇街（村、居）发布政务服务事项7000余项；聚焦企业和群众办事中的“难点、堵点、痛点”，印发《关于深化“放管服”改革落实“一窗受理·一次办好”重点任务分工的通知》，推出26项改革任务和61

条具体措施，明确责任单位及责任人，制定改革时间表，跑表计时，全力打造“审批事项少、办事效率高、服务质量优、群众获得感强”的一流营商环境。

【大数据工作】 2019年3月，按照机构改革方案，市电子政务中心（市智慧城市建设管理办公室）更名为市大数据中心（市智慧城市建设服务中心）。中心成立后，围绕贯彻落实省市关于大数据发展的方针政策和决策部署，结合肥城实际，提高政治站位，立足提升行政效能和“放管服”改革，扎实开展各项工作，为打造数字政府提供基础支撑。实施政务外网改造和互联网统一出口，基本完成市直部门单位、镇街区、城市社区的接入改造，在泰安各县市区率先做到全覆盖，打通服务群众“最后一公里”。完成省市下发国产终端的分配工作，为推进行政办公终端国产化打下基础。完成政府网站向省统一技术平台的迁移和改版，初步建成一体化政务服务门户。推进政务信息资源共享，在泰安各县市区率先实现对不动产登记信息的共享调用，实现“数据多跑路，群众少跑腿”，提升群众办事便捷度和满意度。保障视频会议系统运行，为“不忘初心、牢记使命”主题教育工作会议、全市经济工作会议等重要会议，以及上级召开的各类视频会议，提供网络信号保障。

【民生服务】 2019年1月，按照机构改革方案，市政府民生服务管理办公室更名为市民生服务中心。年内，民生服务中心对照《泰安市热线运行管理暂行办法》，研究制定肥城市民生服务工作规范。全年共受理群众诉求37716件，其中办理泰安“12345”工单31396件，比上年增加6678件，增长27.02%，按时答复率100%，回复满意率94.23%。全年共开展电话催办督办402次，现场督办、联合督办316次，其中转办泰安首次督办件125件，下发书面督办通知书136份，办结率100%；制发工作简报12期，上报月度、季度分析16期，及时为各级领导提供民情决策参考。办好行风热线、肥城零距离等专题栏目，全年肥城零距离栏目制作播出52期。制作播出行风热线栏目146期，受理群众来电303个，解决群众反映问题295个，切实保障群众利益。

（刘　辉）

行政审批服务

【概况】 2019年，市行政审批服务局坚持以人民为中心的发展思想，全面落实“大道至简、服务至善”工作理念，围绕中心，服务发展大局，深化“一次办好”改革，持续推进流程再造，实施全程代办，努力营造审批事项少、办事效率高、服务质量优、群众获得感强的一流政务环境，打响“市场你来闯、服务我来办”营商品牌。全年累计办结各类事项38.71万件，征缴规费4.38亿元。先后荣获全国巾帼文明岗、新时代泰山“挑山工”先进集体等称号。

【行政审批改革】 年内，召开全市相对集中行政许可权改革

2019年10月30日，全市下放（委托）市级行政许可事项暨镇街便民服务中心建设工作推进会召开。图为会议现场（栾超　摄）

推进会，本着先易后难、接稳办好的原则，分4批划转21个部门的258个事项（行政许可181个、关联69个、收费8个），划转人员14名。全面落实“一窗受理·一次办好”改革，建立市场准入、项目审批、农业和社会事务3个综合窗口，实行“前台集中受理、后台分类审批、窗口统一出件”。推进权限下放，对镇街便民服务中心放权赋能，先后委托下放公司登记、个体办照、食品经营等事项25个，实行市镇同权、全市通办。实施智慧政务惠民工程，在市镇两级政务服务中心部署“泰好办”自助服务终端17台，推进高频事项网上办、自助办、随时办，实现群众就近能办、多点可办、少跑快办。

【审批流程优化】 推进政务服务事项标准化建设，8月，完成权责清单梳理和数据录入，共认领事项目录286项。事项网上可办率、全程网办率和一次办好率，均达到或超过全省平均值和泰安市要求。持续优化审批流程，以“3545”专项改革为重点，巩固提升“零复印、无证明、一窗办、一网通”行动成效，全面推进“三减两并”，先后减材料94项、环节75个、时限675个工作日，并事项和环节40个。“一窗受理”“全程网办”成效明显，不动产登记迈入“分钟计时”，新开办企业线上申请率达到100%，无纸全程电子化办照率超过60%。推进“告知承诺制”，对公共场所卫生、特种行业等23项行政许可，实行“告知+承诺”，当场承诺、立即发证。工业项目全面推行“带方案出让用地”“拿地即开工”，在用地征收报批过程中，同步开展规划设计方案审查并纳入出让文件，企业拿地后实行用地、工程规划、施工许可“三证联办”，项目从供地到开工时间由45个工作日减至15个工作日。其中，康利思食品项目仅用8个工作日，创造全市“拿地即开工”新纪录。

【重点项目代办】 始终把推进项目落地、服务企业发展作为主业，建立“一个重点项目、一名市级领导、一套最优流程、一人专业代办、限期办结交证”工作机制，实行重点项目责任化管理。组建市镇两级代办队伍，投资过亿元的项目由市代办中心全程代办，其他项目由镇街代办中心全程代办。代办人员根据项目需求，量身定制代办服务方案，就规划条件、建设要求、环保排放指标等方面进行“一对一”技术交底，对材料准备、费用缴纳、政策适用等方面进行批前辅导，采取“面对面”“键对键”等灵活方式，及时传递材料、办理手续。投资150亿元的石横特钢产业集群项目一期工程，企业没跑一趟腿，代办人员就帮其完成从供地到开工的全部手续。至年末，共全程代办重点项目45个，完成手续146项，协调解决困难问题67个，32个项目开工建设。

【公共资源交易】 依托市县一体化公共资源交易统一平台，推进公共资源全程电子化交易和“综合柜员制”服务，编制服务事项、交易流程和权利义务告知清单“三张清单”，抓好开标、专家抽取、评标和公示“四个环节”，加强风险内控，持续开展岗位风险点识别查纠，定期实行轮岗换岗，实现平台建设逐步完善，服务质量稳步提升。2019年，公共资源交易累计成交项目445个，总成交额44.29亿元。其中政府采购总成交额11.01亿元，采购节支率4.68%；工程招标总成交额16.38亿元，中标价下浮率7.14%；土地、采矿权出让以及其他产权转让总成交额16.9亿元，出让溢价3296.5万元。

【大厅日常管理】 坚持抓早抓小、抓细抓实，以企业群众需求为导向，推动高频事项全链条、整建制进驻，确保达到“一门、一网、一次”要求。建立大厅前台值班长制度，班子成员轮流带班，现场指引群众办事、回应群众诉求、处置群众投诉。增设区域前台，对高峰客流组织咨询引导、疏导分流。设立EMS业务受理窗

2019 年 6 月 2 日，开展政务服务进广场、进社区活动（栾超　摄）

口，实施审批证照免费寄送服务。在全省同行业率先设立以窗口人员姓名命名的“冯华窗口”“刘勇窗口”“田健窗口”，树立标杆、典型引路，带动涌现更多的政策专家、业务通才、服务能手。抓实作风建设，聚焦上级督办、媒体曝光、企业群众反映等问题，深挖根源、落实责任，即知即改、立行立改。先后排查、督办进驻部门业务方面问题 26 个，对 3 名不适宜从事窗口岗位的人员进行转岗、调岗处理，有效提升窗口队伍的作风形象。

【“全国巾帼文明岗”揭牌仪式】 8 月 13 日，肥城市行政审批服务局举行政务大厅“全国巾帼文明岗”揭牌仪式。肥城市行政审批服务局政务大厅共有女干部职工 120 余名，占总人数 70% 以上。近年间，全体女干部职工始终秉承“大道至简、服务至善”的服务理念，围绕市委、市政府中心工作，舍小家、顾大家，扎根小窗口、用心大服务，以坚守岗位、无私奉献的为民之心，以抓铁有痕、踏石留印的实干精神，以砥砺奋进、不断创新的改革勇气，着力打造全部进驻、集中审批、优化流程、全程代办、一窗受理、一次办好的审批服务肥城模式，积极营造审批事项少、办事效率高、服务质量优、群众获得感强的一流政务环境，奋力打响“市场你来闯、服务我来办”的营商品牌，展现出新时代职业女性的专业态度、服务意识、敬业精神和大爱情怀，成为全市政务服务战线上的一道亮丽风景线。

（贾　振）

应急管理

【概况】 2019 年，市安全生产监督管理局组建为市应急管理局，内设人秘科、预案管理和应急处置科、综合减灾救灾科（挂地震和地质灾害救援科牌子）、火灾防治监督管理科（挂防汛抗旱科牌子）、危险化学品安全监督管理科、安全生产基础监督管理科、安全生产综合协调科、法制和科技信息化科（挂行政审批服务科牌子）8 个科室，下属安全生产行政执法大队、应急救援指挥中心、地震监测服务中心 3 个二级单位，共有在职人员 36 人。2019 年，市应急局立足高起点、新职能，坚持实事求是地想、实事求是地谋、实事求是地干，秉承“责任实、问题实、措施实”的工作理念，砸实安全责任，精准管控风险，持续深入开展隐患排查治理、双重预防体系建设▲和重点行业领域专项整治，确保全市安全生产形势持续稳定。年内，全市工矿商贸领域未发生生产安全事故，先后迎接省人大“一法一条例”专项执法检查、省政府安委会专项巡查督导和回头看等 40 余次专项督导。市政府被省政府安委会评为安全生产月优秀组织单位，被泰安市评为全市安全生产先进单位。市应急管理局被省政府安委会评为全省安全生产先进集体。市应急管理局党支部被肥城市委评为先进基层党支部。

▲“双重预防体系建设”是指安全风险分级管控和隐患排查治理双重预防体系建设。

【安全生产责任落实】 市级领导带头强化安全首位意识，推动各级知责、明责、尽责。①从实压责任。立足于早、打主动仗，年后市四大班子领导专题听取市应急局“四定”工作情况。召开高规格地安全生产会，市委书记、市长亲自安排部署，与分工市长、镇街区和市直部门“双签”责任书，带头履职尽责。党政议安成为常态。2019年，市委常委会、政府常务会和市长例会先后专题研究安全生产28次。分工市长分别于4月底和6月初两次主持召开专项整治暨安全警示教育会，邀请市法院法律专家进行辅导。其他市级领导按照安全生产包保责任制要求，在部署分管领域工作、调研检查时均把安全生产作为一项重要内容，在全市形成齐抓共管的良好局面。②从深建体系。出台《关于贯彻落实〈地方党政领导干部安全生产责任制规定〉的通知》，制定市委、市政府及领导班子成员安全职责清单。继续推动网格化实名制监管纵深落实，对14个镇街区、30个市直部门和952家生产经营单位的3181名网格员及时调整明确，重新编制监管手册，并按照明确主管部门、监管部门及其责任人的原则，实行公示牌悬挂制度，对561家企业全部完成悬挂，确保网格化实名制工作落实见效。③从细强问效。持续实施安全生产月通报季督导，对各专委会、镇街区专项整治和隐患排查治理情况，实行“一月一通报、一季一督导”。同时，坚持市镇抱团保安机制，对重点工作进行指导帮促。2019年，共通报15期，通报单位6200余家次、隐患8900余处。

【重点行业领域安全监管和专项整治】 坚持问题导向，先后开展安全生产大检查、迎接建国70周年安全专项整治等行动，成立13个专委会和4个重点部门牵头的整治领导小组，从严从细开展隐患排查治理。①精准整治。聚焦重点区域、重点行业领域、重点企业、重点环节和工序“四个重点”，分行业开展精准整治。危化品领域，聘请安全服务机构，对化工企业和社会加油站，进行3轮“过筛式”检查，检查企业125家次，下达文书163份，发现各类隐患806项。地下矿山领域，狠抓通风防火、提升运输、防治水、采空区四个关键环节专项整治，不间断开展专项整治，累计查改隐患149项。冶金领域，对石横特钢等11家冶金铸造企业，聘请专家实施3轮专项检查，查改各类隐患374项。涉尘领域，对正港木业、艾杜维等23家涉爆粉尘企业进行精准整治，发现整改各类隐患396项。涉氨领域，对27家涉氨制冷企业实行精准诊断，查改隐患758项。有限空间及动火作业等重点环节。对胜利化工、泰普锂业等19家企业开展专项执法，共发现各类隐患187项。②专家查隐患。通过政府购买服务的方式，聘请第三方机构对重点行业领域企业进行“把脉会诊”，确保“隐患查得准、药方开得实”。2019年，所有镇街区和部分重点行业部门均聘请安全机构开展专家查隐患活动，累计聘请专家426人次，检查企业297家次，查改各类隐患2160余处。

【“零点”夜查常态化】 市应急局创新监管方式，开展“零点”夜查专项执法行动。针对

2019年3月1日，市应急管理局开展零点夜查

夜间时段，突出危化品、矿山、冶金工贸等重点行业领域企业，采取不发通知、不打招呼、不听汇报、不用陪同和接待，直奔基层、直达现场的“四不两直”方式，注重开展以查企业领导干部带班值班情况，查关键岗位、重点部位人员在岗情况，查重大危险源监控监测情况，查应急救援装备储备情况，查现场应急处置情况为内容的“五查”。对夜查中发现的违法违规行为，坚持依法予以惩处。严格实行挂号销号制度，对存在的问题，发现一个，备案一个，整改一个，销号一个，切实消除安全隐患。全年开展夜查活动58次，抽查企业126家次，发现问题457处，责令停产整顿4家。

【双重预防体系建设】 为牢牢把握安全生产主动权，提升企业本质安全水平，市应急局坚持关口前移，重心下移，全力推进安全生产双重预防体系建设。先后制定印发《双重预防体系建设推进工作方案》《全市重点企业单位双重预防体系建设任务分工清单》，定期召开双重预防体系建设专题会，对工作推进中存在问题进行分析研究，制定具体推进措施。把双重预防体系建设作为治本之策，在上年高危和规模以上企业基本完成双重预防体系建设的基础上，强力推动小微企业双重预防体系，着力提升企业安全管理水平，148家高危和规模以上企业及241家小微企业已建成并全面运行。

【应急管理改革】 年内，贯彻落实各级应急管理改革新要求，适应新形势、新任务，抓好应急处置能力建设，筑牢最后一道防线。①应急救援体系。加强应急救援队伍建设，召开全市应急救援联动部门联席会议，讨论通过《肥城市生产安全事故应急联动机制》，与消防、肥矿集团、石横特钢、泰山盐化等10支专业救援队伍建立联动机制。召开应急救援物资摸底和物资储备座谈会，全面摸清应急救援物资储备底数，为建立物资储备调配机制和提升应急保障能力奠定基础。②预案管理。在市级层面，制定自然灾害应急救援联动机制、消防救援工作职能部门联防联动机制和自然灾害救助应急预案、事故灾难应急救援预案等5个基础性文件。在企业层面，组织指导390家企业编制预案，制定岗位应急措施，完善响应机制。③应急演练。树牢“应急处置在一线、在岗位员工”的理念，采取“四不两直”方式，对全市化工、地下矿山和涉氨重点企业，随机启动罐区泄漏、生产装置起火等应急演练96次，提升一线员工的快速反应能力和现场处置水平。围绕危化品、金属冶炼等重点行业和大型商场、校园等人员密集场所，开展联合应急演练347次，参与演练1.6万余人次。④综合减灾救灾能力。建立《全市灾害民生综合保险工作部门间联席会议制度》，全力推行灾害民生综合保险，举办灾害信息员培训班，发放灾害民生综合保险明白纸、海报和

2019年5月10日，市应急管理局、教体局等15个减灾委成员单位在白云山学校开展地震应急疏散演练

宣传海报21万份。全力推行灾害民生综合保险，按照每年每人2元、每户2元的标准，为全市35万余户、98.89万桃都人民免费提供保险保障，2019年累计为3936户受灾群众发放救助资金74万元，提高全民防灾抗灾能力。在白云山学校组织开展地震应急疏散演练。全校正在教室内上课的1266名学生，在授课老师的组织下按照应急预案，迅速离开教室并沿安全通道撤离教学楼，在操场上集合完毕，整个过程井然有序。组织市减灾委员会成员单位集中上街进行防灾减灾宣传，通过悬挂横幅、布置展板、发放宣传材料、接受群众咨询等多种方式进行宣传。

【安全生产宣传教育培训】 2019年，全市围绕“防风险、除隐患、遏事故”“提高灾害防治能力，构筑生命安全线”“防风险、保平安、迎大庆”等宣传主题，集中开展安全进企业、应急演练、事故警示教育、安全生产知识竞赛、安全生产咨询等形式多样的活动，普及安全知识，营造全市安全氛围。印发《安全生产行政执法与刑事司法衔接工作实施办法》2000余份，发至重点部门和重点企业。分期举办应急管理人员和网格员培训班，督促生产经营单位抓好全员安全培训，确保“三项岗位人员”全部持证上岗。2019年，共培训各类人员1960人。

（宋明超）

外　事

【概况】 2019年，市外办继续坚持“因事定人、人事相符”的工作原则，根据肥城实际工作需要，共办理因公临时出国（境）团组11批19人次，其中自组经贸团组1批6人次，自组教育观摩团组1批次3人次，参加泰安市团组7批8人次，参加省商务厅团组2批次2人次。出访团组在商务洽谈、经贸合作、教育交流、宣传推介等方面开展卓有成效的交流与合作，逐步形成多渠道、宽领域、全方位的对外交流新格局，对全市经济社会发展起到积极的推动作用。同时，为服务“双招双引”和外向型经济工作，协助全市企业办理好邀请外国客商到肥开展商务合作。年内，先后协助泰安华利进出口贸易公司、肥城迪爱思服饰有限公司、山东博新新材料有限公司、泰安路通桥箱科技有限公司等成功邀请巴基斯坦、加纳、俄罗斯等国家共计16名客商到肥开展经贸活动，并达成初步合作意向。

（刘　辉）

机关事务

【概况】 年内，按照市级机构改革工作部署，肥城市机关事务管理局更名为肥城市机关事务服务中心。2019年，市机关事务服务中心深入学习贯彻习近平新时代中国特色社会主义思想和党的十九大精神，围绕中心，服务大局，圆满完成市委、市政府交办的重要工作和改革任务，有力保障党政机关高效有序运转，机关事务各项工作取得新进展、新成效。先后荣获省级文明单位、省级卫生先进单位、山东省富民兴鲁劳动奖、创建全国文明城市工作先进集体、先进基层党组织、全市安全生产工作先进单位、市巾帼文明岗、全市脱贫攻坚先进单位等荣誉。

【办公用房管理】 党政机关办公用房集中统管日益完善。初步建立起“统一规划建设、统一权属管理、统一配置调剂、统一维修管理、统一处置管理、统一物业规范、统一出租管理”的“七统一”办公用房管理制度。完成城投公司原管理的17个单位和22家独立院落办公单位房地产资产划转工作，涉及土地面积41万平方米，办公用房面积28万平方米。规范出租管理，对正在出租的93处办公用房核实相关信息，收回原单位租赁合同，按照规范合同重新签订，租金收益按非税收入有关规定上交市财政。做好机构改革期间办公用房保障，制定调整方案，有效解决机构改革涉及部门、单位的办公问题，共调配办公用房2.6万平方米，收回相关单位办公用房近2万平方米，确保涉改部门工作正常运转。

【公务用车管理】 党政机关公务用车集中统管有效落实。贯彻实施《肥城市党政机关公务用车管理办法》，逐步建立起公务用车“统一编制、统一标准、统一购置经费、统一采购配备、统一处置”的“五统一”管理制度。加强市级党政机关公务用车日常管理，统一编制管理，完成机构改革后各单位公务用车编制核定和车辆调配工作。持续推进公务用车平台化、标识化、信息化管理，完善公车管理“全市一张网”信息系统功能，严格执行公务用车管理制度，健全公务用车“一车一档”信息，完善派车手续，落实季度车辆运行情况报告制度，执行公务用车“定点保险、定点加油、定点维修”三定点制度，确保公务用车管理和使用更加规范。做好机构改革期间公务用车保障。以事业单位公车改革为契机，落实市委、市政府关于“公务车辆调配向基层单位、镇街倾斜”的部署要求，将车况较好的公车调配给镇街和功能园区使用，更好地保障基层一线用车需求。

【财务资产管理】 财务资产集中统管得到深化。将机构改革后保留的74个市级机关一级报账单位中的36个纳入中心集中统一管理，预算资金达1.4亿元。做好经费报销及会计核算工作。严格落实中央八项规定和实施细则精神，从严、从紧、从实抓好经费报销管理。严格执行政府新会计制度，高质量完成新旧制度转换。加强重点监督。把好房产、车辆、专用设备等重要资产处置关，账面总价值达5462万余元；协助做好部门单位主要负责人的任中离任审计和各项专项审计工作。配合省市各级巡视组和督导组做好巡视、督导工作。做好涉改单位国有资产划转。督促新成立、合并、撤销等涉改单位，及时办理资产划拨手续，规范资产处置审批程序，加强对涉改部门财务资产移交的指导、监督，督促做好各项资产的清查移交、台账报备等工作，确保机构改革期间财务资产交接平稳有序。

2019年9月，市机关事务服务中心开展公务用车检查（孙绪征　摄）

【公共机构节能管理】 公共机构节约能源资源集中统管深化拓展。全面落实“十三五”节能规划要求，以考评激励为抓手，将节能考核纳入文明单位考核的重要内容，“十三五”以来，全市公共机构人均综合能耗下降9.8%，单位建筑面积能耗下降10.3%，人均水耗下降7.5%，各项节能指标全面完成。研究制定《肥城市党政机关等公共机构生活垃圾分类实施方案》，建立生活垃圾分类工作机制，落实公共机构生活垃圾分类工作目标任务。加快新能源汽车推广应用，完成集中办公区充电桩建设，为党政机关全面推广新能源汽车应用打下坚实基础。坚持创新驱动。探索实施合同能源管理，对三农文广集中办公区开展节能改造，在技术改造的基础上，根据各单位能耗情况对集中办公区所有入住部门实施用水用电定额管理，提高广大机关干部的节

集中办公区充电桩

能意识，提升节约型机关建设水平，三农文广集中办公区能耗同比下降27%，节省费用70万元以上。

【后勤服务保障】 全力保障党政机关高效运转。物业服务工作更加优质高效，完成新老物业公司工作的顺利交接，坚持以制度强管理，用考核促服务，精心服务、精细服务、精致服务。基建维修保障能力逐步提高，完成绿化区域草皮更换工作，完善标识化建设、车位画线、视频监控改造工作，粉刷墙面3500平方米，完成车棚卫生间改造、配电室检修、玻璃幕墙清洗、空调维修、规划展览馆装修等专项维修30余次，零星维修千余次。推进重点项目建设，三农文广集中办公区人防停车场建设工程、工人文化宫改扩建工程和市退役军人事务局办公用房维修工程等一批重点工程项目按进度有序推进。会务管理日益规范，高标准、高质量做优会务保障工作，重大会议和活动分管领导全程蹲点跟班，理顺会务流程、注重仪表仪容、规范行为举止，提高会议服务规范化、标准化、精细化水平，全年共服务保障各类会议1382场，其中100人以上的153场次，800人以上的56场次，各类视频会议152次，完成人大政协“两会”等重大会议的保障工作。

（庞逢吉）

信　访

【概况】 1月10日，市委、市政府信访局更名为市信访局，由市委办公室、市政府办公室的部门管理机构调整为市政府工作机构，由市政府办公室统一领导和管理，同时承担市委相关信访工作，为正科级行政机关。3月30日，根据《肥城市机构改革方案》规定，市信访局机关行政编制增至15个，设局长1名，副局长2名，信访督查专员2名（副科级），组建市信访事项应急中心（市网上信访中心），为市信访局所属副科级财政拨款事业单位，核定编制10名，配备主任1名、副主任1名。至年末，共有工作人员16人，其中行政人员12个，事业人员4人；局机关内设秘书科、接访科、办信科、督查督办科（挂排查协调科牌子）和肥城市人民政府信访事项复查办公室（挂肥城市人民政府信访事项听证办公室牌子）5个科室，市信访复查办公室由市政府工作机构改为信访局内设机构。2019年，市信访局坚持求实求效、稳中求进的工作思路，突出做好及时化解初访、持续治理重访、集中攻克信访积案等重点工作，夯实基层基础，推进创新发展，推动“市内问题解决最大化、信访上行发生量最小化”，工作成效显著，年度工作保持平稳发展向好态势。信访积案攻坚化解效果显著，领导包案推动信访积案化解的做法被中央联席会议第162期专刊刊发推介，《各方参与多措并举肥城市全力推动信访积案攻坚化解》文章在《山东信访动态》专题刊登；解决农民工工资拖欠问题的经验做法《转换责任主体　维护群众权益》文章在《山东信访》第11期刊登，《打造“五化五型窗口”全面提升服务水平》文章在《山东信访》第3期刊登推介。年度内信访工作质效提升明显，被省人社厅、省信访局评为山东省信访工作先进集体；环境面貌及基础设施建设实现新突破，被山东省信访局评为“人民满意窗口示范单位”；重点敏感时期肥城市工作成效显著，被省委、省政府评为“新中国成立70周年安保维稳先进市”。

【初信初访办理】 新发生信访

事项当月发生、当月研判、当月处置、当月化解，基本实现“一站式服务、一揽子”解决，信访事项录入率、及时受理率、按期办结率均为100%，接待群众初访655起，化解率87.4%；纳入满意度评价的初次来信736件，满意率98.95%。成立由信望律师事务所律师陈仲红主导的公益律师服务组织，免费为涉法涉诉案件或困难群众提供服务。在做好初访接待受理工作的同时，设置《初访事项首办责任回访记录表》，5天一次回访，做好初访回访记录工作，对案件办理进行及时有效跟踪监督。年内回访群众419人，回访率64%。主动引导来访群众填写“服务评价卡”，自觉接受群众监督和投诉。年内引导参与评价来信来访763件起，参评率78.24%，群众满意度98.99%。

【重信重访治理】 对年内发生的重复信访特别是重复越级上访，逐一建立台账，一案一策，动态管理。注重强化信访事项督办措施，提升案件办理效能，坚持法情理并重，日常督办、重点督办、专项督办与市领导班子成员包案督办等多措并举，最大限度解决群众的合理诉求。坚持教育疏导与依法处置相结合，对缠访闹访、以访施压的盯上靠上做疏导和化解工作，对夹杂在信访人群中的精神疾病患者及时送医治疗，对违法信访行为的，及时移送公安机关依法处置。年度内重访率严格控制在15%以内，共发生到泰安市以上越级上访209起308人次，起数和人数同比分别下降4%、20%。

【积案化解攻坚】 成立市信访积案化解工作领导小组，下设督查督导、依法处置、帮扶救助3个工作小组；各镇街、有关部门均成立积案化解领导组织，形成聚力化解积案的强大合力。制定印发信访积案化解五项制度等系列文件，实行县级领导干部包保积案化解制度，逐案组成3～5人工作专班，明晰层级责任，逐项落实到人，积案化解推进情况周调度、月分析、月销号、月公开。市委、市政府先后召开7次信访积案联席研判会议，分批次对积案进行联合会商，逐案明确适用政策依据和法律规定，现场研究工作方案和措施办法。每月召开两次市长例会，高位推动，督促办理。市级领导干部不定期带案下访、实地指导，帮助责任单位理思路、出主意、想办法，牵头负责，协调化解，督促办理。坚持法治思维与以人为本相结合，成功化解高新区村民王×洪、下岗职工杨×权等难点个案问题；按照“依法依规推进、市场化运作处置”的思路，制定盘活项目实施方案，润东新天地商品楼延期交房问题已经进入实体运作阶段；确立“债权转移、分期分批支付”化解思路，转换主体迂回化解四川籍民工董×雪等反映的工程款项拖欠问题。省级领导包保10年以上积案、泰安市领导包保5～10年积案全部化解，5年以下积案化解率96.51%，位居泰安市第一。

【机构队伍建设】 借助市、县机构改革，核定信访局机关行政编制15名，增幅36%；增加1个内设科室，增幅25%；新配备信访督查专员2名，新设立副科级全额拨款事业单位1个，调入信访干部3人，工作力量进一步加强。市群众来访接待中心提档升级，采用循环式布局，设置功能区7个、功能室12个，环境打造及设施配备更加人性化、合理化，全面营造温馨舒适氛围，让群众在潜移默化中感受和谐、平复情绪。开展争创“党员示范岗”树新风活动，党员干部统一着装、挂牌上岗，机关风貌焕然一新，信访干部亮身份、亮职责、亮承诺，公开接受广大干部群众的监督和评价。国家、省、市、县列入评价范围信访事项728件，群众对信访部门和责任单位参评率分别为80.22%、86.99%，满意率分别为98.97%、98.96%。组织举办两期信访干部“枫桥经验”学习培训班，共计150余人参加，赴诸暨市枫桥镇实地学习了解枫桥经验诞生、创新、发展过程，开创肥城市信访培训异地举办的先河。以党建引领带动各项工作全面开展，设立专门党建活动室，确立党建工作品牌，建立党员志愿服务队，制作志愿者马甲20套，每月组织开展志愿服务活动，实现党建工作新突破。

【宣传教育引导】 7月，组织开展“信访知识宣传月”活动，镇街区政府驻地、主要街道以及人员密集场所悬挂横幅标语、张贴宣传画、发放宣传册、《信访条例》《信访人须知》等宣传品，配备专职人员，现场讲解信访知识，让信访知识入耳、入脑、入心，群众自觉学法、尊法、守法主动性进一步提升。汇集典型案例，制作信访宣传小视频10个，利用电子屏幕在车站、大型购物广场等人员密集地滚动播放；利用主流媒体宣传，通过电视台生活频道每天早、中、晚3次巡回播放1个月，达到教育引导群众文明信访、依法理性维权的预期效果。印发市法院、检察院、公安局、司法局、信访局5部门《关于依法处置信访活动中违法犯罪行为的通告》2000份，分发镇街区70份、市直部门单位50份，在镇街及市直部门办公大楼等醒目位置张贴。同时，通告内容在新闻频道播出、在《今日肥城》报刊进行刊登，警示教育效果显著，年内没有发生群体性突发问题和有影响的个体访问题。

投资贸易促进

【概况】 中国国际贸易促进委员会肥城市委员会是根据《中共肥城市委　肥城市人民政府关于肥城市市级机构改革的实施意见》精神，由市经济合作局更名而来的，列为群团机关，配备会长1名、副会长2名。根据《中共肥城市委办公室关于印发〈中国国际贸易促进委员会肥城市委员会机关职能配置、内设机构和人员编制规定〉的通知》，设立办公室、贸易投资促进部、会展业务部（挂现代物流业务部牌子）3个职能部室。主要有贯彻落实国家、省市有关重大发展战略，促进对外贸易、双向投资和经济技术合作等10项职能，同时，统筹、协调、推进市山水林田湖草生态保护修复工程、北部城区暨新旧动能转换先行区建设（现代综合物流产业园）工作。

【贸易投资与促进】 全年完成对上争取资金115万元、占全年任务的115%，招商引资4187.3万元、占全年任务的139.6%。在泰安市率先建立起市、部门、镇街区三级贸促工作网络。做好山东省国际商务企业会员发展工作，兴润、一滕、金塔、联谊、索力得5家公司成为省国际商会企业会员。主动与国家、省、市贸促机构对接，搭建展览平台，为企业走出去创造机会，共组织企业参加2019泰安（北京）会展推介会、青岛新动能展洽会等各类展（博）览会20多个，举办2019中国石化行业建筑安装发展、山东优质蜂产品暨产业发展等论坛。做好国际商务资源整合工作，组织市里关注、企业需要、务实丰富的经贸活动10余场，20余家企业参加山东——泰国投资说明会、东盟贸易投资说明会、走进非洲投资说明会，组织赴俄罗斯、哈萨克斯坦、阿联酋、埃及等国的经贸洽谈活动，足迹遍及欧、美、亚、非等10多个国家（地区）。

【现代综合物流产业园】 牵头抓好北部城区暨新旧动能转换先行区建设工作。现代综合物流产业园总体规划通过评审；园区运营平台——东岳能源公司完成搭建，揭牌运营；煤炭交易中心奠基建设；老城孙庄等9个村连片规划出炉；保税物流中心稳步推进。竹绿矿区栽植竹子1.5万余亩，绿意显现。老泰临路东大封至薛馆线路段竣工通车，交通更加便利。

（李　波）

地企协同发展

【概况】 市地企协同发展中心原名市矿区农村搬迁办公室，主要承担矿区压煤村庄搬迁和房屋斑裂处置工作。2016年，新增加协调推进国有企业剥离办社会职能和解决历史遗留问题工作职责。2019年4月，因机构改革，更名为市地企协同发展中心，加挂市压煤搬迁服务中心牌子，为一级事业单位，定编11人，在编在岗7人。

自2016年开始，按照“拓清底、算清账、敞开接、保稳定、谋发展”的工作思路，实行成熟一个移交一个、成熟一批移交一批。2016年，地企双方组成100余人的工作组利用2个多月的时间，对18个社区、18家企业、14个医院、8个幼儿园开展调研，掌握第一手资料，研究制定总体实施方案和包括水、电、暖、基础设施、住宅维修资金、土地、物业、小区、医院、幼儿园和历史遗留问题、社会舆论在内的“10点+2项”专项方案，完成索力得、腾达等5家企业移交。2017年，成功引进北京北控物业公司，在全国率先走出鼓励实力强信誉好国有专业经营单位跨地区接收“三供一业”的路子，打响社会职能移交的第一炮。2018年，地企双

2019年10月15日，新华社、中新社、《中国企业报》3家媒体到肥城采访总结社会职能移交工作经验

方工作组密集调研、携手攻坚，采取“1+N”整体打包移交方式完成社区管理职能、市政设施、改制企业移交工作。2019年，突破条条框框，找到一条由鲁中能源等改制企业接手举办幼儿园的路子，五步完成剥离，实现“四方满意”，开创全省乃至全国幼儿园剥离工作的先河；同时，圆满完成“三供一业”维修改造和一系列移交事项的落实落地。至此，已经完成国家规定的绝大部分工作任务，主要风险挑战得到化解，较好搬掉“肥矿集团社会职能移交”这座大山。此项工作受到泰安市、省国资委领导高度评价。国务院国资委《国资报告》公开为“肥矿模式”点赞，要求各地学习借鉴，新华社、中新社、《中国企业报》等3家中央媒体记者随即到肥城采访国企社会职能移交的经验做法。2018年，市地企协同发展中心获得经济社会发展综合考核三等奖；2019年，获得“泰安市级文明单位”荣誉称号，党支部连续两年被评为“五星级党支部”。

（张　腾）

肥城年鉴

FEICHENG YEARBOOK

FEICHENG
YEARBOOK
2020

政协肥城市委员会

- 重要会议
- 主要工作

政协肥城市委员会

重要会议

【政协九届三次全体会议】 1月27—29日，政协第九届肥城市委员会第三次会议召开。受市委书记常绪扩委托，市委副书记、市长殷锡瑞在开幕会上作重要讲话；受政协第九届肥城市委员会常务委员会委托，侯庆洋向大会作政协第九届肥城市委员会常务委员会工作报告、邹家强向大会作政协第九届肥城市委员会常务委员会提案工作报告；出席市政协九届三次会议的政协委员，分组讨论殷锡瑞在市政协九届三次会议上的讲话、侯庆洋所作的政协第九届肥城市委员会常务委员会工作报告和邹家强所作的政协提案工作报告；列席十八届人大三次会议，听取并讨论《政府工作报告》及其他报告；听取杜辉等8位委员的大会发言，书面印发16位委员的发言材料，市委副书记、市长殷锡瑞在听取政协委员的发言后作重要讲话；对优秀政协委员、优秀提案、提案办理先进单位进行表彰；审议通过九届三次会议提案审查情况的报告；补选两名市政协常委；审议通过大会政治决议；市政协主席侯庆洋作闭幕讲话。

【政协常委会议】 2019年，市政协共召开常委会议5次。1月24日，召开市政协九届九次常委会议，传达学习市委十四届七次全体会议精神；会议听取市政协九届三次会议筹备工作情况的汇报；审议通过关于召开政协第九届肥城市委员会第三次会议的决定（草案），会议决定市政协九届三次会议于2019年1月27日至29日在新城召开；审议通过市政协九届三次会议议程（草案）和日程（草案）；审议通过市政协九届三次会议秘书长、副秘书长名单（草案），各组召集人、秘书名单（草案），常委会组成人员轮值名单（草案）；审议通过政协第九届肥城市委员会常务委员会工作报告（讨论稿）和提案工作报告（讨论稿），并推定侯庆洋、邹家强分别担任两个报告的报告人；审议通过《关于表彰优秀政协委员的决定（草案）》、《关于表彰优秀提案提案办理先进单位的决定（草案）》；审议通过关于部分同志辞去九届市政协常委、委员职务的决定（草案）；审议通过政协第九届肥城市委员会增补常委协商名单（草案）；审议通过关于调整市政协专门委员会设置的决定（草案）；审议通过有关人员任免名单（草案）；侯庆洋出席会议并讲话。

2019年1月27日，政协第九届肥城市委员会第三次会议召开。图为会议现场（孔燕 摄）

1月28日，召开市政协九

届十次常委会议，审议通过政协第九届肥城市委员会第三次会议选举办法（草案），审议通过政协第九届肥城市委员会第三次会议总监选人、监选人名单（草案），审议通过政协第九届肥城市委员会第三次会议政治决议（草案）。

3月22日，召开市政协九届十一次常委会议，传达学习全国、省两会精神，山东省“担当作为、狠抓落实”工作动员大会以及全市经济工作会议暨勇做新时代泰山“挑山工”主题实践活动动员大会精神；审议通过《政协第九届肥城市委员会2019年工作要点（草案）》；侯庆洋出席会议并讲话。

7月16日，召开市政协九届十二次常委会议，听取并协商讨论副市长赵兴广代表市政府所作的全市上半年经济社会发展和政协提案办理情况通报；审议通过《政协肥城市委员会委员履职积分考评办法（试行）（草案）》；审议通过有关人事事项；侯庆洋出席会议并讲话。

【政协主席会议】 2019年，市政协共召开主席会议5次。1月23日，召开市政协党组扩大会议暨九届十一次主席会议，审议通过市政协九届九次常委会议议程；听取关于市政协九届三次会议筹备工作情况的说明；审议通过关于召开政协第九届肥城市委员会第三次会议的决定（草案）；审议通过政协第九届肥城市委员会第三次会议议程（草案）和日程（草案）；通报成立临时党委情况，研究设立临时党支部、党小组事宜；审议通过政协第九届肥城市委员会第三次会议秘书长、副秘书长名单（草案），各组召集人、秘书名单（草案），常委会组成人员轮值名单（草案）；审议通过政协第九届肥城市委员会常务委员会工作报告（讨论稿）；审议通过推定工作报告报告人的决议（草案）；审议通过政协第九届肥城市委员会常务委员会提案工作报告（讨论稿）；审议通过推定提案工作报告报告人的决议（草案）；研究大会发言事宜；审议通过《关于表彰优秀政协委员的决定（草案）》；审议通过《关于表彰优秀提案 提案办理先进单位的决定（草案）》；审议通过政协第九届肥城市委员会增补常委协商名单（草案）；审议通过关于部分同志辞去九届市政协常务委员、委员职务的决定（草案）；审议通过关于调整专门委员会设置的决定（草案）；审议通过有关任免名单（草案）。

1月28日，召开市政协九届十二次主席会议，审议通过市政协九届肥城市委员会常务委员会第十次会议议程；提出通过政协第九届肥城市委员会第三次会议选举办法（草案）；提出通过政协第九届肥城市委员会第三次会议总监选人、监选人名单（草案）；审议通过政协第九届肥城市委员会第三次会议政治决议（草案）。

3月19日，召开市政协党组扩大会议暨九届十三次主席会议，传达学习全国两会精神；审议通过市政协九届十一次常委会议议程；审议通过《市政协2019年工作要点》；研究确定2019年市政协重点提案和重要提案；观看《砥砺前行——山东正风肃纪反腐2018》《“圈”之祸——刘士合严重违纪违法案件警示录》《刚愎自用的代价——张建华严重违纪违法案件警示录》三部专题片；侯庆洋出席会议并讲话。

4月9日，召开市政协九届十四次主席会议，传达学习4月8日市委常委会议精神、泰安市十七届人大三次会议和泰安市政协十三届三次会议精神；侯庆洋出席会议并讲话。

7月12日，召开市政协九届十五次主席会议，审议通过市政协九届十二次常委会议议程（草案）；审议通过《政协肥城市委员会委员履职积分考评办法（试行）（草案）》；审议通过有关人事事项；侯庆洋出席会议并讲话。

主要工作

【调研视察】 1月17日，市政协主席侯庆洋到仪阳街道走访慰问困难群众、中华人民共和国成立前老党员、生活困难党员和优抚户，为其送去慰问金及慰问品。

2 月 21 日，市政协主席侯庆洋到仪阳街道传达全市“四定”情况汇报会召开情况和市委书记常绪扩在会上的重要讲话精神，并就做好今后工作提出要求。

3 月 13 日，市政协主席侯庆洋到仪阳街道调研指导社区管理、物业服务、全国文明城市创建、棚户区改造和脱贫攻坚工作，实地察看盛源社区党群服务中心、万瑞公馆小区、龙山河苑社区、马堂村棚改项目，就做好下一步工作提出要求。同月 21 日，市政协视察文化旅游融合发展情况，实地察看孙伯镇孙西红枫栽植、五埠岭景区建设、南栾村李氏碉楼、岱阳观文物保护修复等现场，详细了解有关工作情况，并就搞好全域旅游规划编制、加强文物保护等提出意见和建议。市政协主席侯庆洋，副主席杜尊春、杨淑贞、邹家强，秘书长武心国出席活动。

4 月 18—19 日，省政协副主席王修林带领部分委员到肥城市开展完善农村社会救助体系专题调研。18 日，调研组实地察看泰邦单采血浆站、市困难群众救助中心、安临站镇站北村等现场，详细了解肥城市在完善农村社会救助体系工作中的经验做法，询问工作中遇到的困难和问题。19 日，调研组召开座谈会，市委副书记辛涛在会上汇报肥城市完善农村社会救助体系工作情况，泰安市民政局、肥城市民政局、财政局、卫健局、医疗保障局、残联、安临站镇、相关村负责人也在会上汇报工作情况，与会人员进行交流发言。市领导常绪扩、辛涛、侯庆洋、王勇强、邹家强分别陪同活动。同月 24 日，泰安市政协副主席徐恩虎带领部分政协委员到肥城视察电子商务发展情况，视察组实地察看富世康“京东商城·中国特产泰安馆”，并召开座谈会，听取相关情况汇报，委员们对做好下一步电商工作提出意见建议。市领导侯庆洋、陈业荣、邹家强陪同活动。

5 月 7 日，市政协主席侯庆洋到盛源社区调研指导工作并召开创城工作联席推进会。同月 9 日，市政协副主席邹家强到古店社区、尚庄社区幸福里小区和新合作生活广场垃圾站调研垃圾分类处理工作。同月 11 日，市政协副主席李红伟出席泰山护理职业学院到老城街道李庄村的义诊活动。同月 14 日，市政协组织部分委员视察美丽乡村建设情况，实地察看潮泉镇上寨村、柳沟村，老城街道田花峪村、河口村的美丽乡村建设现场，听取相关情况介绍，召开座谈会，市农业农村局主要负责人汇报全市美丽乡村建设工作情况，委员们对做好下步工作提出意见和建议。市政协主席侯庆洋出席并讲话，副主席杜尊春参加活动。同月 15 日，市政协主席侯庆洋到仪阳街道西鲍村走访慰问贫困残疾人，详细了解他们的生活、收入状况和社会保障落实情况，并送去慰问金和慰问品。同月 16 日，市政协组织少数民族界、宗教界和台侨联界委员开展界别活动，调研港资台资企业发展，到台湾城市广场、易捷数码印刷、瑞福锂业、隆泰金属制品、嘉安远隆食品等企业和项目实地调研，了解有关情况，召开座谈会，围绕新旧动能转换问题建言献策。市政协主席侯庆洋出席并讲话。同月 22 日，泰安市政协副主席张庆明带队到肥城调研农村人居环境整治工作情况，实地察看潮泉镇柳沟村、上寨村，湖屯镇前兴隆社区、张店社区等现场。市政协主席侯庆洋，市政府党组成员、高级技校校长杜君河，市政协秘书长武心国陪同活动。同月 23 日，市政协组织特邀界委员举行界别活动，视察文物修缮、乡村旅游工作情况，实地察看仪阳街道天齐庙修缮保护、鱼山村民宿旅游等现场，听取有关情况介绍，了解全市文物修缮和乡村旅游发展情况，并提出意见和建议。市政协主席侯庆洋、秘书长武心国出席，市政府党组成员、高新区党工委书记韩立新陪同活动。同月 28 日，市政协副主席杜尊春出席科协科技界一组界别活动，委员们围绕在新旧动能转换重大工程中发挥科技工作者的人才支撑作用提出意见和建议。同日，市政协副主席邹家强、刘琴出席特邀界二组界别活动，视察肥城市“七五”普法和“六五”依法治市工作，察看市供电公司、仪阳街道盛源社区、老城街道初级中学、市禁毒教育基地、市总工会等现场。同月29日，市政协副主席杜尊春出席经济界一组界别活动，察看阿斯德科技项目，石横特钢第二棒材车间、第一炼钢车间等现场，并召开座谈会，委员们围绕新旧动能转换提出意见和建议。同月30日，市政协副主席邹家强出席农业界一组界别活动，察看王庄镇绿沃农业科技产业园和富士康生产车间。同月31日，泰安市政协副主席马纯勇带领部分政协委员到肥城视察税务工作，实地察看石横特钢、索力得有限公司等现场，了解减税降费政策落实、企业经营等有关情况。市政协主席侯庆洋，副市长赵兴广，市政协副主席杜尊春、秘书长武心国陪同活动。同日，市政协副主席付振江出席教育界界别活动，参观市高级技工学校实训现场，并召开座谈会，委员们围绕教育事业健康发展提出意见和建议。

6月4日，市政协组织部分委员视察现代服务业发展情况，实地察看市高级技工学校、新合作物流配送中心、泰克贝思计算机科技有限公司、山医康养中心等现场，召开座谈会，听取市发改局主要负责人关于全市现代服务业发展情况的汇报，委员们积极建言，围绕加快现代服务业提档升级提出意见和建议。市政协主席侯庆洋出席并讲话，副主席杜尊春、杨淑贞、邹家强，秘书长武心国参加活动。同月5日，市政协主席侯庆洋到仪阳街道空杏寺村调研指导基层党组织建设和脱贫攻坚工作。同月11日，市政协视察全市医疗卫生工作，实地察看安驾庄镇卫生院、市人民医院内镜诊治中心等现场，召开座谈会，市卫健局主要负责人介绍全市医疗卫生工作开展情况。委员们结合各自的工作、学习、履行委员职责等情况作交流发言，围绕医疗卫生事业更好发展，从发展基层医疗机构特色专科、提升医疗卫生服务惠民水平、吸引人才留住人才等方面提出意见和建议。市政协主席侯庆洋出席并讲话，秘书长武心国参加活动。同日，市政协副主席邹家强出席工商联界界别活动，参观金桃都商会物流配货中心、木言木语药木家具、桃都农贸城、金明水产园区等现场。同月19日，市政协机关党支部举办“不忘初心、牢记使命”主题党日活动，组织全体党员、干部到徂徕山革命烈士纪念碑前，举行重温入党誓词活动。同月27日，市政协副主席杜尊春出席经济界二组界别活动，走访鲁泰建材科技集团有限公司、白云书院等委员单位，并召开座谈会，委员们围绕精准招商和专业招商、优化家具建材市场、北部城区规划建设等方面提出意见和建议。

2019年6月4日，市政协组织部分委员视察现代服务业发展情况

7月9日，市政协主席侯庆洋到盛源社区调研指导创城工作，深入小区实地察看，现场督导问题整改，在盛源社区党群服务中心召开月度测评整改落实会，听取盛源社区关于创

城工作进展情况的汇报，了解月度测评及整改情况，并就下一步工作讲意见。同月11日，市政协举行住肥泰安市政协委员“活动日”，视察美丽乡村建设，实地察看潮泉镇黑山村、翦云山景区、泰山·桃花源项目、花海项目、上寨村等现场，听取美丽乡村建设有关情况介绍，并深入到农户家中，了解社区建设、厕所改造、污水处理、林果产业发展等情况，委员们对潮泉镇美丽乡村建设取得的成绩给予充分肯定，对下一步工作提出意见和建议。市政协主席侯庆洋，副主席杜尊春、杨淑贞、邹家强，秘书长武心国出席活动。

8月1日，市政协主席侯庆洋到仪阳街道调研双招双引、企业培植、社区建设、乡村振兴、脱贫攻坚等工作，实地察看鑫旺瑞福源新材料项目、泰安新合作供销云仓物流配送项目、中心社区、泰山植物园水域景观项目，听取有关负责同志的情况介绍，研究工作中遇到的困难和问题，探讨解决办法。同月26日，泰安市政协副主席张庆明带领调研组到肥城市调研学前教育发展情况，实地察看小博士卓越幼儿园、市实验幼儿园北园和西园，听取有关情况汇报，召开座谈会，委员们对做好学前教育工作提出意见和建议。市政协主席侯庆洋，市政府党组成员、市高级技工学校校长杜君河，市政协秘书长武心国陪同活动。

9月22日，市政协主席侯庆洋到仪阳街道调研，实地察看鲁变电工股份有限公司变压器车间安全生产情况，随后在仪阳街道派出所召开座谈会，全面了解仪阳街道当前安保维稳、扫黑除恶、安全生产等有关情况，并就做好下步工作进行安排部署。同月27日，市政协主席侯庆洋到仪阳街道走访慰问中华人民共和国成立前参军的老军人；同日，市政协主席侯庆洋到仪阳街道子梅养护院、困难户家中走访慰问老年人。

10月17日，市政协主席侯庆洋到联系包保的盛源社区，围绕社区主题教育工作、机关企事业单位“双报到”以及小区党支部建设情况进行走访调研。同月26日，市政协主席侯庆洋到仪阳街道围绕做好重污染天气应急响应和秋冬季绿色管控工作进行调研，先后走访木言木语家具厂、新轮轮胎有限公司等企业，详细询问企业的生产经营、环保措施治理等情况，征求企业对绿色管控的意见建议，对两企业进行“一厂一策”的帮扶，并给出指导性建议。

11月25日，市政协主席侯庆洋到汶阳镇走访调研，先后到西徐村商旅风情街、浊前村旱稻碾米厂、砖舍村党群广场、泰安东枫园林有限公司现场察看，并就下一步工作讲意见。

12月10日，省政协副主席韩金峰带领调研组到肥城市专题调研“双招双引”和加快民营科技型企业发展工作，实地察看山东阿斯德科技有限公司、山东征途信息科技有限公司、泰安市智慧能源科技有限公司和山东瑞福锂业有限公司等项目现场。市领导常绪扩、侯庆洋、王勇强陪同活动。

【学习交流】 5月24日，滨州市政协副主席、民建滨州市委主委吴国瑞带领滨州民建企业家联谊会到肥城学习交流养老产业发展情况，实地察看子梅养护院，了解养护院建设、运营以及老人们的饮食起居等情况，并召开座谈会，就养老产业健康发展进行深入探讨交流。市政协主席侯庆洋陪同活动。

7月12日，大连市普兰店区政协主席王继晓带队到肥城考察学习，参观中持十方生物能源公司。市政协副主席杜尊春陪同活动。同月18日，广西灵山县政协副主席黄为政、晏秋宁带领考察组到肥城考察学习现代农业、特色产业、乡村振兴等方面先进做法和经验。市政协副主席杨淑贞陪同活动。同月23日，江苏省盱眙县政协副主席蒋中海带领考察组到肥城学习考察企业培植工作，实地察看鲁岳化工、山东聚发生物科技有限公司、昌盛特种石墨有限公司等项目现场，详细了解肥城化工产业园规划建设、企业发展、产业培育等总体情况。市政协副主席杜尊春陪同活动。

8月28日，宁津县政协副主席方学武带领学习考察团到肥城学习考察乡村旅游发展情况，实地参观考察鱼山桃花海唐乡民宿、刘台桃花源景区等项目现场。市政协副主席邹家强，秘书长武心国陪同活动。

10月24日，镇江市丹徒区政协党组副书记、副主席叶向东带领调研组到肥城调研学习村集体经济发展情况，实地察看湖屯镇前兴隆村，老城街道河口村、东关居、张花峪村等现场。市政协副主席杜尊春陪同活动。

【提案工作】 2019年，政协各参加单位和广大政协委员共提交提案150件，经审查立案138件，经过39个部门的办理，截至2019年12月末，全部办理完毕，提案面复率和委员满意率均达到新水平。委员们围绕新旧动能转换、“双招双引”、棚户区改造、脱贫攻坚等涉及全局的重要事项，提出提案36件，占立案总数的26%。其中针对关于推进全市“双招双引”工作的建议，市商务局等部门按照市委市政府的全面部署要求，瞄准重点区域、明确重点产业、紧盯重点企业精准招商，在京津冀、江浙、济南三大重点地域组织开展专题招商活动16次，洽谈对接项目30多个。针对关于破解制约棚改进程因素的建议，市房管服务中心等有关部门积极采纳，采取政府融资、对上争取、政府债券“三管齐下”，破解融资难题，加大棚户区改造力度。针对关于进一步建设好国家资源循环利用基地的建议，老城街道紧盯不放，实行领导包保责任制，市委编办征得上级支持，专门为其组建市资源循环利用基地发展中心，较好地保障基地建设的顺利推进。委员们围绕事关群众切身利益的教育、医疗、社保、就业、养老等社会民生问题献计献策，提出提案56件，占立案总数的41%。其中针对关于实施乡村振兴战略推动农业农村优先发展的建议，市政协作为重点调研课题，专门组织部分政协委员和农业农村局等相关部门主要负责人深入潮泉镇、老城街道开展专题视察调研。10月，又到潮泉镇专题总结建议落实经验。全市各相关部门、各镇街把开展289个村整体搬迁、村居改造作为乡村振兴重要抓手，坚持乡村环境整治与“三清三禁”、扫黑除恶、拆违治理、“三资”清理紧密结合，整合方方面面的资源力量，全力打造“佛桃飘香、绿树成荫、安居乐业”世上桃源新格局。针对关于提高全民健康管理水平的建议、关于高标准打造景观发展大道的建议、关于开通肥城市公交车手机扫码支付的建议、关于促进肥城市养老服务业发展的建议等，市卫健局、市交运局、市民政局等单位，均采取针对性强的办理措施，取得实实在在的效果。围绕文明城市创建、加强社区治理、城市管理、企业招工难、生态环境改善等问题，委员们提出提案29件，占立案总数的21%。其中，针对关于强化城区建筑垃圾及其他固废垃圾处理的建议，有关部门积极招商，已新建两处固废垃圾处理厂。针对关于切实加强社区物业管理推进文明城市创建的建议、关于进一步加强城区主要集贸市场整治管理工作的建议、关于加强垃圾分类、倡导绿色生活的建议等，市创城办、市文明办、市市场监管局、市城管局等有关部门结合文明城市创建认真采纳，集中财力、物力、人力，千方百计加强宣传，开展整治消防通道、清理楼道杂物、升级改造集贸市场、促进垃圾分类实施、改善城市基础设施、开展文明劝导等工作，推动城市建设管理上新水平。市委、市政府领导对提案办理工作高度重视，对汇总整理的重点、重要提案及提案目录，市委书记常绪扩，市委副书记、市长殷锡瑞均作出重要批示。各分工市长积极推动提案落实，各承办单位主要负责人严肃认真对待提案，创新办理形式，有力推动提案办理工作落实。

【文史工作】 8月21日，市政协在肥城书画艺术馆隆重举办庆祝人民政协成立70周年书画作品展，共征集到书画作品近300幅，展出作品90余幅，作品讴歌新中国成立以来特别是党的十八大以来肥城市经济社会发展取得的辉煌成就和巨大变化，表达广大政协委员、各界人士爱党爱国爱社会主义爱家乡的真挚情怀。同月29日，市政协举行“同心向党·同行圆梦”庆祝人民政协成立70周年文艺演出。整台演出精彩不断、高潮迭起，演出内容积极向上，弘扬正能量，唱响主旋律，贯彻新思想，讴歌新时代，践行新使命。

12月，《改革开放四十周年亲历记》出版，精选编辑资料73篇，共16.7万字，用丰富翔实的历史资料，展示肥城改革开放40年来的巨大成就和发展变化。

（李金钢　付　裕　徐志强）

2019年8月29日，市政协举行“同心向党·同行圆梦”庆祝人民政协成立70周年文艺演出

肥城年鉴

FEICHENG YEARBOOK

FEICHENG YEARBOOK 2020

中共肥城市纪律检查委员会

■ 综 述

■ 监督执纪

中共肥城市纪律检查委员会

综　述

【概况】 2019年，肥城市纪委监委贯彻落实习近平新时代中国特色社会主义思想，增强“四个意识”，坚定“四个自信”，做到“两个维护”，坚持稳中求进、依规依纪依法，一体推进不敢腐不能腐不想腐，把握监督基本职责，坚定不移正风肃纪反腐；开展“不忘初心、牢记使命”主题教育，坚持思想政治引领和忠实履行职责两手抓、两促进、相融合，各项工作取得新进展新成效。至年末，肥城市纪委监委共有办公室、组织部、宣传部、党风政风监督室、信访室（国家公职人员违法违纪举报中心）、案件监督管理室、第一至第八纪检监察室、案件审理室（政策法规室）、纪检监察干部监督室16个部室。设肥城市廉政教育中心，正科级事业单位，隶属市纪委监委管理。

为适应国家监察体制改革新要求，贯彻落实党中央关于健全党和国家监督体系、强化派驻监督的决策部署，依据党章党规、宪法和监察法以及中央纪委国家监委关于加强派驻机构改革的相关部署要求，将派驻机构名称统一为市纪委市监委派驻纪检监察组。

在原有机构的基础上，市委巡察办下设督查科。负责统筹、协调、指导市委巡察组开展工作。传达市委的决策以及市委巡察工作领导小组的工作部署，督办泰安市委巡察工作领导小组办公室交办事项，督办市委以及市委巡察工作领导小组决定事项。收集市委巡察组进驻前信访举报审计报告等情况，汇总分析巡察工作情况，会同市委巡察组移交问题线索，审核巡察报告及反馈意见。协助市委巡察组向市委巡察工作领导小组报告重大事项。督导巡察整改情况，督促被巡察对象落实反馈意见。

【纪检监察队伍建设】 落实政治过硬、本领高强要求，建设高素质纪检监察队伍。纪委常委会以上率下，严格落实民主集中制、意识形态责任制等各项制度。①抓党建强党性，做到政治过硬。健全基层组织，成立机关党委。严肃党内政治生活，创建“党性铸铁军、直行匡正道”党建品牌，打造党建文化和廉政文化阵地。1人被评为全省纪检监察系统先进个人，委机关连续3年被评为党建工作一等奖、先进基层党组织。②抓学习强能力，做到业务过硬。坚持政治学习和全员业务培训有机结合，组织寻标对标、案件交流、现场观摩，开展业务大练兵大比武，安排镇街纪检干部跟班锻炼两批16人，提升专业化水平。③抓监督树形象，做到作风过硬。检视系统内形式主义官僚主义10个方面突出问题，一抓到底强作风。组织案卷质量和处分决定自查，开展保密安全检查，完善纪检干部廉政档案，落实谈心谈话、家访等制度，自觉接受监督，严防“灯下黑”。④抓管理强动力，做到富有活力。考选15名年轻人员，充实监督执纪力量。完善业务规范和机关管理制度22项，分层分类完善工作评估办法，落实纪检干部述职述责述廉制度。强化内部轮岗交流，激发队伍活力。

监督执纪

【政治建设】 年内，学习贯彻习近平新时代中国特色社会主义思想，开展“不忘初心、牢记使命”主题教育。①理论学习。坚持坐下来学、走出去学、请进来学、以考促学等多种方式相结合，引领系统反复研读十九大和十九届二中、三中、四中全会精神以及规定篇目，持续跟进学习习近平总书记最新讲话和指示批示精神以及全面从严治党重要论述，学习贯彻上级纪委安排部署。组织15次理论中心组学习、7天读书班、28期“桃都清风”讲坛、11次集中研讨，到泰安廉政教育展厅、徂徕山党性教育基地等接受现场教育，累计撰写心得体会236篇，邀请纪检监察学院教授作专题辅导，编印应知应会材料10期，开展集中测试6次。②检视问题。坚持调研找、互相找、征求意见找、对照党章党规找，班子成员牵头9项调研，班子征集意见建议98条，各支部征集意见建议155条，班子成员查摆问题177个，各支部查摆问题62个，其他纪检干部查摆问题931个。③整改落实。坚持即知即改、以点带面改、联动改、长期改，领导班子、班子成员、各党支部、党员干部分别建立问题清单、即知即改清单、联动整改清单“三张清单”，列出重点问题14个，重点推进；需要从根本上解决的，已进行建章立制。通过专题党课、调研成果交流会、民主生活会、组织生活会、开展志愿服务等方式，促进成果转化。

【政治监督】 坚决做到“两个维护”，推进政治监督常态化具体化。提高政治站位，严明政治纪律。坚持以政治建设为统领，把“两个维护”落实到工作中、体现到行动上。围绕强化理论武装、执行路线方针政策决议、履行管党治党责任等加强监督检查。坚持从政治角度审视违纪违法问题，发现业务背后的政治问题、责任问题，2019年查处违反政治纪律问题3起5人；问责党组织34个、党员干部47人，处分27人；查处政治理论学习走形式问题19起84人，诫勉谈话4人，批评教育80人，督促真学真信真用。坚持党中央决策部署到哪里，监督检查就跟进到哪里。加强贯彻新发展理念、三大攻坚战、“放管服”改革、意识形态责任制落实等方面监督检查，推进落细落实。围绕习近平总书记重要批示指示精神，全面开展人防系统有关问题自查自纠；开展“大棚房”整治实地督导，约谈有关部门主要负责同志。围绕机构改革，制定“十不准”纪律要求，通报一起典型案例。围绕构建亲清政商关系，印发正面、负面清单500份，公布监督举报电话；带队到35家重点企业走访调研，督促部门、镇街将上级政策落细落实。围绕乡村振兴，通过警示教育、明察暗访强化对棚改和村居改造的精准监督。履行协助职责，推进管党治党责任落细落实。及时向市委汇报上级纪委监委新部署，协助分析全面从严治党、政治生态状况，主动提报工作建议。严格落实约谈提醒、责任考核等制度，与各部门、镇街党政正职开展廉政谈话78人次，与班子成员、关键岗位中层干部廉政谈话近500人次。组织开展镇街区党（工）委书记和市直部门单位党组（党委）书记向市纪委全会述责述廉。完成7轮巡察，启动全市村居巡察。全面落实巡察报告问题底稿制度。巡察报告经领导小组会、市委五人领导小组专题会3次研判，将问题找准、责任压实。至年末，巡察镇街和部门64个、村居351个，发现重点问题1249个，移交问题线索181条，立案54件，处分59人，组织处理197人。

【中央八项规定精神深化落实】 深入落实中央八项规定精神，持续发力纠治“四风”。巩固拓展落实中央八项规定精神成果。查处违反中央八项规定精神问题15起26人，处分15人。开展公款吃喝、违规发放补贴、私车公养等突出问题专项治理，发现问题24个，下发整改通知18份。开展利用名贵特产类特殊资源谋取私利问题专项整治，畅通举报渠道，保持高压态势。坚决破除形式主义、官僚主义。查处形式主义、官僚主义问题88起199人，处分64人。开展不担当不作为问题专项治理，发现问题10个，下发整改通知7份。开展扶贫领域形式主义、官僚主义问题专项整治，对贫困户信息、扶贫项目运营、资金使用等开展监督检查，为脱贫攻坚提供坚强保障。

【监督首责】 运用“四种形态”处理732人次，第一、二种形态占91.3%，使抓早抓小、红脸出汗成为常态。完善廉政档案，把握政治生态情况，把好党风廉政意见回复关。全面分析信访情况，形成书面监督报告14份，做好积案化解，做到“案结事了”，受理信访举报同比下降28%。①巡察监督。健全市委巡察机构与委机关有关部门协作配合机制，从第6轮巡察开始，信访、案管、有关派驻机构共同参与巡察问题研判、反馈，完善监督链条，下发整改建议7份，督促整改共性问题26个。②派驻监督。制定深化派驻机构改革有关方案，健全制度机制。2019年派驻机构处置问题线索101件，立案29件31人，处分18人。③监察监督。制定镇街监督执纪工作办法，推动监察向基层站所、村居延伸。推进纪法贯通、法法衔接，建立行政违法案件和失信人员通报移送机制，强化与政法机关、行政执法机关协调配合。

【惩治腐败】 一体推进“三不”▲，巩固发展反腐败斗争压倒性胜利。①强化不敢腐的震慑。坚持稳中求进，分层次研判，查清查透，办成“铁案”。2019年处置问题线索491件，立案247件277人（科级干部14人），处分270人，移送司法机关1人，留置4人。对省委巡视移交的61件信访件和3件问题线索，精准高效处置，立案15件22人，处分15人。开展谈话场所监督检查4轮次。②扎牢不能腐的笼子。针对涉农资金管理，尤其是社保领域、敬老院系统，督促开展专项整治，完善制度14项，编印《基层站所党员干部违纪违法案例警示录》。针对“四风”普遍性问题，强化剖析研判，形成问题整治专题报告，推动完善津补贴发放、公车管理等制度规定。编印违反中央八项规定精神以及形式主义官僚主义典型案例警示录4800份。针对共性问题，下发纪检监察建议51份，督促建章立制。针对省委巡视和上级专项检查反馈问题，深挖根源，以高度政治自觉不折不扣持续整改。至年末，全部按规定达到整改要求，累计完善制度21项。③增强不想腐的自觉。坚持“让纪律规矩进入每名党员干部心中”理念，连续3年把廉政教育作为节后第一课，市委书记上专题廉政课，组织警示教育展110余场次，为全市农村党支部书记、村“两委”干部、中青干部培训班、主题教育读书班以及各镇街、市直教育、卫生、供电、国土、法院等系统上廉政课54场次，区分不同层面不同对象，组建“授课专题库”，“一对一”精准授课、分层分类全覆盖。编发案例选编12期，编印《党员干部酒驾醉驾典型案例》等警示录6400册，用好短信、网站、微信等平台，将教育提醒融入日常、形成常态。开展受处分人员谈心谈话320人次，为1名干部容错纠错，为2名干部、1个单位澄清保护，让党员干部轻装上阵、担当作为。

▲“三不”：不敢腐、不能腐、不想腐。

【整治群众身边腐败和作风问题】 坚持以人民为中心的发展思想，坚决整治群众身边腐败和作风问题。深入开展民生领域专项整治。重点开展教育卫生、食品药品等13个重点领域侵害群众利益问题专项整治，查处有关问题177起388人，处分109人。深化扶贫领域专项治理。聚焦贫困户识别、项目运营、资金使用等重点环节，开展明察暗访，对27个重点职能部门履职尽责情况开展专项检查。查处扶贫领域有关问题68起208人，处分26人。深挖彻查涉黑涉恶腐败及“保护伞”问题。开展“打伞破网”强力攻坚，全面摸排线索，定期调度，逐一研判。累计处置问题线索23件，查处涉恶腐败5起6人，“保护伞”4起7人。

（李　红）

肥城年鉴

FEICHENG YEARBOOK

FEICHENG
YEARBOOK
2020

民主党派·人民团体

- 民主党派
- 人民团体

民主党派·人民团体

民主党派

【概况】 至年末，肥城市有民盟肥城支部、九三学社肥城支社、致公党肥城支部、民建肥城支部4个民主党派基层组织。各民主党派成员共有81人，民盟盟员29人，农工党党员11人，九三学社社员17人，致公党党员13人，民革党员3人，民建会员7人，民进会员1人。2019年，各民主党派围绕中心、服务大局，把思想政治建设放在首位、加强学习，重点学习习近平新时代中国特色社会主义思想以及社会主义核心价值观、基本国情和形势任务、统一战线和多党合作理论政策、民主党派章程和历史等，以科学的理论武装头脑、统一思想、增进共识，不断夯实多党合作的思想政治基础，履行参政议政、民主监督、参加中国共产党领导的政党协商职能，为推动全市经济社会和各项事业发展发挥出重要作用。

【履职职能】 1月24日，参加《政府工作报告》征求党外人士意见会、市委常委民主生活会、全市各界人士迎春座谈会。7月4日，参加市委十四届八次全会精神通报会；列席政府系统党风廉政建设和反腐败工作会议，市委政协工作会议；全年参加政党协商活动7次，提升全市民主法制建设水平。围绕猪肉价格上涨、社区养老服务现状、企业债务风险控制、城区道路建设等进行深入调研，提交高质量调研报告4份。加强领导，凝聚监督共识，发挥特约人员参政议政、民主监督作用，14名特约人员参加相关单位组织的活动，开展民主监督。

【服务社会】 发挥自身优势，开展扶贫济困、医疗义诊、法律援助、科技帮扶、文化教育等各种形式的志愿服务活动。建立九三学社肥城桃科技服务站、山东农业大学统一战线专家工作站等长期服务站点。民盟肥城支部高考期间开展“助力高考——为考生保驾护航”活动，组成医疗小组义务开展紧急救助；7月3日，九三学社肥城支社到桃园镇顾庄村开展健康义诊活动。民建泰安市委直属肥城支部在元旦期间举办“爱心民建在行动，走访慰问暖人心”扶残助困送温暖活动，老人节期间到王庄镇敬老院走访慰问，展示统战成员的风采，彰显统一战线的力量。

（李得水）

人民团体

·工商联·

【概况】 至年末，市工商联定

2019年9月11日，肥城市工商联九届三次三次执委会议召开。图为会议现场

编6人，在编在岗6人。贯彻落实党的十九大精神和习近平新时代中国特色社会主义思想，在参政议政、扶贫攻坚、对外交流、党的建设等方面取得显著成绩。年内，市工商联被表彰为全国“五好县级工商联”。2019年9月11日，召开市工商联九届三次执委会议，增补孟涛、庞学雷、李同仲为市工商联九届执委会副主席，郭冬梅（女）为市总商会副会长，免去张大岭工商联副主席职务。

【扶贫攻坚】 引导全市民营企业以产业扶贫为主，变“输血”为“造血”，将企业自身利益与贫困地区群众利益捆绑在一起，实现互利共赢。16家工商联会员企业与19个贫困村结对帮扶（其中省市级贫困村各8个），先后实施项目26个，投资108.7万元，帮扶贫困群众300户701人。同时鼓励企业采取直接捐赠、设立扶贫公益基金或通过中国光彩基金会等公益组织开展扶贫。截至年末，全市共有106家民营企业参与公益扶贫，捐赠款物449.93万元，60余个村近千名群众受益。2019年上半年，迎接省、市“万企帮万村扶贫”台账管理检查验收，得到充分肯定。

【会员服务】 推出实施“会员企业服务年”活动，活动以服务企业发展为主线，以深入调研和解决企业需求为重点，以创造优良环境为保障，围绕实现新旧动能转换、企业培植高质量发展，创新服务方法，落地、落实、落细服务措施，增强企业发展信心。开通企业需求网络直报系统，及时汇总、分析民营企业在高质量发展等方面的问题需求、薄弱环节，把企业问题需求找准、挖实，及时向相关部门反映诉求和意见建议，为企业解决困难问题36件次。邀请市委、市政协领导深入商会开展调研指导活动。牵头所属商会企业先后与农商行、邮政银行、农开行和部分地方商业银行建立战略合作关系，较好解决资金难的问题。开展“送政策上门精准对接”服务活动，印制发放《鼓励支持非公有制经济发展政策汇编》3000余册。

【对外交流】 按照市委统一要求，工商联主动联系张家港市工商联作为单位学习标杆，班子成员于6月中旬到张家港工商联进行参观学习。加大商会交流力度，6月17—22日，工商联党组书记带队到哈尔滨市道里区工商联、长春市九台区工商联进行业务学习交流，签订友好工商联协议，并拜访肥城在外人才。全年共邀请、接待异地友好商会5批到肥城考察交流。通过请进来、走出去，结交新朋友，全市异地商会建设迈出新步伐，呈现新进展，同时学习外地经验，开阔思路眼界。

【党的建设】 落实商会建到哪里，党组织建设就跟进到哪里，实现新型经济组织党的组织全覆盖。工商联党总支下属1个机关支部和5个商会支部，61名党员。党总支和机关、商会6个党支部全部完成换届任务。新推选商会支部书记4位，培养入党积极分子11名，新发展党员3名。落实非公企业层级管理办法，落实党建工作经费补助1.6万元，解决商会支部活动经费不足难题。同时，按六有要求，为商会支部统一配备柜子、制度版面、办公设施等，提升商会支部班子办公设施水平。开展“不忘初心、牢记使命”主题教育，坚持“三会一课”制度、“两学一做”和“灯塔—党建在线”平台管理使用，勇做新时代泰山“挑山工”。组织机关党员干部、企业家执委，开展经常性学习研讨和集中教育培训，先后赴西柏坡、陆房突围纪念馆、老城革命纪念馆等，开展革命传统教育活动。进一步加强肥城驻北京、济南机构党工委指导和管理。同时，对不具备条件成立党支部的商会组织，一律纳入联合党支部管理。

（阴武刚）

·总工会·

【概况】 2019年，市总工会落

实习近平总书记系列讲话精神及对工运事业和工会工作的重要指示、论述，对照上级工会要求，坚定不移按照市委“一二三四五”工作思路，树立新理念、做出新贡献。被确定为省总工会常务副主席刘贵堂“不忘初心、牢记使命”主题教育联系点，并迎接检查指导；女职工心灵关爱经验作为省内唯一县市区参加全总调研座谈，书香阅读经验录入全国第二届“书香三八·嘉年华”读书成果汇编；《山东工人报》5次头版头条报道工作经验，被中华全国总工会授予“全国五一巾帼标兵岗”，荣获全省职工心理健康服务工作先进单位、全省困难职工解困脱困工作先进集体等荣誉称号，泰安市工友创业助力乡村振兴现场推进会在肥城召开。①坚定扛起政治责任。开展专题讲座、进企宣讲、网上竞赛、培训学习等学教活动6期，推动习近平新时代中国特色社会主义思想和党的十九大精神，特别是关于工人阶级和工会工作的重要论述、指示在工会系统落地生根；开展“中国梦·劳动美”主题教育，举办职工书画展、摄影大赛、新媒体创意设计大赛、足球赛、乒乓球赛等积极向上的庆祝新中国成立70周年系列活动，让爱国爱家成为职工的行动自觉；弘扬劳动精神、劳模精神、工匠精神，推荐“全国五一劳动奖章”1人，“富民兴鲁劳动奖状”1个，正港木业工程师程银贵荣获“齐鲁工匠”、鲁龙机械职工郭庆振荣获“泰山工匠”，培树命名“桃都工匠”20名；加强职工职业道德建设，培树国家税务局肥城分局为省职工职业道德建设先进单位，建成职工书屋45个，开展社会主义核心价值观宣扬活动12期。②积极主动服务大局。聚焦新旧动能转换重大工程，围绕“八大产业”“一核四区”重点项目，启动“五比一创”劳动竞赛和职工技能大赛，全市各级开展技能竞赛活动60余场次，参与职工2.2万人次；唱响工人伟大、劳动光荣的时代旋律，表彰第十三届肥城市劳动模范47名，职工获得感、荣誉感倍增；参与乡村振兴战略，制定下发《工友创业助力乡村振兴实施计划》，召开工会助力乡村振兴专题研讨会，举办“地龙杯”农机驾驶人员操作技能大赛，培树恒昌农业、兴尚竹绿小镇、东枫苗木、东兴茶园等省级“工友创业园”4个，毛传军、汪西军、阴丽云等省级农民工之星3名；深化“工人先锋号”创建和挂牌、亮岗活动，提高班组、职工参与度，推进“树双百、带双千、促双创”行动取得实效；扶持创建劳模创新工作室、工匠创新工作室，培树齐鲁工匠创新工作室1家；牵头推进新时期产业工人队伍建设改革，强化部门联动，主动认领责任，扎实推进实施；开展各级劳模宣讲走进企业、社区、乡村活动5期，发挥劳模工匠传帮带作用，全面提高职工素质；搭建农民工学习交流平台，联合职工培训机构开展职工职业技能培训8期1500人次。③强化工会主责主业。精准帮扶扎实开展，项目化帮扶救助困难职工107户，发放救助金202万元，“四送”活动筹集发放资金27.6万元，帮扶、慰问、服

2019年8月23日，“地龙杯”农机操作技能大赛启动

务职工300余人次；维权服务持续增强，贯彻落实《山东省厂务公开条例》《山东省企业工资集体协商条例》，集体合同及工资、安全、女职工专项集体合同签订率、履约率不断提高；举办全市集体协商集中要约暨集中签订“1+3”集体合同活动，6家企业现场签约，45家单位集中签约；建立健全法律援助工作制度，聘请专业律师、调解员开展“遵法守法·携手筑梦”服务农民工法治宣传和公益法律宣传活动7期，编发《舆情专报》2期；普惠活动深入推进，打造户外劳动者服务站点12处，开展菜单式流动服务3期，书画送劳模260幅；深化女职工心灵关爱，举办“逐梦新时代·巾帼绽芳华”书香三八读书等女职工关爱活动13期，建成“妈妈小屋”63个；持续深入开展“安康杯”竞赛和“查保促”活动，职工安全生产意识和素质逐步提升。坚持回归公益、回归主业，工人文化宫清理整改提升工作稳步推进。④持续深化改革创新。始终坚持党建铸魂，持续把机关党建作为头雁工程抓实抓牢，深化“党建引领·情暖职工”品牌，丰富党建6.0体系，打造全市党建标准化示范点；丰富党组织生活和主题党日活动，先后组织党员干部到老城革命纪念馆、莱芜战役展览馆等红色教育基地进行党性教育；开展“不忘初心、牢记使命”主题教育和“担当作为、狠抓落实”暨“埋头苦干、争创一流，勇做新时代泰山‘挑山工’”主题实践活动，推动工会干部守初心、担使命、找差距、抓落实；“智慧工会”建设逐步提速，齐鲁工惠APP注册人数突破6万人，认证人数达到3.5万人，职工之家微信公众号成为传播工会、联谊职工的主阵地；开展基层工会组织普查、四分类四升级活动，做好新领域、新业态、新组织建会入会，餐饮服务业、房地产、物流快递行业工会先后建立，新发展农民工6300人；推进村居、农村合作社、农业龙头企业等农业领域建会入会，选聘社会化工会工作者7人；落实工会改革相关任务，进一步增强工会组织的政治性、先进性、群众性；工会经费收管用水平进一步提高，资产监督管理更加规范。

【党建工作】 结合市总工会实际，全面强化支部建设，争做标准化建设标杆。①支部管理标准化。按要求组织换届选举、设置支委会、划分党小组和配备党务工作者，制定支部年度工作要点和任务清单，明确支部书记、支委、党小组长和党务工作者的具体职责及年度重点任务。严格党费管理，按标准核定基数和统一缴费标准，要求支部党员每月主动缴纳党费，支部按月公示党费收支情况。②组织生活标准化。严格落实“三会一课”制度，党员大会、支部大会、党小组会议定期召开，开展民主评议、志愿服务活动等工作，并安排专人负责党务系统信息的动态录入，确保信息数据的准确性和完整性。③档案管理标准化。全面规范支部档案，坚持高标准、高质量，力求真实、完整、详细、丰富、美观。设立党员档案室，购置统一档案柜和档案盒，党员档案实现“一人一档、一档一盒”和“统一标签、统一目录、统一管理”，安排专人严格日常管理，确保档案材料真实齐全。④阵地建设标准化。设立党建宣传栏，打造党建活动室、党员图书室、电子阅览室、党员培训中心、党员心理健康服务中心等阵地，着力构建党员学习坚固主阵地。

【困难职工解困脱困】 强化源头甄选，扩大救助范围，做实帮扶举措，构建长效机制，明确解困脱困责任和期限，精准施策，帮扶到户到人，重视物质帮扶及人文关怀，不断提升工会服务职工功能。贯彻落实上级精准扶贫和困难职工解困脱困相关工作决策部署，发挥工会组织的优势，开展精准救助。建立困难职工帮扶联系人制度，各基层单位工会干部作为困难职工联系人（困难职工的第一知情人、第一报告人、第一帮助人），推行每个困难职工家庭与所在单位联系人之间的一一对应，有专人联系，实现“面对面、点对点、零距离”的帮扶服务。入户开展实地核实，对接各相关基层（企业）工会，按照相关文件规定及调查摸底的具体工作要求，合理安排时间进行入户调查。向职工做好解困脱困政策讲解，核实职工家庭收入、人口数、住房情况、致困原因、必要支出等情况，做到信息完整准确、资料齐全。坚持公平公正公开，多方进行信息比对，对接市民政局、市人社局、市税务局等相关单位，对各基层工会提报的困难职工信息逐一进行信息比对、核实，确保信息准确无误，防止弄虚作假。在入户核实、信息比对的基础上，汇总困难职工拟救助名单，在《今日肥城》、肥城手机台、微信公众号“肥城职工之家”、网站“肥城工会”等媒体面向社会公示公开。建立起长效帮扶机制，将符合建档标准的困难职工信息录入困难帮扶系统；各基层单位工会联系人在惠工益平台完成职工档案信息录入，实行动态化、规范化、数字化管理。推进“五大举措”，确保精准帮扶扎实出效。结合自身实际，探索开展“救、引、扶、帮、联”五大精准帮扶举措，累计发放救助资金及物资176.98万元，帮助300余名困难职工实现就业创业。

2019年9月17日，肥城市总工会开展夏送清凉活动——清洁工篇

【助力乡村振兴】 ①示范平台。推进以农业龙头企业、农民合作社、农业园区、特色小镇、区域性行业性合作组织等为重点的“工友创业园”培育选树，挖掘农业发展带头人、农村兴旺引路人、农民致富传帮人，培树泰安恒昌农业科技发展有限公司、泰安市东兴农业有限公司、泰安东枫园林苗木有限公司、山东兴尚竹绿小镇旅游文化有限公司4家省级工友创业园。以点带动，示范引领，北部恒昌农业、兴尚竹绿小镇、东兴茶园田园综合体示范点，南部东枫苗木、森洋园林、地龙合作社农民工就业示范点，西南部珍益药业、桃子姑娘“基地+农户”电子商务示范点，中部春秋农耕庄园、盛源蔬菜种植专业合作社示范点，东部不舍家服装公司、兴润生态园林工友创业示范点已初具规模。培树毛传军、汪西军、阴丽云3名农民工为省级“农民工之星”。推选清华电脑职业培训学校王增、山东兴润园林生态股份有限公司张忠峰等3名创业导师带头人，加入泰安市总工会成立的工友创业导师团（工友创业联盟），为助力乡村振兴提供人才支撑。②技能交流。依托市高级技工学校、清华电脑学校等“工友创业园”“工友实训基地”等，打造“农民工培训基地”，搭建高水平农民工学习交流平台。实行菜单式教育，农民工自主选课，市总工会有针对性地开展学习教育活动，举办农民工、农村转移劳动力等专题培训班2期，学习习近平新时代中国特色社会主义思想、农业科技知识、创业技巧等理论知识，提升农民工知识储备和理论修养。联合地龙农机合作社联合举办“地龙杯”农机操作技能大赛，搭建农村技能人才交流舞台，提升专业能力和竞技水平。③正面引导。鼓励劳动模范、爱心企业等，以项目指导、

技术服务、资金参股、贸易合作等方式，“一对一”强力支持农民工创业。省劳动模范贾爱云，加快村级土地流转，强化与华盛绿能肥城光伏农业科技示范产业园合作，安置村内8名农民工实现物流、苗木、劳务等行业创业；齐鲁工匠程银贵在刘台村建立桃木雕刻体验基地，成为休闲旅游集聚地、农民工创业平台；肥城市劳动模范李庆勇、张忠峰借用公司协助农民工就业创业，带动周边120名农民工实现就业，26名实现创业。依托“智慧工会”平台，帮助农民工对接供销信息，拓宽产品推广渠道，助力成功创业。开展工会就业创业服务月活动，会同人社等政府有关部门开展“春风行动”和民营企业招聘周，以线上线下招聘活动、送岗上门等多种方式，为农民工、农村转移劳动力、困难职工、转岗分流职工、企业安置的下岗退役军人及大学生等群体提供精准就业服务800人次以上。签约律师事务所，维护农民工合法权益，处理拖欠薪资案件1起。④机制保障。成立工友创业助力乡村振兴工作小组，主要负责人任组长，班子成员任副组长，保障部、宣教部、生产部等相关部室负责人任成员。召开部室以上负责人参加的工会助力乡村振兴专题研讨会，下发《肥城市总工会工友创业助力乡村振兴实施计划》，组织人员到临沂市兰陵县、沂南县等地参观学习，为开展相关工作打下坚实基础。建立竞赛机制，在广大返乡就业创业农民工中开展“五小”（小发明、小创造、小革新、小设计、小建议）竞赛，激发创新创造活力，为乡村振兴建功立业。加大宣传力度，宣传对接国家有关创业培训补贴、注册登记、担保贷款、减税降费等扶持政策，争取政府部门支持，深化与相关社会组织的沟通合作，整合优势资源，合力推进“工友创业助力乡村振兴”各项工作措施落实落地。注重典型引导，开办《劳动者》访谈栏目，部分农业领军人、农村带头人、农业劳模走上电视台。寻找评选最美劳动者和桃都工匠，部分农业农村领域的能工巧匠、民间艺人、非物质文化传承者得到表扬，农民工获得感、幸福感日益提升。

【女职工心灵关爱】 市总工会以关爱女职工心理健康为切入点，围绕社会转型期女职工面临的工作、家庭等各种压力和心理健康问题，创新开展女职工心灵关爱工程。①提升道德修养。实施女职工素质提升“五个一”工程，即举办一期家庭文化讲座、开展一期“一封家书征集”活动、组织一期朗读活动、举办一期书画摄影展、组织一期和谐家庭评选。组织开展读名著、听名曲、唱名歌、背名诗、看名片为内容的“五名工程”“书香四季读书”“好书漂流”等活动，拓宽女职工视野。②开展丰富活动。举办全市女职工心理援助工程暨100场公益讲座启动仪式，开展“进企业、进车间、进班组”心理健康公益讲座135场；开办女职工“美丽课堂”，提升女职工内涵品质；举办中华优秀传统文化诵讲传、“书香三八”读书等活动，丰富职工精神文化生活。③创建和谐家庭。举办

2019年10月15日，肥城市总工会开展心灵关爱活动

"弘扬中华优秀传统文化、争做幸福女工、争创和谐家庭"启动仪式，为四支志愿服务队授旗。开展首届"和谐家庭"评选活动，引领培树良好的家教、家风。④注重特殊关爱。推进"十百千"困难女职工帮扶活动，各级女职委干部深入近700户困难女职工、单亲困难女职工家中摸排走访，精准帮扶368名单亲女职工和困难女职工成功脱贫。实施"暖心菜单式"流动服务、征集微心愿圆梦行动、"缘结泰山"相亲活动，解决服务女职工最后一公里问题。

（杜燕慧）

·共青团·

【概况】 至年末，共青团肥城市委（以下简称团市委）核定行政编制6个，机关工勤编制1个。共有下级组织1589个，其中团委39个、团工委10个、团总支40个、团支部993个。镇街团委14个，学校领域共有团支部718个，共有团员3.17万余名，基层团干部4715人。2019年，团市委按照市委要求，围绕服务中心、服务青年"两条主线"，开展青春领航、青春关爱、青春建功、青春活力、固本强基"五项行动"，埋头苦干、争创一流，勇做新时代泰山"挑山工"，共青团事业取得较好发展。先后荣获2019年度"小小科学家"中小学科学教育体验活动优秀组织单位、泰安市红旗团委、泰安市青年志愿服务先进集体、肥城市最佳志愿服务组织等荣誉称号。

【青春领航行动】 在团员青年中开展"青春心向党·建功新时代"主题活动。围绕庆祝新中国成立70周年、纪念五四运动100周年，在各级团组织开展主题团日活动，通过集中入团、团旗下讲话等仪式让团员接受"沉浸式"精神洗礼。策划开展"青春万岁·强国有我"宣誓接力，全市各行业团员青年亮出态度、喊出青春誓言。用好网络新媒体平台，通过"青春肥城""智慧团建""找团团"等平台，推进网上共青团建设。制作《童心向党　献礼祖国》《青春万岁　强国有我》《我和我的祖国》等视频，在"青春肥城"开设"青年大学习"和"青春领航"专栏，开展"青听·共享青春之声"活动，推送专题微信带声图文28期，用青年喜闻乐见的形式传播新时代新思想。

【青春关爱行动】 ①青春扶贫行动。联合市教体局开展全市各中小学"手拉手·同成长"结对和"微公益"活动，向桃都青少年牵手基金捐款13.1万余元。依托基金全年共救助贫困学生179人、发放助学金16.28万元，其中"青企助力，爱心助学"圆梦行动为33名贫困高考生发放助学金8万元；"希望之星"助学活动为102名建档立卡贫困生发放6.18万元；对上争取希望工程助学金2.1万元帮扶大学生4名；泰安电视台"新春送福"助学为40名品学兼优贫困生发放奖学金4万元。完成微心愿在线认领20期，为200名青少年发放微心愿物资4万余元。由泰安市广播电视台、共青团泰安市委以及泰安市鲁科通讯器材有限公司联合主办的"说事有

开展"牵手关爱，七彩假期"暑期青年志愿者服务（王秀秀　摄）

爱，新春送福”爱心公益援助活动在春节前为肥城市40户品学兼优的学生送去1000元慰问金与新春祝福。开展“金晖助老”青春扶贫集中行动3次，为80名建档立卡贫困老人发放米面油、棉被、羽绒服等物资2.88万元。②新时代文明实践青年志愿服务。开展“文明实践，青春奉献”青年志愿者服务月，全市各级团队组织、青年集体开展志愿活动50余场次。联合市青企协、义工协会、湖屯镇开展“志愿青春，竹绿矿区”志愿活动栽植竹子5000余株。联合泰山学院、古店社区开展“文明实践，筑梦青春”大学生助力新时代文明实践志愿服务活动；联合泰安市中心医院开展“牵手关爱行动”春苗青年志愿服务项目启动仪式暨第十一季“心手相牵·感受城市”公益行活动；联合山东青年政治学院开展“牵手关爱，七彩假期”支教服务项目，25名大学生志愿者在5个支教点为10余个社区村的150余名农村学生开展课业辅导、亲情陪伴、自护教育等支教服务。

团市委联合市公安局禁毒大队到安临站镇牛庄小学开展“青春自护·暑期安全”青少年自护教育之禁毒教育活动（师彤华 摄）

【青春建功行动】 ①助力乡村振兴。开展“村村都有好青年”选培计划，选树村级“好青年”664名，肥城市级“好青年”60名，泰安市级“好青年”5名、提名奖5名，省级“好青年”1名。推动组织培养、政策扶持和教育培训向好青年倾斜，14人加入中国共产党，37人进入村（社区）团组织班子，92人参加各类创新创业培训。②助力文明城市创建。联合市文明办等开展“小手拉大手，共创文明城”系列活动，推广“争做肥城文明驾驶员”和“文明交通小卫士”标识贴，制作文明交通公益广告，开展“同住一座城，共爱一个家”青少年征文绘画大赛，征集文化创意作品350余件。开设“文明肥城，青年先行”微博话题。联合市城市社区建设促进中心开展“创城有，青春同行”暑期实习实践活动，省内外10余所高校、200余名肥城籍在校大学生在文明办等机关单位和部分城市社区实习服务。③助力青年创新创业。发挥市青企协作用，围绕贯彻全市“双创”企业座谈会精神组织新会员学习交流活动，开展“我和国旗合个影”活动，推荐6名会员参加2019泰安融合之旅，主动融入泰安市青年社群赋能平台建设。为青创企业争取“鲁青基准贷”1000余万元。复核青年文明号国家级4处、省级17处、泰安市级30处，新争创泰安市级青年文明号7处，青年安全生产示范岗4处、标兵4名。

【青春活力行动】 联合市直机关工委等开展“青春心向党，建功新时代”2019肥城市“活力机关”青年行健步走活动，组织各行业500余名青年代表通过歌曲快闪、健步走定向任务、完成“我爱你中国”大型拼图献礼祖国。开展“相约农商·只为遇见你”2019肥城年联谊活动，增进机关企事业单位青年交流互动。开展全市机关青年论坛暨团青干部训练营活动，通过理论学习、业务培训、现场观摩和素质拓展等为70余名市直系统和各镇街区青年干部搭建共同学习、锻炼提升的平台。

【固本强基行动】 开展“不忘初心、牢记使命”主题教育，结合市委第六轮巡察全面查摆和整改问题，深化“青春先锋”团市委机关党建品牌建设，打造过硬党支部。召开全市青工委工作现场观摩会，完善14个镇街区青工委建设、推动团青品牌活动宣传，工作成果得到团省委和泰安团市委认可推广。深化学校共青团和少先队改革，健全团教一体化协作机制。组织第三届肥城市优秀少先队辅导员评选和大队辅导员培训。龙山小学少先队“爱心白菜”活动推送全国少工委和省市少先队平台宣传。蒋庄社区学校、实验小学鼓号队在全省鼓号操大赛中获金号奖、银号奖，蒋庄社区学校鼓号队参加泰安市少代会向市委、市政府领导展示肥城少先队风采。推选1名代表参加省学联会、17名代表参加泰安市少代会，肥城少工委在全省县市区少先队工作交流会上做典型发言。

（董　刚）

·妇女联合会·

【概况】 2019年，市妇联编制7人，下设市妇女儿童工作委员会办公室（简称市妇儿办）编制5人。辖14个镇街区妇联、604个村妇联、24个城市社区妇联、108个机关事业单位妇委会、89个“两新”妇女组织、850个女职工委员会。年内，市妇联贯彻落实中央和省市《关于加强和改进群团工作的意见》，弘扬新时代泰山“挑山工”精神，开展“不忘初心、牢记使命”主题教育，担当实干、狠抓落实，妇女工作实现新发展。先后荣获省“幸福进家”先进集体、泰安市“三八”红旗集体、家庭教育工作先进集体，肥城市信访工作先进集体、扶贫工作先进集体等称号。

【思想政治引领】 ①开展“巾帼心向党·礼赞新中国”主题宣传教育活动。引领全市14个镇街和10大市直系统，依托全市城乡社区妇女之家、妇女儿童家园和“桃都女性”微信公众号等平台，开展桃都接力月活动，线上线下广泛开展唱响祖国颂歌、书写家国情怀、讲好中国故事等活动，增强思想引领工作的传播力、吸引力。联合开展庆祝新中国成立70周年大型群众性诗文征集、诵读活动及百姓宣讲活动，2000余名妇女线上线下参与。②注重典型引领。开展“三八”红旗手（集体）、巾帼文明岗、最美家庭等评选表彰宣传工作，引领妇女争先进位。涌现出县级以上“三八”红旗手38个、集体42个、泰安市家庭教育先进集体1个、先进个人3名，泰安市好儿童、好家长各6名，李武刚家庭被评为全国最美家庭、泰安市“十大和美人家”。③常态化开展“新农村新生活”培训。深入镇街区开展家庭教育、家风传承、美丽庭院建设、反邪教等培训班8期，培训妇女近千人。

【巾帼创业就业】 ①巾帼建功。

2019年3月7日，举行肥城市庆“三八”“最美家庭”颁奖典礼暨“新农村新生活”培训启动仪式

全市涌现一大批岗位建功先进集体和标兵，肥城市行政审批服务局政务大厅荣获全国巾帼文明岗。推荐肥城市税务局第一税务分局办税服务厅参加省“巾帼建新功奋进新时代”宣传活动。②创新创业平台搭建。宣传落实妇女创业小额贷款贴息政策，上半年帮助43人办理贷款450万元，为泰安市百灵大药房争取省巾帼创业贴息资金1.08万元。推荐泰山桃木王、小娇棉傲参与省巾帼好产品网络推介展示活动。举办创业就业暨家政服务培训班，发挥“桃都大姐”家政服务中心品牌作用，争取政策支持，拓展服务项目，已培训妇女300余人，安置妇女灵活就业100余名。开展“春风行动”，3月份联合市内外企业提供就业岗位2000多个。开通“她岗位”女性就业信息服务专栏，及时征集和发布用工信息，促进妇女实现高质量和更充分就业。③开展“万名妇女技术技能培训年”活动。举办“乡村振兴巾帼行动”农村妇女技术技能培训班，加强协调配合，因地制宜创新培训方式，2019年共开展各类培训27场（次），培训妇女3962人，其中贫困妇女254人。

【家庭文明创建】 ①寻找“最美家庭”活动。通过网上网下全媒体的宣传发动，掀起寻找肥城市“最美家庭”的热潮。3月7日，举办“传承好家风·幸福一座城”——肥城市庆“三八”“最美家庭”颁奖典礼暨新农村新生活培训启动仪式，为43户“最美家庭”授牌，并奖励“十大最美家庭”每户500元。②“美丽庭院”创建。成立市“美丽庭院”创建工作领导小组，制定实施意见，以“四美”为创建标准，深入开展“美丽庭院”创建工作。通过层层召开工作推进会、现场观摩会，举办指导员骨干培训班，组织镇村互相观摩评议，展播“美丽庭院”样板户，并争取市专项资金28.7万元，用于“金桂飘香进庭院”活动，不断提升创建标准，吸引妇女和家庭积极参与。截至11月末，“美丽庭院”示范户建成率达到10.1%，村村建有示范户，超额完成全年目标任务。③家庭教育。新建泰安市级“母亲素质提升工程”实践基地2处、泰安市家庭教育志愿服务队1个。在全市开展“晒晒我的家，争做美丽庭院小能手”主题实践活动，举办“传承好家训，培育好家风”“弘扬文明家风，家家幸福安康”系列活动8期，1200余个家庭参与活动。突出特色抓家庭，5个家庭荣获泰安市“绿色家庭”，开展廉政家庭建设，举办家风讲座，万封家书传真情活动中，市妇联和6封家书获泰安市奖项。④巾帼志愿服务。开展“义务植树”、创建全国文明城市、“新时代文明实践家风传承”“爱心帮扶”、社区共建等主题志愿服务活动10次，200余名志愿者参与。

【维护妇女儿童权益】 年内，推进实施妇女、儿童发展“十三五”规划，履行维护妇女儿童权益职责。①推进实施两个规划。推动男女平等基本国策进党校，9月27日，邀请济南大学教授唐斌尧为科级班和中青班学员做专题辅导。举办镇街区妇儿

2019年3月6日，成立肥城市反家暴公益维权站

工委和成员单位联络员培训班，协调成员单位更好地为妇女儿童服务。②加大普法力度。以“三八”维权周、“法治宣传月”等为契机，组织集中普法宣传，提高妇女群众的维权意识。挂牌成立肥城市反家暴公益维权服务站，组织开展“反对家庭暴力，呵护美好生活”志愿签名、普法宣传进景区、巾帼禁毒宣传、送法律“进社区、进家庭、到身边”等活动。③创新维权载体。“幸福护航”婚姻家庭辅导服务全面铺开，招募志愿者25名，开展贴心服务。举办“婚姻家庭进基层”系列活动，邀请专家教授就婚姻家庭冲突调适等进行专题培训，为妥善化解婚姻家庭矛盾，建设“幸福、和谐、文明”家庭提供精准服务。④妥善处理信访问题。畅通12338妇女维权热线，发挥基层妇联维权站、综治维稳成员单位作用，推动妇联维权工作社会化。截至年末，接待来访61件次，处结率100%。

【巾帼帮扶救助】 ①“巾帼脱贫”行动。创建泰安市级巾帼脱贫示范点7个，其中“大姐工坊（大姐农家乐）”5个，巾帼居家创业就业脱贫示范基地2个。发挥示范引领作用，带动贫困妇女居家就业增收。②“四净”关爱帮扶。下发通知，全市上下组成关爱帮扶、家庭互助、志愿服务等队伍，面向建档立卡贫困户定期开展活动。市妇联先后到潮泉镇大王村开展活动两次，帮助五户贫困户打扫室内外卫生，送去生活用品。③儿童安全。开展“快乐过暑假，安全不放假”“呵护儿童安全，牵手共成长”等系列活动，普及“五防”▲知识，提高安全防范意识，组织少年儿童走进青少年宫、科技馆开阔眼界。④关爱困难妇女儿童。到“第一书记”帮扶村开展“情暖中秋”慰问活动，走访贫困母亲12名，争取配套资金118万余元，免费为9300余名农村妇女进行“两癌”筛查。争取全国专项基金36万元救助贫困患病妇女36名。争取慈善基金3万元救助“春蕾女童”60名。“六一”期间发动镇街区及社会力量帮扶救助困境儿童200余名，帮扶物资共计5万余元。

▲“五防”：即防性侵、防拐卖、防校园暴力、防自然灾害、防意外伤害。

【妇联组织自身建设】 年内，激发活力，纵深推进妇联组织改革创新。妇联组织广泛性代表性先进性显著增强。召开十届七次执委会，选举产生57名出席泰安市妇女十一大代表，其中专职妇女工作者16人；各族各界各行各业劳动妇女和知识女性41人；执委7人（差额1人），均为基层一线妇女。巩固和深化基层妇联改革成果。实施基层妇联组织“细胞工程”，印发《关于实施基层妇联组织建设“细胞工程”的方案》，在全市推进妇联改革向纵深发展、在基层落地。推进妇联网络及新媒体建设。加强平台建设，形成以“桃都女性”为龙头，各镇街区620余个微信群为基础的多平台妇联系统网络。加强内容建设，及时发布市妇联及镇街区妇联工作动态，记录妇联重要活动、展示工作成果。加强队伍建设，建成100余人网评、网宣员队伍，发挥在引导互联网舆论中的重要作用。举办基层妇联干部素质提升培训班，提升妇联干部和执委的专业能力。

（王新玲）

法治·军事

法治·军事

法治综述

【概况】 年内，按照机构改革要求，市委政法委稳步推进原综治、维稳等职责转隶，通过合理调整科室、优化职能配置，改革后内设6个职能科室，辖1个副科级事业单位。新增事业单位工作人员3人，至年末，实有干部职工19人。2019年，市委政法委以国庆70周年安保维稳为主线，担当作为、履职尽责，扎实推进平安肥城、法治肥城建设，全面完成年度目标任务。①深化平安肥城建设。坚持总体国家安全观，坚定不移开展反渗透、反恐怖、反邪教斗争，圆满完成全国“两会”、海军节、“一带一路”论坛、园博会、中华人民共和国成立70周年等十几个重点时段安保维稳任务，及时稳控e租宝、“团贷网”、泰安瑞和等群体性事件，顺利完成新泰涉黑案的庭审保障任务，有力维护社会大局持续稳定。市委、市政府被省委表彰为“国庆70周年安保维稳工作先进县（市、区）党委政府”。深入推进扫黑除恶专项斗争，在重点领域部署开展线索核查“百日会战”，以及“两节”市场综合整治、“保健”市场整治、“医闹”整治等6项整治行动，进一步加大行业监管力度；深入开展农村“三资”清理集中行动，铲除黑恶势力赖以滋生土壤，工作经验在中央政法委机关杂志《长安》刊登推广。②推进法治肥城建设。市委成立全面依法治市委员会及其办公室，全面依法治市工作开启新篇章、迈入新征程。召开全面依法治市委员会第一次会议，在泰安市率先铺开依法治市工作。开展法治政府示范市创建，制定出台《行政诉讼败诉案件责任倒查实施办法》，省委依法治省办《工作简报》予以刊发并于全省推广。推进执法司法规范化，完善程序规则、质量标准、监督制约办法，确保执法司法权依法规范运行。深化审务、检务、警务、司法行政公开，实现执法办案流程和关键执法环节网上管理、网上审批、网上监督、网上考评，以信息化促进执法规范化。③提升社会治理效能。调整优化“雪亮工程”建设方案，指导镇级综治中心阵地整合，推进村级综治中心规范化建设。细化网格管理员职责，加强城乡社区网格化管理，夯实基层基础，形成治理合力。完善社会治安防控体系建设，健全一元主导多元化解

2019年9月12日，肥城市公安局举行新中国成立70周年大庆安保誓师大会，组织勇士车、防暴车、剑齿虎、运兵车、摩托车等车队开展拉动演练（刘洋　摄）

机制，及时将矛盾纠纷化解在村、组和网格。做好涉法涉诉信访积案化解工作，综合运用律师代理、司法救助、困难帮扶等多种方式，切实提高化解实效。

（吴 敏）

【社会治安综合治理】 2019年，市委政法委围绕上级确定的市域社会治理重点工作，突出问题导向，整合社会资源，夯实基层基础，创新治理措施，全面推进社会治理“六大工程”，人民群众获得感、幸福感、安全感持续提升，在2019年全省群众安全感调查中，肥城市得分位居泰安市各县市区之首。①综治中心标准化。树立“社会治理社会治，综合治理综合抓”的理念，探索社会资源、力量整合及统筹利用，完善社会治理体系和机制，推进综治中心标准化建设，实现治理资源集约化、治理方式扁平化、治理措施精细化。至年末，市综治中心和14个镇街区综治中心、320个村居综治中心已完成标准化建设任务。②网格服务管理规范化。注重力量下沉，夯实基层基础，全市划分网格863个，城市社区网格127个，农村社区网格587个，专属网格149个，完成网格编码，配备网格员，明晰网格职责，落实保障措施，完善运行机制，提升信息化水平，实现网格化管理无缝隙、服务全覆盖。③雪亮工程建设一体化。坚持向科技要警力，推进公共视频监控建设，全市各级累计投入过亿元，公共领域视频监控探头36000余个，实现无盲区、全覆盖。在此基础上，借鉴学习外地先进经验，深度结合肥城实际，探索推进公共安全视频图像共建共享途径，提出“雪亮工程”一体化建设方案。④矛盾纠纷化解多元化。建立市委副书记负责、政法委书记协调指导、镇街党委副书记牵头、村（社区）党组织书记负主体责任的“一元主导”工作体制，加强人民调解、行政调解、司法调解“三调联动”，促进信访、诉讼、仲裁、调解有机衔接，完善市、镇、村三级矛盾纠纷多元化解联席会议制度，强化访调、诉调、检调、公调、行调等工作对接，实现矛盾纠纷矛盾联合调处。2019年，累计调处各类矛盾纠纷1858件，全部调处化解。其中涉及疑难复杂案件42件，防止群体性上访纠纷29件。⑤治安巡防社会化。不断加强专业化巡防力量建设，动员发动群防群治队伍积极参与，分类指导，分线推进，共同建设平安家园。城区坚持以公安特警巡逻为主，社会组织和群众组织辅助配合的合成化巡防模式。公安特警牵头，做强专业化巡防；农村坚持以公安派出所牵头，组织镇级巡逻队常年巡逻，发动各村居基层组织和群防组织积极参与的巡防模式。2019年，在城区合成化巡防工作中，现场抓获犯罪嫌疑人38人，破获案件67起。5月27日，全国公安特警队建设现场会观摩肥城现场。⑥政法科技信息化。利用现代信息技术对政法工作的强大支撑功能，不断加大资金投入力度，整合内外网资源、软硬件资源和技术人员力量，有效提高政法工作的科技化水平。高效利用网络技术，研发推广全方面政法综治应用系统，深入推进政法工作信息化建设。统筹整合社会资源，加强社会面和重点领域管控，深入推进社会治理信息化建设；发挥媒体优势，推广新媒体应用，推进政法宣传信息化建设。

【见义勇为】 2019年，肥城市4名群众荣获“泰安市见义勇为先进分子”称号，其中吕良同时荣获“山东省见义勇为先进分子”，全市见义勇为英模人数超过180名。为获得省和泰安市见义勇为奖励的英模举办颁奖仪式，取得积极的社会效果。

（张 华）

【执法监督】 ①严格案件督办。在省委巡视期间共收到移交信访件2批次共计19件，经过分析研判，按照职责归属，分别下达来件移交单，将信访件全部及时分流，并于4月前督导相关部门全部办理完结。②协调敏感案件。协调并做好瑞和案件兑付以及新泰涉黑案件审判工作期间的保障工作。要求政法各部门强化监督管理，着力提质增效。市法院落实审判管理工作、案卷质量评查、审务督察“三通报”制度，加大审限预警、催办、督办力度，落实网上立案制度，推进“分调裁审”改革，办案效率有效提升。市检察院利用统一业务应用系统对案件办理情况进行监控，推进智慧检务建设，率先试点并全面应用泰安市检察院自主研发的业务办案智能辅助系统、检察官综合业绩智慧评价系统和案件质量预检系统，提高办案水平。市公安局创新研发集“案件快办、智能审讯、数据共享、执法监督”于一体的智慧办案系统，深度应用“四维双向”执法监督管理工程，管好用好案件管理中心和智能办案中心，执法要素实现合成化、智能化管理。市司法局加强司法所与基层法律服务所“两所共建”，探索打造“社区法律服务之家”，实现便民服务的一站多能，进一步向基层延伸服务触角。

（王　勇）

【政法队伍建设】 以“守初心、担使命，找差距、抓落实”为总要求，开展“不忘初心、牢记使命”主题教育，政法队伍政治站位、宗旨观念、履职能力进一步增强。落实《中国共产党政法工作条例》，所有镇街区全部配备政法委员。组建3900余人的“政法小编”队伍，被省委政法委确定为调研宣传联系点。6月12日，召开中共肥城市政法系统第一次党员代表大会，选举产生第一届政法系统机关党委。系统党委成立后，严格落实全面从严治党部署，坚持重大事项集体研究，加强对党建重点工作任务的现场指导监督，推进基层党组织规范化、标准化建设，从抓规范、促提升上狠下功夫，从严落实“三会一课”、民主生活会、民主评议党员等制度，推进全面从严治党向基层延伸。2019年，指导系统所属19个党组织按期完成换届选举，新成立2个机关党委、15个党支部顺利完成选举，新发展党员6名。深化党建品牌建设，政法部门实现一单位一品牌，一支部一突破项目，政法系统基层党建工作水平全面提升。2019年，政法系统机关党委所属党组织受到泰安市委表彰的新时代泰山“挑山工”先进集体2个，肥城市委表彰的红旗党支部1个、先进基层党组织1个；市直机关党建十佳示范点1个，十佳党建品牌2个。

（杨红梅）

法治政府建设

【概　况】 2019年，肥城市贯彻落实中央全面依法治国重大决策部署，围绕构筑“党建新高地、法治新高地、市场新高地”目标，牢固树立“市场”和“法治”两种意识，以“山东省法治政府建设示范县（市、区）”创建为抓手，突出重点，强化措施，切实转变政府职能，推进依法决策依法行政，优化提升政务服务，打造法治化营商环境，法治政府建设各项工作取得新成效。

【依法全面履行政府职能】 ①转变政府职能。年内，顺利完成党政机构改革，市政府工作部门精简为27个，构建起职能科学、精简高效的政府组织体系。组建市行政审批服务局，181项审批权力事项实现集中办理。②优化营商环境。动态调整部门权责清单，完成32个部门的15852项权责事项清单的编制和公布工作。推行“一次办好”“全程代办”“拿地即开工”服务模式，打造“市场你来闯、服务我来办”营商品牌。全年为27个重点项目代办手续130项，营业执照实现“七十证合一”，全市企业登记时间压缩至1个工作日，市场主体网上登记达76%，全程电子化率超50%。③加强市场监管。实施“双随机一公开”监管，全年完成各类检查抽检1.4万余次。推进社会信用体系建设一体化，强化市场主体信用信息公示作用，建立健全“红黑名单”管理制度、联合奖惩机制，建立全市统一的公共信用信息平台。

【推进科学民主依法决策】 市政府第十一次常务会议集体学习解读国务院《重大行政决策程序暂行条例》，全面推动落实公众参与、专家论证、风险评估、合法性审查、集体讨论决定等法定程序，切实做到科学决策、民主决策、依法决策。11月，印发《关于进一步规范重大行政决策事项合法性审查工作的通知》，明确重大行政决策事项未经合法性审查或经审查不合法的，不得提交市政府常务会议讨论；对市政府重大行政决策事项均从决策主体、权限、程序、内容等方面进行合法性审查，确保决策事项合法合规。6月，印发《关于做好行政规范性文件合法性审核工作的通知》，梳理公布市级行政规范性文件制定主体52个。年内，审查市政府文件18件，其中规范性文件1件；审查政府决策事项36项，重大行政决策事项8项全部予以合法性审查，审查政府合同协议22件。

【政府法律顾问】 建立完善以法制机构为主体，律师、专家参与的法律顾问制度体系。3月，完成市委、市政府法律顾问续聘工作，聘用法律顾问10人。年内，法律顾问列席政府常务会议11次，列席四大班子联席会2次，参加国土资源委员会会议5次，审查政府行政合同或协议22件，参与研究各类行政争议案件、历史遗留问题42件，参与研判重大疑难信访案件53件，提供法律咨询意见200余次。

【行政执法监督】 全面推行行政执法“三项制度”▲，推进行政处罚、行政强制权力事项网上运行。年内，全市22个有行政处罚、强制权力事项部门共发布行政处罚事项3143项，行政强制事项153项，行政检查事项452项；16个无自建系统的执法单位录入检查案件58项，行政处罚案件23件。规范重大执法决定法制审核工作程序，推行“三级审核”制度，所有重大执法决定均严格按照程序进行法制审核。结合机构改革，审核确认全市具有行政执法主体资格的单位67个，审核录入行政执法人员信息1522人。组织新申领执法证件和执法证件四年审人员382人参加全省行政执法资格考试。年内，对重点部门的行政处罚案卷进行抽查，检查反馈各类问题384项。

▲行政执法“三项制度”即行政执法公示制度、执法全过程记录制度、重大执法决定法制审核制度。

【政府权力制约监督】 加强党内和人大监督，重大事项按规定事前向市委、市人大报告。严格主要负责人“任中审计”“离任审计”，对自然资源、财政资金使用、国有资产管理等开展专项审计；聘请第三方定期对各部门开展全覆盖式审计。支持法院依法受理、审理行政案件，7月，制定出台《关于加强行政机关负责人出庭应诉的意见》，对司法建议及检察建议的办复率达到100%。全面做好政务公开，年内主动公开5大类32项重点领域政府信息累计6605条；收到政府信息公开申请28件，按时答复率100%。

【行政复议和行政应诉】 ①行政复议。严格履行办案程序，提高复议案件办理质量。年内，审结行政复议案件62件，其中撤销原具体行政行为2件，决定被申请人履行具体行政行为的4件，直接纠错率9.7%；通过调解、和解终止结案的15件，间接纠错率24.2%。加强复议宣传，开展庆祝行政复议法实施20周年宣传活动，发放各类宣传资料2000余份，解答群众咨询50人次。②行政应诉。落实行政机关负责人出庭应诉备案、行政诉讼案件备案报告、败诉案件分析等制度，全年登记备案行政诉讼案件67件。年内，组织庭审观摩活动2次，市直各行政机关、镇街区负责人140余人参加。8月，制定出台《肥城市行政诉讼败诉案件责任倒查实施办法》，行政诉讼败诉率纳入全市经济社会考核指标，倒逼全市各级行政机关和领导干部增强法治观念，树牢法治思维。③行政争议审前和解。与市法院联合组建行政争议审前和解中心，办理和解案件2件。

【“山东省法治政府建设示范县（市、区）”创建】 8月，市委全面依法治市委员会办公室印发《关于开展法治政府建设示范创建活动的实施方案》，细化分解9大指标、99项目标任务，落实牵头部门和责任单位，明确各部门单位工作职责和标准要求，构建起健全完善的法治政府建设工作体系。肥城市法治政府建设示范创建初审评分101.8分，在泰安市名列第一，被推荐为山东省首批“法治政府建设示范县（市、区）”。

（李国芳）

公　安

【概况】 2019年，肥城市公安局担当作为、狠抓落实，深入实施主动警务，推进强警战略和铁军建设，圆满完成各项工作任务。①忠诚使命护稳定。坚持“稳定压倒一切”，成功打赢新中国成立70周年等系列安保活动硬仗。以创建“枫桥式公安派出所”为载体，超前主动化解矛盾纠纷，未发生有影响的个人极端案事件，维稳处突、反恐制暴的核心战斗力不断提升。全国公安特警队建设现场会观摩肥城市现场，肥城市公安局桃花源派出所被评为全国首批“枫桥式公安派出所”。②恪尽职守保安宁。围绕“深挖根治”的目标，与农村“三资”清理行动同向发力，推动扫黑除恶专项斗争纵深开展。深度应用网警+X“四快”一体化、局长盯案等打击机制。对黄赌、不规范养犬等“扰序”行为主动管、依法治，秩序治理由应对向驾驭、被动向主动转变。全面加强交通、消防等安全监管，未发生有影响的安全事故。③主动作为促发展。主动对标工作大局，聚焦新旧动能转换、双招双引等重点任务，警力前倾、措施前移，为经济社会高质量发展创造良好环境。持续树牢以人民为中心的发展理念，践行严格规范公正文明执法要求，开展执法“双清”行动，推进“放管服”改革举措落地落实，群众满意度持续提升。④党建统领铸铁军。坚持党建统领、铁军铸魂，开展“不忘初心、牢记使命”主题教育。全面从严管党治警，刚性落实制度规定。深入实施人才、创新、品牌“三大强警战略”，带动硬实力和软实力的“双提升”。年内，被省文明委表彰为“省级文明单位”，被泰安市委表彰为“新时代泰山‘挑山工’先进集体”，被泰安市委组织部、泰安市人力资源和社会保障局表彰为“基层防控标兵先进集体”，被泰安市公安局授予“新中国成立70周年大庆安保维稳突出贡献奖”，被肥城市委表彰为“尊师重教先进单位”，党建工作被肥城市委评为一等奖，被肥城市委、市政府记集体三等功。局网络安全保卫大队被省公安厅记集体二等功，6个集体荣立集体三等功，有2名民警荣立二等功，15名民警荣立三等功。另有39个集体、61人（次）受到肥城市委市政府和泰安市公安局以上表彰。

（李　涛　方金泽）

市公安局开展“践行新使命，忠诚保大庆”实践活动，全面提升公安窗口服务工作水平（刘洋　摄）

【刑事侦查】 全年共抓获各类犯罪嫌疑人257人，逮捕117人，同比增长17.7%，起诉252人，起诉案件232起。①扫黑除恶。保持最高站位继续对扫黑除恶出重拳，发挥“尖刀”作用，抓专案攻坚，抓线索核查，打伞破网。年内，先后打掉恶势力犯罪集团2个、恶势力团伙2个、涉恶共同犯罪团伙8个，刑拘75人，逮捕50人，起诉78人。接到涉黑恶线索137条，其中部级线索3条，省级线索5条，全国扫黑办举报平台7条，其他线索122条。②命案快侦快破。继续保持命案等重大有影响案件的快侦快破，年内发生的5起命案现案，全部在第一时间破获，及时消除不良社会影响。③反电诈专项行动。继续深化“网警+X”四快一体化作战模式，开展反电诈专项行动。大队开展打击电信网络诈骗犯罪破案大会，成功打掉以“假冒公司合作投资”、网络“约单”“注册投资平台”诈骗投资、拍卖收藏品、诈骗手续费等多个诈骗团伙，共抓获犯罪嫌疑85人，破获案件121起，其中本地案件72起，冻结资金1377.2万元，止付1227.3万元。④打击盗抢骗。大队坚持民意引领，精准打击盗抢骗案件，全力推进“作战单元”模式提档升级，以“打流窜、打团伙、打职业犯罪”为重点，构建“大案快破必破、小案串破多破”的工作格局。年内，处理犯罪嫌疑人404人，同比增长7.3%，逮捕42人，同比增长23.5%，起诉73人，同比增长37.7%，打掉团伙12个，成员72人，破获传统盗抢骗案件1185起，同比增长9.6%，各项数据均有大幅度增加。在泰安市局组织开展的刑侦部门实战大练兵“作战单元”比武竞赛中，肥城市局荣获“综合成绩突出单位”和“合成作战表现优秀单位”。⑤精准追逃、公开通缉。严格落实“五定一包”“一逃一档”的工作要求，实行全警、精准追逃，成功抓获潜逃9年命案逃犯许×洋。共计抓获各类逃犯173人，其中通缉令逃犯17人，历年逃犯26人。⑥禁吸戒毒。破获公安部目标案件1起，省厅目标案件2起，抓获各类涉毒违法犯罪嫌疑人71人，逮捕36人，起诉39人，强制戒毒13人，新增吸毒人员19人，缴获毒品（冰毒）2956.26克。至年末，全市在册吸毒人员296人。⑦刑事技术服务侦查破案。年内，共勘验各类现场347起，现场勘察率达100%。通过指纹直接比中犯罪嫌疑人18人，破获案件27起，串并案件35起，刑事技术服务侦查破案效果突出。⑧DNA实验室。年内，建成并投入使用DNA实验室，并已发挥突出作用，通过DNA检验，连续破获“10·1”汪×生抢劫案，湖屯、桃园系列商铺被盗案等系列案件。⑨Y-STR数据库建设。大队对“Y-STR”数据库建设高标定位，狠抓落实，调查村居、绘制家系图谱已经全部完成，年内，采集血样54467份，送检血样54467份，家系采集率100%，家系检验率97%。按照上级要求家系录入及血样采集、血样检验工作圆满完成。⑩警犬技术。因人因犬因地科学训练，服务实战水平不断提高。全年携犬武装巡逻178天，出动534人次、534犬次，协助参加案件侦破、嫌疑人抓捕及警情处理60余次。

（刘　娇　苏伟华）

【经侦工作】 2019年，经侦大队共侦破各类经济犯罪案件22起，抓获犯罪嫌疑人58人，挽回经济损失1200余万元。工作中围绕“防风险、护发展、保稳定”的目标，主动作为、创新攻坚，严打严防各类经济犯罪活动，强化重大风险化解攻坚，深入推进数据化实战，工作成效明显。①防范化解重大金融风险。打好防范化解重大金融风险攻坚战，把打击防范涉众型经济犯罪作为工作重点，持续进行类金融风险企业摸排，开展打击非法集资等涉众型经济犯罪专项行动，年内共破获非法吸收公众存款案7起，抓获犯罪嫌疑人23人，为群众挽回经济损失200余万元。②严打涉税犯罪。注重对部门移交案件线索的甄别核实，对构成犯罪的坚决予以打击。年内共根据扫黑办、纪委、税务部门及外地公安机关移交线索破获虚开增值税专用发票案7起，抓获犯罪嫌疑人12人。③严打涉企犯罪。注重护企促商，打造良好营商环境，对危害企业利益的犯罪坚持露头就打，最大限度避免和减少企业经济损失。年内共立案侦查涉企合同诈骗、侵犯知识产权、职务侵占、串通投标等案件6起，破案4起，抓获犯罪嫌疑人7人。④严打金融犯罪。对破坏金融秩序的非法资金支付结算、逃废金融债务、信用卡诈骗等犯罪重拳出击，年内破获的"1·15"非法经营案为全国首起利用跑分平台从事跨境资金支付结算业务案，共抓获犯罪嫌疑人13人、冻结涉案资金1亿余元，公安部经侦局对此案发来贺电。⑤强化集群作战。推进云端打击主战模式，通过对在侦案件扩线深挖，分别在涉税领域、金融领域、商贸领域发起集群战役共计9起，各涉案地公安机关共计抓获犯罪嫌疑人60余人。⑥注重数据化实战。组织民警参加全省经侦系统"论剑"2019数据化比武竞赛，取得反洗钱领域第二名的好成绩，利用该案提炼总结的技战法获得"论道"2019年度全省公安经侦系统精品案例二等奖。在此基础上，把研判成果向战果转换，根据研判出来的线索发起3起妨害信用卡管理案集群战役，各涉案地共打击处理20余人。

（赵文静）

【社会治安管理】 ①打击违法犯罪。强化主责主业，重点整治各领域乱象，年内共破获各类案件1889起，其中行政案件1876起，刑事案件13起。依法处理违法犯罪嫌疑人1447人。②治安领域公共安全监管。强化危爆物品安全监管，对全市42家涉爆单位和从业人员建档立卷，收缴管制刀具13把、仿真枪8支、子弹3125发。开展重点行业场所专项整治，对全市303所学校、183家旅馆、13个寄递企业53处网点、189家物流、11家娱乐服务场所、63处加油站、38家网吧等行业场所全部规范建立台账并录入管理系统，实行动态管理。严格审批大型群众性活动，健全风险评估等安全工作机制，年内28场大型群众性活动没有发生安全事故。维护输油管道安全，召开联席会议12次，实现全年"零打孔"工作目标。强化内部安全保卫工作，检查重点单位230家（次），落实安全防范措施98条。强化警校共建，加强和规范学校、幼儿园固定勤务工作及各类涉校安全隐患排查工作，在泰安率先完成校园"一键式"报警装置及城区29处人员密集场所防冲撞硬隔离设施安装任务。落实湖泊警长制，办理河道领域违法犯罪案件6起，依法有序拆除违章建筑6处。7月9日，在全市公安机关河道湖泊警长制工作推进会上做典型发言。③派出所基层基础工作。主动学习借鉴新时代"枫桥经验"，对社区警务室进行清理整顿，做实做优"1+2+N"社区警务模式，健全对全市605名警务助理、80名社区网格员的动态管理。7月9日，泰安市派出所规范化建设提升现场会在肥城市局召开。11月28日，桃花源派出所荣膺首批全国"枫桥式公安派出所"。④社会面治安管控。妥善化解矛盾纠纷，紧盯涉医、涉校、拆迁、环保等重点领域，排查化解矛盾纠纷1420起，敏感类、纠纷类警情同比下降9.2%。落实治安涉稳信息监测预警、排查化解、提前处置等工作机制，对195名肇事肇祸精神病人、10名治安重点人等全部建立一人一档。完成各级"两会"、中华人民共和国成立70周年系列庆祝活动等重大活动安保及其他会议、项目安保工作数十次。依法整治拆迁闹、信访闹、医闹及旅游、不规范养犬、噪音扰民等社会乱象和突出问题，维护良好的社会秩序。年内共处置涉医、涉校负面舆情9起，摸排登记广场舞等易产生噪音扰民群体43个，规范校外辅导机构123家。⑤反恐工作。落实人员密集场所防冲撞隔离设施建设、校园"一键报警"装置安装及重点目标单位视频监控接网等反恐怖防范工作措施。完成53家反恐重点目标单位视频监控接入公安网工作，55处人员密集场所防冲撞隔离设施安装验收合格，适用《中华人民共和国反恐怖主义法》对石横某加油站开出首张大额罚单。7月9日，肥城市反恐办作为唯一县市区在全省反恐防范工作现场推进会上作视频汇报。

（宿亚琴）

【网安工作】①案件侦查。深化网警+X“四快”一体化打处机制，开展打击侵犯公民个人隐私、网络贩枪、网络赌博、网络诈骗等网络犯罪案件，创新实施侦破网络犯罪案件“五步联查”工作法，先后破获“3·6”网络诈骗案、“7·19”非法利用信息网络案等99起网络犯罪案件。②网络安全基础管控。摸排全市互联网电子显示屏信息470余条，监控探头排查信息1085条，联网单位信息37条；督促指导全市党政机关、国有企事业单位等重点保卫对象落实网络安全等安保责任，完善网络与信息安全信息通报机制，开展网络安全现场执法检查50余次，下发风险隐患告知19份、整改通知23份，约谈问题网站6家；全市重点网站和重要信息系统未发生被入侵、篡改等网络安全事件。③电子数据检验室。参与办理案件80余起，采集手机信息8090余万条，出具《电子证物检查笔录》《检验鉴定报告》等法律文书82份，实现对案件现场及各警种电子数据取证服务的实时推送和情报汇聚。④互联网信息监控。24小时不间断开展互联网网络信息公开巡查执法活动，密切关注舆论动态，发现并处置互联网有害信息530余条，发表警示、辟谣、正面宣传等执法文章16篇。

（李　伟　赵丽芳）

【食药环侦】全年共侦破各类涉食品、药品、环境刑事案件28起，抓获犯罪嫌疑人85人，刑事拘留8人，取保候审70人，起诉81人，法院逮捕1人。①升级改造快检实验室。大队不断补充实验室设备，充分发挥实验室的初检作用，为下一步侦办案件打下基础。②开展扫黑除恶专项工作。大队多次组织召开专项行动推进会，发挥专项行动主力军作用，树立敢打必胜的信念，打出声威和效果。③开展“昆仑行动”。大队抓住“领导高度关注、群众呼声强烈、舆论炒作集中”的大案要案，树立“零容忍”的理念，加强部门协作等措施，联合市场监管局共抽查市场、商场、超市等25家，保健品店4家，切实加强各行业从业者的法律意识，规范肥城市食品、药品、环境等领域经营秩序。④开展“不忘初心、牢记使命”主题教育中整治食品安全问题联合行动。围绕食品生产经营环节违法违规行为、保健食品虚假宣传、校园及周边食品安全、农产品质量安全、网络餐饮服务食品安全等群众关切的问题，开展整治食品安全问题联合行动。⑤推广应用“泰山食敢当、共治共享”指尖精兵智慧警务工作新模式。组建在线人数8661人，在线率95%，搜集有效线索1012条，实现情

2019年5月20日，肥城市公安局组织民警开展群体性事件“非接触性、非杀伤性”武器处置演练（刘洋　摄）

报触角的基层延伸，为搜集案件线索情报及侦查办案打下坚实基础。

（王明利）

【110报警服务】 2019年，110报警服务台以指挥调度“零差错”、服务群众“零距离”为目标，坚持实战导向，强机制、砺本领、提效能，有力确保全市110警情科学规范接警处置，①科学指挥。2019年，共受理各类报警104067起，有效报警21841起。其中刑事类警情248起、治安类警情1490起、纠纷类警情3712起、交通事故警情8508起、火灾事故警情489起、群众求助7374起、群众举报违法犯罪线索4起、其他警情11起，可防性警情同比下降29%，没有发生因接警处置不及时引发的投诉等问题。②健全机制。坚持警情每日审查、专人审查，按照程序逐步审核把关，从源头上把好可防性警情的定性关。坚持警情“点对点”推送，每日警情、每周警情综合研判，为领导决策及时提供有力支撑，被泰安市局推广为实战警务机制建设示范点。③主动警务。坚持社会秩序系统治理、源头治理、综合治理，纵深推进非警务求助事项处置工作，应用自主创新研发的“指尖通”系统，以“部门融通、信息互通、问题疏通、民意相通”为支撑的“1+4”非警务分流处置模式，有效构建起“政府主导、部门联动、责权清晰、规范高效”的非警务分流架构体系，非警务警情分流率达100%，处置成功率达100%。

（胡　丽）

【特警工作】 2019年，特警大队围绕各个时期的公安中心工作，做强专职专长、忠诚履职担当，不断提升队伍正规化、专业化、体系化、规范化水平，努力打造一支全市领头、全省领先、全国一流的县级公安机关特巡警队伍，为全市经济社会发展做出新的贡献。①特警队伍示范样板打造。完成全国公安特警队建设现场会观摩任务，打造县级特警队伍示范样板。5月29日，全国公安特警队建设现场会在山东召开，与会代表现场观摩肥城市公安局特警大队。在肥城市局特警大队，与会代表观看特警建设专题片，实地观摩特警大队训练楼、生活楼、室外综合训练场基础设施建设和装备配备、实弹射击训练科目演示等工作，对肥城市局以“五强五力”为主线，深度应用信息化、智能化手段，加强特巡警队建设的做法给予高度评价。年内，特警“利剑”品牌荣获首批泰安公安品牌一类品牌。②安保维稳。2019年，完成新中国成立70周年、海军成立70周年多国海军活动、全国、省市“两会”、春节、高中考安保等各类安保任务210起，联合信访局处置扰乱信访秩序260余起，劝返900余人次，实现在市委、市府堵门、打横幅等严重聚众扰乱信访秩序事件的零发生。安保期间在汽车站执勤时抓获上网逃犯1人，赴青岛安保增援期间抓获上网逃犯1名、毒驾违法嫌疑人1名，大队荣获泰安市局大庆安保维稳工作成绩突出集体三等功。③巡逻防控。不断深化“特警+X”大巡防，切实将主动警务贯穿到特

2019年5月12日，特警队员开展处突演练（刘洋　摄）

警工作的各方面和全过程，以强有力的举措主动优化社会秩序。运用常态武装巡逻、携犬车、步巡等巡逻方式，打造震慑打击、快反机动、服务救助“三位一体”覆盖全城的巡防网络；完善改进便衣巡逻模式，坚持警情导防、导侦，做好目的巡防、针对巡防，进一步堵塞防控阵地漏洞。全年累计投入总巡防警力7000余人次，接处警120起、调解各类纠纷矛盾300余起、现场抓获违法嫌疑人2名，服务救助受困群众1400余起，最大限度确保人民群众生命和财产安全。

（杨　娜）

【看守工作】 2019年，看守所共收押各类犯罪嫌疑人884人，出所882人，其中投牢136人，刑满释放81人。看守所坚持“以人为本、安全第一”的监管理念，实现连续25年安全无事故、民警零违纪。①创新打造“立体化”安全监管模式。按照《肥城市看守所“一事一议”即时奖惩办法》，将民警日常工作与奖惩机制挂钩，不断加强队伍建设，强化纪律作风；以民警发现在押人员违规问题为依据组织开展监室秩序整顿与“先进监室”争创活动，聚合力保安全，始终坚持规范执法、文明管理，全力保障在押人员的合法权益，不断提升民警队伍凝聚力、战斗力。2019年，看守所“立体化”安全监管模式在泰安市公安机关警务创新创意大赛中获得优秀奖。②健全安全管控机制。强化熟知率考核，组织民警参加“在押人员熟悉率”比武竞赛，全面掌握在押人员基本情况及思想动态；梳理重点在押人员，制定精细缜密的处置方案，及时妥善处置突发疾病，确保不发生任何事故；细化工作措施，定期开展监区安全大检查、监室秩序整治、“先进监室”争创活动，狠抓制度落实，确保监所绝对安全。③安全隐患动态清零。看守所坚持问题导向，全面开展自查自纠，深入推进悬挂点整治活动，规范伙房整改，确保问题整改到位、隐患彻底清零，形成常态化、长效化的隐患排查整改机制。严格落实曹庄矿医院派驻医生24小时值班、巡诊治疗、健全医疗档案、紧急救治等制度，与肥城市中医院开通“绿色就医通道”，保障在押人员合法权益。2019年11月19日，泰安市公安机关“两所两队两无一零”专项督察活动现场推进会在肥城市局召开，看守所为观摩现场之一，受到省厅领导一致认可。④服务扫黑除恶斗争。突出监管场所实战作用，将监管工作与扫黑除恶、打击整治、精准追逃等工作相结合，加大对重点在押人员的教育引导，物色建立在押人员耳目，全力摸排线索、深挖违法犯罪、服务打击破案。年内，共挖掘案件线索58条，破获案件53起，抓获违法犯罪嫌疑人58名。通过深挖犯罪，在押人员提供相关黑恶霸痞线索5条，及时转递市局扫黑办，为服务扫黑除恶、协助破案攻坚提供保障，发挥监所作为打击犯罪“第二战场”的职能作用。

【拘留工作】 2019年，拘留所共行政拘留1122人，贯彻落实全国全省全市公安工作会议、历次党委会议及市局系列会议部署要求，围绕“六个坚决防止”“三个确保”的目标要求，全力推进各项重点工作开展，确保监所安全稳定，实现连续23年安全无事故、队伍无违法违纪的工作目标，完成拘留所等级评定工作，在公安部等级评定中被评为全国“一级所”。①监所拘室悬挂点整治。先后完成11间拘室制式床具更换、450平方米防爆玻璃改造、11间拘室洗手盆和浴室的改造工作，彻底消除基础设施问题隐患。②重点人员稳控。定期召开所情分析会，提出针对性的重点人员管控措施。对重点人员谈话30余次，对存在问题苗头的人员，进行重点心理干预和疏导，加大谈话教育力度，做好其思想稳控工作，确保重点人员不出问题。③社会矛盾化解工作。设立管教民警负责社会矛盾化解工作，细化工作措施，加大工作力度，2019年共化解社会矛盾112起。同时加强谈话教育工作，加大对被拘留人的谈话教育力度，不断创新教育方法，将教育引导和心理疏导贯彻到管教工作的始终。④日常安全大检查。为确保监所安全，防止违禁品流入拘室，消除安全隐患，共组织民警对被拘留人人身、拘室进行安全大检查50次，不定时突击检查10次，确保无私藏私带私用违禁物品，消除各项设施的安全隐患。共组织应急演练10次，有效提高突发事件应对能力，保障监所安全稳定。⑤社会志愿监督员工作。作为全省5个试点之一，拘留所2019年共联合社会志愿监督员积极开展监督工作12次，提出问题和建议12处，累计整改问题12处，问题整改完成12处，切实保障被拘留人合法权益，确保严格规范公正文明执法。

2019年5月25日，泰安市公安局到肥城市局检查指导特巡警建设和“全国特警队建设现场会”现场筹备工作（刘洋　摄）

【全国公安特警队建设现场会】 肥城市局强力推进特巡警建设，着力打造一支“能挑最重担子、敢啃最硬骨头”的“铁军利剑”警队，有效应对有组织、对抗性规模聚集、暴恐袭击和个人极端犯罪等风险挑战。2019年5月29日，全国公安特警队建设现场会在山东召开，与会代表现场观摩肥城市公安局特警大队。在肥城市局特警大队，与会代表观看特警建设专题片，实地观摩特警大队训练楼、生活楼、室外综合训练场基础设施建设和装备配备、实弹射击训练科目演示等工作，对肥城市局以“五强五力”为主线，深度应用信息化、智能化手段，加强特巡警队建设的做法给予高度评价。此次现场会规格高、规模大、要求严，公安部将肥城市局作为县级公安机关特巡警建设的唯一观摩点，体现出对泰安、肥城公安工作特别是特巡警建设工作的充分肯定。根据公安部、省厅总体部署，按照市县“两级一体”协同作战的工作要求，成立“一把手”亲自挂帅的筹备工作领导小组，肥城市局在泰安市局有关警种的支持下，有关局领导和单位全力以赴进行精心准备，在肥城现场全面展示近年间泰安市、县两级特巡警建设成果，在全国公安机关叫响泰安公安特巡警工作和“公安铁军”建设的响亮品牌，实现精细、精益、精彩的目标，在泰安、肥城公安史上写下浓墨重彩的一笔。年内，特警“利剑”品牌荣获首批泰安公安品牌一类品牌。

【扫黑除恶专项斗争】 扫黑除恶专项斗争开展以来，市公安局高度重视，迅速行动，周密部署，扎实推进，严厉打击黑恶势力犯罪，取得阶段性成效。开展“铁拳”“金剑”“扫雷净土”等专项行动，始终保持对黑恶势力的高压严打态势，成功打掉汪×文等非法拘禁恶势力犯罪集团、裴×伟等寻衅滋事恶势力犯罪集团、尚×东等人通过网上“套路贷”诈骗恶势力犯罪集团、李×飞等寻衅滋事恶势力犯罪集团、张×等寻衅滋事恶势力犯罪集团；对专项行动开展以来办理的恶势力集团、团伙及九类涉恶犯罪个案逐一进行“过筛子”梳理，紧盯房产开发、工程项目、砂石矿山、民间借贷等行业领域，向监管部门书面提出行之有效的“建议函”11件，涉及监管建议33条；不断深化扫黑除恶“打伞破网”，坚持“扫黑打伞”

两条战线同步推进，按照线索双向移送制度，市局共向市纪委监委移送线索22件次，涉及人员14人；接受线索6件，全部向市纪委监委反馈核查结果；完善内部清理机制，向市纪委监委移交涉及市局线索2件，坚决做到“刀刃向内”，绝不护短；注重“打财断血”，全年依法查封、扣押、冻结涉黑恶资产1925万元；坚决执行线索核查“三长”负责制，2019年省级以上24条线索全部查结，泰安市局转办线索查结率达到96%，位列各县市区前列。2019年，全市共打掉恶势力犯罪集团5个、恶势力团伙2个，破获涉恶案件76起，刑拘涉恶犯罪嫌疑人119人，逮捕29人，起诉89人。

【“枫桥式公安派出所”创建】 为贯彻落实习近平总书记关于“把‘枫桥经验’坚持好、发展好，把党的群众路线坚持好、贯彻好”的重要指示精神。桃花源派出所响应公安部创建“枫桥派出所”活动，坚持以习近平新时代中国特色社会主义思想为指导，实施警务生态与社会生态良性互动的主动警务，争创“枫桥式公安派出所”，构建“多元化化解矛盾、全时空守护平安、零距离服务群众”的工作机制。通过构建矛盾纠纷排查调处工作格局、成立“贵和矛盾纠纷调处中心”、实行律师驻所调解模式，实现“矛盾不上交”，在“联动联调”中定纷止争。利用好警务助理、网格员、城市巡管员“三支队伍”，为社区警务筑堤固坝，实现“平安不出事”，在“共建共治”中精准防控。通过开辟“一站式”窗口、全面推广“一清五零”工作法、建立身份信息“微信即时核查”机制，降低群众办事成本，做到“让数据多跑路，让群众少跑腿”，实现“服务不缺位”，在“便民利民”中提升质效。把握“公安姓党”的根本政治属性，围绕“四个铁一般”标准，高标准建成“五室一体”党建工作室，确立“四个一”学习制度，常态组织多维教育，每周开展廉政“微党课”活动，细化完善16项管理规定，锻造铁军警队。同时，凝练“桃花源里护平安，为得万家尽欢颜”的文化品牌，精心设计“忠”“公”“责”“亲”主题长廊，建成“桃源居家”微信群，增强队伍凝聚力，实现“担当不歇肩”，在“勇为善为”中锻造铁军。

2019年3月15日，桃花源派出所民警在伊家沟社区警务室开展防范知识宣传（刘洋　摄）

检　察

【概况】 5月13日，根据省市院关于内设机构改革方案的安排，组织召开内设机构改革动员部署会，宣布部门设置、部门职责、人员配置和院领导分工。5月底，全面完成内设机构改革部门设置、人员配备等工作。内设部门由原来的办公室、政治处、侦监科、公诉科、反贪局、反渎局、执检科、民行科、控申科、预防局、技术科、警务科、行装科、监察室、检务督察办公室、案件管理办公室、信息科17个整合为办公室、政治部、第一检察部、第二检

2019 年 5 月 13 日，市检察院召开内设机构改革动员部署会

察部、第三检察部、第四检察部、第五检察部、检察业务管理部、机关党委 9 个部门，在泰安市检察系统率先完成内设机构改革任务。至年末，在职检察干警 88 人，其中员额检察官 27 人，司法辅助人员 28 人，司法行政人员 11 人，法警 8 人，新录用公务员试用期 2 人，事业人员 6 人，工勤人员 8 人。

年内，市检察院坚持以习近平新时代中国特色社会主义思想为指导，学习贯彻党的十九大、十九届二中、三中、四中全会精神，严格按照市委决策部署要求，围绕全市经济社会发展大局，忠实履行法律监督职能，持续深化司法改革，加强自身建设，为全市经济高质量发展提供有力司法保障，各项工作均取得新进展。①服务中心工作。聚力“防范化解重大风险、精准脱贫、污染防治”三大攻坚战的目标要求，运用司法手段谋划精准服务，不断完善工作举措，丰富服务内容。严防严控金融风险，开展打击金融领域犯罪专项监督活动，惩治破坏金融管理秩序、集资诈骗、非法吸收公众存款等经济犯罪 10 人；开展生态环境保护专项行动，审查起诉破坏环境资源犯罪 34 人；助力乡村振兴，选派“第一书记”开展驻村帮扶工作。②护航企业发展。精准把脉企业法治需求，制定《关于充分发挥检察职能依法保障和促进民营经济健康发展的意见》，与市建筑安装业发展中心会签《服务建筑安装企业健康发展协作机制》。组织开展“检察进企业”活动，针对企业的诉求和办案中发现的风险，通过检察建议、线上线下法律咨询等方式提供定制化的检察服务，纾困涉案民营企业。抓实涉企立案监督和羁押必要性审查工作，把办理涉企案件放到改革发展稳定大局中思考，对涉及法人企业代表、实际控制人、重要管理人员的犯罪案件，依法提前介入，稳妥准确把握，为企业发展营造更好的法治环境，促进企业家安心经营、放心发展。③维护民生权益。持续加大危害食品药品安全犯罪打击力度，起诉生产销售有毒有害食品犯罪 11 人，切实保障千家万户“舌尖上”的安全。依法惩治超载、醉驾等危险驾驶犯罪，提起公诉 283 人，切实维护群众出行安全。在有效防范化解社会矛盾上集中发力，执行“7 日内程序回复，3 个月内办理过程或结果答复”，实现检察环节信访矛盾一次性结服率和源头化解率双提升。年内，有 7 个集体和 37 名个人获得肥城市级以上表彰奖励。市人民检察院被山东省人社厅、山东省人民检察院表彰为“山东省检察机关先进集体”，连续 12 年保持“省级文明单位”荣誉称号，检察工作人民群众满意率持续提高。

【刑事检察】 履行批捕、公诉职能，受理移送审查逮捕 281 人，批准逮捕 178 人，受理移送审查起诉 960 人，起诉 767 人。从严惩处影响社会治安和群众生命财产安全的犯罪，审查起诉故意杀人、绑架、抢劫等严重暴力犯罪 15 人，“两抢一盗”犯罪 48 人，黄赌毒犯罪 45 人。办理邪教类案件 7 件 16 人，办理毒品案件 17 件 51 人，有效维护社会秩序稳定。贯彻宽严相济的刑事政策，促成刑事和解，依法不捕不诉115人。开展扫黑除恶专项斗争，严惩涉恶犯罪2件12人，经上级院指定承办新泰张宸涉黑犯罪1件37人，该专案组被泰安市人民检察院授予“特别贡献奖”。开展积案清理，认真核查，明确原因，及时整改，持续保持“零积案”，省院检察长陈勇在专题研讨班上对肥城“零积案”工作经验充分肯定。

【刑事诉讼监督】 在刑事立案、侦查、审判等环节严格把关，确保案件事实经得起法律的检验，共监督立案2件，监督撤案4件，提请抗诉2件，追捕追诉21人，发现和纠正各类刑罚执行和监管活动违法37件，办理羁押必要性审查案件13件，监督特赦服刑罪犯11名。

【民事行政检察】 年内，强化民事和行政诉讼监督，办理民事行政申诉案件56件，提请抗诉和发出再审检察建议4件。通过行政公益诉讼依法收回国有财产541万元。

【未成年人刑事检察】 全年共办理各类案件24件27人，其中审查逮捕案件9件10人，其中未成年人犯罪案件2件2人，侵犯未成年人权益案件7件8人；审查起诉案件15件17人。其中未成年人犯罪案件4件5人，侵犯未成年人权益案件11件12人。向侦查机关发出纠正违法通知书1份，为3名未成年犯罪嫌疑人申请法律援助，对做出不起诉决定的3人进行跟踪回访帮教，对5名涉罪未成年人开展社会调查。

【控申检察】 参与社会治安综合治理，开展矛盾大排查大化解专项行动，共办理各类信访案件303件。完善司法救助体系，及时向因案致贫、陷入困境的12户被害人家庭发放救助金37万元。干警定期深入乡村社区走访巡访接访、带案下访，现场释法说理、调处矛盾40余件。履行重大敏感节点安保维稳职责，全面开展安保维稳，“全国两会”“一带一路”会议及建国70周年大庆系列活动期间坚持24小时值班接访，消除各类风险隐患，确保社会秩序稳定。

【检察信息技术】 做好信息保障工作，为内设机构改革提供网络运行和安全保障。按照规章制度，做好服务器、网络的日常维护，及时调整电话线路和网络，保障顺畅运行。对统一业务系统及时升级、调整人员办案权限，及时解决系统出现的问题，着重解决新部门设立、角色设置、新办案单元设置、文书文号配置，保障业务部门开展网上办案。严格按照《肥城市人民检察院视频会议系统操作规范》等制度，规范操作，做好视频会议保障，与高检院、省院进行会前调试，确保视频会议顺利召开。强化技术支持。为刑检部门提供参考性法医学意见，解答法医学问题40余个。为各项活动拍摄录像100余次，发布图片新闻10次。

【案件管理】 年内，统一受理并及时分流审查逮捕案件165件178人，审查起诉案件647件940人。通过流程监控系统监控案件812件。接收保管、移交涉案财物24次，涉案财物643项。接收、移交起诉意见书、刑事判决书等法律文书1412份。公开案件流程信息1062件，重要案件信息7条，公开法律文书446份。制作电子卷宗812件，制作率100%。接待辩护人、诉讼代理人153人，律师通过光盘拷贝电子卷宗172次。及时分送参与评查案件，辅助业务部门扫描和上传卷宗，评查案件51个，反馈评查问题69个。召开检委会15次，检察官联席会议20余次。严格落实入额领导带头办案制度，办理重大疑难复杂案件97件。

【警务保障】 年内，办案区用警52次，协助提审67次，协助控申部门接待群众来访8次。送达法律文书55次，维护来访现场3次。参加全省检察机关司法警务技能集体科目展演评比活动，荣获优秀组织奖，总体排名第9名，受到泰安市院通报表扬。

【办公室工作】 先后撰写各类文字材料21篇19万余字。编发各类工作信息56条，《检察情况反映》6期，检察新闻稿件41篇，其中《检察日报》发稿3篇、省级以上媒体发稿25篇。发布微信141条，发布微博283条，更新今日头条客户端信息53条。严格执行财务管理制度，全力做好检务保障工作。所有经费开支先审批、后办理，严格按制度审查支出事项和票据，各项费用支出做到有计划、有批准；坚持“一个口对外”，所有经费开支事项均由办公室统一办理。投资70万元改造高标准档案库房。投资80万元招标更新5辆公务用车。

【检察队伍建设】 从严治党、从严治检，用心用力打造忠诚干净担当的检察队伍，增强“四个意识”，坚定“四个自信”，做到“两个维护”。加强党组织建设，严格落实“三会一课”、主题党日、党务公开、民主评议党员、党费收缴等党建工作制度，2019年被肥城市委表彰为“党建工作先进单位”。开展“不忘初心，牢记使命”主题教育，按照“守初心、担使命，找差距、抓落实”总要求，坚持把“学习教育、调查研究、检视问题、整改落实”贯穿始终、一体推进，达到预期效果。着力提升党支部的战斗力，新成立的8个党支部全部被肥城市直机关工委评为五星级党支部，其中老干部党支部被泰安市老干部局表彰为“红旗党支部”。党组中心组集体学习12次，组织集中学习讨论活动10次，累计发布学习体会100余篇。为纪念中国共产党成立98周年，组织部分干警赴聊城孔繁森纪念馆开展“党建主题活动”，进一步增强队伍党性修养和政治素养。按照肥城市委、市政府《关于全面对标学习张家港行动的实施方案》要求，检察长杨希沧带领14名干警，赴张家港市检察院考察学习。组织干警培训，参加高检院、省市院组织的业务培训28人次，收听收看上级院业务讲座11期，利用网络平台开展学习培训7期。严格落实党风廉政建设责任制，严格执行中央八项规定和省市委实施办法，着力构建干部谈心谈话长效机制，优化升级廉政风险防控系统，有效预防干警违法违纪问题发生。深入研究当前党风廉政建设工作情况，及时发现和整改存在的苗头隐患，队伍建设取得明显成效。

（朱晓斐）

法　院

【概况】 至年末，市人民法院共有干警154名，其中员额制法官54名，内设综合办公室、政治部、司法警察大队、立案庭（挂诉讼服务中心牌子）、刑事审判庭、民事审判一庭；民事审判二庭、行政审判庭（挂综合审判庭牌子）、执行局、审判管理办公室（挂研究室牌子）和新城法庭、王瓜店法庭、石横法庭、安驾庄法庭、边院法庭5个派出法庭。

2019年，市人民法院围绕“努力让人民群众在每一个司法案件中感受到公平正义”目标，把握“践行新理念，谱写新篇章”工作主题，履行维护国家政治安全、确保社会大局稳定、促进社会公平正义、保障人民安居乐业职责使命，统筹抓好“服务经济社会发展大局，完善诉讼服务体系建设，深化司法体制综合配套改革，加快推进智慧法院建设，推进法院队伍革命化、正规化、专业化、职业化”五项重点，人民满意度不断提高，司法公信力进一步提升，为社会持续健康发展营造良好法治环境。全年共受理各类案件13770件，同比上升12.76%；结案14548件，同比上升24.55%，员额法官人均结案269.41件，同比增长24.56%，均创历史新高。共有11个集体和12名个人荣获肥城市及以上表彰。

【刑事审判】 年内，审结各类刑事案件557件，判处犯罪分子806人。审结故意杀人、抢

2019 年 12 月 26 日，肥城市法院公开宣判新泰张 ×、赵 × 菊等 37 人组织、领导、参加黑社会性质组织犯罪一案（王海广 摄）

劫、绑架、制毒贩毒等严重刑事犯罪案件 12 件、28 人。审结岱岳区、新泰、肥城、宁阳、东平五个辖区涉邪教案件 10 件、21 人。审结电信网络诈骗、非法吸收公众存款、侵犯公民个人信息等涉众型经济犯罪以及与民生密切相关的危害食品药品安全、制假贩假等犯罪案件 13 件、108 人。完成“e 租宝”集资参与人信息核实登记工作，核实登记集资参与人 168 人，投资总额 1124.2 万元。贯彻落实党中央关于扫黑除恶专项斗争的重大决策部署，审结新泰张 ×、赵 × 菊等 37 人组织、领导、参加黑社会性质组织等犯罪一案，分别判处二十五年至一年六个月不等的刑罚。审结恶势力犯罪案件 2 件。对判处缓、管、免于刑罚人员进行 2 次集中帮教，向中小学生发放《桃都少年审判报》等，构建起多层次、立体化、全方位的法治宣传教育网络。

【民商事审判】 年内，审结民商事案件 7455 件。审理婚姻家庭、继承及邻里关系等纠纷案件 1600 件，审结人身伤害、交通事故、医疗损害赔偿等侵权案件 561 件，审结建筑工程、劳动争议、工伤保险等案件 430 件，坚持调判结合、调解优先，调撤率 50.73%，服判息诉率达 92.3%。审结买卖、租赁、加工承揽等案件 932 件，依法调节经济关系，促进市场繁荣；审结金融借款、融资租赁等案件 507 件。审结破产案件 2 件，依法清理“僵尸企业”、淘汰落后产能，促进新旧动能转换。

【行政审判】 年内，审结行政案件 128 件，审查行政非诉执行案件 25 件。强化司法与行政良性互动，落实行政诉讼案件跨行政区划管辖、行政机关负责人出庭应诉、联席会议等制度。成立行政争议诉前和解中心，强化协调和解工作，共诉前化解行政争议 12 件。审结全市首起行政公益诉讼案件，通过诉前和解促使被告与案外人达成和解协议，案外人及时缴清应当缴纳的费用 550 万元，有效防止国有资产流失。

【基本解决执行难】 年内，执结案件 6357 件，执行到位标的额 11.2 亿元。先后开展涉民生、涉金融案件、“夏季执行风暴”“暖心冬日”等专项执行行动 32 次，现场直播凌晨突击抓“老赖”行动，共有 4.2 万余人在线参与互动，全年司法拘留 273 人，58 人迫于压力自动履行义务，审结拒不执行判决、裁定自诉案件 3 件。强化网络查控，基本实现对存款、房屋、车辆、理财产品、网络资金的有效覆盖。完善失信惩戒措施，通过限制失信被执行人出行、高消费，集中曝光等行为，强力压缩“老赖”生存空间，全年集中曝光失信被执行人 8 批次 101 人。完善立审执衔接配合机制，保全案件 2004 件，保全到位金额 9774 万元。加强司法救助工作，全年发放司法救助款 33.87 万元。深化司法网络拍卖，全年司法拍卖标的额 7779 万元。市法院被省高院表彰为全省法院基本解决执行难工作先进集体。

【司法改革】 年内，完成内设

机构改革，设置司法行政机构2个，审判辅助机构1个，审判执行业务机构7个。推进人民陪审员制度改革，新选任人民陪审员193名。推进“分调裁审”改革，建立调解速裁审判团队，出台《民商事案件诉前调解 速裁工作管理规定》，将诉前调解、简案速裁、繁案精审有机衔接，成立6个速裁团队，有效提高办案效率。2019年案件平均办案周期缩短3.64天。推进以审判为中心的刑事诉讼制度改革，落实“三项规程”和认罪认罚从宽处罚制度。健全完善审判团队运行机制，对审判团队进行优化整合，完善审判团队工作流程，进一步压实合议庭、员额法官司法责任。严格落实入额必办案原则，建立院庭长办案刚性约束和监督机制，院庭长全年结案4464件。坚持放权不放任，加强审判权力运行监督制约，每周调度案件进展，每月通报审执质效，每季度分析办案情况，完善干警绩效考核，强化职业权益保障，激励法官多办案、快办案、办好案。2019年员额法官人均结案269.41件，同比增加53.12件。

【基层基础】 推进“一站式”诉讼服务中心建设，将保全、卷宗流转、司法鉴定等事务性工作集约化办理，为群众提供方便快捷的诉讼服务。落实网上立案制度，全年办结网上立案审批11685件，网上缴费1462件141.32万元。加快智慧法院建设，依托人民法院一体化办案平台，推进电子卷宗随案同步生成和深度应用。完成一号审判庭、视频会议室、机房改造，高标准建设院史室、党建文化室、党员活动室，对13辆公务、警用车辆进行换代升级。公布裁判文书8759份，为群众依法开展社会活动提供法律遵循。开展法律“四进”宣讲活动，深入农村、社区、企业、学校开展法治宣讲20余次。坚守初心使命，倾力打造桃乡大地司法铁军，开展“不忘初心、牢记使命”主题教育，成立中共肥城市人民法院机关委员会，按照“支部建在庭上”要求，完成全院16个党支部的换届选举工作，荣获肥城市党建工作二等奖。开展“岗位练兵、业务比武”活动，组织参加上级法院、党校组织的各类培训44期58人次。持续正风肃纪，严格落实“两个责任”，开展“廉洁司法、担当作为”集中警示教育活动，加强审务督查、纪律检查，突出对重点岗位、重点人员的监督管理，党风廉政建设保持良好态势。

（王士民　王海广）

2019年11月5日，肥城市法院法律“四进”宣讲团到山东显通安装有限公司开展法律宣讲（王海广　摄）

司法行政

【概况】 2019年1月，根据《中共肥城市委 肥城市人民政府关于肥城市市级机构改革的实施意见》，市司法局和市政府法制办公室进行职责整合，重新组建市司法局，作为市政府正科级工作部门；组建市委全面依法治市委员会，市委全面依法治市委员会办公室设在市司法局。3月，市委办公室、市政府办公室印发《肥城市司法局职能配置 内设机构和人员编制规定》，明确市司法局主要承担全面依法治市统筹协调、法治政府建设、行政执法监督、行政执法综合协调、规范性文件备案审查、法治宣传教育、人民调解、公共法律服务、人民陪审员和人民监督员选任管理等工作，负责全市律师、法律援助、司法鉴定、公证、仲裁、社区矫正和安置帮等工作指导、监督、管理以及司法行政系统社会组织党的建设等工作。局机关设秘书科、备案审查和执法监督科、行政复议应诉科、普法与依法治理科、社区矫正工作科、人民参与和促进法治科、律师公证和法律援助工作科、政治处（副科级）8个业务科室，设市法律援助中心（股级）、市公证处（副科级）2个事业单位，14个司法所。至年末，全局共有在编在岗工作人员59人。

2019年，市司法局以部门合并重组为契机，聚焦“全面依法治市、法治政府建设、公共法律服务、素质能力提升”四项重点任务，推动司法行政各项工作扎实有效开展。实施素质能力提升工程，深入开展“勇做新时代泰山‘挑山工’”主题教育和“不忘初心、牢记使命”主题教育，全体党员干部精神面貌和作风纪律进一步转变提升。年内，组织全局干部职工先后到淄博市临淄区，河南省林州市、兰考县，江苏省张家港市等地考察学习和开展党员教育活动，开阔视野、提升素质能力。年内，肥城市被评为“全省‘七五’普法中期先进市”；市司法局被省委政法委、省人社厅表彰为“山东省人民满意政法单位”，在肥城市2019年度经济社会发展考核中荣获二等奖，被评为“2019年度经济社会发展先进单位”，被肥城市委、市政府表彰为“尊师重教先进单位”；仪阳司法所被评为“全国先进司法所”，安驾庄司法所所长马勇被评为“全国模范司法所长”“山东省优秀人民调解员”。

【全面依法治市】 6月22日，市委召开全面依法治市委员会第一次会议，审议通过各协调小组、办公室组成人员名单、“两规则一细则”、2019年全面依法治市工作要点等文件。市委全面依法治市委员会设立执法、司法、守法普法、法治型干部队伍建设4个协调小组和委员会办公室。7月19日，市委全面依法治市委员会办公室举行揭牌仪式并召开办公室第一次会议，全面依法治市工作进入实质性实施阶段。年内，先后制定出台《关于建立联络员工作联系机制的实施意见》《市委全面依法治市委员会工作规则》《市委全面依法治市委员会协调小组工作规则》和《市委全面依法治市委员会办公室工作细则》，建立起基本工作运行框架。8月6日，市委全面依法治市委员会召开第二次会议，通过审议《市委全面依法治市委员会办公室关于开展法治政府建设示范创建活动的实施方案》《肥城市行政诉讼败诉案件责任倒查实施办法》，树立厉行法治的鲜明导向。省委依法治省办《工作简报》第20期对肥城市出台《行政诉讼败诉案件

2019年7月19日，市委全面依法治市委员会办公室举行揭牌仪式并召开第一次会议。图为会议现场

责任倒查实施办法》进行刊发推广。

【普法活动】 以“新时代文明实践普法志愿活动”为载体，持续深化“法律六进”活动。加强机关工作人员学法用法，市普法办、各有关部门分别组织举办宪法考试、网上普法考试、党纪法规考试、行政执法考试等。利用“4月法治宣传月”“12·4宪法宣传周”等节点，各执法部门、各镇街集中开展大型普法宣传活动，制作宣传展板2300余块，印发各类宣传资料10万余份。服务发展大局，围绕法治扶贫、乡村振兴、扫黑除恶、“三资”清理等重大任务，各司法所组织开展“法治巡讲”“普法赶大集”等活动，其中，仪阳司法所利用群众消夏休闲时间开展“普法夜市”活动，制作以案释法警示教育展板，编排普法“三句半”《妯娌说法》、普法小品《家和万事兴》等法治文艺节目，逐村巡回展演，取得良好宣传效果；围绕优化营商环境，各级各部门深入开展“法律进企业”“企业法治体检”系列活动；围绕预防未成年人违法犯罪，深入中小学校开展“关爱明天、法治引航”主题宣传200余场次。加强普法阵地建设，打造“社区普法驿站”20余个，加强媒体普法，在《泰山晚报》开设“司法在线——法治宣传”专栏。

2019年5月24日，市普法办组织开展“文明实践关爱明天法治进校园”普法讲座

【人民调解】 年内，加强矛盾纠纷多元化解，行业性调解组织增加到11个，新增建筑安装房地产、婚姻家庭等两个矛盾纠纷调解中心，新设立个人调解工作室2个。11月，举办全体司法所人员参加的“智慧调解”系统培训班，正式启用“智慧调解”系统。践行“枫桥经验”，开展品牌调解室创建，7家调解室迎接泰安市司法局组织的品牌调解室验收，创建工作受到上级好评。以预防为主，狠抓重要敏感时期和关键环节的矛盾纠纷排查调处，部署开展“大排查、早调解、护稳定、迎国庆”专项活动，中华人民共和国成立70周年庆祝活动，营造和谐稳定的社会环境。年内，全市各级排查调处矛盾纠纷2232件，调解成功2181件，成功率97.72%。

【人民陪审员选任】 根据司法部、最高人民法院、公安部制定的《人民陪审员选任办法》，人民陪审员选任工作由市司法局会同市法院、市公安局组织实施。自2018年12月开始，至2019年4月结束，市司法局与市法院、市公安局、市人大法制（内务司法）委员会联系对接，经过随机抽选、资格审查、个人申请和组织推荐、公告公示、市人大常委会正式任命等各项工作程序，全程通过人民陪审员选任系统操作，确保选任工作公开透明，经过两次随机抽选，成功选出人民陪审员193名。

【社区矫正】 严格执行社区服刑人员入矫首次集中训诫、日常报到、请假外出、教育学习、社区服务等各项制度。对违反社区矫正规定的，视其情节及时给予警告或提请治安管理处罚，符合法定条件的及时提请收监执行，落实监管责任，防止脱管漏管。2019 年，共对 56 名社区矫正对象给予警告处分，对 3 名社区矫正对象给予治安处罚。推进社区矫正执法规范化建设，联合市检察部门定期开展社区矫正执法检查活动。推进刑罚执行一体化建设，9 月，省司法厅派驻 2 名监狱警察到肥城市帮助开展社区矫正工作。贯彻国家主席特赦令和全国人大常委会《关于在中华人民共和国成立七十周年之际对部分服刑人员予以特赦的决定》，严格依法做好特赦实施工作，完成符合特赦条件的 9 名社区矫正对象的特赦工作。突出做好重要时间节点安全防范保障工作，围绕“全国两会”“进博会”“庆祝新中国成立 70 周年”等重要节点，开展安全隐患整治专项行动，有效保障监管安全稳定。

【法律援助】 8 月，经市编委核准肥城市法律援助中心为司法局所属股级事业单位，核定编制 5 名，顺利完成法律援助机构改革。年内，开展法律援助惠民生行动，审批办理法律援助案件 879 件。“12348” 法律服务热线接待解答群众法律咨询 3000 余人次，代写法律文书 100 余件，受案分流 200 余人次，案件类型涉及交通事故、婚姻家庭、劳动争议、民间借贷、拖欠农民工工资、买卖合同等方面。在省司法厅组织的 2019 年度全省法律援助案件质量评估活动中，肥城市法律援助中心上报的援助案件平均得分 90.1 分，位列第一。

【农村“三资”清理专项行动】 发挥司法行政职能作用，为全市扫黑除恶专项斗争农村“三资”清理提供优质法律服务和法治保障。成立由 4 名机关干部、8 名专业律师组成的农村“三资”清理集中行动市级法律顾问专班，抽调 2 名领导干部参加市级工作专班，并组织发动司法所及法律服务所参加镇街工作专班。至年末，各司法所、律师、基层法律工作者在全市扫黑除恶专项斗争农村“三资”清理专项行动中，协助各级工作专班清理合同 3 万余份，新签合同 1.8 万余份，完成市级验收 570 个村。中央政法委主管杂志《长安》《山东通讯》等刊发此经验做法，形成农村“三资”清理的“肥城模式”。

【法律服务】 ①律师行业发展。至年末，全市共有律师事务所 12 家，执业律师 133 名，实习律师 7 名，党员律师 28 人。2019 年，各律师事务所共办理诉讼案件 3737 件，非诉讼案件 92 件，咨询和代写法律文书 2817 件，调解案件 543 件，代理仲裁案件 50 件，律师担任法律顾问 288 家，其中企业法律顾问 186 家，全年实现各类业务总收费 1840 余万元。10 月，山东同成（肥城）律师事务所负责人由汪涛变更为于兆国；总所派驻到分所律师为尹逊辉、于兆国，总所撤回律师汪涛。12 月，山东鸿祥律师事务所经省司法厅批准由个人所变更为普通合伙所，单位负责人由王立璋变更为孔祥鸿。年内，各律师事务所积极履行社会公益责任，主动参与新时代文明实践法律志愿服务，开展送法进乡村、进社区、进企业、进校园、进军营等法治宣传活动。6 月，中共泰安市委表彰山东德然律师事务所党支部为“新时代泰山‘挑山工’先进集体”。7 月，肥城市委市直机关工委授予山东德然律师事务所党支部“守正初心 • 司法为民”党建品牌为“2018 年度市直机关十佳党建品牌”。②基层法律服务。全市 19 家基层法律服务所共办理各类诉讼案件 2065 件，非诉讼案件 557 件，咨询和代写法律文书 3874 件，调解案件 455 件，代理仲裁案件 38 件，担任法律顾问 587 家，其中企业法律顾问 95 家，全年实现各类业务总收费 410 余万元。年内，各基层法律服务所发挥贴近基层、熟悉民情的优势，围绕乡村经济发展、农村社会管理、矛盾纠纷化解等工作开展法律服务，参与“一村（社区）一法律顾问”工作，为镇街、村居提供法律咨询和法律建议。肥城万和法律服务所与安驾庄镇71个村全部签订法律顾问合同，实现全覆盖。6月，该所成立“合同监管中心”，形成对村级合同审查监管的全新工作模式；8月，安驾庄镇人民政府就法律顾问监管村居经济合同专门下发文件，明确法律服务所全程参与农村合同招投标见证及镇村矛盾调解工作。2019年，肥城老城法律服务所被评为“泰安市司法行政系统先进法律服务所”。③司法鉴定。至年末，泰安正合鉴定所共聘用鉴定人员8人，专职鉴定人员5名，兼职鉴定人3名；案件主要来源于个人委托、单位委托及法院委托。2019年，办理司法鉴定案件1260件。

【获评“山东省人民满意政法单位”】 2019年9月，中共山东省委政法委、山东省人力资源和社会保障厅联合印发《关于表彰山东省人民满意政法单位和人民满意政法干警的通报》，对全省130个先进单位和150名先进个人给予通报表彰。肥城市司法局被表彰为“山东省人民满意政法单位”，成为肥城市政法系统唯一获此殊荣的单位。

（王予栋）

【公证事业】 至年末，肥城市公证处共有工作人员12名，其中在编公证员3人，聘任制公证员1人，公证辅助人员8人。下设办公室、民事科、经济科、涉外科、收费室、技术室、档案管理科等科室。2019年，公证处积极拓展业务、优化办证流程，全年共办理各类公证事项6972件，其中民事5509件，经济14件，涉外1432件，涉港澳台13件。①拓展公证服务领域。主要办理财产继承、委托、签名、印鉴、合同协议、证据保全等公证业务，促进社会的和谐稳定，预防和减少矛盾纠纷。②围绕全市重点项目跟进公证法律服务。7月，公证处受理市民政局对肥城市殡仪馆开扩建项目现状及工程量造价保全公证的申请，提供公证服务，盘活停工项目；8月，为济微路东扩项目办理保全送达行为及调查座谈保全公证，为肥城市龙山中学新生阳光分班办理现场监督公证；10月，为潮泉镇下寨村新建住宅楼分配办理现场监督公证。③创新开展网络证据保全公证。公证处应用区块链分式数据存储、点对点传输等技术，对网页内容、视频资料、聊天记录、邮箱邮件进行保全。年内，办理网络证据保全公证事项25件。④探索公证服务金融发展新模式。根据《中华人民共和民事诉讼法》及最高法院、司法部的联合文件，经建行肥城市支行申请，为该行办理部分赋予《借款合同》强制执行效力公证，提高合同效率，降低诉讼成本。为使《中华人民共和国担保法》第四十三条规定的“其他财产”有合法的登记部门，公证处与肥城农商行合作，办理《借款合同》及抵押公证登记公证，确保抵押登记的合法性。农行肥城市支行根据法律规定和业务要求，需要向贷款人送达《债务逾期催收通知书》、向担保人送达《担保人履行责任通知书》，农行为保全送达行为，申请办理公证；公证受理农行申请后，采取邮寄送达、直接送达的方式，送达文书5512件，出具公证书2309份。⑤推行减证便民及公证法律援助措施。修改《办理公证所需材料清单》，删除原材料清单中不合理及申请人难以取得的证明材料；简化办证程序，提高办证效能，减少申请人在公证处办证等待的时间。针对特殊办证群体、特事特办，为老、弱、病、残等人员提供上门公证服务；到监狱、戒毒所为服刑人员、戒毒人员办理公证手续；对符合法律援助条件的申请人提供法律援助服务。年内，办理公证法律援助案件87件。

（高　峰）

人民武装

【思想政治建设】 2019年，市人武部始终用习近平主席系列重要讲话精神统领思想、指导工作，不断树牢“四个意识”、践行“两个维护”。组织干部职工深入学习领会习近平新时代中国特色社会主义思想、十九届四中全会精神和军委基层建设会议精神，用新理念新思想新战略武装头脑；开展“传承红色基因、担当强军重任”主题教育，组织主官授课辅导，引导干部职工认清使命职责，培树战斗精神；组织120名基干民兵到肥城市烈士陵园参观见学，向烈士纪念碑敬献花篮，重温入党誓词，增强基干民兵听党指挥、练兵备战的使命感责任感；结合党委中心组学习，开展“军委主席负责制”讨论辨析和纠治和平积弊“回头看”活动，撰写心得体会文章，在思想碰撞中拉直心中问号。

【练兵备战】 严格落实战备值班制度，结合重大节日和时节，组织战备教育，落实战备值班执勤制度，合理调配值班分队，周密组织针对性演练。组织全市民兵队伍进行抢险救灾、反恐维稳、应对东北亚局势为背景的应急动员演练，达到熟悉演练组织程序、提高战备意识的训练目的。落实常态化训练制度，严格落实现役干部及文职人员首长机关训练内容，锤炼军事素质，提高业务能力。

【兵役征集】 针对适龄青年参军热情普遍不高的现状，多措并举，努力提高兵役征集质量，2019年市征兵办被泰安军分区表彰为“征兵工作先进单位”。①浓厚氛围。利用春节、高考填报志愿等有利时机，在电视台循环播放征兵宣传片，在驻肥高中、大型社区和重要路段开设国防教育宣传栏和征兵咨询站。深入大学生家庭讲解政策，组织优秀入伍大学生汇报会，提高大学生征集比例。②从严把关。从卫生、教育、公安等部门抽调政治思想好、业务技术精、工作责任心强的人员，并组织征兵业务培训和廉洁征兵教育。在定兵环节坚持党委研究、集体把关、逐级审批、从严控制、上下公开的原则。③役前教育。针对新兵入伍思想不坚定，极易出现思想原因退兵的问题，严格落上级指示精神，严密组织预征青年役前教育训练，高度模拟部队生活训练环境，提早打好心理与生理抗压力的提前量，因思想原因退兵率有较大幅度下降。

2019年11月，市人武部在民兵专业力量集训中组织民兵实弹射击（王勇 摄）

【依法从严治军】 严格落实中央八项规定和中央军委十项规定，持续深入抓好作风建设。围绕党员领导干部和机关党员需要解决的突出问题，梳理列出台账，设立整改时限，有效提升机关工作作风和风气建设。开展“学法规、用法规、守法规”“百日安全竞赛”活动，坚持把安全管理工作纳入党委会、办公会工作议程，定时进行安全工作形势分析，打牢安全意识。2019年，市人武部被泰安军分区表彰为“安全管理先进单位”。开展“五项整治”“四清两统”和百日安全活动，突出人、车、枪、弹、密等重点目标管控，确保安全稳定。开展党风廉政建设，严格落实廉洁征兵“零报告”和廉洁征兵监督员制度，近年间均未发生廉洁征兵违法违纪案件。严格财经纪律，对照财务清查反映的问题，彻底进行整改。

【综合保障】 严格落实资金管理、报销审核、票据管理、国有资产管理、家底经费管理等财务管理制度。物品购买、发放严格把关，统管统供。在日常管理中，不断完善水电、车辆、接待、临时工和预备役管理等规定，在部机关开展节水、节电、节油、节气、节纸活动，严格落实中央八项规定，杜绝外出接待，建立厉行节约、杜绝奢侈浪费的长效机制。提高民兵预备役部队武器建设水平，督促基层武装部抓好民兵队伍“部室家”硬件设施建设和训练器材配备，配备配齐民兵应急分队训练服装和防暴器具。年内，市政府拨付47万元专项经费用于应急指挥车购置。全市民兵装备完好率、配套率明显提高，为遂行国防动员准备提供有力支撑。

【军民共建和国防教育】 结合迎接军委国防动员部、省军区和军分区深化民兵调整改革检查考评，开展大量细致的准备工作。开展征兵宣传，发送征兵宣传短信13万余条、宣传手册6200余册，悬挂横幅400余条；做好高中生报考军校和定向培养士官政治考核工作。拓宽军民共建路子，出资7万元协助帮扶村改善村自来水工程。参与创城活动，出动民兵80人次对包保街区进行卫生清理和秩序维护。完成全市6500名高中新生军训任务，协助退役军人事务局做好退伍军人信息登记和保险接续等工作。国庆期间，组织民兵队伍参加全市烈士公祭活动和市直机关部门升旗仪式；在营区悬挂国旗，张贴标语；在《今日肥城》刊登“迎国庆”专版，宣扬民兵分队训练和优秀应征青年先进事迹。

（王　勇）

人民防空

【概况】 2019年，全市人民防空工作遵循战时防空、平时服务、应急支援的职责使命，按照实事求是地想、实事求是地谋、实事求是地干的工作理念，结合肥城经济社会发展现状，积极探索创新，各项工作取得长足的发展。审批结建人防地下室，启动FC1801工程建设工作；开展“5·12”防灾减灾日、“9·18”纪念日等宣传活动；抓好初中二年级学生人防知识教育工作；完成“9·18”警报试鸣活动，成功组织开展防空防灾演练；人防工程建设有序推进，全面抓好人防工程质量及安全监管。

【信息化建设】 推进FC1801工程建设工作，同时完善地面指挥中心建设，地上、地下和机动指挥“三位一体”的人防指挥体系初步形成。根据城区扩展情况，按照城市规划区内，防空防灾警报音响覆盖率100%的要求，不断加大防空防灾警报网络建设，已形成覆盖城区和部分镇街的防空防灾警报区域网，做到点面结合、无缝连接。

【宣传教育】 结合“3·1”国际民防日、“5·12”防灾减灾日、“9·18”纪念日，开展防空防灾知识宣传活动，联合燃气公司开展防空袭和消除空袭后果的应急、抢修演练。组织市区6所初级中学初二年级学生共4969人参加人防知识教育理论考试，参考率达到100%，优秀率达到96.5%。在全市24个社区发放人防知识宣传挂图，在各小区宣传栏、活动室等位置进行张贴，进一步提高广大人民群众的防灾减灾意识。利用电视台、《今日肥城》、《泰山晚报》、肥城手机报、微信肥城热线等媒体播发“9·18”警报试鸣公告，刊发防灾减灾知识、防空袭知识、自救互救知识、爱国主义教育知识，扩大人防知识宣传覆盖面，提升宣传效果。

（王　帅）

肥城年鉴

FEICHENG YEARBOOK

FEICHENG YEARBOOK 2020

经济管理

- 发展和改革
- 市场监督管理
- 审计
- 统计

经济管理

发展和改革

【概况】 市发展和改革局为全市宏观经济工作的重要综合管理部门，承担着拟定全市经济社会发展规划、加快重大项目建设、协调对上争取工作、推进新旧动能转换、加快战略性新兴产业和服务业发展、开展对口扶贫协作、推进有关领域改革、能源安全、物价管理等重要职能。市发改局设局长1人、副局长3人，设党组、成员9人（挂职2人）；内设人秘科、政策法规与经济运行科、能源科、工业科、农经科、投资科、社会财贸科、物价科、安全科、煤炭科10个业务科室，下设重点项目服务中心、服务业发展中心两个一级事业单位，市经济协作中心一个副科级事业单位，市价格认证中心一个股级事业单位。2019年，面对严峻复杂的经济形势和异常繁重的发展改革工作任务，市发改局围绕“抓班子带队伍，对上争取抓项目”的工作主线，高质量践行市委、市政府提出的“一二三四五”的工作思路，担当尽责、创新实干，注重把握工作方式、方法和节奏，在重大项目建设、对上争取、新旧动能转换、产业转型升级、深化重点领域改革、能源安全、物价管理、保障改善民生等方面开展大量富有成效的工作，为全市经济社会高质量发展做贡献。

【经济运行与社会发展】 深入践行新发展理念，落实高质量发展要求，做好“六稳”工作，加强经济运行监测，经济社会保持良好发展态势。完成全市生产总值690.3亿元，同比增长6.8%。实现境内税收63.5亿元、增长5.4%，公共财政预算收入40.42亿元，税收比重提高到85.4%，其中主体税收24亿元、增长12.7%，实现三年翻一番。金融机构存款余额653.4亿元，比年初增加92.9亿元。在2019年度全国综合实力、科技创新、绿色发展、投资潜力“四个百强”中分列第47、46、39、14位，在全省列第8、10、7、1位，其中全国投资潜力百强连续3年位列全省第一。加快民生社会事业发展，切实增强群众获得感、幸福感。全市民生支出47.3亿元，占公共财政预算支出的79%。城镇居民和农村居民人均可支配收入分别达到39626元、19503元，分别增长7.1%、9.5%。三年累计实施棚户区改造和村居改造项目216个、4.2万套。

【对口支援与经济协作】 贯彻落实中央、省、市东西部扶贫

2019年5月30日，肥城市与巫溪县“携手奔小康”联席会召开。图为会议现场

协作的部署要求，落实对口支援协作重庆巫溪县各项任务，东西扶贫协作工作取得积极成效。强化资金支持，援助巫溪县资金660万元。迎接巫溪县党政代表团到肥城对接考察扶贫协作活动。5月，肥城市党政代表团赴巫溪县对接扶贫协作工作，召开“携手奔小康”工作联席会，对《携手奔小康协作框架协议》进行修订。做好省审计厅对肥城扶贫协作审计反馈问题整改工作，完成扶贫协作业务系统填报工作。强化医疗协作，4名主治医师赴巫溪县人民医院开展扶贫协作工作，培训当地医护人员20余人次；落实支援巫溪33万元医疗设备购置资金。深化教育交流，选派1名同志赴巫溪上磺中学支教；推进城市职教中心校与巫溪县职教中心全面协作办学。深化产业协作，选派肥城桃专业技术人才到巫溪开展冬桃产业技术培训，培训建档立卡贫困户100户。开展劳务扶贫协作对接和招聘活动，提供就业岗位76个；深化消费扶贫，累计销售巫溪县农特产品16713份，消费扶贫金额356.42万元。依托新合作，设立巫溪县农特产品肥城扶贫专柜。深化旅游合作，开展巫溪旅游推介营销活动。

【重点项目建设】 围绕加快“八大产业”发展，铺开实施重点推进项目62个，总投资416.6亿元，完成投资139亿元。争取肥城市项目列为省、市重点项目。2019年，泰山·桃花源项目被列为省政府重点建设项目、泰安市产业经济重点建设项目。22个项目被列为泰安市重点建设项目，总投资295.8亿元。17个项目被列为泰安市前期重点推进项目。加强项目策划储备，围绕上级产业政策导向，立足肥城区位优势、产业基础和资源禀赋，结合重点培育的“八大产业”，策划优质项目50个，在桃花节期间进行对外招商推介。突出重大项目带动，全力服务特种建筑用钢产业集群建设，年初列入省委全委会报告及省政府工作报告，主动做好项目备案、产能置换、煤减方案审批等工作，项目手续全部完成，完成固定资产投资40亿元，到位“双招双引”资金20亿元、外资6000万美元。抓观摩迎检项目，精心打造鲁泰新兴绿色建材产业园、开元名都商务综合体、固体废物处置综合服务产业园3个项目，迎接上半年泰安市大班子项目观摩。筛选确定泰安特种建筑用钢产业集群项目、建安总部集聚区、泰山·桃花源3个项目作为下半年观摩迎检项目，取得下半年考核县市区第一名，全年考核第二名的好成绩。先后组织两次对镇街区重点项目现场观摩活动，有效激发镇街区抓项目、上项目的工作干劲。

【物价管理】 开展物价管理和价格认定，实施天然气价格改革、生活垃圾处理费收费标准调整、农业水价综合改革等价格改革任务。清理整治涉企收费和中介收费，涉及单位9个，取消收费项目1项，降低收费标准3项，涉及金额2227万元。加强对重要商品的价格监测，上报日报、周报、旬报、月报、应急报表653期。完成马铃薯、大白菜蔬菜目标价格保险，共参保15余万亩，保险金额超2亿元，保费收入8000余万元。办结价格认定案件138件，涉案金额130余万元。

【加快新旧动能转换】 加快规划落地实施，对新旧动能转换实施规划和实施意见确定的任务进行分解，压实工作责任，强化督导调度，每季度形成监测台账，涉及9个方面、32项具体工作，重点任务、重大事项、重点项目扎实推进，规划的引领作用有效发挥。强化项目支撑带动，3个项目被列为省新旧动能转换重大项目库优选项目，22个项目被列为泰安市新旧动能转换重点投资项目。建立市级新旧动能转换重大项目库，入库项目66个，总投资677.3亿元。用好新动能重大项目可视化督导服务平台，完成“四上”企业、泰安市“双50”强企业、省瞪羚企业等378家企业平台注册认证，3个省新旧动能转换项目库优选项目、22

个泰安市重点建设项目、93个5000万元以上固定资产投资项目全部录入，对部分省重点项目、省优选项目安装监控并接入平台。

【对上争取】 年内，对上争取工作再创新高，全市454个项目被列入上级扶持范围，到位资金22.8亿元。年初编印《对上争取政策信息汇编》，梳理中央、省年度投资方向以及工业能源、农业、服务业等10个专项70多条扶持政策，为开展对上争取工作提供政策指引。组织开展进京“双对接”活动，4月，组织第一次“双争取”活动，各部门及镇街区对接重点项目37个、涉及争取无偿资金8.1亿元。10月，组织第二次进京“双争取”活动，累计对接项目134个，涉及扶持资金近10亿元。重大事项争取成效显著，助力新型城镇化，抓住棚户区改造机遇，累计为32个村居棚改居民楼项目争取扶持资金1.32亿元；助力基础设施建设，争取路网改造、道路建设扶持资金9269万元，安排扶持项目5个；助力教育高位均衡发展，为8处学校争取扶持资金2410万元，对上争取增动能、优环境、促发展的效应持续释放。

【产业经济发展】 制定出台《关于加快产业经济发展的实施意见》，明确“八大产业”年度发展目标、重点任务和保障措施，加快主导产业成长，助力新旧动能转换。定期向泰安市产业经济发展小组报送特钢项目进展，完成插旗任务。筛选上报特种钢铁、新材料、高端化工3个产业集群，争取列入泰安市雁阵型产业集群。落实省政府促进县域经济高质量发展的“十条措施”，印发《关于做好县域经济高质量发展综合评价的通知》，明确县域经济高质量发展指标体系，落实牵头部门，砸实工作责任，加快县域经济高质量发展。制定出台《肥城市对标全国营商环境评价指标推动营商环境优化提升任务分工方案》，做好省、市营商环境评价工作，为产业经济发展打造良好营商环境。

【服务业发展】 实施服务业载体建设工程，春秋古城、新兴产业园被列为省重点服务业园区，银宝、富世康、新合作被列为省重点服务业企业，星美城市广场被列为省服务业载体项目，继五埠岭乡愁记忆小镇、春秋古镇后，泰山·桃花源被列为省服务业特色小镇。1个集聚区、5个项目、4家企业、4个特色小镇列为泰安市服务业发展载体。全年实现服务业增加值399.5亿元，同比增长7.8%。

【社会信用体系】 社会信用体系建设加快推进，制定出台《社会信用体系建设工作实施方案》《全市社会信用体系建设联合奖惩实施方案》，建成公共信用信息平台并上网运行。发布“双公示”、政策动态等信息1600余条。制定全市信用信息目录清单，涉及事项3658项，单位30家。推进诚信示范活动，创建诚信企业、景区、医院、单位42家，通过实施第一批示范创建亮点工程，探索社会信用体系建设的“肥城经验”。

（刘　鹤）

市场监督管理

【概况】 2019年1月，根据肥城市机构改革方案，在原工商局、质监局整合为市场监管局的基础上，继续整合原食药监局、物价局、知识产权局等部门工作职责，重新组建市场监督管理局。1月14日，重组后的市场监管局召开全体干部大会，标志着肥城市场监管机构改革基本完成。年内，市市场监管局以市场监管机构改革基本完成为新的起点，贯彻落实市委、市政府和上级市场监管部门各项决策部署，围绕服务“四大动能”“一核四区”“八大产业”，发挥市场监管综合职能优势，做实做优服务发展文章，为持续深化“放管服”改革，推进全市新旧动能转换重大工程，保障食品、药品、特种设备、工业产品质量领域安全稳定以及维护公平竞争、健康有序的市场环境做贡献。

【推行“证照同办”审批新模式】 2019年6月，为深入贯彻落实“一次办好”改革要求，进一步优化营商环境，简化审批流程，缩短审批时限，推进行政审批提速增效，市市场监管局开始在全市范围内实施“一窗受理，证照同办”审批新模式。此次“证照同办”模式以审批事项“一次上门”办理为目标，将营业执照与执照后置审批项目中的食品经营许可证在窗口同时受理，最终实现营业执照和食品经营许可证件同时收件、同步审批、证照同发。办事企业和群众只需在一个窗口办理手续，在节约时间的同时，省去重复提交材料的烦琐。

【“安庄建安AZ”集体商标核准注册】 2019年5月，“安庄建安AZ”集体商标被国家知识产权局商标局核准注册，商标专用权受法律保护，成为肥城市继“肥城市有机蔬菜协会”“边院”(工业用盐、岩盐)之后的第3件集体商标。近年间，肥城市大力推进建筑业转型升级，被山东省住房和城乡建设厅、山东省统计局评为山东省建筑业10强县。同时，在市市场监管局的指导下，建筑业品牌也得到较快发展。2018年开始，市市场监管局提出通过注册集体商标，形成母子品牌，实施区域品牌和产品（服务）品牌“双品牌”战略，提升建筑安装行业核心竞争力的行政指导建议。安排专人指导商标申请人肥城市安驾庄镇城镇建设运营公司制定《“安庄建安AZ”集体商标使用管理办法》，明确商标标识使用管理、商标使用许可人和被许可人的权利义务等内容。“安庄建安AZ”集体商标的核准注册，将推动全市建筑安装企业培强做大、产业链条延伸、多元多业并进发展。

【“王庄金裕马铃薯”集体商标注册成功】 2019年7月，“王庄金裕马铃薯”被国家知识产权局核准注册为集体商标，成为肥城市第4件集体商标，标志着肥城市马铃薯种植正式拥有区域公共品牌。近年间，市市场监管局充分发挥职能作用，主动作为，精准履职，以发展现代农业和增收富民为目标，全面推进品牌创塑工程，着力打造银宝、富世康、肥城桃等涉农驰名商标和孔庄粉皮、河岔口鸭蛋、肥城绞瓜等优质特色农产品地理标志证明商标，为助力乡村振兴、推动经济社会高质量发展发挥积极作用。王庄金裕马铃薯起源于20世纪80年代的王庄镇郭辛村，经过30余年的发展，种植面积达6.7万亩，其中发展双膜棚1万多亩，立式大拱棚3000余亩，四膜棚1000亩。其中，马铃薯总产量20万吨，4月中旬至6月上市；大白菜总产量27万吨，11月上市。已注册“乡乐园”“鲁岳”“益农”等多个蔬菜品牌，在市场竞争中逐渐树立品牌优势，产品远销北京、上海、天津、济南等大中城市。“王庄金裕马铃薯”集体商标成功注册后，将为提升王庄马铃薯品牌知名度、加大品牌保护力度奠定坚实的法律基础，也将对推动农民脱贫致富、实现乡村振兴发挥重要作用。

【“肥城白菜”地理标志证明商标注册成功】 2019年11月，经国家知识产权局商标局核准，“肥城白菜”成功注册为地理标志证明商标，成为继2018年“肥城土豆”“肥城绞瓜”之后，肥城市荣获的第10件国家级地理标志证明商标。近年间，市市场监管局贯彻市委、市政府工作部署，以全面服务“四大动能”“一核四区”“八大产业”为目标，制定肥城市地理标志商标培育发展计划，建立地理标志商标注册申报协同机制，开展地标资源普查，建立项目库，向有关部门、行业协会和相关镇街进行针对性的宣传，普及地理标志证明商标知识，共同确定培育和申报地理标志商标工作计划。在培育和发展的同时，实施“商标富农工程”，推行“地理标志商标+企业（协会）+农户+基地”的产业化运作模式，以地理标志证明商标的资源和品牌优势，着力打造区域特色品牌，通过地理标志商标的有效注册和合理利用，有效保护肥城市的优质特色产品，促进特色行业的发展，使地理标志证明商标成为肥城市对外宣传的名片，成为助力脱贫攻坚、实现农民增收致富的“金钥匙”和“加速器”。

【“农大 SDAU 及图”商标被认定为中国驰名商标】 2019年1月28日，山东农大肥业科技有限公司的“农大 SDAU 及图”商标被国家知识产权局商标局批复认定为中国驰名商标，成为肥城市第16件行政认定的中国驰名商标，数量位居泰安各县市区首位。近年间，市市场监管局把实施“品牌创塑工程”作为支持地方经济发展与提升企业核心竞争力的重要抓手，不断加大组织领导和扶持力度，引导企业加大自主品牌建设，统筹推进中国驰名商标、地理标志证明商标、商标国际注册、山东名牌创建和标准化引领，培育知名品牌群体，全面推进品牌自主化、高端化、集聚化和国际化，构筑立体式品牌发展新格局。

【市场准入服务】 按照“宽进”原则，落实企业名称自主申报、简易注销登记、“证照分离”改革，持续推进“多证合一”、全程电子化和“证照联办”工作，企业注册登记时间压缩至1个工作日，市场主体网上登记达到76%，全程电子化率超过50%。2019年，全市新登记各类市场主体11768家，同比增长11.37%，新增“个转企”1296家。向市场监管所下放食品经营许可权和小作坊小餐饮登记权，1—12月共办理食品经营许可证852件，办理食品小作坊餐饮许可281户；办理药品经营单位许可357户，医疗器械经营单位95户。按照市委、市政府要求，于2019年10月底将公司、个人独资企业及分支机构、合伙企业及分支机构、农民专业合作社及分支机构的设立、注销、变更、股权出质、广告发布登记、动产抵押、公司备案、非公司企业法人备案、食品经营许可、企业登记档案资料查询、个体工商户登记档案资料查询等审批事项划转至行政审批服务局，完成相关工作的交接。

【品牌强市战略】 加大《中华人民共和国商标法》等法律法规的宣传力度，引导支持经营户注册使用商标。围绕保护注册商标专用权开展一系列商标法律法规宣传活动，广泛听取企业的需求和意见，有针对性地进行培训、指导和培育，全市有效注册商标拥有量持续增长，品牌梯度培育体系更加完善。山东农大肥业科技有限公司的“农大 SDAU 及图”商标被认定为中国驰名商标，全市中国驰名商标总数达到16件，稳居泰安各县市区第一位。肥城市王庄镇农业综合服务中心申请的“肥城白菜”成功注册“地理标志证明商标”，全市的地理标志商标总数达到10件。肥城市安驾庄镇城镇建设运营公司注册的“安庄建安 AZ”集体商标、肥城市王庄镇农业综合服务中心注册的“王庄金裕马铃薯”集体商标顺利获批，全市集体商标总数达到4件。新增马德里国际注册1件、商标国际注册3件。7月5—8日，地理标志证明商标“肥城桃木雕刻”精彩亮相第十一届中国国际商标品牌节，并荣获2019年中华品牌商标博览会金奖。组织“肥城桃木雕刻”地理标志证明商标参加第十一届“大爱无国界，用爱助力奔跑”国际义卖活动，在国际舞台上展示运用地理标志“产品—品牌—产业”发展路径、助力精准扶贫的先进经验，为中国扶贫事业、为推动知识产权高质量发展贡献肥城力量。

【知识产权运用保护】 发挥报社、电视台等新闻单位媒体作用，通过专访、专题节目等形式，加大对知识产权的宣传力度，提高全社会知识产权保护意识。邀请专利事务所的专家深入企业，协助企业贯彻《企业知识产权管理规范》国家标准，帮助企业建立并完善知识产权管理制度。2019年，全市有9家企业取得知识产权管理体系认证证书。国家知识产权优势企业培育工作取得突破，肥城联谊工程塑料有限公司、肥城金塔机械有限公司获评2019年度“国家知识产权优势企业”，全市国家级优势企业达到5家。1—12月，全市新增授权发明专利31件。与青岛大学知识产权学院达成合作，举办专利实务培训班2期，全市160余家企业的知识产权管理人员参加培训。开展专利“清零”行动，联合专利事务所对20余家企业进行免费上门一对一服务，为企业挖掘专利36件，提供培训，提高企业知识产权意识和创造能力。落实各级专利创造资金资助工作，39项发明专利获得省市级专利补助。组织企业申报各级专利奖项，4家企业获得泰安市专利奖。推进企业知识产权质押融资工作，完成专利权质押合同登记8项，融资总额达6450万元。

【标准化建设】 指导企业开展标准自我公开声明，截至2019年12月，全市共有130家企业进行产品标准网上自主公开声明，共声明各类产品标准199个，比上年同期新增加产品标准60个，注册企业140家。引导企业主持或参与标准制修订工作，宣传新修订的《中华人民共和国标准化法》和市委市政府考核奖励政策，引导企业积极参与。2019年，全市标准化建设工作取得丰硕成果，共新参与制修订国家、行业、地方及团体标准32件，其中参与制定国家标准2件，主持制定行业标准3件，参与修订行业标准9件，参与制定地方标准4件，主持制定团体标准1件，参与制定团体标准13件。指导富世康制粉有限公司完成国家级“国家小麦全产业链标准化示范区”项目建设，服务文广新局完成省级“肥城市农村文体广场文化服务标准化试点”项目建设，2个项目已于2019年11月底前完成验收。

【企业质量管理】 组织起草《肥城市质量提升行动实施方案》，结合“四大动能”和“一核四区”建设，开展质量提升行动。针对全市企业的具体情况，分层次、有重点地对各类企业及管理人员进行质量培训。开展制造业高端品牌企业培育工作，2019年，石横特钢集团有限公司入选山东省制造业高端品牌培育企业，8家企业的主导产品和2家企业的服务项目荣获“山东优质品牌”，2家企业的主导产品荣获“山东知名品牌”。开展“质量月”现场宣传咨询活动，组织全市中小企业进行质量培训，发放各类宣传资料5000余份，通过各种形式发布宣传信息30余条，接受群众现场咨询300余人次。邀请省审评中心专家在高新区和石横镇分别举办中小企业质量提升培训班，全市80余家中小企业质量负责人及质量管理人员参加培训，广泛宣传全市质量强市、质量提升和品牌建设有关成果，营造政府重视质量，企业追求质量、人人关注质量的浓厚氛围。

【小微企业双升战略】 落实小微企业“双升四上”战略，坚持中小企业“扩总量”“提质量”，推动企业转型升级。印发《肥城市加快推进小微企业治理结构和产业结构“双升”战略实施方案》，明确工作目标要求、措施保障、任务分工，定期召开部门联席会议。2019年9月、11月，分两期组织小微企业董事长、总经理等高级管理人员赴青岛大学参加“双升四上”综合能力提升培训班，邀请知名专家进行授课，内容丰富，成果显著。深化动产抵押、股权质押，服务企业融资，切实帮助解决困扰企业发展的资金难题。1—12月，共办理股权出质登记16件，质押股权金额10.41亿元；办理动产抵押登记22件，抵押动产涉及金额21.58亿元。

【经济违法行为治理】 开展保健市场“乱象”集中整治行动，共出动执法人员2382人次，检查社区、公园、广场等人员密集场所17个，检查宾馆、酒店等重点场所32家，检查“保健”类店铺1119户次，对安利、无限极、广东康力、罗麦、苏州绿叶等经销商进行约谈和告诫，立案调查9件。开展价格监督检查，要求经营者对销售的商品进行明码标价，让群众明白消费。加强重点节日市场价格的监管，节日期间辖区各农贸市场和商品零售超市价格稳定。1—12月，共接到各类价格投诉举报70件，其中停车服务收费41件，物业服务收费12件，其他收费17件，处理满意率均为100%。开展全市天然气市场的专项检查，对4家天然气销售公司推迟执行政府指导价的行为进行立案调查，罚款20万元，退还多收价款合计162.26万元。对“双随机”抽查的4家医疗单位医疗服务价格进行检查，对其中3家医疗单位违法行为进行处罚。开展“防止传销进校园、进社区、进村镇、进市场、进车站”活动，收效良好。将打击传销工作与扫黑除恶、治理非法集资、查处保健食品会销虚假宣传等工作有机结合，确保监管没有死角。强化电动自行车市场规范整治，加大对电动自行车生产销售企业、维修经营者及仓库的监督检查力度，对监管中发现的问题，及时发布消费警示，加大与公安、城管、交通等政府相关职能部门协作，建立健全信息共享、情况通报、案件移送等工作机制；发挥电动自行车行业协会的作用，引导行业自律，建立综合长效治理机制，切实保障人民群众人身财产安全。2019年，共办理原工商、质监、食药、物价等各类一般程序案件427件、简易程序案件260件，罚没款入库金额470万余元。

【重点领域重点商品市场监管】 履行生态环境保护职责，加强成品油、车用尿素、煤炭质量监管。组织开展柴油商品质量专项监督检测1次，抽检58座加油站的柴油样品72个；配合省局开展成品油质量检测1次，抽检6座加油站的汽柴油样品20个；开展成品油质量监督检测1次，抽检62座加油站的汽柴油样品99个。以上样品经委托检测均合格，全面达到山东省“四增四减”目标要求，实现成品油质量监督检测“两个100%”全覆盖。组织开展车用尿素质量抽检2次，抽检经营车用尿素的加油站19座，抽检样品24个，合格23个，立案查处销售不合格车用尿素案件1件。开展煤炭商品质量抽检1次，共抽检15家经营业户的25个煤炭样品，均合格。结合农时强化农资商品质量监管，年初开展农资质量抽检一次，抽检样品55个，办理销售不合格农资案件12件。结合新农膜国家标准推行的实际情况，开展对销售国家明令淘汰的旧国标农膜商品的严查，共计查扣旧国标农膜396卷，案值4万余元。加大烟草市场整治力度，共检查涉烟市场主体2400余户，检查学校周边店铺200余户，检查涉烟网络平台3户，查处涉烟违法案件38件，结案率100%。开展烟花爆竹质量监管，对肥城安泰烟花有限公司落实企业质量监管主体责任开展监督检查和质量监督检测，随机抽检烟花样品3类，爆竹样品3类，所抽检样品均合格。此外，先后开展农村消费市场专项整治、企业自备油罐专项治理、烟花爆竹禁燃禁放、节水型城市复审、老泰临路沿线储煤场地治理等专项治理工作，配合市出口食品农产品质量安全示范区办公室，做好本年度“出口食品农产品质量安全示范区”建设工作。

【工业产品质量监督】 强化工业产品质量监管，完善产品质量动态监管体系，落实企业主体责任，不断推进质量监管工作深入开展。督促全市工业产品生产许可证获证企业按照规定完成年度报告工作，完成上报率达100%，成为泰安市唯一一个零漏报的县市区。围绕全市主导产业、重要消费品、高风险工业品开展质量监督抽查，强化质量风险监测，确保工业产品质量安全。2019年，配合国家级、省级、市级监督抽查，对全市水泥、肥料、家具、工业用甲醛溶液、卫生纸、儿童推车、铡草机、钢筋混凝土用热轧带肋钢筋、服装等多类产品进行监督抽查，产品质量合格率保持在97%以上。组织开展水泥、电线电缆、危险化学品和危险化学品包装物及容器产品生产许可获证企业专项监督检查；打击钢铁行业违法违规行为专项检查；加强日用塑料制品、儿童玩具、一次性使用卫生用品质量安全监督检查；开展儿童和学生用品安全守护行动工作；开展安全帽等特种劳动防护用品专项监督检查以及生产企业非法使用医疗废弃物再生料问题排查整治行动；重点工业产品质量安全专项整治等多项监督检查及专项整治工作。加强检验检测质量监管规范检验检测行为，对2家环境检测机构进行专项监督检查，对7家机动车检测机构进行监督检查。配合省局、市局开展对检验检测机构的飞行检查。在各类监督检查中发现的问题，均已督促企业按照相关要求进行整改。

【市场主体信用信息管理】 加大对市场主体年报公示工作的宣传力度，创新宣传方式，倒计时提醒市场主体年报时间。截至6月30日，全市共有49469户市场主体及时进行2018年度年报，其中9322户企业进行2018年度年报公示，年报率为91.79%；38780户个体工商户进行2018年度年报公示，年报率为96.88%；1367户农民专业合作社进行2018年度年报公示，年报率90.53%。加强事中事后监管，做好“双随机、一公开”工作，其中6月抽查122户市场主体，检查涉及食品生产销售、食盐生产批发、餐饮服务等民众关注度极高的行业；8月，发布特殊食品（含食盐）随机抽查任务，对57户市场主体进行“双随机”抽查；9月，开展2019年度企业公示信息及经营行为“双随机、一公开”抽查工作，共抽查市场主体899户，所有抽查信息均已录入企业信用信息系统并向社会公示。创新实施包容审慎监管，推进社会诚信体系建设，对被列入严重违法失信企业名单的企业建立严重违法失信企业信用修复制度。完善全市公共信用信息平台数据库，制定出台《社会信用体系建设工作实施方案》，在全市范围内组织开展2019年度社会信用体系建设示范创建工作，规范商家经营行为，打造商家诚信经营、行政监管到位、群众消费满意的“诚信生产（经营）示范单位”及“诚信示范街区”。做好长期未经营企业清理工作，吊销肥城盈旺药业有限公司等171户企业营业执照。

【网络市场监管】 加大网监平台利用率，主体建档、监督检查工作有序推进。至年末，在省局网监平台中共建立主体官网191个，网店68个。建档率、研判率均达到100%，建档缺失信息补录完成率达到100%。2019年，通过省局网监平台执行检查任务191次，检查企业811户。其中随机检查任务151个，检查企业702个；设定检查任务40个，检查企业109户，未发现涉嫌违法企业。做好“互联网+监管”事项目录清单梳理工作，全市涉及的32个部门共梳理监管事项目录清单543条。持续开展网络市场监管专项行动，实地检查网站、网店212个次，立案2起，责令整改网站12个。加大宣传力度，召集电商协会及电商企业代表开展“电商普法座谈会”“双十一期间电子商务诚信经营座谈会”，贯彻学习《中华人民共和国电子商务法》，规范电商企业行为。联合市商务局开展“2019年度肥城市电子商务诚信生产（经营）示范村（企业、店）创建活动”，对诚信守法经营表现突出的企业进行授牌表彰。利用多种形式广泛宣传《网络交易管理办法》《网络商品和服务集中促销活动管理暂行规定》《网络购买商品七日无理由退货暂行办法》等相关法律法规，提醒消费者在网购时提高权益保护意识。同时，针对检查中发现的涉嫌违法行为，及时进行行政指导，引导企业守法经营。

【扫黑除恶】 建立机关和基层市场监管所统一格式的扫黑除恶专项斗争档案，各市场监管所加大与镇街扫黑办、派出所的沟通协调力度，实行信息共享。强化日常行动执法和监管力度，将扫黑除恶与药品零售企业违法违规行动专项整治、整治“保健”市场乱象百日行动、电动车市场整治、“双打”等工作相结合，严格落实监管责任，堵塞监管漏洞，防止不作为、乱作为。深入经营业户，采取问卷调查、面谈走访等多种形式开展线索摸排，做到不漏户、不漏人、不漏企业、不漏单位。利用科技手段、依托各种信息系统，对本监管领域内消费纠纷、投诉举报等进行综合分析研判，及时发现涉黑涉恶犯罪线索。截至12月，共为纪检监察部门提供企业注册信息查询10余次；配合公安局清理整顿KTV歌舞厅26家，注销不具备经营资格的4家，责令停业整顿2家；清理整顿足疗经营业户84户，责令停业整顿2户，清理无照足疗户22户，注销25户；整治药品零售企业78家。

【计量管理和计量检查】 做好日常计量检定工作，保证计量器具和商品量的正确使用，共检定、校准计量器6156台件，合格率97.9%，其中贸易结算用计量器具907台件，医疗卫生用计量器具240台件，安全防护用计量器具4132台件，环境监测用计量器具56台件。推进全市集贸市场诚信计量体系建设，开展集贸市场在用计量器具免费检定活动，对城区9家大型集贸市场在用1000余件计量器具进行摸底免费检定并建立台账，对检定合格的计量器具加贴合格标识。开展加油机计量专项检查，共检查加油站64家，检查加油机264台，签订并公示诚信计量承诺书64份。加强机动车安检机构计量器具监督管理，检查机动车安检机构6家，检查在用计量器具343台件，合格率100%。开展眼镜制配场所计量专项监督检查，共检查眼镜店71家，计量器具焦度计（屈光度计）69台，验光仪74台，验光镜片组68台，其他计量器具18台。对17家眼镜店限期提出整改要求，对2家使用未经检定计量器具的眼镜店进行立案调查。加强对环境检测计量器具的监管，共检查环境检测机构1家，环境监测计量器具58台（件）；第三方检验检验检测机构1家，环境检测计量器具166台（件），以上计量器具均检定合格。对国控污染物排放企业进行专项监督检查，检查企业5家，检查计量器具数量52台（件），经检定全部合格。开展安全防护计量器具专项监督检查，组织辖区内所有使用单位进行自查，同时抽查企业21家，抽查安全防护计量器具50台，全部合格。

【维护消费者合法权益】 以新发展理念为指引，围绕“信用让消费更放心”年主题，倡导市场主体依法诚信经营。开展“3·15”国际消费者权益日纪念大会，在信业商厦设主会场，在各镇街区设分会场，会场设立受理咨询台，现场解答消费者的咨询，进行假冒伪劣商品鉴别，倾听消费者在服务等方面的意见和要求。活动过程共发放《肥城消费者》《消费投诉指南》《十大价格陷阱您别踩》《消费者谨防上当　虚假广告名目繁多》等宣传咨询材料1.8万余份，接受消费者咨询8000余人次，现场受理消费者投诉50余件，为消费者提供服务信息300余条，营造保护消费者合法权益的浓厚氛围。对标学习张家港市场监管局消费纠纷处置理念，新发展大型商超投诉处理中心4个。高度重视“12345”“12315”“3650000”民生热线转办的咨询、投诉、举报，建立完善解决此类案件的应急处理机制，做到消费者投诉件件有着落，事事有答复。1—12月，共受理消费者咨询投诉2597件，及时回复和按时处结率达100%，消费者满意率97.6%，为消费者挽回直接经济损失31.7万元。开展“你点我检”活动，对插排插头、电线电缆、纸尿裤等五类商品抽检42批次，对抽检结果在政务网站进行公示。做好诉转案工作，对消费者投诉举报中涉及的违法行为进行立案调查，做

2019 年 3 月 15 日，肥城市市场监管局在信业商厦广场举办“3 · 15”国际消费者权益日纪念活动

到执法不缺位；对各类投诉举报进行分析，梳理新形势下消费维权工作的重点难点，提高工作主动性。推进“放心消费在肥城”创建活动，不断拓宽创建活动的行业和领域，参与单位达到 100 余家，其中 2 家企业被授予“消费维权直通车单位”，扩大创建工作的吸引力和影响力。

【食品安全保障】 机构改革后，市政府重新组建食品安全委员会，市场监管局承担起市食安办日常工作。年内，高位推进省级有机蔬菜生产加工示范基地创建工作，11 月 8—9 日，由省局委托的第三方机构对肥城市的有机蔬菜生产加工基地创建工作进行验收，肥城市最终取得 94 分，成功通过审核验收。加大食品质量抽检，全年共完成监督抽检 5489 批次，检验量达到 5.5 份 / 千人，涵盖食品生产、流通和餐饮各个环节，共检测出不合格食品 92 批次，食品合格率超过 98.3%。开展食品安全方面漠视侵害群众利益问题专项整治、在“不忘初心、牢记使命”主题教育中整治食品安全问题联合行动，有效解决一批群众关切的问题。对 78 家企业，217 家食品加工小作坊进行风险隐患排查，共发现问题 44 家次，下达责令整改通知书 37 份。组织开展多次猪肉产品市场以及猪瘟防控的专项整治活动，严查猪肉制品经营单位落实索证索票情况，杜绝疫区猪肉流入肥城。开展校园周边食品安全专项检查工作，对全市内中、小学周边 200 米范围内的 213 家食品经营者进行全面排查统计，摸清监管底数，健全监管台账，明确责任人员，推行校园周边食品安全承诺制度和高盐高糖高脂食品风险警示制度，落实校园食品安全辅导员制度，发放和张贴各类承诺书、宣传画等 1000 余份。联合市教体局对 600 余名中小学生开展食品安全知识宣讲活动，宣传《中华人民共和国食品安全法》等法律法规，教育引导学生远离“五毛食品”，健康饮食。开展餐饮整治提升行动，彻底整顿餐饮服务市场秩序，及时排查清除存在的风险隐患。1—12 月，共检查餐饮服务单位 3698 家次，组织健康查体 9623 人次，下达责令整改 292 份，限期整改 83 家。开展为期三个月的网络订餐大检查大整治行动，约谈肥城市美团、饿了么第三方平台各 11 次，责令平台立即开展自查，严禁入网主体超范围经营，发放《致肥城入网餐饮服务经营者的一封信》560 份，停业整顿 87 家次，下线 92 家。推行“明厨亮灶”工程，与教体局联合出台《关于落实餐饮提升行动加强学校食品安全管理的规定》，对学校（幼儿园）食堂后厨、重点餐饮单位实施远程监控，全市学校食堂“明厨亮灶”覆盖率达到 100%，有力保障学生食品安全。

【特种设备安全监管】 截至 2019 年末，肥城市已办理使用登记手续在用的特种设备共计 6962 台件，其中锅炉 125 台、压力容器 2783 台、电梯 2396 台、起重机械 1126 台、场内机动车辆 532 台，暂时没有客运索道和大型游乐设施。全市共有特种设备使用单位621家，特种设备生产单位39家，气瓶充装单位14家。开展“安全生产月”集中宣传咨询活动，向群众和特种设备生产使用单位普及安全知识，发放宣传材料1100余份，接受咨询60余人次，举办培训讲座3期，培训人员280余人次。加强与行业成员单位的信息沟通与联合执法，完善政府主导、部门监督、行业自律、企业主体的安全生产监督管理机制。做好厂内专用机动车辆专项整治工作，检查厂车使用单位68家，发现问题隐患16处，新办理场内机动车使用登记49台。部署开展风险隐患排查治理专项行动，重点对化工生产企业、储存企业的特种设备、“煤改气”相关特种设备、移动式压力容器、气瓶充装、油气输送管道法定检验、电站锅炉范围内管道等进行排查治理。开展城镇燃气安全生产专项整治，严格查处未经许可从事充装活动、充装超期未检移动式压力容器和气瓶等行为。加大日常监督排查力度，摸清特种设备底数和管理人员、作业人员持证情况，加强特种设备使用登记管理，做到特种设备数量清、管理人员和作业人员持证情况清、风险隐患清。开展特种设备安全管理自查自纠，执法人员上门督促特种设备使用单位落实安全生产主体责任，依法登记，按期检验，持证上岗，健全制度。在重大活动及节假日期间，执法人员协同第三方服务机构，组织开展特种设备安全保障、电梯安全隐患整治、超期未检验特种设备整治等专项整治活动，持续加强对人员密集场所的特种设备安全检查，发现问题立即责令整改，达不到整改要求的一律停止使用。2019年，共检查特种设备生产、使用单位214家，发现特种设备问题及隐患97处，下达安全监察指令书38份，立案查处特种设备违法案件27起，罚款96.5万元。

【药品安全监管】 强化药品领域常态化监管，重点对未凭处方销售处方药、执业药师不在岗、流通领域的挂靠走票、非法渠道购销药品、药品回流等突出问题，开展日常监督及飞行检查，对全市469家药店，6家药品生产企业、7家医疗器械生产企业全部监管到位，发放责令整改通知书93份。定期对市疾病预防控制中心、疫苗接种单位进行监督检查，进一步规范疫苗的经营行为，加强对疫苗配送和接种单位疫苗质量的监督检查。配合泰安市局对药品零售企业开展飞行检查，1—12月共对全市23家药品零售企业进行飞检，发放责令整改通知书11份，已全部整改到位。做好药品抽检，保障用药安全。配合市局做好2019年度的药品抽验工作，共抽检药品56批次，收到的23份检验报告中，无不合格药品出现。做好认证工作，严格资料审核，开展现场核查58家次，GSP认证78家次。开展医疗器械监管工作专项整治，着力排查医疗器械的风险点。重点检查产品的供货商及许可证号、产品注册证号、产品名称、生产批号及有效期、合格证明和产品销售等信息是否存在可追溯性，查看产品是否存在夸大宣传功效，包装、标签、说明书是否符合有关规定等。开展无菌植入性专项整治行动和打击违法违规经营使用医疗器械专项整治行动，共检查医疗器械经营企业103家，医疗器械使用单位128家，责令整改14家，行政处罚1家。

（段　峥）

审　计

【概况】 肥城市审计局为市政府工作部门，设秘书科、法规科、财政审计科（挂社会保障审计科牌子）、教科文卫审计科、企业审计科（挂农业农村审计科牌子）5个职能科室。根据全市机构改革相关要求，市经济责任审计办公室行政职能划归市审计局，更名为肥城市经济责任审计中心。市审计局下辖市经济责任审计中心、市政府投资审计中心2个副科级事业单位。至年末，共有公务员10名，事业人员14名。

2019年，市审计局贯彻落实习近平新时代中国特色社会主义思想和党的十九大、十九届二中、三中、四中全会精神，开展“不忘初心、牢记使命”主题教育，切实履行审计监督职责，创新审计方式方法，提升审计效率，较好完成各项工作任务。全年完成审计项目51个，查出问题金额56108万元，促进增收节支2183万元，提出审计建议64条，被采纳审计建议52条，向市纪委移送问题线索2起。市审计局被省人社厅、审计厅表彰为“山东省审计系统先进集体”，被市委、市政府表彰“党建工作先进单位”“创建全国文明城市工作先进集体”“桃都先锋红旗党支部”等荣誉称号，连续五年保持“省级文明单位”称号，连续三年荣获“肥城市经济社会发展综合考核先进单位”。

【政策落实跟踪审计】 2019年，市审计局贯彻落实市委、市政府和上级审计机关的决策部署，做好清理拖欠民营企业中小企业账款审计调查、“十强”优势产业跟踪审计、“一次办好”和减税降费跟踪审计、涉农一卡通审计调查和泰山区域山水林田湖草生态修复工程审计调查等。审计中紧扣国家政策要求，严格审计，为党委政府把好关，提建议、促整改、防风险，得到市委、市政府和上级审计机关的肯定。

【预算执行审计】 对财政局、市场监管局、法院、综合执法局等14个部门单位进行审计，围绕现代财政制度建设和财政资金规范高效运行，持续开展预算执行审计，反映和揭示预算执行不严格、资金损失浪费、闲置或挪用、使用绩效不高等问题，提出推进预算编制科学化、加强部门财务管理和资金安全绩效管理等方面的审计建议。既“查病”揭示问题，又发挥审计“治已病、防未病”的建设性作用。2019年8月，代表市政府向人大常委会作审计工作报告，得到市人大常委会高度肯定。同时按照市政府要求及时督促有关部门单位对发现的问题进行整改，确保审计效果。

【经济责任审计】 学习贯彻《党政主要领导干部和国有企事业单位主要领导人员经济责任审计规定》，重点围绕领导干部贯彻落实中央和省市重大决策部署、遵守财经制度规定和廉洁自律等情况实施审计，加大任中审计力度，前移审计监督关口。全年共完成住建局、水利局等30个部门单位主要负责人的经济责任审计，查出问题金额17948万元。通过审计查处违规问题，严肃财经纪律，增强领导干部执行财经纪律和各项廉政规定的自觉性。

【自然资源资产审计】 2019年，实施潮泉镇自然资源资产离任审计试点，工作中采取与经济责任审计统一部署、同时审计、协调推进的方式，探索出“经济责任审计+自然资源资产审计”双轨并行、“经济账”和“生态账”共同审计的新路子，全力助推审计全覆盖。通过审计有效促进领导干部树立绿色发展理念，保护好绿水青山。

【政府投资审计】 立足当好公共资金的“好管家”，严把资金关口，完成老城街道罗窑中学、石横镇初级中学、孙伯镇中心小学工程建设项目和纪检监察委办公楼及院落改造项目等全面审计，对6个建设项目进行造价审计。工作中贯彻落实政府投资审计“三个转变”，站在更高的层面审计政府投资项目，以全新的视角发现、揭露项目建设管理中存在的不规范、不严格和造价虚高等问题，为经济建设保驾护航。

【党建工作】 开展“不忘初心、牢记使命”主题教育。贯彻落实市委关于主题教育的要求，紧密结合审计工作实际，坚持突出主线、聚焦主题，把学习教育、调查研究、检视问题、整改落实贯通起来，高标准部署、高质量推进，以良好的作风抓紧抓实。针对审计工作特点，建立“集中学习+分散自学”“固定党支部+临时党小组”相结合的学习方式，在审计现场设立临时党小组，将主题教育向审计一线延伸、在审计一线落实。聚焦问题短板，抽样对12个被审计单位开展调研，坚持调查研究与指导工作、解决问题相结合，查找审计工作存在的问题。组织全体审计干部开展检视整改，共上报问题96条，逐条制定整改措施和整改时限，实行销号管理，确保把主题教育变成改进工作、促进发展的过程。先后迎接省审计厅、泰安市审计局相关领导视察调研，工作做法得到市委组织部、市直机关工委充分肯定。

【包村帮扶】 5月，按照市委组织部调整“第一书记”的要求，选派于为秋接替孙衍光担任高新区潘台村“第一书记”。2019年，帮助村两委班子加强党建工作，发展党员3名，向相关主管部门争取专项扶贫资金15万元、水土保持项目资金8万余元、“一事一议”运转经费5万元和健身器材两套，投资6000元新装电子显示屏和打印机。春节前夕，开展帮助困难群众“过暖冬、过好年”活动，捐助资金5000余元购买食用油、面粉、大米等生活物资，到贫困户家中进行走访，为困难群众送去党和政府的温暖和关怀的同时，帮助困难群众解决实际问题。

（李　雪）

统　计

【概况】 市统计局为市政府主管全市统计工作的部门，正科级行政单位。辖市城市经济调查队、市社情民意调查中心2个副科级事业单位。内设综合科、农业统计科、工业统计科、服务业统计科、社会科5个职能科室；机关行政编制14人，事业编制17人，配备局长1名，副局长2名，在职职工20人。2019年，市统计局较好地完成各项工作任务，在连续12年荣获省统计局表彰“全省统计系统文明单位”、连续11年荣获泰安市文明委表彰“泰安市文明机关”荣誉称号的基础上，连续6年被评为“山东省省级文明单位”，被山东省统计局评为“2019年度全省统计宣传工作先进单位”，被泰安市统计局表彰为“2019年度先进县市区统计局”。

【经济普查】 开展第四次经济普查数据审核评估和事后数据质量抽查，完成14175家法人和产业活动单位、59499家个体经营户的清查登记上报工作，单位清查率、登记上报率始终位于泰安市前列，荣获全国第四次经济普查先进集体。

【统计服务】 2019年，市统计局接待来自单位、个人的数据咨询，定期发布全市重要经济社会发展数据；编辑出版《肥城市统计年鉴2018》，每月编印一期《肥城统计月报》，及时将各主要经济指标通报市主要领导和镇街区主要负责人。全局撰写统计分析126篇，统计信息268篇，位列县市区首位。受市委组织部、市委宣传部委托，开展农村环境卫生满意度调查、农村移风易俗满意度调查、人民满意的教师等民意调查，成功调查样本6000个。

【统计基层基础建设】 明确统计基层基础建设重点，强化部门统计制度规范，进一步加大经费投入，提升镇街统计站综合职能，规范企业统计管理，全市统计基层基础建设向更高层次迈进，在泰安市基层建设考核中获优秀单位。市经开区代表肥城参加2019年泰安市组织的基层基础观摩。

（杜　坤）

农业和农村工作

- 综　述
- 农村经营管理
- 有机农业
- 种植业
- 林果业
- 水　利
- 畜牧业
- 农业机械
- 扶贫开发

农业和农村工作

综　述

【概况】 肥城是传统的农业大县，国家商品粮基地县，国内重要的有机、无公害蔬菜生产基地，传统的农业特产——肥城桃（又名佛桃）的发源地和生产基地。

2019年，全市农作物总播种面积9.44万公顷，其中粮食作物播种面积7.06万公顷，占农作物总播种面积的74.8%，粮食作物以小麦、玉米为主，总产量47.92万吨。主要经济作物有蔬菜、花生、棉花等，播种面积2.02万公顷，总产量112.64万吨；油料作物播种面积2333公顷，总产量8352吨，主要作物为花生，花生播种面积2163公顷，总产量7976吨；棉花播种面积860公顷，总产量1016.5吨。

着力扩绿增绿，加快实现全域绿化。坚持全市动员、全民动手、全社会共同参与，突出机关、企业、村集体三大造林主体，开展“桃乡增绿”行动，加快推进“绿满肥城”，全市完成造林面积18000亩，其中栽植核桃、樱桃等名优经济林3000亩、竹林10000亩、荒山造林5000亩，廊道绿化50公里。创建国家森林乡村4个，山东省森林村居4个，泰安市森林乡镇1个，泰安市森林村居5个。

畜牧业以饲养猪、羊、蛋鸡、肉鸡、奶牛为主。截至年末，全市生猪存栏14.7万头、奶牛存栏1.7万头、家禽存栏796.5万只，羊存栏7.1万只，全年肉、蛋、奶产量分别达到67761吨、18963吨、79586吨。标准化规模饲养场区达333个，畜禽规模饲养比重达89%。

实施高标准农田建设项目6个，项目投资6514.2万元，建设高标准农田面积5万亩。新打机井138眼，维修机井202眼，新建泵站23座，新建蓄水池11座，开挖疏浚排水沟41.5

“田成方林成网”的高标准农田

千米。

全市农机总动力108万千瓦，农机化水平89.83%。拥有拖拉机21095台，其中大中型拖拉机1124台；电动机27.9万千瓦，柴油机78.5万千瓦，汽油机1.2千瓦。

2019年，肥城市被确定为中国特色农产品优势区、国家小麦全成本保险试点县、首批山东省农业生产社会化服务规范化建设试点县、山东省绿色优质小麦订单种植基地县、山东省乡村治理体系建设试点示范县。

【农业产业化经营】 截至年末，全市规模以上农业产业化龙头企业186家，其中国家级1家、省级9家、泰安市级84家，年实现销售收入194亿元，同比增长6%。制定全市20强农业龙头企业、50强新型经营主体认定标准和扶持政策，分别给予10万元、3万元扶持奖励。指导桢深农业、和瑞丰等42家企业争创泰安市级农业龙头企业，组织富世康申报第六批农业产业化国家重点龙头企业。新申报“三品一标”认证101个，其中有机农产品认证22个，绿色食品认证22个，无公害农产品认证57个；“肥城白菜”荣获国家农产品地理标志证明商标；“泰山君子茶”“兴润农之源蔬菜水果”被认定为省级知名农产品企业产品品牌；“康顿”“泰山植物园”“君祥”被认定为市级知名农产品企业产品品牌；肥城桃入选中国农业品牌目录2019农产品区域公用品牌。

智能温室育苗

【农业科技推广】 2019年，优推12名高级农艺师组建专家技术指导小组，遴选县、乡两级技术指导员70名，科技示范主体560名，建设农业科技示范基地4处，推广济麦22号、良星66、泰农18等作物主导品种32个，推广小麦高产高效标准化生产技术模式、水肥一体化技术、小麦一喷三防关键技术等32项主推技术。主导品种和主推技术入户率及到位率达到98%以上；示范主体和周边农户对农技人员服务效果满意率98%以上。

【农业科技教育培训】 ①新型

农业科技培训现场教学

职业农民培育。2019年，完成500人的新型职业农民培育工作。开展农民大培训活动。组织1000名种植规模在50亩以上的种植业大户、家庭农场和合作社负责人分批到省外、省内和市内参加农业技术培训，多次邀请山东农业大学、泰安市农科院的专家到肥授课。②人才管理。挖掘先进人物，培养一批优秀的农业实用人才和农业专业技术人员，1名农技人员获泰安市专业技术拔尖人才荣誉称号，1名农业技术员获全国农牧渔业丰收奖农技推广贡献奖，新入选山东省齐鲁乡村之星1人。

【农村基本政策落实】①农业支持保护补贴。2019年核定小麦种植面积28755.4万公顷，补贴标准1875元/公顷。②农业政策性保险。全市种植类政策性农业保险开办险种包含小麦全成本、玉米、水稻、棉花、花生、大豆、马铃薯、温室大棚、苹果、桃种植险共10个险种。2019年，各类作物共承保98.05万亩，保费3101.52万元，为农户提供保障8.1亿元。年内，小麦受灾合计赔款867.56万元，其中冰雹受灾面积0.92万亩，赔款金额398.46万元。推进特色农产品保险，新开办有机蔬菜保险。制定《关于对种植大户进行农业保险保费县级财政补贴的实施办法》，对在市域范围内的种植大户，年内单季种植小麦、玉米、棉花、花生、水稻、马铃薯、大豆、苹果、核桃、有机西兰花和有机菠菜分别达到50亩及以上、温室大棚种植面积达到10亩及以上、樱桃种植面积10亩及以上的种植户，提供种植保险托底。2019年，共为1964个新型农业经营主体、23.3万亩农作物提供保费补贴，涉及资金237.85万元。

【农产品质量安全监督】①韭菜产品“双证制”管理。以韭菜产品为主，通过实施“双证制”管理，推行食用农产品质量安全管控的有效模式，以落实生产经营主体责任为核心，进一步转变食用农产品质量安全监管方式，创新部门协作机制，严禁“问题韭菜产品”走出田间地头，严禁不具有合格证和市场销售凭证的韭菜产品进入食用农产品市场、生产加工、餐饮服务环节，全面提升韭菜产品质量安全水平。②信用体系建设。围绕全国农安信用体系建设示范城市和全国文明城市创建工作，创新工作方式，强力破题推进，全市农安信用体系建设取得突破性进展。全市规模以上农业龙头企业、合作社185家，省、市级标准化生产基地43处，农资经营门店293家监管主体完成信用信息征集。③农业标准化生产体系建设。推行农产品生产经营主体网格化管理，指导全市生产经营主体自觉落实安全责任，承诺执行标准，完善田间管理档案，保障农产品安全。11个农产品生产基地通过市级验收，12个农产品生产基地被任命为省级农业标准化生产基地。④抽样检测。坚持日常抽查和重点抽检相结合，按照下达的《肥城市2019年农产品（种植业）质量安全监督抽查和例行监测计划》，开展检测抽样工作，在抓好镇街及基地检测室自行定性抽检基础上，开展县级定量检测抽样工作。全年迎接省、市抽查抽取样品318批次，合格率为100%；例行抽样检测612批次；果蔬监督抽检200批次，合格率99%；水产品监督抽检10批次；农药监督抽样5批次；畜产品160批次。定性检测7080个样品。

【农业行政执法】加强《中华人民共和国农产品质量安全法》《中华人民共和国种子法》《兽药管理条例》《农业机械安全监督管理条例》等相关农业法律法规宣传，开展定期和不定期相结合、宣传和教育相结合、教育和服务相结合、教育和行政处罚相结合等农业行政执法活动。加大农资市场的监管执法力度，开展农村假冒伪劣食品专项整治、农资打假专项治理行动、开展水产、生猪屠宰、养殖及饲料加工生产执法检查、开展农机市场规范及安全生产专项检查、农资经营使用专项整治百日“雷霆”行动等多项活动，严肃查处农资生产、经营、使用违法案件，保护农民合法权益。全年出动执法人员1023人次，提高农资经营户依法经营和自觉抵制销售假冒伪劣农资商品的意识，打击经营、使用假冒伪劣农资产品的违法行为，维护农资市场的正常秩序。

（刘 龙）

农村经营管理

【概况】 3月18日，市农村经营管理办公室（市减轻农民负担工作办公室）更名为市农村经营服务中心（市减轻农民负担工作中心），机关下设土地承包管理服务中心（副科级）、人秘科、财务科、监督管理科、经营管理科、合作组织科，核准编制19人，实有人员15人，2019年新进1人，调出1人，离职1人。年内，肥城市被山东省农业农村厅确定为全省农村集体资产股权有偿退出试点、被山东省农业农村厅确定为全省农业生产社会化服务规范化建设试点，被省委农办、农业农村厅、省委组织部等6部门联合命名为“山东省乡村治理示范县”。

【农村集体“三资”管理】 至年末，全市605个村全部开展农村“三资”清理集中行动，已通过市级验收的村536个，占全市行政村总数的88.6%，其中一类村90个、二类村229个、三类村及10万元以下村217个。加强业务培训，6月下旬，集中9天的时间分3期对全市所有村会计和镇街经管站人员共计730人进行集中培训，重点讲授“三资”管理制度、农村财务、扫黑除恶“三资”清理等业务知识。针对省委巡视组反馈的肥城村级随意举债、高息民间借贷严重的问题，开展调查摸底，建立村级借款台账，明晰债务规模和结构，制定下发《关于进一步加强村级债务监督管理的通知》，明确村级债务监督管理“严控增量、化解存量”两项工作重点，2019年，全市降息停息债务4354.56万元，核销化解债务8857.43万元。

【农村集体产权制定改革】 ①赋码登记工作。按照上级关于开展农村集体经济组织登记赋码工作的通知要求，在全面审核镇街上报的登记赋码申请资料无误的基础上，完成全市605个村集体经济组织的登记赋码工作。推进股份经济合作社规范化建设。②对标学习。在对标学习借鉴张家港改革经验的基础上，结合肥城实际，起草制定《关于推进农村股份经济合作社规范化建设和公司化经营的试点方案》，在全市选择10个左右经营性收入高、班子建设强的村股份经济合作社进行试点，开展规范化建设和公司化运营。③股权有偿退出。被确定为全省农村集体资产股权有偿退出试点，结合实际研究制定《农村集体资产股权有偿退出试点工作方案》，探索赋予农民对村集体资产股份有偿退出、继承及抵押、担保权能。

【农村专业合作经济组织】 按照上级关于开展农民专业合作社“空壳社”专项清理工作通知要求，对涉及肥城的无农民成员实际参与、无实质性生产经营活动、停止运行等六类问题的“空壳社”进行摸底排查，共排查出全市各类“空壳社”498家；抓好合作社、家庭农场转型升级，新培植企业化转型12家，新创建示范合作社20家，示范家庭农场22家，其中省级示范家庭农场2家，农业生产社会化服务示范组织11家，完成2家省级示范农场监测。

【农村土地承包经营权流转】 规范引导土地流转，新增土地流转面积6.09万亩，累计流转38.6万亩，流转率达到48.3%。按照程序为全市流转面积超过60亩的种植大户发放“农村土地经营权证”，涉及面积327亩，累计发证面积3074.69亩。协调建设银行肥城支行，为家庭农场主发放全市首笔土地经营权抵押贷款16万元。

【减轻农民负担工作】 制定下发《关于开展涉农乱收费清查的通知》，在全市范围内集中开展涉农乱收费清查整改，排查出全市9个镇街区50个村存在违规收取“户口管理费”问题，涉及人数436人，违规收取金额128.76万元，退还款项80.24万元，其中退还2013年以后收取款项62.38万元，占2013年以后收取金额63.28万元的98.6%。共审查备案“一事一议”筹资筹劳项目16个，发放农民负担监督卡23万份。协调发改物价部门出台文件标准，对农村居民生活垃圾处理费的收取进行规范，作为经营服务性收费进行管理。妥善处置涉农信访案件32件，其中泰安市9件，肥城市23件，较好地解决群众反映的问题。

（田　洋）

有机农业

【概况】3月18日，根据中共肥城市委机构编制委员会办公室《关于农业农村局所属事业单位有关机构编制事项的通知》，市有机农业发展办公室更名为市有机农业发展中心，为农业农村局一级事业单位，编制11人，在职人员5人。

截至年末，全市有机农业面积达到6.8万亩，新发展有机农业功能园区12个，完成有机认证46个、认证面积1.2万亩。山东省级有机蔬菜生产加工示范基地通过省级专家组考核验收。全市从事有机农业生产加工的企业及新型经营主体共43家，全市7家有机蔬菜加工龙头企业生产加工总量达到6.28万吨，其中出口2.73万吨，创汇4116万美元；国内销售3.17万吨，销售额达到2.58亿元。完成《肥城市有机农业标准化生产技术汇编》编纂；8月，肥城有机蔬菜展览馆开工建设，宣传有机农业；有机蔬菜首次纳入肥城市农业政策性保险，实现历史性突破，每亩一季保险1200元，调动种植户发展有机蔬菜的积极性；安驾庄万亩有机农业示范区要素集聚和平台带动作用初显。全市有机农业发展布局进一步优化，区域特色凸显，基本形成南部依托汶阳田农高区万亩有机农业示范区为引领的有机蔬菜生产；中部依托桃园国家级现代农业产业园为引领的有机肥城桃为主的有机果品（苹果、桃、核桃油）生产，北部依托泰山君子茶园为引领的有机茶生产大格局。

【有机农业发展】年内，围绕实现“推动有机农业扩规模、提档次、打品牌”的战略目标任务，进一步突出重点、抓住关键、全力推进工作落实，打

汶阳镇西南庄有机蔬菜种植基地

造有机农业发展新引擎，培育新动能，促进有机农业高质量发展。①打造有机农业示范园区。实施有机农业产业融合发展园区示范创建，以园区化引领发展有机农业，融合发展关联产业，打造有机农业综合发展平台。安驾庄万亩有机农业示范园区已完成规划编制，开始组织实施。12个有机农业功能园区如期完成年度目标，在有机蔬菜、有机果品、有机小米、有机菌类等领域发挥较好的示范带动作用。②开展有机农业培训宣传。2月开始，为全面提高有机农业生产技术标准化水平，开展《肥城市有机农业标准化技术汇编》起草工作，已完成初稿。5月，开展岗位技术练兵活动，有机发展中心每名工作人员结合各自业务，轮流开展技术培训。年内，完成4期市委组织部组织开展的全市部分村两委成员有机农业知识培训、2期市农广校组织的新型蔬菜种植户技术培训，引导各级大力推广应用有机农业新技术、新成果，提高科技含量。配合泰安市农业农村局、泰安市广播电视台联合开展的有机蔬菜专题宣传片。借智借力，与市委党校联合开展《肥城市有机蔬菜发展情况调研》课题，形成高质量调查报告。③有机蔬菜加工龙头企业融合发展。3月，开展全市有机蔬菜加工企业调研，形成专题报告，送市领导参阅。所提出的“集约政策扶持、实施基地回归、探索有机蔬菜政策性保险”建议，进入市领导和局党组决策层面，开始逐步实施。坚持把产业融合发展作为根本路径，通过政策扶持引导企业生产基地进万亩有机农业园区由分散布局向集群发展转变，延长企业产业链、提升价值链、完善利益链，推动农产品加工业与其他产业深度融合。参与配合实施有机农业生产基地百日专项整治活动。

【有机农业示范推广】 年内，市有机农业发展中心立足职能、发挥优势，服务三农工作。高标准完成省级有机蔬菜生产加工示范基地专家考核验收，收集各类资料150余份，视频8个，开展现场指导12次，配合有关部门开展现场检查3次，以优异成绩通过专家验收。指导边院济河堂村筹建肥城市有机蔬菜展览馆。组织村和设计方到章丘大葱展览馆、老城革命纪念馆进行现场考察，参与研究指导具体设计方案和资料筹备。开展有机蔬菜市场开拓宣传对接活动，先后迎接日本三重大学有机农业教授考察组、台湾专家顾问团、广东省有机农业协会、广西灵山县农业考察团、上海爱宜食公司对肥城市有机农业的考察对接。与富世康公司、新合作、华联公司进行商超对接，引导企业设立专柜。

（周小妹）

种植业

【概况】 2019年1月，组建市农业农村局。整合市农业局的职责，市发展和改革局的农业投资项目、市国土资源局的农田整治项目管理职责，市财政局的农业综合开发项目管理、农村综合改革等职责，市水利局的渔业管理、监督管理渔业安全生产、农田水利建设项目管理职责，市委农村工作办公室、市畜牧兽医局、市农业机械管理局、市农业综合开发办公室、市肥桃产业发展办公室以及相关事业单位承担的行政职能，组建市农业农村局，作为政府工作部门，承担扶贫开发工作职责，加挂市扶贫开发办公室、市畜牧兽医局牌子。主要负责统筹研究和组织实施“三农”工作战略、规划和政策，协调解决“三农”工作重大问题。管理种植业、畜牧业、渔业、农垦、农业机械化、农产品质量安全；负责农业投资管理等。市农业农村局（市扶贫开发办、市畜牧兽医局）下设办公室、财务科、发展规划科（加挂市场与信息化科牌子）、乡村产业发展科、农村社会事业促进科（挂农田建设管理科牌子）、农产品质量安全监管科（挂渔业与渔政管理科牌子）、科技教育科、种植业管理科、党建科9个科室，辖有机农业发展中心、市农业技术推广中心、市农业行政执法大队、市肥城桃产业发展中心、市肥城桃研究所、市水产服务中心、市海泰实业开发公司、市海泰实业开发公司、市园艺场、市良种示范繁殖农场，共有干部职工132人。

2019年3月，海泰实业开发公司改为国有企业，撤销其事业编制，收回事业编制共7名。2019年8月，重新组建肥城桃产业发展中心。整合市肥城桃产业发展中心、市园艺场、市肥城桃研究所，组建肥城桃产业发展中心，为市政府直属副处级财政拨款事业单位，核定编制31名。同时，撤销原市肥城桃产业发展中心、市园艺场、市肥城桃研究所事业单位建制，人员编制整建制划转至新设立的市肥城桃产业发展中心。

2019年，全市农作物总播种面积9.44万公顷。粮食作物播种面积7.06万公顷，占农作物总播种面积的74.8%，总产47.92万吨。粮食作物主要为小麦和玉米，其中小麦播种面积2.99万公顷，占粮食作物播种面积的42.32%，产量19.95万吨，占粮食总产量的41.64%。玉米播种面积3.84万公顷，占粮食作物播种面积的54.36%，产量27.15万吨，占粮食总产量的56.65%。经济作物播种面积2.38公顷，占农作物总播种面积的25.2%，主要为蔬菜、花生、棉花，其中蔬菜播种面积2.02万公顷，占农作物总播种面积的21.4%，总产112.64万吨；油料作物播种面积2333公顷，占农作物总播种面积的2.5%，总产8352吨，主要作物为花生，花生播种面积2163公顷，总产7976吨；棉花播种面积860公顷，占农作物总播种面积的0.9%，总产1016.5吨。其他瓜果类72.7公顷、中草药材94.9公顷。

【粮棉油生产】 ①粮食生产。2019年，全市粮食播种面积7.06万公顷，占农作物总播种面积的74.8%，粮食作物以小麦、玉米为主，粮食总产47.92万吨。②棉花生产。2019年，棉花播种面积为860公顷，总产为1016.5吨。③油料生产。油料作物主要为花生，油料作物播种面积2333公顷，总产量8352吨。

【蔬菜生产】 2019年，全市蔬菜播种面积2.02万公顷，总产量112.64万吨。栽培的主要作物有大白菜、马铃薯、菠菜、豆类、茄果类、葱蒜类、瓜类等。其中，春马铃薯播种面积7755公顷、总产34.08万吨，分别占比38.4%、30.25%；秋大白菜播种面积6128公顷、总产51.37吨，分别占比30.3%、45.6%。

【土壤肥料】 2019年，实施耕地质量提升和化肥减量增效项目，采集化验土壤样品200个，安排试验示范6处，完善小麦、玉米、马铃薯等主要作物施肥配方，推广测土配方施肥面积152万亩。开展农作物施肥调查，全市减少化肥用量约1400吨。实施设施菜地连作障碍治理项目，项目面积5000亩，在项目区内，支持七个新型经营主体安装水肥一体化设备，支持1000多亩土壤酸化菜地使用土壤调理剂，近4000亩的菜地应用生物有机肥，改善土壤理化性状。继续推广水肥一体化技术，小麦上以应用喷灌为主，蔬菜和果树重点推广滴灌技术，根据作物需求配合应用水溶肥进行追肥提高水肥利用效率。2019年，推广面积为1.8万亩，应用水肥一体化技术节水40%～50%，节肥30%左右，省工80%～90%。

【植物检疫及病虫害防治】 ①植物检疫。2019年，对全市1386公顷小麦、玉米、蔬菜制种田进行产地检疫，生产合格良种9330吨，从源头杜绝危险性病虫草害的传播蔓延。②病虫害防治。2019年，全市病虫草鼠年发生面积43.11万公顷次，防治面积42.97万公顷次，挽回损失51.1万吨。共示范推广频振式杀虫灯、黄蓝诱虫板、性诱剂、生物农药等各种绿色防控技术12万公顷次；截至2019年末，全市植保专业化统防统治组织达到60家，专业机防队员1100余人，植保无人机、自走式喷秆喷雾机等大

车载式风炮打药机

中型植保喷药器械700多台套，日作业能力超过4万亩，全年农作物重大病虫害统防统治面积90万亩次。

【庆祝2019年中国农民丰收节颁奖典礼】 9月21日，肥城市以“筑梦乡村振兴·共享丰收喜悦”为主题的庆祝2019年中国农民丰收节颁奖典礼，在文广大厦演播大厅举办。活动以农民为主体，以庆丰收为主线，通过连线“村播计划”直播间，开展民俗文艺表演，表彰农业经营主体、优质佛桃园、“乡村振兴·美丽家园”优秀摄影作品等内容，全面展现肥城现代农业发展新成果、农村建设新风貌、农民生活新风采。

【山东省粮油高效生态种植模式现场观摩培训会在肥城举行】 8月24日，由山东省农业农村厅、山东省农业科学院联合主办的“粮油高效生态种植模式现场观摩培训会”在肥城市安驾庄镇举行，现场观摩花生带状轮作技术。国家和省体系首席专家代表，省农业农村厅、泰安市农业农村局以及全省农技推广部门相关负责人参加。

花生带状轮作模式

【肥城桃产业技术专家指导组签约仪式举行】 9月6日，肥城市肥城桃产业技术专家指导组签约仪式举行，6位专家受聘。副市长赵兴广，国家桃产业技术体系首席科学家、北京市林果研究院研究员姜全等9位专家以及市农业农村局、新城街道、桃园镇、仪阳街道负责同志出席签约仪式。会上，赵兴广代表市政府与姜全等6位专家组成的肥城桃产业技术专家指导组签订合作协议，并为专家指导组成员发放聘书。肥城桃产业技术专家指导组将进一步发挥科技在推进肥城桃产业发展中的支撑作用，就肥城桃产业发展和急需解决的重大关键技术难题，开展合作攻关，促进产业转型升级。签约仪式结束后，与会人员围绕肥城桃产业发展进行座谈交流，并先后到中国桃文化博物馆、桃园镇正大果业肥桃基地、肥城桃研究所西尚培优基地进行实地考察参观。

【肥城市现代农业产业园入选山东省级现代农业产业园】 8月12日，山东省农业农村厅、财政厅联合下发《关于公布2019年省级现代农业产业园创建名单的通知》，全省共有23个县市区获批创建，肥城市现代农业产业园榜上有名。肥城市现代农业产业园以肥城桃为主导产业，科学规划“一心四区”布局，聚集资本、科技、人才、信息等多种现代生产要素，聚焦推动桃产业种植生产、加工物流、科技研发、休闲旅游等融合发展和全产业链开发，构建集特色基地、赏花品桃、加工销售、桃木工艺品开发、桃文化展示、桃源风情游于一体的产业化格局，引领肥城现代农业发展向更高级形态、更合理结构、更深层次融合迈进，助力乡村振兴，为把肥城建设成为佛桃飘香、绿树成荫、安居乐业的世上桃源贡献力量。

【肥城桃走进国务院新闻办栏目】 2019年9月，国务院新闻办五洲传播中心在《中国推介》栏目隆重推介肥城桃。节目通过看中国、华人频道、百度百科、中国网+、中华网等众多媒体联合传播，全面、准确地向全世界传播肥城桃悠久的历史、独特的风味和深厚的文化底蕴。

（刘　龙）

林果业

【概况】 2019年，市生态林业发展中心践行“绿水青山就是金山银山”理念，以实施乡村振兴战略为契机，以满足人民对优美生态环境需要为主攻方向，以城乡增绿、林业增效、林农增收为目标，推进造林绿化，发展林业产业，全面加强资源保护，林业生产呈现持续、快速、协调、健康发展的良好态势。新添康王河国家湿地公园、兴润园林国家林业龙头企业、牛山森林公园国家森林氧吧3项国字号荣誉；先后承办泰安市政府召开的雨季造林现场推进会议和森林防火能力建设现场推进会议；泰安市人大两次对肥城市造林绿化工作进行视察。

【植树造林】 2019年，以“全民植树、绿满肥城”为目标，深入开展“桃乡增绿”行动，全市完成造林面积18000亩，廊道绿化50公里。创建老城街道田花峪村、湖屯镇吕仙村、安临站镇明新村、孙伯镇五埠村4个国家森林乡村，新城街道孙小村、桃园镇东二村、湖屯镇张店村、汶阳镇新集村4个山东省森林村居，仪阳街道1个泰安市森林乡镇，潮泉镇柳沟村、王瓜店街道黄叶村、王庄镇王场村、湖屯镇涧北村、桃园镇北僧台村5个泰安市森林村居。新增老城花峪、仪阳刘台2个山东乡村林场。市大班子领导连续四个星期带领八大系统的党员干部深入10个镇街区、24个社区开展义务植树活动，累计栽植苗木19万株，种植花草近1万平方米。

【林业产业发展】 以名优经济林开发和苗木花卉为突破口，以中央财政造林项目为牵引，以林业龙头企业为引领，加快林业产业的发展。新发展经济林3000亩、苗木花卉1500亩。新增“齐鲁放心果品”4家、省级经济林标准化示范园4家、山东省十佳观光公园1家。

【森林防火】 持续推进森林防

老城街道开展春季山林防火宣传（王秀秀　摄）

火基础设施建设，牛山林场投资90余万元，开展“引水上山、用水灭火”二期工程，从穆柯寨停车场向穆柯寨顶、回佛寺方向和风门口三个方向，铺设管道长度5180米，已投入使用；新修建森林防火通道337.8公里，兴建蓄水池20处，水库12座。

【林业执法】 严格林地管理，协助市自然资源和规划局做好林地管理工作，依法办理林木采伐许可证1006份，查处林木案件37起、非法占用林地等案件16起。

【林业有害生物防控】 突出抓好第一代美国白蛾等食叶害虫的防控，市财政列支飞防资金175万元，用于北部城区的飞防工作，后根据白蛾发生监测情况及中南部镇街的需求，将往年未列入飞防（全部或部分）的中南部安临站、孙伯、安驾庄、边院、汶阳5个镇街也列入飞防范围，资金由各镇街自行承担，累计飞防203架次、面积41.4万亩，扩大飞防覆盖面。

【竹林栽植】 2019年，肥城市纵深推进“竹绿矿区”行动，开展更大规模的竹林栽植活动，重点打造以老城街道、石横镇、湖屯镇为主，高新区为辅的发展格局，与康王河湿地公园建设、道路升级改造、旅游发展相结合，打造康王河湿地、老泰临路、北部山区旅游路三大竹林干线，形成串联景观效应。相关镇街区以“山、水、路、村、厂”和煤矿塌陷区为重点，突出特色，做好“生态+”“整治+”“旅游+”结合文章，积极探索打造竹林生态小镇，培育竹海新景观。全年新栽植竹林1万亩。

（江永恒）

水　利

【概况】 2019年机构改革中，原属市水利局的渔业管理、监督管理渔业安全生产、农田水利建设项目管理职责转至市农业农村局，原属市水利局的水害灾害防治相关职责转至市应急管理局。至年末，市水利局机关行政编制10名，配备局长1名，副局长2名。局机关内设人秘科（挂党建科牌子）、规划与财务审计科、政策法规与监督科、水土保持与河湖管理科（挂河长制工作科牌子）、工程管理科（挂水利移民科牌子）5个职能科室。下属水资源保护中心、河道管理保护中心、农村公共供水中心、水旱灾害防御中心（山东省防汛抗旱机动总队第十支队）、打井队、水利移民服务中心、农田水利建设服务站、水土保持监测站、引黄电灌服务站、尚庄炉水库管理所、安孙灌渠管理段、水利局物资站12个事业单位。

2019年，市水利局践行“学习提高、团结实干，廉洁自律、服务发展”的工作理念，立足改善和服务民生，将“不忘初心、牢记使命”主题教育和学习新时代泰山“挑山工”精神激发出的工作热情转化为推动水利改革发展的强大动力，谋规划、抓建设、强管理、上水平，圆满完成各项工作任务。年内，在泰安市召开的全市农村饮水安全现场推进会议上，肥城市提供观摩现场并作典型发言。市水利局获得全市党建工作三等奖、被评为党建十佳示范点；在全市经济社会发展年度考核中获得二等奖，受到市委、市政府表彰奖励；被评为省级文明单位。

【农村饮水安全】 ①农村饮水安全两年攻坚工程。提前一年完成农村饮水安全两年攻坚工程，2018年底，省委、省政府提出利用两年时间彻底解决好农村饮水不安全问题，市委、市政府高度重视，先后召开政府常务会和市委常委会，研究确定2019年工作任务并提出两年任务一年完成的工作目标。为顺利完成这一目标，让人民群众早日喝上干净水、放心水，市水利局多次调整方案，科学谋划、组织实施投资7400余万元的农村饮水安全攻坚工程，新建、改扩建供水厂5处，建设城区向桃园、王庄两镇远距离调水工程，铺设供水管道总

仪阳夏泉供水站清水池建设施工现场

计 360 余千米，安装消毒设备 292 套。解决 25 个无供水设施村和 246 个水质存在风险村的饮水不安全问题。②农村供水水质检测。依托县级农村供水水质检测中心，按照《生活饮用水卫生标准》要求，按计划分批次对全市饮水工程水质开展抽查式检验，完成 394 个水样的检测工作。同时，加强与疾控中心合作，对 170 处供水工程水源井进行水质检测，多层次论证肥城地下水水质变化情况，为农村供水工程水源选取提供可靠依据。③制度建设。执行县级农村饮水工程运行管理机构、运行管理办法和运行管理经费“三项制度”，按规定筹集维修资金 44.8 万元，有效提高全市农村饮水安全工程运行管理水平。

【砖舍坝恢复重建项目】 协调推进前期工作，督促设计单位于 2019 年 4 月编制完成项目可研报告和安全鉴定报告，并向上级部门进行提交。省流域中心工管处对砖舍拦河坝安全评价情况进行现场查勘后，组织专家对砖舍坝安全鉴定报告进行评审。7 月，省水利厅对砖舍坝安全鉴定报告进行批复。下半年，多次到省、市发改部门和水利部门对接，推进砖舍坝恢复重建工作获得批准。

【农田水利基本建设】 ①实施完成田山灌区（肥城分灌区）续建配套节水改造工程。项目批复总投资 1670 万元，新建节制闸 1 座、箱涵 2044 米、DN500 污水排放管道 1485 米。项目于 7 月 2 日开工建设，至年末主体工程已全部完成。实施安孙灌区应急抗旱提水工程建设，在安孙干渠渠首堤闸新建提水泵站 1 组，功率 90 千瓦，最大上水量约 2000 立方米 / 小时，有效缓解 25000 亩农田旱情。②实施 2019 年度农业水价综合改革项目。项目批复投资 254 万元，在安孙灌区、尚庄炉灌区、引黄灌区的骨干工程安装计量设施和相关配套设施，覆盖 30 万亩高效节水农田。

【水旱灾害防御】 严格贯彻执行上级安排部署，坚持防汛抗旱两手抓，做好各项防汛抗旱工作。2019 年 6 月，调整充实防汛抗旱指挥部，落实以行政首长负责制为核心的各项防汛制度，修订完善水库防洪、山洪灾害等各类防汛预案。汛前、汛中数次对全市 147 名小型水库三级责任人进行现场教学培训，91 座中小型水库逐库开展防汛应急演练或推演，做好防洪工程隐患排查整治。严格落实防汛期间 24 小时值班制度。迎接水利部、水利厅对肥城市水库安全运行、山洪灾害等 10 余次督查暗访，并做好问题整改。数次召开防汛研判会议，周密做好台风“利奇马”防御工作，带班领导及防汛专家组全天在岗值守，水旱灾害防御中心全体人员昼夜监测调度雨水工情变化，及时全面收集防汛防台风信息，第一时间处理有关情况。严格按规定上传下达防汛信息，确保汛情通畅、调度畅通。争取中央应急度汛资金 10 万元、县级防汛经费 10 万元，对 6 个街镇的 9 座重点水库进行启闭机维修更换和工程维修养护，对山洪灾害监测预警设备进行全面排查维护，确保度汛安全。2019年，全市降雨量仅为常年的65%，面临严峻的抗旱形势，争取中央、省、县财政抗旱资金76万元，支持安孙灌区和6个旱情严重村开展泵站提水、新打机井及配套、管道铺设等抗旱工程，有力保障农作物和人畜抗旱应急用水需求。

【水土保持】 2019年，按照预防为主、综合治理、因地制宜、注重效益的原则，完成治理水土流失面积10平方公里。陶山小流域治理项目顺利通过验收，总投资410万元，新栽、补植水保林700多公顷，治理水土流失面积8.22平方公里。对上年度市级财政水土保持项目老城街道张花小流域综合治理项目、桃园镇顾庄小流域综合治理项目、安驾庄镇大龙岗石小流域综合治理项目实施验收，总投资40万元。上年度县级财政水土保持项目涉及27个村，总投资122万元，项目完成后取得明显的经济、生态和社会效益。水保监督执法和水保补偿费征收工作成效显著，开展水土保持执法专项行动，共计现场核查150余次，全年共下发整改通知书86份，审批水土保持报告书12项，水土保持报告表43项，下达水土保持补偿费征收通知书26份，征收水土保持补偿费404.92万元。

【小型水库除险加固】 加强质量控制，蹄疾步稳推进工程建设，对12座病险水库进行除险加固，完成投资700余万元。工程建设过程中，按照省政府下达的汛前完成灾后重点防洪工程建设的硬性任务要求，市水利局紧扣时间节点，联合代建、监理、第三方加强项目管理，实现质量、进度、档案资料等全方位控制，按时完成建设任务并顺利通过竣工验收，消除水库大坝、溢洪道及放水洞存在的安全隐患，确保水库汛期防洪安全。争取2020年刘台、白庄两座水库除险加固项目，并做好前期准备工作，为项目的实施打下坚实基础。

【河道管理】 完成投资1.49亿元的大汶河防洪治理工程主体工程，36.4公里防汛路沥青路面在泰安市六个县市区中率先全线贯通，防洪治理工程被列为山东省水利工程管理规范化试点；完成投资2100万元的康王河衡鱼至国华段治理工程绩效评价工作；完成投资1700万元的康王河中鲁至金槐段治理工程主体工程，治理河段5.8公里；加强河砂资源管理，坚持规范、有序、健康、法治、可持续的发展原则，巩固“六统一”长效管理成果，落实责任，抓实禁采管理。严格按照禁采工作要求把各项工作抓实抓牢，强化管理措施、夯实责任主体落实、加强砂资源市场监管、开展巡回宣传和禁采整治，确保禁采监管无盲点、落实无漏点，切实将禁采政策落

开展河道管理范围内“清违清障”工作

到实处。按照市政府统一部署，积极对上争取，策划涉砂项目，确保全市重点民生项目用砂需求，累计向全市14个镇街、6个市直部门供应河砂100余万立方米，实现收益1.1亿元。

【水资源管理】 ①水资源论证。按照省市要求，对新、改、扩建项目实行论证审批。严格落实“年计划、月调度、季考核”制度，确保计划执行到位。对全市184家自备井取用水户和城区公共供水管网内的260家取用水户，有序下达2019年度用水计划。同时，根据用水户申请，在实地调查的基础上，新增用水计划26家，调整变更20余家。②水功能区监督管理。对水功能区定期开展监督检查，发现问题，及时处理。至年末，水功能区水质达标率为66.7%，符合泰安市科学发展考核指标要求。开展入河排污口水质监测“零点行动”，对辖区内10个入河排污口进行取样监测，进一步掌握水质变化。③水资源信息公报。利用手机信息平台，每月月初，根据统测数据，及时编写发布水情和重点工作动态信息，为领导决策提供可靠资料。坚持“巡查、稽查、督查”三项制度，严厉查处私挖乱采地下水行为，有效震慑违法取水行为，整顿用水秩序，净化水环境。全年查处水事违法案件7起。立足部门职责，配合税务部门，规范各用水户报税流程，严格核定申报水量，做好水资源税征收管理，水资源税核定上缴国库3800万元。巩固全市县域节水型社会达标建设工作，按照上级要求，推动实施国家节水行动。成立节水志愿服务队，到共建社区开展宣传活动，浓厚节水、爱水、护水氛围。在全国节水办微信公众号、《中国水利报》发表市委书记常绪扩署名文章，宣传推介肥城抓县域节水型社会达标建设经验。2019年3月，肥城市荣获“全国第一批节水型社会建设达标县”称号。

【全面实行河长制】 推进河长制湖长制工作从“有名”到“有实”，做好河湖清违清障工作，全年清理涉河湖各类违法事项237处，共计拆除违法建筑5.4万平方米，清运建筑和生活垃圾18万吨，清理非法林地1700亩60余万棵，清除围网捕捞、网箱养殖水域面积约98亩；完成全市8条重点河流的岸线利用管理规划编制工作，通过自然资源、住建、规划等13个部门和12个镇街的评审，经市政府常务会审议后印发实施；进一步健全河湖管护机制，2019年，市财政落实河长制工作专项经费32万元，研究出台《肥城市河道管护考核办法》，明确专职河道管护人员376名，严格资金考核，进一步提升全市河湖管护水平；督促各级河长积极履责。各级河长通过积极履责，发挥组织协调作用，确保河长制湖长制各项工作顺利开展。

【水库规范化管理】 争取财政资金171万元，继续推进小型水库管理体制改革，指导各镇街区与11家服务企业签订水库管理服务合同，加强管护人员培训考核，定期对水库进行管护，全年共发放水库管理服务费39.2万元。以小（一）型水库为重点，积极策划，投资130万元对8座水库进行维修养护，全面提升水库的整体外观面貌。按程序完成百尺水库、大河口水库等7座水库的降等。

【安全生产】 按照“党政同责、一岗双责、齐抓共管、失职追责”的原则，层层签订安全生产责任书，结合“安全生产月”活动，上街宣传安全生产法规。重点开展迎接中华人民共和国成立70周年安全生产专项整治、水利行业安全生产大综合整治等专项行动。加强安全生产隐患排查整治，督促各管理单位在相应施工现场设立防护栏，设置警示标语；多次迎接泰安市防溺水工作督导，组织各镇街区对辖区内水库塘坝开展防溺水全面排查，建立问题台账，限期整改到位。完成对水库等水利建筑抗震设防检查。

【基建工作】 做好水利建设市场监督管理和水利工程招标投标备案工作，对田山灌区续建配套改造项目和大汶河综合治理工程进行质量和安全检查。组织人员参加全省项目法人培训。按照市委、市政府安排，配合市发改局做好社会信用体系建设工作。制定印发《肥城市水利局社会信用体系建设工作方案》《肥城市水利行业安全生产失信行为联合惩戒和守信激励“红黑名单”信息管理制度》，全面推进水利局社会信用体系建设。

（刘　彬）

畜牧业

【概况】 2019年，按照《中共肥城市委　肥城人民政府关于肥城市市级机构改革的实施意见》精神和《关于市农业农村局所属事业单位有关机构编制事项的通知》，市畜牧兽医局更名为市畜牧兽医服务中心，调整为市政府直属事业单位，由农业农村局代管，配备主任1名，副主任2名。市动物卫生监督所更名为市动物卫生管理所，配备所长1名，副所长3名。市动物疫病预防控制中心，配备主任1名，副主任1名。1月，1人退休，12月，4人新入职，至年末，共有干部职工46名。

年内，市畜牧兽医服务中心以现代畜牧业为目标，以市领导年初提出的“巩固、提升、增效”要求为主线，坚守有效供给、动物卫生、质量安全、生态环境四条防线，敢于担当、善于作为，转型升级、绿色发展、安全保障等多项工作取得新突破。机关党建更严更实，主题教育成效显著，干部队伍活力迸发，成功创建为2019年度泰安市级文明单位。

【畜禽养殖及产业化经营】 加大落实强农惠农工作力度，强力推进畜牧业向规模化、标准化、产业化方向发展，提高畜牧业整体竞争能力。泰安欣丰牧业蛋鸡养殖场、山东肥山正园农牧科技公司蛋鸡养殖场、立华公司商品肉鸡标准化养殖扶贫基地、润鑫生猪养殖场等一批新建规模养殖场建成投产，晟旺牧业、和瑞丰扩建的标准化生猪育肥场投入使用。截至年末，全市生猪存栏14.7万头、奶牛存栏1.7万头、家禽存栏796.5万只，肉羊存栏7.1万只，肉蛋奶产量16.4万吨。

【良种繁育与推广】 至年末，有规模化饲养场333家，新发展种畜禽场21家。依托基层农技推广补助项目，在全市范围内推广大约克、长白、杜洛克生猪、荷斯坦奶牛、肉用西门塔尔牛、夏洛来牛、利木赞牛、海兰褐蛋鸡、雪山草鸡、樱桃谷肉鸭、波尔山羊、小尾寒羊、洼地绵羊、杜泊羊、沂蒙黑山羊、鲁北白山羊等生猪、肉鸡、奶牛优良品种。

【惠农政策落实】 争取生猪调出大县、基层农技推广补助、规模养殖场建设等上级畜牧业扶持项目，全年对上争取累计到位资金3168万元，实现招商引资4773万元。所有惠农政策均依照公示公开制度落实，严格按照程序做好实施主体的选择，项目建设过程中加强监督管理，项目完成后做好验收拨付，保障项目落到实处，促进全市畜牧业高效快速发展。国家级粮改饲试点县项目争取资金650万元。代表山东省高标准迎接农业农村部对2018年山东省粮改饲实施情况的考核验收，获得高度评价。生猪调出大县项目整合统筹资金73.6万元至市扶贫办，由市扶贫办统一管理。

【统计监测】 在2019年承担农业农村部畜牧业生产监测工作中，完成畜牧生产监测和畜产品价格监测的各项任务，保障上报数据的时效性、科学性、准确性，经农业农村部、省畜牧兽医局综合考评荣获一等奖。徐晓菲获全省畜牧生产监测和价格监测一等奖，和瑞丰公司繁殖员毛鹏获2019年全省家畜（猪）繁殖员职业技能竞赛二等奖。

【畜牧科技】 举办各类技术培训班11期，培训人员1140人次，进一步提升全市畜牧业生产经营人员的理论知识和业务能力，推动全市畜牧业高质量发展。引导畜牧龙头企业发挥自身技术优势开展新型职业农民培训，组建15人的技术服务队伍，常年开展技术服务，举办培训班4期，培训新型职业农民700余人次。推进基层农技推广人才队伍建设，分两批安排46名技术人员到青岛农业大学开展脱产培训组织。

【畜禽养殖废弃物资源化利用】 截至年末，通过政策支持、项目扶持、技术指导，推动全市333家规模场全部配建畜禽粪污处理设施，设施配建率达100%。畜禽粪便处理利用率达到95%，养殖污水处理利用率90%，畜禽粪污综合处理利用率达到93.57%。实现整县推进，获得各级肯定，迎接内蒙古、东营等地的参观学习。12月17日，在全省畜牧业绿色发展现场观摩会上作题为《开展畜禽粪污治理　提高资源化利用水平》的发言。

（陈健伟）

【重大动物疫病防控】 2019年3月，下发《2019年肥城市重大动物疫病免疫计划暨实施方案》，培训防疫员及养殖场技术人员600余人次，建立健全村级防疫员队伍；切实做好疫苗调拨及免疫物资储备工作，全面完成年初疫苗计划，开展春秋两季集中免疫；开展日常技术服务和《山东省动物防疫条例》等法律法规宣传工作，完成强免疫苗补助和村级防疫员误工补贴补助项目。下发《2019年肥城市动物疫病监测与流行病学调查计划》，开展日常监测、人畜共患病监测、省定点监测及跨省调运检测工作，及时掌握畜禽疫病的发生和流行状态。春秋季重大动物疫病集中免疫密度达到100%。对全市14个镇街63个畜场（户）采集血清样品1326份；36个禽场（户）采集血清样品781份，共计2115份血清样品进行免疫抗体水平检测。对泰安澳亚现代牧场有限公司15981头奶牛进行牛结核病变态反应监督检验。对50个羊场、16个牛场、19个猪场进行布鲁氏菌病监测，共检测血清样品7378份。参加全省兽医系统实验室检测能力比对实验，获得与省局数据完全一致的优异成绩。严防非洲猪瘟疫情，先后排查养殖场户10455场次，307.5万头次；对规模猪场、无害化处理场，猪屠宰场共采样991份样品送检，均未发现疑似病例，确保全市无非洲猪瘟疫情发生。

（常　静　朱传亮）

【畜产品质量安全】 2019年，从品牌创建入手，通过密布检测、清理整治等一系列活动，全市畜产品质量安全水平稳步提高。全年共有12家企业通过无公害认证现场验收。山东泰之源食品有限公司“君祥”蜂蜜被评为第二批泰安市知名农产品企业产品品牌。推进无抗饲料的宣传，阐述无抗养殖的文章《众成饲料廿载力破“无抗养殖”难题》在新华社—高管信息总第161期发表。山东众成饲料科技有限公司被山东省饲料行业协会评为山东无抗饲料产品示范企业，被中共泰安市委评为新时代泰安“挑山工”十面红旗。加大抽检频次和力度，完成畜产品质量监督、兽药残留、“瘦肉精”等各项抽检，共检测猪肉、鸡蛋、牛奶、蜂蜜、羊肉等298批次，合格率100%。推进质量认证，开展示范创建。加强人员培训和现场指导，帮助企业完善内部控制、提高认证质量。2019年，申请无公害复查换证和首次认证共计9家。加强奶站监管，开展专项整治。至年末，全市共有生鲜乳收购站8家，生鲜乳运输车1辆。加强对全市生鲜乳收购站监管人员、收购站技术负责人进行生鲜乳质量安全培训，全市生鲜乳收购站管理得到全面提升，生鲜乳质量得到进一步保障。加强鲜鸡蛋双证制管理工作，全市已有7家蛋鸡养殖企业符合准入条件，进行统一编号。履行畜产品质量安全相关的综合协调职责，高标准迎接省级食品安全先进市复验工作，获得好评。

（张东君）

【饲料兽药工业】 全年未发生任何安全生产责任事故，各项抽检任务圆满完成，未出现任何质量问题，市场满意度稳步提升。兽药追溯系统实现全覆盖，加大对兽用生物制品监管力度，集中开展养殖环节兽用抗生素集中整治行动和兽药销售环节专项整治。开展对山东艾迪欧药业公司和13家兽药GSP企业的日常管理。严格落实兽药产品采样送检程序，完成10个到期批准文号的更换工作。韩通在饲料统计工作中表现突出被农业农村部通报表彰。至年末，有饲料兽药生产企业15家，1家创建国家级示范企业，2家创建省级示范企业，在泰安市名列前茅。其中大型集团公司泰安立华、天普阳光、六和饲料（肥城）有限公司年产量均在10万吨以上。新增饲料生产企业2家，较上年增加16.7%；兽药经营企业13家，较上年减少2家，减少13.3%。随着国家对商品盐政策的放开，肥城市盐化工企业加大饲料盐的生产，饲料盐年产量首次超过30万吨。国家级粮改饲示范县项目持续推进，2019年，累计收贮全株玉米16.8万吨，完成土地结构调整5.84万亩，超额完成国家约束性指标146.27%。在全省第二届青贮饲料质量评鉴大赛上，泰安澳亚现代牧场荣获二等奖。

（韩　通）

【动物卫生管理】 2019年，产地检疫生猪30.37万头，牛6653头，羊581只，鸡7352.86万只，鸭11100.19万只，鹅9.8万只，狗15只，马1只，其他（鸽子、蜜蜂）2.8万只，产品检疫52369.47吨。根据《山东省畜牧兽医局关于开展动物检疫人员官方兽医资格（第九批）确认工作的通知》文件要求，开展动检人员申报确认官方兽医工作，本批次共上报符合条件的动检人员10名。中节能无害化处理厂共配备专业收集运输车3辆，冰柜50台，冷库1间以及容量为70立方米的集装箱冷库1个，1200立方米的冷库1座。已与14个镇街的养殖场签订委托处理协议154份。共收集处理病死猪12840头、牛908头、羊47只、鸭38.93吨、鸡122.15吨。

（杨　凯）

农业机械

【概况】 2019年1月，根据《中共肥城市委　肥城市人民政府关于肥城市市级机构改革的实施意见》文件精神，整合市农业机械管理局、市农机管理站、市农机科研所，组建市现代农业发展服务中心，为市政府直属正科级事业单位，由市农业农村局代管。市现代农业发展服务中心下设农机社会化服务站、农业机械化学校、农机工程开发服务站3个事业单位。中心干部职工共38人，其中具有高级职称的4人，中级职称11人。全市14个镇街均建有农机管理服务站，各类农机从业人员达到34235人。

2019年，市现代农业发展服务中心共对上争项目4个，争取资金2540万元，完成任务的100.2%，招商引资项目5个，到位资金6060万元，完成任务的200.2%；承办省级现场会1次，泰安市级现场会1次，召开肥城市本级现场演示会2次，建成现代农业新装备示范推广基地6处，推广各类农业机械2600余台（套）；推进农机合作社转型升级2家，泰安市级以上示范社达到14家，创建省级“平安农机”示范合作社2家、泰安市级4家；打造区域农机维修示范点4家，开展农机质量宣传12场次，处理农机质量纠纷13起；开设各类培训班28期，培训农机实用技术人才1362人次；检验拖拉机、联合收割机1681台，新注册登记，变更、转移654台，办理驾驶证核发、换证、增驾612人。截至年末，全市农机总动力达108万千瓦，农机化综合水平达到89.83%。肥城市被评为山东省“两全两高”▲农业机械化示范县。

▲“两全两高”即全程全面、高质高效。

【机具数量】 ①动力机械。至年末，全市拖拉机拥有量21095台，其中大中型拖拉机5256台；电动机278960千瓦，柴油机785119千瓦，汽油机11766千瓦。②作业机具。主要有种植业机械、农产品初加工机械、畜牧养殖机械、渔业机械、林果业机械等。种植业机械有耕整地机械19482台、种植施肥机械4735台、农用排灌机械15799台套、田间管理机械3611台、收获机械4381台。有农产品初加工机械6680台，畜牧养殖机械2404台，渔业机械405台，植保无人机39台。

【农机合作组织】 至年末，全市农机合作社总数达145家，入社社员3510人，拥有机械4050台套，服务农户2.1万户，农机作业面积49万亩，农机化服务收入9800万元，年总收入达2.45亿元。国家级示范社达到4家、省级示范社7家、泰安市级示范社20家、肥城市级示范社40家，具有耕种收、干燥、储存、加工、运销等综合服务功能的龙头农机合作社达到20家，实现农机合作社转型升级9家。

【农机科技推广】 2019年，落实国家农机购置补贴及“两全两高”农机化创建工程，全市农机装备水平实现新提升，全市累计推广大中型拖拉机264台、自走式联合收割机76台、深松联合整地机222台、免耕播种机177台、秸秆综合利用机械144台、马铃薯收获机140台、植保类机械56台、畜禽养殖类机械400台；全市小麦、玉米生产实现全程机械化。

【农机社会化服务】 开展“农机安全生产大检查”活动、农机安全生产监管责任落实行动，共检验拖拉机、联合收割机1681台，新注册登记，变更、转移654台，办理驾驶证核发、换证、增驾612人，有效促进农机“三率”水平提升。开展“平安农机”创建活动，成功创建省级平安农机示范合作社2家、泰安市级4家。

【农机科教培训】 开设各类培训班40期，培训农机实用技术人才1256人。2019年11月，举办肥城市农机合作社带头人培训班，推进现代农业转型升级，促进全市农村经济发展，增加农民收入，培养造就有文化、懂技术、善经营、会管理的新型职业农民。

马铃薯收获机械化

【农机修配管理】 开展打假护农服务活动，对假冒伪劣产品和不法经销点进行集中整治，维护农机消费者的合法权益。做好维修网点维修资格许可证换发和新申请认定工作，共到期换发许可证15个，新注册审核办理20个，全市农机维修网点达到146家。开展农机质量投诉宣传咨询活动12次，发放宣传资料2618份。

【农机供应】 至2019年末，全市共有农机销售企业11个，农机经销点51个，农机商品销售总额达到1660万元，实现利润333.6万元。

【山东省玉米生产关键环节机械化技术暨2019泰山国际农机化发展高峰论坛现场演示会】 9月9日，山东省玉米生产关键环节机械化技术暨2019泰山国际农机化发展高峰论坛现场演示会在肥城市汶阳镇召开。此次全省玉米生产关键环节机械化技术现场演示会共组织来自全国31家知名农机生产企业的41套69台大型农机参加。在演

2019年9月9日，山东省玉米生产关键环节机械化技术暨2019泰山国际农机化发展高峰论坛现场演示会在肥城市汶阳镇召开

示会现场，与会人员观摩剥皮型玉米联合收获机、茎穗兼收型玉米联合收获机、玉米籽粒联合收获机、植保机械、秸秆打捆运输机械、深耕深翻机械、免耕施肥精量播种机、香肠式好氧秸秆堆肥机等农机新技术新机具的应用，各类农业机械的投入使用切实保证玉米适期晚收、小麦适时播种。

【“地龙杯”现代农业装备驾驶操作人员职业技能大赛】 8月23日，由肥城市总工会、肥城市现代农业发展服务中心主办，安驾庄镇总工会、肥城市地龙农机专业合作社承办的2019年肥城市“地龙杯”现代农业装备驾驶操作人员职业技能大赛在安驾庄镇成功举办。本次大赛旨在深入贯彻党的十九大精神和中央关于实施乡村振兴战略的决策部署，发挥技能竞赛在加快新旧动能转换、强化乡村振兴人才支撑中的积极作用，选拔培育一批爱农机、善钻研、技艺精的“农机工匠”，推动全市农业技能人才高素质队伍建设。此次竞赛主要由理论知识考试和操作技能竞赛两部分组成，来自肥城各镇街区的60余名精英农机手展开激烈角逐。通过创新开展“地龙杯”现代农业装备驾驶操作人员职业技能大赛，有力带动周边农户购机用机的积极性，为农业提质增效搭建示范引导的窗口。

（伊永林）

扶贫开发

【概况】 2019年，贯彻落实习近平总书记关于扶贫开发的重要论述，坚持“准实长稳”要求和“四心”理念，围绕“两不愁三保障一安全”，党政齐抓，全员参与，强力攻坚，成效显著。76个省市级贫困村如期摘帽，69个省市级扶贫工作重点村工作持续提升，建档立卡贫困人口全部稳定脱贫。在2019年度泰安市县市区脱贫攻坚成效考核中位列第一名。肥城市特困群体“五张网络”一站式救助、扶贫爱心超市经验，在《中国扶贫》《山东脱贫攻坚简报》《山东新闻联播》等媒体刊发推广；扶贫超市经验做法入选中央党校决战脱贫奔小康“百佳案例”。①坚持高点站位。市委、市政府始终把扶贫作为最大政治任务、最硬民生工程、最重情感事业，2019年先后召开市委常委会5次、扶贫开发领导小组会议5次，研究部署脱贫攻坚工作；市委、市政府主要负责人作出专门批示10次。召开全市扶贫开发工作会议、问题整改推进会议、泰安市解剖肥城大调研反馈会等8次，聚焦问题、梳理政策，加压鼓劲、夯实责任。开展领导干部遍访贫困对象行动，县级干部遍访贫困村，镇街党（工）委书记遍访贫困户。成员单位发挥行业部门职能，从实从快落实保障政策。②坚持问题导向。针对中央巡视山东、扶贫考核、审计调研等反馈问题，建台账、细分类、明责任、补短板，行业部门紧盯任务、延伸触角、下沉服务，实现走访慰问、收入核算、整改回访全覆盖。各级督查巡察反馈问题均全部整改到位。③坚持产业主导。依托“四大传统产业”，借力“五

2019年3月14日，全市乡村振兴暨扶贫开发工作会议召开。图为会议现场

类经营主体”，上好项目、用好资金，握指成拳、镇域统筹，发展项目270个，成为吸纳贫困群众就业的重要支撑。狠抓建成项目规范提升，实施“四权分置”，季调度、季通报，发现问题，力促整改。④坚持政策保障。织密少、壮、残、病、老贫困救助“五张网”。建立行业政策调度会商机制，将85项扶贫政策纳入管理库。创新实施“爱心超市”工程，将扶贫与扶志相结合，让贫困群众用行动换积分，拿积分换物品，激活脱贫内生动力。加大行业投入，贫困村“五通十有”水平大幅提升。动员社会团体、民营企业、爱心人士等社会资源，聚焦扶贫、合力攻坚，累计捐款捐物2000余万元。⑤坚持真管真严。健全县级领导、市直部门、第一书记、骨干企业、镇街干部“五位一体”帮扶机制，建立机关干部包村联户和村级扶贫联络员“网格化”责任体系，发挥第一书记、驻村工作队和帮扶责任人尖兵作用，打通帮扶贫困群众“最后一毫米”。开展扶贫领域作风专项治理，坚持“三个严惩不贷”，采取“四不两直”找症结、促整改、严问责，巩固脱贫成果，确保脱贫实效。

（庞祥锋　伊宪振）

肥城年鉴

FEICHENG YEARBOOK

肥城桃

- 栽培与管理
- 品牌建设与保护
- 宣传营销
- 旅游开发
- 桃木雕刻

肥城桃

栽培与管理

【品种引进与保护】 依托资源圃建设，做好种植资源保护工作，与省果树研究所联合开展育种和栽培技术研究，引进新优品种8个，选育肥城桃杂交单株5个，其中3个表现优异，进入区试阶段。资源圃内搜集保存品种达到146个，其中佛桃系列22个、大白毛桃等传统毛桃18个，已打造成为市委党校对外培训的教学基地。同时，资源圃面向广大桃农提供良种接穗，推广优良品种，促进肥城桃的品质提升和产业化发展。

【试验研究】 与市政府聘请的国家桃产业技术体系首席专家姜全等6名专家成立的“肥城桃产业技术专家指导组”，合作攻关肥城桃产业发展和急需解决的重大关键技术难题。与山东农业大学合作实施省科技创新项目，在西尚村进行肥桃水肥气一体化和钙素示踪试验，研究肥桃果实缝合线软化机理。争取省经济林协会支持，在仪阳街道刘台村建设省经济林绿色生产智能化监测预警站肥城桃示范点，对病虫发生规律进行智能化监测。研究制定《关于推行佛桃标准化生产的实施意见》《关于佛桃标准化生产的管理办法》，明确佛桃标准化生产的工作目标、推进措施和扶持政策。结合当前的生产需要，新制定佛桃苗木标准化繁育技术等5项生产性标准规程，并组织专家进行评审，形成完善的标准体系，印制《佛桃标准化生产技术规程》手册，其中2项标准已上报审定省地方标准。

【技术推广】 先后举办巫溪县冬桃产业致富带头人培训、佛桃标准化生产技术培训、农民教育培训（肥桃）等培训班，培训200余人次。另外，利用明白纸、会员通、微信群和肥桃网等多种渠道加快技术推广，2019年，共印发技术明白纸15000余份，发送技术短信5000余条，网站及时发布月管理历，微信群实现与桃农的实时互动交流，及时解决实际问题。

【肥城桃示范园】 坚持把“抓点带面、示范引导”作为推行标准化的关键来抓，集中优势资源和力量，高标准打造基地和园区。以肥城桃研究所肥桃培优示范园为引领，在新城、桃园、仪阳建设肥桃培优示范园8处，示范推广培优关键技术。为适应现代农业发展的需要，依靠引进工商资本，打造现代桃标准化生产示范基地，推行宽行密株、简化树形、行间生草、起垄覆盖、水肥一体化等现代栽培新技术，达到节

正大果业万亩优质桃示范园（侯立群　摄）

水、节肥、节药、省人工、优质高效的目标。重点打造正大果业、桃都果业等肥桃标准化基地10处，其中新城街道西尚里村鑫源肥桃标准化生产基地、仪阳街道刘台村康益肥桃产销专业合作社肥桃基地被评为省级农业标准化生产基地。

（陈文玉　武　猛）

品牌建设与保护

【管理保护】 2019年，肥城桃开发总公司围绕“标志兴农、品牌富民”，不断强化措施，完善机制，抓好《肥城桃地理标志证明商标使用管理办法》组织实施，及时制定肥城桃地理标志商标推广使用及保护方案，做好商标的推广使用和管理保护。严格基地认证及标志使用许可，严把质量标准，依法维权。做好国家肥城桃地理标志专用标志和“山东放心农产品”专用标志管理使用，指导生产经营者标准化组织生产、规范化使用标志、品牌化市场营销。年内，认证肥城桃地理标志示范基地3000亩，新设计开发地理标志专用包装3套，促进肥城桃质量提升和桃农增收，地理标志认证基地平均亩增收入2000元。依法抓好肥城桃地理标志驰名商标知识产权的保护，严格市场质量督查，协助市场监管局查处地理标志侵权违法案件，对侵犯“肥城”桃地理标志商标专用权案例，及时组织专业人员和专业机构进行取证和依法申诉，有力维护“肥城”桃地理标志商标严肃性，维护肥城桃生产经营秩序和品牌名优声誉。

【质量提升】 以质量管理为核心，进一步完善肥城桃质量安全追溯体系建设，开展肥城桃二维码产品追溯技术推广。修正工作方案，细化工作程序，完善系统配套。对全市佛桃培优示范基地实施挂牌管理，跟踪服务，按照无公害要求指导农户标准化生产、规范化管理。对上市流通产品严把质量标准，严格粘贴地理标志商标及产品追溯二维码，确保产品质量安全，推动肥城桃提质增效。

【品牌打造】 围绕提升肥城桃名优品牌社会影响力，突出抓好肥城桃品牌宣传推介和名牌打造。利用“桃花节”“肥城桃网”及各种媒体多渠道、多形式广泛开展肥城桃品牌宣传。印制宣传彩页20000册，制作广告宣传版面300平方米。开展肥城桃“国”字号名牌争创，成立专门班子，组织业务骨干，参与全国地标公用品牌争先创优活动，经过不懈努力，肥城桃成功入选《中国农业品牌目录》、“2019中国农产品区域共用品牌榜”。

（乔善晶）

肥城市市场监管局组织开展“肥城桃”市场不规范销售行为专项整治行动

宣传营销

【宣传推介】 运用现代网络信息技术，创新肥城桃营销服务。肥城桃成熟季节，借助电信、联通、移动技术平台，向外地到肥人员发布肥城桃宣传过境短信30余万条；开通“大美肥城桃”微信公众号，设计开发“佛桃VR”文图并茂电子导购平台，及时为佛桃培优示范基地

仪阳街道刘台村桃农包装通过电商互联网平台销售的桃子

宣传推介导购，方便顾客采购，增加桃农收入。

【肥桃销售】 发挥公司在肥桃销售工作中桥梁纽带作用，利用“肥城桃网”服务平台，及时为桃农和客户发布供求信息，联络引进外地客商，同时把部分管理规范、诚信度高、产品优良的示范专业合作社、家庭农场、标准化示范基地推介给客商。引导生产经营户做好肥城桃电商和微商销售。指导肥城桃生产经营者由传统销售方式向订单农业、电子商务和农超对接等现代营销方式转变。推进实施肥城桃名牌销售战略，指导专业合作社和桃农由无牌、散装、低档销售向中高档品牌销售转变，鼓励桃农使用“肥城”桃地理标志驰名商标和地理标志品牌包装，实现肥城桃外销有名有牌，扩大肥城桃品牌影响力，拓宽销售市场，实现肥城桃卖全国。

（乔善晶）

旅游开发

【中国肥城第18届桃花旅游节】 第18届桃花节围绕助力乡村振兴的发展要求，以“君子肥城，醉美桃源”为主题，坚持“政府引导、市场运作、全民参与、务实节俭”的办节原则，在市委、市政府的统一领导和社会各界的支持帮助下，取得圆满成功。桃

2019年4月3日，中国肥城第18届桃花节暨2019全国桃木旅游商品创新设计大赛开幕式在刘台桃花源景区举办

“桃花节”期间，游客在景区拍照留念（陈元　摄）

花节期间，全市共接待赏花游客 26 万人次，有力促进全市服务业的发展。本届桃花节共组织策划系列活动 10 项，各项活动的成功举办，为广大游客和市民提供一场丰富多彩的文化、旅游、休闲盛宴，也为外地客商在肥城投资兴业搭建一个优质高效的载体平台，社会反响强烈。

【第 12 届品桃节】 肥城第 12 届金秋品桃节以“君子肥城，佛桃飘香”为主题口号，完成启动仪式、庆祝第二届“中国农民丰收节”文艺演出、“山东省精品旅游大讲堂”走进肥城活动、“左丘明君子文化”主题书画展、恒昌金泰·星空露营节、第六届春秋古镇文化旅游节等活动，促进全市旅游及相关产业的发展。其中中国肥城第 12 届金秋品桃节启动仪式以丰收、收获为主题，组织地域文化特色鲜明的文艺演出、互动游戏等活动，推介肥桃以及肥城旅游资源。通过闪电新闻、淘宝直播、肥城手机台、肥城融媒抖音等平台对启动仪式全程直播。邀请国内知名媒体、自驾游俱乐部、骑行爱好者等参加启动仪式，对品桃节进行全面宣传推介。

【2019 全国桃木旅游商品创新设计大赛】 2019 全国桃木旅游商品创新设计大赛主题是“旅游文创，助力乡村振兴”，吸引来自北京、天津、河北、河南、陕西、江苏、浙江、辽宁、广东等 22 个省、市、自治区的 5000 余件实物作品、200 余件设计类作品参与展出和终评。共评出特别大奖 1 个，金奖 11 个，银奖 16 个，铜奖 30 个，优秀奖 120 个，最佳网络人气奖 3 个。本届大赛是自 2008 年以来肥城连续成功举办的第十二届全国赛事。十余年间，全国桃木旅游商品创新设计大赛已成为国内桃木旅游商品前行的风向标和桃文化旅游商品行业发展的盛会。全市企业借助大赛平台，创新开发出一批工艺精良、与老百姓生活密切相关、市场销售前景好的桃木旅游商品，为全市桃木商品产业的转型升级起到积极的促进作用。

（范成磊）

2019 年 8 月 16—9 月 26 日，举办第 12 届肥城金秋品桃节。图为刘台桃农采摘桃子（王纪银　摄）

桃木雕刻

【概况】 以“打造国内领先、国际知名的桃木雕刻工艺品生产研发基地”为目标，推动肥城桃木雕刻行业发展、品牌打造和市场推广。2019年末，肥城桃木雕刻工艺品发展到30多个系列，4000多个品种。市内桃木生产企业160多家，从业人员约4万人，全国连锁加盟企业1500多家，产品畅销全国20多个省、市、自治区，远销韩国、日本、新加坡、马来西亚等国家。产业销售收入20多亿元，占全国桃木市场80%以上的份额。肥城市桃木雕刻协会会长程银贵入选国家文化和旅游部2019年乡村文化和旅游能人支持项目。

组织肥城桃木雕刻企业参加各类旅游商品顶级展会和赛事，使品牌影响力和市场关注度持续提升。“肥城桃木雕刻”地理标志证明商标参加第十一届中国国际商标品牌节，获得2019中华品牌商标博览会金奖；在2019中国旅游商品大赛中，肥城市正港木业工艺品厂参赛作品“程木匠办公系列”获得铜奖；在2019中国特色旅游商品大赛中，肥城市正港木业工艺品厂参赛作品“桃木雕——君子闲情雅致系列”获得旅游工艺品类金奖；在第十一届中国（山东）工艺美术博览会上，肥城市桃木雕刻协会会长程银贵创作的“吉祥盆景系列”和副会长王来新创作的“好事成双”均获得山东省工艺美术精品奖金奖；在首届山东省文化和旅游商品创新设计大赛中，肥城市正港木业工艺品厂参赛作品“风韵茶香”荣获金奖、“欧风·百鸟朝凤”获得银奖，肥城市李氏桃木工艺坊参赛作品“精品桃木杯系列”获得铜奖。先后参加第二届中国国际进口博览会、第十一届中国国际商标品牌节、第六届中国非物质文化遗产博览会、第五届中国（四川）国家旅游投资大会暨第六届四川国际旅游交易会、第八届山东国际文化产业博览交易会、2019山东（济南）国际旅游交易会、2019中国高铁经济带旅游博览会、2019第十一届中国（山东）工艺美术博览会暨一带一路非物质文化遗产展、2019山东·泰山旅游商品与装备博览会和“中华老字号故宫过大年展”活动、走进德国“感知中国”开放日活动、2019年中国北京世界园艺博览会“山东省日”活动。

（范成磊）

工业

- 综述
- 工业平台
- 主要行业
- 民营经济
- 重点民营企业

工 业

综 述

【概况】 2019年1月，组建肥城市工业和信息化局，加挂肥城市民营经济发展服务局牌子。设办公室、政策研究科、产业政策科、规划技改科、信息产业科、企业培植运行科、安全生产科、党建科8个科室，下属原肥城市化学工业办公室、肥城市机械电子工业办公室、肥城市轻工纺织工业办公室、肥城市建材工业办公室合并为肥城市工业发展促进中心，为正科级事业单位。原肥城市人民政府节约能源办公室更名为肥城市循环经济发展中心，为副科级事业单位。局机关工作人员31人。

2019年，牢固树立"实事求是地想、实事求是地谋、实事求是地干"的工作理念，聚精会神求突破，砥砺奋进谋发展。①企业培植。确定工业领军企业20家、建安领军企业10家给予重点培植，石横特钢蝉联中国企业500强。新增省级制造业单项冠军2家；3家企业入选省高端装备领军企业培育库，3家企业入选省新材料领军企业培育库，1家企业入选省新材料领军企业50强。实施企业家素质提升工程，组织各类培训交流活动26次，培训企业家和高级管理人员500余人次。②动能转换。实施过500万元技改项目91个，45个项目完工。国家级"中韩绿色园区"、省级智安化工园区试点相继获批，农大肥业、瑞福锂业2家省级化工重点监控点成功落地。瑞福锂业入选国家级"绿色工厂"，总数达到4家。金塔公司中标国家绿色制造系统解决方案供应商，入选国家工业节能技术装备推荐目录，列入省首台（套）技术装备名单。石横特钢入选省资源循环利用先进单位。③技术创新。76个项目列入省技术创新项目计划。泰鹏集团、金塔酒精化工被认定为省技术创新示范企业。金塔机械、昌盛石墨、三英新材料被认定为省级"一企一技术"研发中心。泰鹏集团通过国家级两化融合贯标试点，新增省级试点4家；石横特钢入选省智能制造试点示范企业。与华为公司签订产业转型与升级合作协议，培育省级5G产业试点示范企业2家、上云标杆企业和体验中心各1家，征途科技入选首版次高端软件企业，119家企业实现上云业务。年内，肥城市入选全国工业百强县（市）列第72位；肥城市工业和信息化局荣获"2019年山东省两化融合推进工作先进单位"荣誉称号。

（韦 然 李 光）

【工业经济效益】 面对经济下行的外部环境，肥城市工业企业迎难而上，强力攻坚，有利因素不断积聚，发展后劲逐步增强，工业经济稳步提升。全市实现规模以上工业总产值407.7亿元，工业增加值增长5.5%，新增纳税过亿元工业企业2家，总数达6家，工业企业的突破带动作用进一步凸显。

（桑 燕）

【企业培植】 年内，将企业培植作为经济社会发展的"四大动能"▲首位，实施重点突破，深化工业经济新旧动能转换，精准制定扶持政策，全面落实培植责任，推进问题协调解决，树立鲜明考核导向，推动全市工业经济平稳健康发展。2019年，确定20家工业领军企业、10家建安领军企业给予重点培植，纳税过亿元企业达到13家，石横特钢蝉联中国企业500强，入选省"双百强"企业。中韩绿色园区、省级智安化工园区等高端发展载体落户肥城。截至年末，全市共拥有中国驰名商标16件、国家级制造业单项冠军2家、国家级绿色工厂4家、国家级企业技术中心1家、国家知识产权优势企业5家。

▲“四大动能”即企业培植、招商引资、对上争取、新型城镇化。

（桑 燕）

【“中韩（肥城）绿色园区”国家级建设试点获批】 8月，国家工信部发文批复肥城市化工产业园列入中韩绿色园区建设试点，全国仅2家入选，成为继山东省“智安化工园区”试点落地之后，肥城市积极融入“对接日韩”战略，践行“双招双引”工作的又一重要成果。7月25日，成功举办“中韩（肥城）绿色园区”专家现场交流会，邀请韩国蔚山大学、清华大学、中国社科院等中外院校专家到肥，实地调研石横特钢、阿斯德科技、聚发生物等企业生产现场，为园区打造循环经济“黄金链条”提出建设性意见。中韩专家在充分考虑发展战略、产业禀赋、区位优势的基础上，为肥城市化工产业园量身编制《中韩绿色园区合作2019—2020发展规划》，明确发展目标、思路和重点。

【化工产业安全生产转型升级】 6月，山东农大肥业科技有限公司、山东瑞福锂业有限公司2家企业成功获批山东省化工重点监控点，在项目审批、建设等方面参照化工园区模式管理。阿斯德、鲁岳化工两个搬迁改造项目列入工信部城镇人口密集区危化品生产企业搬迁改造项目库。泰安瑞泰新材料股份有限公司30000吨/年纤维素衍生物药用辅料项目完成入园评审，并上报政府常务会议研究通过。10月29日，肥城市化工产业“评级评价”工作在山东电视台新闻联播“冲刺四季度·大竞赛·大比武”栏目中专题报道，山东阿斯德科技有限公司作为优秀典型案例被宣传推广。

（梁 芳）

【技术创新】 以各种技术创新平台为依托，加大技改投入，组织实施创新项目，增强工业发展后劲，推进转型升级提质增效。加强技术创新平台建设，山东泰鹏集团有限公司、肥城金塔酒精化工设备有限公司被认定为省技术创新示范企业，总数达到3家；肥城昌盛特种石墨有限公司、泰安三英新材料有限公司、肥城金塔机械有限公司被认定为省级“一企一技术”研发中心，总数达到25家；新增高新技术企业5家，总数达到27家；新增院士工作站1家、省级孵化器2家、省级众创空间1家，征途科技等36家企业被评为国家科技型中小企业。加大技术开发投入，2019年，全社会研发投入占GDP的2.63%。依托技术创新项目加快成果转化，76个技术创新项目列入省技术创新项目批次计划，项目研发经费计划总投资5亿元，项目产业化预计实现年销售收入44.9亿元、利税8.5亿元。

【技术改造】 山东麦特瑞尔新材料有限公司年产8000吨新型生态有机超细纤维非织造材料、山东聚发生物科技有限公司年产42000吨功能性单体及聚合物目、肥城光明岩盐有限公司100万吨/年六效真空制盐等9个项目入选2019年山东省企业技术改造重点项目导向目录，项目总投资35.1亿元；30个项目列入泰安市重点工业百项，总投资216.6亿元，当年累计完成投资57.32亿元。山东聚发生物科技有限公司生物医药、山东鲁岳化工有限公司2万吨氯化铵及6万吨有机溶剂、山东麦特瑞尔新材料有限公司超纤非织造材料一期等45个项目完工。石横特钢集团有限公司新旧动能转换泰安特种建筑用钢、山东瑞福锂业有限公司瑞福锂业3万吨碳酸锂、肥城光明岩盐有限公司六效真空制盐、山东泰鹏环保材料股份有限公司聚酯纺熔非织造复合滤材等重点项目顺利推进。

（尹晓君）

【循环经济】 实施绿色发展引领，加速工业绿色转型。山东瑞福锂业有限公司成功申报第四批绿色制造工厂。肥城金塔机械科技公司“绿色节能蒸馏及废液处理关键工艺系统集成应用项目”成功中标“绿色关键工艺系统集成应用系统解决方案供应商”。肥城金塔酒精化工设备有限公司“低压法双粗双精八塔蒸馏制取优级酒精技术”入选工信部“国家工业节能技术装备推荐目录（2019）”。开展资源循环利用基地建设，基地建设期3年，以10大重点项目为支撑开展建设，其中生活垃圾焚烧发电、固废综合处置、新型建材及住宅产业化装配制造、1万吨氢氧化锂4个重点建设项目投入生产。

（王雪曼）

【信息技术】 12月13日，肥城市人民政府与华为技术有限公司、山东征途信息科技股份有限公司合作项目举行签约仪式，肥城成为全省首个与华为公司成立工业互联网创新中心，并开展5G产业应用试点的县级城市。实施“工业互联网提升工程”，依托华为公司强大的技术力量，发展工业互联网，提升企业信息化水平。

（徐永峰）

【对上争取】 2019年，以企业项目和资质平台为载体，开展对上争取，共为企业争取无偿扶持资金2564万元。山东阿斯德科技有限公司、山东鲁岳化工有限公司入选城镇人口密集区危化品搬迁改造项目，获补贴资金500万元；肥城市化工产业园入选省“智安化工园区”试点，获补贴资金300万元；肥城金塔酒精化工设备有限公司、山东农大肥业有限公司被认定为国家级单项冠军，获奖励资金600万元；石横特钢集团有限公司税收首次突破15亿元，获泰安市奖励资金200万元；山东征途信息科技股份有限公司、泰安市智慧能源科技有限公司获首版次软件保险补偿资金237万元；山东麦特瑞尔有限公司、山东聚发生物科技有限公司获2018年度工业提质增效升级综合奖补资金200万元；山东一滕新材料股份有限公司获2018年省新材料产品首批次应用保险补偿补助192万元；山东泰鹏集团有限公司入选泰安市建材新材料产业主导产业集群龙头企业，获奖补资金150万元；企业上云服务商获企业上云专项补贴资金115万元；山东一滕新材料股份有限公司、山东瑞福锂业有限公司入选瞪羚企业，获奖补资金50万元；山东泰鹏集团有限公司、山东农大肥业有限公司启动两化融合管理体系贯标试点建设，获奖补资金20万元。

（桑　燕）

2019年12月13日，肥城市人民政府与华为技术有限公司、山东征途信息科技股份有限公司合作项目签约仪式举行

工业平台

·高新技术产业开发区·

【概况】 肥城高新区始建于1992年，1995年经省政府批准成为省级高新技术产业开发区。2005年12月，首批通过国家发改委审核验收。2017年3月，高新区和王瓜店街道办事处深度

融合，实现“区处合一”，并加挂“泰安国家级高新技术产业开发区肥城园区”牌子，享受国家级高新区政策。高新区下辖33个行政村，总人口8.3万人，总规划面积100平方公里。拥有市级管理权限，建立一级财政体系，实行“封闭式管理，开放式运行”。2019年，高新区以“大项目建设主题年”为抓手，以项目质量突破带动转型升级，以项目增量突破加快动能转换，经济运行中的积极因素不断增加、亮点不断增多、税收新增长点不断累积，高新区发展跨入新的阶段和时期。全年实现地方财政收入1.55亿元，其中工商税收1.33亿元；招商引资到位资金15亿元，对上争取到位资金2亿元，外贸出口4766万美元，利用外资1925万美元。年内获得全国第四批增量配电业务试点、山东省开发区体制机制改革创新试点单位、山东省科普示范基地、山东省两化融合管理体系贯标试点等荣誉称号。

2019年9月29日，肥城高新区重点项目签约仪式在肥城人民会堂举行

【招商引资及项目建设】 坚持把招商引资和项目建设作为高新区发展的“生命线”，新签约项目29个，计划总投资近百亿元，其中新型建材产业园、辐全机器人关节减速器、增量配电3个项目投资均逾10亿元。10个过亿元项目、7个过5000万元项目实现当年签约、当年开工，新型建材产业园、博新等多个过亿元项目实现当年投产。与往年相比，2019年新签约、新开工项目在质和量上均有极大提升，并呈现出四大特点。①高新技术企业多。德尔欣真空石、欧士达装配式建筑材料、麦特瑞尔超细纤维非织造材料、光飞电子材料、中福高端装备制造项目、海尼克等8个项目均由高新技术企业投资，在项目类别上更加契合高新区的定位，为高新区的发展注入高新动能。②高税收企业多。新开工建设及拟开工建设的项目中，税收过1000万元的达到12个，全部建成达产后，预计实现新增税收3.6亿元，推动税收实收实现倍数式增长。③产业集群类项目多。产业链招商展现新成效，多个项目有力拉伸或填充高新区现有产业链条：新型建材产业园、欧士达、鲁泰氧离子板材、华润钢结构等项目进一步壮大高新区装配式建筑产业集群；中铝磁性材料元器件、超细纤维、玻纤深加工、博新新材料、今海印高档包装材料等项目进一步做强高新区新材料产业优势；辐全机器人、中福高端装备制造、品一汽车散热器等项目进一步助推高新区装备制造产业走向更高端；康丽思、生力源、福宽淀粉深加工等食品加工项目进一步打响高新区食品加工产业品牌。④服务型企业多。新引进的腾阳机器人、盛联环保、安瑞信源及华为5G试点项目等服务型企业极大强化高新区的“硬核”配套，解除其他企业的后顾之忧，营造招商引资更好新环境和更强新优势。

【实体经济企业培育】 ①递进培植。新增规模以上工业企业15家、限上企业17家、外贸获权企业5家、实绩出口企业1家；新增“三品”认证25个，农产品质量安全认证3个。大庚获批山东省瞪羚标杆企业；联谊获批第三批省制造业单项冠军；云宇集团、金塔酒精、金塔机械获批省高端装备制造业领军（培育）企业。企业上市实现新突破，麦丰新材料科技股份有限公司4月18日在新三板成功挂牌，成为2019年肥城市唯一一家新三板挂牌企业。十里铺生态农业园、高端农业标准化生产基地获批省级农业标准化基地。②创新驱动。获批国家级高新技术企业9家（全市27家），推动高企数量连续两年实现翻番；农大肥业获批山东省科技进步一等奖，获批1项泰安市唯一一个山东省新旧动能转换重大课题攻关项目；中铝、泰鹏、农大肥业三个项目入选山东省科技重大专项项目。科技平台创建走在全市前列，获批省、泰安市级科技平台42项。泰鹏环保、金塔酒精获批省级技术创新示范企业；金塔获批省级“一企一技术”研发中心，入选2019年省两化融合管理体系贯标试点企业；7家企业获批省级“专精特新”中小企业；智慧能源、征途获批省院士工作站；征途获批省企业上云优秀体验中心，全面铺开5G产业试点。③品牌创建。农大肥业获批2019年全市唯一一个中国驰名商标；金塔获2项山东优质品牌认定、1项山东省重点领域首台（套）技术装备、5个马德里商标；金塔、联谊获评国家知识产权优势企业；农大肥业、云宇等企业制定、修订各类国家及行业标准17件。④引才育才。新引进乌克兰院士瓦莱丽•比科夫，高斌、王栋等高层次创新创业人才19名，农大肥业马学文入选第四批国家级相关专家，孟祥会等9人分别入选泰山产业领军人才、齐鲁首席技师。⑤对上争取。采取“用活一个第三方，争取一类好项目”的新模式，全年对上争取到位资金突破2亿元，同比增幅25%。成功获批国家第四批增量配电业务试点。

【项目发展支持与服务】 高新区把项目建设发展中遇到的难点痛点作为工作的重心靶心，按照企业需求新引进一批“服务型”“管家式”企业。新引进安瑞信源设备服务有限公司，该公司获得世界三大设备供应商授权，拥有35名经国外培训的高级工程师，可为区内云宇、鑫福源、泰鹏、福宽等诸多企业项目提供维修保养“4S服务”；新引进盛联环保科技有限公司，该公司与区内企业合作，打包企业的环保处理设施，确保项目在发展中不存在环保问题，使企业安心生产、降低风险，减少处罚成本；新引进腾阳智能装备有限公司，该公司致力于工业节能与自动化发展，可提升区内部分企业机械自动化程度、解决用工荒问题，已为农大肥业量身定做码垛机器人，生产效率为人工的5倍，维护成本降至原来的1/8，一高一降为企业带来实实在在的效益和升级；新引进华为5G试点项目，为企业融入智能互联网、大幅提高生产效率提供无限可能。同时，运用全国工业领域电力需求侧管理示范园区获批机遇，委托泽能电力、智慧能源等公司，为企业免费构建智慧电力系统，建成大数据终端，使农大、云宇等50余家规模企业年节电5%～20%，并由泽能电力向其他企业提供60余名“派遣式”电工解决企业用电问题，使企业不用自养电工，进一步降低企业的运营成本。随着新项目的增多，为解决项目招工难的问题，高新区统一进行需求汇总，联合市就业办举办大型招聘会专场，为企业项目解决220余人的用工难题。

【鲁泰新兴绿色建材产业园项目】 山东鲁泰建材科技集团为国家级高新技术企业、国家知识产权优势企业、省级企业技术中心、省建筑产业化生产基地，为全国民营建材企业50强。参与编制硅酸钙板、外墙板、装饰保温一体板等12项国家和行业标准。下设鲁泰建筑产业化、致远建材、沃尔宝德等5家子公司，主要从事装配式装修及装配式建筑产业。鲁泰新兴绿色建材产业园项目占地500亩，计划总投资32.5亿元，一期项目于2019年2月已建成装配式装修产业园，占地200亩，总投资10亿元，新建厂房及配套设施7万平方米，新上世界最先进的新型建筑板材成套设备219台（套），聘请瑞士新型墙体材料专家克利斯托弗团队为技术顾问，主要生产硅酸钙板、无机预涂板、装配式墙体等系列建筑产业化装配式装修部件。二期建设装配式建筑产业园，占地300亩，总投资22.5亿元，新建厂房及配套设施15万平方米，引进世界最先进的德国艾巴维装配式建筑生产线4条。项目全部建成达产后，可年产建筑板材、新型墙体材料4000万平方米，装配式建筑PC构件80万立方米，实现年产值65亿元，利税7亿元，安置就业1600余人。

【第二届全国一体板涂装技术及应用大会在高新区召开】 5月7日，第二届全国一体板涂装技术及应用大会开幕式在肥城宝盛大酒店举行。本次会议以“科技改变生活，品质源于工艺”为主题，由肥城高新区管委会、山东鲁泰建材科技集团有限公司承办，邀请新材料领域专家、政府机构代表及行业龙头共300余人，就“一体板”的应用以及创新发展方向进行深入探讨。与会行业企业代表到高新区山东鲁泰建材科技集团有限公司、山东鲁泰建筑产业化材料有限公司对年产2000万平方米无石棉硅酸钙水泥板智能化生产线、无机装饰板自动化、环保涂装生产线进行参观。

【全省首个县域5G产业试点在高新区启动】 5月21号，“和5G·共未来”肥城市5G产业战略合作框架协议签约暨试点启动仪式在高新区研发产业园举行。在肥城启动5G产业试点，有助于整合资源、放大优势、实现共赢，进一步加快肥城市产业数字化转型、新旧动能转换进程。启动仪式上，征途科技与肥城市政府、泰安移动、华为公司签订四方合作框架协议。

2019年5月21日，“和5G·共未来”肥城市5G产业战略合作框架协议签约暨试点启动仪式在高新区研发产业园举行

【肥城高新区入选国家第四批增量配电业务改革试点】 年内，国家发展改革委、国家能源局发布《关于规范开展第四批增量配电业务改革试点的通知》文件指出，第四批增量配电试点向县域延伸，并公布24个省（区、市）和新疆生产建设兵团的84个项目被列入第四批增量配电业务改革试点名单，肥城高新区增量配电业务试点成功入选。肥城高新区增量配电业务改革试点项目位于山东泰安肥城高新技术产业开发区，区内已有工业、贸易企业1264家，其中工业企业316家，规模以上工业企业56家，形成五大产业园区。随着国家增量配电业务改革试点的入选，能够进一步激活电力市场各方主体的参与市场化交易的积极性，提高区域电网资源配置效率，改善服务质量和管理水平，降低企业运营成本，全方位满足高新区电、汽、水、热等综合能源服务需求，促进优质负荷落地，推动园区产业结构转型升级、地方经济高质量发展。

（尹　静）

·泰山新兴产业发展中心·

【概况】 泰山新兴产业发展中心原为肥城市新兴产业园区，

成立于2011年，2012年与仪阳街道实行合署办公，2019年更名为泰山新兴产业发展中心，规划面积15平方公里。2019年，累计完成财政收入29207万元，工商税收20445万元；实现招商引资到位资金11.3亿元；对上争取到位资金1.45亿元；实际利用外资200万美元。①企业培植。突出培植建安业，建设全省首个建安总部集聚区。军辉、显通、益通、宏远4家总部项目开工建设，四方、泰峰达、广帮、兴润、正工、信邦6家总部项目手续办理中；企业资质晋升取得突破，军辉、兴润2家企业获得全国石油化工首批拆解资质认定，新增一级资质7项、二级资质6项、三级资质8项。金威机械被认定为省级企业技术中心和高新技术企业，蔚蓝科技孵化器获批泰安市小微企业创业创新示范基地，鲁变电工、瑞科电气被评为市级“一企一技术”研发中心，完成个转企35家。②双招双引。聘请10名招商代理，签约项目17个，其中桃花节签约中国化学工程第十四公司总部、碳纤维复合材料产业园、冠源商业综合体、鼎鑫新材料研发、晶瑞新材料5个项目，下半年签约兴润总部、信邦总部、泰峰达总部、四方总部、正工总部、广帮总部、鑫旺瑞福源新材料、拓丽外贸出口、水上乐园旅游开发、雪山峪滑雪、岱银服饰生产、讯豹木刻画设计12个重点项目，开工军辉总部、显通总部、益通总部、宏远总部、国家级康复辅助器具产业园、鑫旺瑞福源新材料、鼎鑫新材料研发、晶瑞新材料、拓丽外贸出口、水上乐园旅游开发、岱银服饰生产、雪山峪滑雪、讯豹木刻画设计13个项目，续建泰安新合作供销云仓物流配送、泰山植物园2个项目，鼎鑫新材料研发、晶瑞新材料、科翔圣嘉康复辅具生产、泰山中西文化博览中心、鱼山唐乡精品民宿开发、奇郎纺织生产6个项目竣工。另外，完成第五届全国大学生网络编辑创新大赛决赛在肥城的申办工作，推进召开中国石化行业工程建筑安装发展论坛，组织企业参加第四届泰山国际福祉暨康复设备博览会。

（田宝竹）

·肥城市现代盐化工产业园区·

【概况】 肥城市现代盐化工产业园区位于边院镇驻地西部，始建于2003年3月，原规划面积7.8平方公里，为肥城市“一区五园”产业战略布局中的重点园区，山东半岛蓝色经济区海洋产业联动发展示范基地。2014年由泰安市政府正式批准成立肥城市现代盐化工产业园区管委会。按照省委、省政府化工园区转型升级要求，委托西安华陆工程科技有限公司重新调整园区发展规划，重点打造盐化工、精细化工、高新材料、高端制造、纺织食品五个主导产业，不断延伸产业链条，最终形成三大产业集群协同发展，互为补充的循环经济产业格局。

园区已落户肥城胜利化工有限公司、山东肥城海晶盐化有限公司、山东肥城精制盐厂有限公司、肥城光明岩盐有限公司4家大型制盐企业，山东亚科环保科技有限公司、山东百事益食品科技有限公司2家精细化工企业，肥城长鑫物流有限公司、肥城信发物流有限公司、肥城市得信物流有限公司3家物流企业，肥城瑞鑫麻纺厂、泰安宇润纺织有限公司2家纺织企业，山东巨能杆塔有限公司1家建材企业，肥城天和食品有限公司1家食品加工企业，肥城康达水务有限公司1家服务企业。项目总投资80多亿元。山东信发集团、天津渤化集团、山东盐业总公司、鲁中能源集团投资的大型制盐项目均已投产达效。年产工业盐、食用盐、药用盐、保健盐等系列产品706万吨，为全国最大的井矿盐生产基地。山东亚科年产10万吨环已酮项目已投产达效；巩固壮大制盐和建安产业，筑牢经济发展的“四梁八柱”。推进仁达民防设备、品工智能设备、硅墨烯新材料、济海特种设备等项目建设进度，培植新的经济增长；强化园区建设，突出规划引领作用，逐步拉大园区框架，加快园区给排水、蒸汽等基础设施建设进度，做好园区绿化的养护和管理。推进集中供热首站1座、主管网2.5公里，确保驻地楼房2020年底实现供暖。洽谈推进中国葛洲坝集团装备工业有限公司压缩空气储能调峰站项目。2019年，园区企业实现销售收入15.24亿元，利税5.2亿元，带动就业1662人。

（武　红）

·山东肥城资源循环利用基地·

【概况】 山东肥城资源循环利用基地为发改委和住建部共同批复的国家资源循环利用基地。基地立足推进资源全面节约和循环利用，推动美丽乡村建设，总规划面积3.04平方公里，建设项目26个，构建形成“产业复合、动静耦合、高端高效、循环低碳、生态安全”的绿色发展体系，打造成为百亿级循环产业基地。基地按照“一心、四区、一带”的规划格局，分布生活垃圾焚烧发电区、生物质热电联产项目区、建筑垃圾及煤矸石综合处理项目区、环卫一体化服务中心等8大功能区。深化与中节能集团全面战略合作，先后招引中节能集团投资16.4亿元建成生物质能发电、病死畜禽无害化处置、智慧环卫等5个项目，又投资新建垃圾发电、垃圾渗滤液处理、动植物废弃物处置等3个项目。2019年，先后引入云南水务、永平资源、辽鞍集团等3家上市公司，投资30亿元建设泰安固废处置中心、建筑垃圾再生和煤矸石综合利用、废钢材废轮胎回收利用，以及采用国内最先进技术利用电子垃圾回收有色金属及装备制造等资源再生利用项目7个。按照市委、市政府“地企同心、产城融合、转型升级、振兴矿区”的发展方针主动作为，对基地内闲置矿区和塌陷地集中整合，整体搬迁村庄12个，腾空土地由城投公司统一进行收储，拓宽投融资渠道；投入1.5亿元完善基础设施达到“七通一平”，监控平台、消防系统等配套服务保障到位，为项目落地、基地发展搭建优质平台。项目投产后，年可处理生活垃圾30万吨，利用生物质燃料30万吨，处理病死畜禽3000吨，粉煤灰及煤矸石150万立方米、畜禽粪便1万吨，发电量3亿千瓦时，节约燃煤18万吨，减少二氧化碳排放26万吨、二氧化硫排放2000吨。基地项目全部建成后，各项目之间协同运营，有效实现资源的二次开发和循环利用，产生的集成综合效益可辐射泰安、济南乃至山东全省，全面提升生态环境治理水平，推进实现生态环保和高质量发展的共赢。

【资源循环利用基地项目】 ①中节能（肥城）环保能源垃圾发电项目。该项目由中国环境保护集团有限公司投资6.6亿元建设，运营模式为BOO，中节能（肥城）公司负责建设、运营和管理。该项目设计日处理生活垃圾800吨，年处理生活垃圾30万吨；拟设配置2×400吨/天生活垃圾焚烧线+1×15兆瓦凝汽式汽轮发电机组，焚烧线年运行8000小时。项目

中节能工作人员在集控室内后台操作垃圾焚烧（王秀秀　摄）

采用“炉内选择性非催化还原（SNcR）+半干法（旋转喷雾）+干法+活性炭喷射+布袋除尘器”组合的烟气净化工艺，项目预留SCR用地，以备后期更进一步的降低NOx的排放，烟气排放按欧盟2000标准执行，远高于现行的国家标准；渗滤液处理主体工艺为“预处理系统+厌氧+外置式MBR+纳滤+反渗透”，出水清液达到回用标准，浓缩液回喷至焚烧炉燃烧。项目全部建成投产后，年处理垃圾30万吨，建成后可实现年收益约为7560万元，利税1000万元。②泰安市固体废物综合处置中心项目。该项目由云南水务投资有限公司投资6.2亿元建设，为泰安地区唯一一家具备环保无害化处置资质的企业。项目为国家环保领域支持的环境治理、工业垃圾处置类城市基础配套工程。占地6.25公顷，主要建设焚烧处理、物化处理、废物暂存、污水处理及配套辅助生产和生活设施。项目采用先进可行的处理处置技术，其有机类衍生副产品回转窑焚烧技术，无机类衍生副产品物化处理技术均达到国内先进水平，能有效实现合理处理、资源回收。项目年处理危险废物50000吨/年，其中焚烧处理30000吨/年、物化处理20000吨/年，年可实现营业收入1.6亿元，利税7000万元。③中节能生物质发电项目。该项目由中国节能环保集团投资5亿元建设，盘活利用肥矿集团闲置土地248亩，采用国际领先的低氮燃烧技术，建设2×75吨/小时高温高压直燃循环流化床锅炉和2×15兆瓦发电机组及其他辅助工程。项目年可消耗农作物秸秆、杂草树枝等生物质燃料30万吨，发电2.16亿千瓦时，实现主营业务收入1.8亿元、利税3000余万元，年可节约标煤15万吨，减少二氧化硫排放1500吨，仅秸秆收集一项就可增加群众收入8000万元，对于促进全市秸秆资源高效利用、改善生态环境、带动农民增收等方面具有重要的促进作用。④再生资源回收综合利用项目。该项目由山东工信再生资源有限公司投资1.6亿元建设，主要新建加工车间、办公楼、成品仓库、原料堆场、废料暂存库及其配套设施26000平方米，产品主要原料为废旧钢铁、报废发动机、变速箱等。项目投产后，年可储运、加工各类废金属100万吨。⑤再生资源循环利用无害化处理项目。该项目由山东工信环保科技有限公司投资10亿元建设，主要新上有色金属吸附、设备制造及再生资源回收利用全产业链项目。先期公司运用自行研制高效复合催化剂和掌握的全国最先进的废矿物油利用生产技术与清华大学蓝景膜技术、中科院中科远望等离子体技术合作，建设包括废矿物油再生利用、含油废水及油泥的处理以及废焦渣的气化新型示范生产线；该生产线率先达到国家对于该行业的三废排放标准，实现生产过程的达标排放，后期公司还将建设全国第一条利用湿法技术，年处理3000吨电子垃圾的生产线，实现无污染、无排放回收铜、锡、金、银、钯、铑、锂等贵金属及有色金属；同时，面向山东25家同行推广，提供技术改造及新旧产能的转换方案。⑥垃圾发电炉渣综合利用项目。该项目由泰安中翔环保科技有限公司投资5000万元建设，总占地面积13330平方米，建筑面积7000平方米，拟建设原料车间、炉渣加工车间、制砖车间及其配套设施。产品主要原材料为生活垃圾焚烧发电炉渣、矿渣及各类废渣。生产工艺为对炉渣及各类废渣进行破碎、筛选、添加辅料、搅拌成型。建成后年可加工生产免烧环保砖1200万块、有色金属2吨的能力。该项目符合国家产业政策，不属于《产业结构调整指导目录》的限制类和淘汰类。⑦建筑垃圾及煤矸石综合利用项目。该项目由山东新航标再生资源有限公司投资1.2亿元建设，为肥城市批准建筑垃圾特许经营权的单位，年处理100万吨城市建筑垃圾及30万吨煤矿尾渣。项目选用美国贝塞尔公司和中德合资上海山美公司先进的设备和工艺，年生产80万吨再生料水稳材料及35万立方米再生料机制砖，可生产挡土墙砖、劈裂砖、水利工程砖、地面砖、海绵城市透水砖、人行道彩面砖、草皮砖、连锁护坡砖等36大类300多个品种。项目采用的先进的固体废物处理技术，可消除污染、净化环境，使资源回收利用，实现固体废弃物资源化利用。

【资源循环利用设备制造产业】 装备制造区位于基地的东南部，占地约81.2公顷，约占基地总面积的26.8%。该区域主要定位为再生资源加工产业以及节能环保材料及设备制造产业，即可将一部分再生资源就地消化，也可为基地提供技术及装备服务。区域内企业有施密特热能设备有限公司、一路环保设备等。建设思路为在基地现有静脉产业的基础上，严格项目准入条件，优先考虑基地资源循环利用产业配套，构建废弃物“回收—再生—再利用”的完整静脉产业链条，提高基地再生资源加工产业的核心竞争力。同时，以山东瑞福锂有限公司及山东一路环保科技有限公司为核心，打造具有竞争力的节能环保材料及设备制造产业。建设内容主要为延伸资源回收产业链，与基地内泰山涂塑帆布有限公司等下游企业进行有效链接，拓展基地内废塑料、废橡胶等再生资源利用途径；规划建设山东一路环保科技有限公司节能环保设备制造项目以及山东瑞福锂有限公司年产一万吨氢氧化锂项目，丰富基地产业结构，实现节能环保产业市场的全面拓展。①施密特热能设备项目。由山东施密特热能设备有限公司投资2.4亿元建设高大空间燃气辐射采暖设备生产基地项目，一期辐射采暖设备生产线已投产运营。二期新建双层高标准钢架结构车间8000平方米1栋，单层车间5200平方米1栋，研发中心及办公楼6000平方米。该设备是根据太阳光温暖地球的原理，利用天然气或液化气，在特殊的燃烧装置——辐射器内燃烧而辐射出各种波长的红外线进行供暖，采暖无温度梯度。与传统的水暖、汽暖等取暖方式相比，有节约成本、节约空间、舒适卫生、操作简便等特点，成为工厂、车间、机库等高大空间采暖的最佳解决方案。②一路环保设备项目。该项目由山东一路环保科技有限公司投资1.2亿元建设，占地28亩，主要生产脱硫脱硝、除尘、干熄焦等节能环保设备。项目计划新建生产车间8000平方米，新上高精度自动纵缝直缝焊机、高精度数控加工中心和高分辨率磁力探伤仪等加工检测设备120余台（套）。项目投产后，年可实现销售收入2亿元，利税4000万元。

【锂电基础材料产业】 肥城锂电产业园规划面积3.75平方公里，为肥城市新旧动能转换先行区的重点园区之一，泰安市新旧动能转换十大重点项目。园区重点培植发展锂电基础材料、锂电池回收利用等板块，致力打造200亿级锂电产业集群。园区自启动以来，完善园区内基础设施，累计投资5000余万元，完成四纵四横25公里道路网络、42公里公共管网和绿化、亮化等基础设施。至年末，瑞福锂业电池级碳酸锂年产能达到2.8万吨，电池级氢氧化锂产能达到1万吨，锂盐总产能达到6.8万吨，成为国内最大的锂电正极材料供应基地。加快推进锂电池回收利用、50万吨锂精矿加工、100万吨锂渣综合处理等多个产业链项目。同时，围绕瑞福锂业建链补链集群发展，规划布局金属锂、氯化锂等未来新型战略项目，建设山东省新旧动能转换重大工程新能源新材料类重点产业基地，在此基础上，深入开展产学研合作，引进高端人才，建设高端平台，集聚创新资源，为打造全国重要的锂原料加工基地和锂电全产业链项目新材料基地奠定坚实基础。①50万吨/年超微锂渣粉项目。该项目由山东联昊建材有限公司投资7000万元建设，一期主要建设产品料仓、生产车间、消防设施等1万平方米，计划新上年处理50万吨/年超微锂渣粉生产线一条，产品广泛应用于水泥、混凝土骨料、铸石等建筑材料中，实现锂渣的资源化利用。项目投产后，年可处理锂渣50万吨，实现产值5000万元，利税800万元。②50万吨锂辉石储运加工项目。该项目由山东瑞福锂业有限公司投资3亿元建设，主要建设锂辉石采矿、精矿浮选、硫酸生产及低温硫酸法提锂四大类设施，建筑面积3万平方米，新上各类洗选、加工设备200余台套。项目全部建成达产后，形成由锂矿到锂盐的全产业链项目，年可生产锂精矿50万吨。③3万吨锂盐项目简介。山东瑞福锂业公司新上的3万吨锂盐项目总投资16亿元，总占地171亩，新上年产3万吨碳酸锂生产线1条，建设主车间、焙浸车间、回转窑、酸化窑、冷却窑、库房、中控室等设施5万平方米。项目建设完成后，公司产能达到5.5万吨，将实现年营业收入过百亿元，利税36亿元。④瑞福锂业2万吨碳酸锂项目。由山东瑞福锂业有限公司投资11亿元建设2万吨碳酸锂项目，已竣工投产，为世界首条单线产能最大的锂盐生产线。项目采用的化学法低温提锂工艺和锂辉石硫酸法制备碳酸锂技术，比传统工艺降低能耗40%以上，产品质量稳定性好，达到国际领先水平，年可生产电池级碳酸锂2.8万吨，居全国首位，产能与技术的叠加优势，使公司成为全球唯一一家同时具备锂辉石与锂云母提锂的生产企业，全国第二大锂盐生产厂家，年销售收入突破36亿元、利税8亿元。⑤瑞福锂业1万吨氢氧化锂项目。项目总投资3.58亿元新上年产1万吨氢氧化锂生产线及配套设施。氢氧化锂为锂离子电池的配套专用电解质材料，可增加电容量12%～15%，提高使用寿命2～3倍，国内市场供不应求。同时，产品还广泛应用于石油、化工、轻工、核工业等领域。项目采用成熟的硫酸提锂法生产工艺，全程自动化控制、连续生产能力强、回收率高、性能稳定、生产成本较低。项目建成后，年可实现年销售收入18亿元、利税5亿元。

（袁明金）

·肥城化工产业园·

【概况】 2019年，肥城市化工产业园围绕“智慧园区”“绿色园区”“循环经济产业链”“节能环保能源链”“两区两链”的建设思路，借助中韩绿色园区规划引导，加大双招双引、基础设施建设和公共服务建设投入，根据新旧动能转换、环保安全提升、化工园区复审等一系列省、市重大决策及工程部署安排，瞄准目标、突出重点、强化担当、持续大干，工业经济保持健康运行，招商引资、园区建设等重点工作快速推进。抓服务，破难题，持续不断做大做强骨干企业。鼓励企业技术创新、实施品牌发展战略，引导企业与高校、科研院所合作，实施技术创新，研发高端产品，实现转型发展。瞄准江浙沪及昆山周边，做好招引文章，重点洽谈引进钢铁配套产业、精细化工、新兴高科等重点产业。超前服务，攻坚克难，保证重点项目顺利实施。重点做好全市重点建设项目及石横镇重点推进项目的服务工作，抓好“四个一批”项目的推进，即确保腾淏医药产业园一期、鲁岳化工等离子处置等8个项目落地建设；倒逼落地瑞泰新材料一期、昌盛锂负极材料、岳洋美容护肤品、德源环氧树脂二期建设等11个项目筹划开工；加快新农创乡村振兴、隆运通医药中间体、环氧树脂应用产业园等项目手续办理推进、启动实施。

【园区基础设施建设及重点工作】 肥城市化工产业园作为省级综合类化工园区，为提高园区承载力、顺利通过化工园区复审验收，园区不断开展基础设施建设及提升改造工程。①危化品专用停车场建设。新征建设用地50亩，按规范标准建设95个车位的危化品专用停车场，配备与运输车辆停放相配套的安全、环保、消防设施设备；制定配套危险化学品事故应急预案，定期演练。征地及建设投资预计1580万元。②公共管廊建设。园区拟将中水回用管网、污水一企一管、分布式能源、信息化传输等项目统一纳入设计范围；配备智慧能源管理系统，将管网运行情况进行可视化监控。一期计划建设3公里，投资约6000万元，满足园区复审验收。二期计划建设4.8公里，投资约9600万元。③道路升级改造。实施新南外环、八号路、汇丰路、兴石街南段升级改造工程，主要包括路面升级改造、敷设给排水、蒸汽燃气管网等，投资约6064万元，升级改造园区道路7610米，规划为危化品专用车道，适当位置设置消防、应急救援设施，设置监控设备。新南外环路升级改造2970米长，16米宽，约39960平方米；实施八号路改造840米长，10米宽，约8400平方米；汇丰路改造2900米长，10米宽，约29000平方米；道路改造总价约1403万元。敷设给排水管网约36000米，约3226万元，敷设蒸汽燃气管网9176米，约1435万元。④园区道路绿化提升。投资3620万元，绿化22.6万平方米。园区用绿廊隔离，形成封闭园区，对园区道路沿线绿化带进行提升。⑤村庄搬迁工作。村庄搬迁为园区复审否决项。化工园区搬迁共涉及保安村和柳行村共计118户。保安村搬迁涉及68户，柳行村50户，均已完成搬迁工作。⑥安全环保应急一体化平台建设。一期已投资315万元，建设完成软件开发和平台架构的搭建，已具备一企一档、安全环保日常监管和在线监测、园区视频监控、风险预警、重大危险源监测、应急管理和指挥、监管决策等基础功能。二期计划投资352.4万元，新增高空瞭望、小型空气质量监测、特征污染物监测、水质监测、危化品专用车道智能卡口等模块，接入园区内所有企业的在线监测。投资60万元，配备专业运维人员，进行24小时监管监控，形成完善的安全、环保应急管理体系，达到省级化工园区复审验收标准。三期计划继续投资800万元进行平台深化升级，将安全环保监管系统覆盖到全镇范围并细化到全部企业的每个关键岗位、重点环节，实现智能监管，建成国家级智慧安全化工园区试点示范单位。⑦水、空气、土壤监测。投资200万元，委托有资质第三方对地下水、河流控制断面、有毒有害气体、土壤进行定期监测。制定相关防控方案，定期连续全指标监测，形成监测报告，针对超标企业，加大处罚力度；启动风险预警体系建设，实施落实环境应急预案管理和风险预警；完善智慧监管平台内容，发挥好预警体系作用。⑧中韩绿色合作园区建设。7月25日，国家工信部在肥城市召开中韩（肥城）绿色合作园区专家交流会。肥城市化工产业园区先后在中韩绿色合作园区论坛会议（北京）、中韩绿色合作园区标准专家研讨会（北京）、中韩工业绿色发展合作交流会议（成都）作汇报发言。11月，韩国专家围绕特钢、一滕产业共生问题到园区进行深入研究，制定产业共生方案。双方常态化、制度化的交流融合管道已经初步搭建、逐步通畅。

主要行业

·电力工业·

【国家能源集团山东石横热电有限公司概况】 2019年1月14日，国电石横发电有限公司更名为国家能源石横热电有限公司。公司占地3613亩，总装机容量1920兆瓦，共有职工1261人，为山东电网主力发电厂，国家特大型企业，隶属国家能源集团公司。年内，公司学习贯彻习近平新时代中国特色社会主义思想，践行“社会主义是干出来的”伟大号召，落实集团公司和山东公司部署，聚焦打赢生产运营“百日会战”，企业内生动力不断增强，经营业绩稳中有进，安全生产总体平稳，党的建设全面增强。公司党委获集团公司“先进基层党组织”称号。全年公司完成发电量79.69亿千瓦时、售热量295.46万吉焦，上缴利税1.61亿元。

【安全生产】 落实安全生产责任制，加强重点领域安全风险防控，较好实现年度安全目标。完成庆祝新中国成立70周年等重要时段保电任务，开展季节性安全大检查、防洪防汛、危化品等专项检查，组织安全生产月、事故反思周和安全咨询日活动，开展18项应急演练。推进双重预防体系建设，治理隐患4300余项。组织安全宣贯类学习培训16次，参培人员4800人次，公司获得“全省电力行业培训先进单位”称号。严格外委队伍管理，签订安全协议，明确安全职责，下发考核通报300余次，停工整顿5次，工程施工未发生不安全事件。

【运维水平提升】 ①设备性能。完成#1机组A修、#2-#6机组C修工作，实施检修项目7204项，重点完成#1汽轮机揭缸提效及寿命评估、#5机组低负荷脱硝改造等工作，#1机组修后热耗率降低92.55千焦/千瓦时。开展机组控降非停“三个专项治理”活动发现并更换问题水冷壁管329根，加装防磨罩300余件，拍片复检合格率100%；核查机组保护信号，信息台账准确度100%。②技术攻关。“主气门失效机理研究”“状态观测算法提升协调控制系统综合性能”两项成果顺利投入应用，创造经济效益270余万元，获得山东公司科技进步奖；“优化控制逻辑提高RB功能可靠性”成果获山东省电力职工技术成果三等奖。③环保治理。脱硫、脱硝、除尘、污水处理等环保设备运转正常，二氧化硫、烟尘、氮氧化物等排放达标率99.5%以上，三期脱硫废水排放改造如期完成。全年未发生环保不安全事项。

2019年6月24日，国家能源集团山东石横热电有限公司举行2019年度防汛实战演习（王勇　摄）

【提质增收】 ①市场营销。建立全员营销激励机制，7人次引荐签订1.59亿千瓦时售电合同；与特钢集团签订采暖蒸汽购销协议，创收86.98万元；高温水供热二期工程建设洽谈顺利，与肥城市住建局达成合作意向；副产品销量进一步提升，粉煤灰实现销售收入4452万元。②保供控价。全年采购煤炭360.43万吨。建立供应商准入集体决策制，审核准入53家，所有标段投标价格临近市场底线；入厂不含税标煤单价一二期完成668.34元/吨、三期完成662.91元/吨，低于693元/吨的承包值；入厂煤质把关进一步强化，煤质异常扣罚供应商4541吨、27个批次被扣罚热值。

【企业管理】 ①计划管理。坚持目标导向，编制下发经济责任制、各级业绩责任书、生产经营综合计划，细化分解责任目标，完善奖惩机制，奖优罚劣，管理水平明显提升，扭转连续两年亏损的局面，绩效指标同比向好。“两个细则”及辅助服务补偿净收入1012.76万元，列山东公司第2位。节水措施落实有力，地下水补水量同比下降20%，红石湖上游长流水问题基本解决。开展一二期水资源论证工作，通过省水利厅验收评审，办理2020年取水许可证。②基础管理。全面梳理公司内部规章制度，有效衔接上级要求，修订72项、废止49项。围绕现场难点疑点问题，确定68个QC活动课题，24项成果创造经济效益300余万元，仪控队炉控班获得集团公司QC小组成果三等奖。加强档案归集整理，整理入库科技档案408卷、文书档案2348件、照片146张；开展“国际档案日”宣传活动，制作《新中国记忆——石横电厂的历史沿革》等宣传材料。宣传“三供一业”分离移交国家政策，供水、供电、供气及物业管理职能顺利移交。

【党建工作】 围绕“不忘初心、牢记使命”主题教育具体目标，把学习教育、调查研究、检视问题、整改落实贯穿全过程，注重实际效果，解决实质问题，收集意见建议。组织“弘扬爱国精神，凝聚奋进力量”主题党日观影、“唱响心声，记使命”歌咏比赛等活动，党委成员讲授专题党课，高质量召开专题民主生活会，主题教育取得实实在在的效果。根据“党建制度落实年”工作安排，修订完善《党委委员基层党建工作联系点制度》等15项党建制度，形成相互衔接、相互配套的长效工作机制。基层支部建设进一步加强。严格组织程序，如期完成支部换届工作。开展软弱涣散党支部诊断工作，解决班组党员空缺问题，实现党员班组全覆盖。主题党日活动各具特色，开展“社会主义是干出来的”岗位建功活动，对表现突出的优秀集体和标兵员工进行表彰。以“纪念五四运动100周年”为主题，开展爱国主义教育、“对话成长”、红色经典诵读等活动，激发团员青年岗位建功的热情和动力。细化分解党风廉政建设工作责任，签订党风廉政建设目标责任书、落实党风廉政建设“一岗双责”责任书、廉洁从业承诺书，压实各层级廉政责任。紧盯重大工程、关键领域进行强化监督，对招标过程、项目监理、节点验收等环节实施精准督导。做好党委巡察反馈问题、八项规定精神执行情况专项检查发现问题整改工作，阶段性整改情况得到上级主管部门的认可。对廉政风险点进行梳理排查，形成涵盖3大类240余条的风险控制清单。开展警示谈话，提醒约谈500余人次。利用协同办公系统进行廉政提醒，“廉途微察”微信群发布典型案例和创新做法，更新百米廉政文化长廊内容，组织重点岗位人员到看守所接受教育，以《警示录》《叩问初心》等材料进行宣传警示，使廉洁教育体现在时时处处。

（许桂芸　刘宏昌）

·钢铁冶金·

【概况】 肥城市钢铁产业以石横特钢集团有限公司为龙头，产业规模大、发展稳定、带动力强，具有较强技术和装备优势，在全市工业经济格局中占有重要地位。

【石横特钢集团有限公司概况】 石横特钢集团有限公司（以下简称石横特钢）地处山东省泰安市肥城市境内。经过49年的发展，逐步发展壮大形成以钢铁为主业，延伸至化工、金融等领域的产业格局，拥有新疆昆玉钢铁有限公司、山东阿斯德科技有限公司、山东鑫华特钢集团有限公司、泰安华鲁锻压机床有限公司等10多家子公司和控股公司，连续多年跨入中国企业500强之列，钢材产品主要有建筑钢筋、锚杆钢筋、精轧螺纹、圆钢、电力角钢等。

2019年，企业位居中国企业500强第412位、中国制造业企业500强第196位、山东省民营企业品牌第12位；入选山东省制造业高端品牌培育企业名单，位列山东省百强企业第41位、山东省工业百强企业第35位、山东民营企业百强第23位；获评“泰安贡献力十强”。董事长张武宗获评“2019中国经济年度人物”，被中共山东省委授予山东省优秀共产党员、山东省优秀企业家。

【生产经营】 2019年，石横特钢整体规模效益、盈利能力继续提升，企业品牌竞争力不断增强，在制造业领域具有良好带动示范作用。主要产品产量创历史最好水平，全年完成生铁产量578万吨、粗钢产量670万吨、钢材产量713万吨、焦炭产量240万吨、机械产品产量2.5万吨。全年实现营业收入425亿元，实现利润53亿元，上缴税金28亿元。其中集团本部实现营业收入290亿元，利润40亿元，入库税金17.5亿元。

企业高度重视产品品牌价值，产品适应市场的能力不断提升。2019年荣登全国优质钢铁企业评审委员会确认的“全国优质建筑用钢品牌”综合榜；荣获2019年“卓越建筑用钢生产企业品牌”“山东省重大工程优质品牌”；预应力混凝土用螺纹钢筋获评“2018年度山东省名牌产品”；“石特牌”入选“重点工程建筑钢材推荐品牌”名单，产品产销率完成100%。

【工程建设】 2019年，泰安特种建筑用钢项目（简称特种钢项目）开工建设。2月13日，特种钢项目部正式成立；2月14日，山东省正式将特种钢项目建设纳入全省“大盘子”谋划推进；2月26日，石横特钢与德国巴登钢铁公司签订《新旧动能转换项目——管理及团队效能提升诀窍转让合同》，派出3批共31人到巴登现场考察交流，巴登专家先后3次到企业进行现场诊断指导，为特种钢项目整体工艺装备和人均劳动生产率达到国内长材领域领先水平提供可靠保障。4月12日，泰安市将特种钢项目建设列为“重点建设项目”。

项目主要建设1460立方米高炉2座，及配套C型料场1座、烧结机2条、球团生产线1条；100吨转炉2座、方坯连铸机2台；棒材生产线2条、高速线材生产线1条；配套建设石灰窑2座、制氧机2套、钢渣处理生产线、转炉煤气柜、总降压变电站、空压机站、铁路编组站及自动化卸车系统、燃气发电机组2套、余热发电机组2套及能源管控中心、澡堂等公辅设施。主要产品生产规模为生铁360万吨，钢坯420万吨，钢材460万吨。棒材产品主要定位于建筑行业大量需求的高强抗震钢筋、细晶粒钢筋、预应力混凝土螺纹钢筋、锚杆用热轧带肋钢筋等产品。重点发展500MPa级、600MPa级高强建筑用钢、800MPa级高延性锚杆钢、耐海水腐蚀高强钢筋、耐低温钢筋等高性能、特殊用途建筑用长材。

4—6月，特种钢项目完成各区域EPC总包和建安施工总包招标；到8月底中钢设备项目部、宝冶炼铁项目部、宝冶

2019年9月27日，石横特钢与德国巴登新旧动能转换合作项目轧钢现场诊断开球会召开

炼钢项目部、二十二冶项目部等陆续成立并进驻施工现场开始施工，为建设品牌工程，打造具有现代化气息的精品钢基地奠定基础。截至12月底，高炉区域、炼钢区域、轧钢区域、石灰窑、制氧区域土建施工、供发电等区域土建基础均按计划顺利推进。

2019年，石横特钢本部实施大修项目48个、新建项目5个、改造项目36个。重点完成新建1号烧结脱硝项目、185吨/小时锅炉脱硫、脱硝项目新建球团脱硝项目、浓水深度处理项目BOT模式、冶金材料原料场、微粉车间水渣场棚化封闭、炼铁西区原料场及高炉除尘改造项目、炼钢厂散装料区域粉尘治理、二炼钢精炼炉除尘折叠式滤筒改造等环保项目改造。

【企业管理】 2019年，石横特钢紧抓产品适应市场的能力、企业盈利能力和创新能力“三条生命线”，积极调结构转方式，不断提升企业核心竞争力，本部吨钢利润连续9年处于行业领先水平，阿斯德科技、鑫华特钢、东昌焦化等子（分）公司实现稳健、高效发展。企业管理与创新工作在省、地方与行业得到高度认同。《高效长效 有特色钢铁企业管理模式的创建与优化》成果荣获山东省企业管理现代化创新成果三等奖；《严细 精准 高效的轧钢特色管理体系构建与应用》《钢铁企业优质 高效 精细 共赢的供应链保障体系管理》荣获泰安市企业管理现代化创新成果一等奖；《生态发展 绿色发展 持续发展并举的钢铁企业环保管理》荣获泰安市企业管理现代化创新成果二等奖；编纂出版的《管理的力量》荣获2019年度泰安市企业文化优秀成果一等奖。年内，被山东省人力资源和社会保障厅认定为“2019年度齐鲁技能大师特色工作站建设项目单位”；获批设立山东省博士后创新实践基地、泰安市博士后创新成果转化基地，为企业培养高技能人才打造新的平台和载体。

【技术管理】 不断强化技术管理，持续完善重点经济技术指标体系及考核机制，继续保持“高新技术企业”资质和省级企业技术中心、山东省院士工作站两个技术创新平台，为企业转型升级提供强有力技术支撑。创建独具特色的经济技术指标体系，并不断优化提升。2019年，有可比性重点技术经济指标69项，达到同行业先进平均水平的57项，达到同行业先进水平的45项，达到行业领先水平的29项。全年鉴定验收2018年度公司级技术创新成果87项，技术创新实现新突破；12个项目通过山东省冶金工业总公司组织的科技成果鉴定验收，其中4个项目鉴定为国际先进水平，7个项目鉴定为国内领先水平，1个项目鉴定为国内先进水平。全年获授权专利5项，其中发明专利1项，实用新型专利4项。

【循环经济】 坚定不移地走低资源耗用、低污染排放的新型工业化道路，大力发展循环经济，坚持“绿色、创新、低碳、节能”的发展主题，企业多次被山东省政府授予“山东省节能先进企业”“山东省节能先进单位”等荣誉称号；绿色工厂建设典型经验被《中国冶金报》《中国环境报》《中国工业报》等数十家新闻媒体竞相报道，社会反响强烈。

加大对各类煤气、余热蒸汽、水资源的综合回收利用，循环水利用率、吨钢耗新水等指标保持行业领先水平，焦炉、转炉煤气实现零放散，高炉煤气利用率达到99%以上，烧结工序能耗、高炉工序能耗、转炉工序能耗、轧钢工序能耗等均处于国内同行业领先水平。重点进行料场扬尘综合治理，实现无组织排放的有“组织”管理；投资1.17亿元率先在全省实施烧结、球团脱硝新工艺，成为全省第一家实现超低排放的钢铁企业，效果与方法获得省环保厅高度认同并要求全省推广。“十二五”以来累计投资30多亿元，在各生产系统安装脱硫、脱硝、除尘等废气治理设施100多套，噪音治理设施近300套、水循环利用和废水处理系统40多套，实现生产系统全过程的污染预防与控制。

厂区新增绿化面积4.78万平方米，补植面积1.67万平方米；建设绿化景观13处、口袋公园休息区6处；开展北山绿化植树，共植树3832棵，1700余人次参加义务劳动，员工保护环境、自觉美化环境的意识与积极性广泛提高。

【企业文化】 6月22日，《石横特钢之歌》正式发布。6月29日，召开企业歌解读会议，董事长对歌曲蕴含的精神内涵进行深刻解读。企业歌受到职工家属的热烈传唱和广泛关注，先后出现标准版、合唱版、广场舞版、儿童版等版本，9月，文化部组织厂歌比赛，千余名职工踊跃参赛，营造和谐向上的文化氛围，使企业文化再添新元素。热心社会公益事业，积极参与各种社会公益活动。设立2000万元教育基金，2019年共表彰奖励贡献突出的教师714名；出资3000万元用于泰安市见义勇为专项奖励，2019年奖励慰问为保护社会公共利益或者他人的人身、财产安全做出贡献的见义勇为个人、群体36人共148万元；出资5000万元资助肥城市佛桃品牌建设，全年投资1275万元。年内，被授予“泰安市尊师重教先进单位”，公司党委被评为新时代泰山“挑山工”先进集体。2019年，共支出大病困难补助、助学资助179万元，探望离退休、困难员工家庭435人次。开展表彰先进活动，重点对1个全国钢铁工业先进集体、2名全国钢铁工业劳动模范、10个重大绩效项目、6名劳动模范，记功嘉奖人员397人进行表彰奖励。

（李慧星）

2019年9月29日，石横特钢举办红歌厂歌比赛

·机械制造业·

【概况】 机械制造产业为肥城市传统产业中的优势产业，企业发展稳定、带动力强，具有较强技术和装备优势，在全市工业经济格局中占有重要地位。

【肥城金塔机械有限公司】 为国家高新技术企业、山东省文明单位、山东省和泰安市劳动关系和谐企业、省级企业技术中心，酒精及DDGS成套干燥设备生产基地，具备三类压力容器设计、制造资质，享有自营进出口权，“金字及图”商标酒精蒸馏塔为山东省名牌产品、中国驰名商标，在阿根廷、澳大利亚等国家进行马德里商标注册，取得阿斯米国际认证。公司下设金塔机械科技有限公司、金塔酒精化工设备有限公司、金威机械有限公司、泰西无纺材料有限公司。2019年，公司持续加快科技创新步伐，深化校企合作的力度和广度，创新成效明显，对上争取颇丰。“差压法双粗双精八塔蒸馏制取优级酒精技术”成功进入《国家工业节能技术装备推荐目录》；参与制定行业标准7项；获授权发明专利1项、受理6项，获授权实用新型专利8项、受理9项；6项新技术通过省级科技成果评价，其中3项被评为国际领先水平，3项被评为国际先进水平。先后获得中国轻工业装备制造行业三十强企业、中国轻工业联合会科技进步三等奖、国家工信部“绿色制造系统解决方案供应商”、国家知识产权优势企业、国家高新技术企业、山东省“一企一技术”研发中心和“专精特新”企业、山东省重点领域首台（套）技术装备、山东省企业上云标杆企业、山东省高端装备制造业领军企业、山东省技术创新示范企业等荣誉称号。公司总部、科技公司、酒精公司均完成知识产权贯标。2019年，公司完成产值7.5亿元，实现销售收入6.9亿元，利税6598万元。

【山东云宇机械集团】 为全国机械工业效绩评价百强企业、山东省机械工业百强企业、泰安市工业三十强企业、山东省铸造五十强企业。集团下设山东云宇机械集团有限公司、泰安金城重工科技有限公司，山东云宇制动器股份有限公司、肥城云宇钢圈有限公司、肥城云宇铸造有限公司、泰安九洲金城机械有限公司、川液机械有限公司、山东神华新型材料有限公司八大公司。主要生产各种工程机械系列驱动桥、拖拉机系列转向驱动桥、变速箱、制动器、钢圈、矿用格栅等，具有年产各种工程机械驱动桥20万条，制动器100万套、钢圈20万套、变速箱1万台、各种铸锻件10万吨、格栅300万平方米的生产能力。产品技术质量水平国内领先，主要为柳工、厦工、龙工、徐工、山工、临工、时风、五征、一拖、天拖等百余家主机厂配套，全国配套市场占有率达40%，并出口俄罗斯、巴西、阿根廷、南非等国家。ZL30S系列湿式制动驱动桥及拖拉机转向驱动桥等产品技术与国际接轨。ZL30以下驱动桥及制动器的产销量全国第一。主导产品驱动桥系“山东省名牌产品”，“云宇牌”商标系“中国驰名商标”。2019年集团实现产销7亿元，利税6150万元。

·精细化工·

【概况】 化工产业为肥城市重要的优势支柱产业，基础扎实、长势旺盛，涌现出农大肥业、阿斯德科技、瑞福锂业等一批行业内领先的龙头企业，产业规模、质效不断攀升。

【山东农大肥业科技有限公司】 创立于1995年，坚持走“产品领先、产学研合作”的战略发展道路，为《腐植酸复合肥料》行业标准起草单位，全国腐植酸肥单项冠军示范企业，“农大”品牌为中国驰名商标。企业建有国家企业技术中心、土肥资源国家工程实验室、国家博士后科研工作站、农业部腐植酸类肥料重点实验室等8个省部级以上重点研发平台，并与中国科学院、中国农科院、中国农业大学、山东农业大学等多家科研院校建立良好的合作关系。共有研发人员100余人，其中博士3人，硕士47人，中高级职称人员36人，省级以上高层次人才5人，外聘专家30人。企业承担省部级科研项目40余项，自主研发的腐植酸活化技术、控释包膜技术、土壤调理技术填补国内空白，与山东农大、南京农大等共同开发的功能菌生防技术水平国内领先。企业拥有4项国际领先核心技术，累计申请专利100项，授权42项，起草制定国家标准4项、行业标准6项，地方/团体标准22项，荣获山东省科技进步奖、中国专利优秀奖等省级以上奖励12项。2019年，实现销售收入12.64亿元，同比增幅13.4%，为全国腐植酸肥料领军企业。

【泰安瑞泰纤维素有限公司】 为“山东省纤维素醚生产基地龙头骨干企业”，国内技术领先的非离子型纤维素醚生产企业，中国纤维素行业协会副理事长单位，中国药用辅料行业协会副会长单位，中国化学制药工业协会理事单位。企业与中科院广州化学研究所、锦西化工研究设计院、中国药科大学、沈阳药科大学、无锡化工研究院、山东大学等单位建立合作关系，每年用于科技开发的经费占销售收入的5%以上。先后研发出HPMC、MC、H-HPC、L-HPC、HEC、HEMC、CMC、EC、HP、HPAS等系列产品，涵盖纤维素醚的衍生物，2017年成功开发出新型肠溶包衣材料HPAS（羟丙甲邻苯二甲酸酯琥珀酸酯）替代进口，并合作研发纤维素衍生物接枝丙烯酯单体制备缓控释制剂、醋酸纤维素及提高纤维素活化新方法、干法生产工业级 HPMC 等。2019 年，实现销售收入 5.2 亿元，利润 3659 万元，上缴税金 4261 万元。

【山东瑞福锂业有限公司】 为一家同时具备锂辉石与锂云母提取制备锂电池正极原材料——电池级碳酸锂和电池级氢氧化锂（瑞福锂业全资子公司—山东泰普锂业科技有限公司）的新能源国家高新技术企业和国家级绿色工厂企业。2019 年山东民营企业品牌价值百强企业，山东省新材料领军企业 50 强，泰安市民营企业 50 强，泰安市、肥城市重点培植的“工业领军 50 强”企业，中国有色金属工业协会团体会员单位、中国有色金属工业协会锂业分会理事单位。在《山东省新旧动能转换重大工程实施规划》中，公司列入新能源新材料类山东省重点建设产业基地。公司已建成泰安市工程技术研究中心、泰安市锂电新材料产业研究院、山东省一企一技术研发中心、山东省企业技术中心、山东省工程实验室；被认定为山东省首批瞪羚示范企业、山东省隐形冠军企业、山东省专精特新企业，“瑞福”牌碳酸锂被评为山东省名牌产品和山东省优质品牌产品。公司研发中心有博士 2 人，硕士 9 人，大专以上学历 120 人，申请专利 30 余项，其中已授权发明专利 6 项，实用新型 13 项，外观 2 项，软件著作权 4 项，公司荣获中国专利优秀奖、山东省专利二等奖以及山东省技术发明二等奖、山东省技术创新奖一等奖、泰安市发明奖二、三等奖。《锂云母氟化学法提锂及资源综合利用产业化》《从盐湖锂矿生产氯化锂的方法》《一种利用电池级碳酸锂沉锂母液回收制备高纯碳酸锂的工艺》三项科技成果被评为国内领先水平。公司具有年产 2.5 万吨电池级碳酸锂生产线和年产 1 万吨电池级氢氧化锂各一条；启动建设年产 3 万吨锂盐生产线，项目建成后，公司总的锂盐产能将达到 6.5 万吨。2019 年，主营业务收入 82868 万元，税收 497 万元。

·煤炭工业·

【概况】 在 2017 年 9 月肥城市承担行政职能事业单位改革试点中，市煤炭工业管理局更名为市煤炭发展中心，调整为公益一类事业单位，由肥城市安全生产监督管理局管理；2019 年 1 月，根据机构改革要求，市煤炭发展中心相关行政职能划入市发展和改革局（市能源局）管理。在实际工作中，以市能源局名义组织开展煤矿安全监管和行业管理工作。负责 3 处煤矿和 10 余家地面生产经营单位的安全生产监管工作。

【安全监管】 市煤炭发展中心牢固树立安全生产底线思维，以防范化解重大风险为主线，深入推进安全管理创新，监管企业实现安全生产零死亡目标，安全生产形势保持持续稳定。①开展主体责任考核。根据《中华人民共和国安全生产法》《煤矿安全生产标准化基本要求及评分办法（试行）》，修订《落实煤矿安全生产主体责任考核办法》《煤矿矿长安全生产工作目标考核办法》，每季度进行一次主体责任考核，每半年进行一次矿长目标考核，考核结果通报企业，推动煤矿企业主体责任落实。②加强技术管理。每月开展一次月度生产作业计划审查，确定采掘工作面个数及作业地点；每月 5 日前交换井上下对照图、采掘工程平面图、通风系统图；新编采区设计和采掘工作面作业规程要求经审批后 10 日内报监管部门；对煤矿采区设计、作业规程、设备检修计划等进行审查，提出审查意见，督促煤矿企业整改落实；通过严格的技术管理，为煤矿安全生产提供技术支撑。③严格依法监管。按照执法计划，采取“四不两直”方式开展安全执法检查。2019 年，开展高风险煤矿安全“体检”、煤矿安全生产专项执法检查、迎接建国 70 周年煤矿安全生产专项整治行动，制定检查方案，组织煤矿企业开展自查自纠，开展全覆盖检查。共发现问题470余条，停头停面2矿次；严把问题复查关口，对各级监管监察部门检查发现的问题，要求煤矿企业按照“五步工作法”进行整改，整改结束后，以正式文件向市局提出复查申请，监管人员进行现场复查，复查合格后出具复查意见书。④强化责任追究。坚持问题导向，剖析问题根源。每次检查结束后，煤炭发展中心主要负责人组织召开煤矿问题分析会，逐条分析梳理，查实问题责任人，找准问题发生的根本原因，让责任人受教育、让与会人受警示，不断提高煤矿企业安全管理水平。落实联合惩戒制度，实施安全生产“黑名单”管理制度。对存有重大违法行为或重大安全生产事故隐患的煤矿企业上报上级煤矿安全生产监管监察部门，由上级煤矿监管监察部门会同有关部门单位，依法对煤矿企业给予联合惩戒。建立双向问责机制。凡是上级监管监察部门执法查出的问题，在追究主体责任的同时，也追究监管责任。要求监管人员按职责认领问题，跟踪问题整改，深刻分析查找自己在安全监管、工作作风等方面的问题，制定整改措施。⑤深化“党建保安”品牌。坚持党建为先，依靠党建铸魂，以保护矿工生命安全、促进企业安全发展为使命，以打造全国煤矿安全监管专家和行业领跑者为目标，通过集体学习、研习四科、新知日记、谈心对话、评议党员、评议亮点、民主生活会等措施，不断增强安全监管干部的党员意识，提高党性修养，带动机关效能和监管能力建设，促进企业安全发展、科学发展。建立实施“三项制度”和问题整改“五步工作法”。三项制度即目标到人制度、问题管理制度和责任追究制度，目的是构建“用制度管人、靠制度办事”的长效机制，促进安全生产责任制落实；问题整改五步工作法即召开安全办公会议查清问题事实和违反的法律法规条款、确定责任主体、制定切实可行的整改方案、明确整改和验收责任人、限时整改。创建“一制八环”安全执法机制。八个环节即确定执法重点、制定执法方案、检查务求实效、强化问题整改、完善复查机制、严格责任追究、扩大执法效果、做好执法总结。实现安全监管工作“四个转变”。即由“就问题说问题”转变为“就问题说管理”，由重点对“事”监管转变为重点对“人”监管，由重点对“作业结果”监管转变为对“作业过程”监管，由重点对“作业现场”监管转变为对“作业规程和现场并重”监管。

【山东鲁中能源集团有限公司】 公司前身为肥矿集团查庄煤矿，矿井始建于1960年，1968年建成投产。为集煤炭开采、煤炭贸易、煤炭洗选、机械制造、地质勘查、物资供应等产业为一体的现代化企业集团。2010年12月15日组建山东鲁中能源集团有限公司，下设新查庄矿业公司、贵州鲁中矿业有限公司、淄博中埠矿业公司。先后荣获全国质量标准化安全创水平特级矿井、国家一级安全质量标准化矿井、全国煤炭工业二级企业和现代化矿井、全国煤炭行业十佳煤矿，全国文明煤矿、全国煤炭行业企业文化示范矿、山东省十佳煤矿、煤矿安全程度评估A级矿井等荣誉称号、泰安市纳税大户、山东省煤炭行业“AAA”级信用企业等。下属新查庄公司核定生产能力110万吨/年，2019年完成煤炭产量102万吨，完成主营收入48642万元，上缴税金10822万元。

【山东鲁安能源集团有限公司】 公司是以煤炭开采为主，多种经营为辅的能源支柱型企业。前身为肥城矿业集团陶阳煤矿，矿井始建于1958年，1965年建成投产，1982年改扩建后设计能力为90万吨/年。井田位于肥城煤田中部，核定生产能力75万吨/年，煤炭产量曾连续14年保持在100万吨以上。后经国家政策性破产改制，于2008年注册成立山东新陶阳矿业有限责任公司。在此

鲁安能源

基础上，随着企业发展规模拓展，于2011年注册成立山东鲁安能源集团有限公司，有从业人员近2000人。集团下设山东新陶阳矿业有限责任公司、山东鲁安能源地产投资有限公司、肥城市民间资本管理有限公司、鲁安能源地产物业管理公司等子公司。企业先后获得“国家级安全质量标准化煤矿”、“全国煤炭工业现代化矿井”、“全国煤炭质量管理先进矿井”、“全煤系统文明煤矿”、煤炭系统“企业文化示范基地创建优秀单位”、中国煤炭行业“AA+”级信用企业、山东“省管企业先进基层党组织”等荣誉称号。2019年，新陶阳公司完成煤炭产量69.6万吨，完成主营收入27754万元，上缴税金3434万元。

【山东兴杨能源集团有限公司】 公司是以煤炭开采为主，多种经营为辅的能源支柱型企业。前身为肥城矿业集团杨庄煤矿，矿井始建于1958年，1961年建成投产。井田位于肥城煤田东部，曾是全国闻名的水力开采矿井，1978年转为旱采（机组采煤），核定生产能力45万吨/年，年产量曾达到116万吨。后经国家政策性破产改制，于2006年注册成立山东兴杨矿业有限责任公司，在此基础上，随着企业发展规模拓展，于2012年注册成立山东兴杨能源集团有限公司，有从业人员约1400人。企业下设山东兴杨矿业有限责任公司、贵州久泰矿业有限责任公司、肥城兴杨煤炭经营有限公司、肥城宏扬经贸实业有限公司4个子公司。曾先后荣获“全国现代化矿井”“煤炭工业二级企业”“全国煤矿现场管理最佳企业”“省级产品质量信得过单位”等荣誉称号。2019年，完成煤炭产量18.78万吨，完成主营收入6697万元，上缴税金1245万元。

·山东能源肥城矿业集团·

【概况】 2019年，肥矿集团公司完成山东能源集团考核目标13项。2个重点突破项目取得重大进展，形成标志性发展成果。40项保障项目，绝大多数完成预期指标。5项工作超目标完成。①五举煤矿项目合作。历经2年多艰苦谈判，顺利签订合作协议，使肥矿多年来“走出去”的梦想成为现实。②转型发展。成功引进战投，实现混改，老区转型布局起势、发展架构初步形成，使肥矿老区保持繁荣成为可能。③出僵治亏、法务风险防控工作。依法依规，一企一策，超目标完成任务，重大法务案件取得重大突破。④社会职能移交和“三供一业”维修改造。克服许多意想不到的难题，采取灵活策略，针对少数居民不理解的实际，强化政策宣传教育，坚持以提高服务质量、服务民生为出发点，倒排节点，限时办结，强化督导，实现圆满收官，保证维修改造按照时间节点推进。⑤平铝公司医保与社保问题。盯靠协调地方政府，提前三年完成职工社保和看病就医问题，并完成僵尸企业出清。⑥信访稳定。面对复杂多变的棘手矛盾，打好国庆安保攻坚战，上级交办的5件信访积案化解清零。全年实现“五个零”

目标。⑦民营企业欠款清偿。随着上级要求新增的任务，经过慎重思考，采取十种方式，妥善清偿，全部按时点要求办结。⑧“2+N”重点工作。抓住企业改革发展的牛鼻子，纲举目张，带动全盘整体工作健康发展。

【项目合作】 2019年，集团公司抓住甘肃、山东两省之间能源战略合作的重要机遇，融入陇电入鲁的能源构架，稳妥慎重推进五举煤矿项目尽调、手续办理、协议洽谈等，从项目开始把工作做细做实。合作协议正式签署，项目建设成功突破。项目手续共7类31项支撑文件，仅剩国家项目核准批复意见，短期内有望获批。项目在11个月内完成环评手续办理，在煤炭行业开创先例。五举煤矿项目的合作成功，使长期困扰的资源接续问题得到初步缓解。

【新旧动能转换】 东岳能源通过实施混改成功引进战投，老区转型由“枯萎”逐渐变为“繁荣”。12月28日，召开东岳能源公司成立大会，举行清洁能源项目奠基仪式，按照程序分别召开股东会、董事会、监事会，审议通过公司章程，选聘高管人员。按照“以有用资产出资，无用资产剥离，部分股权暂留，全部债权债务由肥矿集团老公司承接”的原则，将东岳能源公司资产负债进行拆分。肥矿集团以实物资产出资，持股36%；引进枣矿物产、肥城城投、石横特钢等战略投资者，以货币资金出资，分别持股34%、20%、10%。对接肥城市政府，商定将东岳能源公司作为肥城市招商引资主要投资主体，政府主导推介宣传，引入更多的资金和项目。通过积极争取，肥城市政府承诺给予东岳能源公司及股东税收、土地、人才引进和重大项目等优惠政策，公司纳税形成的地方财政收入部分，前5年全额用于扶持公司发展，后5年按50%用于扶持公司发展。东岳能源有限公司由年初比较模糊的形象逐步勾勒出清晰的发展路径，项目布局初具雏形。前期以煤炭加工中心、飞达公司为依托，展开东岳能源公司项目的实质运作，坚持边合资、边运营、边建设，规模不断扩大，盈利能力不断增强，鲁西煤炭储备基地逐步做实。飞达公司围绕“培育市场、锻炼队伍、扩大规模、打响品牌”的总要求，拓展市场占有率，利润突破千万，同比扩大2.2倍，收入突破20亿元，同比增加3.9倍。石油焦供应链业务，开展仓储服务，累计流转石油焦、煅后焦等原料合计2万余吨，下线阳极炭块成品逾千吨。

【优化存量】 ①智慧管理。坚持抓“双基”（基层、基础）、严“双防”（风险分级管控、隐患排查治理）、强“双优”（优化劳动组织、优化生产系统）、促“双创”（创新、创效）、提“双效”（效率、效益），有力提升内涵管理质量和水平。“双基”建设上，立足朴素质量标准化建设，开展依法依规生产集中整治，四矿技术管理、现场管理、用工管理均有明显提升。“双防”管理上，严格落实风险分级管控和隐患排查治理责任，形成安全风险管控清单、隐患问题整改清单、自检自改报告“两清单一报告”，较好地把风险防控挺在事故之前。“双优”提升上，加强智能化、集约化生产，建成梁宝寺煤矿、陈蛮庄煤矿井下智能干选系统，开展四个选煤厂技改，实施煤流系统地面集控、视频监控，推进架空乘人装置安设，建设无极绳连续运输网络。减少23个采掘工作面，建成4个智能化工作面。优化劳动组织，推进劳务用工整治，全年压减1495人，劳务费同比减少1.1亿元。“双创”深化上，“双创”项目逐季递增，全年申报1213项，申报单位、部室由上年的11个实现2019年全面覆盖，职工参与度明显提升，实现由精英参与到全员参与的转变，形成全员创新创效、争当优秀创客的良好氛围。全年提取“双创”奖励基金350万元。管理、技术、群众性三类创新创效额实现3.2亿元。“双效”提质上，集团公司装备投入近3亿元；回采工效同比提升14.47%，全岩开拓巷道、其他巷道掘进工效分别提升6.4%、11.7%。②智慧经营。实现营业收入70.6亿元，实现利润总额660万元，资产负债率新公司完成66.8%，两金占用全年下降10%，物流贸易利润率0.5%。落实能源集团“十强化十创效”的部署，强化资金协同，压规模、降占用、去杠杆，做好税务筹划，释放政策利用潜力，控制资金链风险。将收入、利润、成本、现金流、专项资金、管理费用纳入预算管理，建成成本管控分析模板，逐级分解能源集团降本指标。资金预算与费用预算联动控制，联动支付，月度资金预算受限成本预算，滚动考核，刚性控制。规范招投标管理，完善招投标管理办法，全年组织招标预算金额3.4亿元，中标金额2.8亿元，节约资金0.6亿元，节支率达18.54%。物资公司严格比价对标管理，实现采购订单创效3683.5万元，有16255条采购订单低于或等于能源集团其他权属矿业集团平均价，占全部采购订单的70%。其中，3881条订单是能源集团最低价，占全部采购订单的17%；与2018年同比采购物资订单12277条，有11809条物资降价，占比达到95%。探索业财融合新模式，财务与生产联合管控预算，发挥市场化在材料消耗管控中的正向引导作用，权属矿井材料费分别比预算下降1～2.1元/吨。全年完成能源集团下达的总成本压减目标，节支150万元。拓宽融资渠道，生产经营平稳运行，资金链安全得到保障。盘活资产，加快资产处置创效，较好缓解资金压力。从管理源头实现存量增效。提高商品煤供给质量。坚持人与自然和谐发展，突出“绿色供给、效益优先、产销融合”。做好产品、运输、用户、市场“四个精准分析”；坚持“采场、煤场、市场”协同联动，采场对接煤场，煤场对接采场；建立煤质、地质预测预报联动机制，规范完善井下煤质资料，稳定产品质量、产品结构、煤种效益。

【妥善解决历史遗留问题】 针对相关企业历史问题多、矛盾复杂，与民营企业欠款清偿紧密关联的实际，依法对相关企业进行破产清算，相关债权债务从源头依法解决。在全面完成省国资委2016年三年9户“僵尸企业”处置任务基础上，超前启动杨营能源、阳原百安、涿鹿安泰、河北张能、内蒙古大正、山东神能6户企业出清后续工作。通过鑫宇物流、杨营煤矿、阳原百安、涿鹿安泰、张能公司实施破产清算，5户企业截至11月末外欠款3.69亿元，全部依法依规清偿。针对历史遗留的涉法涉诉问题，坚持主动出击，不等不靠，逐项分析案情，有效实现法律止损。针对民营企业欠款清偿问题，审慎分析问题历史形成时间长、基本情况复杂，改革重组政策以及新老账目相互叠加、各种利益方矛盾交织的实际，采取依法破产、司法解决、达成和解、签订债务豁免或分期付款协议等10种方式，一户一策，逐个见面，以时间换取空间、达成付款协议等措施，妥善化解资金挤兑风险，以及由此衍生的国企欠款、村庄搬迁欠款问题，避免对生产经营造成巨大冲击。针对平铝公司出僵治亏与民生问题交织的实际，从解决职工最关心、最迫切、最现实的社保费拖欠问题入手，使问题彻底解决，从根本上解除职工的后顾之忧。

【社会职能移交】 企业办社会职能分离移交、“三供一业”维修改造顺利收尾，矿区职工家属生活档次稳中有进。加强与地方政府沟通协调，在上年度完成整体移交的基础上，继续采取有力措施，协调各镇街政府，较好完成收尾工作。社会职能移交上，采取“整体移交、分步实施，建模树标、复制推广”工作思路；确定“1+2N打包”整体移交模式；采取“搁置政策争议、时间换取空间”移交方法。幼教职能移交上，采取“国企申请、政府批准、资产划转、人员分流、民企举办”处置模式。社区管理移交、市政设施移交、教育机构处置、医保移交、党工团关系移交等工作全部按时完成。“三供一业”维修改造上，顺利完成改造移交收官。医疗机构移交上，与北京弘慈医疗进行市场化合作，整合医疗机构8家，实行专业化管理，为矿区老百姓提供更加便捷、高效的就诊服务。

【党建工作】 强化党建三基建设，制定并实施《肥矿党委党建工作三年规划纲要》。梳理19条过硬标准，87个党支部达到“六个过硬”标准。实施105个党建突破项目，23个项目被省国资委党委、能源集团党委评为优秀突破项目。锻造以党员心智培训为基础，集团公司党委、二级单位党委、基层党支部三级联动，36个品牌为支撑，“一主多元、百花齐放”的党建品牌矩阵。公开选拔优秀人员76名，为权属四矿井下区队、地面较大生产车间、地面生产单位全部配备专职党支部书记。统筹做好2016年改革重组期间选择自主创业、退岗安置的825名职工，3年协议到期人员重新安置工作，为其提供充足的就业岗位，并保持和延续改革重组期间的相关政策，整个过程平稳有序，体现人本关怀。抢抓端午节部分外出务工人员返乡有利时机，党支部主动走近群众，解疑释惑，带协议资料，进小区服务，为职工提供便捷服务。打好安保维稳攻坚战，2019年能源集团交办信访积案5件，办结率100%。70周年国庆大典期间、党的十九届四中全会期间，实现“五个不发生”的维稳目标。

【民生工作】 2019年1月，医疗移交正式纳入地方统筹，为保证职工正常看病就医，在资金极度紧张的情况下，年初缴纳第一批过渡金7.8亿元。2019年12月31日，为保证医疗保障机制的顺利运行，筹集2.6亿元，在2020年1月1日零点以前完成第二批过渡金缴费。年内共发放离退休购房补贴3.4亿元、支付欠付医疗费0.7亿元、支付职工社会保险2.9亿元、缴纳在职职工公积金及退休职工个案办理1.1亿元、发放春节及中秋节福利800万元。年内，累计民生投入资金11.5亿元。开展走访慰问、扶贫济困、“金秋助学”，走访中华人民共和国成立前老党员、离退休老同志、困难家庭、大病职工、军烈属、工病亡遗属等，累计投入资金280余万元。退休人员住房补贴，在企业资金异常紧张情况下，确保与在职职工薪酬同步发放。

（王百灵）

·信息产业·

【概况】 信息产业为肥城市的新兴产业，发展迅速，主要包括电子信息制造业、软件和信息技术服务业。电子信息制造业主要有瑞福锂业、依诺威强磁、德方纳米等重点企业；软件和信息技术服务业主要有征途科技、智慧能源等4家“双软”企业。

【山东征途信息科技股份有限公司】 为大学生自主创业企业，泰安地区首家IT行业新三板上市企业。为从事计算机系统集成、物联网、云计算、大数据技术与产品研发、应用、服务的高科技企业。已成为国家高新技术企业，泰安市科技创新型50强企业、国家双软认证企业、安防工程资质认证企业、涉密资质认证企业、ISO9001质量管理体系认证企业、IEC27001信息安全管理体系认证企业、山东省一企一技术创新企业、全省创新驱动助力工程服务站、山东省专精特新企业、山东省星级科普教育基地、山东省物联网重点企业，连续四年荣获山东省电子信息行业优秀企业、山东省物联网最具成长力企业、山东省诚信示范企业、受大学生关注的物联网企业等荣誉称号。2019年，聘请乌克兰工程院院士合作建立院士工作站。至年末，共聘请教授、正高级研究员3人，博士2人，公司技术人员工程师20人、物联网高级工程师10人，研发技术人员占公司人员58%。年内，被评为山东省优秀软件企业；自主研发的智慧教育综合平台获工信厅科技成果评价认定为国内先进；基于多源信息的智慧城市公共信用信息管理平台，被山东省工信厅认定为山东省首版次高端软件；已通过四项山东省技术创新项目；同时被山东省工信厅认定为5G试点示范企业、山东省企业上云优秀体验中心。2019年，实现主业务收入3610.8万元，利税614.2万元。

【泰安市智慧能源科技有限公司】 于2015年10月落户肥城市高新区研发产业园，注册资金3100万元。是集智能化节能控制技术研发、工业通信研发、控制系统设计、软件系统研发、物联网技术应用等于一体的高科技企业，广泛涉及水电气热物联网表远程集抄、公共建筑节能管理、能源综合服务平台开发、高耗能企业合同能源管理等领域，通过运用“互联网+大数据+云平台”的前沿理念及核心技术，为能源行业的生产、管理、消费提供一站式技术解决方案。以技术参股合作的模式，引进世界物理环境科学家康代温、中国能源管理首席科学家郑君瑜等大批行业领军人才，与郑州大学能源学院教授赵金辉、山东科技大学教授郭晓东建立产学研合作关系，组建起从研发设计、系统组态、数据分析到平台运营、云端控制、终端服务的全产业链研发团队，为引领“互联网+智慧能源”发展方向提供强力的人才支撑。12月15日，与乌克兰国家科学院院士尤里·斯涅日金成立院士工作站。先后在邹城华电、肥城城市热力等项目实施智慧供热节能服务项目；在甘肃庆阳实施智慧供水监管项目；在肥城市三农、文广大厦监察委办公楼、机关办公楼等实施能耗监测平台及节能技改项目；实现智能化管控，有效节省人力物力。2019年，实现主业务收入1421.31万元。

·纺织服装·

【概况】 纺织服装产业以泰鹏集团、傲饰集团、龙祥纺织等企业为骨干，纺织与服装相得益彰，有纺和无纺相互补充。

【山东泰鹏集团有限公司】 为股份制民营企业，集团下设五个子公司，其中2个新三板挂牌公司，3个国家级高新技术企业。主要生产环保滤材、智能家居、生态家纺三大系列产品。“安琪尔”家纺商标为“中国驰名商标”，拥有两个省级名牌产品，一个省著名商标。获得国家专利100多项，其中发明专利11项。为中国非织造布10强企业，山东省制造业单项冠军企业、山东省隐形冠军企业、中国产业用纺织品行业竞争力20强，山东省科技创新示范企业、泰安市工业领军50强。2019年，全集团完成销售收入10亿元，实现利润1亿元。

【山东傲饰集团有限公司】 1997年4月组建，为肥城市首家省级企业集团，2003年8月民营改制。改制后建设傲饰西服和新华印刷两大工业园，培育“傲饰”“康王河”两大品牌，涉足房地产开发并打造旅游、现代服务产业，奠定多元产业发展格局，着力培植服装定制、电子商务、力康医疗器械、兰山电气、数字印刷、泰山云海、宝蒂庄园红酒、芒果饮料以及鹳云山风景区“山青世界”拓展基地，提升可持续发展的能力和空间。主导产品“傲饰”牌西服荣获“中国驰名商标”，“康王河”酒荣获“山东省著名商标”。傲饰服饰系国家铁道部、公安部标志服定点生产企业，山东省出口明星企业，2013年荣获泰安市市长质量奖。新华印刷系国家印刷示范基地。康王酒业系山东老字号企业，老五甑酿酒工艺为泰安市非物质文化遗产。企业连续多年荣获“省级文明单位”称号。连续多年进入全国服装行业销售收入、利润总额“双百强”。截至2019年末，拥有4个二级公司、15个三级公司，总资产15亿元，员工3000余人。

·建筑材料·

【概况】 建筑材料产业以泰西水泥、鲁泰建材科技、联谊工程塑料为龙头，既是肥城市传统优势产业，又是新兴产业中的新材料产业，成为全市工业经济的重要组成部分。

【山东鲁泰建材科技集团有限公司】 为肥城市属首家改制民营企业，集团拥有4家子（分）公司、4个项目厂区，总注册资本2.02亿元，在职职工近700人。为全国硅酸钙板行业标准参编单位、全国混凝土与水泥制品协会常务理事单位、硅酸钙/水泥板分会副会长单位、全国混凝土与水泥制品协会AAA信用企业、国家级高新技术企业、国家知识产权优势企业、2019年国家科技型中小企业，曾荣获富民兴鲁劳动奖状、全国建材企业100强、全国民营建材企业50强、山东省“齐鲁文化大道”品牌创建工作先进单位、山东省建材行业先进企业、山东省“执行协商民主、强化社会责任”先进单位、山东省“守合同重信用企业”、泰安市创新型企业、泰安市文明诚信民营企业、肥城市财政贡献先进单位等荣誉称号。公司主导产品为建材、化工两大类四大系列产品，其中“自力”牌水泥电杆系列产品年产能10万条，位居省内第二；“鲁泰”牌纤维水泥板系列产品年产能3000万平方米，位居北方第一、国内前三；“鲁泰建材”牌涂装板和洁净板系列产品年产能150万平方米，位居省内第一、国内洁净板前三；“鲁泰德源”牌环氧树脂系列产品年产能3万吨，位居省内第一。2019年，实现销售收入6.9亿元，利税1亿元。

【肥城联谊工程塑料有限公司】 公司成立于2002年9月，占地300余亩，建筑面积12万平方米，固定资产86208万元。先后全资成立山东联拓新材料有限公司、山东菲薄瑞德新材料有限公司、山东大庚工贸有限公司及山东云蒙山文化旅游开发有限公司。公司经营范围涵盖土工材料、新材料、旅游等领域，产品销售网络遍布全国并远销海外。共有员工510余人，大学专科以上学历的科技人员121人，研发人员46人，获得发明专利3项，实用新型专利18项以及外观设计专利证书16项。公司先后荣获国家高新技术企业认证和“山东省企业技术中心”“山东省著名商标”及山东省“一企一技术”研发中心、山东省工业设计中心、泰安市工程实验室、泰安市产业技术研究院、山东省中小企业隐形冠军、山东省单项冠军及国家知识产权优势企业等荣誉称号。2019年，共计生产各类高性能复合土工材料3.5亿平方米，产量占国内同类产品产量15%以上，实现销售收入5.88亿元，缴纳税费3303万元。

鲁泰新兴绿色建材产业园项目建成投产

【山东泰西水泥有限公司】 成立于2016年1月，同年5月吸收合并肥城米山水泥有限公司。公司占地面积54万平方米，注册资金7500万元，资产总额12亿元，共有员工682人。公司下设水泥西厂和东厂两个分厂，1个全资子公司——肥城市九鼎水泥有限公司，1个合资公司——山东泰西东正环保科技有限公司。拥有日产4000吨和2000吨新型干法回转窑熟料水泥生产线各1条，主要生产“米山牌”52.5、42.5级普通硅酸盐水泥及砌筑32.5等级水泥，年生产能力260万吨，熟料产能列全国水泥行业第89位、全省第7位。产品质量、能源消耗和环境保护均处于国内先进水平。主导产品“米山牌”水泥系山东省著名商标和山东省名牌产品。公司先后被授予“全国质量过硬重点推广优秀生产企业”“改革开放三十年山东省建材工业最具影响力企业”“环渤海地区建材行业AAA级诚信企业”“山东省质量管理先进单位”“山东省消费者满意单位”“山东省清洁生产先进单位”“山东省循环经济示范单位”“山东省环保示范单位”等荣誉称号。2019年，实现产值71515万元，利税35836万元。

民营经济

【概况】 2019年，全市新增私营企业4178户，期末实有13317家，分别增长70.67%、33.61%，个体工商户新增7609户，期末实有45751户，分别增长2.91%、12.66%。民营经济税金61.07亿元，增长5.98%，占全部税收总额的96.15%。新增小微企业1600家，新增规模企业55家，规模工业企业达到220家。年内，一滕新材料被评为国家级专精特新“小巨人”企业，成为泰安市唯一一家入围企业，并被评为山东省优秀企业。大庚工程材料、昌盛石墨、泰安三英被省工信厅认定为省瞪羚企业，泰安三英、昌盛石墨、金塔机械被认定为省“一企一技术”研发中心，兴润园林等14家企业被公示为省级专精特新企业。泰鹏智能家居等11家企业被认定为泰安市级“一企一技术”研发中心，阿斯德科技等19家企业被认定为泰安市级“专精特新”企业。获得省级各类表彰奖励和资质认定企业数量在泰安县市区最多。

【科技创新】 建立成长型科技中小企业培育库，通过对“入库”企业梯度培育和引导扶持，先后培育并获得认定省级“专精特新”中小企业65家，省级“一企一技术”研发中心（创新企业）46家。同时，重点培育聚集主业、创新能力强、市场占有率高、专注于细分市场的专精特新“小巨人”企业，促其逐步壮大成长为“单项冠军”企业。一滕新材料被评为第一批国家级专精特新“小巨人”企业，成为泰安市唯一一家入围企业，并被评为2019年度山东省优秀企业。2019年，安驾庄洼里创业园区、肥城农高区2家单位被认定为山东省小型微型企业创业创新示范基地，肥城化工产业园区管委会、老城街道锂电新材料产业园区发展中心被认定为山东省中小企业公共服务示范平台。蔚蓝科技等3家单位被认定为泰安市级小型微型企业创业创新示范基地；肥城化工产业园区管委会等3家单位被认定为泰安市中小企业公共服务示范平台。至年末，全市拥有省级小微企业创业创新示范基地5家，省级中小企业公共服务示范平台6家，省级特色产业镇4个，工程机械、精细化工和建筑新材料三大产业集群被认定为省级重点产业集群。

【银企合作】 定期深入镇街、中小企业调研资金需求情况，建立企业融资需求动态库，及时了解中小企业融资动态变化情况。与多家金融行社联合举办全市中小企业金融知识普及教育活动，强化中小企业融资技能，提高企业融资能力。5月，开展“政银企牵手合作，共助企业发展”对接活动，民丰村镇银行、农商行等5家金融行社分别对自己的金融产品推介解读，会后40余家企业与金融机构达成初步合作意向，融资动态步步跟进。2019年，实现中小企业融资3.52亿元，同比增长21.68%，最大限度为中小企业融资纾困。

【管理提升】 深入重点企业提供“一对一”“点对点”“菜单式”“模块化”服务，实施企业家素质提升工程，组织企业家到清华大学、浙江大学、复旦大学等高校参加培训。打破传统授课空间、时间的限制，利用省网络学院，组织规模以上工业企业负责人进行片段化学习。到阿里巴巴等知名企业对标学习，增强企业家竞争和创新意识；年初组织30余家高成长性、科技型中小企业赴青岛啤酒厂、海尔集团等多家企业参加数字化智能化学习，体验和感受车间人机互联；10月，为贯彻落实全市“双创”企业座谈会议精神，组织20家“双创”企业到济南、东营和烟台三地考察学习中小企业服务平台建设、科技引领的典型经验，收效良好。

【政策解读】 联合政和科技股份有限公司先后举办全市民营经济政策解读会和全市民营经济发展、人才工作培训会，对支持民营经济高质量发展和税收优惠及财政扶持政策等多项惠企政策进行全面解读，800余人参加两次会议。同时，组织200余人（次）参加省和泰安市各类政策解读、政策大讲堂活动，收到良好效果。

【解难纾困】 针对部分中小微企业因没有办理不动产登记证的遗留问题，在学习借鉴先进经验的基础上，与市规划局、政务办、房管局等主管部门及相关镇街区和企业充分对接，梳理流程，简化程序，开辟“绿色通道”。累计为65家企业协调办理不动产登记手续，减免费用5000余万元，解决部分企业多年悬而未决的难题。

重点民营企业

【山东一滕新材料股份有限公司】 公司始建于2004年4月，注册资本7050万元，为山东一滕集团龙头企业。公司占地1000余亩，共有员工600余人，其中博士、硕士研究生及高级工程师、科研人员100余人，引进韩国纤维素醚行业专家李炳主提供技术支持。公司设计年产各类纤纤维素醚产品5万吨，有生产线11条，具备研发生产建材级、医药级、食品级等高、中、低端产品的能力，广泛应用于建材、陶瓷、食品、医药、化妆品、军工等领域，销售网络遍及全国，并远销英国、美国、加拿大、俄罗斯、阿根廷、印度、中东等20多个国家和地区。2019年，实现主营业务收入33306.9万元，税收1461.6万元。固定资产达3.4亿元，研发费用投入1145万元。公司建有独立的技术研发中心，专业的售后研发团队，山东省企业技术中心、院士工作站、一企一技术研发中心等多个研发创新平台，制定国家、行业、省地方标准5项，拥有4项发明专利、21项实用新型、5项外观设计专利、马德里注册商标12项等。公司先后荣获中国驰名商标、“绿色工厂”、国家知识产权优势企业、山东省制造业单项冠军企业、山东省瞪羚企业、高新技术企业等荣誉称号。“一滕集团牌”商标分别被国家工商总局商标局、山东工商行政管理局认定为“中国驰名商标”“山东省著名商标”。2019年，通过山东省两化融合管理体系贯标试点，公司被认定为工信部“专精特新”小巨人企业。

2019年1月11日，全市民营经济政策解读培训会召开。图为会议现场

【肥城昌盛特种石墨有限公司】 公司成立于2008年8月，注册资金6000万元，主要从事石墨及碳素制品的生产、销售与研发，拥有水平先进的炭素生产

昌盛石墨

设备，基础设施完善。规划占地600亩，员工近600人。2019年，实现销售收入170606.18万元，利润1820.22万元，税收3750.64万元。公司生产线主要包含煅烧、成型、焙烧三大工序，具备年产炭素制品30万吨的生产能力。同时，建有废气余热发电项目，100%利用炭素煅烧生产过程中通过自体循环所产生的约1100余摄氏度的高温废气进行发电。整个发电过程无须添加任何其他能源，属于典型的资源综合利用项目，年发电量可达2.5亿千瓦时。此外，投资建设脱硫废料项目，利用氨回收法技术，将回收的二氧化硫、氨全部转化为化肥硫酸铵，不产生任何废水、废液和废渣，没有二次污染，实现真正意义上的将污染物全部资源化，每天产硫酸铵量约45吨全部外卖至复合肥生产企业。公司被认定为“山东省瞪羚企业”“高新技术企业”、第六批山东省“专精特新”中小企业、“山东省一企一技术研发中心”“泰安市工业领军50强企业”“泰安市民营企业50强”，通过质量、环境、职业健康安全、能源四体系认证。

【泰安三英材料股份有限公司】 公司成立于2015年12月，占地面积400亩，注册资金4000万元，专业从事特种增强复合材料、土工材料、玻璃钢、建筑光伏一体瓦领域的新产品研发、生产和销售。公司研发生产的产品涵盖汽车内饰用玻璃纤维短切毡、玄武岩纤维土工格栅、缝边毡、网格布、碳纤维缝边复合织物、塑料土工格栅、矿用复合假顶网、聚酯纤维生态土工模袋及FRP异型大棚支架、光伏支架、高温拉挤聚酯波纹瓦、电力支架、地铁逃生平台、装配式建筑复合模板等30多种产品，产品广泛应用于公路、铁路、水利、电力、航空航天、船舶、交通运输与基础建设领域，产品远销欧美、日韩、东南亚、中东等30多个国家和地区，为中国重要的高性能纤维制品供应商。已成功生产出超细纤维和玄武岩为生产原料的高分子新材，供应欧美及中东大部分市场，公司顺利通过汽车行业IATF16949：2016、ISO9001、ISO14001体系认证，获得国家发明专利4项，实用新型专利7项。公司被认定为国家高新技术企业、国家科技型中小企业、山东省瞪羚企业、山东省“一企一技术”研发中心、山东省专精特新企业。

【山东肥城海晶盐化有限公司】 该公司由天津长芦海晶集团投资建设，为国有独资公司，成立于2011年8月，所属行业为非金属矿采选业，注册资本2亿元，总投资7.1亿元，占地300余亩，年产120万吨国标优级精制工业盐。2019年，实现营业收入2.5亿元，创税956万元，利润1003万元。共有职工154人，其中技术员6人，管理人员37人。管理机构设工程设备部、生产部、市场部、安全环保保卫部、财务部、综合办公室、党群办公室、制盐车间、采输卤车间5部2室2车间。公司经营范围为岩盐开采、加工、销售，食盐、畜牧盐生产销售。主要生产设备进口自荷兰、瑞士，自动化程度高，可以为周边氯碱企业提供100万吨/年精制盐产品。采用世界先进的石膏晶种法防垢+

机械压缩式热泵制盐+母液石膏处理生产工艺，工艺过程不添加任何有机物进行卤水净化，天然卤水直接进罐蒸发制盐，通过母液石膏处理，将石膏分离，得到绿色精制工业盐，避免对生态环境的污染。

公司通过 ISO9001 质量管理体系认证，并先后获得 2016 年度全国化学工业建设优质工程奖、肥城市人力资源和社会保障局诚信示范单位，肥城经济开发区颁发的“特殊贡献奖”“优质工程奖”“先进党组织”“示范引领带动将”等一系列奖项，2019 年被认定为山东省省级专精特新企业。

【山东兴润园林生态股份有限公司】 成立于 2004 年 9 月，2017 年 11 月新三板挂牌。为中国风景园林学会会员单位，山东省城市建设管理协会风景园林分会常务理事单位，山东省林木种苗协会常务理事单位，省级林业龙头企业，泰安市农业龙头企业，原国家城市园林绿化总承包壹级资质、市政公用工程总承包叁级资质、古建筑专业承包贰级资质、环保工程专业承包叁级资质，注册资本 4066 万元。已发展成为集园林绿化设计、施工及养护；市政工程、古建筑工程、环保工程、建筑工程、建筑装饰装修工程、钢结构工程、机电工程、消防设施工程、公路工程、水利水电工程、城市道路照明工程、桥梁工程、河湖整治工程、土石方工程的施工；房地产开发，土地整治，建筑劳务分包，果树、蔬菜种植与销售，花卉租赁，苗木的种植与销售，种苗繁育，蔬菜、水果加工、销售，文化旅游项目策划，文化艺术交流活动策划为一体的综合性园林公司。公司共有员工 110 余人，其中专业技术人员 60 余人，博士 1 名，硕士研究生 5 名，高级职称 8 名，中级职称 30 余名，一级注册建造师 4 名，二级注册建造师 21 名。

兴润生态园（孙慧敏　摄）

公司先后获得“全国 AAA 级资信单位”“省级林业龙头企业”“市级农业龙头企业”“省级守合同重信用企业”“国家科技型中小企业”等荣誉称号，先后创国家级优质工程奖 10 项，省级优质工程奖 12 项。随着公司规模和业务的不断发展，承建的工程分布于全国各地。设有济南、东营、张家口等多个分公司、项目部，1 个风景园林设计院，大学生实习基地及大型苗圃 5 处，占地面积 5000 余亩，合作苗圃 1 万余亩。推动产业聚集、发挥龙头带动作用，促进林业产业转型升级，带动地区林业产业发展。先后与新城街道现代农业示范区、石横镇、王瓜店街道、潮泉镇、仪阳街道等下辖的 8 个村、2 个合作社建立合作关系。利用自身优势，推行“订单农业”，为农民提供系列化服务，降低农户种植风险，提高预期经济效益。

【山东三同新材料股份有限公司】 2004 年 9 月成立，注册资本 1004 万元，占地面积 26666 平方米，新型钢构厂房 3 栋，办公、宿舍和餐厅等设施俱全，建筑面积 12000 平方米。共有干部职工 110 人，技术人员 17 人，其中大专学历以上 36 人，占职工总数的 33%，中级职称以上 12 人，占职工总数的 10%。2017 年 12 月 20 日成功登陆资本市场全国中小企业股份转让系统，股票简称三同新材。

2019年，实现产值3098万元，税收30万元，利润165万元。

公司主要生产各种绳索、钻石编织绳、金刚打编织绳、双编绳、中空编织绳、超高分子量聚乙烯纤维绳、PP绳、PE绳、码头绳、缆绳、锚绳、高档绳索、特种绳、编织绳网、吊床网等。产品用途广泛，主要应用于吊床帐篷、登山滑水、户外宿营、探险救援、帆船升旗、游艇系泊、拖车牵引、体育休闲、农业渔业、航海军事、海洋海工等领域。产品远销北美、欧洲、澳洲、中东、东南亚等地区。

注重科技创新及品牌创建，先后申请国家专利17项，其中发明专利1项；在国家商标局注册商标2个，注册美国商标2个、欧盟商标2个及马德里国际商标；先后通过ISO9001质量体系认证、SGS、CE、TUV、BV等多项国际认证。公司先后被认定为国家高新技术企业、国家科技型中小企业、山东省一企一技术创新企业、山东省专精特新技术企业、泰安市三强企业。

【山东大庚工程材料科技有限公司】 成立于2015年，为专业从事土工合成材料及新型复合材料生产、研发的高科技民营企业。占地238亩，员工186人，其中具有高中级以上职称的专业技术人员75名。2019年，主营业务收入8050万元，税收179万元，年用电量124万千瓦时。

公司拥有6条（套）具有国际先进水平的德国卡尔迈耶（KARL MAYER）高速“拉舍尔”经编机、玛里莫（MALIMO）多轴向织机、道尼尔织机和具有国际先进水平的门泽尔公司涂层技术。5条钢塑、PP焊接生产线，3条塑料双拉生产线。公司先后顺利通过国际质量、环境和职业健康安全管理体系（ISO9001/ISO14001/OHSAS18001）三大体系认证和产品安全CE认证。

公司主要生产玻璃纤维土工格栅（含自粘型）、涤纶经编土工格栅、钢塑复合土工格栅、塑料单向、双向土工格栅、PP土工格栅、土工布、玻纤复合土工布等系列土工格栅，产品广泛应用于公路、铁路、机械、水利、电力、水土保持及环境绿化与基础设施建设领域，连续多年在全国同行业中名列前茅，市场占有率位居全国前列。先后荣获“山东省瞪羚标杆企业”、省级“一企一技术”创新企业、泰安市“专精特新”创新企业、市级“一企一技术”研发中心等荣誉称号。

【肥城市正港木业工艺品厂】 成立于2001年，占地面积5.4亩，主要产品为桃木工艺品、家具，销往山东、北京、上海等全国24个省市自治区，转销美国、日本、韩国、东南亚等国家和地区。企业坚持创新发展，狠抓技改扩建，拥有数控雕刻机、激光雕刻机、紫外线烘干设备、光氧催化废气处理设备等，达到年产3万件，产值2000万元的生产能力。先后成功研制生产出20大系列、3000余种桃木工艺品。2019年，主营业收入1280万元。

企业作品先后在国际、全国、省、市获大奖170余项，拥有国家专利12项。企业被认定为为全国桃文化旅游商品行业联盟理事长单位、中国旅游协会旅游商品与装备协会常务理事单位、山东省旅游协会旅游商品与装备协会副会长单位、山东省旅游商品定点生产单位、定点购物商店、山东省一企一技术创新型企业、山东省残疾人文化从业创业示范基地、泰安市旅游协会旅游商品与装备协会会长单位、泰安市农业产业化重点龙头企业、重点文化单位、泰安市文明诚信民营企业标兵、肥城市扶贫助残先进单位、肥城市依法诚信纳税先进单位。肥城市旅游行业协会会长单位、桃木雕刻协会会长单位。“程木匠”商标荣获“山东省服务名牌”称号。

总经理程银贵被授予文化和旅游部2019年乡村文化和旅游能人、“省五一劳动奖章”“齐鲁文化之星”“齐鲁工匠”“中国好人”“山东省首席技师”“山东省民间手工艺制作大师”“山东省科普带头人”“山东十大最具创新与影响力艺术大师”“市文明之星”等称号；被评为“泰安市泰山英才领军人才”“市先进科技工作者”“肥城市桃都英才”“市专业技术拔尖人才”。

（董宗国　肖付新）

肥城年鉴

FEICHENG YEARBOOK

君子之邑

FEICHENG
YEARBOOK
2020

建筑安装

- 综 述
- 设计与施工
- 行业管理
- 重点工程
- 重点企业

建筑安装

综　述

【概况】 2019年，全市建筑安装业以持续做大做强、打造千亿级产业和建筑强市为目标，着眼服务大局，创新工作思路，加快推动建安业新旧动能转换，为建筑安装业持续快速健康发展打下坚实基础。①综合实力。完成建筑安装业总产值678.12亿元，同比增长29.8%，其中，外出施工产值539.35亿元，同比增长48.63%；出国施工产值完成14.7亿元，同比增长42.75%；实现税收18亿元，同比增长45.7%。全年新签施工合同额548.9亿元，建筑安装业保持健康发展的良好态势。②企业整体素质。全市建安业产值过百亿企业1家，过50亿企业3家，过亿元企业10家。兴润集团、信邦集团跨入中国建筑业500强行列，位列第326位、444位；兴润集团、军辉集团、信邦集团进入全省建筑业30强行列。泰安市民营企业50强企业中肥城市有17家企业榜上有名，其中有10家企业是建安企业。军辉、兴润、信邦、益通等骨干企业在全国和全省建筑施工企业中标数量中名列前茅。③产业体系。聘请专业机构辅导，一对一服务、点对点帮扶，支持企业资质升级增项，延伸产业链条，全市晋升一级企业4家、二级企业5家，完成18家企业资质增项工作。新批建筑业企业12家，新增“四上”企业11家，增长率列泰安第二名。全市建筑企业总数达到140家，其中一级资质企业15家、二级资质47家、三级资质61家、劳务资质16家。④外出施工。抢抓“一带一路”机遇，鼓励建筑企业探索利用股份合作、项目合作等方式，参与国际承包工程。施工已覆盖全国31个省、市、自治区，海外施工延伸到“一带一路”沿线越南、以色列、伊拉克、印度、阿尔及利亚等28个国家和地区。外出施工产值占到80%。

【肥城作为县级市唯一代表在全省建筑业改革发展大会上作典型发言】 3月27日，全省建筑业改革发展大会在济南召开。会上，对全省建筑业5强市、10强县和30强企进行表彰。肥城市连续多年位居10强县第二位，兴润、军辉、信邦进入30强企行列。肥城市委副书记、市长殷锡瑞参加会议，并作为县级市唯一代表作《放大优势　打响品牌　加快培育建筑业发展新动能》的典型发言。肥城发展建筑业的经验做法得到副省长刘强的充分肯定。

【中国石化行业工程建筑安装发展论坛暨洽商会召开】 4月12日，中国石化行业工程建筑安装发展论坛暨洽商会在肥城召开。肥城市委副书记、市长殷锡瑞到会祝贺并致辞。中石化联合会副会长赵俊贵、中石化联合会供应链工作委员会秘书长李铁、中国化工施工企业协会副理事长郑建华，中石化联合会供应链工作委员会常务副秘书长张华出席会议，100多家国内重点石化企业、工程设计公司、工程建设公司、石化装备与材料重点企业代表、研究机构及媒体记者等120余人参加会议。

【举办建筑安装业颁奖典礼】 2月13日，举办以“建安天下，筑梦中华”为主题的建筑安装业颁奖典礼。市委书记常绪扩及有关大班子领导出席，各镇街党（工）委书记、市高新区、市经济开发区、市直有关部门主要负责人，以及各建筑安装企业主要负责人、建筑安装业

2019 年 2 月 13 日，建筑安装业颁奖典礼举行

管理先进个人和受表彰企业的家属代表等参加颁奖典礼。主要对取得优异成绩、获得快速发展、作出突出贡献的建筑安装先进企业和能工巧匠、先进个人进行表彰奖励，展示建筑安装业奋力开拓、求实创新、勇于拼搏的精神风貌，进一步激励斗志，鼓舞干劲，再创建筑业新的辉煌。

【获评“中国石油和化工安装之乡”】 建筑业一直是肥城的传统产业、支柱产业和富民产业，肥城是中国“建筑安装之乡”、山东省建筑业十强县。至年末，全市拥有建筑安装企业 140 家，其中一级资质企业 15 家（石油化工资质 3 家）、二级资质企业 50 家（石油化工资质 28 家）、三级资质企业 61 家（石油化工资质 38 家），石油化工安装企业占据肥城市建安业的半壁江山。具备石油化工、市政、机电安装、房屋建筑总工程承包一级资质；公路工程、火电设备专业承包二级资质；锅炉、压力容器安装 A 级、压力管道 GB1、GB2、GC2 和石油化工拆迁等多项专业施工资质。年石油化工安装产值近 200 亿元，被命名为“中国石油和化工安装之乡”。

【建安业培植】 建安业培植成效显著、结出硕果。放大“建安之乡”品牌优势和产业优势，把建安业培植放在突出位置，出台《关于促进建筑安装业健康发展的实施意见》，全力扶持、做大做强。2019 年，完成建安业总产值 678 亿元，跃居全省第一，实现税收 18 亿元，分别是 2016 年的 2.8 倍、4.7 倍，纳税过亿元企业从无到有，达到 7 家，形成与钢铁双轮驱动的产业格局，彻底扭转肥城市煤电钢重化程度高的产业格局。狠抓资质晋升，市财政拿出 2.2 亿元，重点扶持建安企业资质晋升、人才引进等，新晋升一级资质 11 项、二级 14 项、增项 40 项，8 家企业荣获全国首批石化装置拆除资质。兴润、信邦入围全国建筑业 500 强；军辉、益通高居 2019 年全国建企中标百强前两位，军辉、益通、信邦、显通、兴润包揽全省建企中标百强前五强。在城市核心区，规划建设占地 5000 亩的总部集聚

2019 年 9 月 26 日，军辉建筑安装有限公司总部项目开工建设（刘凤君 摄）

区。至年末，兴润集团等16家公司总部成功入驻，第二批军辉、益通等7个公司总部项目开工建设，第三批信邦、四方等16个公司总部项目正在办理土地、规划手续，中石化设备安装产业平台落户肥城，中石化工、八冶集团等国字号企业纷至沓来。

【八家企业首批获得中国石油化工装置拆除施工能力等级认证】 年内，中国石油和化学工业联合会联合中国施工企业协会全国首批首次在肥城试点办理8家中国石油化工装置拆除施工能力等级认证，其中军辉、兴润、显通、益通、四方5家企业获得甲级等级认证，华显、宏远、鲁泰3家企业获得乙级等级认证。

【开展新时代文明实践活动】 建筑安装业发展中心以“爱心助人、奉献社会”为主题，成立肥城市新时代文明实践建筑安装业爱心志愿服务队，全市56家建安企业参加，人员200余人。爱心志愿服务队积极开展捐资助教活动，筹集20万元帮助桃园镇敬老院捐建康复训练室，改造敬老院的浴室和卫生间，捐赠轮椅70辆、健身康复训练器材一批；出资30万元，为湖屯镇敬老院援建150平方米的“康复训练大厅”，捐赠包括轮椅、按摩椅、助行器、手杖等在内的10余种康复训练器材；参加龙山社区的创全国文明卫生城市综合整治和桃乡增绿活动；清明前夕，组织志愿服务者到烈士陵园开展扫墓活动；花费2万余元购置学生书包200个和课外辅导教材400本到仪阳街道京城希望小学开展捐赠等活动。

建筑安装业发展中心携军辉建设集团、正工建设工程公司等企业代表到仪阳街道京城希望小学开展新时代文明实践爱心志愿捐赠活动（赵尉　摄）

设计与施工

【概况】 2019年，围绕“落实主体责任”和“强化政府监管”两个重点，严格落实工程质量终身责任制，督促工程建设各方落实法定质量安全责任。做好检测备案管理工作，加强原材料、构配件检验检测和各项功能性试验的落实，为工程质量保驾护航。继续办理好预拌混凝土合同备案、塔机告知备案等各项备案工作。加强工程质量监督，从参建各方主体质量行为和工程实体质量两个方面重点监控。强化质量终身责任制度落实，全面落实“两书一牌一档案”制度，切实落实好参建各方的质量主体责任，加大过程控制情况抽查力度。继续加强地基基础、主体、竣工阶段的监管，同时对重要节点、影响使用功能的重要部位重点抽查，加强住宅工程质量常见问题防治措施落实，进一步降低交房后业主投诉率。推进绿色建筑发展，加大绿色建筑的推广力度，强化质量管理，做好高星级绿色建筑标识和示范项目的申报工作。严格执行《民用建筑节能条例》和《山东省民用建筑节能条例》居住建筑65%、公共建筑75%的节能标准，严格按照《关于进一步落实城市节水“三同时、四到位”▲制度的意见》，对节水“三同时”项目的审查、监督检查、验收程序做具体规定。持续推动落实政府购买施工图审查服务制度，采购签订2019年施工图审查服务合同，将消防设计审查并入施工图审查，逐步推进多审合一。推行建设工程施工图设计文件数字化审查，促进勘察设计领域信息化建设，自2019年1月开始房屋建筑工程的勘察设计文件全部实行电子图纸网上申报、审查、监管，实现建设单位施工图送审“零跑腿”。

▲“三同时、四到位”，即建设项目的主体工程与节水措施同时设计、同时施工、同时投入使用；取水用水单位必须做到用水计划到位、节水目标到位、节水措施到位、管水制度到位。

【质量监督】 2019年，全市办理安全报监工程115项，单体工程380个，建筑面积187.03万平方米。塔机告知186台，吊篮告知327台，施工电梯告知6台。协助企业申报安全生产许可证19家，协助泰安市住建局新训三类人员2期1544人，延期培训5期共计363人。至年末，肥城市建筑企业有49家通过双重预防体系验收评估，其中9家为标杆企业，40家为一般企业。

【建筑施工工地执法检查】 年内，针对重要时段、重要节假日、重要季节、重点部位、危大工程等开展各类质量、安全、扬尘治理，综合采取夜查、突击检查、联合检查等多种方式，检查施工建筑企业145家、单体工程207个，下发整改通知书327份，责令停产通知书5份，提出整改意见622条，对8处建筑工地移交行政处罚。

【推进绿色建筑节能节水】 6月，顺利通过国家节水型城市复检。推进节水型企业、单位、小区创建工作，肥城市上海华府小区、春秋古城小区节水型社区申报成功。严格执行居住建筑65%、公共建筑75%的节能标准，对全市节水“三同时”项目的审查、监督检查、验收程序做出具体规定。把节水设施与主体工程同时设计、同时施工、同时投入使用落到实处。通过在市区繁华街道、人口密集商业区和居住小区、单位、学校等悬挂节水宣传标语、在社区设立咨询台等形式进行宣传，提高市民节能节水意识，增强节能节水的自觉性。

行业管理

【概况】 2019年，建筑安装业围绕全市工作中心，突出企业培植重点，统筹推进各项工作落实，全市建安业继续保持快速健康发展的良好态势，综合实力跃上新台阶。完成建筑安装业总产值678亿元，同比增长29.8%，实现税收18亿元，同比增长45.7%；新增纳税过亿元企业2家、总数达到7家，1家企业产值过150亿元，3家过50亿元，兴润、信邦入围中国建筑业500强，兴润、军辉、信邦进入山东省建筑业30强企行列，各项经济指标均创历史新高，被命名为“中国石油和化工安装之乡”，成为继“建筑之乡”荣誉后，肥城市获得的又一张亮丽名片。晋升一级企业4家、二级企业5家，完成18家企业资质增项工作，新批建筑业企业12家，建筑企业达140家，其中一级15家，二级47家，三级61家，劳务16家。形成不同资质等级的房屋建筑、市政、消防、公路、机电安装、石油化工程总承包和专业承包施工体系，特别是在核电、地铁、医疗器械安装等“冷门”专业上取得新突破。

2019年肥城市建筑安装企业名单（不含商混、装饰）

序号	单位名称	企业性质	法定代表人	资　质
1	兴润建设集团有限公司	有限责任	李云岱	建筑工程总包一级 市政公用总包一级 机电工程总包一级 钢结构工程专业一级 建筑装修装饰工程专业承包一级 消防设施工程专业承包一级 建筑机电安装工程专业承包一级 石油化工工程施工总承包二级 电子与智能化工程专业承包一级 防水防腐保温工程专业承包二级 环保工程专业一级 电力工程总包二级 公路工程总包三级 城市及道路照明工程专业承包三级 水利水电工程施工总承包三级 施工劳务不分等级
2	山东省显通安装有限公司	有限责任	雷明涛	机电安装总包一级 钢结构专业一级 石油化工总包一级 建筑工程总包二级 市政公用工程总包二级 消防设施专业一级 防水防腐保温专业二级 建筑机电安装工程专业承包三级 电力工程施工总承包三级 环保工程专业承包三级 冶金工程施工总承包三级
3	山东宇兴建设有限公司	有限责任	王兴东	建筑工程施工总承包一级 建筑机电安装工程专业承包一级 钢结构工程专业承包二级 建筑装修装饰工程专业承包一级 市政公用工程施工总承包二级 特种工程（结构补强） 防水防腐保温专业二级 建筑幕墙专业二级 消防设施工程一级 电子与智能化工程二级 石油化工施工总承包三级 环保工程专业承包二级 机电工程总包二级 电力工程施工总承包三级 城市及道路照明工程专业承包三级 施工劳务不分等级 水利水电总承包三级 模板脚手架专业承包

续表

序号	单位名称	企业性质	法定代表人	资　质
4	信邦建设集团有限公司	有限责任	苗庆明	机电安装总包一级 消防设施专业二级 建筑工程总包二级 钢结构工程二级 石油化工总包二级 市政公用工程总包二级 防水防腐保温工程专业二级 建筑机电专业二级 建筑装修装饰专业二级 冶金工程总包三级 环保工程专业承包三级 电力工程总包三级 水利水电总包三级 施工劳务不分等级
5	山东华建建筑安装工程有限公司	有限责任	李建华	建筑工程总包一级 建筑装修装饰专业二级 石油化工总包三级 建筑机电专业三级
6	山东益通安装有限公司	有限责任	雷印智	机电工程总包一级 钢结构专业一级 建筑装饰装修工程专业二级 防水防腐保温工程专业二级 石油化工工程总包二级 市政公用工程总包二级 消防设施工程专业一级 建筑机电专业一级 电子智能化专业一级 建筑幕墙专业二级 防水防腐保温工程一级 冶金工程施工总承包二级 电力工程二级 环保工程专业承包二级 建筑工程总包三级 施工劳务不分等级
7	山东军辉建设集团有限公司	有限责任	李军英	石油化工总包一级 机电工程总包一级 建筑工程总包二级 防水防腐专业一级 钢结构专业二级 消防设施工程专业二级 装饰装修专业级 电力工程总包三级 市政工程总包三级 施工劳务不分等级 地基基础工程专业承包三级

续表

序号	单位名称	企业性质	法定代表人	资　质
8	山东四方安装工程有限公司	有限责任	张修森	机电安装工程总包一级 防水防腐保温专业二级 石油化工总包二级 钢结构专业二级 消防设施工程二级 市政工程总包二级 建筑装修装饰工程二级 建筑工程总包三级 建筑机电安装工程专业承包三级 施工劳务不分等级 模板脚手架专业承包三级 电力工程施工总承包三级 环保工程专业承包三级 冶金工程施工总承包三级
9	山东鲁泰建筑工程集团有限公司	有限责任	张成新	矿山工程总承包一级 建筑工程总包一级 建筑装修装饰工程专业承包一级 电力工程施工总承包二级 起重设备安装工程专业承包二级 钢结构工程专业承包二级 市政公用工程施工总承包二级 电子与智能化工程专业承包二级
10	山东一滕建设集团有限公司	有限责任	滕鸿儒	石油化工工程总承包一级 钢结构专业一级 建筑装饰装修专业一级 建筑幕墙专业二级 防水防腐保温工程二级 建筑机电安装工程专业三级 机电工程施工总承包三级 石油化工总包三级 建筑工程施工总承包三级 市政公用工程施工总承包三级
11	山东永康建设投资有限公司	有限责任	付云霞	建筑工程总承包一级 防水防腐专业二级 建筑幕墙工程专业承包二级 市政公用工程总承包三级
12	肥城市天泽装饰有限公司	有限责任	范士军	建筑装修装饰工程专业承包一级 电子与智能化工程专业承包二级 钢结构工程专业承包二级 建筑幕墙工程专业承包二级

续表

序号	单位名称	企业性质	法定代表人	资　质
13	山东华显安装建设有限公司	有限责任	张其华	建筑机电专业一级 消防设施专业二级 防水防腐专业二级 石油化工总包二级 机电工程总包二级 冶金工程施工总承包三级 市政公用工程施工总承包三级 建筑工程施工总承包三级 环保工程专业承包三级 钢结构工程专业承包三级 施工劳务不分等级 电力工程总包三级
14	山东康诚医用设备工程有限公司	有限责任	汪海鹏	建筑机电安装工程专业承包一级 建筑装修装饰工程专业承包一级 电子与智能化工程专业承包二级 环环保工程专业承包二级 建筑工程施工总承包三级
15	一安建设集团有限公司	有限责任	李　勇	建筑装修装饰工程专业承包一级 建筑幕墙工程专业承包二级 钢结构工程专业承包二级 防水防腐保温工程专业承包二级 石油化工工程施工总承包二级 消防设施工程专业承包二级 机电工程二级 建筑机电安装工程二级 消防设施专业二级 建筑工程施工总承包三级 环保工程专业承包三级 电力工程施工总承包三级 市政公用工程施工总承包三级
16	肥城市建筑安装工程总公司	有限责任	辛　乐	建筑工程施工总承包二级 市政公用工程施工总承包三级 石油化工总包三级 钢结构专业承包三级
17	山东泰银建设有限公司	有限责任	刘光明	建筑工程施工总承包二级 建筑装饰装修工程专业二级 钢结构工程专业二级 建筑幕墙工程专业二级 市政公用工程总承包二级 机电设备安装工程专业二级 环保工程专业三级
18	山东振远建设工程有限公司	有限责任	刘宗军	建筑工程总承包二级 建筑装饰装修工程专业二级 钢结构工程专业三级 建筑机电安装工程专业三级 机电工程施工总承包三级 石油化工工程施工总承包三级 市政公用工程施工总承包三级 施工劳务不分等级

续表

序号	单位名称	企业性质	法定代表人	资　质
19	山东万悦建筑工程有限公司	有限责任	赵　红	建筑工程总承包二级
20	肥城市第五建筑安装公司	集体	李长官	建筑工程施工总承包二级 建筑装修装饰工程专业承包二级 防水防腐保温工程专业承包二级 钢结构工程专业承包三级 建筑机电安装工程专业承包三级
21	肥城市第六建筑安装工程公司	集体	陈玉海	建筑工程施工总承包二级 建筑装修装饰工程专业承包二级 市政公用工程总承包三级
22	肥城市通利达建安公司	集体	孙绪国	建筑工程总承包二级 钢结构专业二级 建筑装修装饰专业二级 建筑机电安装工程专业三级
23	山东金瑞建筑有限公司	有限责任	陈德顺	建筑工程总承包二级 建筑装修装饰专业二级 建筑机电安装工程专业三级 电力工程施工总承包三级
24	肥城市盛业建筑安装工程有限责任公司	有限责任	汪明华	建筑工程施工总承包资质二级 建筑装修装饰工程专业承包二级 防水防腐保温工程专业承包二级 建筑机电安装工程专业承包资质二级 钢结构工程三级
25	肥城市富鑫建设公司	集体	王立国	建筑工程施工总承包二级 建筑装修装饰工程专业承包二级 建筑机电安装工程专业承包资质三级
26	肥城市王西建筑安装工程公司	集体	赵衍科	建筑工程施工总承包二级 建筑装修装饰工程专业承包二级 防水防腐保温工程专业承包二级 建筑机电安装工程专业承包三级
27	肥城市鲁强建安工程有限公司	有限责任	胡士强	建筑工程总承包二级 建筑装饰装修工程专业二级 建筑机电安装工程专业三级 施工劳务不分等级
28	山东泰方建筑安装工程有限公司	有限责任	李秀芳	建筑工程施工总承包二级 建筑装修装饰工程专业承包二级
29	山东宏润安装工程有限公司	有限责任	汪建军	建筑工程施工总承包二级 防水防腐保温工程专业承包二级 建筑机电安装工程专业承包三级
30	山东弘腾建设置业有限公司	有限责任	顾修弘	建筑幕墙专业二级 建筑装修装饰专业二级 建筑工程总承包二级 市政公用总承包三级 建筑机电专业三级

续表

序号	单位名称	企业性质	法定代表人	资　质
31	山东富泰建设工程有限公司	有限责任	董贻军	机电安装工程总承包二级 石油化工总承包二级 防水防腐专业二级 钢结构专业二级 建筑装修装饰专业二级 建筑工程总承包三级 电力工程总承包三级 施工劳务不分等级
32	山东正工建设工程有限公司	有限责任	欧阳光友	建筑工程总承包二级 建筑装饰装修工程二级 防水防腐专业二级 钢结构工程专业三级 建筑机电安装专业三级
33	山东兴宇建设有限公司	有限责任	杨仁军	建筑工程总承包二级 电子智能化专业二级 防水防腐保温专业二级 建筑装修装饰专业二级 钢结构工程专业承包三级 建筑机电安装专业三级
34	肥城宏远建设有限公司	有限责任	徐胜刚	建筑工程总承包二级 电子与智能化专业二级 钢结构专业二级 建筑机电安装专业二级 环保工程专业二级 建筑装饰装修工程二级 电力工程总承包三级 石油化工总承包三级 建筑智能化工程专业承包三级 水利水电施工总承包三级 市政公用工程施工总承包三级 施工劳务不分等级
35	肥城市新城巧山建筑安装工程公司	集体	孙远森	建筑工程施工总承包二级
36	肥城市兴盛天泽建设工程有限公司	有限责任	王　立	建筑工程总承包二级 建筑装饰装修工程专业二级 钢结构专业三级 机电工程施工总承包三级 施工劳务不分等级
37	肥城宏扬建筑安装工程有限公司	有限责任	梁　明	建筑工程施工总承包二级 建筑装修装饰工程专业承包二级
38	肥城阳光建筑安装工程有限公司	有限责任	鲁　斌	建筑工程施工总承包二级 建筑装修装饰工程专业承包二级
39	山东双河建筑工程有限公司	有限责任	王建华	建筑工程总承包二级
40	山东鲁中能源集团建筑安装工程有限公司	有限责任	刘兴俊	建筑工程总承包二级 机电工程施工总承包三级 防水防腐保温工程二级

续表

序号	单位名称	企业性质	法定代表人	资　质
41	肥城市广厦建筑安装工程有限责任公司	有限责任	朱联合	建筑工程总承包二级
42	肥城市傲饰建筑安装工程有限公司	有限责任	张　潇	建筑装修装饰工程专业二级 建筑工程总承包三级
43	肥城市通达建筑安装工程有限公司	有限责任	陈德军	建筑装修装饰专业二级 建筑施工总承包三级
44	肥城市建筑装饰装璜工程公司	集体	张连昌	建筑装饰装修工程二级 建筑工程施工总承包三级
45	肥城金健建设工程有限公司	有限责任	尹东逊	建筑工程施工总承包三级 市政公用工程施工总承包三级
46	山东鸿华建筑安装工程有限公司	有限责任	李利新	建筑装饰装修专业二级 机电工程施工总承包二级 建筑工程总承包三级 石油化工工程施工总承包三级
47	肥城路兴工程有限公司	有限责任	张　亮	公路工程总承包二级 公路路面专业二级 公路路基专业二级 市政公用工程施工总承包三级
48	山东鲁泰基础工程有限公司	有限责任	梁进常	地基与基础工程专业承包二级
49	肥城建发工程有限公司	有限责任	庞建利	建筑机电安装工程专业承包资质二级 建筑装饰装修专业二级 建筑工程施工总承包三级 石油化工工程施工总包三级 钢结构三级
50	山东亿嘉润建设有限公司	有限责任	魏　华	防水防腐保温专业二级 环保工程专业承包三级 建筑工程施工总承包三级 市政公用工程施工总承包三级
51	肥城市新世纪建筑安装工程有限公司	有限责任	石兆来	防水防腐保温专业二级 环保工程专业承包三级 建筑工程施工总承包三级
52	山东新大地实业集团有限公司	有限责任	伊宪峰	防水防腐保温专业二级
53	山东省肥城水利地质基础公司	全民所有	赵启新	地基基础工程专业二级
54	山东安信机械制造有限公司	有限责任	赵医民	钢结构专业承包二级
55	泰安建工消防工程有限公司	有限责任	张　文	消防设施二级
56	山东鼎辰装饰工程有限公司	有限责任	陈　强	防水防腐保温二级
57	肥城隆源矿业工程有限公司	有限责任	鲍明华	矿山施工总承包二级

续表

序号	单位名称	企业性质	法定代表人	资　质
58	山东凯鑫建设工程有限公司	有限责任	杨衍民	市政公用工程施工总承包二级 建筑总承包三级 钢结构专业承包三级 建筑机电专业三级 环保工程专业承包三级 电力工程施工总承包三级 施工劳务不分等级
59	山东兴润园林生态股份有限公司	有限责任	张忠峰	古建筑工程二级 建筑工程施工总承包三级 环保工程专业承包三级
60	肥城腾达建筑安装有限责任公司	有限责任	赵　伟	建筑工程施工总承包三级
61	肥城市德信建筑安装工程有限公司	有限责任	岳　强	建筑工程施工总承包三级
62	山东泰峰达建设有限公司	有限责任	冀玉明	建筑工程施工总承包三级
63	肥城市仪兴建筑安装有限公司	有限责任	张圣勇	建筑工程施工总承包三级
64	肥城市赵庄建筑安装工程公司	集体	李洪金	建筑工程施工总承包三级
65	肥城市泰西建筑安装工程有限公司	有限责任	李祥森	建筑工程施工总承包三级
66	肥城市富源建筑安装工程有限公司	有限责任	贾岳利	建筑工程施工总承包三级
67	肥城峰鑫建筑安装工程有限公司	有限责任	王吉才	建筑工程施工总承包三级
68	泰安市同兴建筑安装工程有限公司	有限责任	孟现勇	建筑工程施工总承包三级
69	山东鼎昌建设有限公司	有限责任	邱德忠	建筑工程施工总承包三级
70	肥城市金正建设置业有限公司	有限责任	尉茂斌	建筑工程施工总承包三级
71	山东瑞科电气有限公司	有限责任	郭建利	电力工程总承包三级 机电工程施工总承包三级 输变电工程专业承包三级 建筑工程施工总承包三级 钢结构工程专业承包三级 地基与基础工程专业承包三级 施工劳务不分等级
72	山东大汉医用设备有限公司	有限责任	颜丙豹	机电设备安装工程三级
73	泰安华润钢结构工程有限公司	有限责任	李磊磊	钢结构工程专业承包三级
74	肥城市诚信劳务有限公司	有限责任	魏尚德	模板脚手架不分等级
75	山东广顺诚建筑劳务有限公司	有限责任	吴勇祥	模板脚手架不分等级
76	肥城市中兴建安工程有限公司	有限责任	汪心良	模板脚手架不分等级
77	肥城市宇兴建筑安装有限公司	有限责任	王兴东	模板脚手架不分等级
78	山东博远建筑设计有限公司	有限责任	辛　明	地基基础专业三级
79	山东兴润园林建设有限公司	有限责任	张忠峰	古建筑工程二级 建筑工程施工总承包三级 环保工程专业承包三级

续表

序号	单位名称	企业性质	法定代表人	资 质
80	肥城市城市热力工程有限公司	有限责任	荣启华	建筑机电安装工程专业三级
81	山东龙强建筑安装工程有限公司	有限责任	王启龙	防水防腐保温工程二级 建筑工程施工总承包三级 钢结构工程专业承包三级
82	泰安力群劳务服务有限公司	有限责任	张政堂	模板脚手架不分等级
83	山东国超建设有限公司	有限责任	李国超	机电工程施工总承包三级 建筑工程施工总承包三级
84	山东宝德安装工程有限公司	有限责任	刘德锋	机电工程施工总承包三级 石油化工工程总承包三级 钢结构工程专业承包三级
85	山东鲁蒙建设工程有限公司	有限责任	刘秀芳	建筑工程施工总承包三级 机电工程施工总承包三级 钢结构工程专业承包三级 环保工程专业承包三级 电力工程施工总承包三级 施工劳务不分等级
86	山东一弘建筑工程有限公司	有限责任	孙　建	防水防腐保温工程二级 建筑工程施工总承包三级 机电工程施工总承包三级 钢结构工程专业承包三级 环保工程专业承包三级 施工劳务不分等级
87	山东高上医用设备有限公司	有限责任	李新全	建筑机电安装工程专业承包三级
88	山东三川环保科技有限公司	有限责任	桑逢祥	环保工程专业三级
89	肥城浩泰建筑安装工程有限公司	有限责任	宋　浩	建筑工程施工总承包三级
90	山东瑞菲建设有限公司	有限责任	孔凡红	建筑工程施工总承包三级
91	山东桃都建筑安装工程有限公司	有限责任	方　勇	建筑工程施工总承包三级
92	山东裕发建筑工程有限公司	有限责任	田德栋	建筑工程施工总承包三级
93	山东四方实业集团有限公司	有限责任	牛金才	机电工程施工总承包三级
94	山东泽福泰环保科技有限公司	有限责任	武甲强	机电工程施工总承包三级 石油化工工程施工总承包三级 电力工程施工总承包三级
95	山东诚泰信达建筑工程有限公司	有限责任	孙　雪	施工劳务不分等级
96	山东广帮建筑安装有限公司	有限责任	张泰源	机电工程施工总承包三级 电力工程施工总承包三级 石油化工工程施工总承包三级 钢结构工程专业承包三级 环保工程专业承包三级 建筑工程施工总承包三级 市政公用工程施工总承包三级 防水防腐保温工程二级 施工劳务不分等级

续表

序号	单位名称	企业性质	法定代表人	资　质
97	肥城金泰建设工程有限公司	有限责任	张德富	施工劳务不分等级
98	山东杭奇安装工程有限公司	有限责任	武兆旺	石油化工工程施工总承包三级
99	泰安金冠机械工程有限公司	有限责任	董　蕾	环保工程专业承包三级
100	山东汇力太阳能科技有限公司	有限责任	王光晋	建筑机电安装工程专业承包三级
101	肥城拥辉建筑安装有限公司	有限责任	赵乐贤	钢结构工程专业承包三级
102	肥城立朋建设有限公司	有限责任	左庆华	机电工程施工总承包三级
103	山东勤鑫园林工程有限公司	有限责任	戴勤鑫	市政公用工程施工总承包三级
104	肥城市城市热力有限公司	有限责任	荣启华	建筑机电安装工程专业承包三级
105	山东金宁建筑工程有限公司	有限责任	李亚洲	建筑工程施工总承包三级
106	山东汉能安装工程有限公司	有限责任	肖勇志	机电工程施工总承包三级
107	山东鼎硕建筑安装有限公司	有限责任	赵　静	防水防腐保温工程二级
108	山东培华环保科技有限公司	有限责任	胡培华	环保工程专业承包三级
109	山东盛联环保工程有限公司	有限责任	李　峰	环保工程专业承包三级
110	山东岳峰建设发展有限公司	有限责任	吴　红	市政公用工程施工总承包三级
111	泰安市兰山电气有限公司	有限责任	刘　振	电力工程施工总承包三级
112	泰安方舟建筑设备租赁有限公司	有限责任	杨东双	起重设备安装工程专业承包三级
113	山东嘉卓建筑安装工程有限公司	有限责任	杨　滨	建筑工程施工总承包三级 环保工程专业承包三级 防水防腐保温工程专业承包二级 建筑装修装饰工程专业承包二级
114	山东昂泰安防科技有限公司	有限责任	王　澜	模板脚手架专业承包
115	山东瑞呈古建筑工程有限公司	有限责任	原钲涵	古建筑工程专业承包三级
116	泰安沃达建筑安装工程有限公司	有限责任	张　丰	石油化工工程施工总承包三级 钢结构专业承包三级 环保工程专业承包三级 机电工程总承包三级 防水防腐专业承包二级
117	山东东泓机电安装工程有限公司	有限责任	韩　伟	建筑机电安装工程专业承包三级
118	肥城市环宇建筑安装有限公司	有限责任	辛　锋	施工劳务不分等级
119	肥城泰山安装有限公司	有限责任	雷印峰	施工劳务不分等级
120	肥城宏业建安有限公司	有限责任	许庆华	施工劳务不分等级
121	泰安市华泰建筑安装工程有限公司	有限责任	张修森	施工劳务不分等级
122	肥城市弘信安装有限公司	有限责任	雷印智	施工劳务不分等级
123	山东鑫昌建设工程有限公司	有限责任	刘宪长	施工劳务不分等级

续表

序号	单位名称	企业性质	法定代表人	资　质
124	山东金昊建设工程有限公司	有限责任	刘庆涛	施工劳务不分等级
125	肥城金全建安有限公司	有限责任	师成芳	施工劳务不分等级
126	肥城市军辉劳务有限公司	有限责任	吕桂兰	施工劳务不分等级
127	泰安市金润建筑安装有限公司	有限责任	李利新	施工劳务不分等级
128	泰安立邦建筑工程有限公司	有限责任	张　兵	施工劳务不分等级
129	山东德通劳务服务有限公司	有限责任	宋　新	施工劳务不分等级
130	山东乐泽建筑工程有限公司	有限责任	孙衍春	施工劳务不分等级
131	肥城市富利源建材有限公司	有限责任	付家勇	预拌砼
132	肥城通盛混凝土有限公司	有限责任	付　金	预拌砼
133	肥城市鑫居建材有限公司	有限责任	李照峰	预拌砼
134	山东省富利源建材有限公司	有限责任	车光强	预拌砼
135	肥城同源建材有限公司	有限责任	常媛媛	预拌砼
136	肥城润苑商砼有限公司	有限责任	武帮军	预拌砼
137	肥城汇功建材有限公司	有限责任	王志军	预拌砼
138	肥城市鑫利华混凝土有限公司	有限责任	李新华	预拌砼

【外出施工管理】 2019年，完成外出施工产值539.35亿元，同比增长48.63%；出国施工产值完成14.7亿元，同比增长42.75%。在巩固原有市场的基础上，积极开拓国内市场，加快形成规模市场。支持企业与国内外知名承包商组成联合体，共同承包境外工程项目，积极融入工程项目所在国家和地区经济社会发展。继续开拓阿联酋、阿尔及利亚、韩国、新加坡等建筑市场，鼓励和支持具有一级资质的建筑安装企业取得对外承包工程经营资格、对外劳务合作经营资格。同时，积极争取国家对外经济技术合作专项资金、中小企业国际市场开拓资金和山东省实施“走出去”战略专项资金，壮大竞争实力。通过参与国际市场竞争，培养适应境外市场的科技管理人才，增强国际市场竞争能力。2019年，兴润建设集团有限公司新成立西藏分公司、毕节分公司，至年末，该集团公司已经在全国范围内除西藏外的省市设立驻外分公司49个，市场外向度达到72%以上。抢抓“一带一路”机遇，开拓国际市场。继续延续在阿尔及利亚业务的连续性，承建的阿尔及利亚空军司令部、东方商业广场、海军机电项目进入装饰装修阶段；新承接住房项目1165套。山东军辉建设集团有限公司先后承建徐州宜丰三堡环保热电有限公司2×30兆瓦农林生物质热电项目、粤东LNG一期工程项目配套管线工程、新时代智慧健康养老产业创新计划三亚市海棠区林旺农场试点项目、巴基斯坦赫维利1230兆瓦燃气蒸汽联合循环电站安装工程、巴基斯坦卡西姆2×660兆瓦燃煤电站工程汽机专业设备管道安装工程，土耳其泽塔斯活力发电工程。2019年4月30日，肥城市建筑安装业发展中心在济南参加省住建厅召开的全省建筑业外出施工工作座谈会，并作《发挥传统优势　强化基地管理　全力推动外出施工规模发展》的

典型发言。

【职工教育培训】 全年共计组织各类专业培训班10期，培训建筑从业人员3181人，其中肥城市定点集中脱产学习691人，配合泰安建培中心组织继续教育培训1900人，组织网络培训590人。根据国家住建部文件精神，结合山东省网络培训的变更模式，及时调整工作思路，加大网络培训指导。根据企业需求，探索办学渠道，巩固肥城技校联合办学优势，拓展新泰青云培训学校进行联合办学。培训人数居泰安市各县市区第一。

重点工程

【阿尔及尔机场新航站楼】 由兴润建设集团阿尔及利亚项目部施工。新航站楼位于布迈丁国际机场西侧，占地面积65万平方米，建筑面积20万平方米，项目含新航站楼和能源中心2个单体，屋面钢结构主拱最大跨度180米，拱高45米，节点复杂，被业界誉为“世界上设计、施工难度最大、复杂程度最高”的钢结构项目之一。新航站楼设计年旅客吞吐量为1000万人次，具备国际民航协会A级标准。

【博山区污水处理厂提标改造工程】 由兴润建设集团有限公司承建。主要新建构筑物包括提升泵房、反硝化滤池、曝气生物滤池、臭氧接触池及车间、滤布滤池、扩建好氧池、高密度沉淀池、污泥池、污泥脱水间、变电间、出水在线仪表间等。提标改造处理工艺为“A^2/O脱氮+砂滤+深度处理”。污水处理设备及工艺管道安装包括生化池、二沉池、污泥回流泵房、深度处理组合池、曝气沉砂池、加药间、鼓风机房、污泥浓缩池、污泥脱水车间、接触式消毒池、巴式流量槽等。

【卡西姆工程】 由宏远建设有限公司海外项目部参建的“一带一路”重点项目。卡西姆港燃煤电站项目位于巴基斯坦卡拉奇市东南方约37公里处卡西姆港口工业园内，紧邻阿拉伯海沿岸滩涂。卡西姆工程包括电站工程、电站配套的卸煤码头及航道工程。电站设计安装2台660兆瓦超临界机组，总装机容量为132万千瓦，年均发电量约90亿千瓦时。卡西姆工程总投资约20.85亿美元，以BOO模式投资开发。项目建成后，可作为巴基斯坦南部的一个火电基地，直接接入500千伏主网，送至中北部地区消纳，满足中北部地区的电力需求。项目建成将对巴基斯坦国家调整电力及能源结构、缓解供需矛盾、优化投资环境、促进基础设施建设和人口就业、改善民生等方面产生深远影响。

【三峡福清兴化湾海上风电场项目上部组块】 2019年9月29日，由山东华显安装建设有限公司施工的福建首座220千伏海上升压站“落户”三峡福清兴化湾海上风电场，并将在此服役至少25年。成为国内首个将SVG动态无功补偿装置设置在海上的升压站，也是目前国内集成度最高，单体最大最重的海上升压站。三峡福清兴化湾海上风电场地处福建省福清市江阴半岛东南侧和牛头尾西北侧，风场总规划装机容量357.4兆瓦，风电场配套建设一

三峡福清兴化湾海上风电场项目上部组块

座220千伏海上升压站。作为风电场的现场控制中心和“心脏”部位，海上升压站担负着电力集中、电力送出、设备保护、监视控制等重任。它将风电场所有电能通过集电线路汇集后升压再以2回220千伏海缆送至登陆点，之后接入电网，将电能输送至千家万户。

重点企业

【兴润建设集团有限公司】 至年末，兴润建设集团有限公司下辖建筑、安装、市政、电力、钢结构、路桥、石化、装饰装修、房地产开发、园林绿化、生态农业、物业管理、检测和海外公司等多个生产经营单位及14个子公司，施工区域跨31个省、市、自治区。2019年，兴润集团公司共签订合同额242.6亿元，完成产值160.19亿元，市内外完成对地方财政贡献5.49亿元。被评为肥城市建筑业十强企业、十大突出贡献企业和财政贡献企业，泰安市民营企业50强（第三名），山东省建筑业30强企业，中国工程建设诚信典型企业，中国工程建设AAA信用企业。被省住建厅评为进疆施工5强建筑企业，进津施工15强建筑企业。“兴润建设”被评为山东省著名商标和全国驰名商标。2019年，集团公司创国家优质安装工程（安装之星）奖1项、华东地区优质工程1项，“泰山杯”工程3项（其中装饰泰山杯1项）、省优质结构工程3项，“鲁安杯”工程3项，省房屋市政施工安全文明示范工地（房屋建筑）2项。国家发明专利2项，实用新型专利4项，中国安装协会科学技术进步奖三等奖1项，参与国家标准编写2项。年内，承接肥城市妇幼保健院新院建设项目（综合门诊医技楼和妇女儿童门诊楼），（石横特钢集团有限公司）泰安特种建筑用钢建设项目原料场工程，泰安宏尚•江山里C1#—C2#住宅楼、D3#—D4#住宅楼、G2#配套公建楼及地下车库，泰安泰实•学府春天C、D地块1#—3#工程，临沂市里庄社区还建社区项目（岳家坞村）B4#—B6#、B8#、B11#—B17#住宅楼及地下车库，济南市长清区石麟山路、沙河南路（湄湖路—红山路段）道路建设工程总承包（EPC），曹县昆仑山路、庐山路等道路及雨污水管网工程，新疆乌鲁木齐通嘉孔雀府4#住宅楼、3#、4#商业、地下车库（二标段），江苏邳州生物质供热及配套管网建设项目施工总承包，大同煤矿集团有限责任公司大同地区第二批职工家属区“三供一业”分离移交云冈能源供热改造项目工程总承包，大同市新荣区西村乡、上深涧乡2017年度采煤沉陷区治理搬迁安置项目，青海湟中县多巴新城行政片区电网整理配套，北京市海淀区中关村第一小学教学楼抗震加固综合改造工程，十堰丹江口碧桂园一期二标段总承包工程等代表性工程。

【山东军辉建设集团有限公司】 2019年，山东军辉建设集团有限公司施工合同额220亿元，地方纳税5.86亿元。集团公司先后被评为“山东省建筑业综合实力30强”“山东省建筑行业精英企业”“省级重合同守信用企业”“山东省扶贫济困爱心企业”、泰安市“建安十强企业”、泰安市“四星级党组织”、泰安市级“精神文明单位”、肥城市“十大突出贡献企业”、肥城市“诚信纳税先进单位”等荣誉称号。集团在激烈的市场竞争中，坚持高起点谋划，高质量运行，高境界发展。厚植建安产业集群新优势，加快新旧动能转换新步伐，工程遍布全国各地。相继在西安、成都、南京、郑州、银川、北京、石家庄、太原、济南、泰安等地设立分公司。与中建集团、中铁集团、中国电建、山东电建、国电集团、神华集团、大唐发电等大型国企建立良好的合作关系。先后承建徐州宜丰三堡环保热电有限公司2×30兆瓦农林生物质热电项目、粤东LNG一期工程项目配套管线工程、新时代智慧健康养老产业创新计划三亚市海棠区林旺农场试点项目、新泰市羊流祥和家园二期1#—5#住宅楼和一号、二号沿街商业等大型重点工程。

【山东省显通安装有限公司】 至年末，山东省显通安装有限公司下设40多个经营单位，施工队伍分布在全国30个省、市、自治区，分别在北京、上海、天津、杭州、呼和浩特、乌鲁木齐设有办事处，先后开拓俄罗斯、白俄罗斯、新加坡、缅甸、马来西亚、印尼、阿联酋、乍得、乌兹别克斯坦等国外市场。共有施工人员1万余人，其中拥有中高级职称的各类技术人员650人，一级建造师55人，二级建造师95人。2019年，实现开票收入近70亿元，上缴税收3.1亿元，其中在肥城当地纳税超2亿元，比历史同期均有较大突破。入选“2019年泰安影响力风云榜”，获泰安贡献力十强、泰安市民营企业50强，泰安市精神文明单位，肥城市建筑安装业十强等称号。随着企业资质等级进一步提升，资质结构进一步优化，逐步形成以总包为龙头，专业承包为主体配套发展的产业格局。

【肥城宏远建设有限公司】 肥城宏远建设有限公司是一家集建筑、安装、电力、环保、石油化工、电子智能化工程、压力管道、劳务等为一体的综合性施工企业。2019年，公司海外项目部参建“一带一路”重点项目巴基斯坦卡西姆港燃煤电站项目，工程包括电站工程、电站配套的卸煤码头及航道工程，电站设计安装2台660兆瓦超临界机组，总装机容量为132万千瓦，年均发电量约90亿度。参建的河源电厂二期2×100万千瓦燃煤机组扩建工程项目，项目计划总投资为89.93亿元。项目同步建设烟气脱硫、脱硝、高效除尘、废水零排放和在线烟气连续监测等环保装置，采用全封闭煤仓、高位收水循环水冷却塔等环保先进技术。公司连续被山东省建管局、泰安市及肥城市政府、建管局评为先进党支部、纳税百强企业、建筑安装业十强企业、安装行业先进集体、建设系统先进企业、外出施工先进企业和安全生产先进单位，公司参建的巴基斯坦卡西姆电站主体工程项目荣获中资企业“公共外交奖”“2019年度中国能源创新突破奖”、巴基斯坦政府“特殊贡献奖”、巴基斯坦Lucky项目“质量管理先进集体”等各类荣誉称号。

山东省显通安装有限公司参建的山西国际能源裕光煤电有限责任公司盂县电厂2×100万千瓦发电项目

【山东华显安装建设有限公司】 至年末，山东华显安装建设有限公司共有职工2206人，各类专业技术人员633人，其中高级工程师36人，工程师123人，助理工程师224人，技术员182人，专业检测和实验师36人，一级建造师13人，二级建造师25人。职工持证上岗率79%，平均技术等级5.8级，为专业工种齐全，技术素质较高的大型设备安装企业。公司拥有各类机械设备、检测、调试仪器1933台（套），动力装备率7.2千瓦/人，技术装备率0.65万元/人。企业连年被评为省级“建筑业先进集体”“重合同守信用企业”“诚信合作单位”和“信用等级AAA

级企业”，承建的安装工程多次荣获山东省“鲁安杯”奖。企业连年被中国电建、中国石化等业主单位评为“工程优秀分包商”，多次荣获国家、省、市及其他区域的表彰和鼓励，并被中国建筑业授予全面质量管理优秀奖。

【山东鲁泰建筑工程集团有限公司】 2019年，山东鲁泰建筑工程集团有限公司以经济效益为中心，以安全生产为重点，以改革、创新、发展为突破口，以深化“二次创业”为总抓手，通过强化“契约化经营目标责任制”，围绕企业转型发展，强化企业管理，推动各项工作齐头并进、健康发展。6月，成功举办建企60周年庆典活动，通过一系列庆典的活动，调动全体员工热爱企业、献身企业的积极性。公司承诺的“三项工作目标”“五个确保”的奋斗目标全部得到落实。年内，围绕“二次创业”这条主线进行改革创新，全面推行契约化经营目标责任制，承包单位与公司签订契约化经营目标责任书和内部经营责任书，消灭亏损单位。同时，各承包单位也对上报数据的真实性递交承诺书，出现问题要承担相应责任，进一步激发广大员工的工作热情。公司在安全生产管理、工程质量管理、工程进度管理和文明施工管理方面，均按国家的法律法规和相关规定经营，按公司的各项管理制度要求和考核，管理人员逐步形成遵纪守法、按章作业的自觉性，使公司健康平稳发展有标可循、有章可依。

【山东四方安装工程有限公司】 至年末，山东四方安装工程有限公司下设工程管理部、财务部、计划经营部、市场开发部、办公室、人力资源部、考核办公室、法制科、清欠办、档案室、审计室、工会12个职能部室，设有分公司、办事处、工程处、项目部共计100余个施工单位，施工覆盖30个省、市、自治区。2019年，合同总额约56亿元，年产值为34.19亿元，本地缴纳税金12528.32万元。公司先后承建唐山东江化工有限公司年30万吨/年硫精矿制酸项目工程，中石化南京工程有限公司镇海炼化原油罐功能调整和甬绍金衢管线首站迁移项目安装工程、镇海炼化分公司算山码头新建原油罐项目储罐制作安装工程，济南热电有限公司曲阜三让洁能股份有限公司北郊热电分公司2×35吨/时水煤浆制备设施项目，山东昌龙药业有限公司承德分公司宽城制药厂工艺设备、管道、电气仪表安装工程，中国十五冶金建设集团有限公司浙江嘉兴（平湖）LNG应急调峰储运站项目库区工程T-6201/T-6202号储罐内罐安装标段劳务作业分包工程一标段，华凌畜牧产业开发有限公司新疆华凌畜牧产业园项目建设工程，华凌实业资产管理有限公司华凌国际家居广场（至尊店）升级改造项目，无锡融创城投资有限公司无锡文旅城B3-1地块空调安装合同，中石化第四建设有限公司辽宁大唐国际阜新日产1200万Nm^3煤制天然气项目（一期）煤气化装置气化界区安装工程，泰安市泰山城区热力有限公司国电供热东线电厂段高温水热力管网安装施工，万华化学集团股份有限公司年产12万吨

山东四方安装工程有限公司参建的华凌国际家居广场（至尊店）升级改造项目

热塑性聚氨酯弹性体扩建项目安装工程，石家庄华电供热集团有限公司邮专宿舍等家属区“三供一业”项目供热分离移交改造设计施工总承包，西安航天源动力工程有限公司陕西宏恩环境科技有限公司等离子技术焚烧处理危险废物污染物二期扩建项目，北京朗新明环保科技有限公司朗新明公司水厂提标改造项目（二标段）。

【信邦建设集团有限公司】 至年末，信邦建设集团有限公司下设鑫昌劳务、金昊劳务、鑫昌建材、天柱建设、棚架建设等5家子公司，注册资金1.5亿元，有职工8400余人，其中工程技术人员和经济管理人员416人，经行业主管部门考核持证的施工管理人员和特种作业人员1600余人；拥有运输吊装、冷热加工、焊接探伤以及理化检测等各类机械设备3600台（套），固定资产总值达2.5亿元。公司在北京、天津、济南、杭州、太原等近30个大中城市设立分公司，施工区域遍布全国30个省、市、自治区，每年2000余人次赴印尼、越南、印度、哥伦比亚、尼日利亚、阿联酋、约旦、巴基斯坦等国家参加海外电力、化工、市政等工程建设。2019年，签订国内外施工合同7300余项，年产值突破87亿元，完成税收3.8亿元，位列山东省建筑企业综合实力30强第27位，位列泰安市民营企业50强第9位。连续多年荣获山东省“安装业十强企业”“建筑企业先进集体”“建筑业工程质量管理先进单位”“建筑业外出施工先进企业”“守合同重信用企业”“特级信用企业”；第三届“全国诚信单位光荣榜”上榜单位、“中国优秀企业数据库”入库单位、“最具发展潜力企业”“全国质量、安全信誉AAA级优秀企业”。配属中建八局一公司施工的“青岛海尔工业园特种冰箱厂钢结构厂房制作安装工程”荣获中国建筑工程“鲁班奖”；独立承建的东岳集团有机硅工程，荣获山东省建筑安装业工程质量“泰山杯”和“鲁安杯”奖，参建的莒县人民医院新院区门诊楼荣获山东省建筑安装业工程质量“泰山杯”奖。

【山东益通安装有限公司】 至年末，山东益通安装有限公司有职工6000余人，其中经济技

山东益通安装有限公司参建的浙石化4000万吨年炼化一体化项目

术人员656人，注册类人员150余人，高级工程师26人。2019年，完成施工产值收入近100亿元，国家税收5.64亿元，施工队伍遍布全国各地。在国家“一带一路”的号召下，参与越南2×660兆瓦超临界火力发电机组安装工程、沙特吉赞IGCC电站EPC工程项目（BLOCK#3、#5电仪安装）工程、印度尼西亚干煤棚建设工程、土耳其6500Nm^3/h空分装置安装工程等海外多个国家项目施工。公司始终秉持“质量第一、信誉至上”的企业宗旨和“开拓进取、务实高效、诚信发展、创造辉煌”的企业精神，在激烈的市场竞争中发展壮大，经济效益连续十年高幅度增长，赢得社会的赞誉。参建的山东大学青岛校区图书馆项目获“泰山杯”奖、山东海化石化盐化一体化项目一期升级改造工程获化学工业优质工程奖、齐鲁工业大学艺体教学中心工程获“泉城杯”奖。公司连年被评为“守合同重信用企业”，综合实力评估为“中国AAA级信用企业”，2019年入选“泰安市民营企业50强”。

【山东宇兴建设有限公司】 山东宇兴建设有限公司为一家具有年施工产值逾30亿元，集房屋建筑、机电设备安装、建筑装修装饰、化工石油管道设备、钢结构、市政公用工程、水利水电、电力承装修试、锅炉及压力管道等于一体的大型企业。公司先后多次获得国家银质奖、鲁班奖、“泰山杯”奖、北京市优良工程等荣誉，参加北京长富宫、新华社业务大楼、北京亚运村、毛主席纪念堂、鸟巢和水立方、大兴国际机场等重大项目的建设。2019年，公司先后荣获山东省进京施工建筑企业20强、山东省进津施工建筑企业15强、泰安市驻北京机构工作委员会先进单位，泰安市民营企业50强、泰安市建筑工程优质结构工程一项、泰安市爱心扶贫支持单位，肥城市经济开发区尊师重教先进单位、肥城市建设领域统计工作先进单位、肥城市经开区示范引领带动奖、肥城市建筑业十强、中铁建工集团优秀分包商等十多项荣誉。

（杨永鹏）

肥城年鉴

FEICHENG YEARBOOK

FEICHENG
YEARBOOK
2020

商务

商　务

综　述

【概况】 1月，根据机构改革要求，优化市商务局职责，将市经济和信息化局的成品油流通监督管理、茧丝绸行业协调管理、散装水泥管理职责，以及市商业贸易局、市经济合作局承担的行政职能划入市商务局，并加挂市投资促进局牌子。不再承担打击侵犯知识产权和假冒伪劣商品、反垄断、典当行经营监督管理、组织实施国家战略和应急储备物资收储、轮换和日常管理等相关职责。市商业贸易局更名为市招商中心，市出口食品农产品质量安全示范区管理办公室更名为市出口食品农产品质量安全示范区发展服务中心。7月，市委编办批复市外派劳务服务中心内设政策服务科、纠纷调解科，市电子商务服务中心内设发展规划科、应急服务科。至年末，市商务局（投资促进局）内设办公室、党建科、投资促进科（外国投资管理科）、商贸流通和市场体系建设科、市场运行和消费促进科（电子商务科）、对外贸易科（服务贸易科）、对外投资和经济合作科办公室7个科室，代管市招商中心、出口食品农产品质量安全示范区发展服务中心2个正科级事业单位。下辖市外派劳务服务中心、市电子商务服务中心2个副科级事业单位。全局共有在职在岗人员57人。

【招商引资】 年内，引进过亿元项目105个，招商引资到位资金145.91亿元。4月，举办“2019中国肥城第18届桃花节‘双招双引’经济合作洽谈会”。商务部、省商务厅、省部分高校科研院所领导同志，重点央企、国企、国内500强、重点民营企业、重点商会，省内外高校科研院所专家教授，在外肥城人才等参加会议。会上，共签约项目59个，其中招商引资项目47个，投资总额161.9亿元，人才科技项目12个。5月，参加泰安（深圳）投资合作洽谈会，市委书记常绪扩带队赴深圳开展专题招商活动，会上签约大唐英加科技孵化合作项目、华为技术有限公司5G产业合作项目。9月，登山节期间，在2019中国泰安投资合作洽谈会重点项目签约仪式上集中签约项目6个；在泰安市合作项目推介会上推介项目1个。10月，跨国公司领导人青岛峰会期间，在青岛市开展对接招商活动，签约大仟奇异田园综合体、年产750吨/年海洋生物提取物系列美容护肤品、供储销综合能源站3个项目。9—11月，在江

2019年4月3日，中国肥城第18届桃花节“双招双引”经济合作洽谈会召开（张肖锦绣　摄）

苏昆山区域组织开展“登泰山、游肥城、谋合作、赢未来”集中对接招商活动，每周由1名市级领导带队，镇街区全面参与，集中对接昆山区域意向外迁企业。至年末，共开展活动11周，对接昆山区域重点企业454家，拜访客商595人次，洽谈推进项目391个，接待到肥考察客商76人次；累计意向签约项目33个，计划总投资226.3亿元。

【商贸流通】 2019年，社会消费品零售总额增幅4%，新增批发零售、餐饮住宿“四上”企业58家。2月，鸿熹桃木和君祥蜂蜜两家企业参加“中华老字号故宫过大年”活动，宣传推介老字号品牌。4—6月，组织康王河酒厂、东兴农业等6家山东老字号企业参加国内外6站大型“中华行品牌”活动。7月，组织鸿熹桃木参加慕尼黑“感知中国”大型开放日活动，并得到领事馆感谢。通过设置扶贫专柜试点，开展“爱心购助、消费扶贫”活动，重庆巫溪对口协作稳步推进，年内完成消费扶贫任务349.3万元。参加第二届中国国际进口博览会，其间3家企业与参展商签订购买意向协议，销售额95.1万美元。9月，君祥蜂蜜、泰山桃木王、龙藏深泉3家企业参加由山东省商务厅联合山东省文化和旅游厅、济宁市人民政府主办承办的“中华老字号孔府文化行”祭孔活动。11月，鸿熹桃木代表泰安市传统文化和非物质文化遗产参加第二届上海进博会，展示肥城传统文化，向国外推荐肥城。

【对外开放】 优化利用外资结构，年内实际利用外资7086万美元，新设外资企业8家，完成合同利用外资12740万美元。突出“稳增长、调结构”，年内，新增进出口获权企业48家、实绩企业16家，全年完成进出口34.99亿元，同比增长1.4%。加快“互联网+外贸”融合发展，全市46家企业借助阿里巴巴国际站、谷歌推广等网络平台开拓国际市场，11家企业借助山东一达通实现出口2873万元。加强出口食品农产品质量安全体系建设，全年新增备案出口食品农产品原料基地种植面积1314亩；发挥高标准农资店的典型示范带动作用，年内共评选出20家农（兽）药经营示范店；促进出口食品农产品出口稳定增长，当年全市食品农产品出口额达到3.18亿元，同比增长19.1%。发挥“建安之乡”优势，紧密服务境外投资需求，全年完成对外承包工程营业额4.27亿元，派出各类劳务人员1085人；境外投资获重大突破，获批1亿美元境外投资项目，完成境外投资实际投资额5100.4万美元。

【电子商务】 实施“产品上行”工程，夯实电商基础，做实电商新产业。全年电子商务交易额95.2亿元、增长16.7%。全市认定淘宝镇1个、淘宝村7个，淘宝村数量位居泰安市第1位，肥城市被列入全省首批12个“村播计划”试点县。至年末，全市网商达到6000余家、网店15000余个、电商从业人员4万余人。

【创建国家级绿色商场并承办座谈会暨现场观摩会】 4月，中国商业联合会与山东省商务厅

2019年9月，泰山桃木王等3家企业到曲阜参加“中华老字号孔府文化行”活动

共同在肥城市举办绿色商场示范创建座谈会暨现场观摩会，来自10个省市的商务主管部门，山东省16市商务局及部分重点零售企业代表约160人参会。11月，肥城泰山新合作商贸连锁有限公司生活广场顺利通过绿色商场创建现场评审验收，成为山东省唯一一家有2家商场创建成功的商贸流通企业。

【城乡高效配送示范县】 12月，省商务厅会同省公安厅、省交通运输厅、省邮政管理局、省供销合作社4部门组织专家评审确定肥城市为城乡高效配送示范县，肥城市成为泰安市唯一一个入选的县市区。同时，肥城市山东泰山新合作商贸连锁有限公司和山东达润兴工贸有限公司被确定为城乡高效配送示范企业。

【入选淘宝直播村播试点县】 5月16日，在山东省广播电视台举办的“村播计划”启动大会上，肥城市成功入选山东省首批12个淘宝直播村播试点县，肥城市委副书记、市长殷锡瑞走进直播间，与网红主播一起推介肥城市农特产品，直播3小时，累计销售产品5200余件，销售额20.9万元。年内共开展“市长驾到、镇长站台、村长来了”等系列直播活动7场，开通淘宝直播白名单商家41个，开展电商直播培训500人次，培养和涌现出一大批优秀主播，全年直播累计观看超过2000万人次，带动销售额500余万元。

物资商业

【概况】 根据《中共肥城市委 肥城市人民政府关于肥城市市级机构改革的实施意见》精神，经市编办《关于组建市物资商业促进中心的通知》批准，整合市物资流通发展中心和市商业发展中心，组建市物资商业促进中心，为市政府直属正科级财政补贴事业单位，核定编制31名，有在编在职人员21人，其中副科级以上领导干部8人，下属事业单位2个，国有企业4个，民营企业25个，专业市场2个，内设秘书科、党建科、资产运营科、信访科、安全科、财务科、老干部科、综合服务科8个科室。2019年，物资商业促进中心严格按照“党建统领两线推进”即“突出党建统领工作重心，重点抓好保障运行、稳定和经济发展两条主线”的整体思路，实现“一年稳定规范、两年建设提升、三年创新发展”的构想。落实党建带队伍、抓稳定促和谐、抓运营保民生、抓规范促发展的“四个抓”措施，达到讲政治、顾大局、守纪律，讲团结、尽职守、做奉献，讲诚信、创家业、扬公德的“三讲”目标。

【党建精神文明】 全面提升党建和精神文明建设水平。①基层党组织调研。5月，物资商业促进中心班子成员带头开展为期一个月的“大走访、大调研”活动，形成党建调研报告。②组织建设。为发挥好龙头带领作用，严格按照组织程序整合原两个单位机关支部，成立物资商业促进中心党支部和老干部支部，撤并1个软弱基层党支部。③支部换届。对届满3年的24个基层党支部进行换届选举，中心党委按照前期制定的《中心领导和各科包保联系企事业单位制度》，班子成员深入各企事业单位支部座谈了解情况，并对支部换届程序进行指导，确保24个支部顺利完成换届选举工作。④开展“不忘初心、牢记使命”主题教育。按照主题教育的要求，组织机关党员集中集体学习，广泛征求意见建议，认真全面检视问题，扎实开展整改工作，确保主题教育取得实效。⑤文明创建。加强协调，加大投入，推进文明城市创建。累计投资近10万元，完成办公区、市场、小区等院落的卫生清洁、垃圾清运、野广告治理、健康知识宣传栏更换等相关工作。引导机关党员开展进社区、“双报到”、创城志愿服务等工作，参加各社区创城会议，就社区安排的各项工作进行安排部署，先后组织800人次参与社区服务工作，继续保持“泰安市文明单位”称号。

【经济建设】 2019年，面对企业综合成本上升，传统优势不断弱化的困难局面，克服批发城融资困难、价格下滑、效益微薄等不利因素，实施政策倾斜，重点培植鲁西建材、桃木旅游商品城两个专业市场，起到较强的支撑作用和有力的拉动作用，保持健康发展的良好态势。全面开展鲁西建材批发城整治，鲁西建材批发城自2014年搬入至今，因经济形势下滑和管理等原因，导致部分业户累计欠缴租金174万元。中心党委会决定依法整顿鲁西建材批发城经营秩序。经过半年的整顿，收取欠缴租金112.9万元。剩余的61.1万元，租户依次签订还款协议。对批发城开展安全隐患排查和整改，清理占道经营业户49户，加大人防机房以及环境卫生投入，及时完善消防设施，修缮维护硬件设施，规划停车区域，使批发城面貌焕然一新，提高业户的归属感，促进经济效益稳定增长。桃木旅游商品城鼓励业户加大产品创新的同时，引导业户发展“线上”经营，向互联网要效益，涌现出一批电商强户，打造新的增长极。银宝、三源和民爆公司等顶住压力，积极拓展市场，充分发挥龙头带头作用。

【招商引资】 重视招商引资工作，坚持把招商引资作为促进发展的重要手段，列为各项工作的重中之重。物资商业促进中心实施分工领导主抓招商引资工作，并成立相应科室具体抓，明确招商任务和招商重点。对全年招商引资任务形象进度进行重新梳理，将任务分解到月、细化到周，明确时间节点要求。通过盘活桃木旅游商品城闲置资产开展招商，发挥鲁西建材批发城的规模优势、辐射和带动效应开展招商，招商引资工作进展顺利。2019年，共完成到位资金3660.6万元，占年度计划的122%，超额完成招商引资工作任务。

【民生服务】 强化大局意识，高度关注困难职工生活。①职工服务。在做好破产企业职工的党员、户籍和劳资关系管理的同时，为133名困难企业职工，代收代缴社保金158.8万元，全部按时足额上缴市社保处，收缴率100%；对本系统破产改制企业退休职工中符合政策的独生子女父母进行统计，共统计符合政策人员836人，上报市卫生健康局。②帮扶救助。为物资商业系统困难户发放临时救助5000元；为46户低保户申请发放低保金33.28万元；申请工会救助1.8万元；为17名退休人员发放独生子女父母退休一次性补助30.3万余元；为物资商业系统离休老干部发放慰问金2.6万元。③退役士兵保险接续。根据退役军人事务局反馈情况，完成272名困难企业退役士兵社保接续信息核查工作，完成情况位列肥城市前列。

【信访稳定】 提高政治站位，全力以赴抓好信访稳定工作。做好信访隐患排查工作，及时化解矛盾，力争把信访隐患消除在基层、消除在萌芽状态，对稳控工作进行专题研究部署，全面摸排物资商业系统不稳定因素，建立工作台账。2019年，化解信访积案2起，按信访程序终结信访积案1起，全年没有发生非访和越级信访事件，保持和谐稳定局面。

（裴云超）

供销合作

【概况】 至年末，市供销社机关下设办公室、政工科、业务科、安全管理科、财务审计科5个职能科室，下辖13个基层社、1个集团公司（2019年7月注册成立肥城泰西供销集团有限公司）、7个社属企业（2019年11月注册成立肥城市供兴物业有限公司）。机关编制19人，实有工作人员14名，其中工勤人员4名，派驻第一书记2名。2019年，市供销社围绕全市中心工作，开拓创新，务实担当，履职尽责，较好地完成全年工作任务目标。重点项目建设成效显著，脱贫攻坚稳步推进，“村社共建”逐步深化，经验做法被省供销社和中国合作贸易企业协会印发推广，肥城供销社在全国百强县级社中位列第29位，保持系统经济良好的运行质量。

【重点项目建设】 通过化解矛盾、理顺关系、变更运作主体，全面完成中央城项目主体工程建设。投资1.5亿元的新合作物流配送项目启用运行。项目建成后主要从事蔬菜、果品等生鲜农产品的冷链物流运送及日用百货等工业品配送等工作，实现农产品的商超对接和工业品的下行，对提升肥城市农产品物流体系建设水平、带动城乡融合发展具有重要意义。

泰安云仓

【农业社会化服务】 参与粮食生产“十统一”社会化服务示范市建设，占地20亩、建筑面积近4000平方米的汶阳田农高区为农服务中心建设完成。该中心由供销社全资企业肥城市众益达现代农业服务有限公司运营，项目建成后，将重点开展农民技术培训、农机服务、飞防作业、测土配肥、智慧农业等项标准化服务，承担着全市农业社会化服务的重要任务，具有统揽全市农业社会化服务的组织协调能力。

【社村共建】 2019年，加快推进村社共建工作，在基地、为农服务中心、市场、村级服务社等方面与20个村进行共建，共建项目30个，推进供销社服务组织向村居延伸、社会化服务向田间地头延伸，其“村社共建”经验被省供销社和中国合作贸易企业协会在全省和全国印发推广。

【脱贫攻坚】 落实省市社“三脱四助一扶持”▲行业扶贫措施，争取省供销社专项扶贫资金专项用于支持扶贫项目建设，进一步加强扶贫工作督导和扶贫专项资金检查，贫困户对接认领、扶贫工作措施、帮扶责任落实进一步精准，扶贫资金、项目建设、扶贫成效有效落实。肥城市众益达现代农业服务有限公司争取扶贫资金49万元，用于增加高端农机设备，开展农业机械化服务；孙伯供销社争取扶贫资金43万元，用于小米加工项目，两个扶贫项目实

汶阳田农高区为农服务中心

现收益20余万元，通过走访慰问全部用于供销社认领的800户贫困户，帮助贫困户增加收入，尽快实现脱贫目标。

▲“三脱”即发展农民合作社、实施党建带社建社村共建和“第一书记”帮扶工程、建设为农服务中心，带领脱贫。“四助”即实施农资连锁直供、发展特色产业、组织开展农民培训、整合社会资源，助力扶贫。“一扶持”即加大精准脱贫资金扶持，助农脱贫。

【招商引资】 加大双招双引工作力度，推进基层供销社转型升级。围绕农业社会化服务、农村电子商务、一二三产融合等重点工作，积极策划对上争取和招商引资项目；以激活基层社内生动力为出发点，加大招才引智的工作力度。通过双招双引加快基层社转型升级，提升基层社综合服务能力。年内，完成招商引资3000万元、对上争取资金128万元的目标任务。

（胡琳琳）

粮食和物资管理

【概况】 市粮食和物资储备中心为公益一类事业单位，由市发展和改革局管理，行政编制10名，事业编制16名。内设办公室、人事科、储备粮管理科、调控监督科、产业发展科、财务科等机构。2019年，市粮食和物资储备中心主动适应改革新形势，积极承担发展新任务，严守粮食安全底线，各项工作均取得较好成绩。①招商引资及对上争取。全年完成招商引资2649万元、对上争取5480万元。②粮食安全责任制落实。年初，做好2018年度粮食安全责任制考核迎检工作，肥城市获得2018年度粮食安全责任制考核优秀等次。在此基础上，按照2019年度粮食安全责任制考核工作标准要求，细化分解考核指标，制定《2019年粮食安全责任考核评分表》。11月27日，召开全市2019年粮食安全责任考核工作会议，安排部署粮食安全责任考核工作。搜集整理档案材料，认真准备考核现场，确保2019年度粮食安全责任制考核取得优秀成绩。③粮食购销。指导粮食企业开展粮食购销业务，重点抓好夏、秋粮食收购等重要时间节点，共完成粮食购销155万吨，实现产销平衡。④小麦最低收购价政策落实。麦收后，针对小麦市场价格持续下滑并逐步低于国家小麦最低收购价的情况，8月8日，启动小麦最低收购价收购预案，按照国家有关标准要求，敞开收购农民手中余粮，累计收购农民余粮1.27万吨。⑤全国政策性粮食库存数量和质量大清查。4月，对政策性粮食储存单位的粮油储存品质、储存数量、会计账目、统计数据及安全生产等工作进行全面检查。5月，迎接省、泰安市对肥城市的现场检查，受到上级领导的高度评价。⑥地储粮油管理。严格执行“一规定两守则”制度，坚持开展每月一次的粮油库存检查，确保地方储备粮油数量真实、质量良好、储存安全。共完成地方储备小麦轮换6088吨，取得较好的经济效益。⑦粮食产业化。指导山东富世康工贸有限公司、泰安正大油脂有限公司2家企业完成“中国好粮油”示范企业建设。持续深化产销结合，组织市内粮食企业参加第二届中国粮食交易大会、“齐鲁粮油”上海推介会和在德州举办的第二届山东省粮油产业博览会，提升肥城粮油产品的知名度。指导富世康公司投资80万元建立可追溯信息化系统，通过网络、微信、京东、微博、展会等线上线下进行宣传。2019年5月16日，肥城市作为首批试点县参加淘宝直播“村播”，市长殷锡瑞参与直播，推荐富世康公司优质产品，效果良好。

【“中国好粮油”示范县项目】 争取申报“中国好粮油行动”计划示范县。经过专家评审和现场答辩，肥城市排名第一，获得国家的扶持资金4700万元，为历年间粮食部门最大的一笔无偿资金，将极大地提振肥城市的粮食产业和粮食经济。8月，对全市种粮200亩以上的农业经营主体进行摸底调研。8

2019年10月16日，“世界粮食日”“全国粮食安全宣传周”暨“中国好粮油示范县项目建设”泰安市启动仪式在山东富世康工贸集团有限公司举行

月23日，召开全市“中国好粮油”基地建设工作会议，就“中国好粮油”基地建设工作进行安排部署。至年末，已完成投资9500余万元。流转土地10万亩，建成优质粮食生产基地；完成小麦晒场改造9600平方米；投资170万元，购置拖拉机、无人打药飞机、小麦收割机、玉米收割机等设备，已投入使用。同时，富世康工贸有限公司、市粮食购销公司等各大项目建设主体加紧施工中。

【粮食产后服务中心项目】 总投资603.32万元，以肥城市张岭农机服务专业合作社、肥城市利国粮食种植专业合作社为主体新建2家粮食产后服务中心，同时抓好山东富世康制粉有限公司、肥城市汇鑫源农机合作社粮食产后服务中心的功能提升项目。截至2019年末，项目已全部建设完成，进一步完善肥城市粮食产后服务布局，有效增强农民市场议价能力，推动产后节粮减损，提升粮食专业化服务水平。

（冯少华）

石油经营

【概况】 2019年，中国石化山东泰山石油股份有限公司肥城

中石化易捷便利店

石油公司下设零售、财务、非油品、安全4个科室，1个客户部，共有干部职工146人，加油站28座，网点遍布城乡，主要经营清洁汽油、乙醇汽油、柴油和非油品。2019年，完成各类成品油4万余吨，成品油销售收入近3亿元，非油品不断引进名优特商品，经营品种达上千余种，收入实现2000余万元。年内，发展预备党员1名，党员转正1名，递交入党申请书的人员6名。肥城公司家属院“四供一业”经过改造后全部移交社区管理。

（李　静）

烟草专卖

【概况】 2019年，肥城市烟草专卖局（营销部）负责全市14个镇街的专卖管理、卷烟销售工作，下设综合办公室、卷烟营销科、专卖监督管理科、管理监督科4个科室和4个基层管理服务站、8个稽查中队，共有从业人员99人，其中聘用员工63人。辖区共有3073户卷烟零售客户。

【专卖管理和卷烟经营】 2019年，肥城市烟草专卖局（营销部）落实泰安市局（公司）“抓基层、打基础、强管理、重创新”的工作要求，围绕上级下达的任务目标，加强专卖管理，深挖市场潜力，较好的完成各项工作任务。①专卖管理。利用“APCD”▲工作法，强化层级分析，提高市场监管水平；坚持内查外打相结合，严厉打击违规经营行为，规范卷烟经营；联合公安、工商等部门适时开展专项整治，加大网络案件侦办力度，提高市场净化水平。2019年，共查处各类违法案件539起，查获各类非法卷烟242.49万支，案件标值102.47万元。刑事拘留4人，逮捕1人，判刑2人。②卷烟经营。深入推进自律小组建设、终端建设共建共赢、文明吸烟环境建设、大户治理“四个一把手”工程，突出抓好终端建设共建共赢工程，着力在客户服务、客户经营能力提升、特类市场开发等方面下功夫，全面提升卷烟经营水平。2019年，共销售卷烟2.33万箱，实现销售收入4.55亿元，实现利税1.18亿元，其中实现利润0.37亿元。

▲“APCD”工作法，即通过将零售市场检查工作划分为“分析（Analysis）”“计划（Plan）”“检查（check）”和“处理（deal with）”四个环节，通过获取、分析、应用监管对象的各类信息（主要是订单信息），发现异常卷烟零售户，从而确定检查对象，更有针对性地进行市场监管。

（梁金平）

盐业经营与管理

【概况】 2019年，肥城盐业公司下设综合办公室、财务科、业务科、4个区域部、生产用盐科等科室，共有干部员工59人、退休职工59人，负责全市境内食盐和厂矿企业用盐供应。

【食盐专营】 2019年，在全市境内划分4个区域部，下设11个客户经理部，负责将小包装食盐直供到食盐零售网点。盐业公司严格落实食盐专营政策，确保合格碘盐供应，辖区食盐“三率”不断提升，碘盐覆盖率达到99.9%，碘盐合格率达到99%，合格碘盐食用率达到98.9%，为持续消除碘缺乏危害做出贡献。公司明确“立足产区、以盐为主、强基固本、多业并举”的战略定位，全市建立食盐零售网点2600余家，非碘盐供应点30家，食盐供应品种丰富，满足居民不同消费需求，食盐安全得到有力保障，未发生一起食盐安全事故。销售净收入450.57万元，实现毛利139.49万元，利润-279.34万元。

（梁乙军）

城市建设投资

【概况】 2019年，肥城市城市建设投资有限公司（简称肥城城投公司）注册资本1.8亿元，为肥城国有资本市场化运作的实体企业。业务涵盖政府授权范围内的土地储备、土地增减挂钩运作及储备土地的经

城市建设（董敏　摄）

营，土地综合整治，房地产开发经营、工业地产，物业管理，市政工程、园林绿化工程、公共设施工程施工，以及新能源利用等项目的投资、建设和运营管理。公司建立健全党组织、董事会、监事会、经理层等完善的法人治理结构体系。坚持党的领导，加强党的建设，发挥党组织在企业管理中的核心作用，建立“三重一大”集体决策制度，形成民主决策、有效监督、高效执行的运行机制。内设综合部、合规部、财务部、工程部4个职能部门，成立城投工业、城投置业、城投能源等6家全资子公司，投资参股阿斯德科技、西陆装备等6家公司。公司围绕融资和发展两大主题，坚持“效益优先、规范第一”的发展理念，以“实体化、市场化、规范化”为经营路径，在资产划转、融资融券、实体运作、基础管理四项工作上稳扎稳打。年内，实现营业收入2.06亿元，利润2046万元。

（肖　坤）

财政·税务

■ 财政

■ 税务

财政·税务

财 政

【概况】 2019年，全市财政系统干部职工围绕全市工作中心，按照“一二三四五”的工作思路，突出“财源培植、财政管理”两大重点，着力支持深化供给侧结构性改革，加快推进新旧动能转换，提高经济发展质量；推进依法治税管费，强化公共财政导向，确保预算目标顺利完成；深化财税体制改革，加快建立现代财政制度；加强财政风险管控，防范和化解政府债务风险，全市经济实现协调稳定发展，各项工作均迈上新台阶、取得新佳绩。全市一般公共预算收入完成40.42亿元，完成调整预算的100%，与上年持平；全市一般公共预算支出59.92亿元，完成调整预算的100%，增长0.82%。先后被山东省财政厅、山东省人社厅评为山东省财政系统先进集体，被山东省爱国卫生运动委员会评为省级卫生先进单位，被肥城市委、市政府评为2018年度经济社会发展优秀单位、全国文明城市创建工作先进集体、尊师重教先进单位、党建工作二等奖。

【财政收入】 面对国家大规模减税降费和经济下行的双重压力，各级财税部门强化责任担当，密切协调配合，想方设法抓征管、促增收。财政部门发挥牵头抓总作用，强化组织协调、调研分析和调度指导，及时发现问题，制定应对措施。税务部门不断完善税收保障机制，全面提升税源管控和税收征管水平，确保依法依规、应收尽收。2019年，实现税收收入34.53亿元，主体税收收入24亿元，分别增长1.3%和12.7%；非税收入5.89亿元，下降6.82%。税收比重达到85.4%、主体税收占一般公共预算收入的比重达到59.4%，收入质量结构再创历史最好水平。

【财政支出】 坚持以人为本、统筹兼顾、有保有压，全力保障和改善民生福祉，不断增进城乡居民获得感和幸福感。优先保障民生事业。全市各项民生支出达到47.34亿元，高于财政支出增幅0.86个百分点；占财政支出的比重达到79%，比上年提高0.7个百分点，确保各项民生政策扩面提标。持续增强基层财力。坚持财力向基层倾斜，通过对上争取和统筹市级财力，市及以上财政安排对下转移支付3.06亿元、专项资金1.07亿元，同比增加7900万元。聚焦助力关键领域。统筹整合财政扶贫资金4214万元，巩固提升精准扶贫成果，决胜脱贫攻坚；筹集资金1.1亿元，支持打好污染防治攻坚战；统筹整合各类财政资金7.45亿元，强力推动乡村振兴战略实施；投入资金10亿元，开工建设济微路东移、泰肥一级路西延和肥梁路、老泰临路大修改造四条83.2公里省级公路。强化厉行节约机制。逐年压减行政运行成本，严格执行会议费、接待费、出国经费等管理制度，严控楼堂馆所建设和节会、庆典等活动支出。其中，全市“三公”经费同比压减156万元，下降6.57%。

【财源培植】 通过减税降费、预算安排、对上争取、杠杆支撑等综合举措，全力服务实体经济发展。全市百强企业实缴税金54.34亿元、对地方财政贡献29.02亿元，分别增长20.71%和18.22%。坚决减税降费，推动减税降费政策加力提效，进一步减轻企业负担，激发市场主体活力，全年新增税费减免7.29亿元。突出政策导向，全面落实市委、市政

2019年7月19日，山东省财政厅到军辉集团调研减税降费开展情况

府鼓励企业发展和泰安市“双50强”扶持政策，整合各类财政资金4.13亿元，支持企业发展、兑现科学发展考核奖励；争取各类上级资金2.96亿元，推动新旧动能转换和产业优化升级。用好财政杠杆，投放产业引导基金5亿元、山水林田湖草基金6000万元，重点支持特钢集团、阿斯德科技、桃都新能源等项目和康汇河治理；争取泰安市重点财源建设基金4亿元，申请省级新旧动能引导基金3.5亿元，支持瑞泰纤维素衍生项目和瑞福锂碳酸锂项目建设。优化发展环境，参股泰安市融资担保有限公司，为肥城市100余家企业合计提供融资担保资金17.1亿元。通过4000万元新兴产业和中小企业发展引导基金，鼓励银行为34家企业贷款1.67亿元。发放创业担保贷款9000余万元、贷款余额1.1亿元、贴息资金248万元。

【财税改革】 坚持用创新的思路引领发展，用改革的办法破解难题，不断提升财政管理的科学化、规范化、精细化水平。①预算管理。推进预决算公开，其中市级公开2018年政府决算、87个部门决算和“三公”经费决算以及2019年相应预算。优化预算管理职权，聚焦预算编制、支出政策审核，将专项资金分配权交给部门、项目确定权交给基层，加快构建权责清晰、协同高效、运行规范的预算管理新格局。②财力统筹。加大“四本”预算统筹力度，开展存量资金集中清理，将当年及之前年度本级预算结余、2017年及之前年度上级专款结余全部收回，全年共收回结余结转资金9800万元。③债务管理。将政府隐性债务压减率与政府债务率一并纳入经济社会发展综合考核体系，接受泰安市隐性债务压减目标督查，压实各级各部门风险防控责任。全市政府债务率降至54.9%，远低于泰安市核定肥城市76.6%的目标值，比上年压减1.8个百分点。

【国有资产监管】 围绕国有资产保值增值的核心目标，实行国有资产管理情况人大常委会报告制度，接受人大监督。创新国有企业资产统一监管机制，有序推进机构改革资产划转和参与肥矿集团三供一业移交等工作，开展水务集团资产划转和企业集团化运作，完成质安建设、疾控检验检疫两家国有独资公司新建注册。强化行政事业单位资产监管，将209户行政事业单位、46.9亿元资产全面纳入信息系统管理，实现资产监管信息化、动态化；强化资产处置管理，全年办理资产处置200余项，并将资产处置收入及时全额上缴；修订资产处置、房产出租等管理办法，推动国有资产监管有章可循，全市国资监管工作日趋规范。

【基层财政管理】 开展耕地地力保护补贴兑付工作，通过严格核实种粮面积、明确责任主体，全年共为11.23万户农户发放耕地地力保护补贴5399万元，发放棉花目标价格改革补贴资金164.8万元。加强“一本通”系统管理，将12种涉农补贴和农村低保、五保供养等纳入发放范围，涉及补贴对象37.1万户，发放资金1.42

市财政局非税收入中心工作人员到仪阳街道调研棚户区改造项目情况

亿元。

【财政监督管理】 严格执行《内部控制基本制度》，全方位扎紧制度笼子，促进监督与管理有机融合。开展会计信息质量检查，通过对16个单位、9.2亿元资金全面检查，发现问题资金1.2亿元、整改资金3500万元，补缴税金3000余万元、配套费1800余万元。牵头、配合和迎接省委巡视整改、侵害群众利益问题、扶贫资金使用情况、减费降税等9项专项整治、清理和检查，财政资金管理更加依法合规、安全高效。

【肥城市县级财政管理绩效工作获财政部通报表彰】 在财政部2019年县级财政管理绩效综合评价中，肥城市荣获县级财政管理绩效综合评价山东省第5名、全国第26名的好成绩。肥城加快构建“全方位、全过程、全覆盖”的预算绩效管理体系，实现“花钱必问效，无效必问责”。市级将财政拨款安排的支出项目全部纳入绩效目标管理，进行“双监控”；以预算安排为契机，审核下达337个项目支出绩效目标，组织部门单位开展绩效自评，选取3个部门整体支出、8个项目支出，开展重点绩效评价和第三方绩效评价，并将绩效评价报告提报市人代会审议，强化结果应用。

（陈　树）

税　务

【概况】 至年末，市税务局有在职干部职工325人，其中研究生学历7人，本科学历209人，大专以上学历人员占在职人员的98.77%，离退休干部148人。全局下设办公室、法制股、税政一股、税政二股、社会保险费和非税收入股、收入核算股、征收管理股、税收风险管理股、税源管理股、财务管理股、人事教育股11个内设机构，另设纪检组和机关党委（党建工作股），信息中心、纳税服务中心2个事业单位，第一、第二、新城、老城、王瓜店、石横、安驾庄、汶阳、桃园、高新技术产业开发区10个税务分局。辖区内共有45289户纳税人，其中个体类34467户，企业类10822户。2019年，全市税务系统广大干部职工深入学习贯彻习近平新时代中国特色社会主义思想，开展第二批“不忘初心、牢记使命”主题教育，传承弘扬新时代泰山“挑山工”精神，求真务实、克难奋进，各项税收工作取得明显成效。先后荣获“全国税务系统先进集体”“全省职工职业道德建设标兵单位”等荣誉称号。

【减税降费】 将确保减税降费政策措施落地生根作为2019年税收工作的主题，进一步减轻企业负担、激发微观主体活力、促进经济增长。①组织领导。设立减税降费领导小组办公室，成立减税降费专班，建立每周例会、督察考评等制度机制，定期下发任务清单，层层压实责任，确保减税降费政策红利精准释放。②宣传辅导。梳理128项税收优惠政策，分批次开展内部业务培训。召开“共话减税降费”座谈会，征纳双方共商政策落实举措，共谋改革发展良策。成立“减税降

2019年4月1日，市税务局举办“共话减税降费”座谈会（时洋琪 摄）

费青年突击队”，深入企业提供“一对一”服务，全方位做好政策解读。发挥总局“十百千万”直报点优势，协助上级及时了解基层实际情况，《减税降费助力石横特钢绿色转型》等案例被税务总局转发。③统筹协作。加强金三数据管理，建立申报期后监控复核机制，打造支撑“铁账本”“硬账单”的统计核算分析体系，及时统计减免税政策执行情况；建立股室与基层分局两级监控机制，安排专人通过金三系统、数据平台定期查询政策执行情况，确保政策红利应享尽享。

【组织收入】 严格依法组织税费收入，严守坚决不收“过头税费”的纪律底线，完成预算确定的税费收入任务。①精准分析预测。建立健全横向分工协作、纵向紧密联动的分析制度，统筹考虑经济性、政策性、征管性增减因素，拓宽数据来源渠道，加大税收分析、税源管理和收入预测工作力度，深化税收分析结果运用，准确研判税收走势，确保组织收入目标实现。②完善督导机制。全面落实“领导包片、部门包点”收入督导机制，深入调研各税源管理单位组织收入工作情况，分析税收收入形势，指导组织收入工作开展，把握组织收入主动权。③规范税收秩序。完善“四位一体”分析评估机制，筛选重点纳税评估对象，提升纳税评估的针对性和实效性，建立内外联动工作机制，加强与公安、财政、经贸等部门的协同配合，做好稽查协查配合和涉税违法举报，严厉查处涉税违法犯罪行为，提升收入质量。全年累计组织收入72.59亿元，同比增收10亿元，增长15.97%。其中，税收收入63.51亿元，同比增收3.26亿元，增长5.41%；非税收入2.26亿元，社会保险费收入6.82亿元。

【税收征管】 ①税制改革。有序推进社保费和非税收入划转工作，城乡居民两险均提前完成全年预算收入目标。深入推进个税改革，围绕六项专项附加扣除做好预扣缴申报和后续管理，提升个税政策管理、实务操作、政策服务及专业化团队建设水平。②日常征管。着力规范征管信息采集、涉税信息报告，推动新税收监管体系建设，抓好新岗责流程体系建设。做好税款延期管理，加大网报管理力度，推动个体税收社会化管理，逐步建立个体税收管理以镇街为主导的社会化管理新模式。③风险防控。成立税收风险管理领导小组，强化大数据风险分析攻关，开展大数据风险分析预警指标模型体系建设，推动税收征管方式全流程管理转变。完善案例库建设，参加全省“智税·2019”竞赛并荣获全省团体赛第3名、个人赛第4名成绩。探索实施“税务健康管理”，完善涉税风险事前防控，经验做法被省税务局和省委《山东通讯》转发交流，风险应对典型案例被总局评为全国优秀风险管理工作案例。④税源管理。做好增值税改革宣传辅导，建立增值税发票风险快速反应机制，强化重点行业管理。在全市推广“加油站数据信息实时采集系统”，加强成品油行业税收一体化管理，做好部分重点行业税收随机抽查工作，加强税源监管和风险防控。⑤依法治税。推进执法全过程记录，规范行政执法公示，完善法制审核机构，强化内控平台应用。积极参与宪法宣传，拍摄制作《我与宪法·依法纳税共筑美好生活》微视频，荣获首届泰安市法治动漫微电影征集活动二等奖。

【纳税服务】①落实“一次办好”。制发“一次办好”清单，落实首问责任制，推行“即办即走”“简事即办”“容缺办理”等服务举措，实现“新办登记—发放税控设备—核定票种—领取发票”套餐式服务。联合财政、邮政开展发票免费邮寄，实现“城区当日达、乡镇次日达”。②提升多元办税比例。推广电子税务局，加强自助办税和移动办税等智能化办税方式推广，针对纳税人和缴费人分布情况，加快第三方委托代征平台建设，实现多维服务一体化。搭建“线上办税平台”，立足制度流程、征期辅导、宣传走访“三个再优化”，设置热线号码、业务承办小组，快速响应纳税人涉税诉求。③推进办税制度落实。健全导税制度，做到准确指引、快速预审，完善应急预案管理制度，强化平稳运行保障。实行领导值班、延时服务、预约服务等个性化制度，完善信用等级评定管理，深化结果运用，树立守信激励和失信惩戒的优良导向。

2019年4月12日，第28个全国税收宣传月期间，市税务局组织开展深入企业送政策服务。图为业务骨干向纳税人宣传税收优惠政策（张明阳　摄）

【队伍建设】①干部培训。分类制定培训计划，举办3期综合素质提升培训班，邀请扬州税院专家举办大数据风险管理培训。以“岗位大练兵、业务大比武”为契机，强化理论知识学习，夯实业务基础。②文体活动。发挥工青团妇组织作用，举办“壮丽七十年·奋斗新时代”庆祝中华人民共和国成立70周年文艺会演、“银发税魂·青春接力”征文比赛、参观革命纪念馆等活动，参与市直机关篮球比赛、“我和祖国共成长”演讲比赛及各类志愿服务活动，增进干部职工交流沟通，营造团结向上、朝气蓬勃的工作氛围。引导离退休老同志积极发挥余热，举办庆祝新中国成立70周年书画展、下乡送春联等活动，并编印老干部书画作品集，展示离退休干部队伍风采。③权益保障。坚持严管厚爱，从严从实开展作风建设，组织年度健康查体，建立职工健康档案，保障职工身心健康。解决干部职工合理诉求，多方帮扶困难职工，全面开展送温暖活动，切实为干部职工做好事、办实事、解难事。

（姜咪咪）

肥城年鉴

FEICHENG YEARBOOK

FEICHENG
YEARBOOK
2020

金融

综述

银行业

保险业

金 融

综 述

【概况】 截至2019年末，全市共有各类金融机构54家，其中银行14家。全市各项人民币存款567.69亿元，比年初增加67.36亿元，增幅13.46%；各项贷款316.9亿元，比年初增加7.31亿元，增幅2.36%；保险业机构34家；证券机构分支2家；小额贷款公司2家，民间资本管理公司2家，典当行1家。全国中小企业股份转让系统挂牌企业9家，区域性股权交易系统挂牌企业21家。

【金融服务】 通过加强政银企合作、培强金融机构、强化多领域融资服务等方式，围绕实体经济发展、“一核四区”建设等重点，持续加强金融服务。贷款主要投向基础设施、消费领域、骨干企业。银行引进和网点布设继续保持良好势头，齐鲁银行顺利开业，驻肥银行达到14家，在泰安各县市最多。机构网点布设有新进展，各银行新增服务网点21处（农商行新设立便民服务网点190个）。

【金融环境】 通过召开银企恳谈会、引导成立互助联盟、签订银企合作协议、设立过桥还贷基金等措施，稳控风险、化解问题。协调银行、法院对重点担保圈企业不抽贷、不断贷、不保全资产，为担保企业争取利益最大化，有效防止风险传导。高度关注非法集资、逃废银行债务等影响企业规范融资的不稳定因素，坚持“标本兼治、疏堵并重”的原则，对各类非法集资、“老赖”行为保持高压严控态势，通过发放宣传材料，播放“打非”公告，联合有关部门开展专项行动等措施对非法集资行为进行持续防控处置，保持全市经济的稳健运行。

【资本市场】 按照“持续发展、梯次跟进”的思路，筛选挖掘产业竞争力强、发展潜力大的企业，建立“资源库”精准培育引导。专门组织重点企业到上海复旦大学和省内外上市企业学习资本运营，进一步深化企业家认识。为进入上市挂牌程序企业提供全方位服务和支持，帮助解决土地、房产、税务等方面的问题，畅通“绿色通道”加快办理。密切掌握中央、省、市政策动态，加强与证监会、“新三板”公司的沟通联系，积极为企业提供指导和咨询，确保上市挂牌速度和质效。邀请专家、知名券商举办讲座，组织企业家到沪深股票交易所、“新三板”公司和上市

2019年1月22日，鲁变电工股份有限公司在全国股转系统新三板挂牌（宋浩然 摄）

挂牌企业现场学习。编制《肥城企业上市挂牌服务手册》，为拟上市挂牌后备企业提供专业化指导服务。出台扶持政策，对上市、“新三板”挂牌、区域股交中心挂牌企业分别补贴资金1000万元、100万元、5万元。泰鹏智能家居、鲁变电工两家企业顺利在“新三板”挂牌。

银行业

·中国人民银行肥城市支行·

【概况】 至年末，中国人民银行肥城市支行设办公室（纪检监察室）、货币信贷调统科、金融稳定科和金融服务管理科4个内设科室，在职职工30人，党员占比80%。2019年，中国人民银行肥城市支行立足辖区实际，落实“货币政策+宏观审慎政策”双支柱金融调控政策框架要求，畅通货币政策传导渠道，督促引导银行类金融机构落实信贷政策，扩大信贷规模，积极对上争取，确保中小企业、“三农”等领域信贷增速提高、占比上升，信贷投向和结构进一步优化。结合现场监管和常规监管，引导金融机构合规经营，动态监测辖区内经济金融动态，守住不发生系统性、区域性金融风险的底线。落实经理国库职能，服务地方财政。提供支付结算、征信查询、外汇管理等金融服务，促进辖区群众信用意识的提升。农房抵押贷款余额居全省试点县市首位，开展“富民贷”“拥军贷”“财政支农类”贷款、“奶牛活体抵押类”贷款等，鲁担惠农贷余额位居山东省县市前列。防化担保圈风险相关做法受上级领导肯定批示。年内，获得“济南分行文明单位”“泰安市文明单位”“泰安市模范职工小家”“肥城市模范职工之家”等荣誉，连续五年被泰安市中心支行考核为“先进单位”；支部被评为泰山先锋先进基层党组织，2人被评为“泰山先锋”优秀共产党员；连续两年被评为“反假货币先进单位”。

【金融运行与监管】 ①指导督导。积极对上争取，扩大信贷规模，保持货币信贷和社会融资规模合理增长。截至2019年11月末，全市金融机构各项人民币存款余额为662.8亿元，比年初增加95.1亿元，各项人民币贷款余额为330.5亿元，比年初增加13.6亿元。通过货币政策工具引导银行机构加大信贷投放，为民丰村镇银行新发放支农再贷款2800万元。做好农村商业银行准备金率调整监测和督查工作，引导农商银行加大信贷支持，降准资金发放民营和小微企业贷款5.58亿元，资金利用率达到100%。②助推新旧动能转换。召开有关政府部门、银行机构、科技企业参加的工作座谈会，推进金融支持新旧动能转换和银企合作。建立金融支持新旧动能转换重大工程季度报告制度，逐步实现对各法人银行新旧动能贷款的总量统计

2019年5月21日，市金融服务中心与肥城农商银行、市公安局经侦分局、各乡镇政府、街道办事处联合开展打击非法集资宣传月活动（赵玲　摄）

及结构统计。做好省重点项目融资对接工作，引导各金融机构适当信贷政策倾斜，加大信贷投放。截至2019年11月末，肥城各金融机构累计为实现新旧能转换发放各类贷款2.8亿元。③监测防控。及时掌握金融机构资金运行风险状况，摸清风险底数。督促风险暴露点集中的肥城农商银行制定《山东肥城农村商业银行风险化解工作方案》，重点关注辖内担保圈问题，精准监管处置风险企业，就企业的风险等情况及时向金融机构发出风险提示，防止企业经营风险转化为金融风险，确保辖内金融安全。④甄别监管。开展2019年防范非法集资“筑网行动”宣传，做好反洗钱业务指导工作。组织反洗钱检查，加强派驻监管工作，强化对法人金融机构派驻监管。先后对工商银行等7家银行进行反洗钱监管走访。经协调地方政府、金融办等部门，建立《肥城市反洗钱工作联席会议制度》。⑤金融消费权益保护。组织对金融机构金融消费权益保护工作检查，从金融知识宣传、投诉处理及消保投诉月报及季报的填报三个方面先后对农商银行等5家银行的消保开展情况进行监督检查。组织金融消费素养问卷调查，开展投诉数据上线工作。召开肥城市金融消费权益保护协会第二届会员大会，组织换届选举。利用“3•15”消费者权益保护日、金融知识宣传月等活动，宣传打击非法集资、存款保险、金融维权等金融知识。⑥调查统计。按照“完善服务、强化管理、提高素质、深化分析”的目标，严格执行统计制度。完成小额贷款公司数据审核上报，资管产品统计数据校验。做好企业景气监测工作。组织银行家、企业家问卷调查表，开展企业商品价格调查、储户问卷调查、小微企业调查、城镇居民资产负债调查和其他制度性调查25次。

【金融服务】 强化服务意识，不断提高金融服务水平。①征信管理。2019年，为企业和个人征信查询提供优质服务，全年共办理个人征信查询27849次、企业征信查询702次、国家机关司法查询1次，接待个人企业信用报告咨询15000余次。利用人民银行征信服务平台，加快小微企业、农户、合作社等农村市场主体数据库建设，全年累计采集数据信息加载小微企业12073户、合作社720户、农户117607户。推进中征应收账款融资服务，督促肥城建行做好个人支农贷款业务试点。组织开展征信知识宣传4次。②支付结算环境维护。做好银行机构取消企业账户许可，对民丰村镇银行进行现场风险核查。完善助农取款服务点分类管理和农村支付环境建设，对助农取款服务点实行“包村制”。做好非现金支付工具创新应用，抓好网上跨行清算系统“手机号码支付”上线推广，推进移动支付便民工程。③国库管理。强化国库制度建设，进一步推动国库会计核算业务标准化、规范化，切实提高国库会计核算质量。配合山东省财税体制改革和政策实施，完成国地税并库工作。做好电子退库系统上线测试和电子档案系统上线。推进“放管服”改革，做好减税降费工作。《强化国库服务职能确保减税降费政策落到实处》获副市长王志勇批示。④货币金银管理。做好新版人民币和流通纪念币发行，督促金融机构完成机具升级测试、人员培训、舆情监测。做好现金服务示范区创建准备，整治违规使用人民币图样，连续两年被评为“反假货币先进单位”。

【外汇管理】 推进外汇主体监管，促进贸易投资便利化。做好经常项目货物贸易外汇收支企业名录登记、变更、备案工作，协助境内外直接投资企业按时完成直接投资权益登记。做好外汇业务政务系统上线和申报，安排专人学习熟悉系统操作，组织外汇指定银行参加外汇培训，知悉新政策要求。继续开展“外汇服务进万企”活动，2019年共走访辖内进出口规模较大的企业20家，加强对新旧动能转换重点项目“一对一”“点对点”的政策辅导，为企业提供咨询服务。

（梁　晓　冯圣军　张圣猛　梁兴建）

·中国农业银行肥城市支行·

【概况】 至年末，中国农业银行肥城市支行下设综合管理部、运营财会/风险管理部、公司业务部、个人金融部与个贷中心，15个综合营业网点（含营业部），在职员工230余人。2019年，围绕“横向提升、纵向进位”战略目标，贯彻落实国家宏观调控政策和上级行要求，推进业务经营转型，全行业务经营规模和质量得到提升，各项存款总量、增量均居同业第一位。截至2019年末，全行各项存款余额113.09亿元，较年初增加22.27亿元。各项存款日均108.83亿元，较上年增加29.1亿元。其中对公存款余额39.81亿元，比年初增加13.43亿元，个人存款余额73.28亿元，比年初增加8.84亿元。各项贷款余额59.9亿元，较年初增加2.31亿元。实现中间业务收入5689万元，当地四行市场份额占比46.39%，居四行首位。①重点业务发展。围绕重点企业、重点领域，强化信贷投放。全年累计为特钢、中节能投放贷款3.7亿元，为特钢办理银承42亿元，信用证9.02亿元。全年发放惠农e贷1.52亿元，富民生产贷930万元，发放公司类小企业贷款7300万元，发放经营类贷款1001万元。②风险防控。年内，面对严峻复杂的风险挑战，全行坚定“严控风险、稳中求进”的工作目标，团结一致，攻坚克难，风险化解和不良控制工作取得明显成效。一季度银宝8200万元审批核销入账，12月瑞泰2818万元进入核销流程。③党建和企业文化建设。深入贯彻党中央有关指示精神，坚持稳中求进工作总基调，坚持新发展理念，以服务三大攻坚战和“六稳”部署为重点，深入实施治行兴行“六维方略”，全面推动党建和经营工作再上新台阶。④基础管理。利用“三线一网格”管理模式，员工管理更加科学和规范。严格执行八项规定和各项制度，开展“从严治行、合规操作、防控案件风险专项治理”等活动，强化履职监督，抓好问题整改，筑牢合规底线和发展基础。⑤社会形象。2019年，继续坚持“客户至上，始终如一”的服务理念，通过创新服务模式、拓宽服务项目、提高服务效率等途径努力提高服务质量，提供便民、利民、惠民的优质金融服务，在春天行动营销活动中被评为零售和对公条线先进支行。全行开展以“根治法治文化，建设法治农行”为主题的员工法律知识竞赛活动，肥城市支行荣获分行该项比赛一等奖。

·中国工商银行股份有限公司肥城支行·

【概况】 至2019年末，中国工商银行股份有限公司肥城支行（简称中国工商银行肥城支行）设4部1室，9个营业网点，共有干部员工126人。截至年末，全部存款余额81.13亿元，存款总量首次突破80亿元大关，较年初增加7.87亿元，四行增量占比第二。其中，人民币储蓄存款余额56.43亿元，较年初增加7.68亿元，四行占比第二，为唯一完成分行年末计划的支行；对公存款时点余额24.69亿元，较年初增加2502万元，其中公司存款时点存款新增3.63亿元，分行排名第一。全部贷款金额35.41亿元（不含贴现），其中法人客户贷款余额20.3亿元；个人贷款余额15.12亿元。2019年，累计处置公司不良贷款4.56亿元，公司贷款较年初下降4.32%；全年共清收转化个贷不良81户1132万元，不良贷款余额和不良贷款率实现双降。实现中间业务收入3792万元，较上年同期增长462万元，分行排名第一，增幅为13.87%，分行排名第二，全年实现拨备前利润14240万元，比同期增长2671万元。在2019年工行泰安分行开展的旺季竞赛活动中，取得泰安分行全部三项大奖。

【内部管理】 以党建为引领，内

部管理得到加强。①全面落实从严治党要求。强化主体责任落实，签订“党风廉政建设和案防工作责任书”“管理人员廉洁从业承诺书”；落实监督管理机制，坚持领导干部廉政谈话、述职述廉和重大事项报告制度，接受组织和群众的监督；按照总省市行的要求，坚持党中心组学习教育的常态化，组织党员干部学习习近平新时代中国特色社会主义思想，用党的最新理论成果武装党员干部头脑；深刻认识落实中央八项规定精神的重要性，进一步加强和规范党内政治生活，坚持不懈开展反腐倡廉教育，推动党建工作不断实现新提升。2019年，工商银行肥城支行按照组织程序重新划分党支部，改选成立新的党支部组织机构，健全党支部组成人员，使党员管理和党员活动从组织上得到保证，在经营发展中更好地发挥先锋带头作用。先后开展参观孔繁森纪念馆、重温入党誓词、金融知识进社区、登山比赛、健步走、企业体验、退休老干部“回娘家”等活动，锻炼党员群众的身体，陶冶情操。②精细化管理。先后制定《肥城支行运行管理工作考核办法》《网点负责人风险合规考核办法》《网点运营主管风险合规考核办法》《“‘促遵章、争双零’合规明星柜员”评选活动实施方案》《荣誉积分管理办法》《肥城支行车辆管理使用实施细则》等制度办法，做到有章可依，有法可循。支行坚持开展对劳动纪律和卫生环境的检查，发布执行力通报，实施精细化管理；开展多项业务知识培训，组织员工学习行为禁止规定和违规积分管理办法，形成合规文化核心理念，提升全员合规意识，降低风险暴露水平。③案防工作。坚持两月召开一次案防分析会，及时总结分析案防现状和工作重点。通过典型案例学习，将案防压力传导到每位员工身上。开展员工行为动态管理，加强对员工参与非法集资、民间借贷、违规担保等违规行为的排查和治理，关注员工征信情况，提高案防水平。

【主题教育】 按照上级行党委统一部署，开展“不忘初心、牢记使命”主题教育。支行班子成员及党支部成员认真履行“一岗双责”，抓好自身教育，作出表率，确保实现理论学习有收获、思想政治受洗礼、干事创业敢担当、为民服务解难题、清正廉洁做表率的目标。工作中，广大党员干部以主题教育为动力，在经营发展中发挥先锋带头作用，业务亮点不断呈现。在肥城市10个市直系统机关党委中，成功营销7个党费户；成功营销北控物业公司云平台项目，公积金缴存归集系统内排名第一；在社保卡营销中，支行机关老党员、老员工组成小分队，放弃节假日到村镇社区发卡，累计发卡1.8万张；在ETC营销中，党员带头，全员发动，共营销24895户，绝对额分行排名第一。

【党风廉政建设】 支行成立以总支书记为组长的党风廉政建设领导小组。2019年，两次召开党风廉政建设班子专题会，研究部署党风廉政建设工作。党总支成员在抓好分管工作的基础上，对党风廉政建设均能负起责任，按照一岗双责的要求大胆管理。把党风廉政建设与本行的各项工作结合起来，做到一起部署、一起落实、一起检查、一起考核。注重思想政治教育，要求党员干部自重、自省、自警、自励，将理论学习作为改善工作作风、树立良好形象的基础工作来抓，自觉加强党性锻炼，努力改造世界观。制定《党风廉政建设责任制》等多项规章制度，用制度管理队伍，规范行为。加强重点岗位监督，一方面强化班子内部权力运行程序的监督和制约，班子成员互相尊重，紧密配合，遇事能自觉按照民主集中制原则多商量、多反馈。一些重大决策、安排，都经过集体讨论做出决定。另一方面加强对掌管人、财、物等重要岗位权力运行的监督。汲取“两明案”教训，做好选人用人。执行干部选拔任免管理规定，加强管理人员选拔聘用全程监督，严肃查处违反组织人事纪律的行为。结合2019年“两明案”自查情况，就案件暴露出的选人用人方面薄弱环节，汲取“两明案”教训，以案促思、以案促省、以案促查、以案促改。纪检监察按照有关规定，对管理人员选拔聘用工作进行监督检查。党总支及其组织人事部门在管理人员选拔聘用工作中，严格执行管理人员选拔任用规定，自觉接受组织监督和群众监督。

【员工管理】 加强企业文化建设，重视员工工作。坚持以人为本建设企业文化，把员工综合素质作为新时期企业文化建设的基础工作。举办员工心理减压培训班、支行员工技能比赛、新员工入行教育、迎新春文艺晚会、“中国梦工行情·肥城支行员工健步行”户外健身活动等各项活动，组织参与省市分行业务技能比赛并取得优异成绩。全年共开展各类活动20余次，走访慰问职工260余人次，编发内部报道78期。通过各项活动的举办和深度参与，进一步增强全行员工的执行力、向心力和凝聚力。员工满意度提升5.48个百分点。加强团支部力量，发挥团组织的积极作用。实施青年员工“鸿鹄计划”，促进青年员工的培养成长；组织召开五四青年员工座谈会，听取青年员工的心声；组织开展多项主题教育活动，引导青年员工树立正确的价值观念；鼓励和尽量安排青年员工积极参加各项培训、交流、活动，增强综合能力；加强青年员工人才储备，将优秀青年员工提拔到网点负责人、运营主管、客户经理等重要岗位上来；在部分重要、关键岗位上积极起用青年员工人才，发挥青年员工的热情和进取心；关心青年员工的职业生涯，多岗位交流锻炼，培养多条线专业人才，塑造专业条线的多面手，为青年员工的成长奠定基础。2019年，有1名员工任职网点负责人，3名青年员工任职客户经理。

（张昌勇）

·中国建设银行股份有限公司肥城支行·

【概况】 至年末，中国建设银行股份有限公司肥城支行在职员工124人，内设办公室、公司业务部、个人金融部、个人贷款中心，辖设营业室、肥城新城支行、肥城矿区支行、肥城桃都支行、肥城文化路支行、肥城龙山支行、肥城支行高余分理处7个营业网点。各项人民币存款余额为59.48亿元，各项人民币贷款余额30.65亿元。2019年，肥城支行坚持以党的建设为统领，以价值创造为核心，以精细化管理及作风建设为主线，以三大战略为动力，以内控合规为保障，围绕高质量发展新目标，提质增效，提比进位，促进员工获得感提升，深入推进“县域突破”，在贷款、存款、客户、资产质量控制等多项核心指标均取得骄人的业绩，实现各项业务的健康快速可持续发展，多项业务指标在系统内名列前茅。经过3年的不懈努力，对公不良贷款全部清零，支行资产质量管控取得良好成效。年末不良贷款597.46万元，比年初下降2.41亿元，不良率0.0018%。12月，作为全省建行2019年度新筹建3个网点之一的龙山支行顺利开业，肥城支行的服务能力得到进一步提升。参与智慧人社项目，利用好社保大厅多台智能POS设备和裕农通缴费平台，方便用户缴费，减轻社保收费工作量，全年累计社保缴费6.54万笔。全年新增职务与职等并行8人，新发展预备党员3人，成功举办建党98周年文艺晚会。两个宿舍区三供一业改造顺利完成，员工办公和居住的环境、条件得到进一步改善。年内，支行先后荣获山东省分行“对公金融服务先进支行”“县域支行私人银行突出贡献奖”称号，荣获泰安分行“综合性支行综合贡献一等奖”称号。被肥城市委、市政府授予“2019年度融资贡献先进单位”荣誉称号；连续七年获得泰安市级“文明单位”称号；荣获“2019年度街道社区建设共驻共建先进单位”称号；员工被共青团肥城市委授予“新长征突击手”荣誉称号。支行副行长武鹏荣获总行2018年零售及网络金融业务个人存款业务突出贡献个人。

·中国银行股份有限公司肥城支行·

【概况】 至年末，中国银行肥城支行下设综合管理部、业务发展部、营业部、矿务局支行、泰西大街支行、新城路支行，共有干部职工66人。截至12月末，全行各项存款余额37.05亿元，较年初新增2.22亿元，四大行市场份额占比13.13%，新增份额占比3.1%。其中个人储蓄存款日均余额19.68亿元，较年初增长1.13亿元；个人储蓄存款时点余额18.82亿元，较年初增长1.95亿元。公司存款日均余额17.37亿元，较年初新增0.24亿元；公司时点存款余额11.24亿元，较年初下降4.92亿元。各项贷款余额30.45亿元，四商行市场份额19.47%，较年初提升0.07个百分点，份额提升列泰安全辖第四位。其中，本外币公司贷款日均余额20.89亿元，较年初下降1.69亿元，四商行市场份额23.12%，较年初提升1.17个百分点，份额提升列泰安全辖第二位；本外币个人贷款日均余额9.56亿元，较年初增加0.3亿元，四商行市场份额14.47%，较年初下降0.64个百分点。2019年，肥城支行贯彻落实总行年初工作会议精神，坚持战略引领，纵深推进改革，扎实做好各项工作，全面加快“建设全球化一流银行”的步伐。至年末，实现营业净收入8869万元，其中公司板块完成4187万元，个金板块完成4682万元，完成分行下达任务的84.78%；其中利息净收入7328万元；非息收入1541万元。拨备前利润完成6782万元，收回核销呆账133万元。年内，先后被评为“省级文明单位”“泰安市银行业文明规范服务示范单位”“泰安市银行业金融机构现金服务示范网点”“肥城市融资贡献先进单位”“肥城市A级金融机构”“肥城市银行业综合评价A级金融机构”“肥城市银行业金融机构现金服务示范网点”、肥城银行业“我心中的银行”评选活动“最受中小企业欢迎银行”、省行综合绩效考核优胜单位、泰安分行综合绩效考核优胜单位、泰安分行先进基层党组织、泰安分行利润突出贡献奖，营业部被评为肥城市“巾帼文明岗”、肥城市“工人先锋号”集体，被省行继续认定为“青年文明号”单位。

【资产质量】 采用“降”和“控”相结合的方式，遏制不良冒升势头。至12月末，全行不良余额5969万元，其中公司不良余额5372.47万元，涉及客户1户；个人不良贷款余额596.5万元。不良余额努力控制在分行计划时间进度内，先后核销不良贷款170余万元，利用借新还旧等方式，化解潜在不良风险，防止授信企业因资金链断裂造成风险暴发，维护地区金融稳定，受到当地市委、市政府及金融办的好评。

【转型发展】 抓好客户金融资产提升，促进客户量质齐升。依托优势产品，做好基础性工作，做实结算清算业务，促进公司存款长期稳定增长。营销代发薪、代收付、来聚财、代理资格、手机银行等新产品，深挖存款潜力。转变增收模式，科学配置资源，加快增收步伐。尤其在非利息收入上，由传统业务带动向新业务、新产品拓展转变。发展投行业务、同业业务、金融市场业务、跨境金融、互联网金融、资产管理等领域的新产品，增加非利息收入。发展银行卡业务，打造中行信用卡品牌。加快贷款投放，推进大项目授信，推动房贷等个贷项目加速发展。

【党建引领】 学习好、宣传好、贯彻好党的十九大、十九届四中全会精神，用最好党建引领最好银行建设。以“三会一课”为基本制度，持续做好“不忘初心，牢记使命”主题教育，全面抓好基层党建工作，定期开展组织生活，挖掘先进典型，发挥共产党员先锋模范作用。高度重视青年工作，建立后备人才库，做好青年员工职业生涯规划，为业务拓展增添动力。以党建带团建，加强技能练兵和业务培训，固化员工文明服务习惯，提升基层网点整体服务水平。把“公益中国”作为承担社会责任和开展公益事业的重要抓手，营销企业加入公益联盟，入驻善源商场。

【稳健经营】 继续突出降不良的重要地位，以更大的决心化解存量不良、堵住新增不良，坚决杜绝“前清后冒”现象，防止资产质量下迁，做到守土有责。坚持发展的观点，在推动发展中化解风险，在防范风险中促进发展。加强员工合规教育与业务检查力度，提升依法合规经营能力。把守纪律、讲规矩摆在突出位置，对参与民间借贷、违反“双十禁”等问题的员工从严处理，绝不姑息；紧扣“六大纪律”，深化“四个着力”，在严守“八项规定”、规范费用支出等敏感问题上，加大管控力度。

·农业发展银行肥城市支行·

【概 况】 2019年，中国农业发展银行肥城市支行（以下简称“农发行肥城市支行”）坚守“支农为国，立行为民”的初心使命，以服务“三农”需求为己任，以建设现代化高质量发展的农业政策性银行为愿景，谋发展，求突破，务创新，把各项工作向深处、细处、实处、高处推进，努力把自身建设成为服务乡村振兴的银行，整体工作呈现出良好的发展势头。面对辖内民营小微企业资源少、担保措施落实难等问题，化繁为简、内繁外简，积极对上争取，支持辖内两家小微企业成功贷款，其中为山东一滕田园美农林科技有限公司贷款260万元，为山东兴润园林生态股份有限公司贷款300万元，为小微企业走出困境、逐步实现中兴做出新贡献。强化责任担当，化解贷款风险。在完成善后审计，顺利化解山东银宝食品有限公司不良贷款风险的基础上，2月成功收回山东明瑞化工集团有限公司3950万元逾期贷款及其对应利息，避免不良贷款的再次发生，为防控贷款系统性风险、维护金融市场稳定贡献力量。

【经营管理】 2019年，农发行肥城市支行加快各项业务转型升级，夯实发展根基，不断提高发展质量和效益。各项贷款余额32822万元，各项企事业单位存款余额20834万元，日均存款余额16357万元。全年实现账面利润204.02万元。国际业务结算量为130.55万美元。①储备粮轮转。切实做好夏季粮油收购信贷资金供应与管理工作，发放储备粮轮换贷款1181万元，轮换小麦6087吨，完成本年度粮食轮换计划任务，同时严格轮换转储备操作，确保储备贷款安全。②存款组织。加大与财政、国土、水利、资产运营公司等部门沟通协调，通过多渠道、多层次、多方式，积极营销各类存款，应对存款下降势头。年末，各项存款余额20834万元，其中财政性存款6286万元，非贷客户存款6586万元，贷款客户存款7962万元。③国际业务营销。在贷款客户没有国际业务的困境下，加大非贷客户营销力度。重点对接钢铁、蔬菜、食品、纺织等各类非贷企业，拓展新的增长点，实现结算量的逆势增长，全年累计办理国际业务结算量130万美元。④中长期业务发展。面对中长期项目贷款余额逐年递减的趋势，克服困难，逆势营销。除对已营销的项目加大对上攻坚力度，争取早投放早见效外，对肥城市土地综合治理项目跟踪服务，实现贷款审批投放3000万元。

【内部管理】 2019年，农发行肥城市支行设定适合业务发展、分工合理、职责明确的组织结构，建立必要的职责分离制度，制定一整套内部管理规章制度，在不同部门、不同岗位间形成横向监督制约的内控机制。①办公室。加强公文管理，严格落实公文管理责任，确保公文内容合法、格式规范。加强印章管理，规范登记、使用印章使用登记簿和用印审批单。加强保密基础管理，确保国家秘密和农发行商业秘密安全。强化安全保卫，严肃值班纪律。开展消防演练，杜绝火灾隐患。②财会。对会计支付结算及账户管理、财务收支管理、运营管理、固定资产管理等工作真实性、合规性及完整性全面梳理自查，确保会计基础管理及财务费用使用做到合规、合法、合情、合理。强化会计基础管理，重新修订岗位职责，强化责任分工，通过建立健全制度、办法，使各项操作合规合理。熟练掌握运用新核心系统，增强集约化管理能力，提升金融服务质量。③信贷管理。牢固树立合规理念，继续强化学习，狠抓以尽职免责为前提的规章制度落实，切实做好各类客户贷前、贷中、贷后管理，加大风险防控力度，严守合规底线，严防贷款风险，促进业务健康发展。

【金融文化建设】 2019年，以新版《中国农业发展银行企业文化手册》发布为契机，不断加强金融企业文化建设。参加各级行存款竞赛活动，在春季存款活动中取得好成绩。开展爱国主义教育活动，组织员工到陆房战斗遗址、老城革命纪念馆等地参观凭吊。结合建国70周年，举办“喜迎国庆、歌唱祖国”“主题教育观影”“脱贫攻坚”系列活动。组织开展“春季登山健步行”“读书品鉴咏诵会”“女职工舞蹈才艺展示”和“五·四青年演讲比赛”等各类文体活动。

·中国邮政储蓄银行肥城市支行·

【概况】 至2019年末，中国邮政储蓄银行肥城市支行下设3个自营网点和23个代理网点，共有员工63人。全辖余额72.68亿元，其中自营储蓄余额14.96亿元，比年初净增1.1亿元；公司存款年日均余额5.07亿元，年增0.46亿元。各类贷款结余8.47亿元，较上年增1.34亿元，全年累计票据贴现10.28亿元。不良贷款结余453.31万元，不良率为0.62%，累计清收不良资产183万元，无不良贷款企业客户，资产质量保持良好。加大对涉农行业、新能源产业、高新技术产业、现代服务业的扶持力度，不断加强对“三农”和中小企业的信贷支持。2019年，共为“三农”领域新增授信近7000万元，为中小企业新增授信5000余万元。履行社会职责，贯彻落实上级行扶贫政策，多渠道开展个人精准扶贫贷款业务。与市扶贫办、村委、帮扶带动企业共同走访帮扶对象，了解贫困户的实际困难，并签订《金融扶贫贷款帮扶带动协议书》，完成扶贫贷款投放目标，全年发放扶贫贷款共计2215万元。支持退役军人自主创业，扶持有创业意愿、创业能力但创业资金有困难的退役军人，推出退役军人创业贷款，发放全市首批退役军人创业贷款190万元。加强服务管理，切实提高网点规范化、标准化的服务水平和管理能力，组织开展2019年银行业文明规范服务星级网点创建工作，营业部获评2019年度中国银行业文明规范服务三星级网点荣誉称号，企业形象得到提升。年内，先后获得山东省分行2019年度“二十佳县行”和泰安市分行2019年“先进单位”荣誉称号。

（王岭岭）

·山东肥城农村商业银行股份有限公司·

【概况】 2019年，山东肥城农

肥城农商银行“普惠金融”助力大棚农户“奔小康”（杨振宁 摄）

村商业银行股份有限公司有营业部1家、支行22家、分理处18家，分支机构总数41个，在岗员工579人，为肥城市机构网点最广、从业人员最多、存贷款规模最大的地方性金融机构。截至12月末，各项存款余额192.22亿元，各项贷款余额113.63亿元，存贷款规模均居肥城市同行业之首。各项资产余额214.18亿元，各项负债余额199.94亿元。全年实现各项收入8.66亿元，营业利润0.86亿元，利润总额1.04亿元，拨备前利润1.68亿元，净利润0.77万元。连续多年被评为肥城市“工作先进单位”“融资贡献先进单位”“党建先进单位”“工会先进单位”“平安建设先进单位”“十大文明诚信行业”“桃乡先锋”，连续多年被命名为泰安市“文明单位”“文明诚信金融单位”“十佳文明示范窗口”，并荣获“泰安市五化五星党组织”、泰安市级“青年文明号”“巾帼文明示范岗”“AAA级劳动关系和谐企业”等称号，连续多年荣立泰安市内部治安集体三等功。

·山东肥城民丰村镇银行有限责任公司·

【概况】 至年末，山东肥城民丰村镇银行设内部职能部门6个、城区支行1家、乡镇支行3家和1处离行自助区，共有在职员工74人，其中高管5名。资产总额95965.11万元，各项存款余额69131.15万元，各项贷款余额为71326.89万元，其中涉农贷款64675.65万元，涉农贷款占比达到90.67%。贷款结构进一步优化，特别是个人贷款推行三台分离后，个人贷款增长迅速，个人贷款余额达到57739.98万元，战略转型初见成效。2019年度缴纳税款155.22万元，开业以来累计纳税2778.42万元。各项贷款余额为7.13亿元，其中个人贷款余额5.77亿元，在肥城个贷市场占领重要位置。继续加大对肥城农村金融支持力度，稳步提高市场份额。截至年末，已在肥城市所有镇街推开阳光授信工作，阳光授信授信户数82193户，授信金额485451.1万元，阳光授信用信户数3380户，用信金额35634.77万元。1月26日，投资建设的综合办公大楼以及新城支行、石横支行正式对外营业，东城支行、桃园支行即将进入开业验收阶段。年内，对安驾庄支行副行长、风险合规部副总经理等中层岗位面向全行进行公开竞聘，激发全行干部员工的工作积极性和创造性。9月，举行山东肥城民丰村镇银行网格化精准营销教育培训活动，通过培训讲师的授课，全体员工受益匪浅。

2019年5月25日，举行“青春心向党·建功新时代”2019肥城市“活力机关”青年行暨“民丰村镇银行杯”健步走活动。图为健步走参赛者到达打卡点领取标识贴（陈元　摄）

【社会活动】 5月，由山东肥城民丰村镇银行冠名、多家企业赞助的“青春心向党·建功新时代”——2019肥城市“活力机关”青年行暨“民丰村镇银行杯”健步走活动启动，500余名来自全市各行各业的青年代表齐聚肥城民丰村镇银行广场，向中华人民共和国成立70周年、纪念五四运动100周年献礼。

·兴业银行股份有限公司泰安肥城支行·

【概况】 至2019年末，兴业银行股份有限公司泰安肥城支行（以下简称“兴业银行泰安肥城支行”）共有职工18人，资产总额25.2亿元，较年初增加6.39亿元，增幅33.97%；负债总额25.15亿元，较年初增加6.88亿元，增幅37.65%；各项存款余额23.99亿元，较年初增加13.82亿元，增幅135.96%；各项贷款余额15.21亿元，与年初基本持平；不良贷款余额168.58万元，较年初减少7398.63万元，下降97.77%。为进一步完善服务网络，增强零售客户服务能力，满足广大社区的金融服务需求，于2019年10月26日下设兴业银行泰安肥城上海花苑社区支行，营业地点位于肥城市新城龙山中路西首上海花苑B-8幢2～3层1号。

【业务发展】 ①信贷投放。发挥绿色金融业务优势，紧跟政府导向，重点支持肥城重点项目融资、重点企业转型升级等，以实际行动支持新旧动能转换重大项目，全力支持肥城市经济转方式、调结构，助推地方经济快速发展。在服务中小微企业方面，创新推出“快速经营贷”“商票增信融资”“兴业易速贷”等产品，切实帮助中小企业拓宽融资渠道，降低融资成本，提供全方位的金融服务。主动克服区域整体风险状况影响，着力提高信用业务审批时效，进一步提升便捷服务客户的能力。批复户数及金额较上年同期均有大幅增加。②服务质量。优化个人客户服务质量，从源头入手，紧抓过程管理，提高客户服务体验。针对当地按揭市场火爆的现状，不断优化放款流程，提高业务效率，实现个贷业务的快速提升。不断拓展宣传渠道，丰富宣传手段。在公交站牌、报纸电台等各种渠道投放兴业银行品牌宣传广告，展示兴业形象，助力提升兴业银行在肥城的品牌地位。创新产品，发展普惠金融。在发展个人住房贷款的同时，推出兴闪贷、人保贷、消费贷、经营贷、按揭联动贷等贷款产品，进一步增加产品种类，提高服务水平。③风险化解。针对部分关停倒闭企业，做到一户一策化解方案，积极争取政策支持，核销不良贷款；针对部分经营困难的企业，通过无还本续贷、关联企业增信等方式，积极盘活不良贷款，不断调整化解方案，实现银行融资的平稳过渡，避免企业资金链断裂，有效维护区域金融稳定。

（刘新忠）

·泰安银行股份有限公司肥城支行·

【概况】 至年末，泰安银行股份有限公司肥城支行下辖泰安银行凤山支行、泰安银行边院支行、泰安银行王庄支行、泰安银行阳光支行、泰安银行花苑支行5家二级支行，石横小微支行、安驾庄小微支行、汶阳小微支行3家小微支行，共有支行营业网点9个，员工101人。截至2019年末，各项存款余额为33.66亿元，较年初增加8.95亿元，增幅36.22%。对公存款余额9.19亿元，较年初增加2.64亿元；贷款余额为13.42亿元，较年初贷款余额增加7.67亿元；储蓄存款余额为24.53亿元，较年初增加6.37亿元，较上年同期有较大幅度的增长。在服务小微企业方面，完善机构体系，提升服务效率，用好用足激励政策，实现小微企业金融服务从“量”的扩大转向质量、效率、动力的变革。发展科技金融业务，优化信贷结构，积极营销科技成果转化贷款，在有效防控风险的前提下发放小微科技成果转化贷款4笔。年内，先后荣获“2019年度先进单位”“2019年度全市单位内部治安保卫工作成绩突出集体”称号。

【金融服务】 在注重业务发展的同时，强调风险防范和内控管理，倡导合规文化建设，先后对收单业务、各类档案材料、“村村通”服务站点进行自查，践行普惠金融，提升社区服务、跨界服务。对接肥城市民生类项目，与肥城市自来水公司、肥城市两家供热公司、肥城市国税局、肥城市教育和体育局签订协议，实现水费、热力费、养老医疗保险全面代缴及贫困学生资助款发放。同时借助“村村通”建立农村金融服务点，将服务延伸到田间地头，真正实现服务最后一公里。积极对接当地政府部门，在总行和肥城市政府的支持下，主动作为，积极化解区域内重点企业不良贷款。围绕金融服务“增活力、强支撑、保安全”，不断满足新旧动能转换中的金融需求，持续提升金融供给的质量和效率，切实增强金融服务的针对性、有效性和引领性。

（刘剑龙）

·交通银行泰安肥城支行·

【概况】 至年末，交通银行泰安肥城支行设公司业务部、个人金融部、营运部，共有员工16人。2019年，交通银行泰安肥城支行按照总行“186战略施工图”，落实总、省行决策部署，推进“不忘初心、牢记使命”主题教育，坚持服务好实体经济，强化营销跑动，严防严控稳定资产质量，各项业务稳中有进。将“服务实体经济、防控金融风险”的要求和经营管理结合起来，致力于支持服务实体经济，在维护做好存量客户的基础上，积极寻求科技型、大健康、节能环保及优质“双创”领域中小企业合作，坚持“大户做大、中户做强、小户做好”的原则，不断加大对本地中小企业的支持力度。截至12月31日，全行存款余额32080万元，贷款余额99793万元。

（杨　杨）

·莱商银行泰安肥城支行·

【概况】 至2019年末，莱商银行泰安肥城支行存款总计73869万元，较年初增长29421万元，其中储蓄存款15953万元，较年初增长10619万元；对公存款55446万元，较年初增长21626万元；保证金存款1443万元，较年初减少3486万元。贷款总计11492万元，较年初减少974万元，其中企金贷款10105万元，较年初减少1886万元；零售贷款1387万元，较年初减少912万元。全部贷款中涉农贷款10077.21万元，其中支持农业产业化龙头企业1700万元，涉及山东众成饲料科技有限公司、肥城绿源果蔬有限公司两家企业；支持建安行业企业贷款250万元。2019年，支行着力推广信用贷款，投放税易贷及华信信用贷两款产品，累计发放金额1481万元。

莱商银行泰安肥城支行

（陈玉露）

·济宁银行股份有限公司泰安肥城支行·

【概况】 至年末，济宁银行股份有限公司泰安肥城支行（以下简称“济宁银行泰安肥城支行”）有干部员工11人，各项存款余额5.21亿元，其中储蓄存款余额1亿元，对公存款余额4.21亿元；各项贷款余额0.95亿元。2019年，济宁银行泰安肥城支行以“服务地方经济、服务中小企业、服务城市居民”为市场定位，发挥法人机构管理链条短、决策速度快、经营机制活的优势，各项业务保持快速平稳健康发展。积极与市金融办沟通，密切关注政府扶持和倡导的行业，及时了解和掌握企业的资金需求，为当地企业提供更快更好的服务。与肥城各大中型企业进行合作，成功对接并为石横特钢、一滕集团等肥城优良企业提供优质的金融服务。为拓宽服务范围和领域，推出新颖的“企惠盈、智能存”等公司、零售金融产品，切实为客户着想，推动账户收益最大化；通过公私联动，多次深入企业食堂、社区、沿街商铺等宣传讲解个人大额存单、儒商卡、理财、阳光微贷等产品优势，加大客户对济宁银行的认识，了解满足客户多样化、个性化需求，真正使银行服务走进千家万户。

·齐鲁银行股份有限公司泰安肥城支行·

【概况】 截至2019年末，齐鲁银行泰安肥城支行存款余额23亿元，其中对公存款19.77亿元，储蓄存款3.23亿元；贷款总计1.02亿元，其中公司类贷款余额7120万元，个人贷款余额3098万元；推荐泰安普惠中心发放贷款2800万元，信用卡分期实现700余万元。

保险业

·中国人寿保险股份有限公司肥城市支公司·

人寿保险公司开展理赔服务

【概况】 2019年，中国人寿保险股份有限公司肥城市支公司下设个险销售部、团险销售部、银行保险部、客户服务部、综合部、健康部、教培部7个部门，乡镇营服务网点遍布全市各大乡镇，共有干部职工40余人，销售人员1900余人，主要经营人寿、健康和意外伤害保险业务，涵盖生存、养老、疾病、医疗、身故、残疾等多种保障范围，全面满足客户在人身保险领域的保险保障和投资理财需求。全年实现总保费收入3.9亿元、新单收入1.2亿元、处理理赔案件7800余件，赔付支出合计1.49亿元，其中满期给付1.18亿元、年金给付1100万元、赔款2035万元，上交相关税款合计约160万元。积极承担社会责任，投身公益事业，在老年、扶贫、医疗等诸多领域与政府部门密切合作，开展“学生幼儿平安”“银龄安康工程”“城乡居民大病保险”“女性安康工程”“平安卫士”“计划生育家庭意外伤害保险”“综治险”等惠民工程的建设工作，发挥行业优势，为政府排忧，为百姓解难。在业务快速发展的同时，深入贯彻落实行业规范建设工作，严格管控风险点，做到内控严密、依法合规经营，并积极落实金融消费者权益保护等工作，连续多年被评为年度金融机构综合评价A级单位。

（孙　永）

肥城年鉴
FEICHENG YEARBOOK

FEICHENG
YEARBOOK
2020

基础设施建设

交通
供电
供水
供热
供气
通信

基础设施建设

交　通

· 公路 ·

【概况】 2019年，市交通运输局内设办公室、政工科、政策法规科、财务审计科、规划基建科、安全科技科6个职能科室，下设市乡公路养护中心、交通运输管理所、交通运输行政执法大队、出租车管理服务中心、超限检测站、维修行业管理所和14处镇街交管所等管理机构，共有行政人员9名，事业人员171名。辖公路事业发展中心、市乡公路养护中心2个正科级事业单位，交通运输管理所、交通运输行政执法大队、出租车管理服务中心、超限检测站、公路应急救援中心5个副科级事业单位和市交通运输有限公司、市公共汽车公司2家企业单位。2019年1月，优化交通运输局职责，将市发展和改革局的地方铁路规划建设管理职责，市经济和信息化局的组织协调铁路公路水运综合运输、指导协调铁路道口监护管理和综合治理职责，市水利局的渔船检验和监督管理职责，市出租管理办公室承担的行政职能划入交通运输局。3月，市乡公路管理办公室更名为市乡公路养护中心；市出租车管理办公室更名为出租车管理服务中心。5月，撤销中共肥城市交通运输局委员会，成立中共肥城市交通运输局党组。年内，市交通运输局围绕全市经济发展大局，按照“抓班子、带队伍，树好形象；畅通路、搞服务，敢于担当”的总体思路，凝心聚力，砥砺奋进，推动全市交通运输工作持续向好发展。被泰安市委授予“文明单位”，被肥城市委、市政府授予“2019年度经济社会发展优秀单位”，被肥城市委授予“创建文明城市先进集体”“桃都先锋”，被肥城市委、市政府安委会授予“2019年度安全生产工作先进部门一等奖”，被泰安市交通

S329肥城仪阳至石横段改建工程建成通车（张攀峰　摄）

运输局评为“2019年度安全泰山优胜杯”。

综合交通运输体系逐级提升。2019年，在资金、用地、环保等政策从紧的大环境下，全市交通运输基础设施建设有序推进。6月28日泰肥一级路西延工程完工，6月30日青兰高速项目肥城段通车，结束肥城市境内没有高速、没有国道的历史。项目实施过程中，项目指挥部发挥协调作用，解决群众反映的问题，通过大量认真细致的工作有效保障项目的顺利通车。济微路东移项目，完成工程量22151.8万元，占有效合同价的48%。肥梁路改建项目，完成工程量8496.1万元，占总工程量的47%。同时，济微高速、泰聊铁路、鲁中高铁等项目争取工作取得新进展。全市不断构建以铁路、高速公路为主框架，国省干线为辐射，农村公路为脉络的综合交通网络。

服务乡村振兴成效明显。2019年，统筹开展乡村振兴、交通扶贫、“四好农村路”建设和农村道路“三通”工程，措施精准有力，农村交通基础不断夯实。按照“三年集中攻坚”专项行动工作计划，完成路网提档升级工程92.1公里、自然村通达工程68.6公里，实现“三通”建设村180个、里程745.8公里，完成养护大中修工程461.3公里，建设客运站点425个，超额完成泰安市下达年度计划任务。桃都公交公司做好扶贫工作，新开通精准扶贫专线5条，实现贫困村公交全覆盖。

运输服务质量显著提升。坚持以“便捷、舒适、安全、绿色”的交通出行理念为抓手，提高人民群众交通出行的安全感、幸福感和获得感。桃都公交公司新建2处、扩建1处充电站，新建站亭（站牌）80个，安装个数列泰安市首位。开通乘车购票扫码支付，城乡公交服务质量显著提升，城乡群众出行更加舒适、便捷，城乡公交一体化改造成果逐步显现。肥城公交公司优化调整3条公交线路，在城区及主干线路枢纽新建、扩建2处公交充电站。完成城区30座公交站亭和90个公交线路牌的改造，有效提高城市公交的覆盖率和通行效率。两家公交公司完成220套公交防护栏任务。肥城交运公司和泰安交运集团肥城分公司通力合作，新开通肥城南部镇街5条城际公交和至济南飞机场的专线，方便市民跨县出行。

交通安全形势持续稳定。年内，开展“打击非法生产经营行为专项行动”“道路交通‘平安行·你我他’行动”“建国70周年安全生产专项整治行动”和“打非治违专项行动”以及春运、“两会”“安全生产月”和中秋国庆等重要时段安全活动。推进安全生产网格化实名制管理，完成124家监管名册的编制成册。“双重预防体系”建设达标扩面，全市“两客一危”▲企业、标杆企业、公交出租企业和部分运输、物流、维修、驾培企业共计50家完成达标验收。结合暗访抽查制度，对所辖道路运输企业开展经常性和专项安全检查，共检查企业204家次，检查公路39次，出动检查执法人员860余人次，排查出安全隐患问题547条，问题整改率达到100%。至年末，全系统未发生一起安全生产责任事故，继续保持稳定良好局面。

交通运输管理服务水平稳步提升。坚持监管并重、部门联动，严格落实“一超四罚”▲“黑名单”处罚机制，开展超限超载治理。全年共出动检查人员2300余人次，检查过往车辆6200余辆次，卸货5600余吨。依法查处违规教练场地2处和违规教练车36辆，“黑出租”90辆，“黑网约车”13辆，有效规范驾培市场。加强运输证件办理和审验，强化从业资格质量考核，办理年度审验车辆2953辆，办理营运证更换289件。加强机动车驾驶培训教练员管理，组织驾校教练员开展脱产军训和安全、驾驶技能及职业道德教育26次。基层交管所积极参与物流、维修行业管理，助力文明城市创建工作。

党的建设全面加强。2019年，全市交通运输系统严格落实管党治党责任，以党的建设全面推动整体工作开展，继续擦亮“党建铸魂·铁军筑路”肥城交通特色党建品牌，以党支部标准化、规范化建设为抓手，以评星定级、争星进位为目标，全力抓好所属支部建设，机关党支部被评为肥城市先进党组织。开展“不忘初心、牢记使命”主题教育，深入学习习近平新时代中国特色社会主义思想和系列重要指示精神，严明党的政治纪律和政治规矩，不断增强党内政治生活的政治性、时代性、原则性、战斗性，引导党员干部切实增强“四个意识”、坚定“四个自信”，坚决做到“两个维护”。严格实行党风廉政建设“一岗双责”制度，认真落实中央“八项规定”和肥城市委“十条禁令”，不断健全完善内部约束管理机制，规范执法权限、执法程序和执法责任，进一步提高交通行政效能，优化服务质量。4名同志被选派作为“第一书记”，帮扶村级经济发展，工作受到包保村以及所属镇街党委、政府的肯定。抓好全国文明城市创建工作，做好社区共建、路域环境整治，汽车站、公交站亭卫生清理，出租车、公交车车容车貌改善等工作。

（杨丽伟）

▲“两客一危”，指从事旅游的包车、三类以上班线客车和运输危险化学品、烟花爆竹、民用爆炸物品的道路专用车辆。

▲“一超四罚”，指对超限运输车辆的承运人、装载企业、货运企业、驾驶人实行处罚的制度。

【农村公路建设】①县级公路大修改造工程。实施25.3公里的潮汶路大修改造工程、18.2公里的老泰临路肥梁路至特钢路段和特钢路至薛馆路段大修改造工程。潮汶路大修改造工程于2020年1月20日完成工程交竣工手续；老泰临路肥梁路至特钢路、特钢路至薛馆路大修工程于2020年1月16日完成工程交竣工手续。②“四好农村路”建设。计划实施路网提档升级工程97.2公里，自然村通达公路68.6公里，养护大中修工程740公里，农村客运站点553个。积极争取上级奖补资金，路网提档升级和自然村通达工程按照省级补助20万元/公里，泰安市级补助10万元/公里进行奖补；肥城市政府按照宽5米以上每公里10万元、宽5米至6米每公里20万元、6米以上每公里30万元进行奖补。至年末，全市“三年集中攻坚”专项行动各项工程都已完成建设任务。③农村道路“三通”工程。在充分征求各镇街区意见基础上，完成调查摸底工作，确定建设任务目标，全市共有建设需求的村353个，建设里程1142.68公里，410.5万平方米，预算总投资39987万元。至年末，全市“三通工程”的已开工村198个，已完工村180个，完成建设面积262.47万平方米，完成投资28534.3万元。

【农村公路养护】①预防性养护。根据路况调查情况，制定预防性养护计划，采用公开招投标方式确定施工单位，共完成挖补坑槽2.8万平方米，灌缝3.6万米；督促各镇街区完成年初下达的农村公路养护任务，乡村公路完成灌缝9.1万

潮泉镇上寨村三通工程（孙凯　摄）

米、油封1.1万平方米、挖补坑槽0.8万平方米。②日常养护工程。采取常态化清扫维护和巡查，实施绿化抚育、路宅分家建设维护和路肩边坡整修等工作。3月，肥桃路、牛孙路进行综合整治，刷新道路标线35公里，刷新边沟涵300座、桥梁6座，行道树刷白10000株。做好县道行道树的绿化抚育工作，3月至4月对行道树进行修剪，共修剪柳树15000余株。同时，对县级公路生命安全防护工程进行补充完善，主要对王边路损害护栏进行维修更换300米、修整道路标牌500个。③应急管理。注重加强对县道桥梁特别是危桥的监控、检查。落实桥梁养护管理责任制，明确管理责任人。桥梁定期检查与恶劣天气后随时检查相结合，并做好详细的记录。做好应急物资储备工作，共准备防汛物资编织袋10000条、应急灯10套及防汛工具等；冬季防滑物资融雪盐10吨。

（孙　凯）

【货运市场管理】 2019年，全市拥有道路运输经营业户779户，机动车维修193户，汽车综合性能检测站1户，机动车驾驶员培训机构7家。营运性汽车5994辆，其中货运车辆5120辆（牵引车、挂车、单体货车各按一辆计算），货运车辆总的核定载质量为74643吨，客车497辆，3845客位。全市拥有教练员373人，教练车320辆，驾驶员培训机构共培训11869人次，教学场地面积359500平方米。按照运管工作确定的工作方针，不断加强对道路货物运输市场的监管，严格按照“三关一监督”▲的工作要求，进行道路危险货物运输安全生产专项整治；完成全市道路运输车辆ETC安装；配合商务局加强成品油市场监管。全年对5家危险化学品运输企业进行安全检查30次，对危化品企业的车辆外检108辆；对10家普通货物运输企业进行安全检查，排查隐患50余条。

▲“三关一监督”：指严把运输经营者市场准入关、营运车辆技术状况关、营运车辆驾驶员从业资格关，搞好汽车客运站的安全监督。

【维修行业管理】 对维修企业安全检查89家次，其中检查一、二类维修企业34家次，检查三类维修企业59家次，共查出安全隐患152个，各项记录不全的5个，接到投诉案件2起，处理案件2起。

（孙久波）

【出租客运市场管理】 至年末，全市共有运兴、运通、长虹3家出租车公司，出租车402辆，车型以捷达、桑塔纳为主，从业人员520余人。4月，出租车管理服务中心集中对全市402辆出租车进行现场检查，对全市出租车驾驶员信誉质量进行考核打分。全年更新出租车117辆，其中运兴公司57辆、运通公司33辆、长虹公司27辆。在服务管理和服务投诉处理方面，继续加强对驾驶员服务质量的管理，全年出租行业受到群众表扬和涌现出的好人好事共计40余件，出租车服务方面投诉电话相比上年有大幅下降。出租车驾驶员积极热心参加公益活动。6月，出租车驾驶员60余人组织“联众”车队进行高考爱心送考，为100余名贫困、路程远的考生提供免费服务。

【道路客运市场管理】 至年末，全市共有3家客运企业、3家汽车站，共有营运客车94部。在客运管理方面，出租车管理服务中心继续坚持安全与稳定两项原则，加强对企业及客运车辆的监督管理，严格管理程序，坚持客运车辆安全例检制度，加强对汽车站的安全监督，督促汽车站做好“三不进站，六不出站”“三品”安全检查、“道路长途客运班线实名制管理”“车站封闭式发车”等相关规定的落实执行，确保客运车辆行车安全。全年肥城至高铁站402线路共计发送旅客达6.6余万人次。在新线路开通方面，2月肥城市开通首条肥城至济南机场直达班线，自开通以来共发送旅客1.5万余人次。

【城乡公交改造】 推进肥城

南部乡镇汶阳、安驾庄、安临站、边院至泰安的城际公交开通，多次与上级交通主管部门、泰安交运集团和肥城交通运输有限公司等进行交流、座谈，为肥城市南部乡镇至泰安线路公交化改造奠定良好基础。从2019年9月开通运营至2019年末，四个南部乡镇至泰安公交线路已开通7条，运力投放统一车型车辆20辆，为南部乡镇群众出行提供极大便利，同时为肥城市客运行业转型升级和高质量发展注入新动力。

（王　男）

【城市公共交通】 至年末，全市共有城市公交线路10条，城市营运公交车辆193部，其中纯电动公交车辆160部，燃气公交车辆10部，柴油公交车辆21部，汽油公交车辆2部。全年报废燃油车公交车辆53部。2019年，城市公交完成总行驶里程共计524万公里，安全运输乘客达900万人次，安全事故零死亡、零重伤，全年安全形势平稳向好。按照《全市公交站点建设规划》要求，全年共建设城市公交候车亭22座，简易式公交站牌78个，加装公交车驾驶员隔离舱公交车辆已达160部。城市公交线路优化调整2条，将5路公交车始发站由万联国际延伸至卓亚香格里小区，将2路公交车始发站春秋古镇延伸至冉庄社区。5月，肥城市公共汽车公司与国网山东泰安供电公司合作建设春秋古镇公交充电站、高级技工学校公交充电站两座，正式建成启用。

（李红梅）

【交通行政执法】 ①联合执法制度化建设。与市公安局、市发改委等五部门联合制定下发《深入推进治理车辆超限超载联合执法常态化制度化工作实施方案》，成立领导机构，明确联合执法目标任务和职责分工，健全联合治超工作机制，推进肥城市治超联合执法常态化制度化建设，组织开展联合治超工作，形成整治高压打击态势。②县乡路路政巡查。全年共巡查县乡公路3.5万公里，处理路政案件十余起。开展清理整治路边摆摊设点、打场晒粮、违章广告牌等行为，基本消除路域环境治理难点，路容路貌有较大提升。③旅游客运市场整治和黑出租专项整治。针对省厅《问政山东》、泰安政府《工作落实面对面》《工作落实面对面》“回头看”和“服务民生面对面”12345热线接听栏目所反映的问题，在市区重点区域，对外与公安部门开展联合执法，对内加强与运输中心密切协作，对非法营运黑出租、黑大巴及违规客车、出租车等客运市场违法违规行为进行集中治理。④泰山石整治行动。根据泰安市委、市政府关于加强泰山石保护暨关闭取缔大型石头存放和交易场所工作的有关要求，开展联合执法，在泰肥一级路设置临时检查点，在孙牛路、王边路进行机动巡查。⑤道路运输大气污染防治工作。按照《大气污染防治专项整治工作方案》要求，结合肥城实际，开展辖区内车辆扬尘撒漏专项整治活动，全面治理县乡路及主干线沙石、渣土、土方、散煤等物料运输过程中未采取防护措施、采取措施不到位造成道路扬撒泄漏等违法违规行为。同时加强对专项整治和执法工作的指导

交通行政执法大队列队训练（徐斐　摄）

督察，确保专项整治落实到位。⑥驾培市场整治。按照对驾培市场进行规范整顿的要求，依法查处违规教练场地2处和违规教练车20辆，经过整治，租借隐蔽院落、偏僻树林当作驾培场地的乱象得以扭转，有效规范驾培市场秩序。⑦危化品治理力度。按照省交通运输执法监察总队《全省道路危险货物运输违法行为路面执法检查专项行动方案》要求，在全市开展道路危险货物运输违法行为路面执法检查专项行动，共查处违规危化品运输车辆17辆。其中未采取安全防护措施12辆，超越许可擅自从事危化品运输5辆。⑧投诉处理。依托12345、12328、监督电话3167668，对群众的投诉举报及时调查处理，通过相关平台将办理结果及时反馈，同时以电话回访的方式，将处理结果及时反馈给投诉群众，做到投诉“事事有落实、件件有结果”。全年大队受理信访投诉案件172件，其中12345投诉案件96件，12328投诉案件35件，电话投诉案件41件，投诉案件办结率100%，满意率96%。

（徐　斐）

【泰肥一级路西延建成通车】 泰肥一级路西延项目，即S329肥城仪阳至石横段改建工程。全长22.9公里，双向四车道一级公路标准，设计速度80公里/小时，路基宽度25.5米，总投资6.7亿元。自2016年6月起开始进行征地清障工作，2017年4月开工建设，2019年6月28日顺利通车，正式升级为G341黄海线，结束肥城境内无国道的历史，为加快推进“一级路绕城”奠定坚实基础。

【济微路东移开工建设】 济微路东移，即S104济微线济南泰安界至肥城仪阳段改建工程。全长27.82公里，双向四车道一级公路标准，设计速度80公里/小时，路基宽度25.5米，总投资8.7亿元。2018年10月8日，发布道路封闭施工公告。截至2019年末，项目累计完成投资2.58亿元，占总工程量的51.1%。

【肥梁路改造】 肥梁路改造项目，即S243泰梁路肥城桃园至东平大羊段改建工程（肥城段）。全长20.46公里，其中肥城境内14.2公里，均为加宽改建。路基宽度为24.5米，设计速度80公里/小时。总投资4.68亿元，其中肥城段约3.26亿元。2018年7月3日，发布道路封闭施工公告。截至2019年末，项目累计完成工程量1.06亿元，占总工程量的55.2%。

（李　霞）

【济微路沿线路灯安装工程】 在济微线一级路立交桥至安驾庄镇书香名府社区道路两侧安装12米高杆太阳能路灯474盏，全长20公里，总投资854万元。2019年11月20日，进场施工，年内完成工程的70%，预计2020年4月完工。

济微路沿线路灯安装工程（张士旺　摄）

（张士旺）

【泰肥一级路绿化工程】 为进一步提升泰肥一级路沿线绿化水平，全面启动泰肥一级路西延绿化工程，以提升绿化总量和景观效果为目标，打造沿线50米宽的生态景观绿化带。在仪阳孙小村至石横特钢路口实施绿化工程，绿化道路全长22公里，占地约2200亩，总投资4800万元。10月30日进场施工，年内完成总体工程量50%，预计2020年五一前竣工。

（张建伟）

【普通国省道路网命名编号及路网调整】 4月，启动普通国省道路网命名编号调整工作，对境内管辖的国省道轨迹、里程桩号、各类交界点进行采集确认，对道路平交口、旅游景点、服务设施等进行全面调查，规范和统一国家公路网路线的命名和编号，合理调整和科学设置交通标志。S250肥梁线和S330莱肥路规划合并为新线S243泰梁线，S331泰商线改为S326泰商线，S329薛馆线升级为G341黄海线，原S104济微路命名和编号保持不变。原S250肥梁线（济微路口至金槐路口）、S329薛馆线（转盘至特钢路口），已调出普通干线公路网范围，总里程33.2公里。

（敬玉玲）

【国省道养护】 加强日常养护，以大气污染防治工作和创建国家文明城市为契机，加大投入，提高标准，严格落实机械湿式清扫，五辆清扫车每天对管养路段进行湿式清扫。7月起，特殊路段增加到4辆洒水车，进行高压清洗及洒水作业，养路员配合机械进行清扫作业，确保路面整洁。加强道路绿化工作，及早对干线公路行道树进行补植、修剪，病虫害防控工作。年内对全市所管养路线遮挡标志标牌的树木进行修剪，共110公里；全路线打药灭虫1次；干线公路路肩修整清运土方，共计2500立方米。强化预防性日常养护，对管养公路、桥梁定期不定期进行排查，及时消除安全隐患。年内共补设和更换标志标牌173块，全线更换损坏的防撞桶125个，完成施划热熔标线8500余平方米。沿线设施维修650余米，坑槽挖补750平方米。做好养护专项工程施工和管理，根据路面不同情况，分类处理病害。年内完成沥青路面贴缝30000余平方米，微表处理3600平方米。

【国省道路政管理】 加强依法治路，做好路政工作。年内实现路政巡查18万余公里，处理路赔案件20起，公路路域环境综合整治清理违法非公路标志180块，拆除乱搭乱建违法建筑7处，清理摆摊设点35处。加强路政宣传，开展法制宣传月、路政宣传月活动，集中宣传《中华人民共和国公路法》《公路安全保护条例》等法律法规，在广大群众中形成懂法、守法、依法建设的良好氛围，共发放宣传材料2万余份。

【安全生产】 严格落实安全生产党政同责主体责任，完善党政领导干部安全生产职责清单，强化领导干部检查安全生产工作，全力防范化解安全风险，加强安全生产宣教培训，进一步提升干部职工履职能力。结合年内社会上发生的安全生产事故，吸取教训，时刻紧绷安全生产弦，按照季节时令、建国70周年专项整治行动要求，制定安全生产方案，盯紧重点领域安全整治，全面排查公路安全隐患路段、高坡、弯道、穿村过镇路段和事故多发路段的安全情况及在用公路桥梁防撞护栏设置情况，摸清底数和安全管理现状，发现问题，及时处置，确保公路安全畅通。6月6日，中心安委办编印下发《安全知识手册—家庭篇》300册，以图文并茂、通俗易懂的语言传播安全生产知识。

【应急救援】 完善各类事故应急预案和保障机制，建立应急

2019年8月12日，公路养护人员处理倒伏的路树（敬玉玲　摄）

物资台账，及时维护保养救援设备，强化预案演练。严格执行领导带班、重要岗位24小时值班和信息报告制度，确保发生险情第一时间做出有效应对，最大限度减少损失影响。年内先后组织机关职工消防应急演练、路兴工程有限公司防汛应急演练，强化干部职工应对突发事件的自救和抢险能力，提高干部职工的快速反应能力和协同处置能力，达到检验预案、锻炼队伍的目的。

（李　霞）

·铁路·

【肥城火车站】 位于老城街道驻地南200米，中心里程位于泰肥线自泰山站起32k+223米处，隶属中国铁路济南局集团有限公司济南车务段管辖，为段管三等站，按技术作业为中间站，按业务性质为货运站。至2019年末，设站长1人，党总支书记1人，副站长2人，职工70人。站内有正线一条，到发线三条，货物线一条，在路网上办理货运、军运、装卸和列车到发、会让等工作，不办理客运业务。日发送货物2300吨，装车36次，卸车36次，服务肥城经济发展。

【穆庄火车站】 位于王瓜店街道境内，中心里程位于泰肥线自泰山站起39K+990米处，隶属济南铁路局济南车务段管辖，为段管三等站，按技术作业为中间站，按业务性质为货运站。在路网上担负货运、军运、装卸任务和列车接发、会让等工作。至2019年末，有干部职工80人，其中干部5人，职工75人，有线路正线1条，到发线兼货物线2条，专线5条，货场2处。站内装车以化肥、粮食、钢材、饲料为主。卸车以散煤、化肥、钢材、矿石、粮食为主。全年车站装车数9453车，卸车数8560车，重量56.2万吨，运输收入3600万元。

【湖屯火车站】 位于湖屯镇政府偏西南约500米处，为泰（安）湖（屯）铁路线上的终点站，上行邻站穆庄站，下行为厂、矿、军队专用线。1968年8月建成通车，设线路3条，站舍及办公地点皆为平房。1985年站场扩建线路增至6条，又新建行车业务楼1座。1988年1月设备改为64D型单线色灯半自动闭塞设备。车站隶属济南车务段管辖，工种主要有行车、调车、货运三大项。主要担负石横发电厂、石横特钢厂、肥城矿务局查庄煤矿、国庄煤矿，中国人民解放军某部军转站等6条铁路专用线的取送车业务，及鲁西南的聊城、梁山、东平、平阴、肥城等县（市）的大部分工农产品的铁路运输任务。2015年开办集装箱运输业务。2019年，到站货物929万吨，发送199万吨。年内，被济南车务段授予“先进中间站”等荣誉称号。

（付　斌　刘　娜）

供　电

【概况】 2019年末，国网肥城市供电公司有干部职工850人。公司党委下设党支部25个，党员767名。境内拥有500千伏变电站1座，220千伏变电站4座；公司所属110千伏变电站12座，35千伏变电站12座，主变总容量130万千伏安。110千伏输电线路21条、35千伏输电线路28条、10千伏配电线路156条，总长度2274千米。2019年，市供电公司强化“人民电业为人民”的宗旨，积极融入新旧动能转换、营商环境优化等重点工作，支撑全市民生工作和经济社会的健康持续发展。全市社会用电量、工业用电量分别为39.47亿千瓦时、30.55亿千瓦时，均居泰安七个县市区首位。年内，新城供电所荣获国家电网公司“四星级供电所”；公司先后荣获山东省“精神文明单位”、国网山东省电力公司“先进单位”“同期线损劳动竞赛先进单位”“财务工作先进单位”“宣传工作先进单位”；泰安市“思想政治工作优秀企业”“职工职业道德建设先进单位”；肥城市“脱贫攻坚先进单位”“全国文明城市创建工作先进集体”“安全生产先进单位”等荣誉称号。

【电网升级改造】 对接全市产业规划调整、园区建设和重点项目引进，实现电网投资1.36亿元，优化电网结构。①提升主网整体供电能力。对上争取项目资金，借助泰安供电公司与肥城市政府对接会商机遇，统筹规划“一核四区”电网布局，启动“十四五”规划编制。2019年，35千伏及以上主网建设投资4990万元，泰安首批智能模块钢结构变电站110千伏沙沟站已竣工投产。②完善10千伏网架结构。落实“功能区、网格化、单元制”城市配电网规划编制，逐站、逐线、逐台区摸清电网发展状况和设备健康水平。投资7143万元实施配电网提升工程，共涉及65个村，其中51项配网基建工程于上半年竣工投产。1项工程被评为山东省电力公司样板工程；作为全省唯一一家县供电公司，四年内共4项工程入选国家电网公司“百佳工程”。③改善农村供电基础设施。组织“一图一表”村镇配电网规划滚动修编，开展供电台区线路“卡脖子”“三相电流不平衡”专项治理，居民电压合格率提升至99.58%，居民户均容量达到2.9千伏安。投资161万元的扶贫专项改造项目已竣工，惠及4个贫困村、710户。

【优化用电营商环境】 ①服务民生。聚焦电力规划、施工审批等重点环节，办电服务进驻行政审批大厅，规划、掘路等五类行政审批实现“一链办理”，身份证、不动产证等九类信息实现信息共享。在全市开展“入户入心”“新春送福”等走访活动，免费发放“安全宣传围裙”“便民服务贴”等用品，深入开展用电隐患排查、交费渠道推广、抢修服务宣传。对“3650000”“95598”系统受理的工单，实行限时办结制、定期回访制，万户投诉数完成0.21，位列全省第1名。②服务市政重点项目。开辟市政重点项目报装“绿色通道”，实行全程跟踪，挂牌督办。向省公司争取资金1512万元，投资35千伏瑞福锂业供电专线到企业红线，提前1个月开工建设。主动对接石横特钢产业群，了解用电需求，清理地面附属物，做好开工准备。青兰高速建设、泰肥一级路西延以及白云片区涉及的64条输配电线路改迁任务全部完成；济微路东移涉及15条线路、肥梁路拓宽涉及6条线路已完成里程碑计划的90%，已不影响道路施工。③降低企业用电成本。全力支持249家企业直接交易电量14.44亿千瓦时，为企业节约用电成本1741万元。落实一般工商业降低电价措施，近两年降幅20%以上，每年为客户降低成本400余万元。全面落实大中型企业“三省”（省力、省时、省钱）和小微企业“三零”（零上门、零审批、零投资）服务政策，实现投资2800万元。8月27日，泰安市营销农电工作现场会在肥城召开，公司供电服务和优化营商环境工作典型经验在泰安市域得到全面推广。

【用电保障】 ①电力供应。严密组织，扎实做好重要活动保电，紧密配合全市“两会”、全国特警现场会等重大活动，科学制定应急处置预案7项，14支应急队伍、近300名抢修人员、30余辆抢修、应急发电车辆随时待命，连续六年实现台区除夕“零停电”。桃花节开幕前夜，组织100余人连夜完成“抢修式”业扩接电，保证桃花节用电，获市委、市政府充分肯定。成功经受迎峰度夏期间电网负荷53.6万千瓦的历史极值考验，台风“利奇马”过境肥城电网保持安全稳定，未发生大面积停电事件。积极对上争取负荷指标，严格执行市发改局批准的有序用电方案，优先保证民生和涉及公众利益的重要客户用电，确保全市用电平稳度夏。开展输电线路“四防”和“配网七啄五查”专项行动，过境输电线路保持“零外破”，10千伏配电线路故障停运率保持泰安四个县供电公司最优。高效开展电网设备春秋季检修，完成停电计划123项，消除缺陷699项。践行“不停电是最好的服务”理念，实施带电作业1704次，多供电

2019年元旦期间，肥城市供电公司工作人员坚守在保电工作一线，对变电站设备进行夜间特巡

量2334万千瓦时，有效保障全市经济社会发展安全可靠供电。②公共电力安全。定期开展高危及重要客户安全检查，做到服务、通知、报告、督导“四到位”，消除隐患8处。主动作为，积极对上争取，顺利完成市政府人民会堂双电源改造。通过召开电力设施保护现场会、播放安全通稿、安装警示牌等方式，深入线下施工、线下钓鱼等重点区域，开展电力法规和安全用电宣传，提高公众安全意识。

【参与中心工作】①助力精准扶贫。全员广泛宣传，购买扶贫产品5.9万元，超额完成上级分配任务。为老城月庄村捐赠45万元，其中，投资35万元硬化道路0.5公里；投资10万元新建光伏电站1座，年发电量2.9万千瓦时，预计每年为村集体增收1.1万元。新派驻第一书记2人，参与“万名干部下基层”1人，1人被评为肥城市脱贫攻坚优秀第一书记。②助力“蓝天工程”。消纳清洁能源入网，累计并网分布式光伏406户，容量4401千瓦。完成电能替代项目6个，替代电量1.28亿千瓦时，完成年度指标的121%。作为全国六家、全省两家试点之一，开展乡村电动汽车“新零售”业务，加快构建人—车—网生态圈。③助力“三供一业”政策落地。落实国有企业办社会职能剥离政策要求，4月20日，全省首家完成肥矿居民客户“三供一业”供电改造；截至年末，共接收8家单位3.9万余户。④党建工作。高质量开展“不忘初心、牢记使命”主题教育活动，实施“党建统领·亮旗登高”十强工程，组织彩虹共产党员服务队开展“彩虹连心·先锋先行”专项行动。公司党委及所属26个党支部全部实现标准化建设，7个党支部被评为“五星级党支部”。⑤和谐稳定。开展“法治企业建设年”和“七五”普法活动，着力推进“三全五依”法治企业建设。打造“有温度的国网家园”，集职工书屋、健身房、妈咪小屋、职工诉求服务中心于一体的职工之家正式落成启用。在全省率先建成标准化信访接待室。

（王　强　李瑞鑫）

供　水

【概况】2019年，城市公共供水主要基础设施包括水源深井30眼、供水能力0.6万立方米/日的东水厂1座、供水能力1.5万立方米/日的西水厂1座、容量2300立方米高位调节水池1座、DN75以上管线160公里。截至年末，日供水能力5.3万立方米，服务面积40平方公里，服务人口30万人，供水普及率96%。2019年，全面加强城镇供水基础设施建设和改造，实现“城市发展到哪里、管线铺设到哪里、服务用户到哪里”的目标。投资300余万元，完成龙山路东延等5个路段的供水管网建设，铺设DN200-DN300供水主管线2230米，安装消防栓70个。投资1550万元，在新建小区铺设DN20-DN200供水管线30千米。投资333.6万元，在10个居民小区安装二次供水设施17台（套）。为有效降漏、提压、改善水质，加大旧管网改造力度，对部分DN100以上给水主管道进行改造和更新，进一步提高配水能力，实现供水区域全覆盖。

供　热

【概况】 至2019年，城区集中供热覆盖面积约1200万平方米，其中城市热力870万平方米，东城热力公司330万平方米。近年间，市委、市政府高度重视城市集中供暖这一重大民生工作，实施城区供热管网改造工程，将福宽生物热源接入城区供暖系统，累计投资约5亿元，陆续实施五期供热设施新增及改扩建工程，保障城区供热的运行安全和可靠性。

供　气

【概况】 实施“气化肥城”战略，全市14个镇街（区）驻地天然气实现全覆盖。全市共有天然气公司5家。其中，肥城泰燃天然气有限公司经营区域为新城、老城、仪阳、潮泉、安临站、安驾庄；肥城泰西天然气有限责任公司经营区域为高新区、王瓜店、湖屯部分社区；肥城港华燃气有限公司经营区域为石横、桃园、王庄和湖屯部分社区；肥城中石油昆仑燃气有限公司经营区域为高新区部分工业企业；肥城昌通燃气有限公司经营区域为孙伯镇。截至年末，肥城境内共铺设高、中、低压燃气管道1585.05公里，其中高压管道41.33公里、中压管道389.76公里、低压管道1153.96公里；各类天然气用户数量达到21.82万户，其中居民用户21.65万户、公福用户55家、工商业用户1614家。

2019年8月28日，泰燃公司到孙庄社区开展用气安全宣传活动（白勇　摄）

通　信

·邮政·

【概况】 至年末，肥城邮政分公司设综合办公室、市场营销部、监督检查和安全保卫部3个部室和代理金融业务部、集邮与文化传媒部、渠道平台部、寄递事业部4个专业机构，共有在岗职工310人。下辖25个城区、镇街、厂矿邮电支局网点，全部为标准电子化支局。全市设有731处便民服务平台，信报箱格口6000余个；市内汽车邮路2条，城区投递段道18条，城区投递平台41个，市内投递路线总长度204.5公里，农村投递段道32条，投递平台521个，投送站点5156个；投递路线总长度2135公里；运输能力实现大宗邮件汽车运输，平邮摩托化、汽车化投递；邮路遍布城区、乡镇街道、605个行政村，邮政服务网络无缝覆盖全市，成为联系社会经济各部门，为广大人民群众提供信息交流、物品运递、资金融通的现代化总额和服务平台。

（王　琦）

·中国移动通信集团山东有限公司肥城分公司·

【概况】 至年末，中国移动通信集团山东有限公司肥城分公司（以下简称肥城移动），隶属于中国移动通信集团山东有限公司，有员工123名，为全业务运营商，为用户提供包括移动、固话、宽带、数据网络在内的综合信息服务。公司坚持以人民为中心的发展理念，不断推进战略转型和改革创新。承担推进肥城数字化城市建设的新使命，通过打造4G精品网络，加快宽带光纤化建设，创新互联网应用，使通信技术发展的红利惠及肥城全市人民。

【业务发展】 积极响应国家提速降费要求，为用户提供更加优质的通信服务。不断优化资费套餐，以更低的门槛、更优惠的价格惠及全市人民。开展“宽带提速升级行动”，为用户提供速度更快、资费更优、内容更全、品质更佳的宽带和4K高清电视服务。大幅下调互联网专线资费，推出“企业宽带”特惠产品，助力中小微企业快速发展。提供移动云、云视讯等一体化信息化解决方案，助力政务、电力、物流、行政执法等领域信息化建设。

【网络运营】 致力于打造精品网络，不断提升用户感知体验。开展“网络质量提升专项行动”，针对城区及农村4G弱覆盖区域进行扫盲，改善信号质量，巩固网络领先优势。深入落实“网络强国”战略，加快4G基站建设，开展5G点亮行动，进一步夯实网络基础设施。开展“宽带义诊”活动，缩短故障处理时长，提升宽带服务品质，打造高品质宽带服务品牌。

【满意服务】 在推进提速降费的同时，始终坚持“客户为根、服务为本”的理念，持续提升用户服务品质。深化服务转型，健全服务考核体系，不断提升用户满意度。加强营业厅管理，不断优化服务流程，提高营业人员服务水平，提升窗口服务质量。开展“服务上门”活动，让用户足不出户就可办理业务，以主动服务赢得客户信赖。

（卢道益）

·中国联合网络通信有限公司肥城市分公司·

【概况】 中国联合网络通信有限公司肥城市分公司（以下简称肥城联通公司），主要经营GSM、WCDMA和FDD-LTE制式移动网络业务、固定通信业务、国内和国际通信设施服务业务、卫星国际专线业务、数据通信业务、网络接入业务和各类电信增值业务，与通信信息业务相关的系统集成业务等，公司拥有功能完善、覆盖全国、通达世界的移动通信网络、宽带通信网络和本地电话网络，推进固定网络和移动网络的宽带化，为社会各界提供全方位、高品质的综合信息服务，公司连年保持省级文明单位称号。

【经营发展】 响应国家提速降费号召，通信产品结构不断优化，推出不同价位全国流量放心用套餐，推出满足用户双家庭通信网络需求的149双宽带融合套餐和适合两人、三人家庭放心用融合产品；为满足不同用户群体对上网与电视大片的观看需求，推出5G提速包、宽带提速包、TV增值包等，以多种多样的套餐形式确保用户大片随时看、流量放心用；宽带由100兆速率提升至200兆/300兆，为肥城市广大用户提供更优质的上网质量。

【创新业务】 坚定建设“五新联通”的战略方向，巩固互联网化转型的差异化优势，在创新驱动中培育增长动能、沉淀核心能力，加快政企创新转型。坚持不懈推动新旧动能转换，加大“云+网+X”、物联网应用推广，助力政企客户互联网化应用拓展。整合创新业务发展生态链，提升创新业务服务支撑能力，开拓政企市场发展空间，创新业务实现快速增长。

【网络建设】 实施聚焦战略，加大4G网络建设，改善重点区域网络质量，打造优质精品无线网络，规划设计5G网络。至年末，共建成2G基站404个，3G基站430个，4G基站447个，室分55个，NB-IOT物联网基站68个，5G实验基站1个。实现城乡移动信号全覆盖，农村2G/3G网络基本全覆盖，行政村4G网络覆盖率达98%以上，4G+上网峰值速率可达到300兆以上，网络质量、通话质量和网络速度进一步得到快速提升，能够极大的满足手机用户数据上网需求。固网宽带能力进一步加强，已建成有线宽带端口20.9万，100%的用户宽带端口已具备100兆以上接入能力，90%宽带端口接入能力已达200M；全市城域网出口总带宽已达260G；光纤宽带提速为肥城广大宽带用户提供优质的上网质量和高速的网络体验。装移修机推出当日通服务承诺，全市宽带无条件受理。

【客户服务】 以服务促发展，实现服务规范化。启动服务提升活动，以客户口碑评价NPS为基础，围绕网络、业务、服务三个层面，通过对重点环节的管控，实现服务水平的提升。推出宽带“三承诺”服务，装机时限按照客户预约时间实现当日通。2019年，肥城联通公司被肥城工商局评为“放心消费，幸福肥城”满意单位，下属14个镇街营业部同步提名“放心消费，幸福肥城”满意单位。

（李　良）

·中国电信股份有限公司肥城市分公司·

【概况】 中国电信肥城分公司秉承“用户至上、用心服务”服务理念，拥有“智慧家庭”“天翼”“天翼云”三大著名客户品牌，用户号码段包括“133、153、173、177、180、181、189、191、199”，为客户提供基本的语音业务、宽带网络等数据通信业务。至年末，共有员工70余人。2019年，加大4G网络建设，共计投资3000余万元完成LTE八期工程建设，将800兆和1800兆双4G网络进行深度覆盖，覆盖整个肥城城区及所有镇街和主要农村区域。为适应中小企业、广大客户的需求，开发天翼对讲、外勤助手、车管专家、综合办公及云存储、云主机业务等信息化业务，致力于中小企业管理应用，提供个性化服务，满足市场需求。坚持“终端引领”的经营思路，秉承“共赢、服务、长久”的渠道合作原则，突出“天翼”品牌及差异化产品优势，面向社会开展“为民服务，创先争优”客户服务活动，开展“光网城市”“宽带中国”网络建设。

（田　甜　张　扬）

肥城年鉴

FEICHENG YEARBOOK

FEICHENG
YEARBOOK
2020

城乡建设与管理

■ 城乡建设综述

■ 城乡规划

■ 城市管理

■ 园林绿化

■ 房产管理

城乡建设与管理

城乡建设综述

【概况】 2019年，全市城乡建设和管理工作遵循习近平总书记提出的“城市是人民的，城市建设要坚持以人民为中心的发展理念，让群众过得更幸福”“城市管理应该像绣花一样精细”“扎实实施乡村振兴战略，打造乡村振兴的齐鲁样板”等重要指示精神，围绕全市工作大局，始终以“民生为先”，坚持“为民建设”，把“满足人民对美好生活的向往”作为城乡建设各项工作的出发点和落脚点，把人民群众最关心、最现实、最迫切需要解决的问题作为大事来办，使城乡建设的每一项成果，都能让群众看得见、摸得着、享受得到。以打造城市核心区为重心，完成桃园街北延、凤山大街南延、肥桃路西段改造等道路建设，修缮城区道路7.3万平方米，铺设供水主管网2.6公里，实施雨污分流改造2.2公里，完成康龙污水处理厂升级，新增集中供热面积90.6万平方米，800余家商户完成液化气“瓶改管”，实施绿化补植6.7万平方米，安装路灯670余盏。以实施乡村振兴战略为重点，完善农村改厕后续管护机制，完成32户农村危房改造，3800余户镇村居民实现清洁取暖。以工程质量安全为根本，对全市111处在建工程实施网格化、规范化管理。在宏观形势复杂严峻的情况下，全市城乡建设工作实现继往开来、持续健康发展。

【路畅工程】 把推动城市道路畅通作为城市建设的“基础功课”来抓，按照打通“断头路”、畅通“内循环”的思路，全面实施城区道路新建、改造和修缮工程，城市交通面貌发生日新月异的变化，群众的出行日益舒适、舒心。先后实施桃园街北延、凤山大街南延等道路延伸工程，完成肥桃路西段、工业一路东段、桃园街南段等道路改造工程，铺开文化

桃都水街（孙其昌　摄）

路中段、军民街中段、向阳街北段、新城路东段等路段的盖被修缮工程。通过对城区主次干道的延伸建设、升级改造，有效活化城市“内循环”，城区道路通达性显著提升，城市框架格局进一步“舒展”，为实现城市功能的提升和跨越奠定坚实基础。2019年，全年累计维修路面3.2万平方米，盖被4.1万平方米；人行道板3.1万平方米，路沿石1.6万米，完成道路灌缝5000余米；施划交通标示线300余公里，停车位6900余个。在道路建设中，坚持“以人为本”的宗旨，以打造“便民”道路为根本目标，将精细化管理贯彻始终。施工中，广泛采用冷型沥青、快凝水泥等新工艺，路面维修最快4个小时通车，同时采取夜间施工法，极大减少对群众出行产生的影响；打破“就路修路”思维，对沿路小区出入口、店铺门前破损路面统一维修，提升美观度又便民利民；高标准施画道路标线，定期对脏污标线进行清洗，保持美观；按照“路修到哪里，灯就亮到哪里”的标准，背街小巷全部亮化，全年完成城区11条路段670余盏路灯安装工作；对道路两侧雨污水篦子进行改造，与路面平齐，道路实用宽度向两侧延展一米，市民通行更加顺畅、舒心。

【绿化提升】 按照“黄土不露天”的标准，对城区内裸露土地进行植被全覆盖，根据实地情况，除行道树外，不再补植大型乔木，采用常绿低矮灌木、长花期大型花卉和麦冬等地被进行补植；不能补植的土地，尽量不再硬化，而是采用碎树皮进行“生态”覆盖，减少硬化对绿化的“侵蚀”。2019年，完成裸露土地绿化6.7万平方米，补植行道树700余棵，花灌木18万余株，有效解决“因裸致脏、由露扬尘”问题。开展社区绿化提升集中行动，24个社区全面铺开，累计为社区绿化补植3万平方米，进一步改善社区生态环境。龙山河绿道被评为第一批“山东省最美绿道”。

市住建局夜间作业养护城区道路（侯立群 摄）

【基础设施保障】 全面做好水、气、暖等与群众生活息息相关的城市基础设施建设，提升群众幸福感。制定出台城区老旧小区拆迁改造实施细则，采取“破而后立”方式，对老旧小区实施原址拆迁重建，改造地块零收益方式进行出让，减免部分基础设施综合配套费，最大程度让利于民，为下一步推进老旧小区拆迁改造工作提供有力抓手。完成龙山路东延等5条路段2.6公里供水管网建设，实施城区25个小区、宿舍3500余户供水户表改造工作，减少跑冒滴漏对群众造成的损失，顺利通过国家节水城市复审。完成城区16个小区供热管网、9个小区换热站新建工作，对17个小区老旧供热设施进行维护更换，新增11个小区、单位，共计90.6万余平方米供热面积，确保更多的群众温暖过冬。不断加强城镇燃气建设管理，推进“瓶改管”工作，城区1200多家商业用户，已有800余家接入管道天然气；开展城镇燃气安全生产专项整治，全面深化隐患排查、严厉打非治违、开展源头治理，有效遏制城镇燃气安全事故发生，确保人民群众生命财产安全。

【雨污分流改造】 坚持从源头上治愈城市内涝“顽疾”，确保雨水入河、污水入厂。实施康龙污水处理厂改造升级工程，城市污水处理能力进一步提升；实施雨污分流改造，完成雨污水管网新建及改造工程18个、2.2公里，确保雨水入河、污水入厂；加大对小区、餐饮饭店、城区外围镇街等雨污混流“死角”的排查整治力度，确保城区排水通畅和污水有效处理。同时，建立降雨积水巡查应急队伍，对坑洼积水进行全面排查清理，群众出行更加顺畅、安全。

【农村人居环境改善】 结合农村人居环境整治三年行动，加快推进农村改厕、垃圾分类、清洁供暖、危房改造等工作，进一步改善、美化农村人居环境。深入推进“厕所革命”，加强对全市8万余户农村无害化改造厕所的后续管护，开展农村改厕工作专项督导检查，保障农村卫生厕所长期发挥效益。推进农村垃圾分类，不断健全农村垃圾分类和收运体系，全市各村居配发各类垃圾桶近2万个，完成边院镇、石横镇2座垃圾转运站改造，日处理能力提升到100吨，制定出台镇街区生活垃圾处理费收费标准，为农村垃圾分类工作提供资金保障。实施农村清洁取暖改造，根据实际，对镇村社区采取工业热源、空气源热泵等集中供暖、燃气采暖炉散户供暖两种模式，2019年，全市3800余户镇村居民将实现清洁取暖，进一步提高镇村居民生活条件。做好农村危房改造工作，对32户农村贫困户危房实施改造，改造中全程跟踪管理，坚决做到结构安全、达标居住，让困难群众住得安心、放心。

【建设工程监管】 在建设工程监管中不断强化措施、落实责任，坚决守住质量和安全两条底线。落实监管责任，转变监管方式，将全市建筑工程分为四个片区，施行网格化监管和包保负责制，开展高频次、深程度的监督检查，倒逼企业提升安全管控水平。督促企业落实主体责任，全面落实安全生产责任制，强化施工企业法人、项目负责人安全生产第一责任人责任。开展建筑施工安全质量标准化工作，加强建筑工程项目之间观摩交流，营造“比、学、赶、超”的安全管理氛围，全年在建工程安全标准化达标率90%以上。同时加强安全隐患排查整治，全面抓好风险分级管控和隐患排查治理双重预防体系建设，将安全隐患排查和整治作为重中之重，坚决纠正“查而不改、查而不罚”的问题，形成检查有记录、整改有结果、到位能销号、敷衍严处罚的“闭环式”安全监管工作模式。全年共对全市111个在建工程项目、368个单体工程进行检查，排查各类安全隐患1846条，下达停工整改56份，确保及时、有效、彻底地消除各类安全隐患。不断加强对施工工地落实扬尘治理，按照“八个百分之百”▲标准，采取不定期巡查、夜查、联合检查等方式，不断加大监督和处罚力度，搭建施工现场扬尘智慧监管平台，对工地现场进行24小时实时视频监控，重点做好对石横特钢产业集群和仪阳建安总部施工工地的扬尘监管和服务保障，确保扬尘治理措施严格落实。抓好建筑领域农民工工资支付工作，推进省农民工工资支付监管平台普及使用，协同人社、信访等部门积极协调处理拖欠农民工工资问题，及时化解矛盾。

▲“八个百分之百”标准：工地周边100%围挡；各类物料堆放100%覆盖；土方开挖及拆迁作业100%湿法作业；出场车辆100%清洗；施工现场主要场区及道路100%硬化；渣土车辆100%密闭运输；建筑面积5000平方米以上的施工工地100%安装在线视频监控；工地内非道路移动机械使用油品及车辆100%达标。

（王　帅）

城乡规划

【概况】 2019年，市规划编研中心以年初确定的“四定”目标为抓手，制定措施，明确责任，践行“实事求是地想、实事求是地谋、实事求是地干”的工作理念，聚焦“四大动能”“八大产业”“一核四区”等重点工作，完成各项主要任务目标。立足肥城实际，科学编制城乡规划，牢固树立“以人为本”“全域肥城”的城乡一体化规划理念，加强规划研究，完善规划管理，突出规划引领作用，搞好城市总体设计，深化各项专业和详细规划，提升规划服务水平，促进全市经济和社会各项事业持续健康发展。年内，肥城市老城街道孙庄村等9个村庄连片规划被省自然资源厅作为优秀规划案例向自然资源部推荐，并参加全国村庄规划优秀案例交流会。邀请国内外的规划、建筑专家17名组建肥城市国土空间规划专家库。

【城市规划】 提高中心城区控制性详细规划覆盖率，主动适应政策变化，按照上级新的要求，将主体功能区规划、土地利用规划、城乡规划等空间规划融合为统一的国土空间规划，实现“多规合一”。年内，《肥城市国土空间规划》已完成前期资料收集及现场踏勘座谈，开始进行规划评估及重大专题研究阶段工作。

【乡镇驻地规划】 年内，在市城区外10个镇总体规划均已编制完成的基础上，开展小城镇新一轮总体规划修编。已完成石横镇、潮泉镇、孙伯镇、王庄镇总体规划编制并经市政府批复。边院镇、湖屯镇启动国土空间规划编制。

【村庄规划】 结合乡村振兴示范引领、美丽村居建设等工作实际，根据调研结果及镇街意见，选择基础条件好、发展意愿迫切、工作积极性高的村庄开展村庄规划编制试点工作。年内，已编制完成王庄镇东孔庄、西孔庄、西刘庄，边院镇高庄村，老城街道大石关村村庄规划；老城街道孙庄村等9个村、新城街道东尚里村等5个村、沙沟村等9个村、仪阳街道仪阳村等7个村、石坞社区等8个村村庄连片规划，经市政府批复实施。

【规划管理】 以公布的行政权力清单和公共服务事项目录为基础，对群众和企业到窗口办理的事项进行全面梳理。实行“书证齐发”，将建设项目总平面规划图和建筑设计方案合并审查，同时出具书面审查意见。将非新增用地的选址意见书与用地规划许可证在可同时办理的情况下一并受理，同时核发。压缩办理时限，减少审批环节，合并项目公示期，把选址、用地、工程审批时限分别缩短为5个、2个、10个工作日。2019年，共办理工程规划许可162件，建筑面积289.02万平方米；办理用地规划许可78件，用地面积393.41万平方米；办理乡村建设规划许可26件，建筑面积41.69万平方米；办理竣工规划核实68件，建筑面积117.4万平方米；办理村镇竣工规划核实23件，建筑面积14079万平方米；办理选址意见书4件，用地面积192.79万平方米。

2019年10月18日，《肥城市国土空间总体规划》编制工作动员大会召开。图为会议现场

【规划制度建设】 坚持“开门编规划”，有效调动各方资源，群策群力，共同参与规划编制。强化发展改革、自然资源、生态环境、住房建设、农业农村、教育体育、卫生健康、文化旅游、交通、水利等多部门协同，加强资源共享、信息互通。高度重视规划编制全过程的公众参与，围绕不同阶段的任务重点，充分征求和吸纳公众意见和建议，将人民群众满意度作为衡量规划编制实施水平的标准。年内，接受群众合理化建议32件，回复人大政协提案6件，满意率为100%。答复连心办3650000转来问题102件。

（王智勇　宁　静）

城市管理

【概况】 2019年，全市综合行政执法工作扎实开展，法制建设工作不断加强，违法建设治理工作持续推进，市容秩序管理工作水平不断提高，环境卫生管理工作效果显著。开展“不忘初心，牢记使命”主题教育，成立主题教育领导小组，建立定期会议制度。全局17名副科级以上领导干部均参加市委组织的专题读书班，班子成员开展调研活动，形成有价值调研报告6篇，召开专题民主生活会1次，组织党员开展警示教育7次，进行集中研讨4次，召开组织生活会1次。年内，市综合行政执法（城市管理）局被评为“肥城市全国文明城市创建工作先进集体”“肥城市全国文明城市创建工作包保单位先进集体”“肥城市尊师重教先进单位”，市环卫处被评为“肥城市全国文明城市创建工作先进集体”。

【综合执法】 开展城市管理、自然资源、住建、规划、文化、人防等重点领域执法工作。年内，共查处各类案件718件，其中城市管理类333件（简易程序330件、一般程序3件）、土地类259件、矿产类37件、住建类25件、规划类50件、文化类14件。移交公安3件，移交法院2件，罚款600余万元。

【法制建设】 2019年，梳理权力清单800余项，厘清职责边界。制定城市管理、自然资源等领域10项执法事项的“施工图”“说明书”，明确工作流程、配合机制和保障措施，界清相关部门、镇街之间主体责任和配合责任。举办法制培训2次，坚持每周四重大案件集体讨论制度，共组织重大案件讨论25次，讨论案件138件。全年共处结行政应诉案件7件，无一败诉。

【违建治理】 2019年，牵头开展违法建设治理行动。①肥桃路沿线违建专项治理行动。拆除违法建设118处、7.9万平方米，整改超面积看护房195处。②公路沿线广告设施整改行动。拆除济微路、泰临路、泰东路、肥梁路、肥桃路等公路沿线各类广告设施217个、5040平方米。③城市社区违法建设治理行动。拆除违建45处、1200余平方米。④农村人居环境违建治理专项行动。拆除违法建设1600余处、80余万平方米。全市共计拆除违建2191处、96.3

2019年10月11日，市综合行政执法局开展对标找差距检查督导

新城街道肥桃路拆违现场（辛培峰　摄）

万平方米。

【城市管理】 ①理顺城市管理体制机制。初步形成以街道为主，社区、巡管一体日常巡查、发现、劝导、上报，中队监管执法，局督导考核的城市管理工作体制机制。②提高城市管理社会化水平。执法队员在社区组织下会同社区工作人员、公安交警、物业、业主委员会、巡管、志愿者等群体，针对存在的突出问题定期开展联合整治。③及时有效解决城市管理问题。畅通微信工作群、“肥城城管”微信公众号平台、投诉热线等问题反应渠道；完善数字城管管理系统，健全工作机制。全年共办理投诉案件734件，办结率97%。④开展文明城市创建工作。加大对重点工作和存在问题的监督检查和调度督导频次，对包保的沙窝社区进行基础设施建设升级改造，改善社区环境。配合市创城办对创城指标进行2轮现场测评、2次问题整改“回头看”专项检查。11月，肥城市作为全省唯一县级市在全省城市精细化管理工作现场会上作典型发言，经验做法在《中国建设报》刊发。

【大气污染防治】 监督检查城区油烟净化设备使用情况，共摸排辖区745家餐饮业户，至年末已安装并正常使用690家。规范建筑垃圾营运管理，核准建筑垃圾运输服务公司4家，实行渣土车辆准运管理，对防尘措施合格的工地予以办理渣土运输通行证，渣土车辆严格落实车辆密闭措施等各项规定，全部安装GPS系统，纳入城市管理监控平台。年内，共查处渣土扬尘案件28件。

【环境卫生管理】 提高道路保洁水平，动用机扫、洒水大型专用车辆22台，城区道路机械化保洁、洒水面积达到252万平方米，道路机扫率和洒水率均达到90%，繁华路段夜间深度保洁试点25万平方米。改造完善城区主次干道两侧生活垃圾分类收集站点16座，新增主次干道两侧分类果皮箱420个，城区各主次干道分类果皮箱达到1100个。对20个无物业管理的老旧小区生活垃圾实施定时收运，城区生活垃圾清运及时率100%。中节能垃圾焚烧发

市环卫处引进新型多功能抑尘车（陈衍兵　摄）

电项目建成运行，日处理垃圾能力800吨，生活垃圾无害化处理率达到100%。

【扶贫攻坚】 对边院镇古店村、石横镇石横六村开展包村扶贫工作。支援古店村标准式垃圾桶10个，组织修建党建宣传文化街，争取资金4.6万元，安装太阳能路灯38个，提升乡风文明水平。做好石横六村精准扶贫工作，帮助脱贫出队6户，协调争取10万元水利生态项目1个。

（王大远　宋西昌）

园林绿化

【概况】 2019年3月，市园林绿化管理局更名为市园林绿化中心，隶属于市住房和城乡建设局。中心设办公室、绿化科、督查考核科、工程管理科、财务科、监察安全科6个科室，根据绿地情况划分为四个片区，设立城区河道管理所、树木修剪和病虫害防护管理所、城区山林防护管理所，负责全市园林绿化从规划设计、施工建设、竣工验收到养护管理全过程的服务与监督管理。至年末，城市建成区绿化覆盖率、绿地率和人均公园绿地面积三项主要指标分别达到41.26%、37.05%和17.14平方米，公园绿地服务半径覆盖率达到90.2%。

【最美绿道打造】 肥城龙山河绿道被评为山东省第一批“最美绿

市园林绿化中心工作人员更换植物雕塑绿植

道”。龙山河滨河绿道全长9.8公里，沿穿城而过的龙山河而建，独立成道，同时做到人车分离，两侧设置有50～100米绿化带，绿化带植被丰富。绿道遵循“低碳生态，以人为本”的原则，融入“海绵城市”理念，体现绿道建设的生态化和可持续发展，沿线合理设置标识、标牌、休闲驿站、生态公厕、亲水栈道等配套设施，最大限度发挥绿道指示性、引导性等公共服务功能，满足市民休闲游憩、旅游健身、科普教育等需求。绿道连接重要人文及自然景点，贯通整个市区，形成集餐饮购物、休闲娱乐、文化展示于一体的城市绿廊，整体展现一个高品质、高效益、健康且充满活力的城市滨水共享空间，实现文化建设与商业繁荣的优势互补、经济效益与社会效益的完美结合、历史文化与现代气息的交相辉映。

【精细化养护管理】 ①高标准修剪。提高标准，加强绿篱整形修剪、清理杂草，保持绿篱、草坪整洁美观的景观效果。②苗木涂白。购置新型环保涂白剂，严格按照统一的粉刷高度和规格标准，对城区内30万株行道树和花灌木进行涂白，保证树木安全越冬，苗壮成长。③景松整形修剪。聘请专业人员对城区主要景点的100余棵景观松，进行修剪整形，提升应有的景观效果。④植物雕塑。对现有人民会堂、体育公园、青龙桥头等处的植物雕塑进行升级改造，及时更换绿植，精心养护，丰富文明城市创建内涵。

【园林绿化工程】 在园林工程施工中始终贯彻落实精细化管理的要求，无论是苗木质量、栽植质量还是后期养护管理方面，力求精益求精，争取建设精美工程、精致工程、精品工程。开工前与各施工单位分别签订合同及安全协议，明确各方责任，确保工程施工依法依规开展。施工过程中，工程科相关人员及时盯靠现场，监督施工质量，严把施工安全，协调各方关系，测量各类数据，保留影像资料，确保各项工程有序推进，如期完工。后期养护方面，成立专业队伍，行道树栽植完成后第一时间做好支撑，确保苗木稳固；适当修剪疏枝，打造优美树形；浇灌生根剂，促进苗木生长；涂抹愈合灵，保护苗木修剪伤口；及时划搂或封穴，保证土壤墒情；多人、多轮巡查，发现长势较弱的树木，及时挂吊瓶输营养液或施肥。至年末，市园林绿化中心已完成裸露土地绿化 6.6 万平方米，补植各类行道树 700 余株，花灌木 18 万余株；完成绿地内给水管道铺设及改造 4500 余米，道板铺装及维修 5700 余平方米。

【病虫害防治】 针对病虫害高发的情况，园林绿化中心提前谋划，对病虫害的发生情况进行全面细致的排查，记录每种病虫害的发生规律，为城区树木病虫害防治提供重要依据。制定严密的防治计划，春季来临前，对城区的花灌木全部喷洒石硫合剂，达到杀菌、杀虫的目的。抓住病虫害防治的有利时机，对易发生的蚜虫、白粉虱、黄杨绢野螟等病虫害进行全面喷药治理。对新栽树木及长势较弱的树木进行重点养护管理，在树干上挂“输液袋”，为新栽植的树木补充营养液，促进植物吸收，提高树木成活率；对一些长势弱的大树进行复壮，通过地钻打孔、投放密度棒，配合使用营养液，疏松土壤环境改善透气性，增强树势；加强树木的施肥、浇水等日常管理，及时进行树木修剪，剪除过密枝、萌蘖枝及病虫害枝条，保证树木良好的通风透气性，对剪除的病害枝条进行集中处理，以减少虫源、病虫害的传播。加强树木病害的监测，购置两台土壤检测仪，在易发生严重病害的树木周围进行土壤检测，科学管理防治，将病虫危害降到最低限度。

（张秋红　尚圆园）

园林工人开展树木病虫害防治

房产管理

【概况】 市房产管理服务中心下设市物业服务指导中心和市住房保障中心 2 个副科级事业单位，市房地产交易所 1 个股级事业单位，内设人秘科、房地产开发经营指导科、投诉受理科、档案科、测绘指导科 5 个科室，设事业编制 49 个，实有人员 38 名。2019 年，市房产管理服务中心围绕市委十四届七次全会安排部署和年初“四定”目标任务，突出棚户区改造和村居改造工作核心，积极探索管理服务新模式，创新管理举措，全面推动新型城镇化、房地产市场、物业服务三大领域迈上新的台阶。先后获得“省级文明单位”“基层党建工作三等奖”等荣誉。

（艾佩鑫）

【住房保障】 2019 年，上级下达肥城市的住房保障任务为棚户区住房改造开工项目 5 个、950 套、基本建成 2600 套。全年开工 950 套，开工率 100%；基本建成 2604 套，基本建成率 100.15%，开工率、基本建成套数分列泰安市第一、第二位。作为推动新型城镇化的重要抓手，参照棚改运作模式在全市范围内开展村居改造，制定出台《关于加快村居改造推进新型城镇化建设的实施意见》，年初各镇街区上报项目91个、15427套。截至年末，开工项目115个、19791套，开工率128.3%。共争取到位各类棚户区改造扶持资金2.01亿元，发放政府棚改专项债券2亿元。审核廉租住房租金补贴79户，发放补贴948户(次)、13.57万元，解决79户低收入家庭住房困难问题。对437户到期公租房进行重新审核登记，对公租房进行动态监管，设立举报电话，对于不符合条件的租户进行清退。

（苏　强　张东良）

市房产管理服务中心开发经营指导科工作人员巡查督导在建在售项目

【房地产市场】 贯彻落实中央和省、市关于房地产市场调控精神，坚持"房住不炒"的市场定位，准确把握商品房居住属性，加强房地产市场监管。2019年，全市共审批预售许可49份，批准预售面积94.33万平方米，同比增长42.04%，预售套数6910套，同比增长35.99%，商品房均价6537.05元/平方米，同比增长24.16%，呈现量价齐升态势，通过房地产统计数据指数变化显示，房地产市场整体保持健康稳定发展。以"不忘初心、牢记使命"主题教育为切入点，突出抓好房地产开发历史遗留问题化解，围绕"清理过去，管住当前，规范今后"的目标，先后共排查在建、在售项目52项，涉及企业38家，将延期办理、拖延办理不动产权证的国华名爵苑、鑫康花园、君悦国际、聚鑫家园等6个项目列为集中整治项目，经多次调度，已有4个项目、630户、61849.7平方米办理完成首次登记，进入个人不动产权登记阶段，2个项目相关工程建设手续正在全力推进办理阶段。

（伊妍妍）

【物业管理】 紧抓文明城市创建工作关键节点，严格前期物业招投标、物业服务合同备案。依托信息平台，完善物业企业及物业从业人员数据信息，实行守信联合激励和失信联合惩戒，构建以信用为核心的物业服务市场监管体制。全面启动物业服务项目考核机制，多措并举推进物业服务提效提质，促进全市物业管理水平全面提升。制定实施新的《肥城市住宅专项维修资金管理办法》，搭建起"社区居委会—业主大会—小区业委会—申请人"四级管理架构，有效解决已售公房、新建商品房维修资金归集使用等难题。开展物业服务文明行业创建活动，成功创建省标兵企业2家，示范项目2个，服务标兵2人。

（师承智　宋现录　武岩岩）

肥城年鉴

FEICHENG YEARBOOK

FEICHENG
YEARBOOK
2020

自然资源·环境保护

- 土地管理
- 环境保护

自然资源·环境保护

土地管理

【概况】 1月，根据机构改革的要求，整合原肥城市国土资源局、肥城市规划局、肥城市林业局的有关职责，组建肥城市自然资源和规划局。至年末，市自然资源和规划局内设8个职能科室，设1个正科级分局、14个基层所和2个正科级、5个副科级事业单位，实有在编干部职工141人。2019年，围绕市委、市政府中心工作，履行新职责，担当新使命，围绕“保发展、拓空间、解难题、促增收”，担当作为，狠抓落实，开展“不忘初心、牢记使命”主题教育，开展廉政教育、法规政策考试、亮点评比、“双十佳”评选等活动，对照先进标杆，提升工作效能。肥城市“田长制”工作在自然资源部会上作典型发言，受到副省长于国安表扬；“三权分置”试点评定为山东省一类等次，奖励指标100亩；三个街镇因耕地保护工作成绩优异受省自然资源厅奖励300万元；全省用途管制业务培训班和全省增减挂钩业务培训座谈会先后在肥城市召开，山东省自然资源厅专文推广肥城市“田长制”“三权分置”试点、挂钩和工矿三项工作经验。市自然资源和规划局连续12年保持省级文明单位称号，先后被表彰为全国文明城市创建工作先进集体、全市信访工作先进单位、安全生产先进单位、尊师重教先进单位、爱心共建单位、自然资源和规划系统信息宣传先进单位。

2019年12月20日，肥城市副市长桑逢智在山东省自然资源厅汇报“三权分置”成果（王其福　摄）

【土地管理】 截至年末，肥城市土地总面积1277.3平方千米，其中农用地97037.47公顷（耕地63902.44公顷、基本农田56739.68公顷）占总面积75.96%；建设用地21136.62公顷，占总面积16.55%；未利用地9571.04公顷，占总面积7.49%。

【规划管理】 为促进肥城市乡村振兴、统筹城乡发展，加快推动新旧动能转换重大项目实施，保障特种建筑用钢产业集群、山东西陆机动装备综合试验项目等肥城市重点项目落地，开展肥城市土地利用总体规划（2006—2020年）局部修改调整工作，泰安市人民政府于3月15日批复肥城市土地规划修改调整方案；推进永久基本农田整改补划和储备区划定工作，共划定永久基本农田储备区图斑1267个，面积1.6万亩。

【建设用地保障】 用地保障围

绕实现“四大动能”重点突破，应保尽保报批建设用地327.06公顷；储备土地179.33公顷；供应土地168宗，面积460.33公顷（含出让97宗，面积287.45公顷，成交价款17.63亿元，其中招拍挂出让91宗，面积276.91公顷，成交价款16.8亿元），前三年供地率为76.8%。征地实行“全过程”管理，对征地拆迁安置实行现场挂牌和网上发布“双公示”。

【土地开发整理】 2019年，用活用好国家、省级政策，开展土地整治工作，在继续推行“政府平台+土地整治”模式的基础上，探索实施“废弃矿山治理+土地整治”的新路子，全年累计策划实施和完成土地整治项目21个，总规模3487公顷，新增耕地973公顷，投资3.32亿元。城乡建设用地增减挂钩项目复垦农用地规模21.96公顷，新增耕地20.55公顷；工矿废弃地复垦利用项目复垦农用地规模48.53公顷，新增耕地40.13公顷。

【地籍及不动产登记管理】 开展2018年度土地变更调查，成果通过部级核查，启用新的土地利用现状数据库。实事求是开展肥城市第三次国土调查工作，完成肥城市1277.3平方公里约9.8万个图斑的全面调查，外业举证图斑1.3万个，完成采煤塌陷地、耕地细化等专项

2019年11月6日，全省城乡建设用地增减挂钩业务座谈会在肥城市召开。图为会议现场（路辉 摄）

调查，建立“三调”初始数据库并通过国家核查。开展山东省“两权”抵押试点工作，持续巩固“两权”抵押试点成果，推进不动产统一登记制度城乡全覆盖。根据省厅公布的不动产登记标准，结合肥城实际优化更新现有登记流程，稳步推进“外网申请，内网审核，当面查验，即时领证”的“线上登记”模式，实现从实体大厅向“线上大厅”延伸。全年度受理业务4.08万件，发送证书证明3.54万本，平均日办理205件。延伸不动产登记服务到金融机构，在市建设银行、工商银行等建立不动产抵押登记便民服务点7个，全力打造便民利企服务窗口。

【矿产资源及地质环境管理】 截至年末，全市共有采矿权22个，矿山从业人数0.76万人，年产矿石量913.7万吨，工业总产值25.37亿元；持续推进山石矿山综合整治，完成4处山石矿山的出让；全年累计征收采矿权出让收益3.8亿元；加快泰山区域山水林田湖草生态保护修复工程试点治理，完成采煤塌陷地整治、矿山生态修复等4个项目；顺利完成中央生态环保督察“回头看”挂牌督办问题整改；编制完成年度地质灾害防治方案，严格实行汛期巡查、值班、登记等制度，全年未发生地质灾害；储量年报编制率100%。

【测绘管理】 2019年，肥城市共有各类测量标志50处，全部进行巡查、拍照、记录、建档，上传省测量标志管理系统，全年共发放测量标志管护经费8800元，测量标志完好率100%。全年培训“问题地图”排查整治业务骨干28人，开展地图市场检查4次，地图市场

秩序良好。全市共有22家测绘资质单位备案、公示，在肥从事测绘活动。年内，开展测绘地理信息成果质量和测绘资质监督检查1次，涉密数据检查1次，保障测绘市场规范有序。

（王　峰　仲　强　王兆营）

环境保护

【概况】 5月13日，泰安市生态环境局肥城分局揭牌，环保垂直改革迈出实质性、关键性的一步。至年末，泰安市生态环境局肥城分局内设人秘科、财务科、督察办、生态科、环境管理科、污控科、法宣科、应急科、辐射科、信访科、机动车尾气监控中心11个职能科室，下属市环境监察大队、市环境监测站、市污染物排放总量控制办公室3个事业单位，共有在职干部职工66人，其中行政13人，事业53人。2019年，泰安市生态环境局肥城分局全面贯彻落实习近平新时代生态文明思想，牢固树立绿色发展理念，以改善生态环境质量为目标，奋力推进环保督察问题整改，全面落实大气、水、土壤污染防治行动计划，全力迎接中央大气污染防治专项督察，推进全市生态环境保护工作取得新成效、迈出新步伐、再上新台阶。

【环境质量改善】 ①空气环境质量。肥城市城区空气自动监测站共2个，2019年主要开展SO_2、NO_2、PM_{10}、$PM_{2.5}$、臭氧和一氧化碳6个空气污染因子监测，共取得监测数据10.5万个，前四项监测指标年均值分别为SO_2为0.016毫克/立方米、NO_2为0.035毫克/立方米、PM_{10}为0.105毫克/立方米、$PM_{2.5}$为0.053毫克/立方米；从监测指标情况分析，二级以上良好天数SO_2 365天、NO_2 363天、PM_{10}为304天、$PM_{2.5}$为287天；综合分析为279天，优良比例为76.4%，超标项目以$PM_{2.5}$和PM_{10}为主。②大气降水、降尘。大气降尘年平均为3.39吨/平方公里·月；降水做到逢雨雪必测，2019年未发现酸雨现象。③地表水环境质量。每月对康汇河、大汶河12个断面水质监测一次，对康汇河出境断面陈屯桥的水质每月监测3次以上，陈屯桥的COD监测平均值为24毫克/升，年均值低于地表水Ⅳ类水质标准（30毫克/升）0.2倍；氨氮监测平均值为1.48毫克/升，年均值低于地表水Ⅳ类水质标准（1.5毫克/升）0.01倍。大汶河各控制断面的水质监测指标COD和氨氮与去年监测情况基本保持一致，均符合地表水Ⅳ类水质标准。④饮用水水源地及地下水环境质量。城区的3眼自来水井各项监测指标均符合饮用水水质标准。⑤农村环境质量。对王瓜店街道邓李付村进行环境质量监测，包括地表水、地下水、环境空气和土壤，共采集土壤样品5个，从监测情况看，地下水、环境空气和土壤均符合相应的国家环境标准。

【中央及省生态环保督察及“回头看”问题整改】 推进中节能垃圾焚烧发电项目建成运行，固废处置中心项目于2019年9月15日点火。历次生态环保督察和“回头看”反馈意见涉及问题64个，整改完成53个，其余11个达到序时进度。对环保督察交办的133个案件，按照“一案一策”的原则，开展为期2个月“回头看”集中整改，已全部完成整改。完成中央督察“回头看”反馈问题中涉及的4个矿山整治并销号。

【大气污染防治】 推进工业污染治理，石横特钢公司投资5000余万元完成3#烧结机脱硝改

市环保局指导重点监控企业安装自动监控设备并联网（刘金辉　摄）

造，昌盛石墨公司投资5300余万元完成窑炉烟气深度治理；同时，提升整治12处工业炉窑，完成80家企业挥发性有机物规范治理和2家企业提标改造，完成38家企业焊接废气治理，完成183家汽修和露天喷涂企业治理。开展燃煤锅炉整治行动，完成8台燃煤发电机组和8台10吨以上燃煤锅炉以及特钢公司超低排放改造；淘汰10吨及以下燃煤锅炉333台；同时，拆除取缔11家无手续、2家治理不达标砖厂，完成12家砖瓦窑料堆场提标改造；关闭19家21个石灰窑。强化机动车污染防治，严格在用机动车检测机构监管，每月现场检查，每季度标定比对；改造加油站45个、地下油罐173个，完成34家民营加油站三级油气回收改造；完成油品升级，市内流通销售的车用汽、柴油全部达到国Ⅴ标准。推进园区循环化改造，完成高新区循环化改造，调整经济开发区总体发展规划和产业发展规划，先后完成路网综合提升、供热中心等12个重点项目建设；2019年，石横特钢创造性地将其煤气输送至化工园区，作为阿斯德公司甲酸原料气，年降低煤炭消耗量100万吨。规范整治山石开采企业，整合全市原有17处山石矿山企业，保留5处；多部门成立工作专班，关停取缔非法砂石加工点135家。实施大气质量反弹攻坚，大气污染防治指挥部升格为由市长任组长，自8月底开始，开展大气质量反弹攻坚战，划定城市核心区，实施12项加严管控措施；在各镇街建设13个空气自动监控站，制定《镇街区空气质量考核奖惩办法》，实施4次考核奖惩；成立工业企业、扬尘、机动车、山石开采、散煤、油品污染治理6个工作专班，开展联动执法；对46家企业实施秋冬季绿色管控，强力扭转大气质量恶化态势。落实重污染天气应急响应，完成重污染天气应急预案和减排清单修订，年内启动重污染天气黄色预警2次、橙色预警9次，按照对应级别启动响应。开展非道路移动机械登记编码工作，登记机械2500余台。督促机动车尾气检测机构完成新标准升级并联网。

【水污染防治】 推进工业污水治理，完成5家企业污水处理提升改造，对部分企业安装特征污染物自动监控，实现全天候监控，全市污水管网覆盖范围内的企业全部接入污水处理厂深度处理。落实断面水质达标工作方案，投资3000余万元，完成康龙排水公司升级改造工程，启动康汇污水处理公司升级改造工程；配合“河长制”办公室实施“清河行动”，整治各种问题164个。开展农村生活污水治理，编制完成《肥城市农村生活污水治理工作实施方案（2019—2025年）》，全面启动农村生活污水治理工作，承办泰安市农村生活污水治理交流推进会，潮泉镇黑山村作为观摩示范村向各县市区进行展示。截至12月末，全市共完成135个村的生活污水治理工作，全面完成2019年度农村环境综合整治工作20个村的整治任务。推进饮用水源地保护，全面完成城区及省定贫困村饮用水源地保护工作，农村饮用水源地保护工作持续开展，至年末，全市累计完成饮用水源地保护水井180余处。推进山水林田湖草项目建设，全市水环境类项目共8个，已完工项目4个，在建4个，其中投资3.62亿元的康汇河和月庄河2个生态修复工程建设，已完成工程量的80%；新建社区污水处理站4处，新增污水处理能力1600吨/日。

【环境安全保障】 完成全市274家风险源企业编制突发环境事件应急预案并备案，定期开展应急演练，提高突发环境事故的预防和处置能力；开展环境风险源企业环境安全隐患自查和现场核查，消除环境事故隐患。加强核与辐射管理，年内安全收贮废旧放射源3枚。

【固体废物污染防治】 完成全市29家一般固废产生单位、44家危险废物产生单位、5家危险废物经营单位在监管系统中的申报。2019年，一般固废产生量为384.59万吨，一般固废综合利用率大于90%；危险废物产生量为92284.17吨，全部合法无害化处置和综合利用。省生态环境厅和泰安市局对肥城市危险废物重点监管企业进行2019年度规范化管理考核，被抽查企业达标率为100%，危险废物规范化评估考核位列泰安市各县（市、区）第一。

【土壤污染防治】 按照土壤相关法律法规的规定和要求，建立全市土壤重点监管单位名单，与市政府签订土壤污染防治目标责任书，每年开展一次土壤和地下水监测，结果向社会公开。开展重点行业企业用地调查信息采集及风险筛查纠偏，肥城市已完成47家重点行业企业用地基础信息采集、风险筛查及纠偏工作。经筛选，确定6块疑似污染地块，上报全国污染地块土壤环境管理系统，下一步由土地使用权人开展土壤污染状况调查工作。与工业和信息化局、自然资源和规划局建立联合共享机制，掌握全市建设用地再开发再利用情况，保障建设用地的安全利用率。

【环境执法规范化建设】 建立网格化监管服务机制，将全市划分为11个监管服务网格，由副科级以上干部任镇街网格长，局机关干部任84个社区网格长，采取“一线工作法”，深入到社区、村、企业排查问题，建立起动态监管工作台账，拉近与企业和群众的距离，拓清全市环境监管底子，实现“全域执法、全员执法”。严厉打击环境违法，针对重点领域污染，每季度开展“环保专项行动”，2019年，共出动2200余人（次），检查企业1100余家（次）。开展夜查、节假日检查等“错时检查”98次，出动人员200余人（次），下达整改通知53份，共制作、提交72件行政处罚案卷。利用移动执法工具填写现场监察记录，年内上传执法次数300次，执法文书数300件，建立一套行之有效的环境监察工作新方法、新制度，全年行政处罚91件，罚款940万元，移送行政拘留1件，拘留1人；持续开展生态环境领域检察监督专项行动，查办3家污染环境的违法犯罪企业，刑事拘留7人。2019年，省、泰安市开展多次执法帮扶行动，共检查点位近500个，交办问题202个，问题已全部整改。所有环境违法企业向社会公开，实施信用评价，与征信部门联合惩戒。年内，共出动18人（次）赴山西、陕西、临沂等地开展帮扶执法检查。

【环境管理】 推进“放管服”改革，年内为20家企业办理总量确认手续，审批建设项目108个，验收建设项目128个，其中，把特钢产业集群项目环评审批作为“天字号工程”，全程盯靠，主动、执着、担当服务，使项目在2019年12月31日获批。推进减排向排污许可转变，全面完成污染物总量减排，对水处理、电镀、汽车零部件等13个行业58家企业核发排污许可证。全市二污普调查对象总数为1801家，数据已全部通过系统审核。妥善处理环境信访投诉，全年共受理各类信访事项719件，受理率100%，按时办结率100%，群众满意率年均97.8%。广泛开展绿色创建，全年新创建市级绿色社区3个、绿色学校8所，评选“绿色家庭”5个、“环保小卫士”24名。截至年末，全市建有14所省级绿色学校，实验小学为泰安唯一一家国家级绿色学校；建有省级绿色社区5处；省级生态镇14个，其中国家级生态镇10个。开展泰安市首届“最美环保人”“生态环保示范岗”评选活动，肥城中持十方生物能源有限公司副总经理李庆利被评为“最美环保人”，石横特钢集团有限公司炼铁厂三烧结车间脱硫、石横镇环境保护办公室被评为“生态示范岗”。

（王　钊）

肥城年鉴
FEICHENG YEARBOOK

FEICHENG
YEARBOOK
2020

科学技术

- 科技管理
- 科技普及
- 社会科学
- 气象测报

科学技术

科技管理

【概况】 至年末，市科学技术局（市外国专家局）下设综合科（挂成果转化与技术市场科牌子）、发展规划科和高新技术科、农村与社会发展科、科技合作科和外国专家服务科（挂政策法规与创新体系建设科牌子）4个科室及市外国专家服务中心1个二级全额事业单位，共有在职工作人员16名。部门主要职责包括贯彻执行科技工作法律法规和方针政策，起草有关政策规定和规范性文件，统筹推进科技体制改革等十五个方面。2019年，围绕市委市政府中心工作，按照“实事求是地想、实事求是地谋、实事求是地干”的工作理念，弘扬“开放、包容、务实、敢当”的新时期肥城精神，落实“情况明、方法对、工作细、责任实”的工作要求，营造创新驱动发展良好环境，推动产业转型升级，科技创新各项工作取得新成效。全市高新技术企业达到47家，高新技术产业产值占比达56.7%，高新技术企业所得税减免4.464亿元，位列县市区第一。全国科技创新百强中列第46位，在全省排第10。肥城省级农业高新技术产业开发区顺利创建。年内，市科学技术局再次被泰安市文明委评为泰安市文明单位。

（董　勇）

【科技计划高新】 加大企业培植力度，培育经济发展新动能。坚持“抓发展就要抓经济，抓经济就要抓企业”，以企业培植支撑经济发展引领产业转型，撬动新旧动能转换。①科技型中小企业培育。按照初创期、成长期、扩张期梯次培育原则，筛选并重点支持成长性好、创新能力强的中小微企业，先后推荐51家企业获得国家科技型中小企业备案，增长38.9%。加强高新技术企业培植，制定《培育发展高新技术企业的实施方案》，组织实施高新技术企业“引凤”“孵化”“培育”“壮大”四大行动，把高新技术企业的培植作为实施创新驱动发展战略的重要抓手，引导及鼓励企业走技术创新可持续发展的道路，支撑肥城市产业升级和经济转型。2019年，净增高新技术企业20家，位居各县市区第一，有效期内高企达到47家，增长74%。全市高新技术产业产值占达56.7%，高于全省平均水平17个百分点。②企业自主创新。围绕省新旧动能转换十大产业和肥城市优势产业，引导企业联合高校院所，积极组织开展各类科研项目，推动企业技术创新，提高“科技造血”功能。农大肥业、索力得焊材的2个项目获得省科学技术奖，其中农大肥业公司荣获省科技进步一等奖，为泰安市唯一一项。依诺威强磁、泰鹏环保材料、农大肥业科技等3个产学研合作项目围绕产业“卡脖子”技术难点、堵点、卡点开展关键技术研究和成果转化示范，为全省相关产业高端发展和新旧动能转换提供核心技术支撑，成功获得省重大科技创新工程立项支持2570万元，对肥城市企业依靠科技创新转型升级，快速发展，起到积极示范作用。③宣传落实政策。年内，组织开展主题为“提升科技服务供给，助力企业创新发展”的科技创新服务活动，召开科技政策培训会8次，培训企业100余家，引导企业研究政策、用好政策。2家企业享受技术开发合同免税116.5万元，实现零的突破，27家高新技术企业享受所得税减免4.46亿元，增长42.6%，47家企业获得研究开发财政补助1907.15万元，增长262%，112家企业享受研发经费加计扣除6.18亿元，增长247%，科技创新政策真正转化为企业实实在在的真金白银。

（邓 斌）

【农村科技服务】 发挥科技优势，做好科技兴农文章。发挥农高区区位、资源和产业优势，打造肥城农业科技创新第一高地，带动提升全市农业科技创新水平。推进省级农高区申建，积极服务“一核四区”战略布局。2017年农高区申建工作启动以来，多次赴省科技厅对接汇报，及时追踪掌握申建政策信息，聘请专业团队编制以肥城桃为主导产业，“一核两区三带四园”产业及空间布局的总体规划和建设实施方案，并2次向省政府提交《关于建设省级农高区的请示报告》。2019年4月，肥城省级农业科技园以全省第7名的优秀成绩通过省科技厅验收，为省级农高区创建奠定重要基础。11月，作为全省3家申建单位之一，顺利通过专家组现场考察和评估论证。实施乡村振兴战略，推动农业科技成果转化落地。以农高区创建为契机，深化与山东农业大学、山东省农科院等农业院校合作，推进涉农科技创新平台创建，完善农业科技创新体系，为肥城高效生态农业发展和县域特色经济发展提供支撑。至年末，全市建有国家级农业科技创新平台星创天地2家，省级农科驿站24家。年内，邀请山东农业大学、山东省果科所、泰安市农科院专家组建肥城市农业科技服务队3支，开展“肥桃综合管理技术培训”等农业技术成果推广培训5次，新认定泰安市科技特派员15人。围绕品种选育、品质提升，推进依托省农科院科技人才资源和省种业集团资金优势共同建设肥城桃产业技术研究院，提升肥桃科技创新水平。

（刁德才）

【科技合作及人才】 实施“招才引智”，增强新旧动能转换动力。搭建招才引智平台，采取多种有效措施，重点抓好人才引培和人才平台的实施，为经济社会发展提供坚强的人才保证和广泛的智力支撑。精准对接需求，加快人才引培。坚持问题导向开展调研，摸清企业人才及产学研合作需求，多渠道、多方位的服务企业对接高层次人才，以“不求所有、但求所用”的思路，按照“人才+项目”“人才+课题”的模式柔性引进知名高校知名专家，积极申报各类人才工程和各级科技创新项目，力争人才引进成效最大化。截至年末，开展精准对接20余次，其中泰山登山节和桃花节期间签约人才科技项目18项。智慧能源、征途科技、金塔机械引进乌克兰、俄罗斯3位外籍院士，分别成立省级院士工作站。引导农大肥业高斌、泰鹏环保王栋、众成饲料朱元召等3名引进的高层次人才申报并获批泰安市级泰山英才产业领军人才，高斌同时荣获省级泰山产业领军人才。农大肥业马学文荣获国家级专家，实现肥城市国家级人才工程零的突破。推进平台建设，夯实创新基础。围绕“双招双引”平台创建标准，按照“深入挖掘、全程服务、财政奖补”的模式，引导扶持企业加快各类创新平台建设，为人才创新创业

2019年11月22日，市委组织部部长赵伟带队前往北京开展招才引智活动

夯实基础。至年末，全市新增院士工作站等省级平台7家，有效期内省级以上人才平台载体达到49家。

（刁德才）

【科技成果转化】 ①企业精准服务。根据调研汇总结果，组织有关专家和企业召开“2019肥城市‘精准对接、科技领航’科技创新助推新旧动能转化暨高端装备制造业科技服务对接会”。6月到省农科院进行磋商，推进成立肥城桃特色农业产业工作站进程。②科技进步奖申报。2019年，全市共有13个项目获得省和泰安科技进步奖，其中农大肥业的“山东省化肥减施增效关键技术与应用”、索力得焊材有限公司的“基于高强度与高韧性特种焊接材料的技术开发与产业化”2个项目分别获得山东省科技进步一等奖和二等奖。有11个项目获得泰安市科学技术奖，其中石横特钢集团有限公司的“热轧角钢轧后超快速冷却系统技术开发”项目、肥城金塔机械有限公司的“一种制取优级糠醛的蒸馏工艺及装置”2个项目获得泰安市科技进步一等奖。③科技成果评价。2019年，肥城市共15家企业的20个项目通过第三方中介机构科技成果评价，10个项目技术达到国内领先水平，3个项目达到国内先进水平。其中肥城金塔酒精化工设备有限公司的“燃料乙醇节能蒸馏工艺技术和装置”项目、“双精塔六塔四效蒸馏节能工艺技术和装置”项目、“无水酒精回收塔节能装置的研发”3个项目技术达到国际领先水平。④技术合同登记。2019年，完成技术合同登记430项，技术合同成交额12.2亿元。肥城市技术开发合同享受免税政策实现零的突破，有2家企业的技术开发合同享受免税政策共计116.5万元，分别为泰克贝思科技公司48万元、征途科技有限公司68.5万元。

（赵法强）

【外国专家服务】 经过充分调研摸底，至年末，共11位外国技术专家、外籍教师在肥城开展工作，共涉及新材料、新能源、机械、化工、农业、教育6个技术领域。①组织外专行活动。征途科技、智慧能源与乌克兰2位院士对接共建院士工作站网上备案工作已通过省科技厅省核通过。9月，外专行活动启动期间，共组织全市26家企业参加，阿斯德、三英新材料、联谊工程塑料、兴润园林、大庚新材料5家企业与国外专家签订合作意向书。②组织申报外专项目。积极组织肥城市外国专家合作企业申报相关科研项目，其中西陆汽车技术服务公司引进的美国专家孙桂芝入选2019年度泰山友谊奖。③组织参加交流活动。4月14—15日，组织农大肥业、联谊塑料2家企业参加第十七届国际人才交流大会；4月26日，组织农大肥业、联谊塑料等企业参加乌克兰国家科学院科技成果推介活动；9月25—26日，协同九洲金城参加在上海举办的“第三届中俄创新对话”活动；11月28日，在济南分会场参加第十届“中国—意大利创新合作周”活动。

（赵法强）

【肥城省级农业高新技术产业开发区创建】 根据《山东省人民政府办公厅关于印发山东省农业高新技术产业开发区建设管理办法的通知》要求，肥城市于2017年启动肥城省级农业高新技术产业开发区（以下简称农高区）创建工作，确定以肥城桃为主导产业，以“一核两区三带四园”为空间及产业布局的总体规划。2019年11月，通过省科技厅组织的评估论证和现场考察。农高区核心区规划面积6.72平方公里，四至范围为东至潮汶路，南至龙山中路，西至经一路，北至王家坊村北。其中，规划建设用地面积为0.43平方公里，为1个区块；规划科研试验、示范农业用地（不改变土地使用性质）面积为6.29平方公里。农高区核心区规划科研和项目两大功能分区，其中科研功能区主要为肥城桃提质增效科研示范基地，位于农高区北侧；项目功能区包括科技金融和技术交易中心、信息服务中心、商务贸易中心、质量安全控制与服务中心、国际合作交流与会展中心、技术培训中心6大中心和专家人才公寓，位于农高区南侧。

【农大肥业获山东省科技进步一等奖】 8月31日，山东省科技厅农村处在泰安市科技局、肥城市科技局负责同志的陪同下，对肥城市农大肥业获得山东省科技进步一等奖“山东省化肥减施增效关键技术与应用”项目进行现场考察。通过听取汇报、质疑答辩、查阅资料等方式，专家组对该项目给予高度认可，顺利通过考察。2019年，省科技进步一等奖按照省厅领导的要求，由上年33项缩减至25项，获奖项目主要突出“高、精、尖”。在此背景下，农大肥业项目能获此殊荣与研发、创新、人才等综合实力分不开。近三年间，农大肥业在产品应用中累计推广面积1.95亿亩，综合经济效益208亿元；项目成果在100余家企业孵化应用；培养博士、硕士56人，技术骨干1700人，培训农技人员8000人次，经济效益和社会效益显著。农大肥业项目获得省科技进步一等奖，实现肥城市自2004以来省科技进步一等奖零的突破，对肥城市企业的科技创新工作起到积极的示范、带动和引领作用，标志着肥城市科技创新工作迈上新台阶。

科技普及

【概况】 至年末，市科学技术协会有工作人员7人。全市14个镇街（区）、605个行政村（社区）建立科协组织，配备专兼职人员650人。市级学会（协会）13个，会员330人，企业科协11个，会员380人。镇街科普站14个，村级科普站476个。农村专业技术协会76个，技术交流型15个，技术经济型28个，经济实体型33个，会员2.5万人，全市科普组织网络建立健全。2019年，围绕提高全民科学素质的目标，根据年初制定的“四定”工作方案，抓牢抓实服务科技工作者、服务创新驱动发展、服务全民科学素质提高、服务党和政府科学决策“四服务”职责，在创新驱动助力工程、全民科普、新技术引进、青少年科技竞赛、对上争取等工作中均取得较好成绩。5月30日，市科协作为全省唯一代表应邀参加中国科协在京举办的“礼赞共和国、追梦新时代——科技志愿服务行动”主题活动。被中国科协、中央文明办确定为新时代文明实践中心科技志愿服务试点县，市老科学技术工作者协会被山东省老科学技术工作者协会评为先进集体。

【创新驱动助力工程】 加大科技信息推广力度，提升企业科技创新能力。采取“一线工作法”，到企业演示中国科协企业科技创新服务平台的使用方法，传授专利信息等方面的科技服务。开展2019年“科普之春”进企业—科技信息应用、高新区专场培训、科技信息推广应用巡讲活动，培训企业技术研发人员200余人。通过培训，新注册科技信息应用企业23家。搭建服务平台，服务企业创新发展。中国化工学会副会长华炜带领22名专家实地考察市化工园区企业，组织10家化工企业40人次参加中国化工学会助力泰安化工产业转型升级等技术对接会3次，为一滕新材料、聚发生物等企业寻求解决污水处理等技术问题，中国化工学会在肥城市化工产业园区管委会设立“中国化工学会创新驱动肥城专家工作站”。推动科技成果转化平台建设。中关村天合科技成果转化促进中心主任朱希铎到联谊、大庚等企业调研，探讨土工格栅产业共性技术协同创新平台建设。7月，石横镇和征途科技等相关人员到中国化工学会、中关村天合科技成果转化促进中心和中国石化燕山石化公司开展技术对接、考察学习，就科技人才引进、科技成果转化平台建设进行深入探讨。与省农科院玉米所对接，推动玉米所与肥城市中农康源（山东）现代农业发展有限公司签订合作建设鲜食玉米制种生产基地和加工龙头企业的协议，玉米所副所长刘霞和张发军为其提供技术服务。

【科普宣传】 ①“科普之春”“科技下乡”活动。3月1

日至4月30日，开展以“创新、文明、健康、环保”为主题的科普活动，涉及农作物栽培技术推广进田间、果树春季管理进基地、卫生健康培训进社区、心理健康讲座进学校、科技信息应用推广进企业等系列活动，各学会、镇街科技科普志愿者面向社区、街镇农村、基地、学校开展“科普之春”活动23场，受益人群10000余人。②“科技工作者日”活动。组织各学会、协会、企业科协、街镇科协的科技科普志愿服务队开展“肥城市全国科技工作者日卫生健康和科技惠农志愿服务系列活动”，推出医学会“母亲节义诊”和“贫困户入户送医送药送健康”，心理卫生协会“做智慧父母、建和谐家庭”讲座和线上心理微课《父母智慧六层次》大型公益讲座，畜牧学会“畜禽粪污资源化利用技术”“动物检疫”“畜禽屠宰管理”培训，农机学会“小麦晚期机械化植保作业”指导，林学会“核桃常见病病虫害及防治”和“大樱桃优质高效栽培技术”培训，高新区“工业互联网应用培训和信息企业5G体验”指导，汶阳镇“蔬菜种植”和“旱稻种植技术”培训等重点科普活动16项，活动面广、效果显著，受益者达15000余人，有力提升肥城市广大居民科学素质。③“订单式科普”。根据肥城桃、大樱桃、苹果、有机菜等在管理和技术方面存在的突出问题，多次邀请省、市专家教授把老百姓的技术需求、疑难问题解决在田间地头。邀请山东省果科所大樱桃专家、博士刘庆东在安驾庄、边院等镇街举办大樱桃生产管理技术培训班；邀请山东农业大学教授彭福田系统讲解桃树病虫害防治及科学施肥等相关技术，不断提高科普工作的针对性和实效性。④基层科普行动计划。对上争取专项资金70万元用于科普示范社区建设，按照“五有一统”的标准，加快推进科普社区（乡村）e站、科普馆、科普画廊（科普宣传栏）和科普志愿者队伍建设，集中有限资金和优势资源，精心打造一批设施完善、主题鲜明、特色突出、规模化、样板化的科普社区和基地。资金年初已全部拨付到9个社区，古店社区作为国家级基层科普项目完成社区科普馆建设工作，科普阵地建设再上新水平。

【未成年人科学教育】 组织市青少年科技辅导员协会、市心理卫生协会、市心理健康管理学会等单位开展“礼赞共和国·追梦新时代”科技志愿服务行动，深入社区、学校举办青少年科普教育巡讲活动28场，举办智慧父母培训班和智慧少年学习动力提升培训班110余场。邀请省青少年科普报告百校行专家团走进市龙山小学、王瓜店中学、肥城六中等学校传授科学知识。年内共开展活动210余场次，65000人次参加。连续三年承办泰安市航空航天模型竞赛，对接争取设立山东省信息学奥林匹克竞赛肥城分赛区，连续举办肥城市青少年科技创新大赛10届。在省级青少年机器人竞赛、省科技创新大赛、全国青年科普创新实验暨作品大赛中，共斩获一等奖14个。组织学校举办校园科普节，开展科普知识竞赛、科普讲座、科普展览等系列活动，丰富学生的科普体验。市师范附属小学承办泰安市第十四届“争当小实验家”科学体验活动。

【科技人才表彰推荐】 年内，积极做好科技人才表彰推荐工作，出台《关于开展对2019年肥城市优秀科技工作者和青年科技人才标兵表扬宣传的通知》，在对各镇街、学会上报的推荐人进行资格审查、初步评选的基础上，推荐泰安市优秀科技工作者和青年科技人才标兵候选人各4名，切实履行桥梁纽带职责。

【老科学技术工作者协会】 2019年，肥城市老科学技术工作者协会（简称市老科协）按照上级要求，结合肥城市实际情况，较好地完成各项任务，被山东省老科学技术工作者协会评为先进集体。年内，不断强化组织建设，健全网络体系。各镇街、市直各相关部门积极建立老科协组织，由分工领导兼任老科协会长，镇街科协主任、市直有关业务科室负责同志兼任副会长，部分镇街探索建立村级老科协组织。8月22日，召开肥城市老科协第三次会员代表大会，全市77名代表出席会议，顺利完成市老科协换届。打造服务品牌，为服务“三农”提供科技支撑。开展“订单式科普”，不断提高科普工作的针对性和实效性。根据桃农的技术需求分别在仪阳街道刘台村和桃园镇北台村系统讲解桃树病虫害防治及科学施肥等相关技术。根据肥城桃、大樱桃、苹果、有机菜等在管理和技术方面存在的突出问题，多次邀请省、市专家教授把老百姓的技术需求、疑难问题解决在田间地头。指导肥桃特管园从建立家庭农场、肥桃采摘园、运用电子商务入手，深入探讨提高肥桃效益的新途径，加快农村供给侧结构改革的步伐。发挥“夕阳红”科普富民示范工程的带动作用，进一步培养选树一批“夕阳红”科普富民示范工程。至年末，各镇街老科协共上报夕阳红科普富民示范工程23项，经过评审有6个项目被评为肥城市‘夕阳红’科普富民示范工程优秀项目，并给予奖补。

（李　芸）

社会科学

【概况】 2019年，肥城市被评为全省社科普及工作示范市，肥城市社科联被山东省委宣传部、山东省社科联评为2018—2019年度山东省社科普及工作先进单位，被泰安市社科联评为泰安市社会科学工作先进单位。

【社科普及】 开展社科普及周活动，在肥城市高新区成功举办肥城市社会科学普及周启动仪式。活动期间，共举办社科展览、讲座、咨询、文艺演出等38场次；成功举办泰安市东岳大讲坛。7月6日，邀请泰安社科专家、泰安市委党校党建部副主任孟凡强，就“如何提升基层执行力”进行专题授课，机关、村、社区近200名党员干部群众代表听讲。结合新时代文明实践建设工作，开展社科志愿服务活动。2019年，累计组织举办环境安全、公共卫生、诗词鉴赏、演讲与口才等公益展演、比赛、培训、讲座、笔会交流等社科活动280余场次。

【社科研究】 围绕市委中心工作，组织动员社科工作者精心选题、集体攻关，围绕新时代文明实践、乡村振兴、扶贫攻坚等重点工作，组织策划一批有分量、有影响的重点社科研究课题，并积极申报上级社科课题和社科优秀成果的评选工作。李庆林的文章荣获泰安市第三十三次社会科学优秀成果一等奖，李海军、李涵冰的文章荣获泰安市第三十三次社会科学优秀成果三等奖。

【典型培树】 组织镇村参加省社科普及“十百千”行动计划，培植打造社科宣传普及典型，争取更多基地、镇村进入省级、市级示范单位行列。2019年，王瓜店街道被评为山东省社科普及示范乡镇，仪阳街道石西村、老城街道井楼社区、新城街道赵庄社区、王瓜店街道王西村被评为山东省社科普及示范村（社区），安临站镇明新村、仪阳街道石西村、老城街道井楼社区、新城街道赵庄社区、王瓜店街道王西村被评为泰安市社科普及示范村（社区），培树打造肥城市社科普及示范村（社区）30个。肥城市民间记忆博物馆、石横镇左丘明文化展览馆被评为泰安市社科普及教育基地，肥城市收藏家协会被评为泰安市社科研究基地。

（李晓瑾）

气象测报

【概况】 至年末，肥城市气象局（站）下设肥城市气象台、肥城市人工增雨防雹办公室（加挂肥城市突发事件预警信息发布中心牌子）、办公室、财务科等职能科室，共有在编干部职工8人。2019年，肥城市气象局在市委、市府和上级主管部门的双重管理下，以“强化气象服务、造福肥城人民”为宗旨，贯彻落实党的十九大精神，坚持公共气象发展方向，全面推进气象现代化建设，为全市森林防火、人工影响天气、中高考、桃花节等重要活动提供高质量的气象服务，被泰安市气象局评为“2019优秀达标单位”。

【综合气象业务】 2019年，地面观测业务稳定，地面气象观测质量综合指数为99.95%，设备稳定运行率100%。严格执行业务质量、技术规定和各项值班制度。注重做好森林防火、旅游、煤炭等专业气象服务。在公众普遍关心的森林防火、春运期间天气、春季天气趋势、春耕春播、桃花开放期、桃花节开幕式期间的天气等气象服务工作上下功夫，进一步增强气象服务的主动性、及时性和针对性，提供优质公众气象服务。年内，共计发送重要天气报告14次，发布气象灾害预警信号46次，为肥城经济发展、社会防灾减灾提供气象保障。为提高预警信息的发布时效，建立全市气象预警信息服务微信工作群。积极应对台风“利奇马”，圆满完成防台风的气象服务和保障工作。启动气象重大灾害响应令2次，顺利完成汛期气象服务工作。6月，肥城市局气象台被山东省气象局给予集体嘉奖一次。

【气象现代化】 三农项目按照方案要求已基本完成全部任务，完成基层防灾减灾数据收集工作，建立由肥城市防灾减灾成员单位责任人、各镇街分管领导、气象协理员、气象信息员组成的防灾减灾队伍。开展直通式智慧化农业气象服务，至年末，山东省精准农业气象服务平台（锄禾问天APP）肥城市注册用户为599人。制定《肥桃气象服务方案》，印制针对肥桃种植的桃树农业气象服务手册，有针对性的指导农户开展肥桃种植，已取得初步成效。11月，完成肥桃小气候站的安装，已实现数据上传。

市气象局为防灾避险提供科学有力保障（汪伦　摄）

【防雷安全管理】 落实防雷安全管理和氢气球安全管理职责，2月，与市应急管理局联合印发《关于开展全市防雷电安全专项检查的通知》，综合部署防雷安全管理工作。4月，制定《2019年防雷安全监督检查工作计划》和《2019年防雷安全监督检查工作实施方案》，按照方案要求，年内开展防雷安全专项检查4次，共计检查单位14家，发现安全隐患11条，下达隐患整改通知书4份。严格执行氢气球施放审批制度，年内共计受理施放申请1份。加强氢气球施放日常安全监管工作，安排专人定期到肥城重点区域和繁华路段进行安全巡查，每月不少于3次。

【人工影响天气】 加强人工影响天气安全管理，根据规定在肥城政府报刊《今日肥城》刊登《肥城市人工影响天气作业公告》。为确保安全作业，人影办与各作业站点签订安全目标责任书，与全体作业人员签订安全工作责任书，为全体作业人员购买意外伤害责任险。2019年，根据市局指令和天气条件情况，共安排人影值班4次，开展人工增雨作业2次。发射火箭弹14枚，取得明显效果。

（张建成）

教育

- 综述
- 基础教育
- 职业教育

教　育

综　述

【概况】 至年末，全市有各级各类学校138处，其中小学80处（含教学点10处）、初中20处、九年一贯制11处、十二年一贯制2处、普通高中7处、高级技工学校1处、成技校13处，进修学校1处、特校1处、部门办学2处。共有在校生106771人，在编教职工9207人（含职业学校423人）。幼儿园157所，在园幼儿26961人。培训机构467处。2019年，市教育和体育局带领全市教育系统广大干部教职工，不忘教书育人初心，牢记立德树人使命，强化党建引领，优化办学条件，深化教育改革，精细内部管理，加强队伍建设，促进城乡教育优质均衡发展和教育质量全面提升，肥城市教育工作受到上级和社会各界充分肯定。在山东省校园安全工作电视电话会上作典型发言，山东省教育厅体育卫生与艺术教育处发文推广肥城市青少年近视防控工作经验，举办省市教育教学现场会8个，教体局创建成为山东省文明单位。在山东省委组织部反馈的《2019年度城乡居民评价结果》中肥城市义务教育评价成绩位居泰安市第一名。中小学教育教学评价考核体系的构建研究，经山东省教育厅批准，纳入泰安市制度创新试点。围绕落实四层面“72字”要求，结合国家和省市要求，创新制定有肥城特色的“千分制考核”，构建“用制度管人、靠机制办事、凭考核奖惩抓落实”工作机制，架起教育管理的“四梁八柱”。在泰安率先将镇街所有中小学党员纳入全市统一管理，成立党建科。把原隶属镇街党委管理的中小学校、幼儿园、培训机构的党组织全部纳入市委教育工委管理，所有镇街成立教育党委，所有干部实行“一岗双责”，向所有注册的教育培训机构和民办幼儿园选派党建指导员，实现党组织和党建工作全覆盖。建立全学科全学段的师训基地，引进全国顶级学科学会、北京师范大学等国家名牌师范院校和中央美术学院等国家名牌专科大学知名专家，对广大教师实施系统、高端培训，引领教师高端成长，形成肥城市名师团队，建设师训高地，为建设质量高地提供强力支撑。邀请家长代表现场监督，实行“邻近片区自主择校、弹性招生；均衡编班，阳光分班；座次定期循环”，当场宣布分班结果，最大限度保障教育公平，较好的解决择校、择班和择座的顽疾。开展

2019年7月24日，肥城数学、英语名师发展基地项目启动仪式在实验中学西校区举行

家校共育，结合学期教学和学生心理特点，在肥城电视台开办《伴你成长》访谈节目，现场答疑释惑、指点迷津，提高家教水平。至年末，共举办7期，并通过肥城教育公众号及时转发，收听收看达30万人次。教育质量实现新突破，2019年本科上线总量4170人，比上年增加193人。重点本科上线1314人，比上年增加104人。中考高分段人数和录取线均居泰安市首位。9月，泰西中学学生张梦婷勇夺2019年全国青少年田径锦标赛100米、200米冠军；10月，桃都中学学生刘心雨斩获全国第二届曹文轩儿童文学创作金奖。5名学生成为全国首批“签约小作家”，撰写的长篇小说即将出版；11月，实验中学学生李小溪荣获全国智运会个人围棋赛冠军。4名学生亮相全球华人少年书法总决赛，荣获“明日之星”称号。

（孙松波）

【教育党建】完善工作机制，强化组织保障。严格组织程序，规范成立市教体系统机关党委；理顺镇街（矿区）教育党组织隶属关系，指导成立15个镇街（矿区）教育党委（党总支、党支部），为全面贯彻党的教育方针，落实立德树人根本任务，办好人民满意教育，提供坚强的政治引领和组织保障。2019年，教体局机关四个党支部全部创建为五星级党支部，市委教育工委所属的党支部中达到五星级的占总数90%以上。对标支部条例，严格落实“一把手”兼任支部书记制度，优化调整局机关各支部党员组成架构。根据抓业务必须抓党建的要求，对局机关各支部党员组成架构进行优化调整，确保每个支部有一名班子成员，在解决机关支部大规模问题的同时，实现便于就近开展组织活动。开展“不忘初心、牢记使命”主题教育，先后4次组织召开教育系统专题工作部署会，传达“勇做‘泰山挑山工’”主题实践活动精神，制定下发学习方案和问题查摆方案5个，引导各学校及机关党组织把主题教育与党建、业务工作深度融合。为局机关每位党员配发《中国共产党章程》和《习近平关于“不忘初心、牢记使命”论述摘编》，指导学校和局机关各支部召开专题民主生活会和组织生活会。深入开展“对照党章党规找差距”活动，组织召开局党组“对照党章党规找差距”问题检视剖析专题会。利用常规学习抓好意识形态，将意识形态工作纳入“三会一课”内容，引导系统内广大党员干部把党的政治纪律和政治规矩挺在前面。全年开展爱国主义教育、廉政教育、警示教育活动7次，推动化风成俗，形成长效。配合市委宣传部分别迎接省、市意识形态专项检查，按照市委统战部要求，做好迎接中央宗教工作督察组“回头看”检查的相关准备工作。加强党员信息管理，规范党员发展流程，首次成功举办党员发展对象培训班。2019年，新发展党员31名，吸收入党积极分子43名，预备党员转正27名。对照机关党建“灯下黑”巡视整改工作要求，督促系统各党组织开展违规发展党员问题自查自纠，并分类提出整改建议、明确整改时限。开展“漠视侵害群众利益”专项整治活动，制定下发《中共肥城市委教育工作委员会关于开展全市教育领域漠视侵害群众利益问题专项整治工作的实施方案》，组织召开部署及调度会4次，对集中查摆出的13个突出问题限期完成整改，并迎接市县两级纪委及泰安市教育局的专项检查。为民贴心服务，亮明身份“双报到”。提出“争当表率看我，遇到困难找我，担当作为有我”的“双报到”工作要求，配合包保的贵和社区完成小区党支部和业主委员会建设；先后筹资20余万元对包保的贵和社区进行文化氛围打造、分类垃圾箱配备和老旧设施更新。尤其在创城实地测评期间，局机关60余名党员冒着严寒，完成贵和社区及周边卫生包保、交通路段文明劝导工作。为民暖心助力，捐资捐物“献爱心”。根据市直机关工委发出的倡议，在年初为贫困户捐助取暖设备、液晶电视、风扇等家用电器50余件。在2019年12月组织开展的机关党员“暖冬行动”中，共捐衣物120件。履职尽责做好第一书记帮扶包村工作。年内，为安临站镇大辛庄小学提供帮扶资金3万元，用于体育设施设备维护；为安临站镇大辛庄村和高新区张家屋村提供帮扶物资，价值4.95万元。12月，局领导先后两次走访17个贫困户和困难党员户，教体局机关党支部被中共肥城市委评为“先进基层党组织”，被泰安市教育局评为“泰安市教育系统先进党组织”。

【教师队伍建设】①师德建设。以党建为引领，持续推动教师队伍建设，不断提升教师队伍整体素质和职业道德规范。2019年，先后印发《关于开展2019年“树师德、正师风”治理教师有偿补课专项活动的通知》《对全市中小学教师进行师德考核的通知》《寒暑假进一步加强师德建设的通知》，开展师德宣传月活动，层层签订师德责任书并进行集体宣誓。加大师德考核力度，对师德考核不合格的单位和个人，实行“一票否决”。加强对教师有偿补课等违犯师德行为的整治和惩处力度。印发《关于开展全市教育领域漠视侵害群众利益问题专项整治工作的实施方案》，针对在职教师有偿补课行为，加大查处力度。要求学校在显要位置设立举报邮箱和电话、在学校醒目位置悬挂或张贴“严禁在职教师从事有偿补课”标语。同时，发挥典型带动作用，征集师生中的好人线索11万余条，引导广大教师做党和人民满意的“四有”好老师。宣传优秀教师的典型事迹，影响带动广大教师教书育人，无私奉献。在2019年度“齐鲁最美教师”推荐评选活动中，肥城市有4名教师被评为泰安市“最美教师”，5名教师被评为泰安市“教书育人楷模”，肥城一中老师张宗健被评为“山东省教书育人楷模”，边院过村中学老师马成东上榜中央文明办“中国好人榜”。②师资优化。立足优化师资配备，改善队伍结构，提升教育教学质量，择优招聘补充新教师166名，其中，121名新教师通过自选岗位到镇街中小学、幼儿园任教；遴选199名镇街优秀教师通过自选岗位进城任教，改善教师队伍梯队建设。做好中小学教师县管校聘改革工作，安排交流轮岗干部教师435名，选聘农村学校特级教师12名，组织实习支教师范生140名，推进城乡教育优质均衡发展，并对全市8800余名教职工进行2018年度考核。做好2019年度教师职称评聘有关工作，对全市中小学、幼儿园重新进行岗位设置，继续严格落实省市职称评聘政策，不在教学一线、不满工作量的坚决不予评聘职称，对年度符合竞聘人员进行全面摸排登记和公示，调动教师教书育人积极性。做好教师节表扬工作，评选推荐国家、省、市先进单位9个，先进个人74人；评选表扬肥城市教书育人先进单位25个，肥城市优秀教师等先进个人540人。加强教师培训，组织开展中小学教师专题培训等县级培训，共培训教师2万余人次；安排100余名校长教师参加国家级和省级高端培训；选派1400余名校长教师参加泰安市骨干教师培训等市级培训；指导各中小学校（幼儿园）开展好校本培训。做好教职工工资福利工作，审批发放2019年度奖励性绩效工资11438万元，为14000余人办理工资正常晋升、乡镇补贴标准提高，为全市教职工调整工资标准并按照新标准发放工资，切实提高教职工工资待遇。严格做好教师资格认定，两批次共认定中小学、幼儿园教师资格证2000余人。③干部人才管理。推进中小学校长职级制改革，发放校长职级制薪酬292万余元。配合市委组织部完成对教育系统科级单位班子的品绩量化考核、领导班子调整及科级干部提拔重用等工作。完成局机关部分中层干部选拔调整，做好对市直学校中层干部配备情况摸底登记和规范管理配备等工作。推进人才推荐工作，有5人被评为齐鲁名师（名校长），1人被评为泰安市专业技术拔尖人才，5人被评为第十批肥城市专业技术拔尖人才，1人被评为省乡村优秀青年教师。做好管理期内的市县两级专技拔尖人才和76个名师工作室的日常考核管理工作。做好援疆工作，新增选派6名教师赴疆支教，并做好14名援疆教师日常联系指导等工作。做好援渝工作，选派1名教师赴渝支教，遴选4所学校结对帮扶巫溪城镇学校，指导各校做好组团赴渝开展名师送教等帮扶工作。

（公海坤　聂建锋　谢庆勇　马　涛）

【中小学建设和教育装备】①学校建设。2019年，全市教育以解决大班额问题和改善办学条件为重点，投资1.6亿元，续建、新开工重点建设项目30个。新建桃花源中学、凤山学校初中部、肥城三中综合楼、安站中学教学楼、白云山学校教学楼5个项目并交付使用；新建肥城六中宿舍楼、王庄中学宿舍楼、王庄中心小学综合楼3个项目并基本完工；铺开义务教育薄弱环节改善与能力提升工程，将技校改办小学、湖屯中学新建食堂餐厅等13个校舍建设项目和6个学校设备购置项目列入2019—2020年薄改规划并推进实施；实施中小学运动场地提升改造工程，新建成龙山小学、汶阳砖舍小学、边院过村中学、孙伯中学、仪阳石坞小学、安驾庄中江小学等12处塑胶操场，新开工丘明中学、曹庄矿学校、王庄中学、安驾庄马埠小学等8处塑胶操场建设项目。②民办教育。按照市十八届人大二次会议《政府工作报告》支持发展民办教育，引导社会资本投资教育产业总要求，探索公建民营、民办公助等多元化办学模式。2019年，慈明学校扩建二期工程立项，获批用地指标120亩；海亮外国语学校新校区建设完成立项、征地、规划设计等环节，开始完善其他开工手续。③中小学条件装备。以义务教育优质均衡发展市创建为契机，在对全市中小学教育装备基本情况进行摸底统计的基础上，对照标准，兜网底，补短板，补充完善中小学校课桌凳、实验室装备、音体美器材、图书、校服等。

（李　波　王　涛）

【教育科研】2019年，全面加强310项省、市、县三级“十三五”课题管理，科学实施，精细研究，先后有230项课题被确立为省、市、县教育科学规划年度课题；84项市级教育规划和教学研究课题结题。1项课题被山东省教育厅确立为2019年度基础教育教学改革项目；4项研究成果获山东省优秀创新成果奖，其中2项为特等奖。选派300余名领导干部和骨干教师参加省、市高端研修培训和学术会议。5处学校被评为山东省创新教育先进单位，8人评为先进个人。组织参加泰安市创新课、主题班会和送课下乡活动。29名教师获泰安市一、二等奖。6名教师参加泰安市送课下乡和“同课异构”执教公开课活动。着眼制约教育发展的突出问题，开展专项研究。泰安市“改革与发展”专项课题立项43项，其中重点课题11项，占泰安市总数的1/3。立足教育实际，不断优化教科研机制。《教育管理机制优化与重构研究》被确立为泰安市重点课题；《构建“县—校”垂直扁平化教科研新机制》的经验做法，在山东省县域教育科研工作会议上交流；《学科建设的实践路径》在泰安市深度学习研究分会成立大会上作专题介绍。

（王文涛）

【小学教学研究】2019年，围绕“1234”工作思路，落实“72字”工作要求，遵循教育规律、学生成长规律，坚持“立德树人根本任务”不动摇，致力教育归真，在教学管理、课程管理、教学评价、教学研究等方面开展工作，取得突出成绩。①教学研究。管理使用兼职教研员队伍，及时遴选补充个别镇街缺岗兼职教研员，发挥兼职教研员在教学、教研中的带头示范作用，带领全市学科教师积极参与、紧密配合，各项工作任务得到快速落实。②教学视导。上、下学期分别对全市90余处小学（含教

2019 年 5 月，“书香进万家 · 礼赞中国年”肥城市庆“六一”暨家庭亲子阅读活动进校园启动仪式在老城中心小学举行（王秀秀　摄）

学点）进行教学视导，累计听课 450 余节，召开学科研讨会 450 余场次，按照千分考核方案查阅各类教学常规资料，并对部分学生进行学科质量抽测和学生满意度问卷调查。③大阅读工作。坚持向大阅读要素养，出台关于深入推进大阅读工作的指导意见，深入推进新华书店进校园，督促用好读书札记，坚持开展课初 5 分钟阅读交流展示，打造随时可读、随处可读的阅读环境，营造想读、乐读的阅读氛围，大阅读已深入人心、形成习惯、成为风气。肥城市有 5 名学生成为中国小作家工作坊的签约作家。④草根研究。根据教学实际和课程标准要求，深入开展教学知识点研究，完善各学科、各单元网络结构图，构建形成由点到面、从基础训练到拓展训练的能力培养体系，进一步提高“教、学、练、考”的针对性、实效性。⑤教学监管。围绕《肥城市中小学教育教学工作综合督导评估考核方案（试行）》《关于落实教体局教师学生层面工作要求教学指导意见》，发挥特岗校长、兼职督学等各层面的积极性，发挥现场观摩、综合评估、教学视导、专题调研等“四大杠杆”的撬动作用，抓管理、抓教学、抓队伍、抓保障，基本实现迎检“推门进”。严格落实山东省教育厅《关于做好小学一年级“零起点”教学工作的通知》，组织开展“教学开放周”“教学规范月”活动，促进教学方法、课堂效率的改进提升。⑥教师素养。有 6000 余人次参加名师发展基地项目、高端教师培训和各学科系列教研活动，快速提升教师专业素养。在泰安市组织的德育课例展评和主题班会评选中，肥城市小学择优推荐 13 人参赛，全部获一等奖，其中有 6 人获第一名，获奖层次及比例居泰安各县市区之首。⑦教育质量。广泛开展各种社团活动，学生综合素质获得发展。10 处学校被评为泰安市课程与教学工作先进学校，86 人被评为泰安市课程与教学工作先进个人。小学各类比赛获奖人数和获奖层次位居泰安各县市区首位，承办的山东省“互联网 + 教师专业发展”工程小学综合实践省级工作坊现场会和全国本真教育研究第三届年会，受到与会专家和参会人员的广泛好评。⑧培优比赛。组织召开全市小学语文、数学、英语、道德与法治教学视导总结反馈暨课堂教学研讨会；做好“一师一优课”评选推荐工作，小学有 30 节课例被评为省级优课；组织“全国作文教学改革试验区”项目语文教师习作教学培训活动；举办肥城市第二届小学英语师生口语大赛；创新开展全市小学优质课评选活动，200 余名教师参加比赛。

（孙瑞明）

【初中教学研究】 ①顶层设计。修订完善《初中各学科落实教育局教师学生层面工作要求教学指导意见》，对教师教和指导学生学的路径进行有效引领。②宏观管理。强化视导调控，组织大型教学视导活动两次；遵循现代学校制度建设的基本理念，梳理全市初中教学常规管理的基本做法，形成

“细—督—赛—晒—评”教学常规管理新机制。③主职主业。研究制定《初中学段关于加强和规范教师备课管理的指导意见》，形成“三关注两提高”的备课管理新范式；再造课堂教学流程，形成“5+40”课堂教学新模式；围绕“基于兴趣爱好、基于知识拓展、基于实践活动”，开展创新性作业设计研究，日常作业特别是寒暑假作业发生质的改变；以课堂教学为载体，以教学中和学生学习中存在的真实问题为切入点，将集体备课、课堂研究、课后会议有机融合，肥城市的课堂教学水平走在泰安市乃至全省的前列，在2019年泰安市德育优秀课例展评活动，肥城市11个学科13位老师参评，11人获得一等奖。④深度有效。创新性推进大阅读工作，坚持“大阅读与课程建设协同推进、与课堂改革协同推进、与作文教学改革协同推进”，研究制定《关于在全市初中学校开展基于大阅读的研究性学习活动的指导意见》，组织开展基于大阅读的研究性学习成果及基于研究性学习成果的课程建设评选活动，实现学生的深度阅读、系统阅读、有效阅读；让大阅读与研究性学习有机融合，总结提炼形成特色化校本课程，开辟课程建设的新路子。在2019年全国中小学生习作能力测试中，有986人获得特、一、二等奖。桃都中学刘心雨荣获全国第二届曹文轩儿童文学创作奖金奖；组织参加“中华泰山诗文大会”，荣获泰安市一等奖第一名，市教体局荣获“最佳组织奖”。⑤培训指导。加强专兼职教研员与骨干教师队伍建设，落实“四个研究”，参加全国高端研修，编辑汇总《推进草根研究　实现教研转型　让教学看见思考的力量》一书；组织语文骨干教师，全体数学、英语、化学教师进行两轮次“名师发展基地项目”集中培训活动；务实召开学科教学研讨会，组织两轮21场学科会，推进县域内教学研究，促进学科建设上水平。⑥草根研究。开展知识体系与分层训练研究，广泛开展“一周一题”，召开“‘一周一题’建设现场研讨会”；强化试题研究，编制各年级各学科单元测试题、毕业年级综合训练题、仿真模拟题，为学校的学科教学提供过程性质量监测手段。肥城市的期中期末试题、毕业班综合训练题在泰安市范围内享有较高声誉，每年中考（初中学业考试）都有4～5名教研员被泰安市教育局聘为中考命题组成员。⑦质量监控。落实“打基础、善积累、提能力”的要求，突出“基础知识、基本方法、基本能力”和“学科核心素养”的培养；重视考查科目，指导初中学校制定《考查科目的考核与评价办法》；结合新高考形式的变化，改善教学策略，提升教与学的针对性和实效性。2019年，初中学业考试综合质量，继续位于泰安市领先位置，过村中学尚泰鹏获泰安市中考状元，有8处初中学校被评为“泰安市课程与教学先进单位”。

（董家新）

2019年3月29—31日，2019年肥城市中小学生田径运动会在市高级技工学校举行（张汶宁　摄）

【高中教学研究】 始终高举质量大旗，全力提升学生素养。实施目标管理、激励引领。强化高考质量意识，传导到各个责任主体，出台《2019年高考奖励办法》，引领学校和老师抓过程，抓协作，看结果。同时设立高考教研奖，引领教研组深化研究，推进课堂教学改革，大幅提升学科质量。持续推进名师发展基地建设，邀请全国知名研究专家到肥授课，高中数学、英语、化学、物理等学科开展为期4～6天的专项培训，进行跟进培养，教师受益，课堂育人方式发生较大变化。外出学习成为常态，多次组织教研员和学科骨干教师参加高端研讨会。11月，组织高中各校校长、高三业务校长、备课组长等60余人到河北衡水参观学习，考察衡水二中、十三中、武邑中学，体验名校，关注名生，感悟名师。举办双周观摩与调度，抓好校际交流。由六处高中轮值主办高三备考现场观摩调度会，教体局局长出席并提出教学与管理要求，各校校长、业务校长、级部主任、教研中心高中部教研员参加；主题包括尖子生培养、班主任管理经验交流、备课组做法借鉴、特长生培训展示、年级部管理经验交流等，从高考结果看，收效良好。突出问题导向，夯实落实环节。高三年级的每一次统考，高一高二的质量检测后，各校认真分析成绩，查摆突出问题，人人出谋献策，解决管理瓶颈;领导深入备课组，与老师们座谈交流，解决学科短板；教师与学生面对面，会诊尖子生试卷，解决学科疑难。组建学科教研团队，发挥骨干示范带动作用。利用名师工作室，名师带骨干、骨干率优秀、优秀联一般，促进教师整体水平提高；利用学科骨干，通过讲座、读书论坛、上公开课示范课等方式，传授教育教学经验，培养指导青年教师；利用教研团队，研究高考命题走向，命制高质量试题，发挥示范、辐射和引领作用，有效促进青年教师的成长；利用各种活动平台，党员示范课、德育示范课，引领广大教师学习榜样、争做标杆。举办优秀教研试题评选活动，确定优秀试题，促进教研，激励教师。坚持“多层次施教、分类别推进、多元化成才”的培养策略，对学生进行分类精心培养，借力领世培优等优秀教育资源，采取线上线下结合的方式，加大尖子生培养。同时，在实施边缘生推进策略、提振学困生学习信心、助推特长生双过线等方面，进行有益的探索，收效明显。2019年高考中，肥城一中张圣一夺得山东省理科状元，孟咏然取得泰安市文科第二名，文化课尖子生实现重大突破，本科上线达到4482人，创历史新高，比上年增加近500人，完成“有山有峰”的既定高考目标。肥城市高考质量综合排名继续保持泰安市领先地位。

（张凡旺）

【教育信息化】 落实立德树人根本任务，坚持育人为本、融合创新，构建与教育现代化相适应的教育信息化体系。加快“三大系统”工作的推进速度；全面加强局网管中心日常运维工作，保障设施设备运行和数据安全，确保网络畅通和机房安全；肥城教育网站群日益完善，实现统一化部署、自主化管理、常态化应用和全时段技术支持，全面加强技术安全保障和内容审核管理，确保各单位网络通畅和信息安全；高度关注网络舆情，及时汇报处置相关舆情，回复中肯及时，确保网络环境运行安全。参加全省教育教学信息化交流展示活动，肥城市24个课例、课件在省级评选中获奖，73个课例、课件在泰安市评选中获奖，其中1人获全国二等奖；新媒体新技术创新课堂教学实践交流展示活动，肥城市9个作品在省市评选中获奖；全省中小学生创客大赛评选中，肥城市10件作品在省级评选中获奖，88个作品在泰安市评选获奖，其中于方硕作品《智能管家》获国家二等奖；全省教育信息化应用优秀案例征集活动中，白云山学校《播撒智慧种子　培生智慧学校》和龙山小学《以信息技术为载体　筑牢学校安保堤坝》荣获全省教育信息化应用优秀案例；市教体局被教育部确定为教育部教育信息化教学应用实践共同体项目“同步课堂推进城乡教育一体化发展实践共同体”研究主要成员单位，承担部级课题《同步课堂推进城乡教育一体化发展实践共同体》研究工作，做好课题的阶段性研究工作，完成同步课堂推进城乡一体化发展应用指南编写工作；规范学校教辅APP审查、备案工作，制定出台肥城市教育和体育局《关于教辅APP进校园的审核备案规定》，并与学校签订《肥城市教育和体育局严禁有害APP进校园安全责任书》；贯彻落实省市扶贫工作会议精神，多次召开信息化扶贫部署调度会，与学校签订《肥城市省扶贫工作重点村学校信息化扶贫工作任务目标责任书》，层层抓落实，进一步推动学校信息化工作步伐，提高设备利用率和教师信息化应用水平；加大教师教育信息化融合及应用能力培训力度，多形式、多渠道开展培训，分批次参加教育部开展的中小学校长、骨干教师“网络学习空间人人通”专项培训，提升学校管理人员的办学水平，增强教师在信息化环境下创新教育教学能力。

（郭齐鲁　王　芳）

基础教育

【学前教育】 坚持“政府主导、社会参与、公办民办并举”的办园思路，发展公办幼儿园，扶持民办幼儿园。落实《肥城市第三期学前教育三年行动计划（2018—2020年）》，加快农村标准化幼儿园建设，年内新建、改扩建幼儿园17处，总投资6904万元，新增、改善幼儿学位2840余个。全面改善幼儿园办园条件，全市幼儿园设施设备达标率约占90%以上。鼓励发展民办学前教育，年内新登记注册8处，其中公办园1处、民办园7处，基本形成公办、民办资源共享、优势互补、协调推进的发展格局。截至2019年末，全市共有幼儿园157处，公办及公办性质幼儿园94处，民办幼儿园63处，其中普惠性民办幼儿园54处。全市幼儿园共有教职工3164人，其中专任教师2461人，专科及以上学历2077人，占84.4%；持有教师资格证1530人，占62.17%。全市在园幼儿26961人，其中公办及公办性质幼儿园在园幼儿16617人，占61.63%；民办园在园幼儿10344人，占38.37%；全市学前一年入园率100%，学前三年入园率达98%。全市有山东省“十佳”幼儿园2处，泰安市“十佳”幼儿园4处；省级示范幼儿园41处，省级一类幼儿园44处，按省要求对省级二、三类幼儿园重新进行分类认定，并将认定结果进行公示和通报，其中二类园25处、三类园45处。

（夏光山）

新城街道尚庄社区联合大风车幼儿园开展“心连心共筑美好童年梦”公益演出（白勇　摄）

【义务教育】 全市共有完全小学70处、小学分校10处、初中19处、完全中小学14处，义务教育学校在校生81246人。①学校教育管理。落实国家教育方针，开足开全课时；制定相关文件，采取一系列措施，全面推开小学课后服务；落实责任，建立台账，做好控辍保学工作。②中小学招生。科学划定招生片区，进一步加大中小学招生公开力度；落实“阳光分班”政策，最大限度保障教育公平，有效避免择班、择师这一“痼疾”，得到学生家长和社会的一致认可。③文明创建。多措并举，牵头做好教育系统承担的各项创城任务，高质量完成以未成年人思想道德建设为主的网上材料提报工作，做好城区中小学创城指导、贵和社区包保工作，并全程指导创城必查的青少年宫、科技馆、青少年校外心理健康辅导站的建设完善和迎评打造工作，为肥城市创建全国文明城市做贡献；指导文明校园创建，提前安排部署，精心组织实地测评，及时上报测评材料，确保2019年度文明校园创建验收工作顺利完成，至年末，全市105处中小学被命名为县级及以上文明校园，创建合格率达98%以上。④中小学德育。推进青少年校外活动基地建设，5月30日，依托慈明学校建成的青少年宫举行揭牌仪式，6月开始投入使用；利用重要时间节点，组织开展好“扣好人生第一粒扣子”主题教育活动；开展“新时代好少年”评选推荐活动，年内共有10名同学荣获泰安市“新时代好少年”称号，3名学生被评为省“新时代好少年”，市特殊教育学校学生王鲁仪获教育部第十四届宋庆龄奖学金候选人推荐资格；立足新时代文明实践，开展学雷锋志愿服务活动；精心组织“2019桃都国学小名士”电视大赛、“传承红色基因·童心向党”歌咏比赛、童谣征集和评选活动、“学宪法、讲宪法”活动和第二届高中生辩论赛，为广大青少年学生搭建展示的平台；加强示范校创建引领，指导白云山学校和仪阳街道中心小学成功创建山东省地震科普示范校，老城中学创建为山东省心理健康教育特色校；组织参加第34届省、市青少年科技创新大赛，获山东省一等奖5个、二等奖10个、三等奖13个，位居泰安市前列，并有两名选手被推荐参加全国青少年科技创新大赛；在青少年机器人大赛中，3人获山东省一等奖、3人获二等奖、4人获三等奖，肥城市第一中学参赛队获得高中创意组一等奖并取得国赛参与资格。

（张延华　郝传芳）

2019年5月29日，肥城市委书记常绪扩出席庆祝六一儿童节暨青少年宫启动仪式并为肥城市青少年宫揭牌

【高中教育】 2019年，全市普通高中9处，在校生19848人。高中录取实行“分数+等级”的录取模式，并首次采取平行志愿填报方式，有效保障教育公平。全市初中毕业生10076人，普通高中入学率63.38%。

（张延华）

【特殊教育】 做好对全市轻度残儿随班就读指导工作，对接残联，依托残疾儿童鉴定委员会，对6～14周岁适龄残疾儿童进行排查摸底，科学评估，妥善安置。同时，继续做好重度残疾儿童少年送教上门工作，2019年累计送教3000余课时，受益学生达170人。市特殊教育学校先后两次在全国特殊教育工作会议上作《肥城市特殊教育送教上门实践研究实施策略》和《构建培智课程新体系　打造高效课堂新阵地》的典型发言，获得与会领导、专家和特教同行的高度赞扬；承办泰安市特殊教育德育优秀课例展评活动，参评的两位老师均获

2019年5月14日，肥城市委副书记、市长殷锡瑞到特殊教育学校走访慰问

一等奖；5名残疾学生升入高等职业院校，8人在全国书画大赛中获得金奖，学校被评为“全国青少年艺术人才培训基地”。

（张延华 宋栋梁）

职业教育

【职业教育】 2019年，全市共有职业学校1处。建成并投入使用职业中专新校区，占地347亩，建筑面积12.55万平方米，其中教学及实训面积3.97万平方米，在编教职工423人，其中专任教师371人，“双师型”教师272人，在校生5532人。①基础能力建设。统筹资金1600余万元打造3D打印和汽车应用与维修专业，承办全国电子信息VR技术应用赛项、省“技能兴鲁”技能大赛车身修复赛项、第46届世界技能大赛山东省选拔赛和2019年泰安市技能大赛。②技能大赛。在全国职业院校技能大赛电梯维修保养项目比赛获一等奖，实现国赛金牌零突破。在全国VR技术应用大赛，获学生组一等奖、职工组二等奖和突出贡献单位奖，在山东省职业院校技能大赛获焊接和移动互联两个项目一等奖，名列全省第一名。组织参加泰安市职业院校技能大赛获9个一等奖。各类大赛成绩均居泰安市前列。③办学效益。实施半军事化封闭式管理，学生整体素养大幅提升，春考本科上线26人，88名学生参加2019年度“齐鲁后备工匠”遴选，持续在泰安市职业学校保持领先。3项泰安市教育科学规划课题完成立项申报，承办泰安市中职学校班主任基本功大赛，获得一等奖2个、二等奖1个。挂牌成立社区教育学院，构建终身教育体系，广泛开展社区老年教育，并举办全民终身学习活动周等大型公开活动，举办金蓝领、创业就业及企业岗位提升培训，组织安全生产管理人员、建筑造价员、特种作业人员等培训，全年共完成5000人的培训任务。

（王 伟）

2019年6月1—2日，在2019年全国职业院校技能大赛电梯维修保养赛中肥城市高级技工学校选手陈光浩、李雪艺荣获一等奖（肖辉 摄）

【高级技校承办中国技能大赛VR技术应用赛项】 11月8—10日，2019年中国技能大赛——

2019 年 11 月 8—10 日，2019 年中国技能大赛 VR 技术应用赛项比赛在肥城市高级技校举行。图为比赛现场

全国电子信息行业新技术应用职业技能竞赛（VR 技术应用赛项）在肥城市高级技工学校举行。本次大赛由中国电子质量管理协会、中国就业培训技术指导中心主办，中国电子质量管理协会虚拟现实专业委员会、肥城市高级技工学校承办。大赛以“推动三维数字化技术和 3D 打印技术的普及、提升创新驱动能力”为主题，倡导“虚拟现实技术 + 三维数字化技术 + 创意设计 +3D 打印技术 + 工匠精神”融合发展，为目前人社系统级别最高的“3D 打印与 VR 虚拟现实”相关赛项。比赛涵盖三维扫描、3D 打印、创意设计、VR 展示、VR 创新等多项比赛内容，全面考量参赛选手 VR 技术应用综合能力。大赛分职工组和学生组，来自北京、广东、浙江、山东、江苏、河南、河北、安徽、辽宁、天津、重庆、内蒙古等 12 个省市、自治区的 50 支代表队 100 名选手参加本次全国总决赛。经过 2 天的角逐，宁波第二技师学院、浙江机电技师学院、肥城市高级技工学校获得学生组一等奖，浙江机电技师学院、北京市应用高级技术学校获得教师组一等奖。

（李庆伟　张同军）

文化·旅游·体育

文化·旅游·体育

文化综述

【概况】 1月，按照市级机构改革要求，整合市文化传媒局（市文物局）的职责，市博物馆（市文物管理所）承担的行政职能，组建市文化和旅游局，作为市政府工作部门，保留市文物局牌子，加挂市新闻出版广电局牌子。2019年，市文化和旅游局积极开拓进取，攻坚克难，全力推进文化和旅游深度融合发展。朝阳洞石刻造像入选国家重点文物保护单位。市文化和旅游局被评为2019年度山东省文化和旅游系统先进集体、全省基层广播电视统计工作优秀集体。乡村文化振兴“戏曲进乡村覆盖率”和“行政村综合性文化服务中心建成率”两项指标考核均获得泰安市第一名。非遗传承人程银贵入选文化和旅游部2019年度乡村文化和旅游能人支持项目人员名单。文化馆、图书馆“两馆”分馆实现镇街区全覆盖，并向社区拓展延伸。

（白　雪）

【桃木雕刻】 桃木雕刻为肥城的特色文化名片，桃木雕刻民俗是首批省级非遗项目。2019年1月，桃木雕刻参加肥城市非物质文化遗产手工艺展；6月，桃木雕刻分别参加泰安市、肥城市“文化和自然遗产日”宣传展示活动。年内，为打造非遗进景区非遗工坊示范基地，在仪阳街道鱼山唐乡花海风景区建设程木匠雕刻工坊，在孙伯镇五埠岭景区建设桃木雕刻工坊。

（李　冰）

2019年7月20日，儿童剧《猜猜我有多爱你》在肥城首演（孔燕　摄）

【公共文化服务体系建设】 2019年，全市基层综合性文化服务中心实现行政村全覆盖。实施基层文化人才辅导工程，对全市605个村的文化管理员、农家书屋管理员、文化志愿者进行业务培训，累计培训6000余人次。成功举办桃花节、金秋品桃节文艺演出，消夏广场、戏曲票友大赛、广场舞大赛、全民才艺大赛等活动，全年依托各级文化阵地开展各类文化活动1008场次。新时代文明实践文化志愿服务队“文化濡心春风行”行动入选2019年全国“春雨工程”。市文化馆举办两期公益培训班和一期老年大学艺术分校培训班。开办声乐、舞蹈等11个专业门类15个班次，培训学员526人。组建起合唱团、舞蹈团、模特表演团、民乐团、西洋乐团、电声乐队和二胡乐团。

（张晓丽　赵　琰）

【文化遗产保护】 至年末，全市共有文物点218处，其中国家级文物保护单位2处，省级

8处，泰安市级35处，县级75处。有馆藏文物2600余件（套）。按照文物建筑消防安全要求，先后对45处泰安市级以上文保单位和15处县级文保单位进行安全检查。2019年，18个非遗项目列入泰安市级项目名录，新公布肥城市级名录15项、代表性传承人20人。孙伯镇五埠村民俗博物馆被评为山东省县及县以下历史文化展示工程示范点。孙伯镇五埠伙大门非遗工坊项目建设顺利实施。先后举办肥城市非物质文化遗产手工艺作品展、“见人见物见生活——肥城市非物质文化遗产展示展演活动”，40余个非遗项目参展。

（李　冰　张　毅）

【文旅产业发展】 2019年，有9个项目列入泰安市“三个一批”重点文旅产业项目，三大乡村旅游集群片区建设顺利推进。泰山·桃花源项目全面开工建设，鱼山“桃花海唐乡”精品民宿项目落成开业。成功承办“社会资本赋能乡村振兴”国家级高峰论坛和“山东省精品旅游大讲堂”省级培训会。桃木工艺品“君子闲情雅致系列”荣获2019中国特色旅游商品大赛金奖。新华印刷有限公司和其负责人刘培利荣获“新中国70周年印刷业时代先锋”称号。在全省第三届文化惠民消费季活动中，推出文化惠民活动12项，7家文化旅游经营企业成功签约，共发放消费券800余张，拉动文化旅游消费200余万元。

（周均仁）

【市场监管】 年内，扫黄打非基层站点建成率达到100%。组织开展“净网”“护苗”“秋风”“清源”“固边”五大集中整治行动和其他各类专项整治活动30余项。荣获肥城市安全生产先进工作单位，汇文印刷有限公司、易捷数字印刷分别被评为先进集体。全年检查文化市场、新闻出版市场、广播影视，旅游场所共计260余次，出动执法人员710人次，发放宣传材料800余份，明白纸600余份。结合文化志愿活动六进、送戏下乡、公益电影进乡村等工作，面向社区、农村宣传扫黑除恶专项斗争工作精神，营造对黑恶势力人人喊打的浓厚氛围。

（张　颖）

广播电视

【概况】 6月28日，肥城市融媒体中心挂牌成立，加挂市广播电视台牌子，为市委直属正科级财政补贴事业单位，归口市委宣传部领导，核定编制104名，配备主任1名、总编辑1名、副主任3名。由市融媒体中心出资设立肥城文化传媒集团，为全资国有企业，依托媒体资源开展文化产业经营。2019年，市融媒体中心以融媒体中心建设为抓手，以体制机制改革为动力，聚焦主题主线，坚持守正创新，顺应新形势，谋求新作为，更好地承担起举旗帜、聚民心、育新人、兴文化、展形象的使命任务，全面提高新闻舆论传播力、引导力、影响力、公信力，为全市经济社会发展提供强有力的舆论支持。先后荣获全省县级广播电视系统“优秀广播电视台”，山

新城街道在各村居开展新时代文明实践送戏下乡活动（白勇　摄）

东电视台广播宣传和融媒体宣传先进集体一等奖、电视宣传先进集体，全省统一供片工作先进单位，全市创建文明城市工作先进集体等称号；16件作品和栏目荣获省广播电视台“改革开放40周年特别策划”等奖励。

【舆论宣传】 突出政治家办媒体的导向，将习近平新时代中国特色社会主义思想融入宣传报道的方方面面，围绕市委、市政府工作中心，聚焦主题主线，加强选题策划，开办专题专栏，全方位、多角度宣传报道好全市重点工作，特别是精心组织好庆祝新中国成立70周年的宣传报道，在全市形成强大的舆论宣传声势。①打造精品节目集群。围绕市委的工作思路，联合相关部门开办《做文明市民 建美丽城市》大型新闻专题栏目，通过新闻宣传、专题解读、新媒体跟进，深入宣传城市管理工作，提升市民城市意识和文明素质。在办好《行风热线》《鲜花送文明》《肥城零距离》《开票有喜》等传统精品专题栏目的基础上，逐步停办淘汰一批吸引力低、播出周期不正常、综合效益差的栏目，新开办《讲好红色故事》《伴你成长》一批具有鲜明政治导向、浓郁地方特色的精品节目。②传播好肥城声音，讲好肥城故事。把扩大肥城知名度和美誉度作为新闻宣传的重要职责，不遗余力地抓好对上宣传，瞄准省台，主攻泰安台，突破中央台，增加总量、提高质量，在省电台乡村广播开展肥城市美丽乡村及特色品牌农产品推介活动，《VR牵手肥城佛桃》等一批头条稿、重点稿在《山东新闻》《山东新闻联播》《泰安新闻》等上级媒体播发，在省台发稿量名列全省县市区前茅。③坚持服务大局。高质量完成全市庆祝建党98周年大会、泰安市招商引资和项目建设检查等市委、市政府安排的大型活动、流动电台、专题片制作、实况录像、会议播音、现场解说等服务工作，充分展示肥城市的良好形象。重点承办全市道德模范颁奖典礼、建安业颁奖典礼、第十八届桃花节开幕式文艺演出、全市金秋品桃节、农民丰收节、戏曲票友电视大奖赛等全市大型文化活动。④强化公益属性。以培育和践行社会主义核心价值观，传播中华优秀传统文化，弘扬“开放、包容、务实、敢当”的新时期肥城精神为主要内容，制作播出一批优秀公益广告、微电影、微视频，唱响主旋律，倡树新风尚，被省广电局评为“全省广播电视优秀传播机构”荣誉称号。⑤坚持创新创优。优化宣传布局，加强频道频率包装，提高节目品位，提升广播电视舆论宣传主阵地的良好形象。推进宣传内容、形态、载体、手段和方法创新，增强报道的针对性、感染力，推出一批接地气、有人气，群众愿意听、愿意看的节目。

在山东乡村广播宣传美丽乡村推介特色农产品

【媒体融合】 深入学习贯彻落实习近平总书记关于县级融媒体中心建设的重要指示精神，以肥城市被列为全国、全省县级融媒体中心建设试点为契机，推进县级融媒体中心建设。在市委、市政府领导下，由市委宣传部牵头负责，与市编办、人社、财政等相关单位全力配合，6月完成融媒体中心机房建设，与省融媒体平台实现互联互通；6月28日，肥城市融媒体中心正式挂牌；9月底，融媒体指挥系统正式建成启用；11月电视节目全部实现高清播出，电视信号成功进驻移动、联通IPTV，使肥城电视信号接入户数达到20万户。全力推动媒体资源整合，融合广播、电视、报纸及新媒体资源，进行流程再造，探索“一次采集、多种生成、全媒传播”的运行模式，重点打造肥城传媒网、肥城手机台、“中国肥城”新华党政客户端、“掌上肥城”“肥城零距离”微信平台等新媒体，与广播、电视传统媒体形成多位一体的宣传服务新格局；依托闪电云建设的“君子肥城”APP测试版上线，开展“媒体+政务+服务”业务；组建融媒体实验室，开通微博、抖音、快手、今日头条、淘宝等十余个新媒体平台，使肥城融媒宣传阵地不断扩大。

【事业发展】 依托栏目合作、开展大活动增加创收，举办少儿春晚、泰山牡丹文化旅游节、少儿口才大赛等活动，实现社会效益和经济效益双丰收。拓展“广电+旅游”、少儿播音主持培训等文化产业，与研学机构合作策划南京、沂蒙、曲阜等红色、国学研学线路，成为新的创收增长点。借融媒体中心之势，围绕电视高清数字化改造、广播电视节目无线数字化覆盖运营、融媒体平台建设等内容策划项目，争取各级财政资金1260余万元，使基础设施建设迈上一个大台阶，为事业发展创造良好条件；同时，主动出击，广引外联，依托广播电视资源优势，加快推进文化产业招商，全年完成招商引资1500万元，超额完成年度招商引资任务。加强标准化建设，提升公共文化服务能力。进一步规范采编播流程，增强技术装备水平，加强安全播出和安全生产管理，确保广播电视节目安全、优质、不间断播出，顺利通过全省广播电视系统庆祝中华人民共和国成立70周年安全大检查活动。突出广播电视的公共文化服务职能，加强中央广播电视节目无线数字化覆盖，推进新电视塔建设，及时把市委、市政府的声音传递到千家万户，使广播电视更好地满足市民日益增长的美好生活需要。

【队伍建设】 ①全面履行全面从严治党责任。推进“两学一做”学习教育常态化、制度化，落实廉政建设一岗双责要求，严格纪律规矩，开展“不忘初心，牢记使命”主题教育和“埋头苦干、争创一流，勇做新时代泰山‘挑山工’”主题实践活动，培养守正创新的新型人才队伍。推进思想建设，组织开展党委理论中心组集体学习、支部书记上党课、灯塔党建在线学习、主题党日等活动。推进组织建设，参与建设文广大厦党建示范带，打造“广传党声、情系民心”党建工作品牌。②干部选拔任用。9月19日，市委新组建市融媒体中心（市广播电视台）、肥城文化传媒集团领导班子。中心党委坚持党管干部原则，落实民主集中制，在组织人事部门指导下，12月24—30日，严格按照程序开展以“中层干部竞聘上岗、工作人员双向选择”为主要内容的内部用人制度改革，进一步改善干部职工队伍结构，激发工作人员的积极性、主动性和创造性。③深化改革发展。经市委、市政府同意，以政府购买服务的方式，引进第三方智库专家，借助“外脑”全程辅导机构设置、分配制度改革和产业运营。同时，完善职工聘用合同和职称晋升聘任规定，用好绩效考核杠杆，激发内部活力。④业务培训。积极适应融媒体改革的要求，通过集体学习、讲座授课、交流研讨、岗位练兵、每周例会等多种形式拓宽从业人员视野，全面提高摄录编播工作理念、标准、能力，引导编辑、记者、主持人向一专多能的全能型选手转型。

【精品创优】 实施精品工程，狠抓猛促业务提升、节目创优，有2件广播作品荣获2019年度山东省优秀广播新闻作品二等奖，有1件广播作品荣获2019年度山东省优秀广播新闻作品三等奖，有1件作品荣获2019年度山东省优秀论文三等奖，4件作品被省广电局评为全省优秀公益广告。3名同志被评为山东广播电视台广播宣传先进个人一等奖，6名同志被评为山东广播电视台广播宣传先进个人奖。1名同志被评为2019年度山东融媒体宣传工作先进个人一等奖，6名同志被评为2019年度山东融媒体宣传工作先进个人。

【融媒技术和事业建设】 按照“一省一平台”要求，依托省“闪电云”大数据平台，建成上下贯通、自主可控的新闻“中央厨房”生产系统和融媒体中心技术平台，招标建设占地320平方米的指挥调度大厅、融媒采编存储系统、大数据分析系统、高清节目制播系统四大模块，与省融媒体平台实现全线贯通，为构建“一次采集、多种生成、多元传播”大宣传格局和媒资管理、产业发展提供强力硬件支撑。重新整合采访、编辑、制作、播出人员，再造“策、采、编、审、发、评”生产流程，最大限度发挥“中央厨房”数据化、移动化、智能化特点。采编力量跨部门、跨终端协同作业，热线线索、网络爆料、网络热点、记者报题、宣传指令等多渠道信源聚合，图片、文字、视频、音频等多样化内容采集制作，形成“一次采集、多种生成、全媒传播”的新格局，采编业务产生脱胎换骨的变化。肥城综合频道电视节目同时在联通IPTV482、移动IPTV483播出，全年播出5923小时；肥城生活频道电视节目播出5711小时；十四频道数字电视节目发射5923小时；二十频道数字电视节目发射5923小时。

文　物

【概况】 2019年，启动博物馆建设工作。仪阳石西天齐庙维修工程顺利启动，完成护鲁山泰山行宫、小中泉天主教堂和南栾李氏碉楼维修两项工程。开展全市石刻资源登记调查工作，完成54件石刻资源登记调查及拓印。启动乡村文化遗产普查，收到普查资料70余份。开展省级乡村文化遗产研究，完成南栾村、空杏寺村、鱼山村和东尚里村四处省级乡村文化遗产研究类项目挖掘整理和调研报告的编写工作。在孙伯镇试点开展家族谱调研，共统计整理35个姓氏，81部族谱。泰安毛公山红色文化博物馆《讲好红色故事　传承红色基因》社会教育活动案例，荣获全省博物馆优秀社会教育活动案例。

（张　毅）

【陶山朝阳洞石刻造像入选全国重点文物保护单位】 2019年10月7日，国务院下发《国务院关于核定并公布第八批全国重点文物保护单位的通知》，肥城陶山朝阳洞石刻造像成功入选，成为肥城市第一处独立文物本体的国家级文物保护单位。朝阳洞位于湖屯镇西幽寺村东北600米的陶山主峰西北侧的山崖上，因洞口朝南向阳，故称朝阳洞。朝阳洞为天然石洞，由外至内由洞口、前室、二台、后室四部分组成，洞长约29米，最宽处14.5米，最窄处4米，最高洞顶15米。朝阳洞保存着宋代延续至民国时期的摩崖石刻34蹟，整体保存较完整，雕刻技法娴熟，展示中国古代精美的石刻艺术，对研究古代宗教文化、石刻艺术、民俗及区域文化历史发展等具有很高的历史、艺术和科学研究价值。

左丘明文化

【概况】 2019年5月27日，成立左丘明研究院，与市博物馆合署办公，为隶属市政府管理的正科级财政拨款事业单位，归口市委宣传部管理，核定编制15人，在编4人，内设综合科、文化研究室、对外联络室和征集编纂室4个职能科室。主要职责是挖掘研究和推广普及左丘明君子文化；研究和弘扬桃文化、范蠡商圣文化，汶阳田农耕文化、齐长城文化等肥城优秀传统文化；开展交流与合作，承办学术研讨会和高峰论坛；编纂出版相关文献典籍、论文著作等。2019年，以“弘扬传统文化、打造君子肥城”为主线，扎实开展以左

2019年8月29日，左丘明研究院"君子讲堂"启动仪式暨"君子文化进社区"活动在桃都社区举行

丘明文化发掘和研究为重点的肥城优秀传统文化研究、弘扬和保护，统筹做好文物保护工作，真正深进去、走出去、说出去，切实增强肥城特色文化的品牌影响力，为全市经济社会发展做出新的贡献。研究院成立后，立即成立左丘明研究院党支部，扎实开展"不忘初心、牢记使命"主题教育活动。全力推进博物馆项目建设，完成各种手续和工程招投标，签订施工合同。改版并出版《左丘明文化》，增设"文物鉴赏专栏"和"肥城文化研究专辑"，系统展示博物馆精品文物和肥城优秀传统文化。配合山东师范大学教授耿天勤编纂《山东省志·左丘明志》，该志已入选省"齐鲁诸子名家志系列"。参加第五届全国君子文化论坛，发表论文《鲁君子左丘明的家国情怀》。联合市文明办在市区设立肥城先贤公益广告宣传栏。创办并举办2场"君子讲堂"，开展1次"君子文化乡村行"活动。举办"庆祝建国70周年左丘明君子文化主题书画展"和"庆新春·范蠡商圣文化精品收藏书画展"，参观群众万余人次。参与中央电视台《中国影像方志·肥城篇》拍摄和汶阳田历史与现状调研活动。申报"陶山朝阳洞石刻造像"入选全国重点文物保护单位。在孙伯镇试点开展家族谱调研整理工作，共统计35姓81部族谱。对上争取文物保护专项扶持资金708万元。

【《左丘明文化》全新改版】 对院刊《左丘明文化》进行全新改版，新版加大板式、字号等，封面设计新颖活泼，增加图片和彩页，力求做到生动活泼、丰富多彩、亲近读者。增设"文物鉴赏专栏"和"肥城文化研究专辑"，以图文并茂的形式系统展示博物馆精品文物，宣传推介左丘明君子文化、范蠡商圣文化、汶阳田文化、齐长城文化等肥城优秀传统文化。全年出版2期，共设置7个栏目，刊发稿件26篇。

【举办"君子讲堂"进社区、乡村行系列活动】 以"宣传推广左丘明君子文化、打造君子肥城"为目标，精心谋划，创办"君子讲堂"，设计标志性背景图片，确定10名宣讲员，并于8月29日在桃都社区举办启动仪式。仪式上，向桃都社区赠送图书，研究院特邀宣讲员彭武诗做题为《孝道　家风和感恩》的报告，社区促进中心、桃都社区相关领导和社区居民代表100余人参加活动。11月29日，在仪阳街道刘台村举办"君子文化乡村行"活动；11月30日，在桃都社区举办"君子讲堂"第2期暨君子文化进社区活动。活动中，左丘明研究院向群众代表赠送最新出版的院刊《左丘明文化》，左丘明研究院特聘研究员、山东省儒学发展促进会常务理事、一级儒学讲师齐桐曼做题为《学君子文化　传承好家风》的报告，来自街道、村居的近200名群众参加活动。

【参加第五届君子文化论坛】 第五届君子文化论坛主题为"家国情怀与君子文化"，由光明日报社、上海交通大学联合主办。在收到论坛邀请函之后，积极着手准备，并完成论文《鲁君子左丘明的家国情怀》，提交组委会并审核通过。8月23—25日，杨奇代表研究院参加活动，在会上做主题演讲，并介绍肥城历史文化研究情况，论文入选《第五届君子论坛论文集》。

【举办主题书画展】①庆祝建国70周年左丘明“君子文化”书画展。为2019年金秋品桃节的系列活动之一，9月13日开展。展览以“左丘明君子文化”为主题，分为文宗史祖左丘明、《左传》经典语句、《国语》经典语句、左子传说故事、君子文化等5个专题，绘画作品有左丘明肖像、手植银杏、传说故事等，书法作品为摘录于《左传》《国语》中的经典句段、阐释“君子文化”内涵的优美语句、篆刻、硬笔书法等，共展出书画艺术作品100余幅，作者涵盖老、中、青各年龄阶段。展览结束后，为部分参展作者发放收藏证书，并在《泰山晚报》、肥城电视台、掌上肥城、微肥城、文联、文旅局等微信公众号等进行宣传报道。②范蠡“商圣文化”主题书画展。12月28日，为进一步弘扬和传承“富行其德、造福社会”的范蠡商圣精神，在市书画艺术馆举办“范蠡商圣文化主题书画展”。展览以“范蠡商圣文化”为主题，共展出82幅（件）作品，为市博物馆馆藏作品。参展作品包括题词、书法、绘画等，作者中有全国各地多年来关心支持肥城发展的老领导、在外肥城籍人士，也有享誉海内外的书画名家、邑内书画爱好者。市民在欣赏文艺作品的同时，进一步领略商圣风采，感受“商圣文化”。

（杨　奇　寇天浩）

地方史志

【概况】1月，按照《中共肥城市委　肥城市人民政府关于肥城市市级机构改革的实施意见》精神，整合市委党史征集研究办公室（市地方史志办公室）、市档案馆（市档案局）的档案整理归档、查阅服务等职责，组建市委党史研究中心（市地方史志研究中心、市档案馆），一个机构三块牌子，为市委直属正科级事业单位。配备主任1名，副主任2名，核定编制26名，实有人员16人。2019年，以编纂一部“有价值、有故事、有灵魂、有颜值”的年鉴为目标，创新编纂《肥城年鉴（2019）》。在对已启动编修志书的镇村、单位搞好“一对一”精准指导、严格审查把关、全力打造精品的基础上，继续深入扎实推进基层志书编修。以传承地方优秀传统文化和红色文化、促进经济社会发展为重点，持续抓好村史馆和市情综合展馆建设。围绕市委、市政府中心工作，立足职能，充分利用史志资源服务经济社会发展。按时完成《山东年鉴》《泰安年鉴》《泰安年鉴（袖珍本）》等对上供稿任务。

【《肥城年鉴（2019）》出版发行】以编纂一部“有价值、有故事、有灵魂、有颜值”的年鉴为目标，坚持常编常新，彰显个性特色。根据机构改革单位撤并、改称及职能划转，进一步调整优化框架结构；重点从市委全会工作报告、政府工作报告、新闻媒体以及市“两办”编发的信息中挖掘特色动态性条目210余条，逐一对接单位安排撰写，以体现年度特点；在全省首创设封面导读，使读者可以对年度大事一目了然；创新开发利用环衬，在前后环衬用6幅图片加文字的形式，对“肥城桃文化”进行简要记述，展现出浓郁的肥城地域特色；设置“重点项目建设”“举办警示教育图文展”“全国文明城市创建”等14个专题彩页，对全市2018年的重点工作进行图文并茂的记述；增设“调研报告”“执政思考”栏目以及“图说××”“记住乡愁”等条目，增加记述的深度和广度。《肥城年鉴（2019）》为大16开本，采用全彩印刷，全书共91.9万字，收录照片328幅，图表12个，全面系统地记载2018年度肥城市在经济建设、政治建设、文化建设、社会建设、生态文明建设等方面取得的重大成就，于2019年12月由九州出版社出版发行。

【基层志编修】年内，在继续动员有关镇街村和单位启动修志、协调解决修志过程遇到的具体问题的同时，集中对《石横镇志》《孙伯镇志》初稿进行审阅，并召开志稿评审会；先后对《王庄镇志》《桃园镇志》《肥城市审计志》《安临站镇志》《仪阳街道志》《肥城供电志》篇目设计进行审查，并提出修改意见；分别在市供电公司、市审计局、安临站镇、仪阳街道等5个单位举办修志业务培训班。1月，《肥城市民政志》出版发行。至年末，全市共有8个镇街、23个村、5个市直部门、2个企业在编修志书。

【村史馆和市情综合展馆建设】 结合落实《肥城市推动乡村文化振兴工作方案》以及乡村旅游、美丽乡村建设，以传承地方优秀传统文化和红色文化为重点，在总结上年建馆经验的基础上，重点对孙伯五埠、汶阳田东史、安临站站北头等村建设村史馆进行策划。对汶阳镇砖舍、西南庄、三娘庙等15个拟建设“乡愁记忆馆”的村进行集中培训，使其充分认识建设乡愁记忆馆的现实意义，以及如何建设一个有主题、有特色、有故事、有厚度、有温度、有品位的乡愁记忆馆。与此同时，结合建设智慧综合档案馆，一并规划建设市情综合展馆和党史馆。总规划面积1700平方米，分收藏、展示、交流三大区域，其中展示区面积750平方米。至年末，8万余字的展陈文案大纲初稿已完成。

【服务经济社会发展】 为市委组织部“征集‘记忆、寄语、冀望’主题活动”提供不同历史分期反映党组织和领导人带头艰苦创业的照片50余幅。为市委宣传部庆祝建国70周年系列活动提供“共和国同龄人”资料，梳理提报13名符合条件人物。为市纪委廉政文化资源摸底、市旅游发展中心“肥城市全域旅游”规划等工作提供地情资料。协助有关单位做好地理标志产品、山东老字号申报，先后为老城“鸿仁堂”、泰安兰亭轩公司提供证明史料。对够申报条件、但志书中没有记载的13种产品，主动与相关镇街、企业搞好对接，指导撰写专门条目，及时将其收录到年鉴中，为下一步顺利申报“地理标志产品”和“山东老字号”奠定基础、积累资料。

（郝　航）

档　案

【概况】 2019年1月机构改革，市档案局和市档案馆分设，市委办公室加挂市档案局的牌子，市档案馆与原市委党史征集研究办公室、市地方史志办公室组建为市委党史研究中心（市地方史志研究中心、市档案馆），一个机构、三块牌子，履行档案征集、接收、保管、利用服务等职责，为市委直属正科级事业单位。2019年，市档案馆立足部门职能发挥，找准服务全市经济社会发展的切入点和发力点，主动担当、积极作为、创新实干，努力推动让档案“用”起来、“立”起来、“活”起来，各项工作走在省、泰安市前列。被山东省档案馆评为“山东省档案宣传工作先进集体”。

（李庆红）

【档案保管】 ①档案资料收集征集。年内共征集到家谱、史志、传记、出版图书、实物档案等100余册（件）。②档案保护。对馆藏比较珍贵的《肥城党史资料》（1-14辑）进行数字化处理和翻印。③档案统计。梳理2018年度档案管理、利用、信息化、编研等方面的工作，填报《2018年度全国档案事业统计年报》。④接收涉改单位档案进馆。截至12月末，全市涉改的55个部门，共接收市老干部局、发改局、科技局、卫健局等17个涉改单位档案进馆，档案资料15000余卷（件、册）。⑤馆藏档案安全检查。主要针对各类档案的保管状况及存放数量进行逐卷、逐件、逐册检查，确保馆藏实体档案存放安全。

（吕筱敏　孙　华）

【档案利用】 完成2018年度《档案利用效果实例汇编》《肥城市大事记》。不断提升档案利用服务水平，年内接待服务利用者4958人次，提供利用档案5026卷次，其中利用待业档案核实工龄落实待遇这一项的利用率占全年查档人数的85%以上，切实维护群众的切身利益，真正践行让群众“只跑一次腿”的服务承诺。为《中国影像方志》拍摄组提供档案库房、资料室、阅览室等拍摄场所，并提供《肥城县志》《肥城县乡土志》《肥城县地名志》《世上桃园》等相关的档案资料，顺利完成《肥城的由来》《齐长城遗址》《大山里的兵工厂》等相关专题内容拍摄。举办主题展览，发挥档案馆爱国主义教育基地功用，完善基础设施，在“9·3”抗日战争胜利纪念日期间组织抗战文物史料展，先后接待辖区内机关、学校300余人进馆开展主题教育活动；同时，利用“6·9”国际档案日、全国法制宣传日等重要时间节点，组织开展一系列宣传活动，发挥档案“资政育人”的功用。

（吕筱敏　孙　华）

【档案指导与服务】 采取以会代训、集中培训、实地指导、建立微信交流群等方式，紧盯靠实指导服务，不断提升各单位档案业务水平。对市供销社、石横镇档案员进行文书档案整理培训；指导新城街道机关档案管理规范制定，指导新成立的市医疗保障局档案工作建设；指导市直机关工委、燃气公司等30余个单位各门类档案规范化整理；指导市机关事务管理局会计档案整理，并接收2012年会计档案进馆。对涉改单位的档案进行重点指导和跟踪服务。严把质量标准，及时接收涉改单位档案进馆。在库容非常紧张的情况下，利用好有限的馆库空间，按照达标一个、接收一个的原则，积极接收涉改单位档案进馆。

（李庆红　吕筱敏）

【档案信息化建设】 ①数字档案馆续建项目。自2016年9月启动，按照档案工作“十三五”规划稳步推进，截至2019年12月，已完成80全宗、230万页原文的扫描、编辑、挂接工作。市档案馆组成验收组，按照5%的抽检比例，经过初检和复检，以上全宗数据均通过质检验收，切实保证数据质量。同时，按照合同约定，支付相应的项目款项，确保专款专用。②电子档案容灾备份。定期开展电子档案容灾备份工作，按照省档案局统一要求，4月和10月先后两次前往省局电子档案备份管理中心进行数据备份，局域网数据库、系统、原文等均实现异地容灾备份。

（李庆红　吕筱敏）

【探索建立名人档案】 为加强对肥城名人档案资料的收集、管理和利用，最大限度发挥档案服务经济社会发展的作用，肥城市档案局、肥城市档案馆联合下发《关于建立肥城名人档案的通知》，对建档对象、建档内容、收集方式等作出明确规定。与市委统战部、人大办公室、总工会、人才办、工信局、科技局等部门对接沟通，获得驻肥全国人大代表、全国劳动模范、部分功勋企业家等符合建档条件的肥城名人的相关信息，通过信函、电话、微信、邮件等方式与其联系，征询个人建档意愿。至年末，征集到全国人大代表张武宗个人档案一宗。

（李庆红　吕筱敏）

【编辑出版《肥城记忆：档案背后的故事》】 2019年8月，《肥城记忆：档案背后的故事》一书出版发行。该书主要围绕肥城市档案馆、单位档案室或个人收藏的具有档案属性的物品为题材，挖掘其背后的故事或讲述档案本身蕴藏的文化内涵、历史意义或来历等。全书共收录优秀稿件46篇、图片282张，共计23万余字，按照档案存藏地点不同分为四部分，每部分故事排列以档案形成先后时间为序。该书所涉及档案时间自元代至20世纪末，跨越600余年，包括照片、视频、报刊、勋章、古籍、宗谱等种类。力求通过不同历史时期的“人”和“事”，让读者感知肥城历史之厚重，领略肥城文化之醇美。该书打破现有馆藏限制，树立“大档案”的理念，梳理、筛选馆内外档案资源，深入挖掘档案背后的故事和精神，成为肥城市档案馆在档案编研方面的有益探索和尝试。

（李庆红　吕筱敏）

【档案馆新馆建设】 ①搞好协

调对接。积极与相关部门协调对接，就智慧档案馆（方志馆）建设和数字档案馆系统测试等方面，结合单位实际提出具体需求，拿出智慧档案馆一体化平台项目的初步预算。与财政局相关科室和代理公司协调对接，多次修改完善标书文件，完成智慧综合档案馆建设项目财政评审、专家论证、招投标等相关程序，顺利启动新馆建设项目。②协调推进新馆建设项目。为保障工程顺利推进，先后8次组织召开现场协调推进会，就建设过程中水电暖设计施工、消防灭火方案、大门开设位置、服务大厅深化设计、恒温恒湿系统设计、监控管理系统以及密集架功能设计具体事宜进行专题研判，拿出具体可行的解决方案，确保工程顺利进展。截至12月末，新馆建设改扩建项目已经基本完成新建库房主体建设和屋面保温防水处理；全面完成室内水、电、暖的施工以及院外水、电、暖的施工，室内门窗全部安装完成；楼体外墙、院内隔墙、消防水池、室外水暖管网以及地面镶贴正在施工中。③用好专项奖补资金。根据省档案馆《关于做好县级国家综合档案馆建设奖补资金绩效评价工作的通知》要求，开展县级国家综合档案馆建设奖补资金绩效评价，及时上报有关材料。本着专款专用、注重实效的原则，按照签订的设计合同和施工合同，及时支付设计费9.5万元，改扩建工程款226.9万元，新馆变压器安装项目款13.6万元，智慧综合档案馆一体化平台建设项目款50万元，确保奖补资金专款专用、及时拨付到位。④谋划新馆展馆。编制完成展陈大纲，设计展厅面积750平方米，具体包括市情（分历史、自然、社会、人物、民俗、档案等篇）、党史、左丘明、范蠡、临时五个展厅。另外，设计能容纳120人的报告厅1个，计划让每个在职人员并从社会上聘请一部分志愿者，从肥城珍藏的档案资源中，挖掘能弘扬正能量的事件，每人确定一个宣讲内容，形成“菜单式”宣讲专题，由前来参观的单位根据自身需要选择，参观者在参观完展览后，再坐下来听一个有关肥城档案背后的故事。

（李庆红　昌筱敏）

图　书

【概况】2019年7月，市图书馆三楼阅览室免费开放，8月，二楼多功能阅览室完成升级改造，馆舍面积不断扩容。新上自助办证机和自动借还设备，方便读者借阅。广泛开展讲座、读书分享会等活动，深入推进“我们的节日”主题活动，开展春节特色文化展览、元宵节灯谜、迎春送福赠春联、“4·23世界读书日”“迎中秋·庆国庆”全民阅读季等系列活动。依托“尼山书院·国学讲堂”，开展传统文化进校园、进企业、进社区、进农村、进军营等文化体验日活动20余次，深受读者好评。依托14个镇街综合文化服务中心，购置图书馆集群管理分馆系统、身份证读卡器、扫描枪等，初步建成14家图书

2019年1月，肥城市图书馆联合市曲协文化志愿者到安临站镇开展“迎新送福赠春联”活动

馆分馆，进一步扩大图书馆服务范围。新建图书流动站4个，总量达到31处，年内为图书流动站更换图书期刊1.4万余册。

（郭　玲）

文　联

【文艺志愿服务】 以“君子同行，文艺六进”为主打品牌和活动载体，以弘扬中华优秀传统文化、普及文学艺术知识、提升市民艺术修养和审美情趣为工作目标和服务内容，深入到农村、社区、机关、学校、企业、景区，广泛开展灵活多样的文艺志愿服务活动。2019年，16支专业文艺志愿服务队累计组织书画和摄影展览、比赛42场次，开展曲艺、舞蹈等公益文艺演出220余场次，举办舞蹈、诗词、文学、传统武术等公益培训讲座、笔会交流280余场次，呈现出你追我赶、精彩纷呈的良好局面。年内，肥城市文联被授予中国文艺志愿服务队，被泰安市文联评为先进单位。

【文艺活动】 年内，举办“王紫格载誉归来见面会”；围绕庆祝建党98周年举办文艺演出；与市妇联联合举办诗文征集诵读活动；举办“左丘明文化主题书画展”、廉政书画展、书法楹联展，社区党组织双报到文艺演出、丰园社区庆祝新中国成立七十周年文艺晚会；市美协承办泰安市青年美协中国画提名展；音乐家协会、旗袍文化研究会举办消夏专场文艺晚会等。中国摄影家协会在肥城市举办《潘庄——一个中国农村的影像档案》刘磊摄影展。对各协会举办的活动，除新闻媒体宣传报道外，文联公众号和《桃花源》杂志均进行及时宣传报道，发布微信公众号160余期，280余篇，产生良好社会影响。

【协会组织建设】 新成立家庭教育学会、青少年语言艺术研究会、曲赋学会、革命老区文化促进会、民间文艺家协会骋驰乐团、湖屯镇诗词学会以及6个镇街旗袍文化工作站。书法家协会、曲艺家协会、摄影家协会成功换届。2019年，新增国家级会员15名，省级会员12名。肥城市作协杨奇、黛安成为中国作协会员，肥城市美协张谦成为中美协会员。张伟、杨永卫被评为肥城市第十批专业技术拔尖人才。杨奇作品《冰河入梦》入选省作协“文学精品打造工程”，60余人次在省级以上入展获奖。曲艺家协会创作推出《我们都学挑山工》，多次参加演出，受到社会各界好评。于洪文长篇小说《原上草》出版发行，省作协、泰安文联举办发行仪式和座谈会，与会领导专家给予高度评价。收藏家协会《泰岱文化》《肥城春秋》正式出版，在发行仪式上，泰山学院党委副书记李玉洋等专家给予高度评价。

（李晓瑾）

旅　游

【概况】 肥城市旅游发展中心为正科级事业单位，核定编制11

2019年11月9日，市旗袍文化艺术研究会汶阳工作站举行成立揭牌仪式（李　乐）

人，实有工作人员7人。1月，肥城市世上桃源旅游度假区管委会更名为肥城市世上桃源旅游度假区发展服务中心，为市政府直属正科级事业单位，由市文化和旅游局代管，人员编制11人，实有工作人员2人。年内，市旅游发展中心按照市委市政府“打造济南休闲旅游目的地和泰安市全域旅游重要节点”的旅游发展总体思路，重点围绕节庆品牌打造、景区提升创建、旅游项目建设等重点工作，全力推进旅游产业向纵深发展。4月，成功举办第18届桃花节，完成开幕式文艺演出、全国桃木旅游商品大赛、A级景区旅游营销推介会等活动；8月，举办第12届金秋品桃节，有力促进全市旅游及相关产业的发展。肥城桃木商品各类赛事获奖数量在泰安市遥遥领先，“肥城桃木雕刻”品牌影响力进一步增强。泰山桃花源、君子产业园等重点旅游项目加快建设，深入推进北部世上桃源旅游经济开发区、中部桃文化乡村旅游集群片区、南部古村落休闲体验片区3个集群片区建设。指导春秋古镇景区顺利迎接省文旅厅4A级景区复核验收，22家A级景区业态得到完善，景观实现提升。2019年，全市A级及以上旅游景区22家，全年接待旅游人数29.8万人次，实现旅游总收入262万元。

2019年4月4日，刘台桃文化微电影体验馆开馆暨《桃花源》微电影开机仪式在刘台桃花源风景区举行（宋浩然　摄）

【旅游规划】 聘请山东财经大学全域旅游发展研究所、山东博创旅游规划设计有限公司编制完成《肥城市仪阳街道全域旅游总体规划》；《山东肥城左传文化旅游区总体概念规划及重点区域修建性详细规划》完成专家评审；启动肥城市全域旅游发展规划、泰山植物园详细性规划、兴尚竹林小镇详细规划、一滕开元文化旅游综合体、吕仙村、洼里村等旅游专项规划的编制工作。

【景区创建】 2019年，左传文化园、泰山植物园、水岸花田、马埠景区等15家单位通过专家初审，列入年度创建计划。通过对A级景区新创建单位进行问题整改月调度和现场督导，景区旅游业态、游客中心、旅游厕所、停车场、旅游标识系统等旅游基础设施建设完善，景区运营和服务质量得到全面提升。

【景区质量】 通过明察暗访、检查指导、召开景区质量提升推进会等形式，督促22家A级景区针对游客服务中心设施不健全、景区整体卫生状况差、旅游厕所管理不到位、档案资料不齐全等问题进行整改，景区质量提升效果明显。指导春秋古镇景区顺利迎接省文旅厅4A级景区复核验收。

【项目建设】 年内，左传文化园完成左传精舍装修、大水库湖岸整治、餐饮楼外墙粉刷、庭院绿化、住宿区庭院铺装和园区内环主干道修建。泰山·桃花源完成基础设施改建和花海景点打造，酒店项目主体建设已经完成。泰山植物园完成泰西雪山峪滑雪场二期升级改造；完善游客接待大厅、厕所及其他游客服务设施；完成山地牡丹谷400个品种的栽植及嫁接；

修建牡丹谷游园道路；建设景观大门及生态停车场。鱼山桃花海完成“般若有机桃园”“肥陶艺术中心”“桃木手工作坊”、唐乡乡学院、鱼山书坊等项目建设；鱼山唐乡精品民宿项目已于4月开业运营；高标准的游客中心正在进行用地和规划手续的办理。刘台桃花源景区实现景区全面托管运营，已启动绿化景观提升和研学游两个板块。圣井峪旅游度假村在景区研学场地增加摊煎饼体验区和石磨体验区；对景区动物场地和民宿院落进行升级改造；完成景区电线老化问题整改。11月，泰山学院艺术学院圣井峪旅游度假村教学实践基地挂牌成立。五埠伙大门景区乡村记忆博物馆、非遗胡同、景区观景台等项目基本完工；三套精品民宿、状元胡同、千亩农业园、标识系统升级、景区书吧等项目进入收尾阶段；景区道路改造、生态停车场、中医堂等项目已完成并投入使用。

【人才培训】 1月，举办全市A级景区创建暨旅游安全生产培训班；4月，举办社会资本赋能乡村振兴高峰论坛暨“桃花海唐乡”精品民宿开业仪式；5月，组织人员赴淄博、临沂考察学习乡村旅游发展先进地区的经验做法；9月，承办全省乡村旅游精品大讲堂走进泰安肥城论坛活动；10月，组织五埠、刘台等景区管理人员赴无锡、安吉考察学习景区建设、管理模式。

（范成磊）

体　育

【概况】 根据中共肥城市委机构编制委员会办公室《关于市教育和体育局所属事业单位有关机构编制事项的通知》要求，市体育发展中心更名为市体育事业发展中心，单位性质为公益一类事业单位，重新核定财政拨款事业编制11名，配备主任1名、副主任2名，其他不变；市老年人体育协会办公室重新核定财政拨款事业编制5名，配备主任1名、副主任1名，其他不变。原肥城市体育局人员参公身份保持不变，继续保留其原有职级、工资、社保等待遇。市体育事业发展中心内设秘书科、群体科、竞训科3个科室，下设肥城市老年人体育协会办公室、肥城市体育总会办公室、肥城市竞技体育运动学校3个下属单位。2019年，全民健身服务体系建设扎实推进，竞技体育综合实力显著提升，体育产业蓬勃发展，各方面工作迈出新步伐。荣获“山东省体育彩票工作先进单位”“山东省老年体育工作先进单位”“泰安市级文明单位”“泰安市群众体育先进单位”“泰安市体育彩票工作特殊贡献奖”“泰安市体育彩票工作公益宣传先进单位”“肥城市先进基层党组织”“肥城市全国文明城市创建工作先进集体”“肥城市安全生产工作先进单位”“肥城市脱贫攻坚先进单位”等荣誉称号。

【群众体育】 ①传统比赛活动。已连续多年举办的迎新春市直拔河、象棋和乒乓球比赛，“十里桃花”健步走、全民健身运动会开幕式、太极拳、篮球、山地车、国际象棋等比赛活动如期举行。②探索开发新的比赛项目。年内，围棋、城市定向赛、城市越野赛、徒步大会、跆拳道等比赛首次举办。③承办省级赛事。7月和8月分别承办山东省第九届全民健身运动会自行车万人骑行活动（肥城站）和山东省第九届全民健身运动会魅力城市轮滑系列赛两项省级赛事。④参加上级赛事。选拔优秀运动员参加泰安市体育局举办的泰安市第九届全民健身运动会所有11项比赛，代表泰安市参加山东省第二届冬季全民健身运动会陆地冰壶比赛，获得第四名的好成绩；代表泰安市参加山东省第二届冬季全民健身运动会冰上项目的比赛，获得一枚银牌和三枚铜牌；代表泰安市参加山东省第九届全民健身运动会健身球操比赛获得优秀奖；参加2019年全国老年人太极拳邀请赛，团体获得优秀奖，12名队员参加24项个人竞赛，获得优胜奖15项、优秀奖9项。⑤指导镇街、社区开展比赛。全年指导镇街、行政村、社区开展趣味运动会、武术、太极拳等比赛活动90余次，参与人数超过6000人。

【竞技体育】 以备战和参加重要赛事为抓手，努力提高运动队伍竞技水平。为鼓励运动员摘金夺银，肥城市体育事业发展中心积极协调相关部门成立肥城市参加泰安市第二十一届运动会暨第九届全民健身运动会领导小组，并制定教练员和运动员的奖励措施。市体育事业发展中心对接泰安市体育局，联合市教育和体育局精心做好比赛准备工作，顺利征战泰安市第二十一届运动会，荣获78.5枚金牌，42枚银牌，62枚铜牌，以总分2184分位列各县市区第四名。8月，在肥城市慈明中学承办泰安市第二十一届运动会的柔道、乒乓球比赛，获得泰安市体育局领导及参赛各有关单位的一致好评。加快推进基地建设，拓宽培养渠道。积极发展体校训练基地（武术、摔跤），湖屯中学（举重）、陶阳矿学校（柔道）、桃都中学（田径）等特色项目训练学校。同时，推动特色体育项目进校园，轮滑、乒乓球等多个项目受到广大师生的欢迎，不仅有利于学生的全面发展，还有利于选拔出优秀的“苗子”，进行重点培养。完成2018年青少年体育统计工作，涉及体校、省级传统项目学校、市级传统项目学校、青少年体育俱乐部等11所学校。

【体育彩票】 2019年，肥城市累计销售体育彩票9700万元，有效站点89个。加大宣传力度，提升体彩公益形象。围绕体彩销售主线，拓展“新渠道”营销，结合公益事业、体育赛事资源、社会热点、开展冠名活动等，有效提升体彩公益慈善品牌，借助各种宣传渠道培养新彩民，提升销量。荣获“山东省体育彩票工作先进单位”“泰安市体育彩票工作特殊贡献奖”“泰安市体育彩票工作公益宣传先进单位”。

【参加泰安市第二十一届运动会】 市体育事业发展中心积极组织带领队伍，顺利完成参加泰安市第二十一届运动会的比赛任务。自6月18日开始，经过5个月紧张有序的比赛，在各位领队及教练员的带领下，经过运动员的努力拼搏，荣获金牌78.5枚，银牌42枚，铜牌62枚，以总分2184分位列各县市区第四名。其中田径取得金牌、团体总分第一名，篮球小学男女队、初中女队获得冠军，排球女队取得第二名，乒乓球小学组取得团体总分第二名，游泳小学、初中均取得团体第二名，手球男队取得第二名，武术小学组取得第一名、初中组取得第二名，获得代表泰安参加省级联赛的资格。

【第九届全民健身运动会】 4月16日，公益体彩肥城市“冠芳·山楂树下”杯第九届全民健身运动会在市全民健身活动中心举行。开幕式现场，由肥城市老年人体育协会和肥城市旗袍文化艺术研究会带来精彩的健身展演，共2000余人分别展示健身腰鼓、健身球操、太极拳、永新穴位保健操、八段锦以及旗袍秀。展演结束后，共有来自各镇街区、市直各系统22支代表队、1000余名运动员参加100米、30米背人折返跑、25米同舟共

2019年4月16日，肥城市第九届全民健身运动会举行

济、飞镖、五人跳绳、25米袋鼠跳、1分钟引体向上、太极拳和拔河9个项目的比赛。肥城市第九届全民健身月运动会从4月16日开幕一直持续到10月份闭幕，期间举办自行车、乒乓球、健步走、跆拳道、国际象棋、围棋、门球、台球、地掷球等比赛以及太极拳、健身气功、健身腰鼓等培训共计百余项（次），项目数量和参与人数方面再创历史新高。

【全国老年人太极拳健身推广展示大联动活动（肥城站）】 为贯彻落实全民健身国家战略和省政府关于“高度重视老年人太极拳推广普及工作，进一步提升老年群众健康水平”的指示精神，肥城市积极配合以“弘扬太极文化，传承中华文明，提高老年人健康水平”为主题的全国老年人太极拳健身推广展示大联动活动，推动全市普及老年人太极拳活动深入开展。5月19日，2019年全国老年人太极拳健身推广展示大联动活动（肥城分会场）在市全民健身活动中心举行，来自市老年体协的近千名太极拳爱好者进行二十四式、三十二式太极拳和八段锦的表演，展示出肥城市太极拳爱好者扎实的功底和良好的身体素质。

【定向户外挑战赛】 11月3日，公益体彩2019肥城市“春泽锦苑”杯城市定向户外挑战赛在肥城市民广场举行。此次活动共有1500人报名参加，分别来自市直各机关、市各大社区，新时代文明实践中心各协会和社会报名。各参赛选手以团队为单位报名，每队5人，选手自行组队。定向赛共有六条线路，每条线路穿着不同颜色赛事服。赛事区域包含市民广场、清风阁、人民会堂、书画馆、春泽锦苑、台湾城市广场等11个打卡点。在每一个打卡点设计1至2个互动任务，任务必须在规定时间内完成。参赛队伍到达任务点标后才可获取下一站点标任务书，按要求完成所有点标任务即算完赛，用时少者获胜。任务强调文化性、参与性和娱乐性，其中有突出爱国主题的唱红歌环节，有指压板跳绳的刺激环节，有书海寻书等寻宝环节，增强活动的趣味性。

【兴业银行杯金牛山户外徒步大会】 12月1号，公益体彩肥城市2019兴业银行杯金牛山户外徒步大会启动仪式在市民广场拉开序幕，活动吸引1000余名徒步爱好者参与。比赛设30公里的全程精英组、15公里的半程健身组和亲子娱乐组，所有参赛者统一从市民广场出发，先后经春秋古镇、湿地公园、牛山国家森林公园等地。在与美丽自然亲密接触的同时，进一步激发群众参与体育活动热情，营造全民健身的浓厚氛围。

（赵　娜）

2019年5月19日，全国老年人太极拳健身推广展示大联动活动（肥城分会场）举行

卫生和计划生育

卫生和计划生育

综　述

【概况】 全市有各级各类医疗卫生机构605所，拥有病床4994张，卫生人员7535人，其中乡村医生884人。全市有医院20所，其中综合医院16所、中医医院1所、专科医院2所；基层医疗卫生机构581所，其中社区卫生服务中心（站）40所、卫生院13所、村卫生室425所、诊所（卫生所、医务室）101所；专业公共卫生机构3所，其中疾病预防控制中心1所（挂牌专科疾病防治所2所）；妇幼保健院1所、卫生监督所1所，其他卫生机构1所。至年末，全市已婚育龄妇女16.6万人，全年出生8413人，出生率8.44‰，自然增长率2.96‰。出生人口性别比为104.9∶100；妇女总和生育率为1.52。被确定为全国县域紧密型医共体建设试点县，被授予省级健康促进示范县、全市信访工作先进单位，被省卫生健康委表彰为全省首批7个优质服务单位之一。先后在国家卫生健康委“优质服务基层行”、省卫生健康委基层医疗卫生机构标准化建设和疾病预防控制工作会议上作典型发言。

（陶国杰　赵　侃　王双双）

医药卫生体制改革

【分级诊疗制度建设】 8月，肥城市被国家卫生健康委确定为国家紧密型医共体建设试点县。借鉴浙江德清、瑞安，深圳罗湖，青岛即墨，滨州无棣等省内和省外医共体建设“样板”县市建设经验，征求有关部门和医疗机构意见，经市政府常务会、市委常务会审议通过，印发《肥城市紧密型县域医疗卫生共同体建设试点县工作方案》。1月，市政府召开医共体建设推进会，起草会议相关材料和配套下发的系列文件。印发《关于印发肥城市部分常见疾病分级诊疗指南（试行）的通知》和《肥城市分级诊疗双向转诊服务流程》，进一步规范双向转诊服务流程，方便患者转诊就医。印发《肥城市城乡医院对口支援工作实施方案（2019—2021年）》，由市人民医院、市中医医院分别支援2家服务能力较弱的卫生院，向受援单位派驻1名科主任或副主任，并派驻由医务人员（至少2名）组成的团队驻点帮扶。加强基层人才队伍建设，2019年基层医疗卫生机构计划招聘42人，实际招聘41人。其中临床岗位、影像岗位经招聘单位申请，报上级招聘主管机关审核同意，确定为急需紧缺专业，降低开考比例为1∶2；年龄限制在40周岁以下，具有博士学

2019年10月23日，省卫生健康委评估专家组到肥城市进行省级健康促进示范市创建评估验收

位的，年龄放宽到45周岁以下。

（李庆华）

【现代医院管理制度建设】 加强公立医院党的建设，印发《关于加强公立医院党的建设工作有关事项的通知》，重新调整2家县级领导班子配备，实行党委书记和院长分设，组建医疗质量安全管理、药事管理等专业委员会。召开动员会，坚持党委领导下的院长负责制，党委实行集体领导和个人分工负责相结合的制度。加快推进薪酬制度改革，协调人社、财政部门印发《进一步完善事业单位绩效工资管理办法》，对公立医疗机构实行总量管理，允许在核定的工作总量内自主搞活内部分配。绩效工资水平最高为全额事业单位绩效工资平均水平的五倍，允许在确保良性运行的基础上，根据经济社会发展情况调整绩效工资水平。根据《关于印发泰安市公立医院薪酬制度改革试点工作实施方案的通知》精神，参考外地经验和肥城市国有企业负责人薪酬改革经验，起草《肥城市公立医院院长目标年薪制管理办法（试行）（意见稿）》。

（李庆华）

【基本药物制度】 联合市财政局印发《肥城市基层医疗卫生机构实施基本药物制度绩效考核工作方案》。组织药学专家对镇街卫生院和村卫生室开展2019年度国家基本药物制度实施情况考核。印发《关于转发〈国家卫生健康委关于加快药学服务高质量发展的通知〉》，要求各公立医院不得承包、出租药房，不得向营利性企业托管药房。加强合理用药与安全，在市人民医院举办全市抗菌药物、麻精药物临床应用培训班。做好短缺药品信息直报工作，及时了解短缺药品信息供应情况，提升药品供应保障能力。

（徐　辉）

【医疗质量管理】 加强医疗机构管理，规范医疗机构执业行为，联合市发改局、公安局、医保局和市场监督管理局等七部门联合印发《肥城市医疗乱象专项整治行动实施方案》，通过多部门联合行动，打击各类违法违规执业行为。组织市质控中心专家对全市各级各类医疗机构进行督导，印发《2019年全市医疗质量督导检查情况通报》，督促医疗机构严格遵守医疗质量安全核心制度，健全医疗质量管理体系。加强医疗机构院感管理，邀请泰安市质控中心专家对全市各级各类医疗机构的医务人员进行感染防控知识培训。7月1—4日，市院感质控中心专家对全市医疗机构的感控工作进行督导检查。7月19日，召开全市加强医疗机构质量管理暨启动医疗卫生机构消毒和感染控制问题整改督查工作会，成立工作专班，制定工作方案，对院感工作进行全面部署和落实。顺利通过医院等级评审，6月25—28日，肥城矿业中心医院和市第二人民医院迎接省和泰安市评审专家组对医院等级评审的现场评价工作，2家医院正式通过复审。医疗中心建设稳步推进，市人民医院被泰安卫健委列入危重孕产妇救治中心、新生儿救治中心，通过泰安验收，卒中防治中心通过省脑卒中防治工作委员会验收，危重儿童救治中心待验收。市中医医院胸痛和卒中中心通过泰安验收。市人民医院、市中医医院医共体消毒供应中心建成试运行，影像中心正在建设中。深入开展“进一步改善医疗服务行动计划”，将改善医疗服务60条具体措施纳入事业单位绩效考核指标，对14家卫生院进行考核，督促医疗机构积极推广预约服务、临床路径、优质服务和便民服务。

（徐　辉）

【医护管理】 对参加2019年医师资格考试的398名考生材料进行审核，发放2018年医师资格证书233份。完成2017—2018年医师定期考核成绩审核和合格标签的发放，共有2071人考核合格。联合市发改局、财政局转发《关于印发泰安市全科医生转岗培训工作方案（2018—2020年）的通知》，45名医生参加培训。完成2018年度全科医师培训计划，26名全科医师均考试合格。

（徐　辉）

【信息化建设】　持续推进泰安市重点项目“健康泰安大数据生态域”。9月，在王庄镇卫生院项目试点完善的基础上，与泰安财金健康医疗信息技术有限公司签订“健康肥城信息平台建设项目”合作协议，协定于2020年底完成项目建设。至年末，基本公共卫生服务信息系统、家庭医生签约信息系统、健康泰安移动APP已上线使用，王庄、潮泉、王瓜店、安驾庄、桃园、石横、仪阳、老城、汶阳9家镇街卫生院的医院管理系统上线运行。11月，山东征途信息科技股份有限公司中标建设卫生健康系统“视频会议系统”，覆盖市卫生健康局、肥矿中心医院、四家市直单位（市人民医院、市中医医院、市疾控中心、市妇幼保健院）、14处镇街卫生院（社区卫生服务中心）等20家单位。

（赵　侃）

公共卫生

【国家基本公共卫生服务】　2019年，基本公共卫生服务项目补助资金提高到每人60元，服务项目12类。全市建立居民电子健康档案80.25万份，建档率保持在75%以上；适龄儿童国家免疫规划预防接种建证率99.94%；早孕建册率和产后访视率均达到85%以上；新生儿访视率、儿童健康管理率均达到85%以上；老年人健康管理率达到69%以上；高血压患者管理人数达到辖区高血压患病总人数42.37%，规范管理率达到61.74%（参照国家有关数据，高血压患病率按成年人口的25.2%测算）；Ⅱ型糖尿病患者管理人数达到辖区内糖尿病患病总人数40.44%以上，规范管理率达到62.51%以上（参照国家有关数据，Ⅱ型糖尿病患病率按成年人口的9.7%测算）；肺结核患者管理率达到95%以上；老年人、儿童中医药健康管理率分别达到70.77%、62.7%以上；传染病、突发公共卫生事件报告率分别达到95%以上。获得2019年泰安市上半年国家基本公共卫生服务项目绩效考核第1名，2019年度国家基本公共卫生服务项目绩效考核第2名。将部分社区卫生服务站基本公共卫生职能移交镇街属地管理。组建肥城市基本公共卫生专家团队及技术支撑团队。

（张柏安）

【家庭医生签约服务】　进一步完善家庭医生工作场所建设，改建家庭医生工作室164处、建设家庭医生服务点、健康驿站605处。优化家庭医生团队，2019年全市重组家庭医生团队150个。14家基层医疗卫生机构家庭医生团队均能够定期开展履约、预约就诊、落实双向转诊，有效提升群众感受度。发挥二级以上医疗机构技术支撑作用，市人民医院、市中医医院、市妇幼保健院均设立转诊办公室，成立专家团队，为肥城市家庭医生签约服务提供有力保障。加大宣传力度，利

2019年10月19日，肥城市卫生健康系统第一届运动会在市高级技工学校体育场举行

用"'5·19'世界家庭医生日"开展大型户外宣传活动；在健康肥城栏目制作"携手家庭医生，共筑健康生活"宣传节目；开展"我和家庭医生有个故事"征文活动，利用户外电子屏、短信、流动宣传车等方式提高覆盖面和居民知晓率。全面落实省级"七个一"▲服务内容要求，及时落实慢病长处方政策。2019年，签约常住居民人数19.82万人，65岁及以上老年人签约率达到70%，建档立卡贫困人口和计划生育特殊家庭实现应签尽签。

▲"七个一"即开展一次健康评估、面对面签订一份服务协议、建立一份健康档案、制定一个健康管理方案、确定一份服务时间表、发放一本服务手册、传播一个家庭健康管理理念。

（张柏安）

【基层医疗机构能力】推进乡镇卫生院等级评价和优质服务基层活动，新城街道社区卫生服务中心、安临站镇卫生院通过国家"优质服务基层行"推荐标准评审，受到国家卫健委表扬；新城街道社区卫生服务中心、老城街道社区卫生服务中心被评为山东省首批社区医院，新城街道社区卫生服务中心、老城街道社区卫生服务中心、王瓜店街道卫生院、石横镇卫生院、安驾庄镇卫生院、汶阳镇卫生院荣获泰安市"乡镇卫生院一级甲等"称号，安临站镇卫生院内科、汶阳镇卫生院、湖屯镇卫生院中医科被评为泰安市特色科室。开展村卫生室标准化建设，联合发改局、民政局、财政局、农业农村局、残联印发《肥城市村卫生室标准化建设引领提升工程实施方案》，2019年完成2个省级、18个市级、95个县级示范村卫生建设任务。开展扶贫重点乡镇和薄弱乡镇卫生院"业务院长"选派工作，市人民医院、市中医医院选派2名中层干部分别到石横镇卫生院、潮泉镇卫生院担任"业务院长"。

（张柏安）

【传染病防控】全年未发生大的传染病暴发流行。境内共报告发生乙、丙类传染病18种计6416例，死亡1例，报告发病率为662.80/10万，死亡率为0.10/10万，病死率为0.02%。甲类传染病无报告；乙类传染病报告13种计1722例，发病率为177.89/10万；丙类传染病报告5种计4694例，发病率为484.91/10万。全年传染病信息报告质量综合率为100%。制定《2019年肥城市传染病防制工作要点》，开展狂犬病暴露处置门诊复核换证工作，对验收合格的门诊发放狂犬病暴露处置门诊资质证书，市疾控中心投资20余万元建设高标准狂犬病暴露处置门诊。规范开展霍乱、手足口病、结核病等重点传染病疫情监测和处置。圆满完成国家流感疫苗筹资策略现场调研项目。被山东省疾病预防控制中心授予"山东省细菌性传染病防制业务工作先进集体"和"全省病毒性腹泻监测工作先进集体"荣誉称号。

（孙英艳　杨延民　李盛楠）

【免疫规划管理】组织开展预防接种规范化管理三年行动。2月，迎接省市核查组对15家预防接种单位的抽查指导。对27家预防接种单位进行资质认证与复核工作。全市适龄儿童国家免疫规划疫苗常规接种210326人次，单苗接种率均达到95%以上。组织开展DTaP-Hib四联、IPV-DTaP-Hib五联等二类疫苗的推广接种。基本完成不合格百白破疫苗补种工作，做好接种不合格百白破疫苗后续处置工作。对全市托幼机构和中、小学校开展入托入学新生预防接种证查验。27家接种单位的扫描平台于12月1日全部启用。

（孙英艳　于婷婷）

【慢性非传染性疾病综合防治】积极开展慢性病及死因监测工作。根据山东省慢性病、死因监测综合管理信息系统数据统计，2019年肥城市上报新发脑卒中病例9554例，报告发病率970.27/10万；上报新发冠心病病例1435例，报告发病率145.73/10万；全年报告死亡病例7406例，报告死亡率为752.13/10万。开展“一二三四·奔健康”专项行动系列宣传活动，发动肥城市居民参加山东省第三届职业人群减重激励大赛和山东省“我最喜爱的健康菜和健康食品”评选活动，被泰安市卫生健康委授予“一二三四·奔健康宣传推广活动优秀组织奖”。5—6月，开展高血压与钠盐摄入监测基线调查，在山东、安徽高血压和钠盐摄入状况基线调查总结暨未来高血压防控和减盐干预工作部署动员会上做工作经验交流发言。8—9月，承担对2011年减盐项目基线调查调查对象的随访工作。9—10月，对全市14个镇街开展居民健康状况与危险因素调查工作。11月，启动高血压达标行动和减盐干预项目，开展肥城市“高血压达标行动”形势分析调查、减盐干预项目基线形势分析工作。肥城市被中国疾控中心慢病中心授予“2004—2019年中国死因登记报告工作先进集体”荣誉称号。

（孙英艳　李春晖）

【地方病防治】　完成2019年度肥城市碘缺乏病防治工作，对200名8～10岁儿童进行甲状腺B超、尿碘、盐碘检测，并采集100名孕妇尿样和盐样进行尿碘和盐碘检测，监测结果显示，肥城市儿童碘营养状况处于适宜水平，孕妇碘营养状况处于缺乏水平。对全市9个镇街的72个饮水型氟中毒病区村的改水工程进行调查，开展末梢水的水样采集、检测工作，未发现水氟超标村。对全市所有病区村出生并居住的8～12岁儿童进行氟斑牙监测，监测结果显示，肥城市无氟斑牙流行。肥城市饮水型地方性氟中毒病情得到有效控制。11月，泰安市卫生健康委、市教育和体育局、市工业和信息化局对肥城市地方病专项攻坚行动工作进行市级复评。

（孙英艳　李春晖）

【疟疾防控】　肥城市人民医院、肥城市中医医院、肥城矿业中心医院、安临站镇卫生院四家医院开展发热病人血检工作，全年共计血检789人，血检率0.797‰。2019年，全市共计发生疟疾病例10例，均为输入性病例。对发生的10例疟疾病例进行个案调查、流行病学调查、疫点处置，疫点处置率达100%。5—10月，开展蚊媒介种群调查，山东省为单一间日疟流行地区，捕获中华按蚊对疟疾的监测和控制有重要意义。

（孙英艳　李春晖）

【艾滋病及麻风性病防控】　全市建成艾滋病筛查实验室5家、检测点15家。在全市医疗机构实施医务人员主动提供HIV筛查策略，扩大对手术病人、孕产妇、性病门诊病人等人群的检测覆盖面。全年共检测188557人次，确证阳性13人。全市以现住址管理的艾滋病病毒感染者或病人，新报告16例，新增抗病毒治疗16例。全市累计上报艾滋病传报卡13例，报卡质量合格率100%，首次流调合格率100%。5月6—21日，组织基层医师开展全市麻风病愈后存活者随访及密切接触者健康检查工作。省级监测点按要求向省皮肤病防治研究所转诊麻风病疑似病例25例。

（孙英艳　马　敏）

【结核病防治】　收治管理患者293人，其中涂阳105例，仅培阳8例，仅分子生物学阳性15例，涂阴151例，无病原学结果2例，单纯性结核性胸膜炎13例。非结防机构报告疑似患者498人，其中追踪到位351人，重卡111人，未到位9人，追踪到位率97%。对10例跨区域病例发出协查通告，并对8例本地学校结核病病例进行规范处置。承办泰安市暨肥城市2019年“‘3·24’世界防治结核病日”系列宣传活动。获得全国结核病临床诊疗技能竞赛总决赛场外同步竞赛泰安市级优秀组织奖，泰安市共表彰50个优秀个人奖，肥城市有19人获得优秀个人奖。

（孙英艳　杨延民）

【精神卫生】　对公安、民政、综治、村两委和重精工作人员开展业务培训，与公安部门进行患者信息交换。7月，由综治办牵头，民政、公安、残联、卫健等5部门召开全市严重精神障碍患者服务管理部门联席会。每半年对精神卫生患者管理情况进行电话抽测，将抽查结果作为基本公共卫生服务资金分配依据。印制5000份《精神卫生工作条例》，开展《山东省精神卫生条例》普法宣传。对贫困精神病患者落实分类托底救助，全面落实“住院救治、指导用药、日间照料、居家监护”四位一体救助模式，按照“保基本、兜底线”的原则，建立严重精神障碍患者“医保报销、民政救助、商业保险保障、医院兜底”的救治机制。实施肥城市重性精神病人扶贫托养服务中心项目。患者门诊及住院费用通过基本医保、大病救助、民政救助和商业保险报销后，剩余个人自付费用全部减免，由市财政给予奖补，已减免300余万元。会同市综治办、公安、民政、财政、残联等部门，落实“以奖代补”政策。严重精神障碍患者累计建档4861人，在册患者4270人，报告患病率4.36‰，管理率达99.84%，规范管理率97.59%，治疗率达99.2%，面访率98.78%，圆满完成工作目标。

（孙英艳）

【中小学生健康体检】 市教育局、卫生健康局联合印发《关于做好2019年全市中小学健康体检工作的通知》，明确体检范围和对象、体检时间、经费保证等事宜。8月20日，泰安市卫健委举办全市中小学生健康体检培训班。10月开始，全市14家机构对全市118所学校的90690名学生进行体检，参检率98.6%，健康体检数据分析报告及时反馈市教育局。

（孙英艳）

【卫生应急】 统筹全市医疗资源，重新调整市级卫生应急队伍，从全市各专业领域范围内抽调专家，成立突发急性传染病防控队、紧急医学救援、食物中毒事件处置队、突发中毒事件处置队、核和辐射突发事件等5支卫生应急队伍，进一步提高卫生应急处置能力。先后参与全省煤气泄漏应急演练、大汶河汛期应急救援演练、交通事故应急救援演练等演练活动。科学应对台风“利奇马”。

（孙英艳）

【职业健康管理】 职业健康管理工作挂靠在疾病预防控制与卫生应急科。年内，109家用人单位已在网上申报系统备案。开展全市职业健康工作暨培训会议，对全市400余家用人单位主要负责人、职业卫生管理人员计600余人进行业务培训。开展辖区职业病危害基本情况调查，建立职业病危害基础数据库。组建肥城市职业健康专家库。摸清接触职业病危害人群情况。开展矿山、冶金、化工等重点行业领域尘毒危害专项治理，制定下发《肥城市矿山　冶金　化工　建材　汽车制造　铅酸蓄电池生产等行业领域尘毒危害专项治理工作方案》。协助省里开展职业健康状况和对策研究调研，上报用人单位职业健康管理与职业病危害现状调查等共6个调查。

（孙英艳　杜遵河）

中医·中药

【概况】 7月25日，顺利通过全国基层中医药工作先进单位复审。3月，市中医医院尚海峰被评选为全省名老中医药专家传承工作室专家。获得泰安市中医药经典临床应用竞赛团体三等奖，市中医医院赵鹏获得个人二等奖。市中医医院被确定为省市县三级儿童青少年近视小儿推拿防控网络体系县级防控基地挂靠单位。王庄镇卫生院、湖屯镇卫生院纳入2019年度泰安市基层医疗卫生机构中医特色技术挖掘提升项目库建设单位名单，石横镇卫生院、安临站镇卫生院纳入2020年项目库建设单位。市中医医院老年病科、儿科，市人民医院康复科被确定为泰安市第六批重点中医药专科建设单位，孙伯镇卫生院中医科确定为泰安市第二批中医药特色专科建设单位。6月16日，启动“首都名医桃乡行”活动，邀请中国

2019年6月16日，“首都名医桃乡行”活动启动

民族医药学会会长、全国中医治未病办公室主任许志仁和中华中医药学会常务理事温长路等专家到市中医医院坐诊带教。广安门医院、北京中医药大学东直门医院等知名中医专家常态化进驻肥城市中医医院开展诊疗带教活动。按照《山东省卫生健康委员会关于组织开展全省第三批“西医学习中医”培训工作的通知》要求，组织全市医疗机构125名医务人员进行申报。7月，举办全市中医药知识临床应用培训班，共培训200余人。12月，举办全市基层医务人员中医药知识与技能培训班，培训基层中医药人员200名。加强中医药协会能力建设，经过“全市中医药文化宣讲竞赛”，选拔出18名中医药专家组建市中医药文化宣讲团，46名中医药专家组建全市中医药义诊服务专家团，广泛开展中医药文化“进乡村、进社区、进敬老院、进校园、进企业、进机关”六进活动。

（顾　云　石跃革）

【中医药协会】 3月18日，肥城市委机构编制委员会办公室下发《关于市卫生健康局所属事业单位有关机构编制事项的通知》，市计划生育协会列为群团机关，加挂市中医药协会牌子，市中医药协会成立。8月，制定《肥城市中医药协会章程》，发展会员3000名，团体会员20个，会员小组647个，实现市、镇、村三级组织网络全覆盖。9月10日，组建肥城市中医药文化宣讲团和中医药义诊服务专家团，中医药文化宣讲团成员18名，义诊服务专家团成员46名。9月21日，在新城街道伊家沟社区举行全市“百场中医药文化进社区”公益讲座活动启动仪式。全年举办中医药讲座42场，听课群众6800人次，义诊近1000人次。

（石跃革）

卫生法治与监督

【“放管服”改革】 2月，在前期实行公共场所告知承诺制改革的基础上，制定《肥城市卫生健康系统“证照分离”改革工作实施方案》。公共场所卫生许可实行告知承诺制、大力优化二级及以下医疗机构审批流程荣获肥城市行政审批服务创新进步奖；简化中医诊所备案登记程序荣获肥城市行政审批服务创新进步提名奖。9—10月，分两批将设置医疗机构审批、医疗机构执业许可证核发及变更、注销登记等12大项行政许可事项划转到市行政审批服务局，做好事中事后监管工作。发布224项权责清单，明确权责范围，理清边界。在权责清单的基础上，进一步梳理行政事项，其中在政务服务事项管理系统内发布行政权力事项229大项、729小项；在国家“互联网+监管”系统内发布行政事项50项、在行政处罚与行政强制权力网络运行系统内发布行政事项85项。

（梁　凯　马玉清）

【法治建设】 全面推进依法行政工作，印发《肥城市卫生健康局关于进一步加强依法行政相关工作的通知》，明确划分行政复议与应诉工作的职责权限。6月，指导各医疗卫生单位成立法治科室，聘任法律顾问处理本单位涉法事务。开展执法证清理及新上岗人员行政执法证件申办报名工作，清理不合格110余人，保留109人，全部为正式在编在岗人员。制定《关于印发〈全市卫生健康系统推行行政执法公示制度行政执法全过程记录制度重大执法决定法制审核制度实施方案〉的通知》，为落实行政执法“三项制度”提供制度保障。

（梁　凯　马玉清）

【诚信体系建设】 印发《肥城市卫生健康系统社会信用体系建设工作方案》。开展2019年度创建“诚信医院”评审工作，确定肥城市人民医院、肥城市中医医院、肥城矿业中心医院、新城街道社区卫生服务中心、安临站镇卫生院、孙伯镇卫生院6家医疗卫生机构为“诚信医院”。制定《公共信用信息目录》《双公示信用信息目录》，定期在肥城市人民政府网站、“健康肥城”微信公众号公示行政处罚信息、行政许可信息、国家“双随机一公开”抽查结果，促进卫生健康系统社会信用体系建设工作的开展。

（梁　凯　马玉清）

【食源性疾病监测】 制定《2019年肥城市食品安全风险监测方案》。食品安全风险监测荣获泰安市技能竞赛团体二等奖，孙新宇代表泰安市参加全省食品安全风险监测技能竞赛，荣获个人三等奖。6月1日起，全面启动村级食源性疾病监测报告。肥城市病例报告数量和报告质量均列泰安市前茅，肥城市人民医院、王庄镇卫生院分别在山东省、泰安市工作会议上做典型发言。

（梁　凯　马玉清）

【监督执法】 制定《肥城市卫生健康综合监督深化落实年活动实施方案》及21项卫生监督相关工作制度，深入推进镇街卫生监督体系建设和卫生健康综合监督深化落实年活动，在全市24个城市社区初步构建现代城镇社区卫生监督工作体系，5月在泰安市卫生健康综合监督工作暨“深化落实年”启动会上做典型发言。开展医疗机构医疗质量专项检查、医疗乱象专项整治、院感专项巡查、预防接种督导、整顿保健品市场“百日行动”、违规宣传使用消毒产品治理、打击非法行医及非法医疗美容、打击卫生健康领域侵害人民群众利益专项整治等8次专项行动。报送的《某母婴生活馆上岗人员无健康证营业案》执法案例获得全省卫生监督行政执法案例评查优秀奖。开展农村集中式供水单位摸底和现制现售水卫生安全专项整治工作，调查397家农村集中式供水和869台售水机的基本情况，张贴《现制现售水卫生安全信息公示栏》。结合国家卫生监督“双随机一公开”及省教育机构采光照明“双随机”抽检工作，对54家学校、托幼机构及校外培训机构开展传染病防控、生活饮用水管理、教学环境、教学设备设施、学生住宿环境等方面的监督及抽检工作，检查结果通报教育行政部门并向社会公布。报送的《守护“心灵之窗”——浅谈托幼机构采光照明的监管》微课获得全省卫生监督执法微课大赛二等奖。开展“国家尘肺病防治攻坚行动”，对全市冶金、矿山、建材、化工四大行业30家企业开展尘毒危害专项治理，处罚相关违法行为5起，确保改革期间职业卫生监管职能的平稳过渡。开展餐饮具集中消毒服务监督巡查，签订肥城市首张《全市餐饮具消毒服务单位集体承诺书》，年内开展两次产品及生产用水集中抽检，及时向社会公布抽检结果，保障“舌尖上的安全”。全年共计查办案件239起，罚没款42.58万元，人均办案数量居全省前列。9月，承办全省卫生监督第二协作区案卷评查培训会。12月，在“全省卫生健康综合监督基层执法工作推进会议暨监督管理干部培训班”上作题为《健全网络　完善执法　不断提升卫生计生综合监督执法水平》的书面发言。

（梁　凯　马玉清）

计划生育服务管理

【基层基础工作】 5月，市委

组织部、市民政局、市卫生健康局联合下发《肥城市加强村（居）卫生健康委员会建设工作的实施方案》，组建以原卫生计生专干、乡村医生为基础的村（居）卫生健康委员会。至8月末，共组建村级卫生健康委员会642个，配备专兼职工作人员2149名，其中村“两委”成员894人（大部分兼任主任），党员1089人，占总人数的50.7%，高中以上文化1486人，占总人数的69.1%。

（王双双）

安驾庄镇开展世界人口日宣传（吴柯瑶 摄）

【人口监测工作】 按照国家卫生健康委《关于做好2019年基本公共卫生服务项目工作的通知》规定，自2019年起将原计划生育项目中的人口监测内容纳入基本公共卫生服务，2019年上级拨付人口监测项目经费101万元。印发《2019年度人口监测项目资金分配方案》，明确人口监测工作规范和绩效评价指标，并据此进行资金分配。2019年，全市出生统计质量合格率99.4%、孕情上报及时率81.67%、生育登记覆盖率98.38%，均高于人口责任指标要求。

（王双双）

【法定政策落实】 年内，新增农村奖励扶助1159人、特别扶助129人，全年发放奖励扶助13670人、1306.7万元，特别扶助910人、618.6万元；发放城镇其他居民独生子女父母奖励扶助562人、52.86万元；发放市属破产改制企业退休职工独生子女父母一次性养老补助69人、107.16万元。各镇街区落实2019年独生子女父母奖励费71141人、338.32万元，其中市财政发放“三业”人员独生子女费8043人、45.998万元。省级审核确定肥矿集团曹庄煤矿、平阴铝业和中集泰立机器厂为省属困难企业，为923人发放企业退休职工独生子女父母一次性养老补助1586.04万元。

（王双双）

【计划生育特殊家庭关怀救助】 9月18日，国家卫生健康委在四川成都召开的社会组织参与计划生育特殊家庭扶助关怀工作座谈会上，肥城市十指连心志愿者协会被国家和省市推荐作“心法、技法、活动三位一体，倾心做好失独家庭心理慰藉”的典型发言，成功申报国家“社会组织参与计划生育特殊家庭扶助关怀能力建设项目”。

（王双双）

【流动人口计划生育服务管理】 组织开展对返乡流动人口送政策、送知识、送健康、送服务的“情暖桃都·把健康带回家”等系列关怀关爱活动，打造关怀关爱留守儿童活动品牌。全面推进流动人口基本公共卫生计生均等服务，引导流动人口倡树健康生活理念和方式。流动人口信息管理数据、管理质量位居泰安市前列，重点服务对象信息反馈、生育服务登记信息接收等8项监控考核指标中5项达到100%，3项达到99%以上，分别高于国家标准15～20个百分点。8月，报请市民政局办理注销桃都人口联谊会及分会组织相关手续。

（王涛）

【妇幼保健技术服务】 ①出生

缺陷综合防治。超额完成国家免费孕前优生健康检查8000人的任务，覆盖率达到100%，免费产前筛查率达到100%，新生儿遗传代谢性疾病筛查率达到100%；为5417名新生儿进行先天性心脏病筛查，其中筛查阳性病例45例，确诊22例。②重大公卫妇幼项目。全年为3165人免费发放叶酸15883瓶；超额完成承担的7300例泰安市级“两癌”筛查和2000例国家级乳腺癌筛查任务，其中宫颈癌筛查9248人、病理检查确诊0例，乳腺癌筛查9663人、病理检查确诊5例；免费为6434名孕产妇（常住人口）进行艾梅乙病毒检测，其中艾滋病阳性0例、梅毒阳性4例、乙肝阳性141例，阳性孕妇和新生儿均进行免费治疗。③母婴安全管理。4月18日，召开全市母婴安全行动计划推进会；8月24日，举办全市高危妊娠管理培训班和母婴安全论坛。2019年，肥城市孕产妇死亡率11.89/10万，婴儿死亡率3.21‰，5岁以下儿童死亡率4.52‰。④计生技术服务管理。开展2019年度病残儿医学鉴定和节育手术并发症鉴定，4名鉴定为病残儿、4名鉴定为节育手术并发症；开展农村已婚育龄妇女生殖健康查体，免费检查111000人次，免费计划生育手术服务3204例，免费发放避孕药具54609盒。⑤出生医学证明管理。11月，对肥城市出生医学证明管理和签发机构进行专项督查，召开全市出生医学证明管理培训班。2019年首次签发出生医学证明6467份，换发24份，补发164份。在泰安市卫生健康委半年考核中，重大公卫妇幼项目在泰安市列第1名，基本公卫妇幼项目在全市列第2名；在泰安市出生缺陷防治技能竞赛中获得第2名，市妇幼保健院刘丽娜、张钦梅代表泰安市参加省级出生缺陷技能竞赛决赛（婚前检查和孕前检查项目）；全年未出现孕产妇死亡病例。

（荣翠翠）

【计生协会】 春节期间，开展“计生助福——情暖计生家庭”慰问走访活动，走访慰问计生困难家庭3187户，发放慰问金97.74万元。3月18日，肥城市委机构编制委员会办公室下发《关于市卫生健康局所属事业单位有关机构编制事项的通知》，市计划生育协会列为群团机关，加挂市中医药协会牌子。3月25日，为全市563名计生“失独”家庭成员续保住院护理贴补保险。3月28日，省卫生健康委党组成员、省计生协常务副会长丁希滨到肥城市调研“人口家庭与计生协发展”工作，重点调研新形势下人口监测与家庭发展核心任务、面临的问题和基层计生协会组织建设。4月20日，经市委决定，成立中共肥城市计划生育协会（肥城市中医药协会）党组。5月8日，省计生协组宣部部长孙学礼到肥城市调研“计生协会组织建设和参与社会治理工作研究”工作。5月，全市开展“5·29”会员活动日庆祝活动，市、镇街、村居三级共举办各类宣传活动813场次，走访慰

2019年8月8日，安临站镇开展“我和祖国共奋进”卫生健康系列活动（师彤华　摄）

问986次，慰问4837人次。6月26—27日，泰安市“优生优育知识进社区”巡讲活动走进肥城市，1200余名育龄群众参加活动。8月6—14日，联合肥城市心理健康管理学会，在全市14个镇街举办2019年肥城市“快乐暑假健康成长”公益巡讲活动。8月14日，省人口关爱基金会理事长吕治华、秘书长杜家乐等一行3人到肥城市调研人口关爱基金募集及使用情况。8月，开展“生育关怀·金秋助学”活动，资助100名升学人员，发放助学金15万元。9月24日，在省计生协举办的“我和祖国共奋进”为主题的会员艺术作品征集评选活动中，潮泉镇计生协推选的国画《国色天香》获得省计生协颁发的优秀奖。10月22日，联合市“十指连心”志愿者协会举办“国家卫生健康委2019社会组织参与计划生育特殊家庭扶助关怀能力建设项目”培训班。年内，为76949户计划生育家庭办理计划生育家庭意外伤害保险，保费197.24万元。

（宋　勇）

健康促进

【宣传引导】《健康肥城》栏目拍摄完成54期，发布热点资讯、传播惠民政策、普及健康知识、服务百姓生活。在肥城电台开办《健康养生》《求医问药》《节气养生》《养生密码》等栏目；继续与《泰山晚报》合作，办好《桃都健康报》，及时宣传肥城市卫生健康工作动态。强化中医药文化宣传，《健康肥城》栏目对中医药进行四期专题制作，编印《中医养生知识集萃》书籍，制作节气养生、中医历史渊源等内容展板，开通联通客户“e信”业务，通过短信向人民群众普及中医药知识。用好新媒体，组建健康肥城微信公众号、健康肥城今日头条政务号、澎湃新闻健康肥城客户端等自媒体矩阵，并明确专人负责，全年自媒体新闻更新2200余条，微信公众号关注度14万余人，今日头条政务号关注度2万余人，累计点击量千万余次，自媒体工作在泰安市各县市区卫生健康系统中处于领先地位。

（尹　涛）

【健康教育】开展健康细胞工程建设，创建健康促进示范社区（村）191家、家庭178个、医院14家、学校70家、机关33家、大中型企业7家。联合城区卫计办，组织部分社区负责人、教育局、学校代表以及疾控中心相关人员到东营利津县参观学习健康促进示范市创建工作。联合市疾控中心开展健康细胞培训班4次。印制健康促进海报、《健康肥城》栏目扫码折页广泛发放，并在健康步道增设《健康肥城》栏目扫码版面。市政协将“关于提高全民健康管理水平的建议”列为政协重点提案，对提案办理情况进行视察；10月，市人大常委会视察省级健康促进示范市创建工作。泰安市卫生健康委和省卫生健康委分别于9月17日和10月23日对创建省级健康促进示范市工作进行评估验收。12月26日，山东省卫生健康委员公布第三批省级健康促进示范县（市、区）建设评估结果，肥城市被评为第三批省级健康促进县（市、区）。

（尹　涛）

【医养结合和医养健康产业】打造医养健康产业项目，密切关注泰山·桃花源、万瑞·舒心港湾养老、人民医院怡和园、仪阳子梅养护院、石横腾淏生物科技等项目。开展泰安市首批市级医养结合示范创建活动，4个医疗机构和50个社区卫生服务站（村卫生室）参加创建。12月19日，迎接泰安市医养结合示范创建考核。完善迎接创建全国医养结合示范省评估验收资料及现场。开展失能、部分失能、失智老人摸底调查，将采集信息录入山东省医养结合信息管理平台，全市共录入10312人，医养结合养老机构16个。推进居家养老为基础的医养结合服务模式，督导镇街卫生院对辖区内的敬老院、社区和居家养老的老年人进行集中巡诊。敬老月活动期间，为老年人进行预防常见病、慢性病等防治保健知识和健康心理讲座 16 次。

（尹训峰）

【老龄健康】 全年共发放 90～99 岁高龄补贴 166.002 万元，百岁以上长寿金 14.837 万元。为 3240 名老年人办理“老年证”，开展《中华人民共和国老年人权益保障法》和涉老政策、老年人心理健康宣传活动 26 次，向老年人发放《老年人法律维权案例》《老年人法律援助服务手册》《防范电信网络诈骗知识手册》等资料，提高老年群体安全防范意识。8 月组织召开“银龄安康工程”促进会，10 月深入镇街督导工作。全市参保老年人 51198 人，占应投保人数的 33.43%，投保额为 274.32 万元，小额扩面投保 63.89 万元，共完成投保 33.82 万元。组织全市 60 周岁以上的老年书画家、摄影家及书画、摄影爱好者，积极参加 2019“泰山老年人”书画摄影征文系列活动，推荐文学作品 20 篇，摄影作品 22 件，书画作品 42 幅，有 13 人在大赛中获奖。参加省卫建委“与祖国一起成长——寻访健康老人”活动，仪阳街道石北村王绪亮老人入选。落实泰安市卫健委、文明办等部门联合印发《关于开展“2019 年泰安市十大孝子”评选活动的通知》，汶阳镇姜华村周茂良入选泰安市十大孝子。肥桃节期间开展福桃献寿活动，市领导杜君河等走访慰问全市 42 名百岁以上老年人，为其送去福桃、寿糕等慰问品及美好祝愿。发动社会各界积极为老年人献爱心送温暖。市级领导走访慰问敬老院及空巢老人、贫困老党员家庭，带去党和政府的关怀。9 月 30 日，在市广播电视台一号广播大厅，举办肥城市庆祝老年节文艺会演，市人大、市政协分工领导为 32 名“肥城市十佳孝星”“孝老爱亲之星”“老有作为模范老人”颁奖。开展 65 岁以上老年人心理健康关爱项目，12 月 4 日召开启动会议，12 月 6—20 日，指导新城街道古店和孙庄社区，对 701 名 65 岁以上老年人进行心理关爱调查，并将信息上传项目平台。

（尹训峰）

【健康扶贫】 1—2 月，在全市卫健系统开展健康扶贫送温暖活动，制定并下发方案，走访慰问并宣传教育贫困群众 3043 人次，发放物资、现金共计 22.7 万元。与市扶贫办、民政局、财政局、医保局、金融中心联合出台《肥城市 2019 年度扶贫特惠保险实施方案》。市卫生健康局被授予全市 2018 年脱贫攻坚先进单位。录制《健康肥城》第 45 期《破解“难点”创新“亮点”——健康扶贫创新工作纪实》。6 月，按照泰安市二季度“问题落实整改季”、健康扶贫问题排查整改落实工作要求及大排查、大解剖调研问题通报，在全市开展健康扶贫问题排查落实整改集中活动，整改问题 34 条。9 月，组成 4 个互查组，集中开展健康扶贫互查活动。10 月 17 日至 11 月底国家扶贫日期间，在全市开展“健康扶贫集中服务月活动”。10 月 29 日，16 家医疗机构扶贫工作人员参加泰安市健康扶贫信息数据管理工作培训班。2019 年，全市 17 家定点医疗机构为贫困人口门诊减免 1.2 万人次 53.6 万元，住院 5% 减免 4218 人次 197 万元，对个人自负超 10% 的，医院二次减免 45.9 万元；为贫困精神障碍患者减免 261 万元，为贫困尿毒症患者透析减免 14 万元。

（何书涵）

市直医疗卫生单位

【市人民医院】 至年末，医院编制床位 1469 张，设临床专业科室 42 个，医技科室 8 个，在职职工 1518 人，其中高级职称专家 97 人，博士研究生 1 人，硕士研究生 117 人，门诊业务量 58 万人次，收治住院病人 5.4 万人次，手术量 1.49 万台次，床位使用率 86.92%。年内，新增加计划生育专业、儿童保健科、皮肤病专业、性传播疾病专业、精神科诊疗科目，完成第二类医疗技术备案 18 项。围绕院庆主题，精心打造“援疆援渝”先进事迹报告会、“我和我的祖国”快闪活动、职工书画展、文化长廊、庆祝建院七十周年专题片、院史博物馆及建院七十周年纪念大会“七个一”系列活动；完成党支部换届选举及单位党组织、党员到社区“双报到”工作。3月，启动三级综合医院创建工作。5月，静脉用药调配中心及怡和院区消防工程开始施工，国家卫健委到院调研癌症筛查与早诊早治工作。6月，主办泰安市医疗急救工作会议，承办鲁中地区医学工程学专业委员会暨泰安市医疗设备器械管理质控中心工作会、山东省继续医学教育项目《乳腺疾病治疗进展学习班（20190511）》，举办肥城市首届护理管理培训班，举办医共体“蓝色县域”项目启动会；完成消毒供应中心一体化服务；完成医学影像诊断中心网络建设，进行影像远程会诊；完成医保智能监控工作，开展省内转诊转院备案、甲类门诊慢性大病备案、新生儿落地参保缴费等医保业务，开展“互联网＋医疗健康”便民惠民百日行动，投入使用30台门诊多功能自助一体机和30台壁挂住院自助机，实现社保卡诊间就诊，开通病历复印预约配送服务。8月，医学检验科生化免疫全自动化流水线投入使用。9月，成立医院投诉管理办公室，实行三级投诉管理。12月，医院正式挂牌为山东第一医科大学非隶属附属医院。全面启动“六大中心”建设工作，全年开展新技术、新项目15项，发表省级、国家级以上论文65篇，其中SCI论文1篇，中华系列杂志4篇，论著20部，获得“全国医疗服务价格和成本监测与研究网络先进机构”“全国改善医疗服务典型医疗机构”“国家卫生健康委员会县域内分泌学科发展助力工程试点项目实践基地”“国家重大公共卫生项目农村上消化道癌早诊早治项目先进集体”“2017—2019年山东省农村及淮河流域癌症早诊早治项目先进集体”“重点癌症筛查及早诊早治健康医疗大数据科技创新联盟首批成员单位”“泰安市关心国防建设十佳单位”“第三季寻找卫生健康行业宣传创新案例活动”年度品牌活动优秀案例，“肥城市癌症中心”“肥城市健康促进医院”“肥城市诚信医院”等荣誉称号。

（苏冬青）

资料链接

肥城市人民医院院史博物馆

为纪念肥城市人民医院建院70周年，在医院发展进入新时代背景下建设院史博物馆，主要是陈述医院70年发展奋斗历程，存放70年间珍贵历史图片和文物，展示医院发展实力，成为教育激励医院全体干部职工的重要场所和对外交往交流与宣传展示的重要平台。院史博物馆共分为艰苦创业，历史辉煌的人民医院；大医精诚，人民满意的人民医院；永葆初心，砥砺奋进的人民医院；牢记使命，走向未来的人民医院4个部分，分别从医院发展历史、医院发展现状、医院党建群团工作、医院未来展望四个方面展示医院70年的发展风貌。

【市中医医院】 至年末，医院编制床位500张，实际开放床位550张，设置临床科室25个、医技科室8个。在职职工832人，其中高级职称50人，硕士研究生64人，博士1人。尚海峰被评为全国基层名老中医

肥城市人民医院院史博物馆

药专家、山东省名老中医药专家，郝晓被评为全国基层名老中医药专家。全年总诊疗人次36.4万，收治住院病人2.03万人次。顺利通过省中医药质控考核，胸痛中心、卒中中心通过认证。肿瘤内科通过全省癌症规范化诊疗病房及癌痛规范化病房评审。儿科、老年病科申报为泰安市第六批重点中医药专科建设单位。多学科联合救治成功一名15岁重度肝破裂患者，省立医院专家对医院抢救流程及诊疗方案给予高度评价。成立山东省疼痛临床研究中心肥城分中心，加入医联体或专科联盟17个。举办首届优秀创新团队、个人评选活动。全年开展新技术、新项目31项，发表论文20篇，参编著作25部，申请国家专利5项，其中发表SCI论文两篇，影响因子9.672。两个课题成功立项山东省中医药科技发展计划项目(2019—2020年度)。4项山东中医药高等专科学校课题结题，并在结题报告会上做典型发言。投入500余万元对南病房楼进行装修改造，对检验科进行流程改造升级。推进智慧医院建设，上线数字化病案管理系统、公共卫生管理系统、“病案通”病案复印微信预约支付服务等，投入使用10台门诊多功能自助一体机和15台壁挂住院自助机，实现电子健康卡自助就诊、床边结算功能。全年调剂中药饮片处方67098张，比2018年增长11%。加工定制膏方250余料，增长19%。开展中医特色护理项目14项，为1.8万位病人实施中医护理技术22.8万次。开展“首都名医桃乡行”交流服务活动。巡回乡镇、社区、学校开展专家义诊和专题讲座16场，制作发放群众读本2万余册、香囊1万余个，推送中医药科普知识累计800余条。引进6名研究生、2名研究生在读。选送16名青年骨干外出进修，2名执业医师参加住院医师规范化培训，150余人参加学术会议或短期培训。开办“学习·创新”论坛24场次，举办医院首届护理品管圈竞赛，参加全省中医医院护理品管圈大赛获得第三名的好成绩。在泰安市首届青年医师中医急救技能大赛中获得团体第二名，在全省中医药经典临床应用竞赛中获得团体三等奖。医院成为山东省第三批“西医学习中医”培训基地，培训本县域内及周边县市区西医人员200名。举办三期中医药技能培训班，培训乡村医生1500人次。针灸科对口王庄镇卫生院、疼痛科对口孙伯镇卫生院开展一对一技术帮扶。帮扶市第二人民医院急救分中心及眼科建设，委派沙玉奇任潮泉镇卫生院业务院长。借助山东省立医院远程医学中心及泰安市影像会诊中心，运用向下辐射端口，建立医共体远程影像会诊中心。

（张国强）

【市疾病预防控制中心】 2019年1月，市委、市政府将市检验检测中心整建制并入疾控中心，3月市编办确定编制92人。至年末，在编在岗人员83人，其中技术人员80人（高级职称7人、中级职称33人、初级职称40人），其他3人。设有传染病防制科、卫生监测评价科、卫生检验室等18个职能科室。9月4日，顺利取得检验检测机构资质认定证书，具备313个产品的2394个参数的检验检测能力，能够对58类无公害农产品和食品中非法添加物、污染物等项目进行检测。12月，成立市疾控检验检疫服务有限公司，原疾控中心编外人员全部转入新成立的公司工作，由市国有资产运营中心履行出资人职责，面向社会提供第三方服务。先后荣获省级文明单位、山东省慢性非传染性疾病防制工作先进集体、山东省病毒性传染病防制工作先进集体，全省消毒与感染控制工作先进集体、全省食品安全风险监测工作先进集体、全省健康教育工作先进集体，泰安市免疫规划业务工作先进集体、泰安市传染病防制工作先进集体等多项荣誉称号。6月14日，迎接省卫健委疾控处处长陈国锋一行4人调研。7月10日，在全省基层疾控工作座谈会上作经验交流。7月18日，迎接省卫健委党组成员、副主任秦成勇和省疾控中心负责人调研。8月13

日，省政府办公厅信息舆情室约稿“肥城市疾控工作开展情况、面临困难问题及建议”，经验做法在省委内参发表。

（刘秀惠　张　玲）

资料链接

肥城市疾控记忆馆

2019 年 7 月，启动疾控记忆馆建设工作，并于 2019 年 11 月建成使用。整个场馆建筑面积 500 平方米，主要有党员活动中心、疾控记忆馆、健康促进馆、职工图书馆四个场馆组成。疾控记忆馆共由序言、中心荣誉墙、反映 70 年时代变迁的部分物件展示柜、历年来发生的疾病预防控制历史上的突出事件和疾控人的奋斗历程 4 部分组成，用图文并茂的形式展示肥城疾病预防控制 70 年的历史。肥城疾控记忆馆的建成填补山东省空白，并受到肥城市委、市政府的高度重视，成为肥城市 2019 年 12 月份主题党日现场参观点。记忆馆接待各类参观人数 1200 余人次，受到社会上的广泛好评。

肥城市疾控记忆馆

【市妇幼保健院】 至年末，人员编制 121 人，在职干部职工 42 人，其中管理人员 3 人，专业技术人员 37 人（在聘高级职称人员 4 人，中级职称人员 16 人，初级职称人员 17 人），工勤人员 3 人。设有婚孕前保健查体科、孕产保健科、妇女保健科、乳腺科、儿童保健科、外科（男性科）等 20 余个职能科室，新增设口腔科、眼科。主要职责是为全市妇女儿童提供妇幼健康服务，承担辖区妇幼公共卫生和计划生育技术服务管理和技术支持等工作；是肥城市唯一一家免费开展婚前检查、国家孕前优生健康查体、农村妇女计生“四术”（女扎、放环、取环、人工流产）、孕中期产前筛查、农村适龄妇女乳腺癌和宫颈癌筛查、农村备孕妇女增补叶酸预防神经管缺陷、预防艾滋病、梅毒和乙肝母婴传播等项目的定点单位。4 月 25 日，泰安市妇幼保健院专家首次到院坐诊，并确定每周四到院固定坐诊，指导业务工作规范化开展。11 月 22 日，新院建设破土动工，立足“三级乙等”妇幼保健院标准，采取中高端设计，建设成为建筑面积达标、设备信息化、管控数字化、服务人性化的现代化妇幼保健院。年内，被泰安市妇女联合会评选为“巾帼文明岗”，荣获泰安市卫生健康系统“女职工建功立业标兵岗”称号；张明明荣获肥城市出生缺陷防治技能竞赛个人一等奖，刘丽娜、张钦梅荣获山东省出生缺陷防治技能大赛优秀奖，苑春辉被重庆市卫生健康委员会评选为 2019 年鲁渝健康扶贫支医先进个人。

（石国臣）

肥城年鉴

FEICHENG YEARBOOK

FEICHENG
YEARBOOK
2020

社会生活

社会生活

劳动就业

【概况】 2019年，市人力资源和社会保障工作坚持稳中求进总基调，突出“为民、务实、勤廉、公正、高效”服务宗旨，快速适应机构改革职能划转新调整，深入推进“放管服”“一次办好”等改革，提质增效、担当作为，以服务肥城经济社会发展为根本目标，在严格执行政策、坚持公平公正的前提下创造性地抓好落实，为推动全市高质量发展、决胜全面高水平小康社会作出人社部门应有的贡献。

·创业就业·

【概况】 2019年3月，肥城市劳动就业办公室更名为肥城市公共就业和人才服务中心。年内，全市就业创业工作坚持把“稳定扩大就业”贯穿始终，对照国家、省市对稳定扩大就业工作的总体部署和要求，落实积极的就业创业政策，创新措施促进创业带动就业，全市就业总量保持在合理的增减空间之内，没有出现较大波动。6月，借助勇做新时代泰山“挑山工”主题实践活动，组织24名干部职工分两批赴江苏张家港开展对接学习，进一步提升思想境界，改进工作作风，创新就业服务管理，促进就业创业事业发展。继续把对上争取政策资金作为稳定就业和促进创业带动就业的主抓手，累计争取一次性创业补贴、就业创业技能培训补贴项目资金1907.8万元，全部用于就业创业优惠政策落实。年内，市公共就业和人才服务中心成立政策资金审核监督工作小组，对每项政策资金开展联合审核，确保资金安全。9月起，对政策落实情况实行周报告制度，促进政策全面落实。全年累计发放政策性资金5660余万元，政策资金发放总额创历史新高。8月，泰安市人社局在肥城召开全市就业创业工作推进现场会。市公共就业和人才服务中心被人力资源和社会保障部办公厅授予“全国人社系统信息宣传工作先进单位”荣誉称号。

【就业再就业】 2019年，市公共就业和人才服务中心结合就业新形势发展，先后两次组织干部职工，深入全市82家规模企业开展调研，摸清当前就业形势和企业用工需求、用工方向，围绕解决用工难问题开展针对性服务。2月，举办2019年春季集中招聘月活动，期间分别开展“返乡农民工”“就业

2019年6月28日，市公共就业和人才服务中心组织企业在山东服装职业学院开展“校园招聘”（周强 摄）

困难援助”“工业领军企业50强”“高校毕业生”四个专场招聘活动。6—10月，组织80余家次企业，先后在山东农业大学、山东科技大学、泰山职业技术学院、山东服装职业学院开展校园招聘活动，吸纳人力人才。全年累计为企业招聘各类人员5160人，基本满足企业用工需求，企业用工难问题得到较好缓解。开展就业政策“下基层”“赶大集活动”，扩大优惠政策覆盖面。委托肥城手机台开发APP就业信息发布平台，将企业招聘信息、群众求职信息、就业创业政策以及服务流程全方位向社会公开。在市政府门户网站首页开辟就业招聘专题页面，与手机APP同步共享，实现政策服务“一点公开”，招聘求职“一点接通”。年内，全市实现新增城镇就业再就业9648人，其中再就业5398人，城镇登记失业率控制在1%以内。

【就业创业平台建设】 市公共就业和人才服务中心持续把就业创业平台建设作为促进创业带动就业的有效载体，继续加大对上争取联系和对下指导帮扶两个力度，以就业创业平台建设提质增量，激发全市平台载体建设动力。2019年，新增王瓜店街道指挥庄社区、新城街道陈刘社区和湖屯镇张店社区三个省级“四型就业社区”，发放奖补政策资金15万元。注重创业典型培树，推荐返乡创业农民工参加泰安市首届“十大返乡创业农民工”评选，地龙农业机械专业合作社汪西军、鲁中桃源农产品有限公司阴祖东、绿园物业有限公司蔡军3人获得泰安市首届“十大返乡创业农民工”荣誉称号。7月，组织举办肥城市第一届大学生创业大赛，新沃农业科技有限公司姜学嘉获一等奖，鸣杨艺术培训学校有限公司张一鸣、永明索具有限公司杨雪获二等奖，徐婧姣、鲁强、王靖、王善任、郭启振获得三等奖。10月，组织32家企业参加泰安“双创”服务平台—泰山“集结号”启动仪式暨大学生就业创业推介会，肥城鸿熹桃木文化用品有限公司“桃木王”创业品牌得到山东省人社厅副厅长、党组成员夏鲁青等领导的赞誉。10月，启动“省级创业型城市”创建工作，争取利用1年时间，创成“省级创业型城市”。

【就业困难群体援助】 持续把高校毕业生、农民工和就业困难群体作为帮扶援助的重点，落实就业援助长效机制、实施动态管理。继续加大就业援助政策落实力度，2019年共支出社保补贴资金508.58万元，其中为74名灵活就业人员发放社保补贴资金45.64万元，为吸纳就业困难人员就业的48家企业发放社保补贴资金462.94万元。年内，山东省人力资源社会保障厅、民政厅、财政厅印发《关于下岗失业人员一次性临时生活补助有关问题的通知》，对未纳入最低生活保障范围的生活困难且又不符合领取失业保险金条件的下岗失业人员发放一次性临时生活补助，共为符合条件2人发放补助金4844元。

【创业担保贷款】 持续把创业担保贷款作为激励创业带动就业的主要措施。2019年，泰安市人民政府下发《关于进一步稳定和扩大就业的实施意见》，泰安市人力资源和社会保障局印发《泰安市创业带动就业扶持资金管理使用实施细则》，肥城市将贷款担保额度由原来的最高10万元提高到15万元。担保方式由原来的事业单位人员担保，扩大到房产抵押、质押、自然人担保等多种方式。推出“创贷+商贷”贷款模式，提高对创业企业和创业个人的扶持力度。年内，全市共发放创业担保贷款515笔9047万元，其中个人贷款506笔6891万元，小微企业9家2156万元，全年为贷款企业和个人发放贷款贴息资金247.7万元。至年末，贷款余额达1.12亿元。

【就业创业技能培训】 7月，就业训练中心由三农大厦三楼，搬迁至人力资源市场，实现失业人员参加培训、开展求职“一站式”。2019年，共举办失业职工培训班12期，892名失业人员免费接受计算机、市场营销和创业等技能培训。技能培训工作得到加强。继续把培训经验丰富、师资力量较强的职业培训学校确立为定点培训机构，并指导培训机构规范运作、提高质量，对参加培训人员实行“实名制”管理。年内认定高级技工学校、商业职工学校、肥矿技师学院、清华电脑职业培训学校等9家培训学校为定点培训机构，共培训母婴生活护理、育婴、家庭餐料理等专业人员5910人，其中通过技能鉴定符合享受补贴政策3510人，为7家培训机构发放技能培训补贴资金343.3万元。同时，注重创新创业培训形式，不断加大创业组织和人员的培训力度，组织8名创业培训师和3名创业咨询师参加泰安市创业培训师年审暨创业培训业务提升培训，组织8名“四型就业社区”工作人员和1名创业园区工作人员参加省创业咨询师培训，推荐18名人员参加创业培训师、网络创业培训师和创业指导师培训，推荐11名创业人员赴北京参加“泰山创客训练营”培训。

【就业精准扶贫】 继续推进就业精准扶贫工作，实施精准识别和动态管理，年初在扶贫部门对贫困人口精准识别情况的基础上，指导各镇街人社所对本辖区内贫困人口的就业能力和就业需求情况进行调查摸底，每月对辖区内的贫困人口就业需求和就业情况进行核查。结合农村贫困人口上网不便的实际，由镇街人社所组织人员把用工信息送至贫困户家中，帮助贫困劳动力与用工企业取得联系，促其上岗就业。先后在桃园、汶阳、石横、王庄等镇街举办“就业扶贫直通车”活动，现场为群众提供咨询答疑，免费发放各类就业创业政策宣传资料。按照“愿培尽培”的原则，将贫困人口培训纳入就业技能培训计划，组织动员法定劳动年龄内、具有劳动能力并有培训意愿的农村贫困人口报名参加技能培训，推进贫困劳动力技能就业。2019年，全市未脱贫（含脱贫享受政策）的农村贫困人口为15014人，截至9月末，通过职业介绍、创业扶持，劳动年龄内有劳动能力和就业愿望的432名贫困劳动力，均已通过出省务工转移就业、建筑行业打工就业、村镇附近企业就近就业、农业合作社（种植基地、加工点）就地就业和农闲时间就近打零工等方式，实现多形式就业。年内，新认定肥城绿园物业有限公司就业扶贫基地1个，发放一次性奖补资金0.6万元。

【东西扶贫劳务协作】 持续做好对接重庆市巫溪县劳务协作帮扶工作。7月，市公共就业和人才服务中心负责人带领市高级技工学校分工同志到重庆巫溪再次对接扶贫协作工作，重点在师资交流、实训能力提升等方面开展合作商讨。11月，重庆市巫溪县峰灵镇谭家村党支部书记带领14名靠冬桃种植脱贫致富的群众到肥城，就冬桃的种植管理开展为期3天的

2019年11月8日，重庆市巫溪县峰灵镇14名贫困群众到肥城学习冬桃种植技术（周强　摄）

专业学习。市公共就业人才服务中心邀请肥桃研究专家陈文玉，结合群众遇到的问题，分别给予理论、实训方面的讲解指导，解决巫溪群众遇到的技术难题。

【劳动事务代理】 2019年，劳动事务代理中心接收全市所有灵活就业人员的养老、医疗保险的代收及档案管理，严格做好档案登记托管、信息录入、档案编号、整理入室、登记取档等工作，各项工作进一步规范，中心代管档案达到4.8万余份。年内，为3.2万人代收养老和医疗保险金2.69亿元，为1212人办理关系转移手续，接续和新增各类参保人员2619人，为1298人代办退休手续。

【失业保险】 至2019年末，全市参加失业保险人员达到9.61万人，其中企业职工8.14万人，事业单位1.47万人。根据《山东省人民政府关于进一步稳定和扩大就业的若干意见》文件规定，失业保险缴费比例继续执行1%。年内，全市征收失业保险基金2994.45万元，其中征收企业失业保险基金2502.65万元，征收事业单位失业保险基金491.8万元。继续落实失业保险发放标准与最低工资标准挂钩制度，将失业金领取标准提高到80%，失业人员单月领取失业金达到1384元。全年为2922人发放失业金2726.76万元，同时为2906人交纳医疗保险费663.79万元，为22人发放生育补助金8.2万元，为2人发放丧葬补助金8.2万元。年内3次启动社会救助和保障标准与物价上涨挂钩联动机制，分别为2018年9月份、12月份以及2019年10月份领取失业保险金的5688人次发放物价补贴34.3万元。持续做好失业保险支持参保职工提升职业技能工作，为714人发放职工技能补贴资金116.1万元。将专业技术人员职业资格证书纳入技能补贴范围，为476人发放补贴75.8万元。进一步加大扶持力度鼓励企业稳定就业岗位，为253家少裁员或不裁员的企业发放稳岗补贴871.69万元，惠及职工3.79万人。持续加强失业预警防止规模性失业现象发生，督促18家失业动态监测企业及时、准确上报监测数据，为上级部门制定政策提供数据依据。

（周　强）

·社会保险·

【概况】 2019年，市社会保险事业中心坚持以人民中心，党建引领业务，党建融于业务，不断深化“放管服”改革，全力打造“安全社保、温情社保、干净社保”品牌，各项工作取得明显成效，超额完成泰安市人力资源和社会保障发展计划指标，群众满意度考核（社会保险）列泰安第一位次。社保基金征缴21.5亿元，各项社保基金滚存结余总量达到35.4亿元，支撑能力和抗风险能力显著提升。企业基本养老保险征缴完成84286万元，完成任务的97.5%；工伤保险征缴完成5362万元，完成任务的108%；居民基本养老保险征缴完成8781万元，完成任务的102.4%。

【企业养老保险】 2019年，企业养老保险落实国家“减税降费”政策，1月始，企业养老保险最低缴费基数由3465元下调至3269元，个人缴费群体及小微企业负担减轻；自5月1日始，企业养老保险缴费比例单位承担部分由18%下调为16%，助推企业发展。开展缴费基数申报稽核及退休人员待遇核算、调整、发放工作，办理各类退休人员2854人，为34517名退休人员调增待遇，人均月增142元，为36642名退休人员按时足额发放养老金104742万元，支付在职死亡、退休死亡有关待遇2494万元；资格认证35400人，完成率96.6%。2019年，全市企业职工养老保险参保135863人，待遇领取36642人。

【机关养老保险】 完成2019年度基数核定，为征缴工作全面移交做充足准备。为410名人员核算发放退休待遇，对职业年金收缴数据进行整理核对，累计整理审核信息100余万条，按时完成基金归集工作，归集职业年金33770万元。全面完成机关事业单位养老征收移交税务工作，对223个单位登记信息进行全面排查比对，及时完善信用代码证等移交所需信息，保证社保征缴数据信息与税务登记信息的顺利匹配，确保单位及时足额缴纳养老金；涉及机构改革、人员转隶，全年共办理人员增减971人次，养老关系转移56人。2019年度进行两次调资，做到资金按时到位、待遇调整到位，及时足额发放离退休人员养老金，维护社会稳定，对9900人退休待遇进行调整，人均增加补贴365元，月均代发360万元。2019年，在职参保人员为18000人，养老保险征缴收入29860万元，职业年金6821万元，为10098名离退休人员及时足额发放养老金56410万元，社会化发放率为100%。

【居民养老保险】 2019年，建立健全基础养老金正常调整及缴费年限激励机制，切实维护参保居民的合法权益。全面参保登记、保险费征缴、待遇发放以及资格认证工作扎实推进。全年全市参保人数51.72万人，完成泰安市全年任务指标的102.4%；缴费人数17.61万人，收缴保费8781万元；为16.78万居民发放养老金27409万元，为4915名死亡居民注销待遇，发放丧葬费295万元；为11725名老被征地农民发放养老金1407万元。落实2011年来新被征地社会保障资金22546万元，为23383名征地农民发放个人账户金1090.74万元，为4338名民办教师、2125名赤脚医生、82名老电影放映员累计发放生活补贴2340万元，为284户独生子女居民，发放奖励金27万元。

【工伤保险】 2019年，全市工伤保险参保人数达到123132人，完成泰安市制定的目标任务；实现征缴收入5362万元，完成年度考核任务目标的108%；新开工工程建设项目136个，工伤保险参保率100%，为6422人次支出各项工伤保险待遇6258万元。深入推进各类建筑工程按项目参加工伤保险工作，全面启动公路、水利能源等工程建设项目参加工伤保险，建立协同推进工作机制，确保所有开工项目百分百参保，切实保障农民工权益。加大工伤保险扩面征缴工作力度，确保企业应参尽参，加快工伤保险待遇支付速度，推进工伤保险实时结算，提高社会满意度。落实工伤保险费率浮动措施，充分调动参保企业重视和支持工伤保险工作，保证权利与义务的对等，有效促进工伤保险的健康发展。

【社保基金监管】 健全内控制度，规范业务操作流程，实施相互监督，相互制约。加强基金的预决算制度，建立健全业务、财务、安全和风险管理制度，加强网上监管和预警分析，加快推进“一票征缴”进程，实行网上缴费等多种缴费方式，防范基金缴费风险。定期、不定期地开展专项稽查监督，监督基金的收支、存放、使用的管理情况。2019年，收缴各项社会保险费共计21.5亿元，申请各项保险财政补助资金及职业年金缺口6.18亿元，支付各项基金待遇21.22亿元，上解各项基金5.29亿元。

（左传新）

·人事管理·

【事业单位人事管理】 协助市委组织部做好2019年度公务员考录。组织事业单位公开招聘，分三批为事业单位招聘367人，其中教师166人、卫生类64人、综合类137人，共涉及237个单位、96个岗位。卫生类为首次单独公开招聘。协助市总工会参照事业单位公开招聘程序，为市总工会招聘社会化工会工作者7名。坚持公开、公平、公正的原则，完成市2018年度机关事业单位年度考核，全市参加年度考核的机关事业单位共266个，参加考核人员17048人，确定优秀人员2779人。严格执行干部调配借用规定，规范事业人员调动、借用行为，共办理人员调配42人、借用备案4人。确定并上报肥城市2019年度、2020年度市委市政府表彰奖励项目。严格执行干部人事档案管理相关规定，做好干部人事档案管理工作。按照市委组织部要求，加班加点对提拔、遴选的100余人档案重新进行审核，发现和处理问题500余条，调查核实处理档案问题10余人次。按照档案遗留问题专项清理的要求，对梳理出的16名事业人员档案遗留问题再次审核反馈，责令由单位限期调查核实后进行专项清理。

【机关事业单位工资福利与离退休】 调整机关事业单位工作人员基本工资标准和增加离休人员离休费，人均增资306元。完成事业单位绩效工资总量核定工作，推进事业单位绩效工资实施。为原来套改为行政工资的人员调整为事业岗位工资。为提高各单位积极性，提前主动为单位计算相应工资并设置岗位。对实行岗位绩效工资制度的247个事业单位共计14481人的奖励性绩效工资进行核定，并指导事业单位搞活内部分配。完成2019年机关事业单位14855名人员正常晋级增资审批工作。完成2019年乡镇补贴标准调整工作。完成调整机关事业单位工作人员津贴补贴（绩效工资）工作，此次调资共涉及全市机关事业工作人员17348人，年增加支出约1.98亿元，人均增资640元/月。做好中小学校长职级制改革相关工作，为全市103名中小学校长核定职级薪酬297万元。

·人才队伍·

【高校毕业生就业指导】 鼓励引导大学生就业创业，借力肥城人事人才网站平台，发布招聘信息100余条。落实肥城市人才新政，为在泰安就业的本硕博毕业生争取泰安市级补贴18.4万元，受益人才27人（各县市区最多）；发放县级补贴81.94万元，受益人才52人。建立51家县级就业见习基地，共发放见习补贴120余万元，受益单位15家，见习人员370余人，见习任务完成率和资金使用率居县市区首位。制定肥城市大学生初创项目补贴具体办法，优选大学生创业项目26个，发放扶持资金34.5万元。举办全市首届大学生创业大赛，公开展演评出一二三等奖，分别给予4万元、3万元和1.5万元的资金奖励；同时优选3名典型参加泰安市第二届大学生创业大赛，取得二等奖1个和三等奖1个。加强“三支一扶”队伍建设，成功招募2019年度“三支一扶”大学生36人，截至2019年末，全市管理在岗“三支一扶”大学生共计57人。先后接收档案4500余卷，转出档案1500余卷，为考研、职称评审、报考等出具证明材料3000余人次。

【助推乡村人才振兴】 发放“山东惠才卡”高层次人才11人，“泰山金卡”6人，发放高层次人才证书23人。按照市乡村振兴办公室的要求，协调督促农业农村局等部门及局系统相关科室单位，完成乡村人才振兴实施方案、配档表及重点项目分解表的起草，3个典型推荐和3个亮点的优选以及3项上级重点考核指标的调度等各种材料汇总上报工作。及时审批、年检人力资源服务机构，截至年末，共管理人力资源服务机构14家。

【职工职业技能提升】 完成职业技能专项能力考核3537人，职业技能鉴定2000余人。获批“金蓝领”“新技师”培训基地2家，培训人员266人。借助2019年度泰安市技能大赛在肥城市举行启动仪式的良好契机，承办2个分赛场4个工种的比赛，报名参赛235人，最终3名选手获得3个工种第一名，同时获得“振兴泰安劳动奖章”。积极对上争取，搭建桥梁，助推技校提档升级。为做好市高级技校升格技师学院工作，2019年9月和10月，2次邀请省人社厅分管副厅长到肥城高级技校进行实地视察，指导创建工作。通过大力争取，精心准备，市高级技校顺利通过升格为技师学院的先期评估工作。创建培养高技能人才省市级平台载体工作，肥城市高级技校被省厅认定为山东省世界技能大赛集训基地建设项目单位，获项目建设资金100万元；石横特钢集团有限公司被省厅认定为齐鲁技能大师特色工作站建设项目单位，并获各级项目建设资金30万元。1人获评2019年度齐鲁首席技师称号，5人获评2019年度泰安首席技师称号。

【职称评聘】 重新核定17个事业单位岗位设置，下达评审指标603个，完成各级别各系列1300人评审。完成事业人员岗位聘用862人，续聘专技和工勤人员1112人，宣传发动11206人报名参加继续教育培训学习。全年审核各类考试3500余人次，审核发放12个种类680余本资格证书。

·劳动关系·

【劳动人事争议】 截至年末，全市登记处理案件达到521件，创历史最高值，在县市区中数量较大。立案处理203件，其他318件经审查后以非仲裁委受理范围等原因出具不予受理手续；调解结案76件，撤诉结案11件；裁决结案108件，其中一裁终局11件。规模以上用人单位新协商签订集体合同85份，办理劳动合同签订备案38999人（次），解除劳动合同备案46795人（次）。岗位练兵文书写作被省人社厅评为三等奖，为泰安市唯一获奖单位。

【行政执法】 2019年，共受理处理省政务、市民生热线转办问题345件，处理各类举报投诉案件185件，依法作出行政处理6件，行政处罚2件，申请法院强制执行2件，向公安机关移交涉嫌拒不支付劳动报酬案件2件。联合公安局、市场监管局开展清理整顿人力资源市场秩序，检查用人单位22家。组织2018年度劳动保障书面审查工作和集体合同专项检查，共检查489家用人单位，涉及职工7.2万余人。在完成日常监察工作的基础上，克服人手少任务重的现实困难，牵头组织召开全市保障农民工工资支付工作联席会议2次，联合其他部门组织开展根治欠薪夏季专项行动和冬季攻坚行动，推进农民工工资支付监管平台建设，切实为农民工维权提供有效支撑。

【退休审批工作】 年内，共审批企业职工退休3009人，其中正常退休2206人（含29号文补缴174人），特殊工种提前退休720人（含2018年4季度特岗209人），因病退休退职80人。2019年，申请病退“绿色通道”3次，对4人进行入户鉴定。做好退休职工待遇调整工作，涉及退休人员44271人，补发的养老金已全部发放到位。

【和谐劳动关系构建】 积极宣传企业工资指导线及最低工资标准，推进工资集体协商，完善企业工资共决机制。加强劳务派遣行政许可审批与监管，管理劳务派遣公司43家。全面助推肥城市“劳动关系和谐企业”“劳动关系和谐工业园区”发展，认定石横特钢等20家企业和高新区为“肥城市劳动关系和谐企业”和“肥城市劳动关系和谐工业园区”。严格按照上级标准要求，协同有关科室依法依规做好职工养老保险补缴工作，共办理养老保险补缴手续4580件。

【工伤认定】 利用市人力资源和社会保障局成立的案件研判小组，对工伤认定疑难案件进行集体研判，共同协商研究疑难案件的定性，对案件的认定提出指导性意见，切实提高工伤认定案件质量。截至年末，共受理工伤认定申请606件，认定工伤600件，调解终止工伤认定案件4件，不予认定工伤2件。组织进行劳动能力鉴定5批次，共计201人。

民政事务

【概况】 至年末，市民政局下设人秘科（挂党建科牌子）、计划财务和慈善事业科、养老服务和社会救助科、社会事务和儿童福利科、基层政权建设和社区治理科（挂社会工作科牌子）、社会组织管理科6个职能科室；市民政局婚姻登记处、市城乡最低生活保障服务中心、火化一场、火化二场4个副科级事业单位；殡仪馆、社会捐助站、救助站3个股级事业单位。2019年5月29日，荣获“全省民政系统先进集体”称号；11月29日，肥城市被纳入全省农村社区治理创新试验区。

【社会救助】 协调有关部门筹措资金，并提请市政府出台有关文件，提高城乡低保标准和补助水平。自10月起，农村低保标准由年人均4680元提高到5160元，城镇低保标准月人均550元提高到580元。截至年末，全市城乡低保对象共有7845户、13743人，其中城市低保846户、1478人，农村低保6999户，12265人，累计发放低保金3910.74万元，切实保障困难家庭的基本生活。开展低保家庭大学新生救助工作，全年救助低保大学本科新生22人，发放救助金8.8万元。救助突发疾病、火灾、车祸、意外摔伤等“急难”家庭93户，发放临时救助金40.68万元。

（吴新华）

【社会福利及慈善事业】 ①特困人员供养。印发《进一步规范城乡特困人员救助供养工作的通知》，安排各镇街区对辖区内困难群众进行全覆盖、无缝隙摸底排查，重点整治错保、漏保现象，通过排查，共计新增特困人员998人。制定《落实特困人员照料护理经费的通知》，拟定照护协议，明确照料护理方式，落实分散人员照护工作。自2019年10月起，特困人员基本生活标准提高到每人每年6840元，照护标准提高到半失能人员每人每月280元、全失能人员每人每月560元，全年共为3100余名特困人员发放生活费1770.003万元、照护补贴568.972万元。制定《民政领域漠视侵害群众利益问题专项整治方案》，开展社会救助政策落实不到位问题专项整治。与各镇街区签订《肥城市民政局下放行政审批事项委托书》，明确相关职责，下放审批权限，将最低生活保障、特困人员救助供养、小额临时救助、残疾人两项补贴，孤儿、困境儿童基本生活费六项审批事项委托下放至各镇街（区）；②敬老院“四改一定”。印发《肥城市农村敬老院“四改一定”工作实施方案》，市民政局和各镇街区共投资2400余万元，指导敬老院设施设备服务规范升级，7月底全部完成敬老院“四改一定”及配套设施提升改造任务，获得泰安市优秀等次，敬老院整体面貌焕然一新。在完成敬老院基础设施改造的基础上，积极推进保洁外包，全面提升管理服务水平。制定《肥城市农村失能特困人员集中托养实施方案》，依托仪阳街道敬老院设立失能特困人员集中养护院，以“公建民营、医养结合”的形式，将全市部分完全失能特困人员进行集中托养。制定《关于进一

2019年4月16日，安临站镇敬老院组织近老人到陆房烈士陵园参观学习（师彤华 摄）

步加强敬老院规范化管理工作的通知》，印发敬老院制度汇编，定期组织老人开展娱乐活动，定期考核敬老院，对敬老院实行规范化、精细化管理；③养老服务。完成社区养老服务设施清查整改工作，并报省社区养老服务设施清查整治工作组。配合做好市大班子领导春节期间、老人节期间走访慰问工作。委托专业培训机构对养老机构院长及工作人员进行老年护理培训，确保工作人员均能持证上岗。与市扶贫办联合制定《肥城市孝善扶贫指导意见》，设立孝善养老赡养基金，对全市建档立卡贫困人口中60周岁以上贫困老年人给予每月不低于10元的补贴。全年建成农村幸福院7处，制定养老服务领域问题整改方案，对全市农村幸福院全面进行整改。出台《关于加强养老机构食品药品安全管理工作的通知》，将食堂管理纳入规范化；④残疾人两项补贴。出台《关于调整残疾人两项补贴标准的通知》，自2019年1月起，将困难残疾人生活补贴一、二级调整为每人每月100元，三、四级调整为每人每月82元；重度残疾人护理补贴一级调整为每人每月100元，二级调整为每人每月80元。做好残疾人两项补贴资金发放工作，全年共为1.1万余名重度残疾人发放护理补贴1129.69万元，为4200余名困难残疾人发放生活补贴465.33万元。⑤慈善事业。年内，肥城市慈善总会共接收善款133.7万元（含石俊峰大病救助基金80000元，肥城市鑫泉商贸有限公司助学金30000元）。开展“情暖万家”“朝阳助学”“康复助医”“夕阳扶老”“爱心助残”等救助项目，支出善款199.58万元，救助各类困难群众4128人次，其中，发挥慈善优势，开展慈善扶贫、精准脱贫工作，助力脱贫攻坚，共救助建档立卡贫困户3242户，发放救助金143.05万元。

（付慧敏　李　新）

【社会组织管理】 至年末，全市共登记社会组织20个，其中社团9个，民办非企业单位11个；办理变更登记29个，注销登记10个，全市社会组织总数达到305家，全部实行网上办理，办理率达100%。①规范审批。在全面实现社会组织审批业务网上办理的基础上，对标省级和泰安市级服务流程和服务指南，进一步梳理优化社会组织登记管理审批流程，规范办事程序。②社会组织综合监管。制定下发《关于做好2018年度社会团体　民办非企业单位年度检查工作的通知》文件，对社会组织到期换届、人员变动、章程核准、财务管理等情况进行重点核实，通过公示、通报、催告、下发整改通知书等方式，进一步加强监管力度；组织召开全市社会组织管理工作会议，面上推动社会组织管理工作；开展社会组织执法检查，年内摘掉非法社会组织牌子5个，下发《肥城市非法社会组织线索排查填报表》，组织开展摸排，积极提报非法社会组织线索。③行业协会商会涉企收费清理清查。组织开展两次行业协会商会涉企收费清理清查工作，及时传达上级文件精神，进一步规范会费管理、规范经营性服务性收费行为、规范发展会员行为、规范评比达标表彰活动。④社会治理和脱贫攻坚。协调肥城市社会组织积极投身于文明实践，组织公益慈善类社会组织参与敬老院“牵手”行动，积极参与脱贫攻坚行动，全市共计18个社会组织参与并开展项目14个，受益贫困人口1.1万人。⑤社会组织党建引领。配合市委组织部，开展全市社会组织党建“清底”行动，形成专项工作台账；深入开展社会组织“不忘初心，牢记使命”主题教育和“担当作为、勇做新时代泰山‘挑山工’”主题实践活动，组织召开主题教育推进会和党建工作座谈会，对全市社会组织在日常监管、党建工作等方面提出具体要求；结合社会组织日常监督管理，“六同步”开展党建工作，即社会组织党建与社会组织注册登记同步开展、与年检同步审查、与换届同步调整、与评估认定同步评定、与政府购买服务同步考察、与评先树优同步结合，全面托清社会组织党建情况。

（吴　雷）

【专项社会事务管理】 年内，结婚登记平均年龄男33.6岁，女32.7岁，初婚人数占登记人数的55.3%，再婚人数占登记人数的44.7%。离婚登记当事人男平均年龄38.2岁，20～29岁年龄段占7.9%，30～39岁年龄段占56.3%，40岁以上的年龄段占35.8%；离婚登记当事人女平均年龄37岁，20～29岁年龄段占11.5%，30～39岁年龄段占56.7%，40岁以上的年龄段占31.8%。共办理结婚登记3571对，离婚登记1840对，补发婚姻登记证1855对，办理收养登记17例，登记合格率均为100%。

（高　伟）

【基层政权建设及社区管理】 ①城乡社区规范化建设。加快全市农村社区服务中心建设，按照年初“四定”方案计划，完成老城街道拾屯社区、孙伯镇南栾社区和东程社区服务中心功能提升任务。指导做好肥矿社区移交相关工作，按照市委、市政府关于肥矿集团社会职能移交工作要求，牵头完成肥矿集团和相关镇街的社区办公、服务场所移交，3月份完成关于成立11个城市社区的批复工作。全面提升村级依法自治和民主管理水平，保障农民群众民主权利，4月完成605个村（居）的村规民约（居民公约）的修订工作。落实群众性自治组织特别法人制度，及时更新完善“全国村（居）委会赋码管理系统”信息，变更、发放“基层群众性自治组织特别法人统一社会信用代码证书”80余本，保障村（居）委会的法人地位。9月配合组织部、经管办做好13个“软弱涣散”村离任书记审计工作，并对新任村委会班子进行业务知识指导。6月做好全省城乡社区治理试验区申报工作，11月底被列为省级城乡社区治理创新实验区。2月，第二届“泰山和谐使者”公布名单，肥城市推荐上报的王德伟和胡维庆获得荣誉称号。11月，启动肥城市第三届“桃都和谐使者”推荐选拔工作。②村（居）民自治。10月，联合市委组织部、市财政局、市人社局印发《肥城市社区工作者管理及薪酬确定指导意见》，加强城乡社区规范化建设。12月，印发中共肥城市委、肥城市人民政府《关于加强和完善城乡社区治理的实施方案》的通知。12月6日，在桃都社区开展“宪法进社区”宣传活动，邀请专业律师对宪法基本知识、居民经常使用的法律法规进行讲解，同时积极做好社会工作专业项目申报培训工作。

（李向东）

伊家沟社区党群服务中心（陈元　摄）

医疗保障

【概况】 2019年1月14日，按照肥城市委、市政府市级机构改革实施意见，肥城市医疗保障局挂牌成立，为市政府工作部门，正科级单位。2月1日，肥城市医疗保障局人员转隶工作全部完成。肥城市医疗保障局自成立以来，贯彻落实中央、省市各级关于“全覆盖、保基本、可持续、织密网”总要求，围绕“全面提升医疗保障水平”的工作主线，创立“党建铸魂、医保为民”党建品牌，提出“为民医保、高效医保、法治医保、廉洁医保”工作理念，持续推进“打击欺诈骗保、维护基金安全”攻坚，系统拆分全面顺利承接。医保窗口被评为“行政审批服务创新进步奖”和“共产党员先锋岗”；全局被评为肥城市市级文明单位。

【基金监管】 3月，市医保局专门成立基金监管稽核稽查队伍，对定点医药机构进行全面检查。4月，开展打击欺诈骗保“宣传月”活动，先后开展“风暴行动”“百日攻坚行动”“亮剑行动”等工作，实地稽查医药机构1016家次，检查覆盖率达到130%。通过稽查稽核行动，扣除34家次定点医疗机构违规费用共计20.56万元，通过智能监控扣除222家次定点医疗机构共计35.99万元，约谈限期整改56家，扣分医保医师67人次、73分，对6家定点药店暂停医保服务3个月，解除医保服务协议1家。通过不间断不定期稽查、错时稽查、夜间稽查等措施，各定点医药机构的违规行为明显减少，尤其是住院人员过度医疗、定点药店违规刷卡等现象基本得到遏制，初步建立起“不敢骗、不能骗、不愿骗”的监管防线，取得显著成绩，营造全社会共同维护医保基金安全的良好氛围。

【医保脱贫攻坚】 年内，以贫困人口“参保全覆盖、缴费有资助、政策有倾斜、服务更高效”为原则，采取系列强有力措施，筑牢困难群众医疗保障底线。严格落实贫困人口补助政策，为3.27万名贫困人员发放医保补助费用656万元，“一站式”救助贫困人员4785人次，救助资金468.1万元。简化程序，为7032名贫困人员办理门诊慢性大病手续，确保贫困人口医保全覆盖，及时享受医疗保障待遇。

【保费征缴及待遇保障】 推进征缴方式、方法更新，方便群众的同时，参保缴费人数较去年实现平稳增长。年内，职工医保参保人数为14.53万人，基金征缴4.45亿元，在缴费基数下降6%的情况下，比上年增收2276万元；居民基本医保参保73.02万人，基金征缴5.6亿元；生育保险参保人数为12.62万人，基金征缴3400万元。同时，按时足额发放待遇，全年共支出职工医保基金3.9亿元；居民医保住院就医10.89万人次，报销各类医疗费用5.4亿元；办理生育保险待遇拨付3364人次、2800万元，受益人次和报销支出较上年均有大幅增长，基本实现“应参尽参、应保尽保”，取得良好的社会效益。

2019年3月29日，市医疗保障局开展“打击欺诈骗保，维护基金安全”集中宣传月活动启动仪式

【医药价格改革】 健全完善药品和医用耗材采购机制，组织肥城市17家公立医疗机构全部参加泰安市药品（医用耗材）采购联合体。发挥集中批量采购规模优势，推动实现带量采购，切实保障药品和医用耗材供应，着力解决采购价格虚高、供应商配送约束力弱、同一城市采购价格差异大等问题。按照国家、省、市关于落实国家组织药品集中采购和使用试点扩围工作精神，及时全面推开“4+7”试点扩围工作，17家公立医疗机构全部落地实施国家集中采购中选的25种药品。中选药品药价平均降幅59%，减轻相关患者的药费负担并且提高群众用药的质量水平，

真正实现“提质降价”。

【医保支付方式改革】 深化医保支付方式改革，全面实行总额预算管理，科学分配预算指标；建立周转金制度，实行“年初预付、按月付费、年终清算”的激励约束机制；完善医共体内医保支付配套措施；加强医保基金使用效益的评估考核；发挥医保在推进三医联动改革中的杠杆作用，逐步实现医疗服务从以治疗为中心向以健康为中心的转变。

（苗培钰）

退役军人事务

【概况】 肥城市退役军人事务局于2019年1月15日正式挂牌运行，内设综合科、优抚安置科（挂褒扬纪念科牌子）和思想政治和权益维护科（挂拥军优属、拥政爱民办公室牌子），核定行政编制10名，设局长1名，副局长2名。5月9日，经批准设立市军队离退休干部服务中心，为副科级全额财政拨款事业单位，核定编制6名，为市退役军人服务中心重新核定编制32名。年内，调入年轻干部2人，招考事业干部2名，安置退役士兵2名，新提拔年轻副科级女干部1名。

2019年，市退役军人事务局全面贯彻落实市委十四届七次全会精神，以党的建设为统领，以忠实践行习近平总书记关于退役军人工作重要论述精神为主线，自觉坚持政策落实和改革创新“两个导向”，开展角色转换、观念转化、作风转变“三转活动”，持续聚焦权益维护、服务管理、基层基础、宣传教育“四个重点”，站在新的起点，以新的担当新的作为，完成新的使命，实现退役军人和社会各界的“两个满意”，为全市经济社会发展和社会大局稳定做出积极贡献。

【服务保障体系建设】 先后成立市委退役军人事务工作领导小组、退役士兵权益保障工作协调领导小组，全面统筹领导退役军人工作。14个镇街（区）均成立党（工）委退役军人事务工作领导小组和退役军人服务站，按照1名工作人员服务500名退役军人及其他优抚对象的标准，明确38名专职事业人员；617个村居社区建立退役军人服务站，支部书记担任服务站站长，市镇村三级服务保障体系全面建立。

【规范化建设】 全面开展制度化、信息化、规范化建设活动，制定党建工作、机关管理等39项制度，细化科室职责48项，优化各项业务服务规范；为市退役军人服务机构安排1800平方米的独立办公场所，高标准推进政治文化环境建设；依托服务对象联系助手系统，组织全市1186名系统工作人员开展“大走访大调研大练兵”活动，印发《信息登记表》《服务联系卡》等8万余张，摸底走访服务对象家庭38449户，精准建立台账，实现100%全覆盖。

【接收安置】 不折不扣执行“四公开一监督”制度，2019年符合政府安排工作条件的退役士兵一次性成功安置，接收秋冬季自主就业退役士兵，为自主就业退役士兵、自主择业军转干部、企业军转干部足额发放经济补助。

【优抚优待和帮扶救助】 严格优抚资金发放标准和程序，2019年发放优抚资金6700余万元；市大班子领导在春节、中秋前入户走访慰问优抚对象64户，发放慰问金13万元；联合泰安市优抚医院为36名重点优抚对象上门巡诊；联合市委统战部、新城街道、美年大健康为退役老兵开展公益查体。在泰安市率先发放困难退役军人家庭一次性帮扶救助金，为6名患重大疾病退役军人发放专项救助金，为380户退役军人家庭发放专项帮扶救助金72万元。

【就业创业】 组织183名退役军人参加职业技能培训、551名退役军人报考高职学历教育；召开军创企业座谈会，挂牌就业签约单位60余家，举办专场招聘会6次，发送就业信息2万余条，帮助就业266人。联合邮储银行开辟退役军人创业贷款绿色通道，发放贷款430万元。

【思想政治引领】 推出首批全国模范退役军人玄绪华、泰安最美退役军人李文全、“张富清式”战斗英雄吕登科等先进典型，为78名中华人民共和国成立前参加革命老战士发放“中华人民共和国成立70周年纪念章”；打造“肥城退役军人发布”等新媒体宣传矩阵，在《肥城新闻》开设专栏节目《抗战岁月》，制作播放肥城抗战老兵纪录片16期；组织举办“清明•网上祭扫英烈”活动、“9•30”烈士纪念日公祭活动，缅怀革命英烈；号召引领5000余名退役军人参加新冠肺炎疫情防控工作，成立突击队73支，捐献物资80余万元，以实际行动发挥老兵模范带头作用。

【双拥共建】 市大班子领导定期慰问驻泰、驻肥部队，开展“送法律、送政策、送图书、送文艺、送电影”的“五送军营”活动，主动走访来肥遂行拉练部队；走访141户立功受奖现役军人家属，营造关爱军人功臣家庭的社会氛围；建立军地联动保障机制，出台《肥城市驻军部队随军家属未就业期间地方生活补贴发放暂行办法》《关于实施现役军人免费乘坐城市公共交通工具的通知》，妥善解决部队官兵“三后”问题。

2019年7月12日，肥城市退役军人事务局联合泰安日报社肥城记者站举行庆“八一”送书进军营·书香传真情和小记者进军营，追寻红色记忆活动（张蒲　摄）

【改革试点】 圆满完成部分退役士兵社会保险接续全国试点，创新制定“清、对、核、算”四步工作法，市委书记常绪扩在全省退役军人工作会议上作典型发言，局长有保龙在全国市县级退役军人事务局长示范培训班上作典型发言，以高站位组织、高标准落实、高品质服务、高效能推动，在全省率先完成缴费任务，受到上级和退役士兵的一致认可。

（段国栋）

2019年肥城市荣立二等功以上荣誉现役军人统计表

姓名	性别	出生年月	入伍时间	所获荣誉	所在部队
张明山	男	1993.10	2010.09	二等功	武警部队森林指挥部
王洪海	男	1984.10	2004.12	二等功	武警部队第二机动总队
尹　松	男	1986.09	2004.09	二等功	中国人民解放军95507部队
李正旺	男	1986.08	2003.12	二等功	中国人民解放军32116部队
何猛猛	男	1987.07	2004.12	二等功	武警江苏省总队徐州支队
孙建坤	男	1983.05	2001.12	二等功	武警兵团总队

残疾人事业

【概况】 肥城市残疾人联合会（以下简称市残联）为正科级参照国家公务员制度管理的群众团体组织，内设人秘科、康复组宣部和教育就业部3个部室，下设正股级事业单位市残疾人培训服务中心。全单位核定编制11人，实有人数12人。年内，以“全面建成小康社会，残疾人一个也不能少”为目标，围绕服务肥城经济社会发展大局，务实创新，担当作为，全市残疾人工作取得新成绩、新进展。荣获“全市脱贫攻坚先进单位”等荣誉称号，推荐上报的山东三圆新材料股份有限公司荣获全国“残疾人之家”称号，成为泰安市唯一获此殊荣的单位，公司法人孙庆军受邀参加表彰大会，并受到习近平、李克强等党和国家领导人的亲切接见。

【残疾人康复托养】 落实残疾儿童康复救助制度，实施残疾儿童免费抢救性康复救助工程，扩大残疾儿童的救助年龄范围为0～17岁，提高救助标准由原来的1.2万元/人·年到1.5万元/人·年，共有200名残疾儿童进入定点康复机构进行康复训练。为2名听力残疾儿童免费安装人工耳蜗；为1名肢残儿童免费实施矫治手术；为511名残疾人发放电动轮椅、手摇三轮、防褥疮床垫、智能电饭煲、助听器等辅助器具561件；为下肢残疾人适配大、小腿假肢19件，为残疾儿童康复中心等两处省级定点儿童康复机构配发49套儿童康复教具。投入8.8万元高标准建设4处社区康复站，残疾人康复服务水平进一步提高。

【残疾人扶贫】 提高政治站位，严格落实《肥城市脱贫攻坚工作要点》，对2016年以来扶贫专项资金、项目落实情况进行全面自查自纠，针对巡视巡察、审计调查、年度督查考核中发现的问题，组织开展“问题整改落实季”行动。联合市扶贫办、残疾鉴定定点医院等部门机构在孙伯镇主办“残疾鉴定驻镇入村暨《惠残服务手册》宣发”助力残疾人扶贫活动，优先完成贫困户中疑似残疾人的办证工作，提高残疾人的办证率。织密残疾人民生保障网，为5199人名重度残疾人代缴每人100元的居民养老保险；为10005名重度残疾人代缴每人210元的医疗保险；投入近30万元为全市22119名持证残疾人购买意外伤害保险；联合市民政局为符合条件的3940名困难残疾人发放每月82～100元的生活补贴，为符合条件的10627名重度残疾人发放每月

2019年7月26日，肥城市残疾人联合会联合市扶贫办、残疾鉴定定点医院等部门机构在孙伯镇开展残疾鉴定驻镇入村暨《惠残服务手册》宣发活动（张敏　摄）

2019年10月8日至12月31日，肥城市残疾人联合会联合济南中德骨科医院在全市范围内开展“阳光助行骨病救助”活动（张敏　摄）

80～100元的护理补贴；为55名残疾人大学生和贫困残疾人家庭大学生发放学费补助7.6万元；重度残疾居民提前5年领取基本养老金的政策全面落实；投入40.5万元扶持残疾人日间照料中心16处，惠及200余名残疾人。争取山东省福利基金会支持，联合中德骨科医院开展“阳光助行、骨病救助”活动，为380名骨病患者进行免费筛查，输送14名符合救助条件的患者进行手术。

【残疾人就业培训】 通过集中安置、辐射带动和鼓励自主创业等方式，实现全年新增60余名残疾人就业。年初，实施残疾人职业技能和实用技术培训需求摸底调查活动，确保有技能培训意向的残疾人参加合适自己的技能培训，制定《肥城市2019年残疾人实用技术培训工作方案》。举办4期农村残疾人实用技术培训班和1期保健按摩培训班，为全市300余名残疾人提供免费培训。推荐30余名残疾人参加省、泰安残联举办的小儿推拿、盲人按摩等各类培训班，4名盲人申领盲人医疗按摩师证。落实“百千万残疾人就业创业扶贫工程”，培育推荐山东三圆新材料有限公司为省级残疾人就业创业示范基地，山东鲁岳化工有限公司为泰安市级就业创业示范基地；培育扶持省、泰安市致富能手5名。

【残疾人宣传维权】 综合利用市电视台、电台、网络、手机、报纸等舆论工具，以残疾人法律法规、优惠扶助政策、残疾人先进典型、政府和社会各级关爱等为宣传重点，发布各类宣传报道30余篇。参加“行风热线”直播节目2次，主动解答残疾群众诉求20余件，通过“12345”热线平台和入户走访等方式合理解答群众诉求100余条，化解群众矛盾2起。落实泰安残疾鉴定医师会议精神，严格残疾人证鉴定和第二代残疾人证到期换发程序，维护“中华人民共和国残疾人证”的规范性、严肃性和法律性。落实残疾人驾驶汽车补贴政策，为6名肢体残疾人发放驾证补贴1.1万元；为175户贫困重度残疾人家庭实施无障碍改造。

【全国助残日活动】 5月19日，在第二十九次全国助残日，市残联围绕“自强脱贫，助残共享”的主题，开展丰富多样的助残活动。市委、市政府主要领导带头走访慰问贫困残疾人，为残疾人送去电动轮椅或每户1000元的慰问金。社会各界扶残助残氛围浓厚。市特殊教育学校组织“关爱残障未成年人”文艺会演；市文明办发起“扶残助残、关爱残障未成年人”的捐赠活动；石横镇残联开展“文化助残、筑梦未来”的公益助残活动。

【残疾人就业保障金征收】 面对企业下行压力较大及国地税机构合并的不利形势，积极与市财政局、市税务局召开3次联席会议，专题探讨残保金年审征收事宜。8月9日，联合召开旨在规范强化全市残保金征收管理的专题会议，全市年规模以上企业财务科长约300人参会。通过进一步优化严格残疾人就业年审流程，强化征收执行力度，全年残疾人就业保障金征收入库625.22万元，征收总量取得历史性突破。

（张　敏）

人民生活

【居民收入】 2019年，全市城乡居民生活水平进一步提高。全体居民人均可支配收入30973元，同比增长8.4%。其中，城镇居民人均可支配收入39626元，同比增长7.1%；农村居民人均可支配收入19503元，同比增长9.5%，城乡居民收入之比为由2.08降到2.03。

（杜　坤）

FEICHENG YEARBOOK 2020

镇街概况

- 新城街道
- 老城街道
- 潮泉镇
- 王瓜店街道
- 湖屯镇
- 石横镇
- 桃园镇
- 王庄镇
- 仪阳街道
- 安临站镇
- 孙伯镇
- 安驾庄镇
- 边院镇
- 汶阳镇

镇街概况

新城街道

【概况】 2019年，全街道总面积55.4平方公里，辖38个行政村（居）（含11个城市社区）。户籍总人口14.16万人。

全社会固定资产投资完成26.25亿元，一般公共预算收入21263万元，一般公共预算支出11872万元。进出口总额13000万元。全年引进落地项目17个，实际到位资金1.12亿元。年末农商银行各项存款余额15.4亿元，比上年增长1.34亿元。

拥有农业专业合作社15家。农作物总播种面积1221.04公顷，其中粮食播种面积936.59公顷，油料产量453.21吨，蔬菜产量3870吨，园林水果产量5576吨。羊存栏3450头，出栏7560头；家禽存栏1.7万只。肉类产量226吨，禽蛋类产量310吨。全年新增造林面积14公顷，林木绿化率40.6%。全处拥有农业机械1230台（套），农机总动力6.97万千瓦。

全街道拥有工业企业63家，其中规模以上工业企业12家，实现主营业务收入7.41亿元，实现利润300万元，实现利税700万元。

新修（改造、硬化）公路7.5公里。开工建设商住楼42栋，竣工16栋，1797套，拆迁民房1067户。A级及以上旅游景区4家，全年接待旅游人数62万人次，实现旅游总收入26万元。

全街道有幼儿园40所，在园幼儿6100人。专利申请量26件，授权专利12件，获泰安科技进步奖4项。有农家书屋37个，综合性文化服务中心35个，文体广场223个，文艺宣传（表演）队128个。社区卫生服务中心1个，有床位70张，卫生室23个，卫生技术人员248人。

养老保险新增158人，参保人数2.83万人。居民医疗参保人数3.39万人。农村最低生活保障人数289人。各类福利院（养老院）1个，福利院床位70张，收养24人。

年内，荣获山东省农业高新技术产业开发区、山东省小型微型企业创业创新示范基地、山东省社会科学普及示范乡镇（街道）、2018年度泰安市信访工作先进单位、山东省森林乡镇、2019年度中国“淘宝镇”、2018年度泰安市民兵调整改革工作先进单位、2018年度泰安市征兵工作先进单位、2018年度泰安市档案工作先进集体、2018年度泰安市群众体育先进单位、2018年度肥城市经济社会发展优秀镇街区、2018年度肥城市全国文明城市创建工作先进集体、2018年度肥城市党建工作一等奖、2019年度肥城市尊师重教先进镇街。

【四大动能】 全年新开工建设居民楼32栋、1797套，拆迁民房1067户，11个村基本完成拆迁扫尾。新城（高新区）小微企业园一期完成土地挂牌、清障勘探，开始推进暗渠管网改造。新兴产业（总部经济）园中园完成2家企业总部选址，开始推进土地和规划手续办理。新增“四上企业”36家、个转企355家、国家级高新技术企业4家（山东兴润生态园林股份有限公司、山东昀飞光电科技有限公司、山东鲁岳检测科技有限公司、山东泰鹏智能家居股份有限公司）、山东省“专精特新”中小企业2家（肥城市众力机械有限公司、山东兴润园林生态股份有限公司），泰安市级“专精特新”中小企业3家；3家建筑安装企业实现资质升级。东尚、西尚、沙沟、王坊4个村被评为2019年“中国淘宝村”，新城街道被评为“中国淘宝镇”。农高区成功创建省级小型微型企业创业创新基地，龙藏深泉、安味轩分别被认定为山东省、泰安市“老字号”。新签约山苏源汽车内饰、兴润研发中心、一安建安总部等17个项目；新开工建设大仟奇异小镇、田园美农业综合体、威高血液净化等12个项目；桃都冷链物流、山水名园市场等7个项目竣工运营。全年招商引资到位资金12.3亿元，对上争取到位资金1.2亿元。

【城市社区建设】 年内投资近2000万元支持社区建设。竞聘选拔7名机关中层担任社区书记，下派45名机关人员到社区任职。吸纳96家单位成立城市党建联合体。推动实施“社区吹哨、部门报到”机制，100余家单位、4274名党员到社区开展双报到，建立志愿队伍100余支，服务居民1.5万余人次。成立小区党支部124个，覆盖城区80%的小区，主导成立27个业委会。新聘巡管64人，全部下沉包保路段。各社区建立沿街商户微信群，实行“门前四包”，评选“文明商户”，经营秩序得到进一步规范。

【文明城市创建】 破解“三有六化”难题，补植小区绿化3万余平方米，推进绿地改车位，联合执法、集中整治60余次，伊家沟等社区成立物业公司接管无人管理小区，城市“六化”水平全面提升，顺利迎接全国文明城市创建省级测评。推进书香社区建设，建好用实桃都、阳光、赵庄等5个居民家门口的图书馆。建成30个新时代文明实践站、20个城市社区文化服务中心，280支志愿队伍，开展“4+N”项目创建，策划实施60个服务项目，开展活动450余次，多次迎接省内外领导参观调研。依法深入推进肥桃路沿线、城市建成区拆违、农村人居环境综合整治三大攻坚行动，累计拆除违建538处、14万平方米。

【乡村振兴】 流转土地2055亩发展设施农业，认证“三品一标”14件。成立佛桃产业发展联盟，培优传统佛桃600亩，成功创建8个佛桃优质园、3个标准化示范园。兴润生态园成功创建AA级景区。推进白云山、东五村片区开发，完成7公里森林抚育项目，新建消防通道6.8公里，铺开5公里白云山环山路硬化，新修旅游路、盐厂路、康庄路、黄开路9.2公里，养护修缮道路8.4公里。实施强村突破带动，孙庄等3个村编制产业规划，成立集团公司，为壮大村级经济趟出新路子，全部消除20万元以下的村。顺利完成全部村居“三资”清理，直接增收2246.8万元，每年固定增收506.31万元。制定兜底扶贫十条政策，投资130余万元为贫困户报销药费、修缮房屋、改造厕所。

【王坊村大棚油桃】 王坊村种植桃树已有500余年的历史，1998年，中科院植物所在此推广大棚油桃，不断发展至今。至年末，有冬暖式大棚、春暖式大棚、大拱棚153个，面积520亩，为泰安市最大的设施油桃栽培基地，泰安市唯一的油桃专营市场。先后种植早红株、99-1、中油4号等品种，现以鲁油2号、未来1号为主栽品种。王坊村油桃具有上市早、个大、色好、味甜、耐储藏、无污染、少虫害等优点，富含人体所需的多种矿物质。该村通过长期种植，发明“傻瓜修剪法”，即“一根棍”修剪，节约大量劳动力，增加大棚的利用效率，亩产3000公斤左右，每亩利润近4万元，大棚油桃种植成为该村农民增收致富的主要来源。2018年4月，在全国首届设施桃大赛上获得“优胜奖”；同年8月，获得BCS有机食品认证；2019年4月，迎接中国农业工程学会设施园艺委员会主办的“第二届全国设施园艺技术交流会”，提供经验交流。2019年，“王坊”牌油桃注册商标被山东省自然资源厅评为“齐鲁放心果品”品牌。

【慈明学校】 肥城市慈明学校坐落于新城街道文化路西首，由山东慈明教育发展有限公司投资4亿元建设。项目占地面积280亩，打造集学前教育、小学、初中、高中、养生老年大学于一体，贯通古今、融汇

慈明学校（刘文彬　摄）

中西、多元和谐的新型学校。一期占地120亩，建筑面积4.8万平方米，投资2亿元，于2017开工建设，2018年投入使用。二期计划占地120亩，建筑面积7.5万平方米，建设现代化高等中学，已完成初步规划设计方案和征地手续。学校教学楼、文化艺术综合楼、体育场馆、现代化教学设备等教育配套齐全，拥有农耕体验园1处。学校共有教职工280人，一线教师150人。其中，高级教师5人，研究生学历20余人。设有幼儿园、小学、初中、高中4个学部，48个教学班，在校生1500余人。2019年5月30日，市青少年宫、科技馆、校外心理辅导站在该校揭牌，正式投入使用。学校注重中华文化伦理道德教育，建设国术馆、太极馆、书法馆等特色艺术馆。项目建筑均为中式传统建筑，建筑单体以长廊相连接，整体风格与春秋古城汉唐建筑风格协调一致。

（白　勇）

【记住乡愁】 ①白云桥村。位于新城办事处驻地西5.9公里。北与高新区西付村相接，东与陈刘村相连，南与东尚里村、西尚村里接壤，西与古店村为邻。白云桥村历史悠久，明万历年间（1573—1619年），张氏自井楼村迁此建村，因村庄坐落在康王河边通往泰山大道进香一座石桥附近，取名为白云桥村。该村由白云桥、鹿家庄、薛庄三个自然村组成，南北长280米、东西宽200米。截至2019年10月，全村实有耕地320亩，林地面积410亩。村民主要种植核桃、桃树、小麦、蔬菜等。全村总户数265户，总人口902人，其中男性419人、女性483人。至2016年共有姓氏56个，其中主要有张、

白云桥村旧村

白云桥村新村

大桥村旧村

大桥村新村

鹿、潘、薛、李、王、郭、孙、刘、辛10个姓氏。自2007年开始旧村改造。截至2018年末，本村村民全部乔迁新居，新社区共占地60亩，建筑面积11.04万平方米，投资2亿元，共建成居民楼13栋，其中1#、2#居民楼是五层，12#、13#是26层，其他9栋是11层。②大桥村。位于新城街道驻地西南约2公里。东邻闫小村，南邻仪阳街道，西邻橡胶轮胎厂，北与刘庄村相望。明初，李氏彦祖由山西太原府迁至肥城，居康王河南岸的“前庄”。此地地处平原，土壤肥沃，但村北紧靠康王河，如遇暴雨，洪水泛滥，良田淹没，房屋被毁，为摆脱困境，故有的祖先背井离乡，四处寻找新的生计。李氏九世祖松山离开段庄后，先在仪阳以北的铺子（驿站）开茶水店，而后带子孙到青龙河河汊即原大桥一带拓荒种田，日子渐渐好转后，又从铺子搬到自己的开垦地而定居下来，因村北有座壮丽（石狮护栏）的大桥，故名大桥村。该村共有村民160户，587人，其中男性281人，女性306人，姓氏有李、王、石、张、苏、赵、孙、郭，原村呈南北长、东西窄不规则形状，面积90亩，村民以房屋租赁和三产服务业为主要收入。2005年1月，按照城市规划，实行旧村整体搬迁。2007年4月，完成整村搬迁至大桥旧村东南龙山河以西，成为典型的“城中村”。新村占地面积30亩，共建多层居民楼5栋，小区面积约计3万平方米，扶助设施和小区硬化12000平方米，绿化面积7000平方米，安装路灯30盏，项目总投资30万元。③花园村。花园村属于巧山行政村的自然村，原址位于新城街道驻地西北1.5公里，东距凤山大街以东80米，

花园村旧村

花园村新村

军地村旧村

军地村新社区

南距泰临公路270米。明嘉靖二十六年，孙姓人氏举家由孙家小庄迁居该处，始成村落，命名花园村。面积约2.96万平方米，呈长方形状。东西长约185米，南北约160米，有可耕地面积625亩。其中水浇地370亩，旱田255亩。村民主要种植小麦、玉米、地瓜、豆类等，另外饲养猪、羊及编织炕席、茓子等为副业。全村184户609人，其中男性278人，女性331人，均为孙姓。2014年4月，该村因市政规划被拆除，村民迁居巧山社区。原址已建成“红星美凯龙”一期工程。④军地村。位于新城街道东2公里。东邻仪阳街道石坞村，南临阎家小庄村，西临李家小庄村，北临苏庄村。军地村1500年左右（明朝洪武至永乐年间）建村，因在此驻扎过军队，故取名军地村。该村由东组、西组、前组3个小组组成，区域面积2.5平方公里，呈长方形。全村实有耕地850亩，其中肥桃360亩，以小麦、玉米为主，花生、大豆为次。村民以种植肥桃和打工为主要经济来源。村庄占地240亩，总户数307户，人口1072人，其中男性506人，女性566人。全村以赵姓、董姓、李姓为主要姓氏。村中心有古槐树一株，距今有上百年历史。2013年，在市疾控中心南占用李小村土地72亩，投资1.5亿元，共建成居民楼8栋，其中8号楼为17层，1至7号楼为11层，建筑面积6.23万平方米。2015年10月26日，全村村民整体搬迁至居民楼。⑤李小村。原址位于新城街道驻地南约500米处，东至吉山大街，西至凤山大街，南至文化路，北至龙山路。清乾隆年间（1736—1795年），此地原为李家南阳一富户的土地。为种地方便，佃户李

李小村旧貌

李小村村委新办公楼

沙窝村旧村

沙窝村新村

氏迁此定居后，以姓氏取村名李家小庄。该村面积约3.5万平方米，呈长方形。有耕地面积32亩，村民主要种植小麦，另以饲养等为副业，村集体和村民收入以三产服务业创收为主。全村有121户、477人，其中男性241人，女性236人。以张姓、穆姓、孙姓为主要姓氏。2005年2月，该村因市政规划被拆迁，在原址建立社区。2009年5月，村民整体搬迁至李家小庄社区。新址东临疾控中心，南邻龙山小学，西邻鑫苑小区，北临龙山路。原址已建成军地和闫小社区。⑥沙窝村。位于新城街道驻地西南约3公里，东邻孙家小庄村、赵庄村，南临鹿家沟村，西与东尚里村毗连，北与东付村、陈刘村相望。元朝末年建村，明朝洪武年间，先民由山西洪洞县迁居于此，因附近沙多而得村名沙窝。该村共有村民360户，1191人，其中男性529人，女性662人，姓氏有李、何、赵、罗、董、陈、潘、宋、田九姓。原村呈东西长、南北窄不规则形状，面积216亩，2011年3月，按照城市规划，实行旧村整体搬迁。2012年9月完成整村搬迁至金牛山大街以东，粮食局宿舍以西，文化南路以南，肥桃路以北。新村占地面积103.6亩；共建设居民楼15栋，其中多层两栋，11层小高层13栋，建筑面积约12万平方米，社区服务中心2490平方米，辅助设施和小区硬化15000平方米，绿化面积45000平方米，安装路灯200盏，项目总投资1.7亿元。⑦阎家小庄。位于新城街道驻地东南1公里。东起仪阳街道石北村，西至吉山大街，南起河道，北至兴润桃源名郡小区。该行政村下辖阎家小庄村和穆家庄两个自然村。阎家小庄为明洪武年间（1368—

阎家小庄旧村

阎家小庄社区

1398年），阎氏迁此定居，以姓氏命村名“阎家小庄”。该村庄面积0.11平方公里，耕地面积0.5平方公里，主要种植小麦、玉米。全村有186户850人，其中男性419人，女性531人。姓氏主要有闫、孙、张、郭、李等。穆家庄为清康熙年间（1662—1722年），穆氏迁此定居，以姓氏命名“穆家庄”。位于新城街道驻地东南1.5千米。东起仪阳镇石北村耕地、西至阎家小庄村、南至河道、北至军地村耕地。该村面积0.03平方千米，耕地面积0.19平方千米，主要种植小麦、玉米。全村有35户141人，其中男性65人，女性76人。姓氏主要为穆姓。2015年9月21日，阎家小庄、穆家庄村民西迁1公里，建立闫小社区，社区东至吉山大街、西至蓝色港湾小区、南至龙山中路、北至军地公寓，实现整体搬迁。原址已建成单采血浆有限公司、健康产业园等项目。

老城街道

【概况】 2019年，全街道总面积78.7平方公里，辖33个行政村（居）。总人口8.16万人，其中农业人口5.52万人。人口自然增长率4.07‰。耕地面积3722公顷，山林面积1200公顷。

全社会固定资产投资完成30.67亿元，公共财政预算收入2344万元，公共财政预算支出1360万元。社会消费品零售总额1.6亿元，进出口总额3000万元。全年引进落地项目19个，实际到位资金15亿元。年末金融机构各项存款余额13.02亿元，比上年增长1.29亿元。

拥有农业专业合作社107家。农作物总播种面积5175公顷，其中粮食播种面积4294公顷。粮食总产量17510吨，棉花产量7.8吨，油料产量1593吨，蔬菜产量4070吨，园林水果产量50.5吨，水产品产量676.3吨。生猪（牛、羊）存栏0.6万头，出栏2.1万头；家禽存栏30万只，出栏100万只。肉类产量189万吨，禽蛋类产量156万吨，奶类产量0.45万吨。全年新增造林面积310公顷，林木绿化率100%。全处拥有农业机械1400台（套），农机总动力1.2万千瓦。

全街道拥有工业企业152家，其中规模以上工业企业23家，实现增加值30亿元，实现主营业务收入17.16亿元，实现利润1.6亿元，实现利税2.8亿元。资质三级及以上建筑企业4家，实现建筑业增加值9110万元，比上年增长23%，实现利税132.3万元。

新修（改造、硬化）公路30公里。公路完成客运量8万人次，货运量300万吨。完成电信业务总量68万元，邮政业务总量480万元。开工建设商住楼1476套，竣工474套。基础设施建设完成投资4570万元，村镇建设完成投资2.36亿元。新建垃圾压缩站1个，垃圾无害化处理率100%，污水集中处理率100%。A级及以上旅游景区3家，全年接待旅游人数16万人次，实现旅游总收入248万元。

全街道有普通初中1所，九年一贯制1所，在校生756人。小学4所，在校生1311人。幼儿园10所，在园幼儿1096人。取得重要科技成果8项，获得县级及以上科学技术奖8项，专利申请量22件，授权专利13件。有农家书屋33个，农村文化大院33个，文体广场67个，文艺宣传（表演）队37个，新建公共健身工程7个。广播、电视人口综合覆盖率分别达100%。医疗卫生机构35所，其中医院（卫生院）1个、社区卫生服务中心1个。各类卫生机构有床位182张，卫生技术人86人。全年参加县级及以上体育比赛获奖牌16枚。

农村居民人均纯收入18733元。养老保险参保人数4.25万人，参保率92.6%。城乡居民基本医疗参合人数6.09万人。农村最低生活保障人数1219人。各类福利院（养老院）1个，福利院床位88张，收养32人。

年内，老城街道获得泰安市级文明村镇、2018年度泰安计划生育保险工作先进集体、泰安市第四次经济普查先进集体、泰安市新时代泰山“挑山工”先进集体、肥城市信访工作先进单位、肥城市2018年度全国文明城市创建工作先进集体、肥城市尊师重教先进镇街等荣誉称号。瑞福锂业被工业和信息化部列为“国家第四批绿色制造名单”，被山东省发改委授予“低品位锂矿石高效利用山东省工程实验室”。“泰山君子”商标被山东省商务厅认定为“山东老字号”。园区发展中心被山东省工业和信息化厅授予“中小企业公共服务示范平台”荣誉称号。10月25日，“扶贫爱心超市”典型经验在山东卫视《新闻联播》栏目专题报道，并在全省推广。

【高质量发展】 坚定不移聚焦聚力企业培植、双招双引、对上争取、新型城镇化，把四大动能作为经济工作的总抓手、动能转换的定盘星，不断推动经济社会高质量发展。①企业培植。突出重点企业强力培植，瑞福锂业纳入国家第四批绿色制造名单，化工企业重点监控点获得省化转办批复，获得2019年省第一批高新技术企业认定、省级工程实验室、马德里商标注册和国家级绿色工厂批复。中节能垃圾发电、泰安固废处理中心开工运营；在建的浙商产业园项目，建筑垃圾综合利用项目，林戈家居扩能、新华印刷扩能项目顺利推进。完成个体工商户注册98家、新增“四上企业”15家、申报省级“专精特新”企业4家。②双招双引。抓住获批国家级资源循环利用基地发展中心机遇，与中咨公司签订合作协议，瞄准京津冀、江浙沪，精准招商、专业招商，实施产业链建链、补链、延链，举办资源循环利用高端论坛，签约落地蔚蓝科技、废钢分拣、有色金属吸附利用等项目9个，资源循环利用基地项目不断充填；高效利用旧村址、老矿区等存量土地实施筑巢引凤，建设浙商产业园，成功引进土工新材料项目、蒸汽式风冷设备、有色金属分选回收等项目5个；盘活旧园区闲置资源实施腾笼换鸟，对老园区350亩闲置土地进行整合处置，盘活闲置土地300亩新上新华智能数字印刷、一路环保设备、林戈家居技改扩能等5个项目。全年提供泰安市观摩项目1个、肥城市观摩项目6个，到位资金近15亿元，完成招商计划任务的150%。③对上争取。用心用情积极对上争取，通过中咨公司策划固体废物处置、建筑垃圾综合处置、中节能环境服务3个项目上报至国家发改委，已通过评审，预计争取国家预算内资金扶持3000万元；加快推进落地的塌陷地治理、土地整理、独立工矿区治理等工程；策划上报东兴现代农业产业园、田园综合体等50余个项目，2019年到位资金1.4亿元以上。④新型城镇化。加快在建项目进度，较场屯、国屯村、罗窑村、百尺一期棚改项目已分房到户，百尺新开工的4栋楼基础建设已完工；启动7个村的向中心村集中村庄改造工程，双峪村小董自然村、李庄百兴庄自然村、大石关郭庄自然村合村并点工程均已完成项目预立项，已签拆迁补偿协议1200户，拆除旧房120处，腾空土地969亩，土地收储560亩；毛小村、东百尺村、李屯村3个村1380户已完成旧房丈量和征求意见工作。

【脱贫攻坚】 ①组织领导。强化党政一把手负总责的责任制，建立领导干部、社区书记、第一书记、村支部书记四级负责的管理机制和街道—社区—村居—贫困户四级包保责任体系，拧紧责任链。全面落实《关于进一步提升抓党建促脱贫工作的实施意见》，实施周五上午走访，下午调度制度，实施例行汇报制度，党工委每周六例会听取社区书记扶贫汇报，社区书记每周调度一次支部书记，汇报扶贫工作落实情况，做到任务分解、压力传导、责任落实“三到位”。全处脱贫享受政策贫困户314户667人，处、村党员干部169人结对帮扶贫困户，贫困户帮扶工作实现全覆盖，确保帮扶成效。围绕“扶持谁、由谁扶、怎么扶”深入思考，开展领导干部遍访贫困户行动，由党委书记带头将

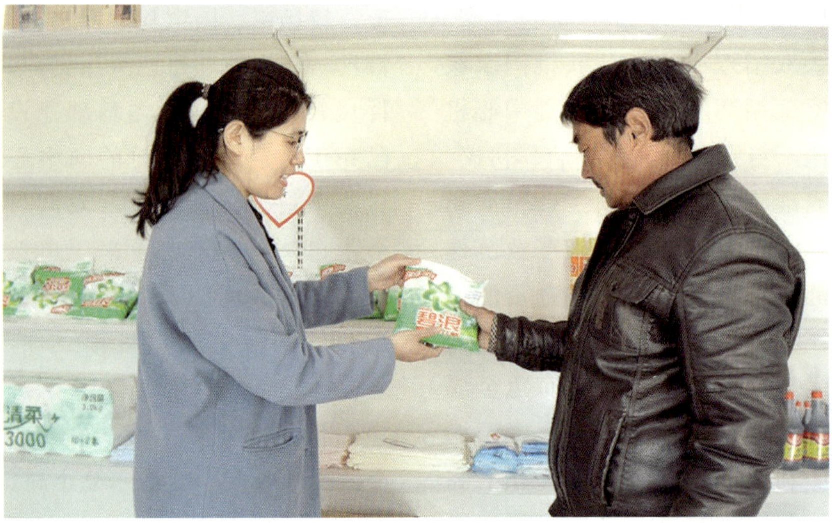

老城街道扶贫爱心超市中群众使用积分卡换取商品（王秀秀 摄）

所有贫困户全部遍访一遍，翔实掌握情况，现场解决问题，发现并解决问题167例。②帮扶措施。突出产业发展扶贫，2019年争取省市专项扶贫资金252万元，发展产业项目1个，基础设施项目3个。其中石横特钢资金委托项目年收益12.23万元，带动12个村居87户207人，差异化分配5.97万元，人均分红288元；剩余6.26万元用于村级公益事业的发展。截至年末，产业项目实现全处贫困户全覆盖，保障脱贫任务高质量地完成。2016—2019年，老城街道共计投入各级财政专项扶贫资金808.4万元，已培植扶贫项目33个，其中产业扶贫项目19个，主要包括光伏发电项目、莲藕种植项目、旅游项目等；基础设施项目14个，主要包括农田深井设施、水利灌溉工程、生产路建设等。实施健康扶贫，严格贯彻上级要求，将特惠保险卡送到每个贫困户手中，确保每个贫困户弄懂政策，并为9名尿毒症贫困人口办理救助证，减轻治疗负担。对于符合慢性病症条件的贫困户给予门诊特症报销全覆盖，2019年新办慢性病证216人，367人已实现慢证门诊覆盖。实施教育扶贫，2019年将17名符合条件的技术型中高职贫困学生上报纳入“雨露计划”，可为每个学生提供3000元的救助金。实施低保、五保兜底扶贫，2019年建档立卡贫困户新纳入低保户7户，新纳入五保户32户。③扶贫扶志结合。实施专项帮扶扶贫，办事处设立专项扶贫济困慈善、孝善养老资金，2019年财政补贴180户211人孝善养老资金8.44万元。年内，老城街道探索推行扶贫励志积分政策，采取先试点后推广的办法，在省贫困村李庄建立“爱心超市”，实行积分管理，试点成功后，在全处设立28个爱心超市点，33个村居全覆盖。至年末，贫困户已通过励志积分兑换10万余元的商品。同时，不断完善爱心超市建设，改革创新经验已上报至省深改办，并在国家扶贫工作简报上刊发，同时在全市范围内推开。④人居环境整治。围绕“改善人居环境、促进身心健康、提升精神面貌、深化帮扶实效”的目标，按照“八有四净”规范标准，实行包村领导干部、社区书记、支部书记、帮扶责任人四级包保制度，压实村“两委”、驻村工作队、帮扶责任人等人员帮扶责任，着力解决贫困户家庭环境“脏乱差”等问题。2019年，老城街道结合农村改厕工程的实施，投资18.42万元全面完成无害化卫生改厕182户，投资40万元，改水102户，住房维修130户。按照“八有”规范标准，缺什么补什么的原则，动员包户干部，教育、卫生等部门捐赠物品310件，保障贫困群众日常生活需要。针对排查出来四净方面的93处问题，通过多种方式提高贫困户居住环境，组织党员、青年志愿者团队开展志愿活动17次；对接妇联等部门开展搬家式大扫除3次；联合中节能开展日常性打扫20余次，贫困户四净得到质的提高。⑤问题整改。2019年，老城街道将作风建设、问题整改作为工作重点，对2015年以来的项目全面体检，开展扶贫项目“四比对十查看”集中整治工作，重点关注扶贫资产产权、项目收益及分配等，实行一季度一调度，严格资金绩效管理，实施全过程绩效跟踪。同时，为确保项目不出问题，邀请泰安市审计事务所人员，对所有项目档案资料进行审计和查看现场，对查出的问题积极整改，梳理归档。推动项目提质增效，保证全处产业项目良好运营，持续发挥效益。开展脱贫攻坚“回头看”行动，按照“六查六看六解决”和各级脱贫攻坚问题整改推进会精神要求，多次召开脱贫攻坚工作整改推进会，进一步压实责任、到户到人建立责任体系，按照“一人不漏”排查要求进行拉网式排查，包村领导干部带队，与包户干部共同入户，逐村、逐户、逐人、逐项排查，按照直接到户、直接见人，对贫困户收入核算、“两不愁三保障”、人居环境、改厕、吃水、帮扶责任、帮扶记录本、“八有四净”、上墙明白纸、群众满意度等各项问题逐一对照、逐一排查、逐一建立台账，对排查出问题集中研判，落实整改。实事求是，查缺补漏，不走过场确保扶贫工作落到实处，不出问题。尤其对贫困户的环境、住房、旱厕问题，采取周通报、视频曝光等工作形式，由主要领导亲自调度，形成领导干部带头，包户干部一个不落后的工作氛围。至年末，全处投资135万余元用于改善“两不愁三保障”、饮水安全和“八有四净”等生产生活条件。

【土地整治】 老城街道李庄村等四村土地整治项目涉及李庄、大石铺、大石关、双峪4个村，预算总投资3931万元，建设规模7044亩。2017年11月完成项目立项，2018年2月完成招投标，2018年3月开工建设，2019年10月竣工。项目实施后，新增耕地1018亩，新增耕地率14.46%；共分13个标段，分为整修道路、农田水利、土地平整三大块。根据《肥城市土地利用总体规划（2016—2020年）》，结合项目区地形、土壤、水资源条件，以及当地农业产业结构调整和水土保持的要求，按照节水、节土的总体思路，考虑地形特点，对项目区内的全部田块进行土地整平，小块合并大块，修筑水平梯田，减少田坎占地，使其达到灌排工程布置和田块耕作的要求，土地平整工程和田块整平工程共动用土石方71.24万立方米、田埂修筑动用土石方9.6万立方米、新建石堰40350米。根据项目区水资源的分布情况，利用现有塘坝水源，建设“提、引、蓄”相结合的地表水灌溉系统；同时新打机井，布设PE管道，建设“提水站、机井+低压管道的灌溉系统”；新建集水窖75个、新打机井11眼、新建蓄水池10座、拦水坝3座。道路布局与现有村村通道路相衔接，尽量利用原有道路，尊重项目区农民的行路习惯，统一协调规划，使各级道路形成系统网络，项目设计共整修4米混凝土田间道路7430米，整修生产路5110米。为保护和改善项目区生态环境，在项目区营造农田防护林网增加林木覆盖率，在田间道两侧布设道路防护林，改善生态环境。根据当地的气候、土壤等条件，结合当地经验，树种选择紫叶李，株距3米，改善生态环境，形成良好的农田小气候。

【基层党建】 ①聚焦主责主业。成立党建引领指挥部，专项推进过硬支部建设、“三资”清理等重点工作，现场观摩4次。开展“不忘初心、牢记使命”主题教育，召开专题研讨会15次，解决供暖、卫生室改造等问题255个。坚持周末理论中心组学习，开展学习21次，讲党课3次，轮训党员3次。发挥肥城市老城革命纪念馆的阵地优势，先后有省、两级市、村居368个部门单位、4.2万人到纪念馆开展主题教育活动。完善“亮诺践诺”制度，年初亮诺、季度践诺、年末述职，倒逼党建责任落实。②抓实过硬支部建设。开展“立标提档、争星进位”活动，五星级支部抓示范，四星级及以下支部抓提升，4个软弱涣散党组织全部整顿完成，新增4个五星级支部。成立资源循环利用基地党委，选派20名党建指导员规范企业党建基础工作，开展“两新”组织党建“清底”行动，新成立企业党支部2个，发展党员7名。违规发展党员“清零”行动排查出13人21项问题，全部整改完成。③锻造过硬干部队伍。全面对标张家港塘桥镇和岱庙街道，组织学习5次，确定对标项目56个。调整不胜任支部书记4人。150名“两委”干部档案全部实现镇级备案管理。设立100万元“酵母”基金，吸引35名“五乡”人才回乡创业，其中返乡大学生11人有4人到村任职。深化社区网格化管理，统筹252名网格员工资，集中轮训2次。④提高村级保障水平。围绕山区村党建引领弱、资源要素散、主导产业缺等难题，抓实“联合党委促北部山区消薄攻坚”基层党建突破项目，整合6个村土地资源4200亩，引进集体增收项目6个，村集体收入全部突破10万元。全处33个村全部完成“三资”清理，清理出集体资源5161亩，村均增收7.9万元。提高“两委”干部补贴统筹比例，支部书记年均报酬达4.26万元，比上年增长12%。出台乡村振兴奖惩办法，村级干事创业激励奖补兑付115万元。

【肥城市小农女农业开发有限公司】 位于老城街道百尺村，2018年9月成立，注册资金200万元，为以蔬菜、果树、苗木种植、销售及信息咨询服务，果蔬采摘，食品、初级农产品、农副产品加工、销售，水产品、预包装食品、散装食品、冷鲜肉、农业机械、化肥零售，货物配载，网上贸易代理为一体的综合性企业。公司占地面积5亩，共有员工40余人，配送车辆8辆，已流转土地350亩，主要种植各种应季绿色、无公害果蔬。公司自建设以来总投入1500万元，拥有固定资产200余万元，年实现营业收入2000万多元。①发展新业态新模式。公司形成农产品的“种植、加工、销售、配送”为一体的产业链模式，并对各个环节进行监控，确保食品安全，让老百姓吃上放心果蔬。为稳步发展绿色、无公害农业，公司坚持实施绿色、无公害种植，进一步规范绿色、无公害种植操作规程，建立农产品产前、产中、产后配套的技术指标体系及生产基地档案，构建起生产记录可储存、产品流向可追踪、储运信息可查询、责任可追究的农产品质量安全追溯信息网络体系。同时，通过强化生产过程环境监测，严格农业生产投入品使用管理，保证绿色、无公害产品的合规性和高品质。公司与边院种植大户签订合作合同，将50多个温室大棚用于公司蔬菜水果的种植，确保货源稳定，保障农产品质量。公司拥有配送车队和超市，将种植加工的果蔬、农副产品配送到各大商场、学校、食堂、饭店等，形成“公司+合作社+农民+加工厂+配送+超市”的新型农业模式，打造种植、加工、销售、配送一条龙农产品深加工产业链条，一二三产业融合发展的良好局面。②开展产业扶贫。公司采取务工收益和入股分红两种措施带动帮扶贫困户增收致富。通过优先安排贫困户到公司就业，保障其工资性收入，并协调部分贫困户的土地按1000元/亩入股公司。贫困户不再直接种植农作物，每年可以按土地面积领到保底的收益分配，闲置下来的劳动力在公司从事力所能及的工作，领取薪金增加收入。③带动农民就业增收。为保障农户的利益不受损失，公司与农户签订农作物种植订单，收获后根据收购标准予以回收，使公司产业融合主体利益与农民利益紧密连接在一起，建立稳定的利益联结机制。公司根据生产订单进行统一安排生产经营，主要种植各种应季绿色、无公害果蔬。公司以农产品“田间”到“餐桌”始终安全为目的，以“绿色安全，责任当先”为根本，注册“桃都小农女”品牌商标，并先后成立4家“桃都小农女生鲜”连锁超市，利用“互联网+”、电商等平台，扩展社区团购市场，形成以“线下实体店”经营带动“线上社区团购”，以自主配送为特色的经营模式，有效地对各个环节进行监控，确保食品安全，让老百姓吃上放心果蔬。

（袁明金）

潮泉镇

【概况】 2019 年，全镇总面积 52.9 平方公里，辖 11 个行政村。总人口 2.3 万人，其中农业人口 1.8 万人。人口自然增长率 -0.22‰。耕地面积 2452.16 公顷，山林面积 1089.52 公顷。

全社会固定资产投资完成 12.36 亿元，公共财政预算收入 1065 万元，公共财政预算支出 1658 万元。社会消费品零售总额 0.14 亿元，进出口总额 6975 万元。全年引进落地项目 7 个，实际到位资金 5.66 亿元。

拥有成立农业专业合作社 75 家。农作物总播种面积 2344 公顷，其中粮食播种面积 1279 公顷。粮食总产量 7461 吨，棉花产量 11 吨，蔬菜产量 24710 吨，园林水果产量 2249 吨。生猪（牛、羊）存栏 0.4 万头，出栏 0.8 万头；家禽存栏 18 万只，出栏 31 万只。肉类产量 766 吨，牛奶产量 60 吨，禽蛋类产量 160 吨。全年新增造林面积 136 公顷，林木绿化率 52%。全镇拥有农业机械 3895 台（套），农机总动力 2.5 万千瓦。

全镇拥有工业企业 39 家，其中新增规模以上工业企业 4 家，共有规模以上工业企业 9 家。实现主营业务收入 1.8 亿元，实现利润 0.12 亿元，实现利税 0.23 亿元。

新修（改造、硬化）公路 22.9 公里。规划镇驻地、柳沟、百福图三处集中安置区，铺开 8 个村村居改造工程，建成高档社区住宅楼 45 栋，下寨村、潮泉村 770 余户群众率先搬进新居，张庄村二期已开工，百福图村、大王村、孙楼村完成施工图纸设计，完成安置区 4 栋楼清障，驻地服务中心完成图纸设计。垃圾无害化处理率 100%。全镇有 A 级及以上旅游景区 2 家，全年接待旅游人数 20 万人次，实现旅游总收入 800 万元。

全镇（街）有普通初中 1 所，在校生 350 人。小学 1 所，在校生 692 人。幼儿园 1 所，在园幼儿 255 人。专利申请量 10 件，授权专利 8 件。有农家书屋 12 个，农村文化大院 11 个，文体广场 50 个，文艺宣传（表演）队 16 个，新建公共健身工程 5 个。医疗卫生机构 11 所，其中医院（卫生院）1 个、社区卫生服务中心 10 个。各类卫生机构有床位 20 张，卫生技术人员 38 人。全年参加县级及以上体育比赛获奖牌 4 枚。

农村居民人均纯收入 19503 元。养老保险参保人数 12348 人，参保率 96%。新型农村合作医疗参合人数 16578 人。农村最低生活保障人数 287 人。各类福利院（敬老院）1 个，敬老院床位 60 张，收养 22 人。

2019 年，在全市经济社会发展综合考核中连续四年位列同组乡镇第一名。黑山、上寨、白窑 3 个村被评为省级美丽乡村示范村。获批泰安市现代农业产业园。顺利通过国家卫生乡镇综合评审，被评为山东省乡村振兴示范镇。泰山·桃花源项目被省发改委列入 2019 年度山东省百个重点建设项目，获批省服务业特色小镇。

【企业培植】 突出做大培强，实施骨干企业领跑计划，进一步提振全镇工业实力。2019 年，镇财政税收达 1065 万元，超额完成年度预算 134%，同比增长 11.9%。龙山机械、军成机械等企业年产值均同比增长，中泰建材、三同新材料、卓良模板、星河模板、利建模板等企业销售收入持续递增。全年新打造国家高新技术企业 1 家、泰安市级专精特新企业 1 家、泰安市企业技术中心 1 家、泰安市工程实验室 1 处、产业技术研究院 1 处，注册马德里国际商标 1 个。企业扩规升级成效高，新增规模以上工业企业 4 家，注册私营企业 36 家，其中个转企 23 家。新增进出口获权企业 2 家、实绩企业 2 家。

【招商引资】 引进投资 3.2 亿元的山东时和田园综合体项目，一期已流转周边村连片土地

山东时和田园综合体项目

2600亩，重点建设花海景区，已栽植景松等景观苗木40余万株，种植观赏花卉800余亩，打造天鹅湖、花海夜景、沧浪湖等特色景观，进一步提升潮泉旅游知名度。依托中国模板脚手架（肥城）产业园，新引进天安模板和卓良木模板2家高端模板制造企业，产业园企业总数达到8家。持续深入实施人才创新驱动战略，引导企业先后引进院士1名，博士3名，协助安为先公司搭建淮阴工学院潮泉实践基地。聚焦全市“八大产业”，重点引进投资1.2亿元的泰鑫机械加工项目和投资7500万元的跃达建筑工程项目，全年签约落地重点项目7个，到位资金突破5.2亿元，完成年度任务比例173.3%，在全市两次重点项目观摩中均列同组第一名。

【镇村建设】 坚定不移推动棚户区改造和村居改造工作，全镇规划驻地社区、柳沟社区、百福图社区3处集中安置区，全面铺开8个村村居改造工作，年内共建成高档社区住宅楼45栋，下寨村、潮泉村群众率先搬入新居。张庄村二期、潮泉村新建社区已开工，白窑村东西弹子山分村群众向中心村集中进展顺利，百福图、大王、孙楼等村已完成社区图纸设计。安装160余户污水一体化处理设施，打造黑山母子泉、白窑村史馆、上寨苹果主题广场等特色景观景点20余处。硬化村内道路37公里，14.6万平方米，新修改建道路14条，总长度22.9公里、总面积13.8万平方米。

【泰山·桃花源项目】 2019年，泰山·桃花源项全力开工建设，其中5万平方米的星级酒店及康养公寓、博物馆已完成主体建设，开始进行内外装修。二期康养中心建设中，其他相关配套项目已全部规划完成。泰山·桃花源项目迎接泰安市大项目观摩，成为潮泉镇首次代表肥城迎接泰安市项目观摩。至年末，项目已到位资金9.5亿元，通过建设三大片区，促进现代农业、生态康养、休闲旅游三大产业协同发展，预计全部建成后，可实现税收8000万元，安置就业600余人，为乡村振兴持续注入强劲动能。

（滕兴哲　邵晨晨）

王瓜店街道

【概况】 2019年，全街道总面积91.8平方公里，辖37个行政村（居）。总人口8.38万人，其中农业人口6.5万人。人口自然增长率1.004%。耕地面积3948公顷。

全年实现地方财政收入1.549亿元，其中工商税收1.33亿元；公共财政预算收入1.55亿元，公共财政预算支出1.55亿元。全年引进落地项目15个，实际到位资金47.3亿元。

拥有农业专业合作社40家。农作物总播种面积6031公顷，其中粮食播种面积4827公顷。粮食总产量57000吨，蔬菜产量6300吨。生猪（牛、羊）存栏4500头，出栏9000头；家禽存栏80万只，出栏370万只。肉类产量11900吨，禽蛋类产量520吨，奶类产量2280吨。全镇拥有农业机械1570台（套），农机总动力 11.2 万千瓦。

全街道拥有工业企业 324 家，其中规模以上工业企业 39 家。开工建设商住楼 1357 套，竣工 1300 套。基础设施建设完成投资 2800 万元，村镇建设完成投资 3900 万元。A 级及以上旅游景区 2 家，全年接待旅游人数 5.1 万人次，实现旅游总收入 12.5 万元。

全街道普通初中 1 所，在校生 1569 人。小学 7 所，在校生 4196 人。幼儿园 15 所，在园幼儿 2488 人。取得重要科技成果 37 项，获得县级及以上科学技术奖 2 项，专利申请量 229 件，授权专利 138 件。有农家书屋 32 个，农村文化大院 32 个，文体广场 45 个，文艺宣传（表演）队 30 个。广播、电视人口综合覆盖率均达到 100%。医疗卫生机构 2 所，其中医院（卫生院）1 个、社区卫生服务中心 1 个。各类卫生机构有床位 170 张，卫生技术人员 173 人。

养老保险参保人数 4.03 万人，参保率 99%。新型农村合作医疗参合人数 5.9 万人。农村最低生活保障人数 878 人。各类福利院（养老院）1 个。

年内，获得山东省社科普及示范乡镇、泰安市民兵调整改革先进单位、泰安市城乡妇女岗位建功先进集体等荣誉称号。

【脱贫攻坚】 2019 年，高新区在做好扶贫基础工作的同时，从加大人力物力投入、组织部门企业结对帮扶、开展教育系统爱心走访等方面入手，凝聚全区力量，为打赢脱贫攻坚战注入强大动力。①重新明确贫困户帮扶责任人。对全区 119 名在编在岗领导干部、机关干部全部进行包保，与现有的村级帮扶形成“双包保”“双保险”，实施帮扶责任人全面负责制。加强督查督导并做好问题整改，举办“扶贫论坛”，机关干部在周六机关干部大会上轮流上台演讲，交流对扶贫工作的认识做法与体会。②加大投入解决各类问题。区、村两级先后投入 70 余万元，用于解决贫困户各类需求，改善生活条件。按照“八有四净”要求，开展“八有”物品集中捐助活动，共捐助饮水机、风扇等基础生活电器 139 件，同时为 76 户贫困户购买电视机、太阳能、床、床单、窗帘等物品，与捐助物品一起，按需进行发放。对存在漏雨、墙皮脱落、裂缝等问题的 138 户贫困户房屋进行修缮，对室内墙面黑暗的 88 户贫困户房屋进行集中粉刷，为 129 户贫困户进行“搬家式”卫生清理，为 274 户贫困户完成改厕。为 184 户贫困户办理慢病特证，新增低保贫困户 14 户，低保转五保贫困户 23 户。③组织部门企业与村级结对帮扶。组织区内 14 家区直部门、重点企业与高新区省市级贫困村、重点村、扶贫任务较重的插花村结成扶贫帮扶对子。自开展活动以来，农大肥业公司为姜家庄村捐助资金 7 万元、金塔公司为聂庄村捐助资金 3 万元、泰鹏公司为聂庄村捐助资金 3 万元，鲁泰建材公司为穆庄村捐助资金 1 万元，用于村级贫困户住房修缮。高新区教工办组织区内 8 所中小学与蒋庄村内的贫困户结成帮扶对子，每一所学校联系 2 户贫困户，学校教职工定期走访慰问贫困户，帮助解决各类

2019 年 4 月 11 日，肥城高新区开展“八有”物品集中捐助活动

问题和困难。④开展教育系统“志愿帮扶爱心走访”活动。由扶贫办联合区内中小学校120名教师志愿者、部分中小学生利用假期，走访慰问区内全部建档立卡贫困户，带去米、油、面等慰问品，帮助贫困户打扫室内外卫生，并模拟第三方抽测，对贫困户“八有四净”“两不愁三保障一安全”“一户一档”、帮扶到位率、政策知晓率等情况进行遍访检查，助推全区扶贫帮扶工作落实。

【产业支撑】 按照富民、富村、富集体、富财政的原则，王瓜店街道引导鼓励各村“宜农则农、宜工则工、宜游则游”。农业上重点做强以十里铺、潘台、新胜、冉庄等村为主的农业示范园区，创建省级农业标准化基地2家，鼓励引导合作社和家庭农场向企业化转型。发挥富世康、嘉安远隆、福宽生物等农业龙头企业在全产业链布局中的关键作用，推动农业“新六产”，促进复合式全产业链发展。加强农产品品牌建设，实施农产品品牌培育工程，“三品一标”认证19个。工业上重点扩大填充穆庄、南仪仙、王东等村为主的工业集聚区，2019年，新引进项目29个，总投资近百亿元，其中6个开工较早的过亿元重点项目迎接10月底肥城市大班子项目观摩，观摩项目数量创历史新高；乡村特色发展上重点提升以黄叶、条水涧、张家屋、垛子石等村为主的北部环山乡村特色旅游区。实现一村一品，一村一主攻方向，有效增加村集体收入。33个村村级收入为近十年间增长速度最快的一年。

【美丽庭院建设】 2019年，肥城高新区以“清洁、绿色、健康、文明”为目标，以“美在我家”主题活动为抓手，以“庭院美、居室美、家风美、生活美”四美为创建内容，引导和激励广大妇女和家庭积极参与“美丽庭院”创建。截至年末，全区共有287户家庭获得“美丽庭院”称号。制定《2019—2020年高新区“美丽庭院”创建工作实施意见》，组建“美丽庭院”创建工作领导小组及工作专班，先后组织各村妇联主席召开“美丽庭院”创建工作部署会、推进会，明确任务目标，广泛宣传发动。建立“美丽庭院”创建工作台账，明确工作措施、完成时限，逐条逐项挂账销号。领导小组以周调度、月通报的形式，对各村创建情况进行督促指导、抽查评估，确保创建工作落地落实，使“美丽庭院”创建成为广大群众承载家庭幸福、优化健康环境、提升生活品质的重要载体。本着典型引领、示范先行、先点后面的原则，调动中共党员、村“两委”干部、妇联干部、“好媳妇、好婆婆、好邻居、好家庭”、先进典型等重点人群的积极性，逐步推开“美丽庭院”示范户创建工作。

【农村“三资清理”】 2019年，开展农村“三资”清理，盘活农村集体资金、资产、资源，增加村集体收入，促进农村经济发展与社会和谐稳定，取得阶段性成果。截至年末，共完成验收32个村，占97%。其中清理合同1141份，纠正不合理合同167份、新签合同382份，收回集体土地1863.94亩、四荒1547.8亩、宅基地229.19亩、山林101.42亩、水面200.43亩，厂房院落等资产37726.19平方米，机井52眼，盘盈资产726.23万元，追缴欠款685.69万元，增加集体收入645.28万元，每年持续增收216.23万元，村均9.4万元。通过清理，所有村集体经营性收入均稳定达到10万元以上。工作中主要做好“六个结合”。①与“不忘初心、牢记使命”主题教育相结合。将农村“三资”清理列入主题教育的重要内容和检视整改问题的重要方面，作为检验教育效果的实践载体，倡树“不忘为民初心、牢记发展使命”的工作理念和实绩观念。②与扫黑除恶专项斗争相结合。坚持农村“三资”清理就是扫黑除恶专项斗争的一部分，由扫黑办和专班牵头，公安、司法、法庭全程参与，有案必立、有恶必打，严格清理、依法办事，集中清理以来，公安谈话20余人次，提请法院立案15起、起诉8起，有力震慑侵占集体资产资源的不法行为。③与班子整顿相结合。由组织部门牵头，开展以建强班子、带好队伍、提升凝聚力号召力战斗力为核心的农村班子整顿活动，2019年共组织调整“两委”成员4人，其中支部书记2人。车庙、西大封等村在“三资”清理过程中锻炼干部，在处理复杂问题中提升能力，在与拖欠侵占等行为的斗争中树立威信。④与规范村务管理相结合。由经管科牵头，督促各村健全完善“三资”管理制度、村务财务公开制度等规范性文件，建立起农村“三资”管理的长效管束机制。同时，下发经济合同规范文本，鼓励村级聘请正规法律顾问，确保经济合同管理规范、民事纠纷处置及时，实现一次清理、抓常管长的目标。⑤与乡村振兴相结合。张屋、梁庄、潘台等村利用清理出来的资源，结合乡村振兴和美丽乡村建设，搞绿化、搞种植、修公路、疏河道，做到边清理边利用，村级面貌焕然一新。⑥与棚户区改造相结合。新胜、金槐等村利用“三资”清理，盘清旧村土地资源，加快棚改工程建设，并对以往旧村改造过程中形成的村民遗留债务进行彻底清收，为下一步居民楼建设拓清底子、理顺秩序。

【敬老院“四改一定”】 2019年，高新区把改造敬老院卫生间、厨房及餐厅、医疗服务、文体娱乐设施，定期组织老人外出观光为内容“四改一定”作为民政工作头等大事，成立专班时刻盯靠，推行一线工作法，先后投资106万元，推动工作落实。①新建改建卫生间。新建室内卫生室8间，配备高档洗浴设备8套，安装尼龙扶手、呼叫器。公共浴室新安装热水器3套、浴凳8个、尼龙扶手10个。公共卫生间改造坐便器2个，安装呼叫器、尼龙扶手、排气扇。整修扩建厨房餐厅。扩建餐厅1间，由之前的60平方米扩建至80平方米，并安装空调、排气扇、热手器、防蚊蝇设备。改造餐厅储物间1间。②提升医疗服务质量。邀请王瓜店街道卫生院工作人员到敬老院为老人进行免费体检，每人建立一份医疗档案，并定期回访。③改善文体娱乐设施。重新翻修院内墙壁，内粉5900平方米，外粉3500平方米，绘制二十四孝文化墙，营造敬老爱老的浓厚氛围。投资17万元，硬化全部路面。花费6.2万元购置藤椅50套、连椅8个、电视橱50套。邀请爱心公益协会、中小学、爱心企业志愿者到敬老院开展各类活动，让老人感受到社会各界的关爱。

【棚户区改造】 强力推动新型城镇化进程，在广泛宣传发动的基础上，按照能改尽改、能快尽快的原则，经过细致的梳理调研分析，全区33个村，确定21个村5年内全部实行棚户区改造。2019年，计划棚改1128套，其中北仪仙村新开工建设居民楼2栋，年底主体完工，全村棚改完成，累计腾空旧村土地500余亩，利用腾空土地新签约开工欧士达装配式建筑项目、新公和玻纤项目两个投资过5亿元项目，增强村集体经济实力；马庄村新开工建设134套，在城投公司的支持下，购买土地指标11.5亩，收储腾空土地50亩，项目建成后马庄村整村搬迁完成；申请上级棚改债券800万元，重启聂庄村4栋棚改楼，完善配套设施，化解遗留问题，年底实现入住。

【记住乡愁】 ①北仪仙村。为王瓜店街道下辖行政村，位于王瓜店街道驻地东北4公里，距市区5公里。据记载宋朝末年屈氏迁此建村，因“凤凰来宜，仙仙舞貌”的佳句，而取名“宜仙”，后谐音演变为仪仙。又因邹氏在村南建村（南仪仙），明洪武年间（约公元1398年）定为“北仪仙”。北仪仙村共有15个村民小组，1250户，总人口数4170人。耕地面积2469亩，7个党小组，104名党员。自2011年开始拆除旧宅基建设新居民楼。2018年底全部完成拆迁和安置计划。共建设居民楼43栋，安置居民1400余户，其中电梯房3栋。总投资1200万元完善所有的配

北仪仙旧村

北仪仙社区

套设施，家家户户用上水、电、集中供暖、天然气，全面实现硬化、绿化、亮化。投资30万元建成高标准的群众休闲娱乐广场，配有绿色长廊、旱喷泉、健身器材等配套设施；实施天网工程，社区监控无缝隙覆盖；实现天然气、有线电视、宽带网络等“六通”。旧村拆迁和改造共腾空集约土地350亩，复垦土地100亩。2019年10月，社区内建设高标准幼儿园1处，总投资580.64万元，占地面积2950平方米，教学楼建筑面积2855平方米，配套建筑面积110平方米，设计规模6个班，为中型幼儿园，可容纳幼儿180名。②南军寨村。位于王瓜店街道东南2.4公里。清咸丰年间（1851—1861年），为避兵乱，村民联防曾筑寨台，设军寨，因该村居南，故名“南军寨”。全村330户，1072人，均为汉族。有耕地面积1010亩，人均0.94亩。2000年，南军寨村借助上级建设新型社区的政策进行旧村改造。至2019年，南军寨村的旧村改造大部分已经完成，共建成6栋多层、8栋高层居民楼，95%以上的农户乔迁新居，住上宽敞明亮的新楼房，楼房全部实现集中供水、供气、供暖，整个居民小区配套齐全，功能完善，全部实现绿化、美化、硬化、亮化。③西付村。位于康王河湿地公园以北，工业三路以南，东距市委、市政府4公里，西距高新区管委会2公里。区域面积1.7平方公里，下辖8个自然村。总户数804户，总人口2809人。村内建有600余亩的工业园区，落户企业主要有山东墙冠建材科技有限公司、泰安麦丰科技有限公司、元通机动车检测有限公司、鑫亚食品。西付村集体年纯收入800万元，人均纯收入16000

南军寨旧村

南军寨社区

西付村旧村

西付村社区

指挥庄旧村

指挥庄社区

元。城中村改造效果明显，逐步迈向城镇化，40 栋居民楼安置居民 700 户。西付村被评为山东省“新农村建设百强示范典范村”“山东省卫生村”“山东省科技示范村”，泰安市“文明村居”，获肥城市“创建全国卫生城市突出贡献奖”。④指挥庄村。位于高新区南部，共有 220 户，人口 749 人。据传明万历年间，戴指挥迁此立村，取名指挥庄。后赵、宋、王、冉、陈、辛等姓相继迁入，仍沿用原村名指挥庄。自 2004 年，借助上级新农村建设的有关政策，先后建设 5 栋多层居民楼和 6 栋 11 层居民楼，拆迁安置村民 80 多户。2019 年，二期新建 4 栋高层居民楼，预计安置拆迁户 60 户。

（尹　静）

湖屯镇

【概况】 2019 年，全镇总面积 85.3 平方公里，辖 48 个行政村（居）。全镇总户数 3.7 万户，总人口 8.2 万人，其中农业人口 2.7 万人。耕地面积 4551 公顷，山林面积 574 公顷。

全社会固定资产投资完成 16 亿元，公共财政预算收入 1893 万元，公共财政预算支出 1702 万元。进出口总额 5801 万元，全年引进落地项目 7 个，实际到位资金 4 亿元。

拥有农业专业合作社 64 家。农作物总播种面积 1800 公顷，其中粮食播种面积 1533 公顷，粮食总产量 3.16 万吨。生猪（牛、羊）存栏 2.3 万头，出栏 4 万头；家禽存栏 150 万只，出栏 150 万只。肉类产量 945 万吨，禽蛋类产量 5 万吨，水产品产量 2300 吨。全年新增造林面积 260 公顷，林木绿化率 92%。全镇拥有农业机械 9000 台（套），农机总动力 11.4 万千瓦。

全镇拥有工业企业189家，其中规模以上工业企业8家，实现增加值1.1亿元，实现主营业务收入3.2亿元，实现利润0.5亿元，实现利税0.7亿元。

新修（改造、硬化）公路35公里。A级以上旅游景区2家，全年接待旅游人数5万人次，实现旅游总收入20万元。

有普通初中1所，在校生775人；小学1所，在校生1778人；幼儿园10所，在园幼儿1023人。有农家书屋48个，农村文化大院48个，文体广场54个，文艺宣传（表演）队56个，新建公共健身工程1个，广播、电视人口综合覆盖率分别达到90%和80%。医疗卫生机构37所，其中医院（卫生院）1个、社区卫生服务中心36个，各类卫生机构有床位60张，卫生技术人员142人。

养老保险参保人数35977人，参保率92%；新型农村合作医疗参合人数53459人。农村最低生活保障人数426人，各类福利院（养老院）2个，福利床位120张，收养45人。

年内，被省自然资源厅评为山东省森林村居，被省发展改革委评为山东省乡村振兴示范村（社区），被省农业农村厅评为省级农业标准化基地，被泰安市征兵办公室评为泰安市征兵工作先进单位，被肥城市财政局评为财政系统优秀单位，被肥城市委市政府授予肥城市教书育人先进单位。

聚圆钢球制造公司投资建设钢球产业园项目。图为工人进行变压器安装

【产业发展】 坚定不移把企业培植、双招双引、对上争取、新型城镇化作为创新驱动、转型发展的重要抓手，迈出动能转换的坚实步伐。突出外引内促、招大扶小、地企融合三个关键，以现有产业为依托，规划布局机械制造、钢球产业、新材料产业、矿区转型发展四个工业产业集群，并以此为重点突破工业项目招商。同时，依托华盛光伏农业、滕头园林、桢深果品等农业龙头企业开展建链补链招商。

【“竹绿矿区”行动】 统筹优化竹林发展布局，着力打造“一区两线三点”的绿色竹林景观，高标准栽植、高质量管护，加快修复改善矿区生态环境。已发展竹林面积3000亩，栽植竹苗100万株，逐步构建起以竹林为主的绿色生态修复体系。

【乡村振兴示范区打造】 高标准建设泰安市乡村振兴示范区，各示范点工作成效明显，张店村“文明银行”积分制得到泰安市级领导首肯并在国家、省市多级媒体推广；曹庄村平房区基础设施建设全面完成，美丽庭院成为全镇学习的典范；前兴隆村被认定为省级乡村振兴示范村，两区同建、一二三产融合经验进一步拓展提升；后兴隆村通过美丽乡村建设实现翻天覆地的变化；东湖东村实现社区集中供暖；华盛光伏农业产业园项目三期正在规划建设中；滕头园林维护更新苗木6000亩，新植苗木10万余株，新增硬化道路2.6公里；小微企业创业园完成整体打造提升，吸引10余家企业入驻。

【现代农业新标杆】 至年末，有农业龙头企业3家，其中省级1家（滕头园林）、泰安市级2家（华盛绿能、泽盛菌业），建有高效农业示范园500亩、有机苹果园1200亩。依托华盛光伏农业园区，搭建创客空间和电商平台，棚上发电，棚下发展菌菇、蚯蚓等特色种养。大众农业专业合作社入选省级经济林标准化示范园，桢深苹果，华盛秋葵、芦笋、黄菊实现有机认证。

【镇村风貌改善】 高标准建设美丽乡村，对于没有搬迁计划的村，结合村庄实际，规划美丽乡村建设方案，分线推进人居环境整治，脏乱差问题得到初步解决。遵循因地制宜原则，打造特色鲜明的省级美丽乡村后兴隆村、肥城市级美丽乡村大中泉村。在全镇18个村开展“美丽庭院”创建活动，以小家之美推进人居环境和文明素质双促进、双提升。抓好大气污染防治、秸秆禁烧、散乱污治理等工作，深入开展洁净煤推广、煤场清理及老泰临路沿线散乱污整治行动，建立环境长效管理机制。坚持拆违不留死角，全镇500余处违建全部拆除，涉及面积10万余平方米。

【全面加强党的建设】 深入实施党建“基石工程”，坚决扛起管党治党政治责任，全面从严治党取得显著成效。开展“不忘初心、牢记使命”主题教育，广大党员干部思想受到深刻洗礼，党性得到磨砺锤炼。牢牢把握意识形态工作领导权，舆论环境积极健康、向上向好。开展支书讲堂、乡村振兴讲习所等系列活动，完善主题党日制度，形成“月初申报、固定召开、随机抽查、定期通报”长效机制。在全市率先启动离任村干部认定工作，在职“两委”干部全部镇级备案管理。把“实施党建‘1+N’工程，推进乡村振兴示范区建设”作为基层党建突破项目，示范区内村级党组织全部达到四星级以上，集体经济总量同比增长23%。

（付　斌　刘　娜）

石横镇

【概况】 2019年，全镇总面积94.4平方公里，辖43个行政村（居）。总人口8.5万人，其中农业人口5.6万人。人口自然增长率1.8‰。耕地面积3486公顷，山林面积651公顷。

公共财政预算收入12004万元，公共财政预算支出11996万元。进出口总额4000万元。全年引进落地项目12个，实际到位资金1.6亿元。年末金融机构各项存款余额56.8亿元，比上年增长15.6%。

拥有农业专业合作社114家。棉花产量5.8吨，油料产量2411.3公斤，蔬菜产量9833.3公斤，园林水果产量253.8吨，水产品产量2180吨。生猪（牛、羊）存栏7419头，出栏6557头；家禽存栏22.57万只，出栏109.94万只。肉类产量1860.5吨，禽蛋类产量290吨。全年新增造林面积180公顷，林木绿化率36%。全镇拥有农业机械1476台（套），农机总动力121.62万千瓦。

全镇拥有工业企业78家，其中规模以上工业企业25家，实现增加值50亿元，比上年增长9%，实现主营业务收入420亿元，实现利润105亿元，实现利税22.8亿元。

新修（改造、硬化）公路56公里。公路完成客运量131万人次，货运量296万吨。完成电信业务总量1358万元，邮政业务总量368万元。开工建设商住楼336套，竣工336套。基础设施建设完成投资3180万元，村镇建设完成投资6200万元。新建垃圾压缩站1个，垃圾无害化处理率100%，污水集中处理率80%。全年接待旅游人数6.8万人次，实现旅游总收入660万元。

全镇有普通初中1所，在校生1210人。小学6所，在校生2718人。幼儿园11所，在园幼儿1634人。取得重要科技成果16项，获得县级及以上科学技术奖12项，专利申请量161件，授权专利18件。有农家书屋43个，农村文化大院43个，文体广场54个，文艺宣传（表演）队48个，新建公共健身工程3个。广播、电视人口综合覆盖率均达到 100%。医疗卫生机构 44 所，其中卫生院 1 个、社区卫生服务中心 43 个。各类卫生机构有床位 346 张，卫生技术人员 162 人。全年参加县级及以上体育比赛获奖牌 16 枚。

农村居民人均纯收入 30973 元。养老保险参保人数 2.98 万人，参保率 100%。新型农村合作医疗参合人数 5.48 万人。农村最低生活保障人数 1082 人。敬老院 1 个，收养 140 人。

年内，石横镇获得“全国综合实力千强镇”“山东省安全生产先进镇”“新型城镇综合试点先进镇”“泰安市安全生产先进单位”“体育工作先进镇”“第四次经济普查先进镇”“肥城市尊师重教先进镇”等称号。继续保持“全国文明村镇”称号，同时列入“全国经济发达镇行政管理体制改革镇”。化工园区评为国家级“中韩绿色园区”。

鲁中能源产业园铁路物流项目启用。图为机器进行货物装载

【鲁中能源产业园铁路物流项目启用】 2019 年 12 月 31 日，鲁中能源产业园铁路物流项目正式启用。鲁中能源产业园铁路物流项目为山东鲁中能源集团转型发展的重点项目之一，主要依托该公司现有煤炭存储料场和原有散煤运输线路，通过整合各方面资源、建设新的运营平台，优化服务流程，发挥联运优势，激活现有铁路运输的潜能与活力，改变单一的散煤运输现状，逐步建成以铁路运输为主，兼顾仓储装卸、现代物流配送于一体的大型物流项目，全面促进产业链、供应链、价值链深度融合，形成结构合理、功能完善，社会化、专业化、信息化程度高的现代物流园区。该项目自 2017 年开始规划，依托铁路专用线和周边配套资源，力求以最少的投入获取最好的运行效果。项目总投资 1.5 亿元，分两期完成，一期工程已提前竣工。由山东鲁中能源集团有限公司全资建设，主要建设内容包括铁路货场作业区以及与之配套的仓储、配送、生产、加工、分拨、交易及综合服务等功能区。项目全部建成后，其规模为年散堆货物运量 40 万吨、年集装箱运量 1 万个标箱，可创税收 2000 万元，增加就业岗位 200 个。

【化工园区被评为中韩绿色园区】 肥城市化工园区成立以来，坚持高标准规划、高起点建设，坚持绿色环保、经济与自然协调可持续发展理念，坚持严进严管依法依规治理，做到以环保达标为底线，不符合环保的化工企业不审批，违规上马的立即罚处和关停，不达环保标准的不准建，已建未达标的先治本。镇政府和化工园管委会、城建环保局、应急管理局专职干部盯紧靠牢、强化监督、严防死守，一旦发现实行最严厉的制裁措施，立即停工停产罚处取缔。经过两年的集聚发展，化工园区已建成世界上首个转炉煤气制果酸项目，亚洲最大纤维素醚生产基地，国内最大规格超高功率石墨电极产业园。化工园特色产业突出，发展势头强劲，已成为拉动肥城市经济和社会各项事业发展的重要引擎，经国家工信部和韩国资源通商部共同现场勘察、环评，确认化工经济园区已达到评审标准，2019年被评为中韩绿色园区。

【石横镇列为全国经济发达镇行政改革试点镇】 2019年，石横镇经济发展进入跨越式发展的快车道，逐步形成以特钢冶炼、化工产业集聚、机械制造、石墨电极等特色产业竞相发展良好格局，成为全国的特殊钢产业基地和化工产业基地，境内税收达30亿元，位列全国4强镇第415名，进入全国经济发达镇的行列。为使行政体制改革跟上经济快速发展的步伐，促进地方经济高质量的发展，逐步建立起与之相配套的行政机制。按照“能放则放，依法下放，有效承接”的原则，在产业发展、镇规划建设、管理、安全生产、市场监管等16个领域，承接107项县域经济管理权限，建设便民服务中心，设10个服务窗口，实行一站式服务。创新机构编制，科学配置管理职能，按照“精简统一效能”的原则，形成“八办（局）六中心”的行政管理体制。完善治理体系，搭建治理平台，依法依规综合治理社会秩序。明晰责任，实施属地管理职能，全力聚焦自然资源、生态环境、城乡应急管理、市场监管，综合执法等重点领域，严格工作流程。配备扶持政策，激活体制活力，推进机关建设，改善干事创业环境。至2019年12月，石横镇已初步搭建起与经济发达镇相配套的行政体系机制，经省政府审核报备，国务院批复石横镇为全国经济发达镇行政改革试点镇。

【记住乡愁】 旅店村为石横镇所辖行政村，始建于宋朝，因居南北交通要道，旅店较多，取名旅店村（吕店）。区域面积2.5平方公里，485户，1861人，均为汉族。主要姓氏有王、刘、董、孟、乔、张、陈、毛等。耕地2640亩，分8个村民小组，林地500亩，林木蓄积量800立方米。主要生产小麦、玉米，种植模式为“两菜一粮”，已成为农民增收致富的主要来源，2010年开始进行旧村搬迁改造，已建成居民楼7幢，210户居民乔迁新居。总投资5000万元，建筑面积26万平方米，绿化面积1万平方米，栽植苗木2万株，硬化道路1.2万平方米，路灯8盏，实现供热、供气，道路硬化、亮化、美化，固定保洁员4人，环境优美整洁。有幼儿园、文化广场，实现全员加入居民养老保险和医疗保险。发展淘宝电商户138个，为肥城市首个淘宝村。

（吕吉功）

桃园镇

【概况】 2019年，全镇总面积100.8平方公里，辖40个行政村。总人口5.64万人，其中农业人口5.28万人。人口自然增长率1.52‰。耕地面积5896公顷，山林面积785公顷。

全社会固定资产投资完成12.7亿元，公共财政预算收入1256万元，公共财政预算支出

旅店村旧村

旅店村新村

1256万元。进出口总额1.59亿元。全年引进落地项目10个，实际到位资金4.12亿元。

拥有农业专业合作社121家。农作物总播种面积5660公顷，其中粮食播种面积4600公顷。粮食总产量38700吨，棉花产量65吨，油料产量1326吨，蔬菜产量307407吨，园林水果产量30599吨。生猪（牛、羊）存栏2万头，出栏3.2万头；家禽存栏246万只，出栏1100万只。肉类产量1.76万吨，禽蛋类产量0.18万吨。全年新增造林面积205公顷，林木绿化率22%。全镇拥有农业机械29021台（套），农机总动力12.56万千瓦。

全镇拥有工业企业33家，其中规模以上工业企业7家，实现增加值12.06亿元，比上年增长8.65%，实现主营业务收入12.05亿元，实现利润3.24亿元，实现利税3.44亿元。资质三级及以上建筑企业1家。

新修（改造、硬化）公路9.8公里。公路完成客运量5万人次，货运量100万吨。完成联通业务总量440万元，邮政业务总量480万元。开工建设商住楼1010套，竣工384套。基础设施建设完成投资1265万元，村镇建设完成投资3.7亿元。垃圾无害化处理率100%，污水集中处理率100%。A级及以上旅游景区1家，全年接待旅游人数9万人次，实现旅游总收入600万元。

全镇有普通初中1所，在校生848人。小学7所，在校生1523人。幼儿园8所，在园幼儿505人。取得重要科技成果3项。有农家书屋40个，农村文化大院40个，文体广场65个，文艺宣传（表演）队48个，新建公共健身工程4个。广播、电视人口综合覆盖率均达到100%。医疗卫生机构28所，其中医院（卫生院）1个、卫生室27个。各类卫生机构有床位80张，卫生技术人员59人。全年参加县级及以上体育比赛获奖牌15枚。

农村居民人均可支配收入19503元。养老保险参保人数3.53万人，参保率96%。新型农村合作医疗参合人数4.17万人。农村最低生活保障人数479人。敬老院1个，敬老院床位41张，入住32人。

年内，获得中国“特色农产品优势区”，省级“生态乡镇”“现代农业产业园”，泰安市“老年体育工作先进单位”“第四次经济普查先进集体”“治安保险工作先进乡镇”“档案工作先进集体”，肥城市“安全生产目标责任制先进集体”等荣誉称号。

【村居改造】 2019年，桃园镇紧抓政策机遇，推动新项目开工，超额完成年度目标任务，年内全面启动屯头村三期、东伏庄村、张里庄村、龙岗村、东里一村、东里村二村、东里村三村等12个村的村居改造项目，签订协议并收取保证金3424套，超出原定计划696套，重点推进屯头村三期、张里庄村、龙岗村、东里村、东伏庄村四大集中安置区的建设工作，按照年初制定的计划，全部实现开工建设。往年开工的续建项目进展顺利，屯头村一期2月份实现分房入住；后韩村11月份完成各项基础设施配套工作，全部竣工入住，并实现集

桃园镇后韩社区

中供暖；前韩村、白楼村项目年底基本建成；屯头村二期主体完工；桑杭村主体及二次结构完工；营里村和涝洼村主体均建至八层。在村居改造项目建设的同时，不断完善驻地综合配套工程，通过打造商业综合体、沿街美化、景观大道、污水管网、集中供暖、安全饮水、幼儿园建设七大工程，提升驻地社区品质，让安置区群众获得更多的幸福感。

【两条过境省道竣工通车】 2019年6月28日，历时两年的泰肥一级路西延工程竣工通车，该路段为国道341的一部分，途经仪阳、桃园等街镇，终点与石横镇境内泰临公路段相接，路线全长22.9公里。与此同时，青兰高速肥城至东阿段也于2019年10月16日正式建成通车，该段是国家高速公路网的重要组成部分，全长86.55公里，设计为双向六车道，时速120公里／小时，设收费站6处，总概算投资80.74亿元。同时设服务区2处，其中桃园镇设立服务区1处，该服务区设施配套齐全，为过往车辆及人员提供加油、维修、休闲娱乐、餐饮等服务。两条省道的贯通，使桃园镇交通更加便利，为桃园镇经济高质量发展发挥助推作用。

【肥桃国家级现代农业产业园创建】 项目位于桃园镇中东部肥桃主产区，占地3.5万亩。有工商资本企业8家，已发展肥桃种植及有机果蔬基地5500余亩，建有千亩“国内桃活体基因库”、百亩“肥城市有机佛桃培育基地”。片区2019年荣获“国家级特色农产品优势区”和“省级现代农业产业园”等称号。主要建设以肥桃产业为核心的现代标准化种植片区、肥桃科技示范片区、产学研科技支撑片区、循环农业示范片区、二产融合发展片区、肥桃旅游开发片区、田园综合体文旅康养片区、桃木雕刻文化片区等八大片区。建成后，将辐射带动肥桃种植面积达到5万亩，实现一二三产深度融合，生态效益和经济效益双向发展。

【食品产业园建设】 桃园镇食品产业园规划占地550余亩，已引进肥城宇希置业有限公司。2019年，桃园镇安排专人全程盯靠食品产业园，协调增设食品产业园供电专线，破解项目建设过程中的资金“瓶颈”与难题，齐心协力、全力以赴，推进项目发展，产业园建设步伐不断加快。完成A区122亩，25处办公楼及配套冷库、18处厂房的主体建设，7处厂房钢架结构及基础建设。产业园发展思路新，成功开拓“工业地产模式”的新路子。开展政银企合作，工业厂房按揭贷款成功落地，成为全省农行系统首例。招商平台凸显，A区已招引企业19家，25处厂区已经售出23处，B区已有5家企业准备签订合作意向书。带动能力强，A区企业投产后，可实现销售收入12.5亿元，增加税收1500万元以上，吸纳就业1000余人。

（张文芹）

王庄镇

【概况】 2019年，全镇总面积93.7平方公里，辖53个行政村。总人口5.54万人，其中农业人口5.15万人。人口自然增长率1‰。耕地面积5260公顷，山林面积850公顷。

全社会固定资产投资完成19.98亿元，公共财政预算收入512万元，公共财政预算支出828.22万元。社会消费品零售总额22.3亿元，进出口总额7180万元。全年引进落地项目11个，实际到位资金3亿元。年末金融机构各项存款余额14.3亿元，比上年增长5.1%。

拥有农业专业合作社114家，家庭农场90家。农作物总播种面积15750公顷，其中粮食播种面积6536公顷。粮食总产量71089吨，棉花产量190吨，油料产量520吨，蔬菜产量56.4万吨，园林水果产量3600吨。生猪（牛、羊）存栏2.3万头，出栏3.1万头；家禽存栏68万只，出栏112万只。肉类产量1560万吨，禽蛋类产量1120吨。全年新增造林面积260公顷，林木绿化率39%。全镇拥有农业机械4662台（套），农机总动力8.45万千瓦。

全镇拥有工业企业16家，其中规模以上工业企业13家，实现增加值24.6亿元，比上年增长8%，实现主营业务收入22.4亿元，实现利润2.6亿元，实现利税4.3亿元。资质三级及以上建筑企业3家，实现建筑业增加值2.5亿元，比上年增长8.7%，实现利税3200万元。

新修（改造、硬化）公路12.6公里。公路完成客运量13万人次，货运量190万吨。完成电信业务总量500万元，邮政业务总量36万元。开工建设商住楼19套，竣工11套。基础设施建设完成投资8700万元，村镇建设完成投资4200万元。垃圾无害化处理率100%，污水集中处理率75%。

全镇有普通初中2所，在校生1098人，其中初级中学997人，京欣中学101人。小学7所，在校生1798人。幼儿园5所，在园幼儿1244人。专利申请量8件（含实用新型专利7件），授权专利2件（实用新型）。有农家书屋54个，农村文化大院54个，文体广场78个，文艺宣传（表演）队40个，新建公共健身工程71个。广播、电视人口综合覆盖率均达到100%。医疗卫生机构29所，其中医院（卫生院）1个、社区卫生服务中心28个。各类卫生机构有床位60张，卫生技术人员138人。全年参加县级及以上体育比赛获奖牌10枚。

农村居民人均纯收入19503元。养老保险参保人数1.48万人，参保率41%。新型农村合作医疗参合人数4.42万人。农村最低生活保障人数887人。各类福利院（养老院）1个，福利院床位65张，收养58人。

年内，获得省级耕地保护工作成绩突出乡镇、泰安市计划生育保险工作先进单位、泰安市安全生产先进单位、泰安市教书育人先进单位、肥城市脱贫攻坚先进乡镇、肥城市农村经营管理系统先进单位、肥城市农村产权制度改革工作先进单位、农民合作社、家庭农场企业化转型工作先进单位、肥城市尊师重教先进单位等荣誉称号。被大众日报社授予“基层工作联系点”。东孔村被山东省发展和改革委员会认定为“山东省乡村振兴示范村”。

【农村“三资”集中清理】 2019年，把软弱涣散党组织整顿作为“三资”清理的首要环节，抓书记、强班子，转作风、提能力，赢民心、聚合力，“三资”清理工作进展顺利，成效显著。①班子建设。镇党委坚持“抓党建首先抓支部，抓支部首先抓书记”，把选书记、配班子作为“三资”清理的首要任务。摸清底子建台账，以社区为单位，对各村的集体收入、班子队伍、稳定情况进行深入摸底，分类管理、对症下药。分析研判趟路子，镇党委召开专题会议逐村分析研判，拿出清理方案。支部书记弱的采取劝退、下派等方式，把敢于动真碰硬的人任命为临时“主官”；班子不健全的在清理过程中考察人才，纳入后备人选。政策激励搭平台，出台《镇聘人员回村任职办法》，对回村任职的镇聘人员，采取因人而异的任职办法，调动其积极性，回村任职攻坚集体“三资”清理。②能力培养。解开“思想疙瘩”，坚持“治事不治人”，对存在问题分类清理、积极整改。组织业务培训，邀请市经管部门专业人员为镇村干部专题授课，组建“法律会客厅”，为专班人员普及“三资”清理法律知识，全方位提升专班人员业务能力，为精准推进“三资”清理打下坚实基础。强化指导帮带，采取镇专班带村专班，老干部带年轻人的方式，以练代训，引导村干部冲到矛盾尖锐的一线，解难题、长本事。③队伍建设。把“三资”清理作为考验干部群众的“试金石”，能者上、庸者下、劣者汰，激活村干部担当作为的精气神。针对清理过程中出现的情况，对于能力不胜任、怕触及矛盾、工作不配合的村干部，坚决予以调整。对在“三资”清理进程中涌现出的敢于担当，不怕得罪人的干部，大胆启用。将拥护上级政策、支持村“两委”工作、带头清理的群众纳入后备人才库，重点观察，跟进培养。开展“三资”清理工作以来，王庄镇党委先后调整村“两委”干部13人，其中支部书记8人。发现培养后备力量25人，吸纳培养20名入党积极分子，有效破解13个村长期不发展党员的难题，5个软弱涣散党组织彻底转化，班子的战斗力显著增强，有力推动“三资”清理工作顺利进行。至年末，全镇53个村全部完成清理并通过市级验收，共清理合同6021份，核实集体总资产7963万元，新清理出机动地2900亩、“四荒”2670亩，旧宅基地156处79.9亩，房前屋后土地1037.09亩；清理应收账款2842.92万元，已收回1452.01万元。通过清理，增加集体收入410.97万元、村均7.76万元，以后每年稳定增收181.58万元、村均3.43万元。2019年11月14日，党委书记李军在泰安市软弱涣散基层党组织整顿工作现场会上作典型发言。

（杨鸿义）

【现代农业】 肥城正阳家庭农场由种粮大户戴先亮成立，位于王庄镇闫屯村。农场以打造“从田间到餐桌”，纯绿色、无污染、零添加、健康、营养的食品企业为己任，探索出可持续发展的现代农业之路。正阳农场的产品品类丰富，产品不含添加剂，原料均来自品牌自建的有机小麦种植基地，在生产、加工环节，把绿色、安全始终放在第一位。产业链条涵盖小麦、肉食、蔬菜等诸多领域，在产业链上游，从选种、选地，到种植、养殖等环节严格把控，宏观调控产品结构；在加工环节，对产品品质全程控制，确保食品安全；在下游，通过技术研发和创新，向消费者提供更多的健康、营养食品。正阳农场现有流转土地1000亩，蔬菜种植300亩，承包山林200亩，常年安置60余人打工就业。旗下设有四大产业集群，包括生产基地、石磨面粉厂、面条厂、面食工厂、烘焙工厂。主要生产小麦、面粉、面条、糕点、蔬菜等系列产品。2019年，正阳农场投资近200万元，新建石磨面粉厂1处，石磨面粉采用传统的石磨，结合现代技术，把石磨变成现代化的面粉加工厂，在批量生产的同时保持石磨的味道。正阳农场先后被授予为省级家庭农场示范场、省第二批无公害农产品、市级农民合作社示范社。该农场2019年12月18日在山东广播电视台的农科频道《乡村季风》栏目以《升级版家庭农场效益翻倍》“直播乡村”中直播。截至年末，在正阳家庭农场的带动下，王庄镇已发展家庭农场90家。

（王玉忠）

【企业培植】 2019年，王庄镇把现有企业培植壮大作为扩大税源、保障运转的关键一招，以新旧动能转换为着力点，对镇内13家规模以上企业分类施策，在进一步扩大提升美达管件、维创设备、万德福服饰等企业生产规模和产品档次的基础上，引进规正工业设备项目，该项目由山东规正工业设备公司于2019年5月全资收购泰山机械公司股权后投资建设。项目总投资2.8亿元，规划占地60亩。企业秉承智能、绿色、环保的理念，主要从事水泥工业装备的研发、制造，产品拥有自主研发专利。一期投资8000万元，改造原有加工车间5000平方米及办公楼1500平方米，新建喷漆车间1处；新上激光数控切割机、等离子切割机等智能数控设备，并于8月份投入生产。二期规划新建标准车间10000平方米、研发中心3000平方米，新上智能制造设备80余台（套），建成国家水泥装备制造示范企业。山东规正工业设备公司注册地已由济南变更至王庄园区，随着项目二期建设，公司将全部迁入。项目投产后，年可生产水泥设备1000台（套），产值3亿元，利税3000万元，解决120余人就业，为有效促进传统机械制造业转型升级，激发新旧动能转换活力，盘活资产，推动王庄镇工业高质量发展奠定坚实基础。

（杨鸿义）

【教育工作】 2019年，王庄镇总投资4200万元的五大中小学教育项目建设顺利推进，优质均衡创建的各项重点指标全部完成，群众对教育的满意度、教育工作综合评估均列全市各镇街第一名。在全市教师节庆祝大会上，王庄镇作为镇街唯一代表进行典型视频经验介绍，连续第12年被市委市政府授予“尊师重教先进单位”；代表肥城迎接泰安市教育工作综合评估、教育扶贫、漠视侵害群众利益专项检查。在庆祝建国七十周年“我与国旗同框”活动中，镇中小学生演唱的《我和我的祖国》视频被选入山东广播电视台进行播放。①项目建设。新建设的初级中学教学楼、中心小学综合楼已投入使用；投资1128万元的初级中学学生宿舍楼已完成主体；投资467万元的中心小学餐厅及周转房已完成建设；投资2300万元的初级中学、中心小学、演马小学3处塑胶操场已完成混凝土浇筑。②师资水平优化均衡。投资260万元进行仪器设备的配备与更新，更新多媒体86套、教师用机300台、学生用机510台、各种仪器器材32566套，建成3D打印室、机器人实验室，初级中学、中心小学、演马小学录播教室和网络教研平台全部更新完善，教育信息化水平大幅提升；市直遴选后，重新调整教师配置，达到各学校师资水平优化均衡。③学生综合素养提升。教育教学质量不断提升，初高中6年学生综合素质跟踪评价列全市第三名；各类教学竞赛评比成绩突出，中小学35个“小课题”研究被确定为省市级课题；在国家及省市航模、科普、作文、故事赛等大赛中获奖学生达400余人次；王庄镇手球队获肥城比赛第一名，并代表肥城参加泰安市比赛，分获男女组第一、二名；小学跳绳、长跑、篮球等项目在全市取得较好成绩；艺术展演、鼓号操等获全市奖励。

（张泗军）

【敬老院升级改造】 4月，投资500余万元的老年公寓及附属设施楼投入使用，公寓楼共3层，建筑面积1720平方米，设置床位70张，已入住老人58人，其中全失能9人，半失能45人。设置老年活动室、医务室，改造餐厅、食堂6间，浴室4间，房间内设有衣橱、电视柜，设有独立卫生间，全部安装坐便器、安全扶手、排气扇、呼叫器、毛巾浴品架、拖布池等，水、电、暖、宽带和医疗、娱乐、消防等设施齐全，完全达到“四改一定”要求，成为全市乡镇建设标准最高、设施最完善、功能最齐全的老年服务中心。结合老年公寓楼的投入使用，搞好配套设施的升级改造。2019年累计投入200余万元，完善配套消防设施，新建文体活动广场200平方米，并进行绿化、亮化、美化。制作孝老文化墙，浓厚敬老爱老孝老氛围；并为每个老人订制四季服装各一套，更换新被褥、床单等床上用品。

（王振鲁）

【交通提档升级】 ①路网提档升级工程。总投资743万元，完成总里程8.6公里，共有东孔至郝庄2.4公里、田庄至肥梁路2.6公里、湖王路至西焦

李山头村内道路整改前

李山头村内道路整改后

3.6公里3个项目。3条公路路面宽度均加宽2米，路面升级为沥青，公路网络、公路品质得到提升。②自然村通达工程。总投资211万元，总里程3.9公里，完成东焦至郭场1.6公里、田庄至花园1.1公里路面升级为沥青、郭辛村至肥梁路1.2公里路面升级为沥青3个项目。③“户户通”工程。2019年，王庄镇田庄、姜刘、刘庄、西孔、项屯、草寺、太平、姜庄、李井、王场、小张、李山头、郭场、孝堂峪、仁庄、南尚西16个村进行农村公路“村村通”“户户通”“巷巷通”建设工程，村内道路硬化率达到80%以上，新修硬化路面33公里，总投资1320万元。

（杨鸿义）

【脱贫攻坚】 王庄镇党委政府以提升贫困群众人居生活水平为着力点，开展“两不愁三保障”和“八有四净”专项行动。在对全体贫困群众进行深入摸底调查的基础上，立足贫困群众实际需求，由镇党委、政府统一出资购买凉席、凉被、蚊帐、凉枕四件套，送到633户贫困群众手中，并帮助行动不便的老年人挂上蚊帐、铺上凉席。随后包村包户干部按照“缺啥捐啥”的原则，将自家闲置的生活用品无偿捐赠给贫困群众。各包村包户干部到困难群众家中，打扫卫生、整理床铺，为贫困群众修缮房屋、粉刷墙壁等。为解决困难群众办证难的问题，采取“医生下沉、集中认定、上门办证”的方式，对全镇建档立卡贫困人口中罹患30种慢性病的患者逐一筛查，逐一办证，确保医保政策落到实处，通过主动办证、送服务上门等方式，打通服务贫困群众的“最后一公里”，让贫困群众“敢看病、能报销”，保障医保政策及时落地，减轻贫困群众的家庭经济负担，提升贫困患者的满意度和获得感。7月19日，《大众日报》对王庄镇“扶贫扶到群众心坎上”、服务群众“零距离上门办证”的做法进行专题报道。

（杨鸿义）

仪阳街道

【概况】 2019年，全街道总面积97.4平方公里，辖49个行政村（居）。总人口4.59万人，其中农业人口4.31万人。人口自然增长率4‰。耕地面积4046.47公顷，山林面积1464.26公顷。

全社会固定资产投资完成19亿元，公共财政预算收入29207万元，公共财政预算支出29207万元。社会消费品零售总额10.52亿元，进出口总额5678万元。全年引进落地项目13个，实际到位资金11.3亿元。年末金融机构各项存款余额10.46亿元，比上年增长16.5%。

拥有农业专业合作社55家。农作物总播种面积4745.1公顷，其中粮食播种面积3846.7公顷。粮食总产量23080吨，棉花产量73.4吨，油料产量341吨，蔬菜产量11777.1吨，园林水果产量12240.5吨。生猪（牛、羊）存栏0.8万头，出栏0.9万头；家禽存栏7.8万只，出栏16.2万只。肉类产量70.4吨，禽蛋类产量571吨。全年新增造林面积300公顷，林木绿化率43%。全处拥有农业机械5401台（套），农机总动力452万千瓦。

全街道拥有工业企业61家，其中规模以上工业企业6家，实现增加值2.59亿元，比上年增长43.9%，实现主营业务收入42.3亿元，实现利润0.9亿元，实现利税7.7亿元。资质三级及以上建筑企业20家，实现建筑业增加值2.98亿元，比上年增长12.6%，实现利税8.94亿元。

新修（改造、硬化）公路12.5公里。公路完成客运量780万人次，货运量240万吨。完成电信业务总量580万元，邮政业务总量430万元。开工建设商住楼1410套。基础设施建设完成投资1.92万元，村镇建设完成投资3.46万元。垃圾无害化处理率100%，污水集中处理率100%。A级及以上旅游景区2家，全年接待旅游人数70.56万人次，实现旅游总收入1.52亿元。

全街道有小学3所，在校生1751人。幼儿园7所，在园幼儿820人。取得重要科技成果8项，获得县级及以上科学技术奖1项，专利申请量11件，授权专利3件。有农家书屋50个，农村文化大院49个，文体广场53个，文艺宣传（表演）队39个，新建公共健身工程2个。广播、电视人口综合覆盖率分别达到90%和100%。医疗卫生机构27所，其中医院（卫生院）1个、社区卫生服务中心26个。各类卫生机构有床位450张，卫生技术人员66人。

农村居民人均可支配收入17811元。养老保险参保人数2.41万人，参保率56%。新型农村合作医疗参合人数3.4万人。农村最低生活保障人数675人。各类福利院（养老院）2个，福利院床位200张，收养128人。

年内获得省级医养结合示范乡镇、泰安市新时代泰山“挑山工”先进集体、泰安市信访工作先进单位、泰安市森林乡镇等荣誉称号。

【企业培植】 突出培植建安业，全省首个建安总部集聚区拔地而起，军辉、显通、益通、宏远4家总部项目开工建设，第二批四方、泰峰达、广帮、兴润、正工、信邦6家总部项目开始办理手续；企业资质晋升取得突破，军辉、兴润2家企业获得全国石油化工首批拆解资质认定，新增一级资质7项、二级资质6项、三级资质8项。金威机械被认定为省级企业技术中心和省级高新技术企业，

2019年6月27日，凤山大街南延路段即将建成通车。图为工作人员对道路划线（陈元　摄）

蔚蓝科技孵化器获批泰安市小微企业创业创新示范基地，鲁变电工、瑞科电气被评为市级“一企一技术”研发中心。全年新增“四上”企业9家，个转企35家。企业的扩规提质、做大做强，为经济实力攀升增添动力，注入活力。

【新型城镇化】 围绕“全域居住升级”加压发力，成功启动大柱子、小柱子、东杨、四合等7个村社区建设，签订搬迁协议1461户，铺开社区建设的村达到33个。全年新开工居民楼45栋、1981套，续建居民楼51栋、1410户，已建成居民楼155栋，入住4920户，拆除旧村560处，开工数量位居全市第一，实现群众的安居梦、进城梦。坚持规划先行，2个村庄连片规划获市政府批复实施，酝酿完善城市设计、旅游规划、园区规划设计，弥补规划混乱缺失的短板。凤山大街全线贯通，仪兴路、凤山大街南延段绿化提档升级，不断增强驻地吸引力和承载力，加快融入城区步伐。

【乡村振兴】 年内，力推“四个全域”，乡村振兴有方向，出实招。①全域土地流转。新流转土地5270.62亩，累计流转1.62万亩，完成耕地总面积的64.3%。②全域绿化。完成交通干线和“村村通”道路两侧绿化51.28公里，栽植金叶榆、白蜡、樱花等绿化苗木2.2万余株；青兰高速两侧绿化487.76亩，栽植各类苗木近1.7万株；荒山造林2600亩，涉及仪阳、周王墓、空杏寺等15个村；发展以肥桃、樱桃等为主的经济林1536亩。迎接肥城市级机关千人植树活动，代

表肥城市先后迎接泰安市雨季荒山造林观摩现场会和全省造林实绩检查。③全域人居环境提升。列支240余万元作为城乡环卫长效保洁专项资金，投入100万元秸秆综合利用奖补资金，高标准落实“三清三禁”，城乡环境卫生面貌得到根本性改变。④全域水利提升。编制全域水利利用规划，高标准实施8000亩千亿斤粮食项目，新策划万亩高标准农田整理项目，种地靠天、土地流转难的“卡脖子”问题有望解决。全面完成农村饮水安全攻坚工程，让仪阳群众喝上放心的自来水。实施农业品牌创建，山东一滕田园美农林科技有限公司获批省林木种苗农业龙头企业，“泰山金阳”猕猴桃和“王南阳”核桃被评为“齐鲁放心果品”，刘台康益肥桃产销专业合作社肥桃标准示范园被评为省级经济林标准化示范园，刘台康益肥桃产销专业合作社、百忍昌顺猕猴桃合作社获批省级农业标准化示范基地，石北兴润园林研发中心、百忍昌顺猕猴桃基地获批肥城市级农业产业园，绿源果蔬公司、泰之源蜂业食品公司获批肥城市20强农业龙头企业，荣祥农机合作社、瑞农林果合作社等5家合作社获批肥城市50强农业新型经营主体，完成“三品一标”认证10件，合作社转企22家，获批泰安市级示范合作社（家庭农场）4家，肥城市级示范合作社（家庭农场）9家。

【民生事业】 全力打赢脱贫攻坚，开展遍访式扶贫、公益式扶贫和慈善扶贫，建立扶贫爱心超市13个，1262户、2943名建档立卡贫困人口稳定脱贫。教育工作成果丰硕，石坞小学、京城希望小学塑胶运动场地建成使用，一滕幼儿园、京城希望小学幼儿园完成维修改造，盛源社区、东部名城、橡胶厂南仪阳片新增民办幼儿园3处。推进敬老院社会化改革，引进山东养老产业投资管理公司成立肥城市子梅养护院，成为全省首批“公建民营”试点。完成24个村级卫生室、25个村级卫生服务点标准化建设，有效缓解群众看病难题。

【记住乡愁】 鱼山村原址位于仪阳街道驻地西南2公里处，因村址建在鱼山脚下而得名。由南、北鱼山两个自然村和一个居民小区构成，总面积0.97平方公里，共有104户、330余人。该村明朝初年（约1390年）立村，最初宋、赵两姓的祖先因避战乱，带领家人由王晋村到此选址立家。明末，牛、李、刘姓人家先后迁入。经世代繁衍，宋姓逐渐成为鱼山村最大姓氏，共有110余人。2015年，开始进行异地社区建设，已建设完成居民楼4栋，实现通水、电、气、有线电视等，已有70户村民搬入社区新居。新建二期工程4栋居民楼即将交工，共70户，整体搬迁基本完成。旧村保留古村落原貌，搞旅游开发。

（田宝竹）

鱼山古村

鱼山社区

安临站镇

【概况】 2019年，全镇总面积130.9平方公里，辖个48行政村。总人口5.87万人，其中农业人口5.62万人。人口自然增长率-0.99%。耕地面积5911.2公顷，山林面积4134公顷。

全社会固定资产投资完成13.64亿元，公共财政预算收入3809万元，公共财政预算支出3809万元。社会消费品零售总额17.6亿元，进出口总额3921万元。全年引进落地项目11个，实际到位资金7.82亿元。年末金融机构各项存款余额13.63亿元，比上年增长4.05%。

拥有农业专业合作社118家。农作物总播种面积3900公顷，其中粮食播种面积2410公顷。粮食总产量7260吨，棉花产量510吨，油料产量530吨，蔬菜产量7250吨，园林水果产量5100吨，水产品产量280吨。生猪（牛、羊）存栏5.2万头，出栏12.9万头；家禽存栏52万只，出栏126万只。肉类产量1890吨，禽蛋类产量1900吨。全年新增造林面积290公顷，林木绿化率28%。全镇拥有农业机械558台（套），农机总动力6990万千瓦。

全镇拥有工业企业36家，其中规模以上工业企业8家，实现增加值9.42亿元，比上年增长11.8%，实现主营业务收入13.36亿元，实现利润7800万元，实现利税1.34亿元。资质三级及以上建筑企业1家，实现建筑业增加值3.99亿元，比上年增长147%，实现利税5100万元。

新修（改造、硬化）公路24公里。公路完成客运量650万人次，货运量220万吨。完成电信业务总量42万元，邮政业务总量3220万元。基础设施建设完成投资2640万元，村镇建设完成投资4300万元。新建垃圾压缩站1个，垃圾无害化处理率100%，污水集中处理率50%。A级及以上旅游景区2家，全年接待旅游人数5.8万人次。

全镇有普通初中1所，在校生806人。小学8所，在校生1736人。幼儿园11所，在园幼儿936人。有农家书屋41个，农村文化大院48个，文体广场108个，文艺宣传（表演）队87个，新建公共健身工程2个。广播、电视人口综合覆盖率分别达到96%和100%。医疗卫生机构28所，其中医院（卫生院）1个、社区卫生服务中心27个。各类卫生机构有床位60张，卫生技术人员69人。全年参加县级及以上体育比赛获奖牌2枚。

农村居民人均纯收入19503元。养老保险参保人数3.47万人，参保率93%，新型农村合作医疗参合人数4.54万人。农村最低生活保障人数1191人。各类福利院（养老院）26个，福利院床位390张，收养88人。

年内，先后荣获山东省安全生产先进单位、泰安市绿色生态建设先进乡镇、泰安市文明单位等荣誉称号。

【“四大动能”建设】 年内，立足实际，把“四大动能”作为加快高质量发展的强引擎、提经济工作的总抓手，不断招强引大、培强做优，全面夯实经济基础。①招商引资。完成到位资金7.44亿元，完成比148.8%，绝对额、完成比均列同类镇街第一名。西陆汽车试验场完成越野路建设，金海建材实现试生产，路建工程新材料短期内竣工投产，臻酒道酒业酿造暨文化产业园、昱恒生态旅游开发项目、隆信建材新材料等项目有序推进建设；新签约青石峡文旅体开发项目，华莱士原材料供应、“快乐家园”康养社区等在谈项目积极推进；新修工业园区道路，成立园区管理办公室，持续优化营商环境，搞好企业服务。②企业培植。新增友利建材等规模企业3家，培植发展康顿生态农业等“新四板”挂牌企业3家，完成15家“个转企”、4个“社转企”；金海环保建材新上单套价值1000万元以上生产线两条，路建工程材料新上3000万元纺粘土工布生产线一条，菲博瑞德新材料、英信工程材料成功认定为泰安市“专精特新”中小企业；引进建安企业一家，年增加税收500万元；

农业方面已完成2个绿色认证和9个无公害认证，培育现代农业公司5家，打造市级重点龙头企业。③对上争取。围绕上级投资意向和扶持方向，精心策划项目，将农业、民生基础设施建设作为对上争取的重点，对上争取到位资金7885.6万元。投资5000万元的高标准农田项目，投资800万元的白庄、下庄等水库维修加固项目已经完成策划申报，并纳入上级项目库；投资375万元的明新村土地增减挂钩项目已完成验收；投资3800万元的安站等村土地占补平衡项目基本完工，准备市级验收；投资800万元的刘村美丽乡村示范片区项目已完成验收；投资2700万元的"四好"公路和投资1800万元的农村"户户通"工程已全部完成验收。④新型城镇化。始终保持最大投入，资金筹措、建设速度均取得较大突破，四个棚改安置区共完成建设并安置11栋楼4.97万平方米，新建、续建22栋楼11.15万平方米,3个村460户实现整村搬迁。五凤村和明新村的旧村改造已分别进行房价协商和测绘规划。完成刘村美丽乡村示范片区和乔界、牛庄美丽乡村示范村打造，村内基础设施不断完善，村容村貌、公共服务、基层治理均得到显著提升。

【新时代文明实践】 年内，结合自身实际，从建平台、强队伍、办活动着手，以安临站特有的红色文化为切入点，打造新时代文明实践"志愿红"。①搭建平台。整合资源，快速完成线上线下两级平台搭建。建立线上团支部50个，线下打造镇新时代文明实践分中心。下设青工委办公室，建立健全组织架构，镇主要领导亲自挂帅，组建12支青年志愿服务队伍，开展志愿服务活动。分中心设置红色文化展厅、志愿者活动室、道德讲堂、图书阅览室、舞蹈室、书画室等13个功能室，新时代文明实践广场1处，陆房突围胜利纪念馆、泰安毛公山红色文化博物馆和圣井峪3处新时代文明实践基地。另外，按照"五有"标准，整合村级服务中心、党员活动室等资源，实现村级文明实践站全覆盖，为村级青年志愿者提供良好的平台。②开展活动。突出重点，全面开展多样活动，传承红色文化。国庆节前夕，镇组织机关及"站望公益"青年志愿者，在镇驻地开展"擦亮红色"主题志愿服务活动。寒暑假期间，组织中小学生，到泰安毛公山红色博物馆以及陆房烈士陵园开展"传承红色基因"主题活动。国庆期间，在全镇范围内开展悬挂国旗、征文绘画比赛、演讲比赛以及"红色基因、闪耀安站"文艺会演等活动。年内，累计开展红色文化活动20余次。③奉献爱心。年内，全镇开展"牵手关爱、七彩假期"活动，为80余名小学生进行课外辅导，开阔视野，增长知识。暑假期间，邀请肥城团市委以及禁毒大队走进牛庄小学，开展"青春自护、暑期安全"自护教育之禁毒教育活动，为50余名孩子普及毒品知识。④志愿服务。临近春节，镇组织青年志愿者到集市开展"写春联、送福字、挥毫泼墨暖人心"志愿活动，邀请书协会员进行对联写作，免费发放给群众。3月

安临站镇开展"擦亮红色"志愿服务活动（师彤华　摄）

及雨季，组织青年志愿者开展植树活动，为建设绿色家园增添新绿。⑤队伍建设。年内，在全镇范围内开展创建“学习型团组织”活动。每周六下午组织镇机关青年集中学习，村级团干部利用远程教育开展学习活动，用微信群等分享书籍、电影观后感。定期召开青年干部座谈会。对接市图书馆，募集图书200余册，在镇政府门厅设置图书角，为机关青年图书阅览提供平台。

【刘村小学排球队创佳绩】 年内，镇教育办公室贯彻落实“关于校园阳光艺术活动的指示精神”，重视艺术师资队伍、队员队伍的培养以及知识的宣传、普及和推广，因地制宜，打造智育与艺术教育共赢的发展模式，探索优秀校园艺术文化理念。地处偏远山区的刘村小学，全校6个班，有学生160余人，教师15人。学校在各年级广泛开展排球运动，以学生为主体，教师为引导，组建排球社团，利用每周三下午第三节大课间，开展活动。在活动设计安排上，学校注重启迪学生运动智慧，发挥学生自身管理能力和自主学习能力，让孩子们切身感受排球运动的魅力，主动积极探索学习，促进孩子们身心健康的发展，同时也促进孩子们对艺术科目学习的新认知，全校上下洋溢着浓厚的排球文化特色氛围。在总教练邓金柱的带领下，成为泰安市小有名气的排球运动队。2017—2018年，先后获得肥城市和泰安市小学男子、女子双冠王。2019年4月，刘村小学女子排球队代表泰安市，参加山东省青少年排球锦标赛，获得全省第九名。

【农村人居环境提档升级】 年内，将农村人居环境整治工作作为推进主题教育“守初心、担使命、找差距、抓落实”为民办实事的重要抓手，以实现农村人居环境“干净、整洁、有序”为目标，以实施“三清三禁”为抓手，全面发力、全域推进，将农村人居环境整治“提档升级”。①专题调度。召开全镇科级领导干部、社区书记、支部书记、包村干部会议，印发整治方案，明确由镇党委书记任组长，党委副书记、镇长任副组长的领导小组，完善包保制度和奖惩制度，明确督查专班，开展全域督查，要求全镇迅速掀起农村人居环境整治工作新高潮。在前期工作的基础上，再发动，再动员，发挥村两委和党员的示范带头作用，发动群众共同参与，不松劲，不松懈，持续推进人居环境改善工作迈上新台阶。②示范带动。利用周末时间，镇组织机关和社会两个层面志愿者共计100余人，开展“清洁家园”志愿服务活动。镇党委政府领导带头参与，志愿者们积极响应，对镇驻地主干道两侧垃圾进行集中清理，在全镇形成人人参与的生动局面。③集中整治。镇宣传车每日持续不间断地在村播放实施方案，全镇各村利用广播大喇叭不间断播放实施方案，在显眼位置悬挂条幅，营造浓厚的人居环境整治氛围。村两委带领党员群众清扫村组道路、卫生死角垃圾、粪堆。镇社区包保领导全程参与，全天候盯靠，采取拉网式、全覆盖、人力机械齐上阵的方式，对危旧房、废弃房、残垣断壁进行拆除，实现公路沿线干净整洁，房前屋后整洁有序，村容村貌明显提升，农村垃圾、污水、“厕所革命”等突出问题得到有效治理，村民清洁卫生意识普遍提高，环境卫生长效机制逐步建立。

（王启联　赵信宏　师彤华）

孙伯镇

【概况】 2019年，全镇总面积70.9平方公里，辖17个行政村（居），总人口3.2万人，其中农业人口2.79万人，人口自然增长率3.67‰。耕地面积3224.6公顷，山林面积1067公顷。

全镇实现税收2.77亿元，同比增长64.8%，超额完成年初既定的2.1亿元目标。公共财政收入1.14亿元，公共财政预算支出1.14亿元，全年引进落地项目10个，实际到位资金3.2亿元。年末农村信用社各项存款余额78396万元，比上年增加4081万元，增长5.5%。

全镇拥有农业专业合作社12家。农作物总播种面积4695.66公顷，其中粮食播种面积4527.11公顷，粮食总产量70425吨，棉花产量225吨，油料产量1025吨，蔬菜产量24500吨。生猪（牛、羊）存栏5460头，出栏6160头。家禽存栏18.9万只，出栏109.34万只。禽蛋类产量142万吨。全镇拥有农业机械80台（套）。

全镇拥有工业企业14家，其中规模以上工业企业13家，实现税收2.77亿元，同比增长64.8%。益通公司完成税收2.69亿元。

新修（改造绿化）公路38.15公里，建成“四好”农村路1.5公里。开工建设商住楼12栋，竣工12栋。新建垃圾压缩站1个，垃圾无害化处理率100%，污水集中处理率100%，A级及以上旅游景区6家，全年接待旅游人数20万人次，全年实现旅游总收入400万元。

全镇有普通初中1所，在校生565人。小学4所，在校生1169人。有农家书屋17个，农村文化大院17个，文体广场18个，文艺宣传表演队18个，新建公共健身工程30个。广播、电视人口综合覆盖率分别达到95%、100%。医疗卫生机构18所，其中医院（卫生院）1所。各类卫生机构有床位57张，卫生技术人员79人。全年参加县级及以上体育比赛获奖牌12枚。

2019年，农村居民人均纯收入17811元。养老保险参保人数21384人，新型农村合作医疗参合人数23835人，农村最低生活保障人数562人。镇养老院1处，床位36张，收养22人。

年内，孙伯镇先后荣获国家卫生乡镇、省级文明乡镇、泰安市脱贫攻坚先进集体、肥城市尊师重教先进镇街、肥城市信访工作先进单位等称号。泰安市养老系统“四改一定”现场会在孙伯敬老院召开。

【村居设施改造】 2019年，启动琵山、东程等9个村的村居改造，完成评估3418户，腾空土地301亩，到位增减挂钩试点项目资金610万元。镇驻地基础设施建设项目，完成驻地污水项目管网3300米、路面恢复28000平方米、建设日处理生活污水300立方米处理站一处，解决镇驻地2.1平方公里群众生活污水处理难题。建设驻地弱电管廊2.1公里，驻地通信、宽带管线逐步落入地下。全镇15个村完成农村厕所无害化改造，共改厕4859户，群众居住环境得到改善。

【路网构建】 2019年，完成路网提档升级工程1.5公里，包括岈山村道路1公里、孙西村至西外环道路0.5公里，完成养护大中修48.8公里。农村道路“三通”工程建设完成12个建制村，实现全域“三通”，建设里程89.6公里，建设面积30.19万平方米。

【乡村振兴】 围绕市委打造“佛桃飘香、绿树成荫、安居乐业”的乡村振兴新样板的部署要求，以示范区创建为总抓手，涉及东程、五埠、孙西、西程、庄头、岈山、陈杭、刘庄、孙东、西北角、莲花峪11个村，4530

刘庄村旧村改造工程（樊璠　摄）

户、16220人，总面积49.3平方公里，耕地面积2.9万亩。按照“两区”（以建筑安装业+农产品加工业为主的现代产业园区和以莲花峪、刘庄、孙西三村社区改造为主的新型社区集聚区）和“两带”（以五埠、岈山自然风光及历史文化为主的传统村落观光旅游带和以发展有机菜、中草药和林果等特色农业为主的沿汶河特色农业产业带）为打造目标，围绕“二个集中（土地向大户集中，人口向驻地、中心村集中）、三个全域（全域三通、全域绿化、全域旅游）、四个增加（增加群众收入、增加村集体收入、增加财政收入、增加民生福祉）”，集中精力抓好示范区11个村庄的五大振兴，抓实美丽乡村建设和农村人居环境整治两大重点。

【荣获“国家卫生乡镇”】 按照《山东省爱卫会关于承接做好国家卫生乡镇（县城）评审工作的实施意见》，2017年10月至2019年8月，山东省爱卫办组织专家对部分乡镇创建2017—2019年度国家卫生乡镇工作情况进行考核暗访与技术评估，并于2019年9月组织部分山东省爱卫会成员部门进行综合评审。经过考核评审，孙伯镇整体卫生水平达到国家卫生乡镇的标准，被评为“国家卫生乡镇”。近年间，孙伯镇采取明确责任、细化任务分解、夯实工作责任、强化宣传引导、规范卫生管理等有力措施，围绕爱国卫生组织管理、健康教育、环境卫生、环境保护、病媒生物防制、食品安全、生活饮用水及公共场所卫生、传染病防治、社区卫生、乡镇辖村卫生等内容的目标整治任务，完善镇辖区域内的卫生基础设施、人居环境、优化投资环境、建立环境卫生长效管理机制，全镇形成环境优美、设施配套、功能完善、经济繁荣、社会和谐的良好局面。

【荣获“山东省级文明村镇”】 孙伯镇围绕建设“富裕美好孙伯”，突出“群众富裕、村集体增收、镇财政壮大”的主线，坚持党建引领，聚焦“企业培植、招商引资、对上争取、镇村建设、特色农业”五项重点，凝心聚力、创新实干，围绕工作大局，实事求是、狠抓落实，全力建设“富裕美好孙伯”。开展桃都美丽乡村建设行动提升工程，提升村内基础设施，开展“三清两禁”卫生集中整治活动，建立健全环卫机制，推行全域托管模式，不断改善村居环境；强化思想道德建设，丰富群众文化生活，提高精神文明水平，开展移风易俗专项整治活动，形成“村村靓丽、处处整洁，人心思上、共筑文明”的崭新局面。年内，被评为省级文明村镇。

（张吉阳）

安驾庄镇

【概况】 2019年，全镇总面积134.2平方公里，辖71个行政村（居）。总人口8.6万人，其中农业人口7.6万人。人口自然增长率3.68‰。耕地面积7144公顷，山林面积1066公顷。

全社会固定资产投资完成16.7亿元，公共财政预算收入15025万元，同比增长17.9%，公共财政预算支出11425万元；村级集体经营性收入突破2000万元，同比增长35.13%；社会消费品零售总额1.5亿元，进出口总额12658万元。全年引进落地项目23个，实际到位资金4.03亿元。年末金融机构各项存款余额29.3亿元，比上年增长15.2%。

拥有农业专业合作社58家。农作物总播种面积10639公顷，其中粮食播种面积9579公顷。粮食总产量87272吨，棉花产量54吨，油料产量605吨，蔬菜产量26083吨，园林水果产量2623吨，生猪（牛、羊）存栏5.3万头，出栏8.8万头；家禽存栏30万只，出栏145万只。肉类产量0.83万吨，禽蛋类19万吨，奶类产量0.14万吨。全年新增造林面积120公顷，林木绿化率38%。全镇拥有农业机械9879台（套），农机总动力10万千瓦。

全镇拥有工业企业65家，

其中规模以上工业企业6家，实现增加值2.6亿元，比上年增长7%，实现主营业务收入8.9亿元，实现利润0.9亿元，实现利税1.5亿元。资质三级及以上建筑企业5家，实现建筑业增加值20亿元，比上年增长20%，实现利税6.8亿元。

新修（改造、硬化）公路32.6公里。公路完成客运量17.7万人次，邮政业务总量600万元。开工建设商住楼180套，竣工180套。基础设施建设完成投资360万元，村镇建设完成投资355万元。垃圾无害化处理率100%，污水集中处理率100%。A级及以上旅游景区1家，全年接待旅游人数7.3万人次，实现旅游总收入14.8万元。

全镇有普通初中2所，在校生1181人。小学9所，在校生2314人。幼儿园7所，在园幼儿1124人。取得重要科技成果13项，专利申请量6件，授权专利4件。有村综合服务中心65个，文体广场104个，文艺宣传（表演）队81个，新建公共健身工程1个，建筑面积约800平方米。广播、电视人口综合覆盖率均达100%。医疗卫生机构49所，其中医院（卫生院）1个、社区卫生服务中心42个。各类卫生机构有床位130张，卫生技术人员78人。全年参加县级及以上体育比赛获奖牌7枚。

农村居民人均纯收入19503元。养老保险参保人数45555人，参保率97%。新型农村合作医疗参合人数6.4万人。农村最低生活保障人数1540人。各类福利院（养老院）1个，福利院床位60张，收养54人。

年内，安驾庄镇荣获“泰安市第四次经济普查先进集体”荣誉称号，马家埠村被评为“山东省乡村振兴示范村”、王家颜子村被评为“省级农业标准化生产基地”，上后、朱家颜子等8个村被评为“山东省卫生村”；洼里村党总支、北石沟村党支部等11个单位荣获“肥城市2018—2019年度五星级党组织”荣誉称号；冯楼村被评为肥城市“三八”红旗集体；泰安三英新材料股份有限公司获得“山东省第三批瞪羚企业”“山东省2019年第一批高新技术企业”等荣誉称号；山东省显通安装有限公司荣获“山东省安装行业先进集体”“山东省优质安装工程单‘鲁安杯’奖”“山东省建筑工程‘泰山杯’奖”等称号；山东四方安装工程有限公司获得“2019年泰安市民营企业50强”荣誉称号；山东三泰非金属材料有限公司、肥城三合工程材料有限公司、山东梦菲儿纺织品有限公司获“泰安市第十批‘专精特新’中小企业”称号。

【党建统领】 年内，把抓好党建作为最大成绩，开展“不忘初心、牢记使命”主题教育，树立“党的一切工作落到支部”的鲜明导向，开展支部标准化、规范化建设，评选出全镇第一届“红旗村”10个，先后对54个支部阵地进行优化提升，新建党员活动室、党群广场28处，调整村党支部书记11人，补选村主任2名，培养后备干部142人，“撤空并冗”党支部13个，完成7个软弱涣散村整顿转化。提升纪委办案能力，受理、处置问题线索35起48件次，查结34起47件次，立案15件，对21名党员干部给予党纪处理。运用监督执纪“四种形态”，对重点工作落实不力的党员干部进行约谈提醒28人、诫勉谈话13人。开展农村“三资”清理，顺利完成69个村的验收工作，村级集体经营性收入历史性突破2000万元，全面消除10万元以下的村，实现历史性突破。

【两驻地三园区建设】 年内，把“服务企业、服务村居、服务群众”的理念作为落实一切工作的基本遵循，坚持“人往哪里走、业在哪里兴”，科学布局“两驻地三园区”，走稳走实乡村振兴和新型城镇化融合发展的路子。加快推进镇驻地安驾庄村安居工程，累计完成旧村拆迁220户，腾空土地120亩，新建安置楼4栋。把马埠村定位为驻地村，推动东部区域快速崛起，形成东西部一体两翼、协同发展的生动局面。依托民俗博物馆、民俗体验区、红色文化博物馆，打造“研学游”产业链条，与16所学校达成研学合作协议，累计迎接研学游客7万人次。把镇工业园区定位为科技创新创业园区，引进投资18亿元的普华合峰智慧仓储设备项目、投资5亿元的智能低温空预器制造项目，发明专利超过13项，直接带动就业超过300人，创造利税达5.8亿元。加大“双招双引”力度，招商引资到位资金、对上争取到位资金、外贸进出口分别达到4.24亿元、1.12亿元、1.06亿元，完成年初制定的“四定”工作目标。加大企业培植力度，完成“四上企业”3家、个转企60家，“安庄建安”集体商标顺利获批。抓好省级“一企一技术研发中心”、省级“瞪羚”企业、省级“专精特新”中小企业等品牌认证。现代农业园区全面起势，规划万亩有机农业示范园，加快推进落实占地3万平方米的乐汶设施农业玻璃温室大棚。上报农业招商项目13个，认定招商数额1.76亿元。建成“十统一”镇级服务点1个、村级服务点12个、全托管服务点1个，完成泰安市委、市政府插旗迎检工作。完成有机认证4个、绿色认证2个、无公害认证4个、农产品商标注册2个。申报肥城市20强龙头企业1家、50强龙头企业4家，建成省级标准化基地1家，通过“省农产品质量安全监督示范乡镇”验收。与山东农业大学合作，完成优质小麦筛选育种实验。抓实万亩高标准农田策划、建设，以晟旺牧业为龙头的西南片区水肥一体化示范基地正全面规划、有序展开。洼里创业园区基础设施逐步完善，新引进汽车散热器、聚满和冷链物流等项目6个，成功获批“省级小型微型企业创业创新示范基地”。

【民生事业】 全力打好脱贫攻坚战，聚焦精准扶贫。全面落实好政策兜底、“特惠保”保障、扶贫项目分红等硬性工作，坚持个性化施策，量身定制慢性病证、孝善养老扶贫、“建安之星·与爱同行”爱心助学慈善基金、特殊家庭儿童心理辅导课堂、联合协调地方支柱产业显通和四方公司与肥城市高级技工学校组建“建安班”等系列“扶贫套餐”。10月，作为全市唯一一个镇街代表在泰安市扶贫工作座谈会上做典型经验介绍。完善教育基础设施，投资1500余万元，完成马埠小学、马埠中学等4处塑胶操场、1处教学实验楼改造升级；织密校园“平安网”，各校增装升降防撞柱、一键报警系统、电子监控设备等，确保校园安全稳定。建好“四好”农村路，投资5600万元，对青年路、颜子路、坡张路、安洼路等4条、21.3公里公路进行高标准打造，惠及61个村、7万名群众，成为全市体量最大、里程最长、服务最优、反响最好的民生工程。新增22个实现道路“三通”的村，在全市考核中位列第一。全面改善农村环境，开展美丽乡村建设、农村人居环境整治、环卫一体化长效机制建设等，在全市考核中位列第二。抓好民生诉求办理，受理办结民生诉求1145件，满意结单1097件，满意率达到95.8%。组织“四好风尚”评创，评选出“好家风”“好村风”“好校风”“好医风”及乡村“好青年”文明典型712个，崇德崇善、创先创优的文明新风浸润人心。开展农村安全饮水攻坚，高标准规划打造张安片区安全饮水供水管道，完成上庄片区4600米主管网线敷设，确保群众喝上“放心水”。完成镇便民服务中心升级改造，建立村级“代办员”制度，创建“服务建安平台”APP，让群众“办事不出村”成为常态，便民服务成为安驾庄镇第一个完整意义上的系统集成体系。

【“爱驻我家”夏令营】 7月13日，为更好地关爱、支持贫困儿童身心健康成长，安驾庄镇人民政府组织建档立卡学生在肥城市白云书院教育基地举办“爱驻我家”三天两夜夏令营活动。活动中，孩子们在心理协会老师的引导下大胆展示自我。书法大师现场示范，给每位孩子心中种下“我要写好中国字”的信念；拜孔仪式让孩子们接

2019年7月13日，安驾庄镇“爱住我家”夏令营活动圆满闭营

受先贤智慧洗礼，肃整衣冠，端身正意，以至诚恭敬之心行四拜礼；互动拓展、国学课堂、荧光晚会等丰富多彩的活动，拉近孩子之间的友情，在游戏中领悟到“静心方能做事、合作方能成事”的道理。闭营仪式上，老师将写有爱心寄语的书籍、爱心人士捐赠的水杯、运动手环发放到每位孩子手中，鼓励孩子们在以后的学习生活中学会自立自学，在玩要中学习，在学习中成长。

【新时代文明实践分中心投入运行】 年内，安驾庄镇盘活用好各级各类公共服务阵地资源，开展多项有高度、有深度、有温度、有力度的文明实践活动。10月12日，位于济兖路东的安驾庄镇新时代文明实践分中心投入运行。新时代文明实践分中心建筑面积约800平方米，秉承服务群众的原则，以提升群众精神风貌为宗旨，为民服务、宣讲政策，是集思想引领、道德教化、文化传承、服务群众等多功能于一体的综合服务平台。分中心共设3层，其中包括新时代文明实践办公室、学雷锋志愿服务办公室、综合文化服务中心及建安平台等阵地。新时代文明实践分中心正式投入运行后，统筹协调全镇资源，深耕细作、精心培育特色示范站，推出一系列品牌志愿服务项目，持续组织开展多种类型的文明实践活动以及多种形式的宣传动员，努力形成人人知晓、人人支持、人人参与的良好局面。截至年末，已有320余名志愿者加入志愿队伍，围绕“文化下乡”“美丽庭院”“植绿护绿”“尊老爱老”“扶贫助困”等主题，开展活动170余次。

【春秋君子（山东）食品有限公司】 坐落于安驾庄镇北张侯村。村北为历代王朝通往东岳泰山的御大道，村南是以土质肥沃，水源丰沛，作物高产、优质而举世闻名的汶阳田。春秋君子食品始于1915年第一代传承人安丰树创立的炒糖糕点个体作坊，以“信”闻名，传承“百年老味道”，历经百余年而盛名不衰。至1989年，第四代传承人安国臣于创办肥城市福兴食品厂。2009年，获得全国生产许可证。2010年12月，注册“福中佳”商标。2015年5月，升级为泰安市润禾食品有限公司，后更名为春秋君子（山东）食品有限公司，注册资金300万元。经过三级跳跃，公司建立完善的生产和营销体系，配备先进的生产和检测设备，并在传承祖辈原始秘方基础上，进一步调整配方，不断创新发展制作工艺，经过6道严格的工序，以“配料—和面—成型—烘烤—冷却—包装称重”为核心研制，使用汶阳田小麦磨出的面粉为主要原料，精选四方无添加配料，不含添加剂，保证产品质量。生产的香脆芝麻薄饼、老五仁月饼、桃酥、茶点蛋糕、爆浆蛋糕等产品呈现出独具特色自然风味以及特有的“百年老味道”。产品分别注册“安驾庄”“春秋君子”商标，公司由最初的个体作坊发展成为中型公司。至2019年末，生产车间4000平方米，共有员工89人，拥有完整的月饼生产线，立式烘烤炉、卧式电炉10余台及全自动包装机。产品销往福建、西安、新疆、河北、北京等20个省市自治区，客户增至上千家商店以及电商平台，成为糕点产业的领军企业，年产值3000万元。

【记住乡愁】 岳庄村原址位于镇驻地西南8公里处。据民国十八年（1929年）《重修泰安县志》载："新安区下李地方·岳家庄。"另据《岳氏族谱》记载：明嘉靖二十四年（1545年），岳赵表兄弟二人携眷迁此建村，因岳姓居长，故以岳姓取名为"岳家庄"，后简称"岳庄"。原村庄面积151亩，耕地1600亩，设6个村民小组。村民以种植小麦、玉米农作物为主，2001年在泰安市果科所指导下引进种植樱桃200亩增加收入。有居民180户，610人，其中男性300人，女性310人，主要姓氏有赵、岳、肖、郝、石、李、汪、贾等。2018年，按照城乡挂钩试点要求，镇党委专门成立搬迁工作领导小组，走访入户摸底，实地丈量测算，立足实际制定方案。同年4月19日，启动棚改房屋搬迁拆除工作。2019年11月，村民迁居位于镇中心小学以南书香名府岳庄社区。该社区总体规划建设面积16亩，四栋住宅楼总建筑面积14043平方米，安置居民120户400余人。

（肖云龙）

边院镇

【概况】 2019年，全镇总面积111.2平方公里，辖81个行政村（居）。总人口8.29万人，其中农业人口7.97万人。人口自然增长率0.413‰。耕地面积6751.7公顷，山林面积998公顷。

全社会固定资产投资完成9.95亿元，公共财政预算收入12893万元，公共财政预算支出10599万元。进出口总额9036.3万元。全年引进落地项目41个，实际到位资金10.63亿元。年末金融机构各项存款余额25.7亿元，比上年增长10.2%。

拥有农业专业合作社154家。农作物总播种面积13564公顷，其中粮食播种面积8732公顷。粮食总产量72423吨，棉花产量47.8吨，油料产量495.9吨，蔬菜产量158534吨，园林水果产量1020吨。生猪（牛、羊）存栏2.38万头，出栏3.26万头；家禽存栏65.5万只，出栏183万只。肉类产量0.34万吨，禽蛋类产量0.43万吨，奶类产量2.55万吨。全年新增造林面积353公顷，林木绿化率30%。全镇拥有农业机械3719台（套），农机总动力8.9万千瓦。

全镇拥有工业企业90家，其中规模以上工业企业10家，实现增加值3.08亿元，实现主营业务收入16.4亿元，实现利润1.23亿元，实现利税2.6亿元。资质三级及以上建筑企业3家，实现利税22765.9万元。

新修（改造、硬化）公路20.8公里。公路完成客运量1000万人次。完成电信业务总量2000万元，邮政业务总量8700万元。开工建设商住楼400套。基础设施建设完成投资

岳庄村旧貌

岳庄新社区

2600万元，村镇建设完成投资8900万元。新建垃圾压缩站1个，垃圾无害化处理率100%，污水集中处理率80%。A级及以上旅游景区1家，全年接待旅游人数2万人次，实现旅游总收入10万元。

全镇有普通初中2所，在校生1411人。小学10所，在校生3115人。幼儿园14所，在园幼儿1684人。获得县级及以上科学技术奖5项。有农家书屋80个，农村文化大院80个，文体广场120个，文艺宣传（表演）队40个，新建公共健身工程4个。广播、电视人口综合覆盖率分别达到100%。医疗卫生机构54所，其中医院（卫生院）1个。各类卫生机构有床位300张，卫生技术人员102人。全年参加县级及以上体育比赛获奖牌9枚。

农村居民可支配收入20613元。养老保险参保人数4.4万人，参保率94%。新型农村合作医疗参合人数6.15万人。农村最低生活保障人数1791人。各类福利院（养老院）2个，福利院床位180张，收养63人。

年内，荣获山东省信息化扶贫示范镇、全省农业经营服务组织农机安全生产管理示范单位、泰安市2018年度统计工作先进乡镇、泰安市计划生育保险工作先进集体、泰安市体育社会组织先进单位、泰安市脱贫攻坚先进集体、肥城市尊师重教先进镇街、肥城市安置帮教工作先进单位、肥城市法律援助工作先进单位等荣誉称号。

【“三资”清理】 4月，借助扫黑除恶专项行动，抽调纪工委、组织、经管、国土、公安、司法等部门组建“三资”清理工作专班，制定实施方案，细化责任分工，确保专业人干专业事。工作专班双线作战，设立“外业”与“内业”两个工作组。“外业”组负责土地、房屋丈量，“内业”组负责土地、宅基地确权核实，彻底摸清“家底子”。截至年末，全区共摸排出“一户多宅”533处，折合土地423亩，“房前屋后”地243亩，为村级增收奠定基础。坚持因村制宜、分类指导，会同规划、国土部门共同研究政策，探索土地利用新举措。①闲置宅基地有偿使用。以“一户多宅”清理为契机，加强村级对闲置宅基地的管控，化“闲”为“钱”。柳林村清理“一户多宅”共计134处，折合53.5亩，经党员村民代表大会通过，按照每年每平方米收取0.8元使用费，年增收2.85万元。②连片土地项目化利用。对“房前屋后”地、宅基地、搬迁腾空地块等资源进行“有偿使用、二次发包”，统一签订合同对外租赁或集体经营发展特色种植，提高资源利用率。营盘村清理出“房前屋后”地5000余平方米，全部栽植法桐等绿化苗木，年可增收3万余元。侯刘、西军村连片复垦旧宅基地62亩。其中，侯刘村将复垦的土地以每亩900元进行发包；西军村集体领办合作社，种植大豆，年可增收3万余元。实施官庄村整体搬迁和姜堂、边院、河西村棚户区改造工程，腾空土地，通过策划城乡建设用地增减挂钩和结余指标收储项目，争取资金900万元，已到位资金410万元。③特色地块产业化提升。各村依托优势资源，将宅基地的利用与特色产业相结合，提高宅基地的经济价值。小王村将闲置的宅基地改造成民宿，发展特色乡村游；运河、后营村将清理出的宅基地，改建成小型加工厂，带动集体增收3.5万元，实现资产变现。

【肥城经济开发区重点项目签约仪式】 8月8日，肥城经济开发区重点项目签约仪式在肥城人民会堂五号会议室举行。市委书记常绪扩，市人大常委会主任赵燕军，市政协主席侯庆洋，市委常委、办公室主任王勇强，市委常委、组织部部长赵伟，副市长桑逢智及市委办公室、市政府办公室、市商务局、发改局、财政局、自然资源和规划局、行政审批局、城投公司等部门主要负责人出席签约仪式。经开区主要负责人；百福礼品、仁达民防、品工智能装备、硅墨烯保温材料、人和机械、旺源体育器材、高强

2019年8月8日，肥城经开区重点项目签约仪式在肥城人民会堂举行

石膏制造7个项目负责人以及农业银行肥城支行负责人；经开区副科级以上全体领导干部、第一书记、相关部门负责人及金融行社工作人员参加签约仪式。共签约项目7个，总投资20.7亿元，同时与中国农业银行肥城支行签订合作协议。经开区党工委委员、管委会副主任，边院镇党委副书记、镇长许兴斌依次与百福礼品、仁达民防、硅墨烯保温材料、人和机械、品工智能装备、旺源体育器材、高强石膏制造7个项目和农业银行肥城支行负责人签约。

【召开庆祝教师节大会】 9月9日，为表扬全区教育工作中涌现出来的先进典型，营造尊师重教的浓厚氛围，推动经开区教育高质量发展，肥城经济开发区庆祝第三十五个教师节大会召开。经开区党工委委员、管委会副主任，边院镇党委副书记、镇长许兴斌及相关领导干部、社区书记、科室负责人、双管部门负责人、受表彰企业负责人、村支部书记，全区中小学干部教师、幼儿园园长、公办教师及受表彰民办幼儿教师，共计500余人参加会议。大会宣读《关于表扬尊师重教教书育人先进单位和先进个人的决定》，对做出突出贡献的23个尊师重教先进单位、12个教书育人先进单位、15名优秀教育工作者、40名优秀班主任及65名优秀教师进行表彰奖励。

【广场舞大赛】 6月2日，为庆祝新中国成立70周年，助力乡村振兴，弘扬全民健身理念，满足群众对体育文化的需求，经开区依托乡村文化大舞台，举办以“舞动美丽桃都，助力乡村振兴”为主题的广场舞大赛，共有14支代表队、200余名广场舞爱好者参赛。活动的开展，展现出广大群众参与健身、乐于健身的精神风貌，表达出对祖国70周年生日的美好祝福。

（武　红）

汶阳镇

【概况】 2019年，全镇总面积79.5平方公里，辖53个行政村。总户数26880户，总人口76913人，农村常住户数22921户，农村常住人口71869人，常住人口中从事一产的人员8310人、二产的10236人、三产的15398人。全镇耕地面积4359.6公顷。

财政收入4248万元，同比增长19.2%，其中工商税收3798万元，税收占比达到89.4%；公共财政预算支出4248万元。全年引进落地项目10个，实际到位资金5.2亿元；对上争取到位资金8097.87万元；完成外贸进出口总额4265万美元。

农业技术服务机构9个，农业技术服务机构从业人员19人，农业企业27家，家庭农场57个，成立农业专业合作社15家。农作物总播种面积6352.8公顷，其中粮食播种面积4591.3公顷。粮食总产量40360吨，油料产量138吨，蔬菜产量76978吨，园林水果产量1019吨，其中苹果16吨、梨594吨、桃409吨。生猪（牛、羊）13796头，出栏43572头；家禽存栏36万只，出栏99万只。肉类产量1020

吨，禽蛋类产量3099吨，奶类产量2978吨。镇内林木面积2000公顷，林木绿化率25%。全镇拥有农业机械972台，农机总动力55229千瓦。

全镇有普通初中1所，专任教师142人，在校生1532人。小学3所，专任教师166人，在校生2566人。幼儿园4所，在校幼儿1260人。有农家书屋53个，农村文化大院53个，文体广场87个，文艺宣传（表演）队60个，新建公共健身工程5个。医疗卫生机构35所，其中医院（卫生院）1个，社区卫生服务中心34个。卫生床位100张，卫生技术人员89人。全年参加县级及以上体育比赛获奖牌20枚。

养老保险参保人数40471人，参保率90%。新型农村合作医疗参合人数57030人。农村最低生活保障人数1445人。各类福利院（养老院）1个，福利院床位床位100张，收养55人。

年内，成功创建山东省乡村振兴示范镇，荣获“七五”普法先进单位等荣誉称号，在泰安市城乡环卫一体化和移风易俗群众满意度调查中，分别获得泰安第4名、第2名的好成绩。

【产业培植】 汶阳镇本着“大抓招商、抓大招商”的工作格局，带队盯靠昆山，开展集中招商，洽谈对接企业项目20余个，部分企业达成初步合作意向。弘海智能冷库、润佰佳建材、瑞鑫包装二期、塑纤加工等项目建成投产，年产6万吨PET瓶片、LNG调峰储备库等项目顺利推进。企业发展呈现良好势头，瑞泰纤维素有限公司被中国药用辅料发展联盟任命为常务理事单位；林原高分子材料被认定为国家级高新技术企业、省级“专精特新”中小企业；瑞鑫包装、弘海食品、欧亚利服饰等3家企业被评为泰安市级科技型中小企业。“汶阳田”品牌效益更加凸显，新发展50亩以上种植大户5家，阿里、京东等电商平台活跃商铺超过50家，线上销售汶阳特产近20种，销售额突破3000万元，成功举办首届电商节暨年货节。用好特色资源，做活乡村旅游，投资2.5亿元的三娘庙田园综合体项目落地开工，500亩花海培育、250亩河滩开发及民俗文旅品牌打造等项目铺开建设；西徐文化旅游村景区初步建成，汪城宫、砖舍等休闲文化旅游开发项目稳步推进。

【城乡建设】 坚持基础设施建设、宜居环境，提升“两手抓、两促进”，全力打造“汶滨水乡、徽派小镇”。抓住全国重点镇棚户区改造政策机遇，强力推进村庄整合、社区建设，实施分线作战、统筹推进，争取棚改配套资金680万元，棚改债券500万元；嫁接盘活原有项目，吴店村80户社区改造完成建设，西高淤村120户社区改造加快推进；董庙、沟西等改造村的4栋楼完成主体建设及室内装修，剩余楼栋已完成手续办理和清障工作。推进集体建设用地增减挂钩项目，上报立项申请19个，西浊、姜杭、砖东等7个村项目已立项实施，新增耕地43亩。开展“金桂飘香进庭院”活动，扮靓乡村“颜值”，提升乡村“气质”。完善公共基础设施，镇驻地部分区域实现集中供暖，2个污水处

东枫园林

理设施建成投用，投资1600万元建设“四好农村路”15公里，18个村实现“户户通”。

【社会事业】 致力民生提档，回应民生诉求，办好民生实事，使群众有更多的获得感、更强的幸福感。中学综合楼配套设施、中心幼儿园改造提升、砖舍幼儿园配套改造等工程顺利完工；汶阳中考成绩再夺全市镇街第一，中学、中心小学和学前教育均获全市视导第一名。脱贫攻坚取得扎实成效，代表肥城迎接省、泰安市扶贫考核。全面提升敬老院整体环境，探索形成适合村情、符合群众需求的幸福院建设和运营模式。推进信访隐患和矛盾纠纷排查，信访案件化解率达到95%。开展扫黑除恶专项斗争，社会大局和谐稳定，镇村干部群众的法制意识和法制观念普遍增强。在微信公众号推出“老家汶阳”专栏，逐村展示风采，留住乡村记忆，勾起浓浓的家乡情，越来越多的在外汶阳人开始关心关注家乡、回馈建设家乡。

【泰安瑞泰纤维素有限公司荣获“2019中国化学制药行业药用辅料优秀企业品牌”】 10月10日，由中国化学制药工业协会、中国医药商业协会、中国非处方药物协会、中国医药企业发展促进会等共同主办的“2019中国化学制药行业年度峰会”在江西南昌召开。泰安瑞泰纤维素有限公司董事长马殿民受邀参加。峰会发布备受化学制药行业关注的“2019中国化学制药行业优秀企业和优秀产品品牌”榜单，泰安瑞泰纤维素有限公司荣获该榜单三个奖项。其中瑞泰公司获评“2019中国化学制药行业药用辅料优秀企业品牌”，该公司生产的羟丙甲纤维素和乙基纤维素荣获“2019中国化学制药行业药用辅料优秀产品品牌”。

【泰山汶阳人家手工布鞋】 泰山汶阳人家手工布鞋底子用玉米面、小米面、纯棉布合成，纳鞋的麻线用汶阳大麻打成，制成的布鞋透气、舒适。该手工布鞋制作技艺先后被列入肥城和泰安市级非遗项目，做工精致、工艺烦琐，生产一双需要耗时两天左右。公司采取分散生产的模式，把鞋底和其他生产材料分散到户，由工人在各自家中手工生产。公司年产量5000余双，通过线上经营将布鞋销往泰安、济宁、北京、沈阳、上海等地。汶阳手工制作布鞋作为一种传统手工技艺继承发扬的同时，带动广大群众就业，提高村民生活质量。

（于　贞）

肥城年鉴
FEICHENG YEARBOOK

FEICHENG
YEARBOOK
2020

人物

■ 先模人物
■ 凡人善举

人　物

先模人物

全国五一劳动奖章

贾衍强　男，汉族，中共党员，1969年5月19日出生，初中文化，泰安市岱岳区大汶口镇西大吴村人，就职于山东众成饲料科技有限公司610车间，锅炉房锅炉工兼老贾学堂校长。作为一名普通锅炉工，一直以党员的标准要求自己，三次拒绝煤商的贿赂。悉心维护锅炉，始终保持每个部件处于良好的安全工作状态，锅炉房成为公司领导最放心的部门。2013年，他下定决心要颠覆每个人对锅炉房的认知，先从卫生开始做起让80平方米的锅炉工作间变得墙壁白净，玻璃铮亮，实现穿着白衬衣上班的梦想，彻底颠覆传统锅炉房烟熏火燎、墙壁昏暗、黑水煤污遍地的形象。买来10块白铁皮让维修人员帮忙做成烟气罩和5米多的烟筒，彻底将煤烟排出室外，房顶安装七个换气风机，花小钱办大事。利用汽车反光镜原理，实现坐在椅子上就可以看到煤的内存量，在节省时间的同时，提高安全性；为做到上煤时不上过且煤不会撒落，改装小电机并加上两个行程开关，安装成用电控制的上煤机，很精准地把煤倒在煤斗里，一点也撒不出来并且自动断电停下来。这三个创新点彻底帮助他解决工作中的困难，同年申请一种上煤机控制装置、一种锅炉除尘装置、一种蒸汽锅炉储煤斗内储煤量观察装置3项实用新型专利。2014年，牵头制订节煤降耗机制，一年为公司节约用煤45吨。2016年，调整燃气锅炉风机与燃烧机，为公司节省10%的天然气，一个月节省1万元。为燃气锅炉加装制造冷凝水回收装置，又为公司节省10%的天然气。

贾衍强先后被评为山东省劳动模范、泰安好人、肥城市优秀共产党员、桃都工匠、肥城十大金牌工人、肥城市工会积极分子。2018年1月，被山东省人民代表大会常务委员会推荐为山东省第十三届人大代表。事迹先后被《山东工人日报》《职工天地》《大众日报》等刊物报道。2019年4月，荣获“全国五一劳动奖章”。

泰山工匠

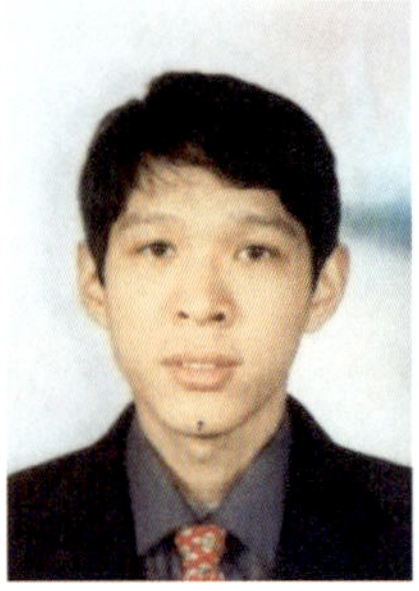

郭庆振　男，1993年7月参加工作，山东鲁龙集团有限公司设备部部长，高级技师。自参加工作开始，一直从事电气维修及设备管理。在工作中不断学习和锻炼，解决生产中的大量技术难题，由一名普通的工人成长为能独当一面的青年技术拔尖人才。完成多项大修和技改工作，在节能降耗、提高设备能力和生产效率方面做出较好的成绩。牵头设计《机加工车间液压半自动车床技术改造方案》，将原继电控制改为PLC+变频调速系统，使生产效率提高23%，产品质量提高28%，公司年增经济效益40余万元。主持对热处理车间渗碳炉的改造，实现4个工艺段的温度自动切换，渗碳介质流量自动切换，产品质量由92%提高至98%，公司年增经济效益60余万元。将山东鲁龙集团3台中频电炉的冷却系统原有开式水池冷却改造为纯净水闭式循环，年直接经济效益50余万元。改造山

东弘德远红外烘炉，由远红外辐射板改造为中、短波红外烤灯，年节约电费近30万元。主持改造山东弘德锻造车间日本1.5吨空气模锻锤。淘汰高耗能空气动力装置，采用全液压电液锤，改造后年直接节约近40万元。

郭庆振先后荣获泰安市有突出贡献技师、泰安市技术能手、泰安市首席技师、振兴泰安劳动奖章、肥城市职工创新能手、肥城市优秀青年岗位能手、肥城市首席技师、肥城市十大金牌工人、肥城市职工创新能手、桃都工匠肥城市最美劳动者等荣誉称号。2019年，被评为“泰山工匠”。

农民工之星

毛传军 肥城市盛源蔬菜种植专业合作社理事长。2010年12月成立肥城市盛源蔬菜种植专业合作社，主要从事蔬菜、核桃种植及销售。合作社规模已达200余亩，其中蔬菜大棚50余个、80余亩，核桃基地50余亩，固定资产260余万元，带动周围农户320户。同时合作社依托学校资源及春秋古城项目，发展一二三产业融合，通过利用地理位置优势及资源优势，结合地方农业特色发展生态观光旅游项目，打造集观光旅游、休闲娱乐为一体的新型合作社。合作社带动安置农民就业150余人，带动创业30余人，带动周边农户发展蔬菜、核桃种植200余户，有力提高农业的社会效益和经济效益，促进农业生产稳定，提高农民蔬菜、核桃种植积极性。合作社于2015年被评为“省级示范合作社”。2019年，毛传军被山东省总工会评为“农民工之星”。

阴丽云 女，汉 族，1987年10月出生，中共党员，山东桃子姑娘农产品有限公司总经理。毕业后一直在北京从事房产销售工作，2009年毅然放弃大城市的发展机会，开始返乡创业，跟着乡亲们学种桃。抵押房产在银行贷款100万元从村内流转土地，建起“桃子姑娘生态农场”，十年间农场不断扩大，由20亩陆续扩建到1460亩，旗下有肥桃、核桃、樱桃等多种特色农产品，年营业额400万元，利润150万元。在自己获取丰厚利润的同时，带领乡亲们一起致富。集约用地土地流转2000余亩，安置周边的农村青年、下岗职工和退休人员70余人，农忙时招收临时工，扩大的周边村民的就业渠道和收入来源。2016年2月，阴丽云获得肥城市“最美创业女性”和肥城市“三八红旗手”荣誉称号；2016年5月，获得“桃都十大青年新锐电商”荣誉称号。其经营的农场于2016年被山东省妇女联合会授予“山东省居家创业就业脱贫行动大姐工坊”荣誉。2019年，入选泰安市第十一届妇女代表。同年，被山东省总工会评为“农民工之星”。

汪西军 男，1968年5月出生，汉族，肥城市安驾庄镇蔡家颜子村村主任、肥城市地龙农业机械专业合作社理事长。2013年，带领村民创办合作社，利用自身多年在外打工的积蓄，卖掉城里的房子，回乡创业，从银行贷款，筹集资金，精心谋划，大干快上，总投资800余万元，建厂房、买设备、引技术、抓服务。建成库房车间3000平方米，实训基地1处，拥有大型拖拉机、收获、整地等现代化机械装备160余台套，累计开展小麦、玉米机收、秸秆还田、深耕（深松）、病虫害防治等农机作业服务15.5万亩，节约生产成本，提高粮食产量，促进社员增收致富。合作社先后被授予“省级示范社”“全国示范社”，被列为山东省第二批新型职业农民培育实训基地。汪西军先后被授予“肥城市优秀政

协委员”、第二届“桃都乡村之星”、第四届“泰山乡村之星”、“肥城市最美劳动者”、泰安市“农民工之星”“振兴泰安劳动奖章”等荣誉称号。2019年，被山东省总工会评为“农民工之星”。

2019年度建安十强人物

李军英 男，1956年7月出生，汶阳镇塔坊村人，1976年5月参加工作，中共党员，大专文化，工程师，山东军辉建设集团有限公司董事长、总经理。2017年被评为肥城市劳动模范、肥城市建筑安装企业管理先进工作者，多次被评为“功勋企业家”“道德模范”“肥城市优秀共产党员”等荣誉称号。担任山东军辉建设集团董事长、总经理以来，李军英始终牢记党的宗旨，秉持企业家操守，坚定正确的理想信念，全心全意依靠职工办企业。境界高远，自我加压，创新发展，永不懈怠，企业资质不断升级，业绩不断攀升，企业整体实力不断壮大，在建筑市场赢得一致赞誉，推动企业全面健康可持续发展。2019年，军辉集团合同中标数量列山东建筑安装企业第一名。集团公司秉承“做优良工程，树军辉形象”的经营理念，不忘初心，牢记使命，解放思想，开拓奋进，加快新旧动能转换，创新管理模式，激活发展要素，打造百年企业，建设美丽军辉，促进企业持续、快速、健康发展。集团公司签订施工合同突破220亿元，当地税收5.86亿元。集团公司先后被评为山东省建筑业综合实力30强、山东省建筑行业精英企业、省级重合同守信用企业、山东省扶贫济困爱心企业、泰安市建安十强企业、泰安建工杯金杯奖、泰安市民营经济50强、肥城市十大突出贡献企业等荣誉称号。

雷印智 男，汉族，大专文化，1951年6月出生，孙伯镇孙东村人，1974年6月参加工作，山东益通安装有限公司董事长、总经理、党委书记。在几十年的企业经营管理工作中，始终坚持党的领导，拥护党的改革开放一系列方针、政策，带头践行社会主义核心价值观，团结带领全公司广大干部员工以习近平新时代中国特色社会主义思想为指导，一心一意抓经济，攻坚克难促发展，强化各项管理，规避各种经营风险，注重人才培养，打造高水平的资质平台，拓宽市场，扩大施工规模，企业整体实力和市场品牌得到很大提升。至2019年，施工队伍遍及全国30个省市自治区，年完成产值收入100亿元，完成国家税收2.69亿元，企业连续三年被评为泰安市民营企业50强和肥城市建筑安装施工十强企业；个人先后被选为肥城市人大代表、泰安市人大代表；山东省农民企业家等称号。

李云岱 男，汉族，山东东平人，1957年11月出生，中共党员，大学文化，高级会计师，国家一级注册建造师。兴润建设集团有限公司董事长、党委书记。积极应对新变化，实施“走出去”战略，提高市场外向度。先后在东三省、河北、内蒙古、宁夏、新疆等地开辟新市场，打造企业新的市场支点。至2019年末，集团公司已经在全国范围内除西藏外的省、区、市设立驻外分公司47个，市场外向度达到70%以上，构建起较为合理的市场格局。2004年进军国外市场，先后开拓阿联酋、阿尔及利亚、刚果（金）、印度尼西亚、越南、印度、日本等国外市场，年完成外出施工产值达10亿元。根据山东省住建厅和山东省统计局2017年9月公布的最新数据，集团公司位列山东省建筑企业综合实力30强第8名，泰安市第1名。加快转型

升级发展，提高企业市场竞争力。近年间，通过转变项目经营模式承接到重庆地铁、北京滑雪场、内蒙古生物质发电厂、肥城开发区科技孵化器、肥城中科慧光等项目，实现企业的转型发展。延长企业产业链条，实现可持续发展。公司与电力研究设计院合作进行EPC总承包，与中建联合出击阿尔及利亚、日本市场，与中铁联合出击刚果（金）市场，与中节能、云南水务联合出击污水治理市场等，均收效良好。

李云岱先后荣获肥城市劳动模范、肥城市桃乡功勋奖、振兴泰安劳动奖章、泰安市劳动模范、山东省抗洪抢险三等功、山东省建设工程质量管理先进个人、山东省建筑业十佳优秀企业家、山东省安装行业优秀企业家、山东省纪念改革开放三十周年时代先锋杰出人物、山东省职工信赖的齐鲁好当家人、山东省十佳敬老企业家、山东省劳动模范、中国工程建设优秀高级职业经理人、中国优秀民营企业家、中国建筑业优秀企业家、全国优秀施工企业家等荣誉称号。

雷印峰　男，1952年5月出生，安驾庄镇上庄炉村人，中共党员，大专文化，1972年参加工作，高级工程师，山东省显通安装有限公司党委书记、董事长。2004年1月，率先在肥城市建筑业实施产权制度改革，组建山东省显通安装有限公司。在公司机关实行竞争上岗，推行绩效考核量化管理，同岗不同酬，同职不同薪，同时实行末位淘汰制，彻底打破分配中的平均主义，提高工作效率和对下服务水平。公司先后被评为国家级守合同重信用企业、全国先进集体建筑企业、山东省建筑施工企业综合实力五十强、省特级（AAA）信用企业、山东省建筑行业精英企业、山东省安装行业十强企业；2003—2019年，连续18年荣获山东省建筑业企业先进集体。入选2019年泰安影响力风云榜，获泰安贡献力十强、泰安市民营企业50强、泰安市精神文明先进单位、肥城市建筑安装业十强等称号。对下推行项目负责制，授予项目经理组建项目部领导班子组建权，资金使用分配权，内部考核分配权，人事安排决定等权利，使项目部放开手脚，独立自主的发展。公司先后承建重大建筑安装工程300余项，其中获“中国建筑工程鲁班奖”1项、“国家优质工程银质奖”1项、“中国电力优质工程奖”1项；“山东省建筑工程质量‘泰山杯’奖”2项；中国安装工程优质奖“中国安装之星”2项；山东省优质安装工程“鲁安杯”奖31项。

雷印峰先后荣获新时期集体建筑企业家、山东省集体建筑企业家、山东省优秀安装企业经理、全国青年星火带头人、第六届全国优秀建筑企业经理、泰安市优秀企业家、泰安市建安企业标兵、肥城市劳动模范、山东省安装行业优秀企业家、泰安市首届技术专家、肥城市十大突出贡献企业家、肥城市功勋企业家、泰安市新时代挑山工先进个人等荣誉称号。

刘宪长　男，汉族，1953年4月出生，肥城市人，中共党员，大学文化，高级工程师，信邦建设集团有限公司董事长。公司秉承“传承肥城一安精品意识、弘扬信邦建设工匠精神”的发展理念，荣获机电工程施工总承包壹级资质等16项资质，为适应国家及行业新形势，公司转变思维模式，有效整合内部资源，于2018年8月成立信邦建设集团，下设5个子公司，集建筑安装施工、机械设备租赁、建材销售、建筑劳务于一体，从单一的产业链转变为产业群。所参与工程施工范围遍布全国27个省、市、自治区，同时参与海外电力、煤气工程建设。2019年，累计产值达87亿元，共创利税5.1亿元，为肥城缴纳税款2.1亿元。企业荣获全国建筑企业500强、山东省建筑企业综合实力

30强、山东省建筑企业先进集体、山东省建筑业工程质量管理先进单位、建筑业外出施工先进企业、省级守合同重信用企业、泰安市民营企业50强、肥城市十大突出贡献企业等多项荣誉称号。

刘宪长获得山东省科学进步奖，先后被评为中国改革人物、全国建筑业优秀企业家、守合同重信用先进工作者、肥城市功勋企业家、十大突出贡献企业家等荣誉称号。

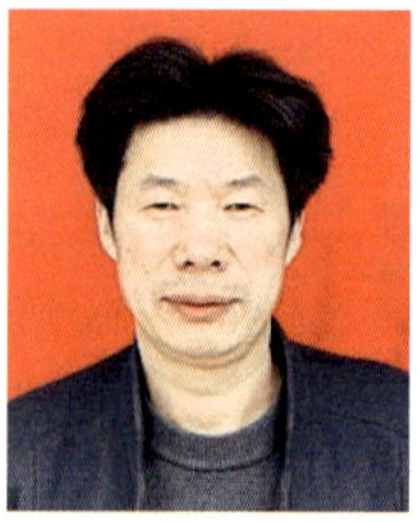

张修森 男，汉族，1966年8月出生，大专文化，中共党员，山东四方安装工程有限公司董事长兼总经理。

自任职以来，带领公司全体干部职工，立足于做大做强企业，围绕提高经济效益，开拓工作思路，创造性开展工作。积极培植资源优势，完成机电安装总承包贰级升壹级，石油化工总承包、市政工程总承包、钢结构工程专业承包叁级升贰级，新取得消防设施工程等六项资质，提升公司承接施工工程的能力。强化施工现场管理，加大对施工现场工程质量监管力度，保质保量按期完成工程施工，赢得建设单位的高度尊重和信任，并与多家国家大中型企业建立长期合作关系。优化服务管理，创造优良的管理服务环境，吸引更多的施工队伍与山东四方安装工程有限公司合作。2019年，公司完成施工产值35亿元，签订施工合同额56亿元，为奋战三五年，实现年施工产值超过80亿元打下坚实基础。

王兴东 男，汉族，肥城市边院镇人，1965年6月出生，中共党员，大专文化，高级工程师，山东宇兴建设有限公司董事长、党总支书记。任职以来，带领全体职工完成公司改革，将公司从年产值几百万的镇办企业，打造成年产值逾50亿元，纳税过亿元，以房屋建筑为主，集机电设备安装、建筑装修装饰、化工石油管道设备、钢结构、市政公用工程、水利水电、电力承装修试、锅炉及压力管道等于一体的大型施工企业。公司工程遍布全国各地，并走出国门，承接中华人民共和国外交部驻哥斯达黎加使馆馆舍结构加固工程，北京中交紫光科技有限公司、巴基斯坦瓜达尔港自由区、起步区综合服务大楼项目等国外工程，形成以肥城为依托，面向全国的态势。公司连续多年位列肥城建安企业十强、2019年纳税位列肥城经开区首位，为地方经济和发展做出卓越贡献。

王兴东先后荣获肥城市劳动模范、肥城市优秀党员、边院镇功勋企业家，连续两届当选泰安市人大代表、肥城市人大代表。

张其华 男，1968年3月出生，中共党员，本科学历，高级工程师，山东华显安装建设有限公司党委书记、董事长。任职以来，团结和带领广大职工与时俱进，开拓创新，锐意改革，实现跨越式发展，坚持以“诚信为本，狠抓质量，安全第一”的原则，连年创出省、市（地）多项优良工程。在工作中处处以身作则，廉洁奉公、自律，以共产党员博大的情怀关爱职工，当好精神文明建设的排头兵。近年间，企业累计投入近千万元解决职工住房、养老、医疗和就业问题，彻底解除职工的后顾之忧，维护企业和社会的稳定，塑造和谐企业文化。注重职工队伍建设，把发展人才资源和建设优质工程结合起来，每年投入教育经费60万元，受训职工达千人次，培养近百名专业技术人才，在建设众多优质工程的同时，为企业为社会造就一大批优秀人才，履行“建一个项目，育一批人才，树一座丰碑”的承诺。

张其华先后荣获汶阳镇精神文明先进个人、“富民兴汶”劳动模范、肥城市桃都英才、肥城市桃乡先锋、肥城市“五一”劳动模范、山东省建筑业优秀企业家、全国建筑业优秀企业家等荣誉称号。

徐永军　男，汉族，1965年2月出生，肥城市人，中共党员，大学学历，肥城宏远建设有限公司董事长。公司任职期间组织完成上千个项目工程施工，所参与项目质量优良，多次受到甲方单位及业主方的好评。2011年10月，担任肥城宏远建设有限公司董事长，带领公司切实弘扬“爱国敬业、遵纪守法、艰苦奋斗”的精神，自觉把个人理想融入民族复兴的伟大实践，坚定信心，迎接挑战，奋发图强，做受人尊敬、不负时代的优秀企业家。用切实行动弘扬“履行责任、敢于担当、服务社会”的精神，积极参与光彩事业、公益慈善事业、“万企帮万村”精准扶贫行动，深受社会各界好评。徐永军多次受到肥城市委、市政府表彰奖励，连年被评为建安系统先进工作者。

张成新　男，1966年1月出生，山东新泰人，中共党员，汉族，大学文化，高级工程师，山东鲁泰建筑公司集团公司董事长、总经理。自参加工作以来，先后承担肥矿俱乐部、体育馆、安全会议室和查庄矿改扩建工程施工的技术管理工作；承担肥矿白庄改扩建、水泥厂改扩建、8个电厂、大封铝厂、肥矿（山西）氧化铝厂等多个大型项目的施工任务。施工的肥矿医院大楼获得“泰山杯”；肥矿西区住宅楼工程，获得“太阳杯”。2009年6月，组织研究的《水泥搅拌桩技术在软弱地基处理工程中的应用研究》项目，被山东省企业技术创新促进会评为山东省技术创新优秀成果一等奖，位次第一位；2010年6月，组织研究的《下沉式卫生间渗漏综合防治技术》项目，被山东省企业技术创新促进会评为山东省技术创新优秀成果二等奖，位次第一位；2013年，组织管理山东省科技项目《焦炉本体冷态砌筑质量的控制》，获得省级科学技术一等奖；2014年，组织管理山东省科技项目《大型建筑企业全流程覆盖式SAP系统开发及闭环式经营管理模式研究》，获得省级企业技术创新优秀成果一等奖。

企业改制期间，张成新团结带领公司员工，秉承“一砖一瓦垒出企业形象，一言一行铸就鲁泰品牌”的企业精神，先后兼并肥矿地毯厂、水泥厂和多经公司，成立鲁冠房地产公司，后改制为山东鲁泰建筑集团公司。集团公司设多个分公司、多个项目部和4个经济实体，年产值10亿元，位居肥城市同行业前列。

凡人善举

中国好人

马成东　男，1970年11月出生，经开区过村中学教师。为不耽误学生课程，他带病坚持上课，为不让学生成绩掉队，他节假日义务补课，为不让学生辍学，他往返学生家二十余次做家长工作。业务上，他授课能力突出，多次刊发文章，教书育人，用实际行动践行园丁的意义。先后被评为敬业奉献山东好人、泰安好人。2019年6月，被评为敬业奉献中国好人。

山东好人

陈　锋　男，1969年4月出生，中共党员，生前为湖屯镇西辛庄原村党支部书记。任职多年

间，西辛庄村发生翻天覆地的变化，曾经的“烂摊子”村转变为“红旗村”，获得泰安市美丽乡村荣誉。村庄改变中倾注着陈锋大量的心血，因为积劳成疾，他于2019年2月7日在巡视村子途中离世。2019年，被评为敬业奉献山东好人。

刘森林 男，1930年10月出生，中共党员，原肥城县石横税务所离休干部。少年时投身革命，1959年转为税收工作直至1990年离休。1985年，55岁的刘森林正式加入中国共产党，那时起他立下“一心向党，奉献一生”的誓言。生活中的他非常节俭，对党和组织的事看得很重，自己的事却看得很轻。时年87岁的他写下庄重的遗体捐赠声明，以一种无私的壮举，践行一名党员为党和国家奉献一切的心愿。从苦难辉煌中走来的他，以强烈的责任心和无私奉献的高尚情怀书写出一曲许身为民的忠诚赞歌。2019年，被评为助人为乐山东好人。

韩彩霞 女，1980年9月出生，湖屯镇东湖东村村民。2010年的一场车祸，韩彩霞失去丈夫，年迈的公婆陷入丧子的悲痛中。为撑起这个残缺的家，她决定带着公婆出嫁。与丈夫于淑兵结婚后，两人共同承担起照顾公婆的责任。韩彩霞对待公婆像亲生父母一样，她从公婆的“好媳妇”变成“好闺女”。曾先后荣获第三届肥城市孝老爱亲道德模范、泰安好人称号。2019年，被评为孝老爱亲山东好人。

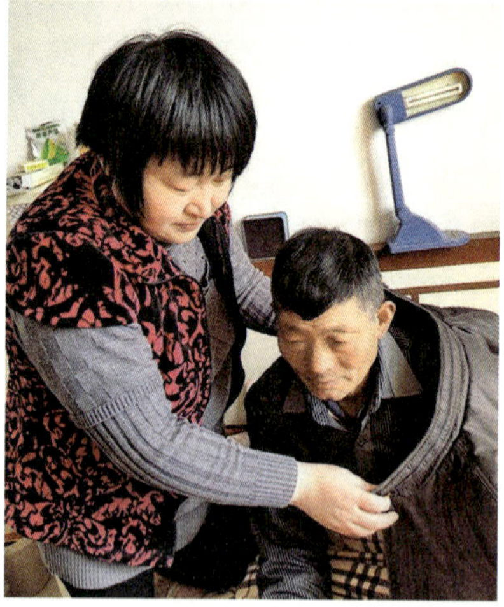

张延峰 男，中共党员，1971年3月出生，肥城市供电公司运维检修部电网建设班班长。主要负责肥城市农村电网升级改造和配电网建设的设计、运行和维护工作。自从农网改造以来，参与全市所有线路的设计、验收，走遍605个行政村，团队先后勘测设计线路1700多条，绘制图纸13000多张，累计行程近3万公里。用一年多的时间，形成2万多字的《配电网技术交底手册》，成为全国第一本指导电力施工的专业教材，得到国家电网公司推广，成为全国农电工必备的口袋书。2019年，被评为敬业奉献山东好人。

附录

- 执政思考
- 市委、市政府主要文件选目
- 主要媒体报道名录
- 肥城素质教育掠影

附　录

执政思考

实施“六大工程”　深化“一次办好”改革

中共肥城市委

近年来，肥城市围绕打造“审批事项少、办事效率高、服务质量优、群众获得感强”的政务环境，以“一次办好”改革为重点，深入推进实施行政审批效率、营商环境优化、事中事后监管能力、群众满意度、互联网+政务服务、诚信体系建设“六大工程”，积极转变政府职能，着力为企业“松绑”、为群众“解绊”、为市场“腾位”，不断激发市场活力和社会创造力，营造了助力经济社会高质量发展的良好环境。在全国中小城市投资潜力百强中列第14位、全省排名第1位。

一、夯实基础，加快提速

围绕省市工作重点，明确任务，落实责任。**一是精心安排。**召开全市招商引资招才引智暨提高行政效能优化营商环境大会、放管服改革专题会议，全面部署“一次办好”改革和优化营商环境工作。印发《关于实施“六大工程”深化“一次办好”改革推进审批服务便民化的工作方案》，推出28项改革任务和50条具体措施，明确责任部门和完成时限。举办全市推进放管服改革和新旧动能转换专题培训班，邀请国家、省有关专家作专题报告辅导。**二是厘清底数。**按照国务院、省和泰安市安排，分两批调整市级行政权力事项592项，其中，削减118项，承接57项，新增71项，整合7项，明确实施省级行政权力事项339项。公布市级政务服务事项中介服务项目清单，保留服务项目50项。梳理旅游局、粮食局等11个单位的行政处罚、行政强制权1274项，划转综合行政执法局756项、市场监管局518项。印发《关于做好承接泰安市级下放（委托）行政权力事项的通知》，承接泰安市下放行政权力事项4210项。编制《下放（委托）镇街区政务服务事项清单》，共下放（委托）政务服务事项55项。配合深化经济发达镇行政管理体制改革试点工作，赋予石横镇部分县级经济社会管理权限，制定下放权力目录，第一批下放市级政务服务事项109项。**三是搭建平台。**组建市行政审批服务局，梳理划转21个部门单位的181项行政许可事项、关联事项36项、收费事项8项，实现“一枚印章管审批”。印发《关于完善镇街便民服务中心建设的实施意见》，加强镇街区便民服务中心和村居便民服务点规范化、标准化建设，推行审批服务集中办理，形成市镇村三级全面覆盖、上下贯通的政务服务网络，最大限度减少企业和群众上下跑、多头跑、多地跑，打通服务群众“最后一公里”。

二、多点突破，优化服务

以审批便民化为目标，合理规划办事流程，落实改革要求。**一是推行“一窗办理”。**按照“前台统一受理、后台分类审批、统一窗口出件”模式，整合国土、房管、税务等窗口业务，实行不动产登记“一窗受理、集成服务”，推动业务办理向“分钟计时”迈进。将企业登记“一审一核”制升级为“审核合一、一人通办”，积极试行个体工商户“口述办照”，对个体工商户、农民专业合作社登记实行“市镇通办”，企业开办登记时间由法定的5个工作日压缩至1个工作日。**二是推行“一网通办”。**充分利用山东省政务服务网上平台和部门专业系统，积极开展网上咨询、网上申报、网上审批、快递送件等服务，努力实现“不见面”审批。市场监管局窗口推出APP线上注册登记，社保处窗口推出退休人员养老金待遇资格APP认证，食药监局窗口推出微信、QQ咨询指导服务。**三是推行“全程代办”。**印发《肥城市重点项目全程代办实施办法》，依托市政务服务中心和镇街区便民服务中心，建立市镇两级重点项目代办中心。投资规模在1亿元及以上的重点项目，由包保镇街区市级领导协调调度，由市代办中心全程代办，镇代办中心配合办理；其他项目由镇代办中心全程代办，市代办中心协调帮办。截至目前，已建立66人的市镇代办队伍，完成7家企业10项重点待办事项。

三、抓住关键，以点带面

突出便民高效，着力推进“一次办好”改革。**一是编制事项清单。**比对先进地区事项，梳理制定“一次办好”事项清单，最大限度压缩办事时间及申报材料，完成46个市直部门单位623项行政权力、276项公共服务事项拆分梳理，编制“一次办好”事项1810项，在市政府门户网站及市政务服务网上对外公布。**二是推进专项行动。**落实省市部署，印发《关于进一步优化营商环境的实施意见》，出台优化企业开办、优化不动产登记、优化工程建设项目审批、简化水气暖报装、简化获得电力、便捷获得信贷、优化政务服务、相对集中行政审批、推进信息共享、优化营商环境评价等专项行动，聚焦企业群众反映集中的办事创业难点、痛点、堵点，加大改革力度，加快新旧动能转换。**三是强化日常督导。**将深化放管服改革工作纳入重点督查范围，市职能办、政务办每月一次督查，督导通报情况；明确岗位责任制，逐人建立清单，对履职不到位的严格问责。自5月份起，对“四大动能”、民生服务部门评价末位的市直部门单位，开展“点穴式”蹲点帮扶，分析查摆存在问题，帮助制定整改措施。

四、凝神聚力、创新作为

深入落实“贴心代办”，扎实推进放管服改革。**一是进一步简政放权，提升放的“含金量”。**根据法律法规“立改废释”情况和机构改革后部门职责调整变化情况，继续做好行政权力事项的取消调整工作，以及上级下放行政权力事项的承接落实工作。适时对现有市级行政权力事项进行一次全面清理论证，再推动取消部分行政权力事项。**二是进一步优化措施，提升管的“覆盖面”。**落实“谁审批谁监管、谁主管谁监管”要求，增强监管执法规范性，健全“双随机一公开”机制，优化随机抽查工作细则，及时更新“一单两库”，增强监管执法科学性。稳步推进综合行政执法改革，推进跨部门跨领域综合执法，增强监管执法有效性。**三是进一步优化服务，提升服的“满意度”。**推广“互联网+政务服务”模式，更新完善“一次办好”事项清单，严格落实上级公布的“马上办、网上办、就近办、一次办”审批服务事项目录，落实全国标准统一的行政权力事项目录清单。进一步提升政务服务质量，加快推进一体化在线政务服务平台建设，优化审批服务流程，提升群众满意度，优化营商环境。（刊载于《山东通讯》2019年第1期）

放大优势　打响品牌
大力培育建筑业发展新动能

中共肥城市委书记　常绪扩

建筑业一直是肥城的传统产业、支柱产业和富民产业。近年来，肥城市发挥“建安之乡”品牌优势和产业优势，突出强产业、促转型、优环境，全力扶持建筑业做大做强，以建筑业的提质提效、跨越登高助推新旧动能转换，持续发力高质量发展。全市建筑企业发展到129家，有13万从业大军，施工遍布全国31个省市自治区及俄罗斯、以色列等36个国家和地区。2018年，完成建筑业总产值522.5亿元、增长37%，地方税收12.35亿元、实现翻番，被评为全省建筑业10强县、列第2位。

一、高点谋划定位，放大发展新优势

2017年换届之初，面对经济持续下行的压力，面对煤炭资源枯竭的不利局面，面对环境容量的“天花板”，市委、市政府坚持“实事求是地想、实事求是地谋、实事求是地干”的工作理念，紧紧抓住全省实施新旧动能转换重大工程的有利契机，对全市产业进行重新审视定位，深入企业项目、广泛开展调研，看到了建筑业关联度高、产业链长、带动性强的特点，建筑业一头连着民生、一头连着财源，是真正富民增收的绿色产业、总部经济。研究确立了“以‘四新’促‘四化’为主线、以品牌打造为核心，加快推动建筑业新旧动能转换，提升建筑业核心竞争力和市场开拓能力，打响‘建安之乡’品牌，建设全省乃至全国一流的建筑业强市”的总体思路。制定出台了《建筑安装业健康发展的实施意见》《推进装配式建筑发展的实施意见》，坚持“抓发展就要抓经济、抓经济就要抓企业”，把建筑企业培植摆在突出位置，把“现代建安”作为“八大产业”之一，集中培育、重点扶持。加快建筑业建链、补链、强链，全面推进建筑业设计施工一体化，支持承包企业向专业化、技术型方向发展，培育模板脚手架、装配式建筑等高端产业，全力打造集成化、系统化、规模化建筑产业集群，培育千亿级支柱产业。

二、推动转型升级，拓宽发展新领域

坚持因势利导，积极适应市场经济发展新需求，努力实现建筑业转型升级、跨越发展。一是**推动产业“全链条”延伸**。积极培育以总承包为龙头、专业承包为依托、劳务分包为基础的承包商体系，完善勘察、设计、监理等企业组成的工程咨询服务体系，形成大中小企业、综合型和专业型企业相互依存、协调发展的行业组织体系。鼓励企业多元化经营，突破以房屋建筑为主的单一经营模式，向市政、交通、水利、电力等专业工程拓展，参与承建了巴基斯坦卡拉奇核电站、北京地铁16号线、酒泉卫星发射中心配套设施等项目。拉长产业链条，拓展建筑业产业链上游的设计、咨询、项目开发和投融资业务，向勘察、咨询、设计、采购、试运行等非施工业务价值链延伸。支持有条件的建筑企业拓宽经营领域，扩大向装配式建筑、新型建材、服务业、制造业等关联度较高的上下游产业的投资比重，中国模板脚手架产业园、鲁泰绿色建材产业园等一批延链、补链的大项目、好项目成功落户肥城。**二是推动企业“高端化”发展**。鼓励和支持建筑企业以产权为纽带，通过联合、重组、兼并、股份制、组建企业集团等形式做大做强，积极引导建筑企业整合资源，加快形成一批资产规模大、资质等级高、施工技术硬、核心竞争力强的大型建筑企业，3家企业跨入全省建筑企业综合实力30强。以资质管理为杠杆，扶持有条件的企业晋升资质等级，充分发挥特级、一级资质企业的示范作用和规模效应，带动全市建筑业全面发展，近两年新晋升一级企业7家、二级企业10家，总数分别达到14家、54家。支持建筑企业品牌创建，开展“创优夺杯”活动，鼓励争创国优、省优、市优工程，创建安全文明样板工地，参建“鲁班奖”1项、获得“泰山杯”6项。实施“总部经济”战略，在城市核心区规划建设建筑企业总部园区，鼓励企业集聚发展、抱团成链，目前已有34家企业入驻。**三是推进管理“规范化”提升**。进一步完善建筑企业法人治理结构，加快管理方式创新，通过压缩管理半径，再造管理流程，加强总部对项目部的管控。召开全市建安业规范发展工作会议，举办“桃都讲坛”，邀请专家教授对全市建筑企业开展建设工程安全管理专题讲座。把中建三局、中建八局等国内管理模式最好的建筑企业作为学习标杆，引导建筑企业走出去学经验，切实加强企业自身规范化建设。全面加强建筑市场的行业监管，严禁转包、违法分包，严厉打击非法干预建筑市场行为，规范建筑业资质的申请和许可，严格落实安全生产责任制，督促企业将各项安全生产制度和措施落细落实。**四是大力实施“走出去”战略**。积极开拓国内市场，对外出队伍实施基地化管理，根据市场和用工需求，成建制地组织外出施工；强化跟踪服务，对外同扛“建安之乡”大旗，形成整体对外优势，提高竞争实力。抢抓“一带一路”机遇，鼓励建筑企业探索利用股份合作、项目合作等方式，参与国际承包工程。同时，积极争取国家对外经济技术合作专项资金、中小企业国际市场开拓资金和山东省实施“走出去”战略专项资金，壮大竞争实力。与中石化联合会合作搭建全国石油和化工设备安装产业服务平台，顺利举办2019中国石化行业工程建筑安装发展论坛暨洽商会，与100多家全国大中型建筑企业、石化行业企业建立了协作关系，拓宽了外出施工途径和渠道。2018年省外营业额比重达到65%以上，进京施工规模、工程质量、经济效益名列全省前茅，连续多年被北京市确定为建筑劳务基地县。

三、打造最优环境，注入发展新活力

抓住“放管服”改革有利时机，立足企业需求，加大扶持力度，精准把脉施策，着力打造一流发展环境。**一是全面加强组织领导。**成立市建筑业发展领导小组，设立建筑安装业发展中心，统筹协调推进建筑业发展相关工作，为建筑业发展提供坚强组织保障。建立问题反映解决特殊渠道，实行市级领导包保、联席会议、特殊督办等制度，一般性问题召开研判会集中研究、限时办结，重大问题由市委、市政府协调解决。组建司法援助服务队，对建筑企业在市外施工依法“保驾护航”，帮助解决“难点”“堵点”问题，让企业集中精力闯市场、谋发展。**二是全面打造最优环境。**明确提出长期稳定的法治环境就是最好的营商环境，坚持依法管到位、到位不越位，同时倡导法无禁止皆可为，给企业更多自主权。成立行政审批服务局，对建筑企业审批事项开辟“绿色通道”，全力营造审批事项少、服务效率高的政务环境。推行重点项目全程代办，企业需要的时候无处不在、不需要的时候无声无息，打响“市场你来闯、服务我来办”营商品牌，打造促进建筑业发展的服务“洼地”。**三是全面强化政策扶持。**拿出“真金白银”，根据建筑企业对地方财政贡献比往年最高额实际增加额度进行奖励，仅2018年就兑现奖励资金2.2亿元。实施“蓝领”提升计划，依托肥城高级技工学校，开展“订单式”培训，组织职业培训和技能比武活动，培养“桃都工匠”，为建筑产业发展提供人才智力支撑。**四是全面构建亲清政商关系。**对企业家队伍“高看一眼、厚爱三分”，在全社会营造关心企业家、支持企业家、尊重企业家的浓厚氛围。（刊载于《山东通讯》2019年第12期）

扫黑除恶清“三资”　集体增收强班子

——肥城市以“三资”清理为切入点，深入开展扫黑除恶专项斗争的探索与实践

中共肥城市委

扫黑除恶专项斗争是党中央作出的重大战略部署，整顿软弱涣散村级班子、加强农村基层组织建设是其中的重要内容之一。为把这一重大政治任务落到实处，做到既“接天线”又“接地气”，肥城市以农村“三资”清理为切入点，对农村领域黑恶霸痞乱问题开展彻底“大扫除”。

一、实施动因

扫黑除恶专项斗争部署以来，肥城市本着“有黑扫黑、无黑除恶、无恶铲霸、无霸打痞、无痞治乱”的原则，全面排查扫黑除恶的边角盲区。组织纪检、组织、政法、信访、经管等部门召开联席会议，对近年来软弱涣散村、集体收入较低的村以及各类信访案件进行集体会诊、分析研判，发现农村黑恶霸痞乱问题与三资管理问题相互交织、互为因果。具体表现在：**一是**农村黑恶霸痞势力最终目的是追求经济利益，在农村主要依附在“三资”上，通过把持、操控村集体资产资源，控制生产经营来侵占集体和群众财产；**二是**村集体资产资源私自占用、低价承包、无偿使用、承包合同不规范、承包费长期拖欠等问题，在一些镇村不同程度存在，使村级资产资源的管理成为村级班子管理的薄弱环节；**三是**“三资”管理在农村敏感度高、关注度高，是农村广大干部群众普遍关心的热点、焦点问题，也最易引发干群矛盾，在软弱涣散党组织更为明显，有

2/3以上的软弱涣散村不同程度地存在对侵占集体资产资源“不愿管”“不敢管”“不会管”的问题；四是肥城市大部分村是农业村，村集体收入主要依靠资产资源的高效利用，收入较低的村均不同程度存在资产资源管理不到位、利用不到位等问题，如果把“三资”清彻底并高效利用，大部分村集体收入都能达到10万元以上，可以有效解决无钱办事的问题。基于以上原因，肥城市委决定利用3年时间，在扫黑除恶专项斗争中开展农村“三资”清理集中行动。

二、主要做法

1. 上下联动，营造浓厚氛围。借助“扫黑除恶”这一大势，扫清“三资”管理多年“顽疾”。**一方面，逐级动员吹响“集结号”**。召开全市动员会议，市扫黑除恶专项斗争领导小组牵头，扫黑办、组织部、经管办、纪委监委、公检法司等部门联合作战，制定程序步骤，明确职责任务，全市“一盘棋”，强力统筹推进。各镇街区召开党委会、启动会，村级召开“两委”会、党员群众会，集中动员，统一思想，减少阻力。**另一方面，广泛宣传形成“大声势”**。与扫黑除恶专项斗争紧密结合起来，利用宣传车、标语、明白纸、广播喇叭，在电视台开辟专栏、发布公告等形式，开展高频度、全覆盖的宣传发动，引导群众积极配合、主动参与，对拒不整改和“浑水摸鱼”的人形成高压态势和强大震慑，达到“不战而屈人之兵”的目的，为集中行动奠定坚实基础。

2. 步步为营，依法清理整顿。按照调查摸底、集中清查、依法整改、规范经营的步骤进行，各环节密切衔接，层层递进，务求实效。**一是聚焦重点“摸底子”**。对各村“三资”管理、运营情况进行全面排查，重点排查私自占用村集体资产资源、低价承包、无偿使用、承包合同不规范、承包费长期拖欠等5类疑难问题，明确重点村，逐村建台账，做到底数清、情况明。**二是深挖细查“找问题”**。按照个人申报、镇村核实、公开公示、结果确认的程序，开展村集体清产核资，理清合同、理顺往来，清理结果及时公示，对村集体“三资”来一次“大起底”，把问题找全、找透。**三是分门别类“精准改”**。对清理中发现的问题，依据法律法规和政策，分门别类整顿。承包合同该完善的完善，该补记入账的补记入账，该退赔的退赔，该清收的清收，该纠正的纠正。对存在问题突出、整顿难度大的村，纳入重点整治范围，与扫黑除恶专项斗争结合起来，该立案处理的，依法从严处理。**四是规范经营“助增收”**。对清理收回的集体“三资”，不等不靠，清理一处，立即整理，落实“理促调帮”措施，指导村级选准增收路子，确保集体“三资”发挥最大效益。注重边清理、边整顿、边总结，帮助村级全面梳理“三资”管理存在的问题和漏洞，完善制度机制，真正把“三资”牢牢攥在集体手里。

3. 把握关键，力求精准实效。充分考虑“三资”清理工作的复杂性，把握好三个关键，起到“四两拨千斤”的效果。**一是以点带面“集中攻坚”**。从软弱涣散村铺开，在全面摸底排查的基础上，优先在“三资”问题突出、需要镇街帮助清理整顿的软弱涣散村中，确定一个启动村作为突破口，集中用力，清理一个，完成一个，转化一个，为其他村积累经验，提供借鉴。目前，全市已开展“三资”清理的村累计达到574个，占行政村总数的94.9%，439个村已通过市级验收。启动村清理结束后，在保证质量的前提下，按照支部星级和收入情况，探索实施分类推进，压茬进行。**二是镇街专班“直接操刀”**。“三资”清理已开展多年，剩下的都是难啃的“硬骨头”。这次集中行动不设时间表，镇街主动担当，不做“甩手掌柜”，组成工作专班，直接进村，一竿子插到底，一项一项抓整改。**三是党员干部“率先垂范”**。借助集中行动，对农村党员干部进行一次“体检”，让党员干部带头整改，作出示范，锤炼作风，向群众亮明态度决心。村党支部挺起腰杆，攥紧拳头，按照在职村干部—离任村干部—普通党员—群众的顺序，刀刃向内，依次清理整顿，敢于动真碰硬，解决“根子”上的问题，不留“后遗症”。

4. 强化领导，聚力推动落实。清理是目的，机制保障是前提和基础。**一是压实责任共推进。**市里成立了专门的工作专班，市委书记任组长，政法委书记、组织部部长、分工副市长任副组长，强化面上统筹推进。镇街承担主体责任，成立了由党（工）委书记任组长的工作专班。村级承担直接责任，全力推进集中行动落到实处。**二是齐抓共管聚合力。**市委组织部抓好全市面上工作牵头协调；市经管办强化业务指导；市纪委监委成立工作专班，对违法违纪村干部进行处理；司法部门成立“律师专班”，提供法律援助支持；公安部门对采取非法手段蓄意干扰破坏集中行动的，第一时间介入，顶格处理；市扫黑办对发现的涉黑涉恶线索，及时受理核查，严肃处理。**三是督导检查提质效。**抽调 14 名业务骨干组成市级督导专班，沉到一线，现场指导。市级领导带头联系 1 个启动村，全程盯靠，解剖麻雀。市委每月雷打不动召开调度会议，不定期召开现场观摩会，及时汇总研判问题，督促工作开展。印发工作动态，推广典型经验，通报面上问题。

三、成效与启示

肥城的工作实践表明，农村“三资”清理，借助的是扫黑除恶大势，清理的是陈年旧账，化解的是矛盾纠纷，增加的是集体收入，理顺的是党心民心，树立的是支部威信，提升的是基层治理水平，形成的农村“三资”清理“肥城模式”，在中组部《组工信息》刊发推广。

1. “三级书记”抓清理，打在了黑恶霸痞乱势力的要害处。肥城市着眼扫黑除恶专项斗争落实落地、农村基层党建“强基固本”，将农村“三资”清理集中行动，作为市镇村“三级书记”的“一号工程”和各级党组织的“头等大事”来抓，做到面上工作亲自谋划、清理村整顿全程介入、重点问题亲自研究、关键环节亲自把关、进展情况及时调度、矛盾问题协调解决，整顿成果实地检验。让多年清不动、不敢清的问题浮出水面、摆到台面，树起靶子，让扫黑除恶更“接地气”，扫出了更加实实在在的战果。目前纪委监委机关共查处农村“三资”领域违规违纪问题 15 起 22 人，党纪处分 16 人；公安机关共查出案件 35 起，行政拘留 25 人，协助清理收回应收账款 781.88 万元。市法院共受理涉及农村“三资”案件 135 件，审结 104 件，为村集体挽回经济损失 140 余万元；市检察院受理公安机关移送审查起诉案件 7 件 20 人，经审查已起诉 2 件 2 人。

2. “支部引领”强班子，找到了软弱涣散村整顿的突破口。党建强，则基层稳。通过“三资”清理集中行动，坚持组织整顿与思想教育相结合，支部打头阵、党员带头，解决村干部、群众“思想疙瘩”。在分类定级的基础上，对软弱涣散班子采取市级领导干部挂点联系整顿，全面提升了农村基层党组织的组织力。通过“三资”清理，整顿了村级班子，锻炼了村“两委”干部。目前，先后调整村“两委”干部 66 人，其中调整村支部书记 51 人。进一步强化了基层党组织战斗堡垒作用，促进了农村的和谐发展，人民群众的获得感、幸福感、安全感更加充实、更有保障、更可持续。

3. “澄清家底”固根基，扭住了农村集体增收的“牛鼻子”。开展这次“三资”清理集中行动，聚焦村集体经济收入 10 万元以下的村，逐一拉出单子，逐村分析研究，帮助找准持续稳定的增收路子；对清理出的资产资源和扶贫、强村固基等各类扶持资金形成的村级资产，由村集体统一管理运营，让集体的家底越来越厚实；在利用上，采取“打包、捆绑”等方式进行整合，统一策划增收项目，发挥最大效益。集中行动以来，这 439 个村共清理合同 22402 份，核实集体资产 30.3 亿元，新清理集体资源 6.44 万亩。通过清理，增加村集体收入 6709.51 万元，村均 15.82 万元。预计年底全面消除集体经济收入 10 万元以下的村。

4. “着眼长效”建机制，抓住了提升基层治理水平的关键点。做好“后半篇”文章，杜绝

“一清了之”的现象。以“三资”清理为切入点，落实“一村一方案”，逐个分析整顿对象存在的问题，找准薄弱环节，调整工作思路，改进工作机制，探索出“基层党建引领社会治理”的新格局。逐步健全完善村级民主决策、管理、运行机制，严格落实岗位承诺、坐班值班、“四议两公开”等制度。特别是不断探索农村“三资”监管新机制，及时发现堵塞管理中的漏洞，建立完善村级举债、“村务卡”、村党支部书记离任经济责任审计、未转出资产资源信息发布等制度，推动农村“三资”规范管理、良性运营。面对“三资”清理之后的新起点，全面推行“以推优选任‘公推制’、重大事项‘票决制’、‘三务’公开‘全程制’、监督管理‘全时制’、工作效果‘考评制’，深化‘定岗承诺’，搭建党员作用发挥的载体”为主要内容的“五制一诺”制度，进一步优化村级组织运行机制，规范村干部履职行为，确保村级各项事务有章可循、有规可依。同时，将“三资”清理作为锤炼干部作风、提高干部能力、提升支部组织力的过程，作为考察了解干部的重要依据，在清理一线比较落实成效、考察识别干部，表现突出的优先提拔使用。集中行动开展以来，共有16人被提拔为副科级及以上干部、3人被重用。（刊载于《山东通讯》2019年第22期）

市委、市政府主要文件选目

【市委主要文件存目】

肥发〔2019〕1号　中共肥城市委　肥城市人民政府《关于肥城市市级机构改革的实施意见》

肥发〔2019〕2号　中共肥城市委《关于印发〈中国共产党肥城市第十四届委员会第七次全体会议公报〉和〈常绪扩同志在中共肥城市委第十四届七次全体会议上的报告〉的通知》

肥发〔2019〕3号　中共肥城市委　肥城市人民政府《关于深化推进镇（街道）行政体制改革的实施意见》

肥发〔2019〕4号　中共肥城市委　肥城市人民政府《关于农业农村优先发展进一步做好三农工作的实施意见》

肥发〔2019〕5号　中共肥城市委《关于做好省委巡视组反馈意见整改落实工作的通知》

肥发〔2019〕6号　中共肥城市委《关于进一步加强市直机关党的建设的意见》

肥发〔2019〕7号　中共肥城市委　肥城市人民政府《2019年度经济社会发展考核意见》

肥发〔2019〕8号　中共肥城市委　肥城市人民政府《关于深化石横镇行政管理体制改革方案的通知》

肥发〔2019〕9号　中共肥城市委　肥城市人民政府《关于全面对标学习张家港行动的实施方案》

肥发〔2019〕10号　中共肥城市委《关于深化落实“五制一诺”制度进一步推进农村党组织标准化规范化建设的意见》

肥发〔2019〕11号　中共肥城市委　肥城市人民政府《关于推进市融媒体中心建设的实施方案》

肥发〔2019〕12号　中共肥城市委《关于进一步深化改革开放加快制度创新的意见》

肥发〔2019〕13号　中共肥城市委《印发〈关于在全市开展“不忘初心、牢记使命”主题教育的实施方案〉的通知》

肥发〔2019〕14号　中共肥城市委　肥城市人民政府《关于全面推进预算绩效管理的实施意见》

肥发〔2019〕15号　中共肥城市委　肥城市人民政府《印发〈肥城高新技术产业园区（泰安高新技术产业开发区肥城园区）体制机制改革创新试点方案〉的通知》

肥发〔2019〕16号　中共肥城市委　肥城市人民政府《印发〈肥城经济开发区体制机制改革创新试点方案〉的通知》

肥发〔2019〕17号　中共肥城市委《关于推

动党校教育全覆盖的实施方案》

肥发〔2019〕18 号　中共肥城市委《关于建立市政府向市人大常委会报告国有资产管理情况制度的意见》

肥发〔2019〕19 号　中共肥城市委　肥城市人民政府《关于建立流程再造工作体系全面加强制度创新的实施意见》

肥发〔2019〕20 号　中共肥城市委　肥城市人民政府《印发〈关于加强和完善城乡社区治理的实施方案〉的通知》

肥发〔2019〕21 号　中共肥城市委　肥城市人民政府《关于印发〈肥城市乡村振兴战略规划（2019—2022 年）〉的通知》

【市政府主要文件存目】

肥政字〔2019〕11 号　肥城市人民政府《关于公布 2019 年度工业领军企业建安领军企业科技创新型企业名单的通知》

肥政字〔2019〕13 号　肥城市人民政府《关于公布 2019 年第一批调整行政权力事项的通知》

肥政字〔2019〕22 号　肥城市人民政府《关于公布肥城市第一批历史建筑名单的通知》

肥政字〔2019〕23 号　肥城市人民政府《关于公布 2019 年第二批调整行政权力事项的通知》

肥政字〔2019〕36 号　肥城市人民政府《关于公布肥城市第七批非物质文化遗产代表性项目名录的通知》

肥政字〔2019〕38 号　肥城市人民政府《关于对城区部分道路命名的通知》

主要媒体报道名录

新华社

扫黑除恶清“三资”集体增收强班子

（新华社高管信息　2019/11/8　2019 第 42 期）

《农民日报》

牵准“牛鼻子”走实“振兴路”——山东肥城市新型城镇化与乡村振兴融合发展探索

（2019/12/14 三版）

《大众日报》

肥城：“专精优特”造优势“单项冠军”领行业

（2019/5/10 二十四版）

肥城：桃花节引来“高精尖”

（2019/5/10 二十四版）

肥城道德建设释放“好人效应”

（2019/5/10 二十四版）

肥城高新区打破“铁饭碗”　走出“舒适圈”

（2019/2/1 县域）

肥城审批加速跑　服务不打折

（2019/1/22 县域）

肥城连续三年节后上班谋“四定”

（2019/2/19 县域）

肥城“志愿服务”成为新年关键词

（2019/2/15 三十五版）

肥城“精明”双招双引　算着账抓招商

（2019/3/17 县域）

采煤塌陷地变成肥城“后花园”（2019/3/15 十六版）

打造三产融合发展的肥城模式

（2019/4/26 十六版）

肥城：桃花节引来“高精尖”

（2019/5/10 十六版）

昔日矿区塌陷地　如今风景美如画

（2019/5/24 十六版）

喜看肥城动能转换之变　（2019/6/11 县域）

肥城佛桃熟了　还是老味道　甜醉八方客

（2019/9/8 五版）

聚焦农村“三资”清理的肥城模式

（2019/10/21 县域）

肥城擦亮“建安之乡”金字招牌

（2019/10/26 头版）

看肥城高新区如何“进退有度”

（2019/10/30 县域）

肥城 80% 以上小区建立党支部

（2019/12/20 十九版）

肥城：让“过硬”成为机关党支部标配

（2019/7/5 十六版）

肥城：盘活“人地钱” 乡村火起来

（2019/7/5 十六版）

肥城为优势产业持续做“加法”

（2019/7/19 十六版）

企业发展搭上“服务列车”

（2019/7/19 十六版）

肥城农村“三资”清理强基固本 建强党支部 增收活力旺 （2019/8/16 十九版）

25 名大学生志愿者赴农村支教

（2019/8/16 十九版）

志愿花开新时代——文明实践在肥城

（2019/10/18 十二专版）

肥城奋力书写“党建新高地、法治新高地、市场新高地”时代篇章 （2019/10/17 十专版）

《农村大众》

肥城谱写新时代乡村振兴新篇章

（2019/12/23 A4 版）

《山东商报》

肥城市“不忘初心、牢记使命”奋力开创高质量发展新局面 （2019/9/29 T17 版）

《泰安日报》

肥城勇做新时代泰山“挑山工” 重点工作项目化 对标先进抓落实 （2019/3/12 头版）

肥城新时代文明实践注入“雷锋精神”

（2019/3/21 头版）

肥城“新三板”挂牌企业达到 10 家

（2019/4/19 头版）

肥城道德建设释放“好人效应”

（2019/5/6 二版）

肥城打造山水林田湖草生态保护修复新样板

（2019/5/17 头版）

肥城精准建项目蓄积新动能

（2019/6/14 头版）

“新载体”成肥城建安业转型“强引擎”

（2019/6/25 二版）

肥城畅通发展“大动脉” （2019/7/2 头版）

肥城精准发力优势产业 持续做“加法” 跑出“加速度” （2019/7/17 头版）

肥城市行政审批服务大厅设立“冯华窗口” 为企业群众办好“一件事”

（2019/8/21 二版）

肥城市召开“不忘初心、牢记使命”主题教育工作会议 为高质量发展注入强劲动力

（2019/9/16 头版）

肥城双招双引保持强攻——千方百计打造投资兴业优渥土壤 （2019/10/12 头版）

肥城素质教育掠影

全国状元——张圣一

张圣一　男，2001年11月出生，肥城市第一高级中学2016级19班学生，团支部书记。2016年中考，以泰安市第一名的成绩升入肥城一中；2019年高考，以裸分713分摘取山东省理科状元桂冠，也是全国一卷理科第一名，当之无愧连中三元的全国状元。曾获得北大“博雅计划”A+评价、40分降分，现就读于北京大学。张圣一理想远大，立志为中华民族复兴而读书。他品学兼优，发展全面，具有勇敢向上、追求卓越的进取精神。自幼博览群书，涉猎广泛，注重艺术和审美的训练和修养。高中期间曾获“山东省优秀学生”“山东省三好学生”“山东省新时代好少年”等荣誉称号，在历次泰安市大考中均名列前茅，在作文、英语、数理化等各项学科竞赛中多次获得国家级、省级奖项。

张圣一在北京大学2019年开学典礼上代表新生发言

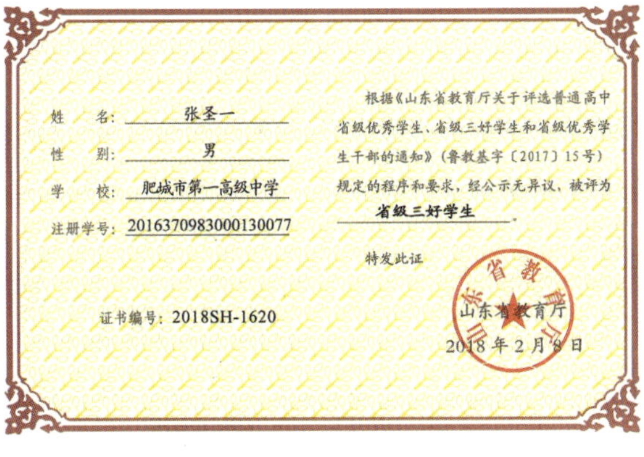

姓　名：张圣一
性　别：男
学　校：肥城市第一高级中学
注册学号：2016370983000130077

根据《山东省教育厅关于评选普通高中省级优秀学生、省级三好学生和省级优秀学生干部的通知》（鲁教基字〔2017〕15号）规定的程序和要求，经公示无异议，被评为省级三好学生。

特发此证

证书编号：2018SH-1620

山东省教育厅

2018年2月8日

张圣一获“省级三好学生”证书

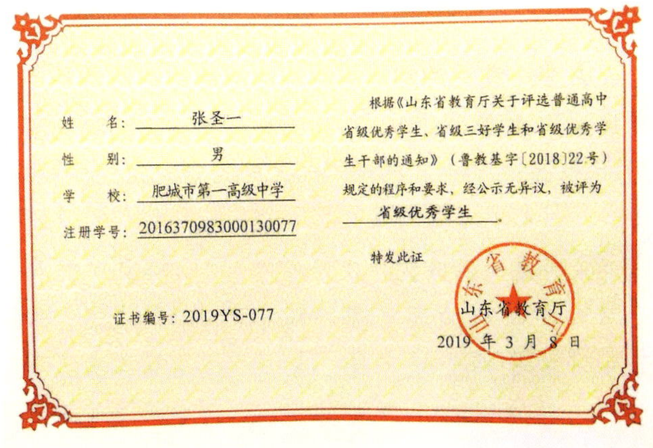

姓　名：张圣一
性　别：男
学　校：肥城市第一高级中学
注册学号：2016370983000130077

根据《山东省教育厅关于评选普通高中省级优秀学生、省级三好学生和省级优秀学生干部的通知》（鲁教基字〔2018〕22号）规定的程序和要求，经公示无异议，被评为省级优秀学生。

特发此证

证书编号：2019YS-077

山东省教育厅

2019年3月8日

张圣一获“省级优秀学生”证书

泰安文科第二名——孟咏然

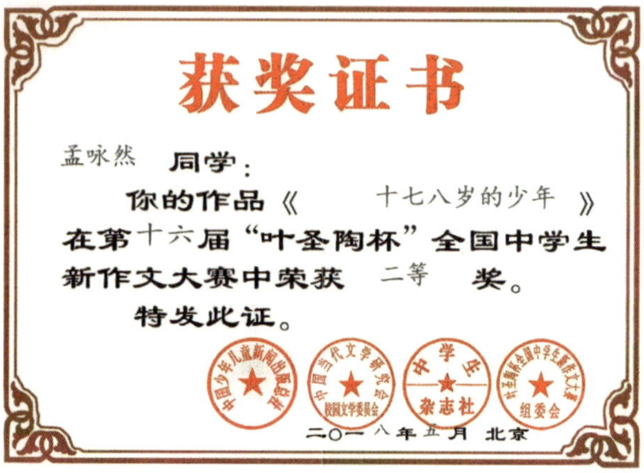
获奖证书

孟咏然 同学：

你的作品《 十七八岁的少年 》在第十六届“叶圣陶杯”全国中学生新作文大赛中荣获 二等 奖。

特发此证。

二〇一八年五月 北京

张圣一获“省级三好学生”证书

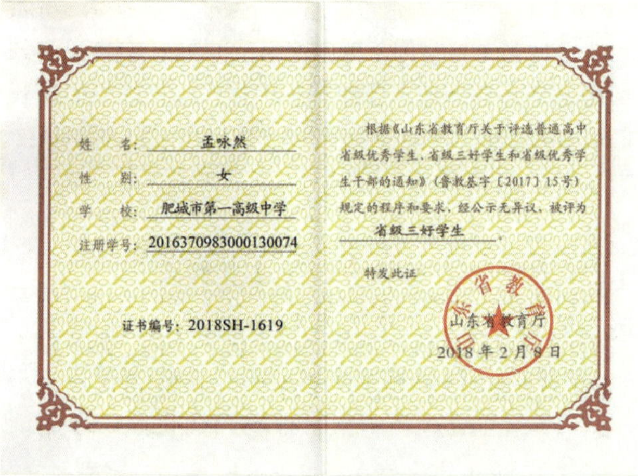
姓 名：孟咏然

性 别：女

学 校：肥城市第一高级中学

注册学号：2016370983000130074

证书编号：2018SH-1619

根据《山东省教育厅关于评选普通高中省级优秀学生、省级三好学生和省级优秀学生干部的通知》（鲁教基字〔2017〕15号）规定的程序和要求，经公示无异议，被评为 省级三好学生。

特发此证

山东省教育厅

2018年2月8日

张圣一获“省级优秀学生”证书

孟咏然 女，2000年12月出生，肥城市第一高级中学2016级3班学生。2019年参加高考，以泰安市文科第二名、肥城市文科第一名的优异成绩考入北京大学政府管理学院。高中三年，孟咏然成绩优异、素质全面，基本保持年级文科第一名，多次获得泰安市文科第一名。积极参加各类学科竞赛，曾获全国中学生英语能力竞赛全国一等奖、全国创新英语大赛全国二等奖、中华之星国学大赛全国二等奖、“叶圣陶杯”全国中学生新作文大赛二等奖、山东省高中数学竞赛一等奖等。孟咏然兴趣广泛，课余时间不仅喜爱摄影、听音乐等文艺活动，还经常参加跑步、打乒乓球等体育运动。曾担任团支部书记，积极参与团委的各项工作，热心为同学服务，是老师的得力助手。由于表现优秀，被评为“省级三好学生”。

清华飞行员——张浩鹏

张浩鹏 男，汉族，2000年9月出生，肥城市第六高级中学2016级11班学生。2019年9月被中国人民解放军航空大学飞行与指挥专业录取，该专业可同时取得北大或清华学籍。张浩鹏从小热爱科学，有强烈的好奇心，喜欢探究问题，尤其喜欢探索宇宙的奥秘。自进入高中，他就立志翱翔蓝天、保家卫国。他有爱心，敢担当，时时处处严格要求自己。作为班长，他尊敬师长，团结同学，认真履行职责，出色完成任务，是老师的好帮手和同学的好榜样；他积极参加各类社会实践、社区服务等活动，深受大家的喜爱和好评；他学习能力强，功底扎实，在各级各类竞赛活动中屡获大奖，2017年在全国地理知识大赛中荣获二等奖，2018年在第十五届“外研社杯”中小学生英语大赛荣获二等奖。

张浩鹏录取通知书

全国冠军——张梦婷

张梦婷　女，2002 年 8 月出生，肥城市泰西中学 2017 级学生。她从小热爱体育活动，尤其喜欢短跑且成绩优秀。升入高中后，在教练员刘强的科学训练和严格要求下，把热爱转化为特长。经过坚持不懈的刻苦训练，取得诸多荣誉。2019 年 8 月，获山东省第十四届学生运动会 200 米第一名（成绩 25 秒 42），并获山东省体育道德风尚奖运动员；2019 年 8 月，获全国青少年田径锦标赛 100 米第一名（成绩 12 秒 16）、200 米第一名成绩（25 秒 07）；2019 年 10 月，获全国青少年田径俱乐部锦标赛 100 米第一名、4×100 米接力第一名。

CHINESE ATHLETIC ASSOCIATION 中国田径协会

全国田径竞赛

获奖证书

竞赛名称：2019全国青少年田径锦标赛

运动员姓名：张梦婷　山东省肥城市泰西中学

名次与成绩：女子100米　第一名　12.16

时间地点：2019.8.28-30　山东·莱西

组织委员会（章）

主任签名：

国家体育总局田径运动管理中心　中国田径协会　颁发

张梦婷全国青少年田径锦标赛赛 100 米冠军证书

张梦婷全国青少年田径锦标赛赛 200 米冠军奖牌

全国冠军——姬颖慧

姬颖慧获奖证书

姬颖慧　女，2001年11月出生，肥城市第六高级中学2016级14班学生。2019年7月，参加全国体育传统项目学校田径联赛（东部赛区），获得女子甲组三级跳远第一名（成绩12.04米），女子甲组跳高第二名（成绩1.66米）。2019年8月，参加山东省十四届中学生运动会（中学组），获得女子跳高金牌（成绩1.68米），被评为山东省十四届中学生运动会优秀运动员。她正确处理体育训练、比赛与学习的关系，体育成绩与学习成绩同步提高，全面发展。在校内，她关心同学，关爱集体，带领同学积极参加体育活动，丰富同学们的课余生活。在校外，她敢于拼搏，用于担当，在各级比赛中，为学校争光，为肥城添彩。

中考状元——尚泰鹏

尚泰鹏 男，2004年2月出生，肥城经济开发区过村初级中学初三学生，2019年泰安市中考第一名。他自幼爱读书，爱思考，富有理想，情理双修。他品学兼优，身怀多项技能，书法、朗诵、象棋、地理、哲学、天文等均有所涉猎，收获颇丰。先后被评为泰安市优秀学生、优秀班干部，荣获全国青少年艺术设计竞赛书法二等奖、泰安市硬笔书法一等奖、泰安市“小哥白尼”科普竞赛第一名、泰安市经典诵读大赛第二名、肥城市“国学小名士”经典电视诵读大赛第一名等。

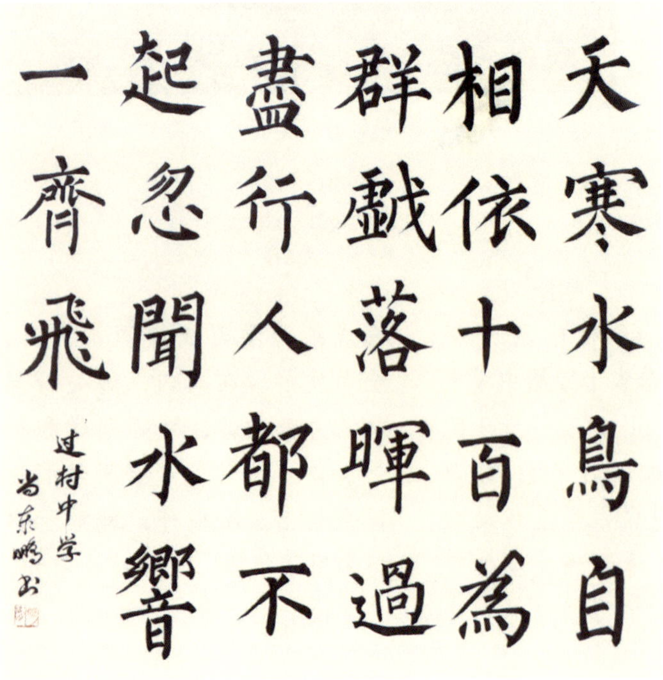

尚泰鹏书法作品

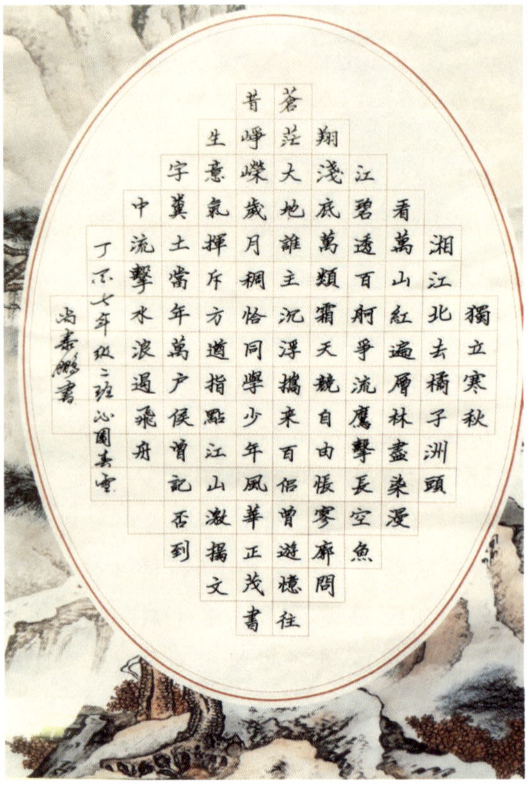
尚泰鹏书法

围棋冠军——李小溪

李小溪 女，2005 年 9 月出生，肥城市实验中学 2017 级 1 班学生。5 岁开始学围棋，8 岁业余 5 段。2016 年 8 月，在全国围棋锦标赛中获女子儿童组第二名，荣升国家一级运动员。2016 年 8 月至 2019 年，连续在全国业余女子锦标赛、辽河杯、国藩杯等比赛中获第一名。2019年 1 月，李小溪在西安举行的中国围棋大会中取得佳绩，升为围棋六段。2019 年 8 月，在日照举行的“围棋高考”全国女子定段赛中获第四名，正式成为职业棋手。2019 年 11 月，在第四届全国智运会上，李小溪不畏强手，一路过关斩将，夺得女子组第一名，时隔八年，为山东队重新收获金牌。在团体赛中，她与队友奋力拼搏，用全胜的战绩为山东队夺得一枚铜牌，实现山东省围棋项目在智运会上新的突破。

科技之星——孙启民

孙启民　男，2009年7月出生，肥城市实验小学2015级11班学生，被评为2019年度全国“小小科学家”中小学科学体验活动“科技之星”。他爱好广泛，酷爱读书，喜欢做科学实验，每到周末回家都会钻研各项科学实验。业余时间喜欢打篮球、听音乐。曾荣获泰安市奥林匹克数学竞赛三等奖、泰安市数学能力大赛二等奖；“创新·体验·成长”校园科技节系列活动金奖、泰安市第十四届“争当小实验家”科学体验活动小学高年级化学一等奖等。2019年12月，在2019年度全国“小小科学家”中小学科学体验活动中，以全国小学高年级组第一名的优异成绩，被评选为“科技之星”。

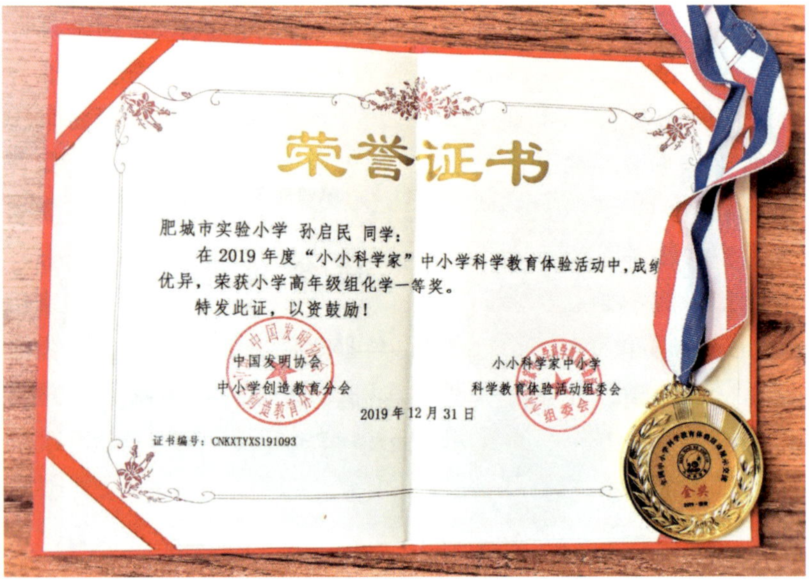

孙启民获奖证书

奖杯

世界华人书法大赛“明日之星”

聂安琪 女，2008年9月出生，肥城师范学校附属小学五年级三班学生。她爱好广泛，尤其擅长书法。2018年、2019年分别进入全球华人少年书法大会500强、100强，荣获“潜力之星”“明日之星”的称号。

孙旭琳 女，2010年2月出生，肥城师范学校附属小学四年级三班学生，中国硬笔书法山东工作委员会青少年分会会员。2018年12月在第三届“全球华人少年书法大会”活动中获得“潜力之星”奖，2019年1月荣获“书法传播小使者”称号，并于同年11月获得第四届全球华人少年书法大会“明日之星”奖。

刘潞瑶 女，2008年9月出生，肥城市桃园镇里留小学五年级学生。她学习成绩优异，热爱书法。2019年11月，参加第四届全球华人少年书法大会总决赛，以精湛的书法作品荣获“全球毛笔书法100强”“明日之星”奖，作品入选《第四届全球华人少年书法大会作品集》，并在全球巡展。

武琳晗 女，2009年8月出生，肥城市桃园镇里留小学五级学生。她品学兼优，爱好广泛，尤其对书法情有独钟。2019年11月，在第四届全球华人少年书法大会总决赛中，荣获“全球毛笔书法100强”“明日之星”奖。获奖作品《前赤壁赋》入选《第四届全球华人少年书法大会作品集》，并在全球巡展。

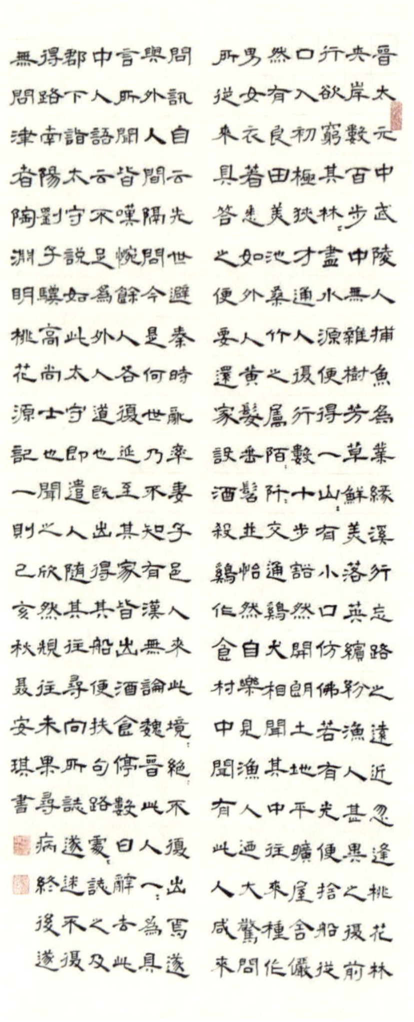

聂安琪参加第四届书法大会获奖作品

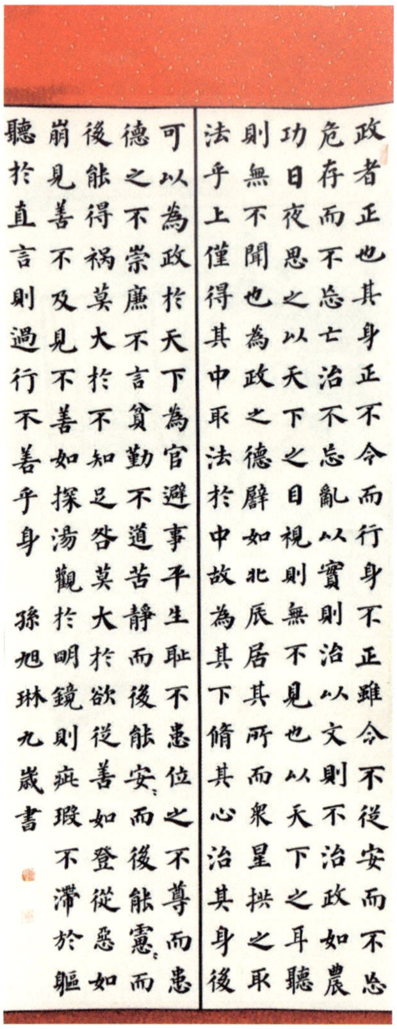

孙旭琳参加第四届书法大会获奖作品

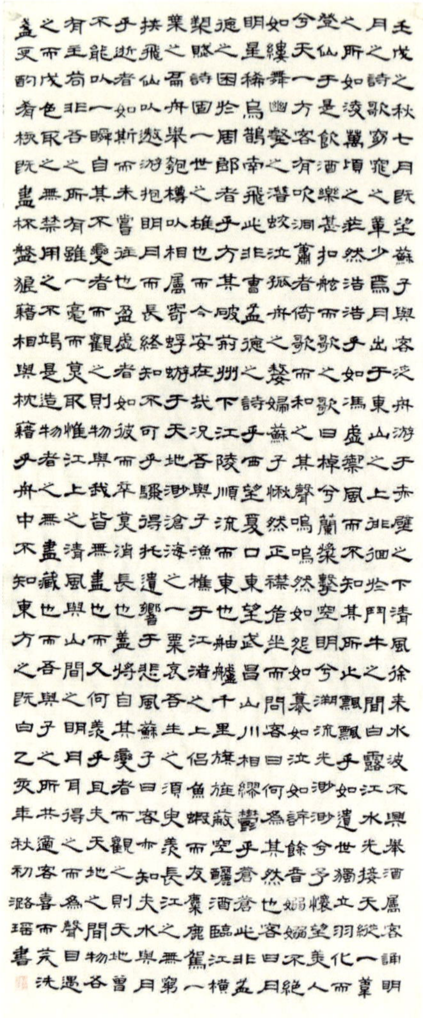

刘潞瑶获奖作品

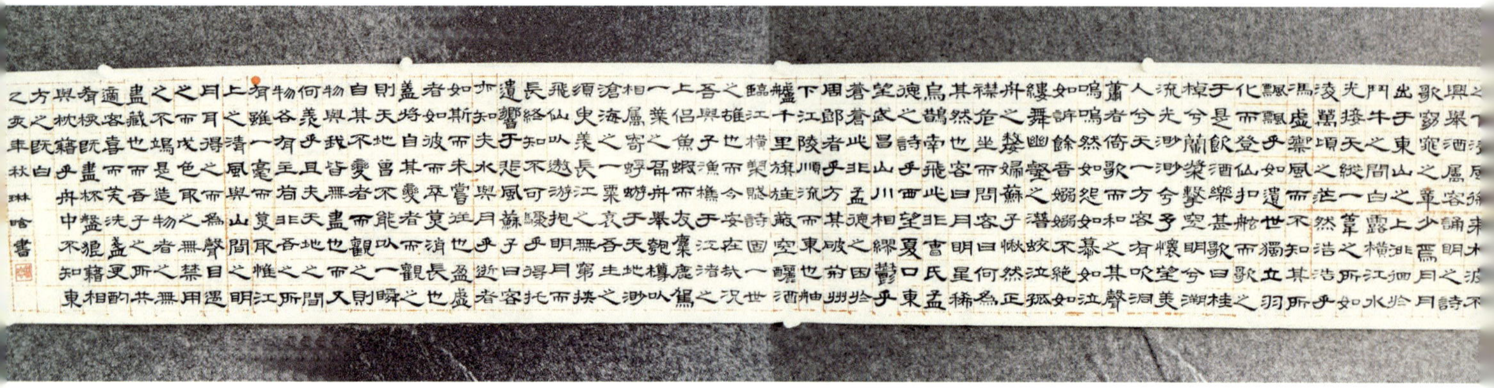

武琳晗获奖作品

全国“签约小作家”

王淑宁 女，肥城市河西小学学生，2019 年 4 月参加中国小作家工作坊第三期集训，成为中国小作家工作坊首批签约小作家，创作完成的校园小说《黑屋怪事》即将出版。

宋忻彤 女，2006 年 7 月出生，肥城市白云山学校八年级五班班长。她酷爱写作，文章多次在校刊《初心》和省级刊物发表。2019 年 7 月参加中国小作家工作坊第三期封闭式训练，以作品小说《浮沉》荣获“签约小作家”资格。

张童舒 女，2009年4月出生，肥城市实验小学桃花源校区五年级一班学生，多次在全国大赛中获奖。2019年7月，参加中国小作家工作坊封闭集训，创作长篇小说《传奇》；10月，入选“中国小作家工作坊签约小作家”。

王庆君 女，2005年7月出生，肥城市泰西实验学校2017级学生，多次在《尖尖角》《蓓蕾》《作文指导报》等刊物发表小说、散文、童话等作品。2019年10月，凭借作品《池中天地》，入选“中国小作家工作坊签约小作家”。

温馨雅 女，2007年4月出生，泰西实验学校2019级学生，2019年10月，凭借作品《汉宫秋兮》，入选“中国小作家工作坊签约小作家”。

三中舞蹈《生生不息》

肥城市第三中学舞蹈《生生不息》荣获山东省第六届中小学生艺术展演一等奖。舞蹈《生生不息》，是由23名高三小伙，以川流不息的动感，连绵彰显大地上各种生命形态的层层累进，表达期盼人类孳生不绝、繁衍不已、经久不衰、自强不息的心愿。舞蹈中，动作设计从低到高、从小到大，渐次发展，最后飞翔跳跃于空中，简单明了，又勃发着力量。近年间，肥城市第三中学为丰富校园文化生活，扩大学生升学渠道，不断加大人力物力投入，积极搭建展示学生艺术才华的舞台，使学生舞蹈队伍日益壮大，创作的《扶不扶》《天边牧歌》《摊煎饼》等舞蹈先后荣获省艺术展演一等奖，为知名高校输送大批优秀艺术人才。

舞蹈《生生不息》

六中舞蹈《岳诗风吟》

肥城六中舞蹈社团代表泰安市参加山东省第六届中小学生艺术展演，以泰山文化为素材的原创作品《岳诗风吟》荣获一等奖。《岳诗风吟》是一支展示中华传统文化的男子群舞，舞蹈演员们手持书简，身着汉服，如行云流水般的舞姿，透露出以和为贵、以书为宝、以礼驭天下的男子气概。肥城六中舞蹈社团扎根校园，精心排练多个有思想、有筋骨、有力道、有温度、有高度的精品力作，传递正能量，激发报国情，展现青春阳光、积极向上的风采。学校积极参加各类艺术活动，多次荣获省市一等奖，学校被评为山东省艺术教育示范校。

舞蹈《岳诗风吟》

王瓜店街道蒋庄社区学校“圆梦”鼓号队

2017 年参加肥城市少先队鼓乐操大赛

肥城市王瓜店街道蒋庄社区学校圆梦鼓号队成立于 2014 年，由 96 名队员组成。作为团队活动的领航舰，鼓号队注重专业引领、基础训练和递进培养，不断创新思路、突出主题，准确把握发展脉搏，充分展示“中国梦”的伟大力量和少先队员朝气蓬勃、勇于担当、团结协作、奋勇争先的良好精神风貌。2015 年、2017 年连续两届参加肥城市鼓乐操大赛荣获金奖第一名；2017 年 7 月在全国少工委组织的第八届少先队鼓号队交流展演活动中荣获“优秀演奏奖”；2019 年 10 月 11 日，代表泰安市参加山东省“我与祖国共成长——争做新时代好队员”纪念建队 70 周年鼓号操大赛荣获金号奖；2019 年 10 月 25 日，为泰安市第五次少代会献礼，受到一致好评。

2019 年 10 月 25 日，参加泰安市第五次少代会献礼活动

《肥城年鉴（2020）》优秀供稿单位

（排名不分先后）

市委办公室	市法院
市政协机关	市司法局
市委组织部	市委宣传部
市委统战部	市文化和旅游局
市总工会	市教育和体育局
市政府办公室	市卫生健康局
市发改局	市农业农村局
市统计局	市农村经营服务中心
市金融服务中心	高新区
市工信局	新城街道
市交运局	老城街道
市公路事业发展中心	潮泉镇
市财政局	桃园镇
市税务局	王庄镇
市市场监管局	安驾庄镇
市建筑安装业发展中心	经开区
市委政法委	汶阳镇
市公安局	石横特钢厂

索 引

说明：

本索引为综合性主题索引，标示正文部分的内容。索引标目按汉语拼音字母顺序，标目后数字为页码。

主题索引

A

B

C

D

F

G

H

J

K

L

M

N

P

Q

R

S

T

W

X

Y

Z

建安之乡

四 自1986年始，市（县）委、市（县）政府把发展安装业作为振兴建筑业的突破口，坚持不懈地进行产业结构调整和企业培植，先后制定出台一系列扶持政策，使建安传统优势得到发扬光大，逐步形成一支实力雄厚、装备精良、技术过硬、管理先进、信誉良好的建安大军。

五 1988年11月中国建筑业联合会会长萧桐、1991年12月全国人大常委会副委员长彭冲分别为肥城建安业题词。1993年11月，被山东省人民政府命名为“建安之乡”。2007年12月，“肥城建安”被评为山东省首批驰名劳务品牌。连续多年被评为“山东省建筑业十强县”。